中国陶行知研究会 组编
总主编 周洪宇

陶行知全集（新编本）

第十四卷 年谱

本卷主编 杜京容 刘大伟

华中师范大学出版社

陶行知全集(第十四卷)

TAOXINGZHI QUANJI

图书在版编目(CIP)数据

陶行知全集:新编本. 第十四卷 / 周洪宇 总主编;杜京容,
刘大伟 本卷主编. — 武汉:华中师范大学出版社,2021. 12
ISBN 978-7-5622-9617-1

Ⅰ. ①陶… Ⅱ. ①周… ②杜… ③刘…
Ⅲ. ①陶行知(1891—1946)—全集 Ⅳ. ①G4-52

中国版本图书馆 CIP 数据核字(2021)第 266614 号

责任编辑:曾　艳　　封面设计:罗明波
责任校对:肖绪旭　　责任印制:刘　敏
编辑室:学术出版中心　　电话:027—67863280/7792
出版发行:华中师范大学出版社
地址:湖北省武汉市洪山区珞喻路 152 号
电话:027—67863426(发行部)
网址:http://press. ccnu. edu. cn
邮箱:press@mail. ccnu. edu. cn
印刷:湖北恒泰印务有限公司
开本:710mm×1000mm　1/16　　印张:40. 75
字数:689 千字　　定价:205. 00 元
版次:2022 年 11 月第 1 版　　印次:2022 年 11 月第 1 次印刷

青少年时期

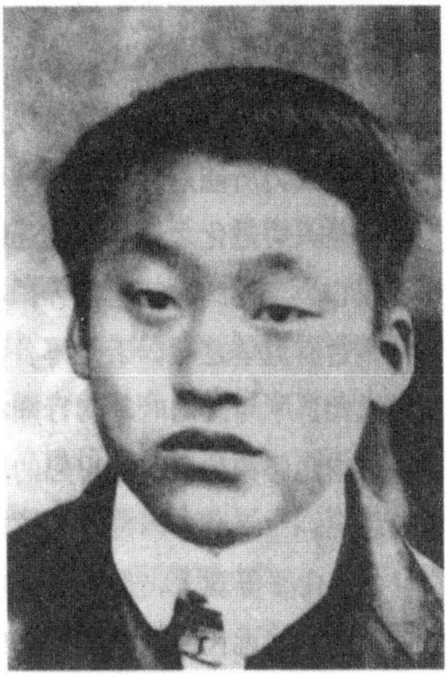

金陵大学时期

1914 年赴美途中与同学合影（前排左一为陶行知，后排右一为陈鹤琴）

1915年秋，转赴纽约哥伦比亚大学师范学院攻读教育学博士学位，在哥伦比亚大学本部校区侧门高台处与同学孙科等合影（中间为陶行知，左二为孙科，背后是哥伦比亚大学师范学院大楼）

与哥伦比亚大学同学合影（前排右一为陶行知，左二为胡适）

与哥伦比亚大学导师斯特雷耶合影

1915 年秋，获伊利诺伊大学政治学硕士学位（后排右二为陶行知）

与妻汪纯宜（右）、妹陶文渼（左）合影

1919 年 5 月，杜威应邀来华讲学，由史量才、陶行知等陪同参观上海申报馆时的合影（前排右一为杜威，后排右二为陶行知）

1921 年，孟禄来华考察，陶行知陪同并任翻译（左三为孟禄，左四为陶行知）

1923 年，与长子陶宏和次子陶晓光合影

南京平民教育动员大会盛况

陶行知的妹妹陶文渼热心乡村教育，创设了晓庄农妇工学处

东南大学任教时期

中华教育改进社第一次董事会议，陶行知任主任干事（右一为陶行知）

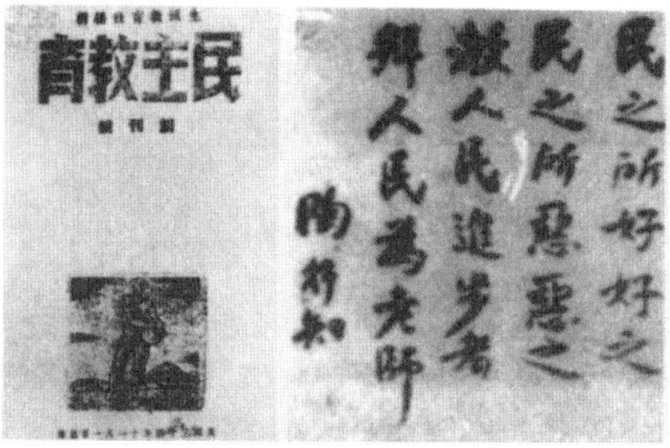

陶行知主编的《民主教育》

陶行知亲自设计的晓庄师范校旗

（100 颗星代表征集 100 万位同志，倡导 100 万所学校，改造 100 万个乡村）

陶行知在晓庄师范周年纪念会上讲话，讲话内容可概括为：主张教学合一，改造乡村教育

1928年秋，陶行知创办了第二所乡村师范——浙江湘湖师范，先后委派晓庄学生操震球、程本海、方与严、王琳、李楚材等赴湘湖师范办学

育才办学时期

出席世界和平大会期间与巴黎学生自治会代表合影（左三为陶行知）

1932年10月1日，山海工学团在宝山县大场成立，
取名“山海”，志在唤醒民众，收复东北失地，要日寇还我河山

1933 年 4 月，山海工学团各儿童自动工学团联合举行儿童节纪念大会，陶行知在大会上讲话

1936 年 9 月，出席巴黎全欧华侨抗日救国联合会会议时，与钱俊瑞、陆璀合影（后排左一为陶行知，左三为钱俊瑞；前排中为陆璀）

1936年11月，在英国伦敦海德公园（海德公园是当时的自由论坛，陶行知曾写有《海德公园》一诗，赞扬这里的言论自由，讽刺、抨击当时国民党政权的独裁与专制）

1936年11月，回访母校哥伦比亚大学，并发表演讲

1937 年，孩子剧团人员合影，陶行知鼓励他们勇敢地为抗日救国而斗争

1937 年，在温哥华与华侨合影（居中者为陶行知）

1938 年 8 月，陶行知回国途经香港，受到香港渔人协会平民学校师生的热烈欢迎，应邀在欢迎会上作《国际形势与中国抗战》的演说

1939 年，与吴树琴在重庆

1945年10月，中国民主同盟举行第一次全国代表大会（三排右四为陶行知；二排右三为史良，右五为鲜特生，右六为张澜，右七为沈钧儒；前排右六为李公朴）

1945年10月11日，毛泽东到重庆谈判后返回延安时，陶行知等到机场欢送（右一为陶行知，右二为陈诚，右四为张治中）

普及教育

社會大學開學

1946 年 1 月初，陶行知创办社会大学，在《普及教育》上刊登了《社会大学开学》一文

1946 年 6 月 23 日，陶行知在上海北站欢送人民代表赴南京请愿的大会上高呼："八天的和平太短了，我们需要永久的和平！伪装的民主太丑了，我们需要真正的民主！"

编辑说明

一、陶行知（1891—1946）是中国近现代著名的教育家、思想家、政治家和文学家，也是中国近现代原创力最强，真正形成教育学说体系，并具有世界影响的教育思想家。陶行知在国内外有着很高的地位，毛泽东称之为“伟大的人民教育家”，董必武誉之为“当今一圣人”，宋庆龄赞之为“万世师表”。习近平总书记也多次在不同场合提及陶行知，对陶行知思想、事业、人格与精神予以充分肯定。不仅在国内，陶行知在国际上也享有盛誉。日本知名教育史学家、中国研究所前所长、东京专修大学教授斋藤秋男指出：“陶行知不仅是属于中国的，也是属于世界的。”2007年，美国知名学者、哥伦比亚大学师范学院哲学、教育学教授戴维德·汉森（David T. Hansen）在他主编的《教育的伦理视野——实践中的教育哲学》一书中，介绍了世界最具影响力的十大教育思想家，其中唯一的一位中国教育思想家就是陶行知，他将陶行知与美国的杜威、意大利的蒙台梭利等世界著名教育思想家并列，足见陶行知在国际学术界的巨大影响以及被国际人士的高度认可。学习、研究和借鉴陶行知教育学说和人格精神在新时代仍然有重要的现实意义。

二、陶行知的著作，生前曾以各种形式出版过专辑，在其去世以后，有关方面和人士也多次提出编辑出版全集，但终因条件所限，一直未能实现。党的十一届三中全会以后，陶行知研究走上正轨。1982年，华中师范学院（后改名华中师范大学）在陶行知家属吴树琴、陶晓光、陶城和张健、戴自俺、楼化蓬、孙传华、苏辛涛等弟子们，以及一批国内陶行知研究专家的支持和指导下，由华中师范学院教育科学研究所所长杨葆焜和副所长董宝良两位教授分别担任正、副主编，与萧宗六、伍文教授一道，带领中青年教师夏德清、喻本伐、周洪宇、熊贤君、蔡靖方、李红梅等人编辑完成《陶行知全集》（8卷本），并由湖南教育出版社从1984年初开始陆续出版（简称湘教版）。湘教版全集出版后，陶行知弟子，时任国务委员的张劲夫在1986年4月24日的《人民日报》上发表书评《中国近代教育史上的一座宝库》，高度赞扬了华中师范大学湘教版《陶行知全集》的编辑出版工作。湘教版《陶行知全集》先后荣获1988年全国首届优秀教育图书特别奖、1994年第一届国家图书奖。这套全集出版后，为弥补遗漏缺失，成立不久的中国陶行知研究会就组成编辑委员会，邀请张劲夫、钱伟长、孙起孟担任顾问，方明担任主任委员，戴自俺任主编，胡晓风任特邀主编，由陶晓光全面协调，在此基础上利用当时收集的一批新资料，在陶行知家属吴树琴、陶晓光、陶城及刘季平、方明、张健、戴自俺、陆静山、楼化蓬、徐明清、吴瀚、苏辛涛、孙传华、金成林等弟子们指导和参与下，组织郭笙、聂大鹏、张邦民、温致义、洪桥、储朝晖、庞曾漱、王超英等同志整理、编辑《陶行知全集》(12卷本)，丁丁、李能寿、龚思雪担任审稿，并由四川教育出版社金成林、伍尧、浦家驹、吴纪真、王屏汉、周良玉、罗智超、文龙、邹青等人组成出版工作班子，于1990年开始陆续出版（简称川教版），2005年之后又出版修订版。川教版全集第一版出版后，时任中顾委常委的张劲夫再次在《人民日报》上发表书评予以肯定：华中师范大学、中国陶行知研究会都为保存中华民族优秀文化遗产，推动教育改革，建设中国特色社会主义教育理论体系作出了积极贡献，得到了社会各界佳评。

这次华中师范大学及出版社之所以要编辑出版《陶行知全集》（新编本），一是为了纪念陶行知先生诞辰130周年和逝世75周年；二是近30年来又陆续发现了一批重要佚文，是时候重新编辑一套内容更为丰富、资料更为齐全、考订更为精准、卷帙更为繁富的《陶行知全集》了。这有助于推动当下和未来中国教育改革、发展与创新，对建设高质量教育体系，打造教育强国具有重要价值和意义。

三、基于陶行知是20世纪集教育家、思想家、政治家和文学家四大家于一身的综合型文化巨人这一新的历史定位，《陶行知全集》（新编本）力图创新原有的编辑整理理念、思路和分类。

《陶行知全集》（新编本）的第一个明显改进是建立了全新的分类体系：第一卷至第五卷为论文演讲，收录陶行知于1913年至1946年发表的论文、演讲等文章以及与正文内容密切相关的附文，新增篇目是论文演讲卷的一大亮点，同时考证、修订了以往两套全集中的部分错误。第六卷为论著，收录陶行知撰写出版的《中国教育改造》《教学做合一讨论集》《普及教育》《普及教育续编》《普及教育三编》《怎样做小先生》《中国大众教育问题》《育才学校手册》八本论著。第七卷为教材，收录陶行知撰写出版的《平民千字课》《儿童天文学活页指导（函授教材）》《老少通千字课》《算术课本编辑手稿》四套教材及《儿童科学读物》。第八卷为英文，该卷特点在于集论著、书信、诗歌等多种体裁于一卷，按照英文著述与翻译作品对篇目初次分类，继而以体裁二次归类，同一体裁内以时间先后编排，同时考虑到学位论文（硕士）的特殊性与重要性，在编排中予以单列。第九卷为小说、杂文、散文、儿童故事、儿童剧，采取全新的分类方式，将陶行知文学著作中的小说、杂文、散文、儿童故事和儿童剧（如《古庙敲钟录》《斋夫自由谈》以及《创造宣言》等）从原来湘教版、川教版教育著作类中独立出来并加以细分，实现了分类理念的创新。第十卷为诗歌，该卷将《知行诗歌集》《知行诗歌续集》《知行诗歌别集》《知行诗歌三集》《知行诗歌集》5 本专集编排在前，然后将此之外的诗歌（包括中诗英译和英诗中译）依照时间先后编进集外诗歌，同时也将歌曲和对联细分，最终形成了由集内诗歌、集外诗歌、歌曲、对联四大类综合而成的诗歌卷。第十一卷为书信，收录陶行知以个人名义、职务名义以及作为集体一员所写的书信及相关来信或复信，同时该卷将呈文、电文等类似书信形式的通信也收录进来。第十二卷为日志，根据陶行知 55 本记事本的复印件整理而成，是陶行知著述的重要组成部分。第十三卷为自述，陶行知生前没有写过自传，只写过一批带有自传性质的自述。为了让读者对陶行知有更加全面的了解，参照目前市面类似自述的编辑方式，编者以陶行知本人所作《早期的经历和打算》《早期的人生信仰》两篇自述性文章为基础和线索，通过综合整理陶行知各种自述性质的资料编成此自述，给人们提供了一种了解他的新途径、新形式，这也是《陶行知全集》（新编本）编辑方式上的新探索。第十四卷为年谱，该卷内容均为原创，条目化呈现了陶行知的生活轨迹，客观公正地呈现了陶行知的人生，简单明了便于查阅。《陶行知全集》（新编本）14 卷重新细分类型，形成了比较科学合理的分类格局。

《陶行知全集》（新编本）的第二个明显改进是新增了一批重要佚文。特别需要指出的是，《陶行知全集》（新编本）新增了陶行知英文硕士学位论文的原文及译文，合 10 余万字，系首次公开发表，它是研究陶行知早期思想发展过程极为珍贵的史料。此外，新增百余篇新发现的佚文，包括演讲、诗歌、书信、日记等，合40余万字，再加上新整理的自述和年谱，使全集新编本总字数将近900万。这说明陶行知本人实际撰译字数远超前述两套全集。

《陶行知全集》（新编本）的第三个明显改进是努力对照原文，考证查实了收文的标题、内容、出处、日期，对以往两套全集中存在的错误进行了修订。例如，经考证修订了文章出处及日期错误60余处、其他各类文字脱漏和标点错误等数百处。

《陶行知全集》（新编本）的第四个明显改进是新增了各卷的本卷说明，介绍了各卷的编辑原则、编辑范围、编辑体例、新增篇目、修订内容以及各卷的特点与风格，做到了全集与各卷之间的兼顾与呼应。

四、《陶行知全集》（新编本）的编辑工作，以“求全”“求新”“求真”为基本原则。（一）求全：将已知的文献尽可能地全部收入，尽量不留遗憾。（二）求新：增补了新收集的资料，并做了认真的校勘和考订。（三）求真：《陶行知全集》新编本收文，尽量保持陶行知著作原貌，所收文稿，均作慎重核查考订。校勘、考订工作主要以手稿或最早的影印本为依据，并参考湘教版、川教版等，对照比较，在出现表述差异的情况下，以“求真”为原则进行选择。

五、《陶行知全集》（新编本）的编辑工作，努力把握和处理好主体与全体的关系、整体与局部的关系、继承与创新的关系。（一）主体与全体的关系：陶行知著述丰富，涉及领域广泛，不仅在教育方面，而且在哲学、政治和文学多方面都有许多论述。教育著述是陶行知著述的主体，但不是它的全体。因此，《陶行知全集》新编本不仅在分类和内容上重点编辑教育著述，还努力将诗歌、小说、杂文、散文、儿童故事、儿童剧、歌曲、对联等文学作品与教材、书信、日志、自述等各类著述分类呈现。（二）整体与局部的关系：体现在两个层面，一是分卷局部与14卷整体的关系，在编辑本卷时努力放在14卷整体中来考虑；二是编辑本卷时，努力把每篇文章放在本卷整体中来考虑，做到统筹兼顾，相互协调。（三）继承与创新的关系：《陶行知全集》（新编本）一方面努力继承湘教版和川教版两套全集的精华与优点，另一方面在分类与编辑过程中大胆创新与突破。

六、在华中师范大学校领导以及中国陶行知研究会新任会长朱永新等人的高度重视和大力支持下，《陶行知全集》（新编本）由华中师范大学陶行知国际研究中心发起组织并协调，中国陶行知研究会组编，华中师范大学出版社出版。编辑机构分为顾问委员会和编辑委员会。顾问委员会名誉主任为张劲夫、钱伟长、孙起孟、吴树琴；主任委员为方明、张健、戴自俺、胡晓风、刘若曾、章开沅、朱永新、杨葆焜、董宝良、赵凌云、韩邦彦，副主任委员为丁丁、丁右涵、王琳、王世杰、王承绪、邓宗琦、吕长春、吕景星、伍文、任钟印、孙传华、苏辛涛、李冰封、李能寿、李楚材、杨应彬、杨明远、肖宗六、吴瀚、余洁生、张一诚、张邦民、张达扬、陆维特、陆静山、陈树新、陈贻鑫、罗明、周正章、庞曾漱、洪桥、祝德顺、聂大朋、夏德清、徐明清、徐春轩、郭笙、陶城、陶晓光、曹先捷、龚思雪、蒋秋芝、温致义、楼化篷、操震球、戴本博；委员包括王仁雷、王旭明、王超英、卢志文、申国昌、吕德雄、刘大康、刘有声、刘贵华、江长风、汤翠英、许森、李冬、李红梅、李祚明、杨东平、杨立义、张颖、张惠元、张德生、陈华、陈思、陈洛、金堤、周国彪、周晓平、赵振铣、胡国枢、姚启安、聂圣哲、夏青峰、徐成钢、陶侃、陶铮、韩忠祥、喻本伐、程红兵、程晋升、程翊德、储朝晖、鲁风、童兆玲、童富勇、窦桂梅、蔡靖方、裴未如、熊贤君。编辑委员会名誉主任是中国陶行知研究会会长朱永新；编辑委员会主任为中国教育学会副会长、中国陶行知研究会原常务副会长、中国陶行知研究会学术委员会主任、华中师范大学陶行知国际研究中心主任周洪宇，华中师范大学校长郝芳华，副主任为华中师范大学副校长彭南生。编辑委员会成员按姓氏笔画排序，包括于洋、王会波、申国昌、申慧宁、冯会平、邢欢、刘大伟、刘从德、刘训华、刘来兵、齐彦磊、杜小双、杜京容、李宇阳、汪亮、张汉敏、陈诗、周娜、周挥辉、赵婧、柯文涛、侯雅蓉、贺鹏丽、夏豪杰、黄国华、覃琳、詹淑兰、操太圣。编辑人员包括陈海霞、郑媛、李楠、王燕、刘明源、操若璠、余江涛、陈港、侣娅琳、赵美君、陈冰、潘亚东、产夏洪、安智诚、邓宇星、杨妮、刘利敏、王亭力、冯雯、唐仁凤、吴梦洁、胡晓涵、郑王怡、徐聪聪、励琳、方楹、金小骞、张好、李佳新、樊竣菲、韩旭帆、曾嘉怡。编辑委员会成员是这次编辑工作的主干，秘书长为周挥辉、刘从德、申国昌，副秘书长为刘来兵、齐彦磊、陈诗。

七、《陶行知全集》（新编本）总主编由周洪宇担任。第一卷分卷主编周洪宇，副主编齐彦磊；第二卷主编周洪宇，副主编王会波；第三卷主编周洪宇，副主编詹淑兰、李宇阳；第四卷主编申国昌，副主编夏豪杰、申慧宁；第五卷主编操太圣；第六卷主编刘来兵，副主编贺鹏丽；第七卷主编刘来兵，副主编贺鹏丽；第八卷主编周娜、杜小双，副主编侯雅蓉、张汉敏；第九卷主编于洋；第十卷主编汪亮、覃琳；第十一卷主编邢欢，副主编陈诗；第十二卷主编刘训华，副主编柯文涛；第十三卷主编周洪宇；第十四卷主编杜京容、刘大伟。

八、《陶行知全集》（新编本）的编辑工作，得到了中国陶行知研究会、湖北省图书馆、华中师范大学图书馆、南京晓庄学院图书馆、南京大学图书馆、南京晓庄学院陶行知纪念馆、伊利诺伊大学档案馆、中国第二历史档案馆以及各相关省市图书馆、博物馆、档案馆、陶行知纪念馆、出版社以及陶行知先生后人、生前友人和学生的热心赞助与大力支持，特别是喻本伐教授、何荣汉博士提供了一批重要佚文及信息，谨此致谢！

九、限于水平和时间，《陶行知全集》（新编本）中错漏之处在所难免，敬希读者教正。

《陶行知全集》（新编本）编辑委员会

2021 年 9 月

编辑凡例

一、《陶行知全集》新编本采取体裁加编年的形式作为编辑体例。按照体裁分类分卷，再于各分卷下以编年的原则编排。《全集》新编本分编为十四卷：第一至五卷为论文演讲；第六卷为论著；第七卷为教材；第八卷为英文；第九卷为小说、杂文、散文、儿童故事和儿童剧等；第十卷为诗歌；第十一卷为书信；第十二卷为日志；第十三卷为自述；第十四卷为年谱。

二、《全集》新编本的编年原则为：（一）文章写作、演讲时间与发表时间皆备者，以写作与演讲时间为据。（二）无写作与演讲时间而有发表时间者，以发表时间为据。（三）报刊上连载的文章，以第一部分的发表时间为据。

三、《全集》新编本的收文原则为：（一）收文以首次发表者为准。（二）专著以陶行知生前出版者为据。（三）未刊发者以底本为据。

四、《全集》新编本的注释原则为：（一）一律采用尾注形式。（二）注释从简。同一条目，在同一卷中，原则上只在首次出现时加注，在后卷出现时酌注。（三）注释序号，原注照旧。今注用①②③④等。（四）人物注释，只做介绍，不做评价，力求客观真实。（五）文章标题尽量使用原文发表时期的标题，对于部分原文没有标题的篇目由编者拟定，并以注释形式说明。原则上从原文中直接摘取代表性文字构成文章标题，必要情况下对原文文字稍加增减。（六）对于作者在原著重新发表时有所增删者，其增删部分用注释加以说明，或将修改文字以附录形式置于原著正文之后，以便对照。（七）注释中须说明写作或发表时间以及原著来源。

五、《全集》新编本的文字处理原则为：（一）按国家公布的《简化字总表》（1986 年 10 月），将原件的繁体字一律改为简化字。（二）按《现代汉语词典》，将原件中的异体字、通假字等一律改为规范字。（三）原稿及印本中有明显的漏字、衍字和错字，由整理者慎重校勘后斟酌订正；无从判断正误者，或发现数据有误者以注释存疑。（四）原著中因直排而出现“如左”字样，均改为“如下”。

《陶行知全集》（新编本）编辑委员会

2021 年 9 月

本卷说明

本卷为年谱，年谱内容均为编者新作，收录整理陶行知一生的论文、演讲、书信、小说、诗歌等各类文章，同时搜集了海外的陶行知硕士论文，国内《申报》《大公报》等报刊，同时期人物如蔡元培、陈鹤琴、经亨颐、李公朴、胡适等人的日记、回忆录、往来书信稿等，以及中国第二历史档案馆的馆藏档案等材料，客观公正呈现了陶行知的人生。

本卷的编辑体例如下：

1. 本卷年谱包括谱文和附录。谱文是谱主从1891年出生至1946年逝世当年为止的正谱。1946年之后，有关谱主的著作出版及纪念活动，作为附录排在正谱后面。

2. 谱主全部著作一律入谱，按写作时间排列，注明写作日期、体裁、初次刊载处、署名，以及最初收入何集等。著作凡在1934年7月前署名陶知行、1934年7月之后署名陶行知的一律不注。

3. 凡记有写作日期的文章，年、月、日注在文章后面；不记写作日期的文章，以发表时间为据，在出版物的后面注明出版日期。

4. 本书所列，1911年以前的日期，为阴历（均括注阳历的月、日）；1912年后，则概为阳历。阴历以汉字标注，阳历以阿拉伯数字标注。

5. 所标的季，以阳历2至4月为春，阳历5至7月为夏，阳历8至10月为秋，阳历11月至翌年1月为冬。

6. 谱主的译文、书信、日记、序跋、诗词等，凡能反映或说明其政治见解、思想状况及教育理论的，均摘录在册。摘录入册时，因版面处理问题，可能与原出处段落排版有所不一致。

7. 本书引用《行知备忘》及其他人的记述，原文中如有错字，或增补脱字，均置于［ ］内。凡残缺或模糊难辨之字，用□表示。

8. 所引原文中，有些人名及词语，必须本书著者酌加解释者，均附有“编者注”。

9. 为了说明谱主生活、工作、著作和翻译的时代背景，在每年的本事前，略记有关国内外政治、经济、文化大事。

本卷分工：主编杜京容、刘大伟。

编者

2021 年 9 月

目　　录

返回歙县，专心自修英语一年。

入南京汇文书院（金陵大学预科）文科学习。

升入金陵大学文科学习。因各科成绩优秀，受到美籍校长包文的器重。

辛亥革命后，返乡在屯溪湖余家庄发动起义，并任徽州咨议机构秘书半年。

为黄兴的南京留守机构募集“爱国捐”。(5 月 24 日)

撰写个人信仰自述。(12 月 21 日)

任《金陵光》中文编辑，发表《〈金陵光〉出版之宣言》等一系列文章。(2 月)

于《金陵光》发表《伪君子篇》。(11 月—12 月)

与汪纯宜结婚，全家迁南京。

发表《民国三年之希望》。(1 月)

参加金陵大学毕业游艺会，用法文演讲。(6 月 20 日)

参加毕业典礼，宣读毕业论文《共和精义》，获得美国纽约大学文科学士文凭。(6 月 22 日)

乘“中国号”邮轮赴美留学。(8 月 15 日)

填写伊利诺伊大学政治学博士入学申请表。(9 月 21 日)

父逝。(1 月)

长子陶宏出生。(4 月 1 日)

在伊利诺伊州立大学中国留学生茶话会上向黄炎培展示各国学生学程均分表。(5 月 22 日)

获伊利诺伊大学政治硕士学位，其硕士论文为 *Leased Territories in China*（《中国租地》）。(夏)

游览林肯故居及陵寝。(9 月 15 日)

转入纽约哥伦比亚大学师范学院，攻读教育学博士学位。(秋)

1921 年 (民国十年 辛酉) 30 岁 ………………………………………… (52)

发表《地方教育行政为一种专门事业》。(3 月)

赴江苏省立第一中学演讲《青年的人生观》。(4 月 7 日)

南京高等师范学校改组为东南大学，兼任教育科主任。(夏)

赴沪迎接孟禄来华。(9 月 5 日)

在广州全国教育联合会第七届年会上口译孟禄演讲《“德谟克拉西”的教育》。(10 月 31 日)

被新教育共进社正式聘为《新教育》杂志主干（主编）。(12 月初)

中华教育改进社成立。(12 月 23 日)

1922 年 (民国十一年 壬戌) 31 岁 ………………………………………… (63)

发表《评学制草案标准》《中国建设新学制的历史》《我们对于新学制草案应持之态度》。(1 月)

与胡适等人联名发表《改造安徽省教育会宣言》。(2 月 1 日)

出席中华教育改进社在上海举行的董事会，被聘为主任干事。(2 月 7 日)

中华教育改进社总事务所在北京正式成立，主持所内日常事务。(4 月 12 日)

与蔡元培、李大钊、胡适等十六人联名起草《我们的政治主张》。(5 月 13 日)

赴济南参加中华教育改进社第一次年会。(7 月)

参加教育部在北京举行的学制会议，就学制问题发表意见。(9 月)

赴南开大学修身班演讲《大学教育的二大要素》。(11 月 30 日)

1923 年 (民国十二年 癸亥) 32 岁 ………………………………………… (76)

参加安徽实施新学制讨论会。(2 月 2 日)

赴南开大学参加中华教育改进社京津董事会。(3 月 4 日)

与朱其慧、王伯秋等人共同发起成立了南京平民教育促进会。(6 月)

致函东南大学代理校长刘伯明，请辞东南大学教育科主任、教育系主任职务。(7 月 28 日)

假北京清华学校组织召开中华教育改进社第二届年会。(8 月 20 日—26 日)

辞去东南大学职务，举家北迁，专职担任中华教育改进社主任干事。(8 月)

主持晓庄乡村试验师范学校入学招生考试等事宜。(3 月)
在晓庄学校寅会上发表演讲《行是知之始》。(6 月 3 日)
欢迎蔡元培、吴章琪、沈定一、高鲁、陈鹤琴、张宗麟人等到晓庄师范学校参观。(10 月 2 日)
在晓庄学校寅会上发表演讲《教学做合一》《在劳力上劳心》《以教人者教己》。(11 月)
应冯玉祥邀请，赴开封等地考察河南教育，并助冯玉祥制定普及军队教育计划。(12 月)

撰写《艺友制师范教育答客问——关于南京六校招收艺友之解释》。(1 月 8 日)
主持晓庄联村运动会。(4 月)
由亚东图书馆出版文集《中国教育改造》。(4 月)
参加南京举行的全国教育会议，任全国教育会议分组审查委员会普通教育组委员和“初等及中等学校教学组”提案预备委员会委员。(5 月)
随冯玉祥派遣的教官进行军事训练学习。(8 月 15 日)
浙江省立乡村师范（湘湖师范）开学。(10 月 1 日)

发表《答朱端琰君并致一般怀疑教学做合一者》。(1 月 15 日)
迎接田汉所率南国社来晓庄学校演出。(1 月 23 日)
由上海亚东图书馆出版《知行书信》。(1 月)
在晓庄学校寅会上发表演讲“生活即教育”。(5 月 19 日)
妹陶文渼病逝；淮安新安小学开学。(6 月 6 日)
接待美国哥伦比亚大学教授克伯屈参观晓庄学校。(10 月 15 日)
因科学教育方面作出的杰出贡献，被上海圣约翰大学授予“荣誉理学博士”学位。(12 月 4 日)
自编文集《教学做合一讨论集》由上海商务印书馆出版。

《乡村教师》创刊。(2 月 1 日)
晓庄学生在火车上散发《为争取旅行上学坐火车不打票宣言》。(3 月 31 日)
因晓庄师生赴下关游行，晓庄师范学校遭国民政府强行封闭，陶行知

发表《普及现代生活教育之路》。（1 月）

编撰的《老少通千字课》由上海商务印书馆开始陆续出版。（2 月）

与李公朴等发起、推行手头字运动，同时公布手头字第一期字汇表。（3 月 10 日）

编著的《普及教育续编》由上海儿童书局出版。（6 月）

由上海儿童书局出版《知行诗歌续集》。（10 月）

由上海生活书店出版《怎样做小先生——小先生指导法》。（11 月）

由上海儿童书局出版《知行诗歌别集》。（12 月）

起草的《上海文化界救国会国难教育方案》经上海文化界救国会通过。（1 月 6 日）

国难教育社成立，被选为理事长。（2 月 23 日）

夫人汪纯宜病逝。（4 月 23 日）

赴广东中山大学礼堂演讲《粉碎大陆政策》。（4 月 30 日）

与郭一岑主编的《大众教育》创刊号出版。（5 月 10 日）

编著的《普及教育三编》由上海儿童书局出版。（6 月）

乘“考尔夫号”离港赴英，参加世界新教育会议。（7 月 11 日）

与沈钧儒、章乃器、邹韬奋共同拟定《团结御侮的几个基本条件与最低要求》。（7 月 15 日）

抵伦敦，参加世界新教育联合会第七届年会，在会上作《推行“小先生制”普及教育》报告。（8 月 7 日）

所著论文集《中国大众教育问题》由上海大众文化社出版。（8 月）

在布鲁塞尔参加世界和平大会第一次会议。（9 月初）

抵纽约，开始美国之旅。（11 月 9 日）

由上海儿童书局出版《知行诗歌三集》。（11 月）

联络美国知名学者、教授，以及海外华侨，发起救援“七君子”运动。（1 月—2 月）

被江苏省高等法院以“危害民国为目的而组织团体，并宣传与三民主主义不相容之主义”罪名再次予以通缉。（4 月 3 日）

抵墨西哥。（8 月 27 日）

1891—1892 年
（清光绪十七年　辛卯）　1 岁

四月至七月（5—9 月）　芜湖教案、武穴教案及宜昌教案相继爆发。

七月（8 月）　康有为于广州开办万木草堂，讲学著书。

10 月 18 日（九月十六日）　诞生于安徽省歙县西乡黄潭源村。据调查，陶氏祖先定居时，该村人口稀少。陶氏定居后，筑草房，修建五柳堂。草屋之畔称五柳巷（俗名陶家巷）。

父亲陶长生，字位朝（一说字槐卿），号笑山（筱山）。祖籍浙江绍兴府会稽县陶家堰，后辗转迁居安徽省歙县（旧称徽州）西乡黄潭源村。曾在安徽省休宁县万安街经营酱园，后出顶他人，回黄潭源村务农，靠几亩薄田为生，兼贩菜和经营酱油等小本生意。初通文墨，一度到乡镇管理文书契约。

母亲曹翠仂，安徽省休宁县万安街人。持家节俭，曾给人缝补浆洗做用人。

姐，宝珠，幼殇。

1895—1896年
（光绪二十一年　乙未）　4岁

正月二十七日（2月21日）　孙中山于香港设立兴中会总部。

三月二十三日（4月17日）　清政府与日本签订《马关条约》，割让台湾及澎湖列岛。

四月初八日（5月2日）　康有为与在京会试的十八省举人共一千三百余人联名上书，主张拒绝《中日和约》，变法自强，史称“公车上书”。

开始随父识字。妹陶美珠（学名陶文渼）出生。

1897—1898 年
（清光绪二十三年　丁酉）　6 岁

正月初十日（2 月 11 日）　夏瑞芳、鲍咸昌、高凤池等在上海创设商务印书馆。

正月十一日（2 月 12 日）　张菊生、夏偕复等在北京创立西学馆，年底改称通艺学堂。

三月初七日（4 月 8 日）　清政府准盛宣怀奏设的南洋公学在上海成立。几经易名，后为上海交通大学。

四月二十日（5 月 21 日）　浙江巡抚廖寿平在杭州创设求是书院。历经办、停、改组，更易校名，后称浙江大学。

陶行知素质优越，自幼聪敏，未开蒙识字即可临摹字形，为旸村塾师方秀才（庶咸）发现，愿收为弟子。无奈陶父家贫，不能送子入学，后由方秀才免费代为开蒙。启蒙后，在家跟父亲读书习字。

在父母教育下，陶行知从小就学做一些力所能及的杂活，自幼养成爱劳动的习惯和本领（《陶行知年谱》①，第 2 页）。

① 本书版本信息为朱泽浦：《陶行知年谱》，安徽教育出版社 1985 年版。后文从略。

1898—1899年
（清光绪二十四年 戊戌） 7岁

四月二十三日（6月11日） 光绪帝下“明定国是”诏，宣布变法，“百日维新”开始。

五月十五日（7月3日） 光绪帝诏立京师大学堂，孙家鼐为管学大臣。

八月初六日（9月21日） 慈禧太后发动宫廷政变，囚禁光绪帝，捕杀谭嗣同、康广仁、刘光第、林旭、杨锐、杨深秀“戊戌六君子”，变法失败。

外祖父母喜其聪慧，刻意培养，转学到休宁县万安街吴尔宽经馆读书。

1899—1900年
（清光绪二十五年　己亥）　8岁

二月（3月）　山东义和拳（团）朱红灯率部起义，提出“扶清灭洋”口号，在直隶和山东一带发展迅猛。

六月十三日（7月20日）　康有为在加拿大组建保救大清皇帝会，简称“保皇会”。

八月初二日（9月6日）　美国国务卿John M. Hay提出对华“门户开放”政策。

陶父重返休宁万安任册书（掌管当地田赋资料），赁居当地涨山铺，陶行知继续在吴尔宽私塾伴读。由于他在学习上显露出惊人的聪明，深得外祖父母及塾师、学友喜爱。他的住处离私塾和外祖父母家都很近。

涨山铺在万安镇古城岩畔，水兰桥（即现今的水南桥）也在附近，新安江的上游经此流向远方，尤其是古城岩上的歪顶塔，还流传着动人的历史传说。陶行知的童年很长一段时间是生活在山清水秀，风景优美的万安，这是他的第二故乡（《陶行知年谱》，第3页）。

1902—1903年
(光绪二十八年　壬寅)　11岁

七月十二日（8月15日）　清政府颁布《钦定学堂章程》，亦称“壬寅学制”。

十一月十八日（12月17日）　京师大学堂正式开学，学生一千余人。同日开设师范馆。1908年改为京师优级师范学堂。1912年5月改为国立北京高等师范学校。

回黄潭源村，在父亲指导下自学并从事轻微劳动。

1903—1904年
（光绪二十九年　癸卯）　12岁

正月初八日（2月5日）　张之洞奏设三江师范学堂于南京。1906年改称为两江优级师范学堂。1914年改称为南京高等师范学校。1921年改组为东南大学。

十一月二十六日（1904年1月13日）　张之洞、张百熙、荣庆复奏重订各级学堂章程，清政府颁布实行，即《奏定学堂章程》。

回歙县，先到程朗斋秀才处学“四书”，后到贡生王藻处求教。

1904—1905 年
（清光绪三十年 甲辰） 13 岁

正月二十五日（3 月 11 日） 《东方杂志》创刊于上海。

六月二十二日（8 月 3 日） 英军侵占拉萨。后逼迫清政府签订《拉萨条约》。

九月初八日（10 月 16 日） 严修、张伯苓在天津创设的敬业中学堂开学。1908 年，改名南开中学堂。

本年 陶家生活越发困难，陶父因染上不良嗜好，体力渐衰，不得已将陶行知辍学带回黄潭源参加劳动。陶行知从小就好学，他利用劳动空暇读书自学，并常到近村航埠头（新安江畔）去请教王藻老夫子，还常受父命挑菜去县城出售，得便到崇一学堂探望母亲，帮助母亲干活，因母亲当时在内地会办的崇一学堂帮佣（炊事、勤杂工）。

航埠头曹家经馆塾师王藻是前清贡生，道德文章在当年当地享有盛名。他对陶行知风雨无阻翻山越岭跑十五里路前来求师问业，深为感动，谆谆教导不厌其烦。陶行知对王老师也极为尊敬，就教时常立于门外，待王藻发现时，呼其入室，当众表扬陶行知有“程门立雪”的古人之风，一时传为美谈（《陶行知年谱》，第 4 页）。

1905—1906 年
（光绪三十一年　乙巳）　14 岁

六月十四日（7 月 16 日）　清政府派载泽、戴鸿慈、徐世昌、端方、绍英五大臣出国考察宪政。

七月二十日（8 月 20 日）　中国同盟会在东京正式成立，提出“驱除鞑虏，恢复中华，创立民国，平均地权”的革命纲领。

八月初四日（9 月 2 日）　光绪帝下诏“立停科举，以广学堂”。

十一月初十日（12 月 6 日）　清政府设立学部，以荣庆为尚书，熙瑛为左侍郎，严修为右侍郎。

本年　经人介绍，父亲加入耶稣教内地会，成为基督徒。母亲被介绍到耶稣教内地会教堂帮工（炊事兼勤杂）。常随父亲挑菜进城，顺便探望母亲。

1906—1907 年
(清光绪三十二年　丙午)　15 岁

三月初一日（3 月 25 日）　清学部奉谕公布：以“忠君、尊孔、尚公、尚武、尚实”为教育宗旨。

七月十三日（9 月 1 日）　清政府颁布“预备仿行宪政”谕旨。

本年　协和医学堂在北京成立。

本年　因常随父亲挑菜进城，看望在教堂帮工的母亲，为英籍堂长（校长）唐进贤所喜爱，免费安排进入歙县耶稣教内地会所办的学校崇一学堂读书，开始接受西方文化教育。

1907—1908 年
（清光绪三十三年　丁未）　16 岁

正月二十四日（3 月 8 日）　清学部颁布《女子师范学堂章程》及《女子小学堂章程》。

五月二十六日（7 月 6 日）　光复会成员徐锡麟在安庆刺杀安徽巡抚恩铭，被捕牺牲。

本年　在崇一学堂卧室的墙壁上书写："我是一个中国人，要为中国作出一些贡献来。"

同年　学习期间，曾邀集同学多人，警告歙县西干寺勾结官府、欺压百姓的和尚，并将该寺泥菩萨摔入江中。

同年　因学业优秀，堂长（校长）唐进贤关照免费在通事（翻译）章觉甫家搭伙。章精通医术，受其影响。

1908—1909 年
（光绪三十四年　戊申）　17 岁

六月初六日（7 月 4 日）　清学部奏准设立女子师范学堂。民国后，改称北京女子师范学校。

十月二十一日（11 月 14 日）　光绪帝载湉死。次日慈禧太后叶赫那拉氏死。

本年　美国国会议决免除美国所得庚子赔款的大部分，并用此款设立留学预备学校及选派中国留学生赴美留学之用。

年初　因唐进贤回英国，崇一学堂关闭。

春　乘船赴杭州求学，父亲送到水兰桥下船。后考入杭州广济医学堂学医。三天后，因不满校方歧视非教会学生，愤而退学。后赴苏州表兄张志白处，靠“把衣服当得三百文过一日”。后返回歙县，专心自修英语一年。

1909—1910 年
（宣统元年　己酉）　18 岁

正月二十五日（2 月 15 日）　《教育杂志》创刊于上海。

七月二十日（9 月 4 日）　梅贻琦、胡刚复等四十七人考取第一批庚款留美资格。

十月初一日（11 月 13 日）　南社创立于苏州，主要成员有柳亚子、陈去病等。

本年　偶遇唐进贤，得其帮助，考入南京汇文书院（金陵大学预科）文科。

1910—1911年
（宣统二年 庚戌） 19岁

四月二十八日（6月5日） 南洋劝业会在南京开幕。内设教育馆，分小学、中学、师范、高等、实业各部。

九月初九日（10月11日） 于右任等人于上海创刊《民立报》。

本年 汇文书院与同是教会系统的南京宏育书院合并，成立金陵大学，陶行知升入金陵大学文科。因各科成绩优秀，受到美籍校长包文的器重。

1911年
（宣统三年　辛亥）　20岁

三月二十九日（4月27日）　黄兴等发动广州起义，牺牲八十六人，收得烈士遗骸七十二具，葬于黄花岗。

八月十九日（10月10日）　武昌起义爆发。

十月十八日（12月8日）　袁世凯派代表与革命军议和。

十一月初十日（12月29日）　各省代表召开选举总统会议，选出孙中山为中华民国临时大总统。

本年　继续在金陵大学读书，并动员家乡青年张枝一、姚文采、朱家治等来金陵大学求学。

同年　辛亥革命爆发后，信仰孙中山学说，主张民主共和，并返乡在屯溪余家庄发动起义，任徽州咨议机构秘书半年。后回南京复学。

1912 年
（民国元年 壬子） 21 岁

1 月 1 日 孙中山就职临时大总统，宣告中华民国成立，定都南京。改用公元纪年。

2 月 12 日 宣统帝溥仪退位，清皇朝结束。

3 月 10 日 袁世凯于北京宣誓就职临时大总统。

8 月 25 日 孙中山、宋教仁等以中国同盟会为基础，合并一些其他党派，组建国民党。

5 月 24 日 为帮助解决黄兴领导的南京留守机构的财政困难，约苏州东吴大学学生来宁合开运动会，售票集资以充“爱国捐”（《陶行知年谱》，第 9 页）。

12 月 21 日 撰写个人信仰自述［原藏耶鲁大学神学院图书馆特藏室，后载何荣汉：《陶行知——一位基督徒教育家的再发现》，基督教文艺出版社（香港）2004 年版，第 63—65 页］。

本年 研究王阳明的学说，深受其“知行合一”思想的影响，并仰慕其为人，又取名“陶知行”，但“陶文濬”原名仍继续使用。

1913年
（民国二年　癸丑）　22岁

3月20日　袁世凯派人暗杀宋教仁于上海火车站。

6月29日　江苏省教育会开会，选举张謇、黄炎培分别为正、副会长。

7月12日　李烈钧在江西湖口举兵讨伐袁世凯，“二次革命”爆发。9月12日，失败。

1月　筹备金陵大学学生办的学报*University of Nanking Magzine*增设中文报《金陵光》。

2月　《金陵光》中文报出版，任中文编辑。

同月　发表《〈金陵光〉出版之宣言》，刊《金陵光》第四卷第一期（收入湘版《全集》第一卷，又收入川版《全集》第一卷）。本期为创刊号，但卷期仍按英文报的总序号排列。

同月　发表《增刊中文版之缘起》，刊《金陵光》第四卷第一期（收入湘版《全集》第三卷，又收入川版《全集》第一卷）。

同月　《金陵光》第四卷第一期刊发《〈金陵光〉之组织》一文，介绍了《金陵光》期刊办刊风格和订购价格（收入川版《全集》第一卷）。

同月　发表《一夫多妻之恶结果》前一部分内容，署名刘佩宜、陶知行，刊《金陵光》第四卷第一期（收入湘版《全集》第一卷，又收入川版《全集》第一卷）。后一部分内容刊于同年4月第三期《金陵光》。

同月　发表英文译文*Look in Vain*（《徒托空望》），刊*University of Nanking Magzine*第四卷第一期，署名Tao Wen Tsing（收入湘版《全集》第六卷，又收入川版《全集》第六卷）。

3月　翻译发表艾迪先生演讲词《中华民国之将来》，刊《金陵光》第四卷第二期（收入湘版《全集》第六卷，又收入川版《全集》第六卷）。

4月　发表《一夫多妻之恶结果》后一部分内容，署名陶知行意、刘钟璐，刘钟璐即刘佩宜，刊《金陵光》第四卷第三期。

同月 发表《因循篇》，刊《金陵光》第四卷第三期（收入湘版《全集》第一卷，又收入川版《全集》第一卷）。

同月 发表《导引新生之倡议》，刊《金陵光》第四卷第三期（收入湘版《全集》第一卷，又收入川版《全集》第一卷）。

同月 发表译文 *Three Famous Chinese Stories*（《中国著名故事三则》），刊 *University of Nanking Magzine* 第四卷第三期，署名 Tao Chih - Hsin（收入湘版《全集》第六卷，又收入川版《全集》第六卷）。

5 月 发表《为考试事敬告全国学子》，刊《金陵光》第四卷第四期（收入湘版《全集》第一卷，又收入川版《全集》第一卷）。

同月 《金陵光》在本期刊登启事：自本期起该刊只设中英文主笔，不再设总编辑，陶行知任中文主笔，陈义门任英文主笔。

夏 全校考试，总分名列第一，获江苏省教育厅奖励。

9 月 开始连载译文《美国大统领罗斯福传》，刊《金陵光》第四卷第四期（余文相继载于第五卷第六、七、八期，至 1914 年 4 月第六卷第二期止）（收入湘版《全集》第六卷，又收入川版《全集》第六卷）。

11 月 发表《伪君子篇》前一部分，刊《金陵光》第五卷第六期（收入湘版《全集》第一卷，又收入川版《全集》第一卷）。

12 月 发表《伪君子篇》后一部分，刊《金陵光》第五卷第七期（收入川版《全集》第一卷）。

同月 发表《杀人之天然淘汰》，刊《金陵光》第五卷第七期，署名知行（收入湘版《全集》第一卷，又收入川版《全集》第一卷）。

本年 在金陵大学文艺会上，辩论“中国能否建立民国”问题，获胜。

同年 与程湘帆提倡金陵大学演说“加入中文一门”（《金陵大学史料集》[①]，第 285 页）。

同年 在校长包文博士（Dr. Bowen）和亨克教授（Prof. Henke）的指导下，受詹克教授（Prof. Jenks）《耶稣的社会原则》一书的影响，特别是受著名传教士艾迪博士现场演讲的影响，敬佩耶稣基督乐于奉献、勇于牺牲的人格精神，成为基督教徒。

同年 与汪纯宜结婚，全家迁南京。

---

① 本书版本信息为南京大学高教研究所校史编写组编：《金陵大学史料集》，南京大学出版社 1989 年版。后文从略。

1914年
（民国三年　甲寅）　23岁

4月9日　康有为提议以孔教为国教，以孔子配天配上帝。

7月8日　孙中山在日本东京召开中华革命党成立大会，就任总理。

7月28日　第一次世界大战爆发。

11月7日　日本派兵占领青岛。

1月　发表译文*Wood Orchid*（《木兰诗》），刊*University of Nanking Magzine*第五卷第八期，亨利·克莱门斯（Henry Clemons）、陶知行合译（收入湘版《全集》第六卷，又收入川版《全集》第六卷）。

同月　发表《民国三年之希望》，刊《金陵光》第五卷第八期，署名知行（收入湘版《全集》第一卷，又收入川版《全集》第一卷）。

同月　发表《呼吁某校》，刊《金陵光》第五卷第八期，署名知行（收入湘版《全集》第一卷，又收入川版《全集》第一卷）。

3月　发表《医德》，刊《金陵光》第六卷第一期（收入湘版《全集》第一卷，又收入川版《全集》第一卷）。

4月　在《金陵光》第六卷第二期刊登启事称：知行刻因要事已辞去中文主笔一职，当由职员公举张君枝一接充。嗣后凡有关中文编辑部一切事宜统归张君主持。

同月　发表《视神经上血管之观察法》，刊《金陵光》第六卷第二期，署名知行（收入湘版《全集》第一卷，又收入川版《全集》第一卷）。

同月　发表《赠同学李晓宇入都序》，刊《金陵光》第六卷第二期（载《南京晓庄学院学报》，2008年第2期）。

同月　发表译文《惠罗先生激励支哥大学体育会诸君赴吴米大学赛艺文》，刊《金陵光》第六卷第二期（收入湘版《全集》第八卷，又收入川版《全集》第一卷）。

5月　于《金陵光》第六卷第三期上继续刊发辞去中文主笔的声明。

6月20日 参加金陵大学毕业游艺会，用法文演讲。

6月22日 以学业成绩第一名的身份参加毕业典礼，接受美国纽约大学文科学士文凭，并在毕业典礼上宣读毕业论文《共和精义》，署名陶文濬，论文后刊于同年10月《金陵光》第六卷第五期及同年11月《金陵光》第六卷第六期（收入湘版《全集》第一卷，又收入川版《全集》第一卷）。

据黄炎培于1946年7月31日记述：

哭陶行知：秀绝金陵第一声，行知当日号知行；杜威北美开新派，刘（伯明）廖（世丞）南高并盛名。合一晓庄“教学做”，成群山海“小先生”；不堪闻（一多）、李（公朴）成仁后，天夺良师万泪并。

“秀绝金陵第一声”后有注释云：“民二君以第一名毕业金大，编行《金陵光》，我方长江苏教育行政，被邀给凭。”“杜威北美开新派”后注释：“杜威倡生活即教育之说，时来华讲学。”（《黄炎培日记》[①]第9卷，第181页）

编者注：黄炎培在此回忆自己当时长江苏教育行政，被邀授凭一事，经考证发现应为多年之后的回忆错误。事实上，经过查阅黄的日记可知，黄早在1914年2月22日就辞去江苏省教育司长一职，外出考察，所以即便出席毕业典礼，亦非江苏教育司长一职。有一说为黄以江苏省教育会副会长职务出席毕业典礼。

另，陶行知以第一名毕业一事，学者李刚在查阅资料后发现，毕业生排名第一的是陈义门而非陶行知，当然，排名是否以成绩论定，暂无结论。

夏 为赴美留学一事奔走借款。后得金陵大学校长包文赞助，并向亲友借贷筹资，得以成行。

8月15日 与陈鹤琴等人同乘“中国号”邮轮赴美留学。船出吴淞口时，写下《海风歌》。

8月16日 作家书。

8月31日 作家书。

9月6日 作家书。

---

① 本书版本信息为黄炎培著、中国社会科学院近代史研究所整理：《黄炎培日记》，华文出版社2012年版。后文从略。

9 月 7 日 抵旧金山。全体留学生收到领事、华侨代表和青年会中西干事的欢迎宴请。后赴斯坦福大学参观。

9 月 8 日 乘火车前往芝加哥。

9 月 11 日 于盐湖城寄家书。

9 月 13 日 于芝加哥寄家书。

9 月 14 日或 15 日 抵达伊利诺伊。

9 月 15 日 于伊利诺伊寄家书。

9 月 21 日 填写伊利诺伊大学政治学博士入学申请表（辅修经济学与教育学）[载何荣汉：《陶行知——一位基督徒教育家的再发现》，基督教文艺出版社（香港）2004 年版，第 306—307 页；后收入川版《全集》第十二卷]。

9 月 22 日 入学，攻读市政。并担任学生会秘书，热心公共事务。

10 月中旬 父陶位朝作书信致陶行知（转引自余子侠：《山乡社会走出的人民教育家——陶行知》，湖北教育出版社 1999 年版，第 66 页）。

10 月 发表毕业论文《共和精义》上半部内容，署名 1914 年毕业生陶文濬著，刊《金陵光》第六卷第五期。

同月 菜滋发表诗歌《送陶知行留学美国》，刊《金陵光》第六卷第五期。

11 月 发表毕业论文《共和精义》下半部内容，署名 1914 年毕业生陶文濬著，刊《金陵光》第六卷第六期。

1915 年
（民国四年　乙卯）　24 岁

5 月 9 日　袁世凯接受日本对中国提出的“二十一条”密约。

9 月 15 日　陈独秀于上海创刊《青年杂志》，后改名《新青年》。

12 月 12 日　袁世凯称帝，改国号为“中华帝国”，定 1916 年为“洪宪元年”。

12 月 25 日　蔡锷、唐继尧等宣布云南独立，组织护国军，讨伐袁世凯。

1 月　父逝。得噩耗后，“悲之极，不得已借事勉强忘之，下课后即到图书馆中看书，不敢回寓，每至深夜始返。但梦中不能自主，悲怀一动，凄凉甚矣”。

> 陶宏回忆：父亲生性是孝顺的，尤其生长在清寒的家庭里而能够进学校受教育更能对父母以孝。祖父据祖母和父亲说为了父亲进学校，毅然断了自己的不良嗜好，最后终于因年高体弱而倒下去。这种牺牲自己成全儿子上进的精神给父亲极深刻的感动。所以祖母讲到父亲初次离乡去杭州，祖父送他上船，船开后，父亲忍不住背转双手蒙住眼睛哭了。后来在美国求学得知祖父去世消息，无法排除思家念父的情怀，只有整天埋头在图书馆里，发奋努力，以求能报答亡父于九泉之下。（《陶行知先生纪念集》①，第 610—611 页）

3 月 29 日　金陵大学秘书拉尔夫·E. 德芬道尔夫致函陶行知（收入川版《全集》第十二卷）。

4 月 2 日　长子陶宏（桃红）出生。

同日　复德芬道尔夫函（收入川版《全集》第十二卷）。

4 月 8 日　致函德芬道尔夫（收入川版《全集》第十二卷）。

---

① 本书版本信息为 20 世纪 40 年代由陶行知先生纪念委员会编印。后文从略。

4月12日 德芬道尔夫复函陶行知（收入川版《全集》第十二卷）。

5月22日 在伊利诺伊州立大学中国留学生茶话会上向黄炎培展示各国学生学程均分表，载1917年黄炎培：《新大陆之教育》上编之《中国学生与外国学生竞争往往优胜》（收入川版《全集》第一卷）。

同日 据黄炎培记述："火车既抵香槟，……香槟市人口仅三千，而公园大数十英亩，……陶君文濬言，此间小学亦有房舍极简陋，学生仅十数人者，惜未及观也。……金来君集中国留学生开茶话会，留学生复自于俱乐部开欢迎会。陶君文濬示余一九一四年意里诺大学各国学生学程均分表如下……"（《黄炎培日记》第1卷，第176页）

5月 发表《中国运入美国物产大宗之研究》，刊《安徽公报》第四十期（收入湘版《全集》第八卷，又收入川版《全集》第一卷）。

上半年 在伊大第二学期间，任学生俱乐部干事。

夏 获伊利诺伊大学政治硕士学位，其硕士论文为 *Leased Territories in China*（《中国租地》），指导教授为 Russell M. Stosy。论文共分七章，分别为：1. Introduction（简介）；2. Kiao Chow（胶州）；3. Kwan Tung（关东）；4. Kwan Chow Wan（广州湾）；5. Wei Hai Wei（威海卫）；6. Kowloon（九龙）；7. Conclusions（结语）（藏美国伊利诺伊大学香槟分校图书馆特藏室）。

夏 于日内瓦湖参加基督教男青年会夏季大会，会中受到启迪，决意以教育管理为终生事业。

夏 在中国学生暑期集会（夏令会）结识缪云台，获其资助。

> 缪云台回忆：在美国学习期间，我认识了陶行知先生（当时叫陶知行）。我那时已转入明尼苏达大学，他在伊利诺伊州。我们是在中国学生暑期集会（夏令会）时认识的，一见如故，以后经常通信。他是自费留学的，经济比较困难，所以我每月从我的80元生活费中寄给他10元，有一二年之久。（《缪云台回忆录》，中国文史出版社1991年版，第12页）

夏 寄近照并于照片后附信致母（收入湘版《全集》第五卷，又收入川版《全集》第八卷）。

9月15日 偕董雨苍六时半乘车赴伊利诺伊州春田城（Spring field），十时至。同游林肯故宅及陵寝。游后，作《游林肯故宅及陵寝记》，刊本年《学生月刊》第二卷第十二号，署名前冠有"留学美国伊利诺伊大学毕业生”[载《生活教育》2011 年第十期（上）]。

秋 转入纽约哥伦比亚大学师范学院，入住哈特莱学生宿舍 1010 室。在教育行政学权威斯特雷耶教授指导下，攻读教育学博士学位，同时修读杜威、克伯屈、孟禄等人教育哲学和教育史学等课程，成为杜威实用主义哲学与教育学的信徒。

附一：陶行知 1915—1916 学年第一学期学习申请科目表

系别	课程及编号	学分	课程内容	任课教师
教育	行政 201—202	1/2		斯特雷耶
教育	比较 203—204	1/2	各国学校制度的行政和社会基础	康德尔
教育	哲学 243—244	1/2	基础方法	克伯屈
教育	哲学 247	1/2	学校与社会	杜威
教育	历史 421—422	1	教育史	孟禄
教育	心理学 451—452	1		
教育	教育 423—424	1	实习（美国公共教育行政）	斯特雷耶
教育	教育 241—242	1/2	教育哲学	克伯屈
论文及其他	经济学 101—102	1/2	财政学	塞索库曼
	社会学 257	1/2	进步社会的发展	斯列丁

附二：陶行知 1915—1916 学年第一学期学分认可及课程修毕情况表

课程及编号	学分	课程内容	任课教师
哲学 247	1/2	学校与社会（伦理学及教育问题）	杜威
历史 421—422	1	教育史	孟禄
教育 423—424	1	实习（美国公共教育行政）	斯特雷耶
教育 241—242	1/2	教育哲学	克伯屈
经济学 101—102	1/2	财政学	塞索库曼
社会学 257	1/2	进步社会的发展	斯列丁

附三：陶行知 1915—1916 学年第二学期学习申请科目表

系别	课程及编号	学分	课程内容	任课教师
教育	行政 201—202	1/2		斯特雷耶
教育	比较 203—204	1/2	各国学校制度的行政和社会基础	康德尔
教育	哲学 243—244	1/2	基础方法	克伯屈
教育	历史 421—422	1	教育史	孟禄
教育	社会学 292	1/2	教育社会学	斯列丁
教育	心理学 451—452	1		
教育	教育 423—424	1	实习（美国公共教育行政）	斯特雷耶
教育	教育 241—242	1/2	教育哲学	克伯屈
论文及其他	经济学 101—102	1/2	财政学	塞索库曼
系外选择	教育 479	1	教育社会学实习：中学原理	

附四：陶行知 1915—1916 学年第二学期学分认可及课程修毕情况表

课程及编号	课程内容	任课教师
历史 421—422	教育史	孟禄
教育 423—424	实习（美国公共教育行政）	斯特雷耶
教育 241—242	教育哲学	克伯屈
经济学 101—102	财政学	塞索库曼
教育 479	教育社会学实习：中学原理	

附五：陶行知 1916—1917 学年第一学期学习申请科目表

课程及编号	学分	课程内容	任课教师
教育 491—492	1	实习：教育社会学	斯列丁
教育 591—592		讨论：教育社会学	斯列丁
教育 203—204	1/2	各国学校制度的社会基础	康德尔
教育 425—426	1	实习：美国教育史	孟禄
系外选择	8 1/2		

附六：陶行知 1916—1917 学年第一学期学分认可及课程修毕情况表

课程及编号	课程内容	任课教师
教育 491—492	实习：教育社会学	斯列丁
教育 203—204	各国学校制度的社会基础	康德尔

附七：陶行知 1916—1917 学年第二学期学习申请科目表

课程及编号	学分	课程内容	任课教师
教育 491—492	1	实习：教育社会学	斯列丁
教育 591—592		讨论：教育社会学	斯列丁
教育 203—204	1/2	各国学校制度的社会基础	康德尔
教育 425—426	1	实习：美国教育史	孟禄
系外选择	2 1/2		

附八：陶行知 1916—1917 学年第二学期学分认可及课程修毕情况表

课程及编号	课程内容	任课教师
教育 491—492	实习：教育社会学	斯列丁
教育 203—204	各国学校制度的社会基础	康德尔

（见［日］牧野笃：《关于陶行知在美国留学期间学习与生活的若干考察》，载《教育史学会纪要》，1990 年 10 月 27 日第 33 号）

11 月 10 日 拍照。后寄回家中。

1916年
（民国五年　丙辰）　25岁

3月22日　袁世凯被迫取消帝制，仍自称大总统。

6月6日　袁世凯在全国人民讨伐声中死去。次日，黎元洪代理北京政府大总统。

7月12日　范源濂出任教育总长，表示要“切实实行元年所发表的教育方针”。

10月　全国省教育会联合会在北京召开第二次大会。

12月26日　黎元洪任命蔡元培为北京大学校长。

2月11日　得哥伦比亚大学师范学院院长J. E. 罗素函，要求陶行知将其生活经历及终生事业计划向利文斯通奖学金捐助人作一简略报告。

2月16日　于哥大哈特莱学生宿舍1010室作书信*My Resume and My Plan of Life Career*（《我的学历及终身志愿》）致哥伦比亚大学师范学院院长J. E. 罗素，署名陶文濬（收入湘版《全集》第八卷，又收入川版《全集》第六卷）。

3月16日　复德芬道尔夫函（收入川版《全集》第十二卷）。

6月16日　据胡适记述：“下附图乃杜威先生及安庆胡天濬君合影，陶知行（文濬）所摄。杜威（John Dewey）为今日美洲第一哲学家，其学说之影响及于全国之教育心理美术诸方面者甚大，今为哥伦比亚大学哲学部长，胡陶二君及余皆受学焉。”[《胡适日记全编》[①]（二），第408页]

7月5日　据《张彭春年谱》记述：“胡适、陶文濬（行知）同游纽约绮色佳（Ithaca. N. Y.）并合影，胡适在日记中称：‘两君皆今日留学界不可多得之人才也。’”（《张彭春年谱》，见《张彭春论教育与戏

---

① 本书版本信息为胡适著、曹伯言整理：《胡适日记全编》，安徽教育出版社2001年版。后文从略。

剧艺术》[1]，第620—621页）

同日 据胡适记述："上图右为歙县陶文濬（知行），左为天津张彭春（仲述）。两君皆今日留学界不可多得之人才也。"[《胡适日记全编》（二），第414页]

秋 接替凌冰，任哥伦比亚大学师范学院中国学生会和中国教育研究会年度主席。

11月22日 作书信致约瑟夫·巴来先生。

11月 发表英文论著《中国的道德与宗教教育》上半部分，刊北美中国基督徒学生会学报 *Liu Mei Tsing Nien*（《留美青年》）第三卷第一期，署名 W. T. Tao（收入川版《全集》第十二卷）。

12月5日 据黄炎培记述：

> 安徽陶君文濬，留学美国古仑比亚大学教育课，思力精邃，又纯朴无习气。近应考博士，命题涉及中国教育，属搜集资料。复书如下：
>
> （上略）承问弟所认为江苏教育上最急要之问题，此则枨触余心，极愿掬以奉告者。盖江苏最急要之问题，无过于教育与职业之联络。兄亦知近两年吾国满地青年，学成弗用，任何等级之学校，毕业生除升学外，别无生路（惟师范学校较好）。以前不过吾辈鉴于教育之不切实用，奔走呼号，希图醒悟。今则不幸言中，情见势绌，无可为讳，江苏省教育会因此实地调查各中等学校出路，编为统计，警告世人（去年所调查刊在《教育研究》中，今岁所调查见临时刊布第十二号，均附寄上），皆系最近实况。此次北京教育会联合会，以向各省，则中学毕业生，有仅十分之一升学者，（直隶）有不及十之一者，除升学外，皆兼无所事事也。即有事，大都为小学教员。夫中学毕业生而适于为小学教员也，则师范学校岂不可废，况自最近教育部颁行检定小学教员令后，此路亦已断绝。盖各种学校皆有学成无用之恐慌，而最恐慌者莫中学若。此问题之解决方法，一方面在提倡职业教育（修正学制亦一重要问题），一方面在使普通教育所有教授材料、训练方针，一一务合于实际，求切于社会之需要。此事改革，诚非易易，

---

① 本书版本信息为张彭春著，崔国良、崔红编：《张彭春论教育与戏剧艺术》，董秀桦英文编译，南开大学出版社2003年版。后文从略。

要当尽力做去。若今之教员与校长，往往但求教学生至毕业为止，而学者亦但求博得毕业虚名为止，至所教所学之是否适于所用，两俱不问，无惑乎有此结果也。依次现象，所谓教育者，不惟不能解决世界最重要之生计问题，且将重予生计问题之困难。幸而教育未发达未普及耳，苟一旦普及，满地皆高等游民，成何世界。吾为此惧，窃愿集合通知，竭吾今后数十年精力，谋所以补救。兄课余倘能注意及此，留心搜集关于解决此问题之参考资料，于学成后归以饷我，感甚，感甚。弟所认为唯一重要问题者此也。（下略）（《黄炎培日记》第1卷，第272—273页）

12月23日 约瑟夫·巴来复函陶行知（收入川版《全集》第十二卷）。

12月 发表英文论著《祁氏汉语字典的新贡献》，刊 *The Chinese Student's Monthly*（《中国学生月刊》）第十二卷第二期，署名 Wen Tsing Tao（收入川版《全集》第十二卷）。

本年 利用课余和节假日，从事勤工俭学。

同年 担任《留美青年》（*Liu Mei Tsing Nien*）杂志编委［原藏耶鲁大学神学院图书馆特藏室，后载何荣汉：《陶行知——一个基督徒教育家的再发现》，基督教文艺出版社（香港）2004年版，第300页］。

1917 年
（民国六年 丁巳） 26 岁

1月1日 胡适在《新青年》第二卷第五期上发表《文学改良刍议》一文，提倡文学革命。

5月6日 中华职业教育社在上海成立，推举黄炎培为办事部主任，蒋梦麟为总书记。

7月1日 张勋等在北京发动政变，拥护清宣统帝复辟。

7月12日 段祺瑞率兵攻入北京，张勋逃亡荷兰驻华使馆，复辟闹剧收场。

8月14日 北京政府对德奥宣战。

11月7日 俄国十月革命取得胜利。

约年初 致函威特曼（收入川版《全集》第十二卷）。

1月 发表英文论著《中国的道德与宗教教育》下半部分，刊北美中国基督徒学生会学报 *Liu Mei Tsing Nien*（《留美青年》第三卷第二期，署名 W. T. Tao（收入川版《全集》第十二卷）。

3月 发表《遗传论》，刊《留美学生季报》第四卷第一期（收入湘版《全集》第八卷，又收入川版《全集》第十一卷）。

同月 发表英文论著《中国在转变中》，刊 *Liu Mei Tsing Nien*（《留美青年》）第三卷第三期，署名 Wen Tsing Tao（收入川版《全集》第十二卷）。

7月26日 孟禄致函哥伦比亚大学哲学博士学位评议委员会主席伍德布里奇博士，“建议为 W. T. 陶能得到博士学位安排一场初试，这属于特殊情况，陶业已完成了学术性的研究工作，并正在撰写一篇题目被认可的论文，除非他回到中国，搜集有关这论文主体的注释资料，否则这篇论文不可能完成。鉴于他将要从事中国政府教育工作，不可能再从中国返回美国，我建议，任命一个特别委员会来主持一场考试，以便当这论文主体完成后对其进行审定。我谨提议，定8月2日星期四为考试日期”。

8月2日 据克伯屈记述：“参加了陶的博士考试，他准备回中国完成其博士论文的写作，完成后寄回来以获得认可。应该说他做得还是不错的。”（《克伯屈日记》，藏美国哥伦比亚大学师范学院图书馆特藏室）

《克伯屈日记》中还记有同年蒋梦麟的论文答辩情形，摘录如下：

> 1917年3月23日，……晚上，思考问题特别是蒋梦麟的论文。他论文的原创性工作究竟做了多少，我发现自己难以作出判断。
>
> 1917年3月25日，参加三位博士生的考试：米德（Mead）、福特威尔（Fritwell）和蒋梦麟。米德的论文做得很好，不过统计表做得稍微差些；福特威尔也做得不错；至于蒋梦麟的论文则有些问题，其论文以中国和西方的教育哲学为基础，这让人难以作出判断。他的教育知识似乎流于表面，尽管许多人对其论文纷纷摇头，但最终还是勉强通过了。

8月—9月 获美国哥伦比亚大学师范学院“都市学务总监资格凭”。

受时任南京高等师范学校教务主任郭秉文（哲学博士、原哥大教师学院校友）的邀请，做回国任教的准备。在孟禄博士的争取下，通过哥大学位委员会组织的博士论文口试，得到允许，可以回国收集资料，撰写博士论文。完成后，寄交哥大即可获得博士学位（由于回国后事务缠身，博士论文虽完成，还未寄出，就在一场大火中被烧毁）。

又 离美回国。在船上谈回国后的志愿时说：“我要使全中国人都受到教育。”（陶晓光：《回忆父亲给我的教育》，原载《行知研究》第三期，转引自《陶行知年谱》，第14页）

9月 应聘担任南京高等师范学校教育学专任教员，主讲教育学、教育行政和教育统计等课程。

10月10日 在南京高等师范学校“双十节”纪念会上发表演讲《双十节纪念》，刊1918年《南京高等师范学校校友会杂志》第一期，记录者：谢守恒（收入湘版《全集》第八卷，又收入川版《全集》第一卷）。

10月16日 参加金陵大学同学会本部下届职员选举会，被选为会长兼职业介绍部委员，并发表就职演讲，演讲词后刊于1917年12月《金陵光》第九卷第二期，记录者：宜（收入《金陵大学同学会本部职员选举会纪事》，后收入湘版《全集》第一卷，又收入川版《全集》第一卷）。

10月 月薪水为160元（李祚明：《陶行知在南京高师等校社的任职

情况》，见《历史档案》1982年第2期）。

12月15日 以“陶文濬”名列入中华职业教育社新社员之特别社员通讯名录（载本日《申报》）。

12月16日 以金陵大学同学会会长名义出席下关支部成立会，并发表演说，刊1918年2月《金陵光》第九卷第三期，记录者：刘丙彝（收入《金陵大学同学会下关支部成立记》，后收入湘版《全集》第一卷，又收入川版《全集》第一卷）。

12月25日 参加金陵大学同学恳亲会，到二百余人。会上发表演讲，刊1918年2月《金陵光》第九卷第三期，记录者：刘钟璐（收入《金陵大学同学恳亲会记录》，后收入湘版《全集》第一卷，又收入川版《全集》第一卷）。

下半年 发表《试验主义之教育方法》，刊《南京高等师范学校教育研究会会刊》第一期，又载1918年4月《金陵光》第九卷第四期，同年6月《安徽教育月刊》第6期刊载时，题为《试验主义之教授方法》（收入湘版《全集》第一卷，又收入川版《全集》第一卷）。

本年 继续担任《留美青年》（*Liu Mei Tsing Nien*）杂志编委。

1918年
（民国七年　戊午）　27岁

1月15日　《新青年》从第四卷第一期开始改用白话文。

5月21日　北京大学、北京高师等校学生二千余人，到总统府请愿，要求废止本月16日签订的《中日共同防敌军事协定》。

9月1日　北京国会选举徐世昌为大总统。

11月11日　第一次世界大战结束。

12月　《每周评论》在北京创刊，主编有陈独秀、李大钊、胡适等。

1月15日　发表《生利主义之职业教育》，刊《教育与职业》第一卷第三期（收入《中国教育改造》，后收入湘版《全集》第一卷，又收入川版《全集》第一卷）。

2月　发表在金陵大学同学会下关支部成立会上演讲词，刊《金陵光》第九卷第三期。

同月　发表在金陵大学同学恳亲会上演讲词，刊《金陵光》第九卷第三期。

同月　作诗《中国小孩子过新年》（收入《知行诗歌别集》，后收入湘版《全集》第四卷，又收入川版《全集》第七卷）。

3月14日　南京高等师范学校教育研究会上发表市乡教育情况调查报告的演讲，演讲词后刊1918年《南京高等师范学校校友会杂志》第一期，又载1918年《南京高等师范学校教育研究会会刊》第二期，记录者：陈纲、彭蠡汇（收入湘版《全集》第八卷，又收入川版《全集》第一卷）。

4月　发表《试验主义之教育方法》，刊《金陵光》第九卷第四期。

同月　偕黄炎培等二十余人游燕子矶，途径北固乡，后作诗歌《黄任之先生邀陪暨南学生游燕子矶道经北固乡口占》，刊《金陵光》第九卷第四期（收入《知行诗歌别集》时改题为《北固乡道上》，后收入湘版《全集》第四卷，又收入川版《全集》第七卷）。

同月　发表诗歌《攀松山》《骑驴》《携诗游》，刊《金陵光》第九卷第四期（收入湘版《全集》第四卷，又收入川版《全集》第七卷）。

春　作诗《桃红三岁》（收入《知行诗歌别集》，后收入湘版《全集》第四卷，又收入川版《全集》第七卷）。

春末　支持筹备南京高等师范学校学生成立教育研究会，被推选为该会指导员。在成立大会上演讲《教育研究法》。

5月9日—13日　任江苏省教育厅委托代办的县视学讲习会主任教员。在此期间，在讲习会上作演讲《江苏学务委员之调查》，刊1918年《南京高等师范学校校友会杂志》第一期，记录者：吴崑（收入川版《全集》第一卷）。

5月9日　在江苏县视学讲习会开幕式上宣布办法：课程分教育概要、视察标准、视察方法、分组参观等（载1918年5月11日《申报》）。

同日　据杨贤江记述："江苏省教育厅委托本校办理江苏视学讲习会，于今日上午行开会式。……下午开讲，余已索得听讲券一纸。……夜间，陶［行知］先生托余收发听讲券及分给讲义。"［《杨贤江全集》[①]（四），第247页］

5月11日　在江苏县视学讲习会上演讲《视察普通教学法之方法》（载1918年5月14日《申报》）。

5月23日　在南京高等师范学校教育研究会第八次常会上发表有关职业教育设施法的讲话，与6月4日在第十二次常会上的讲话合刊于同年《南京高等师范学校教育研究会会刊》第二期，记录者：龚励之、胡喆（收入湘版《全集》第八卷，又收入川版《全集》第一卷）。

5月　南京高等师范学校教育专修科（相当现在的教育学院，下辖三个系）成立，拟聘其担任该科主任。由于其在校务会议上力主将"教授法"改为"教学法"，辩论两小时，未获通过，故不接受教育专修科主任一职。

同月　对安徽省立第一师范学校和省立第一女子师范学校师生作演讲《师范生应有之观念》，记录者：陈世勋、谢荣冠、陈硕果、吕璜、郑上元、王式禹（收入湘版《全集》第八卷，又收入川版《全集》第一卷）。

---

① 本书版本信息为杨贤江著、任钟印编：《杨贤江全集》，河南教育出版社1995年版。后文从略。

6月4日 在南京高等师范学校教育研究会第十二次常会上发表有关职业教育设施法的讲话，与5月23日在第八次常会上的讲话合刊于同年《南京高等师范学校教育研究会会刊》第二期，记录者：孙毅（收入川版《全集》第一卷）。

6月23日 以南京高师同学会会长身份在毕业生会上发表谈话，载同年10月《金陵光》第十卷第一号（收入川版《全集》第十一卷）。

6月 发表在南京高等师范学校教育研究会上的演讲词《教育研究法》，刊《金陵光》第九卷第五期，记录者：刘著良、吴崑（收入湘版《全集》第一卷，又收入川版《全集》第一卷）。

同月 《安徽教育月刊》第六期转载《试验主义之教育方法》一文，题目改为《试验主义之教授方法》。

7月5日 次子陶晓光（小桃）出生。

约7月 发表《学校设备与卫生》，刊《安徽教育月刊》第七期（收入湘版《全集》第八卷，又收入川版《全集》第一卷）。

夏 担任南京高师“教育科主任教员兼教务主任职”，或称“教务主任兼教育科主任”（中国第二历史档案馆藏中央大学档案，转引自李祚明：《有关陶行知的几则史实的商榷》，见《历史档案》1990年第3期）。

9月14日 在南京高等师范学校全体教务会议上作报告，收入《南京高等师范学校全体教务会议记录》（收入川版《全集》第一卷）。

9月17日 在南京高等师范学校发表演讲《智育大纲》，刊同年9月20日《南京高等师范日刊》（收入湘版《全集》第一卷，又收入川版《全集》第一卷）。

9月20日 发表《智育大纲》，刊《南京高等师范日刊》。

9月23日 担任南京高等师范学校校友会西文书记并兼学艺部部长和毕业生部副部长。

9月24日 据杨贤江记述：“与陶［行知］先生商定，入教育科听《教育学讲义》。”［《杨贤江全集》（四），第296页］

9月27日 参加南京高等师范学校教育研究会，并发表演讲，范冠东记录，后以《教育研究会指导员陶行知先生演讲》名刊同年10月5日《南京高等师范日刊》，又刊同年《南京高等师范学校教育研究会会刊》第三期（收入湘版《全集》第一卷，又收入川版《全集》第一卷）。

10月5日 《南京高等师范日刊》刊发《教育研究会指导员陶行知先

生演讲》一文。

11月5日 参加南京高师附属小学茶话会，到郭秉文、俞子夷、柳冀谟，会上作讲话（收入湘版《全集》第八卷）。

11月20日 据杨贤江记述："下午四时，往青年会听讲。讲者为美总统特派调查东方各国国情专使克林先生。演词英文，另由陶知行先生翻译。"[《杨贤江全集》（四），第318页]

11月26日 在南京高等师范学校教育研究会第四次常会上发表演讲《都市教育调查法之商榷》，刊《南京高等师范学校教育研究会会刊》第三期，记录者：包瀚（收入湘版《全集》第八卷，又收入川版《全集》第一卷）。

本年 发表《戏剧与教育》，刊《南京高等师范学校教育研究会会刊》第三期（收入湘版《全集》第八卷，又收入川版《全集》第一卷）。

1919 年
（民国八年 己未） 28 岁

2 月 4 日 严修、张伯苓等在天津筹办南开大学，9 月 25 日开学。

2 月 蒋梦麟主编的《新教育》杂志创刊于上海。

5 月 4 日 五四运动爆发。

10 月 10 日 孙中山将中华革命党改组为中国国民党，规定“以巩固共和，实行三民主义为宗旨”。

年初 与刘伯明等组织南京学界联合会筹备会（《陶行知年谱》，第 18 页）。

1 月 4 日 郭秉文致函黄炎培、蒋梦麟，略谓：

> 《新教育》月刊，各机关编辑代表，敝校应加入陶君知行一人，以陶君为教育科主任，必多有所发表。（中国第二历史档案馆藏中央大学档案，转引自李祚明：《有关陶行知的几则史实的商榷》，见《历史档案》1990 年第 3 期）

1 月 任新教育共进社《新教育》月刊的南京高等师范学校编辑代表。

2 月 24 日 发表了《教学合一》，刊上海《时报·教育周刊·世界教育新思潮》第一号，署名教育硕士陶知行（收入《中国教育改造》，后收入湘版《全集》第一卷，又收入川版《全集》第一卷）。

2 月 闻哥伦比亚大学教授杜威到日本讲学，托南京高等师范学校校长、哥伦比亚大学师范学院校友郭秉文邀请杜威来华讲学。

同月 发表《试验主义与新教育》，刊《新教育》第一卷第一期（收入《中国教育改造》时有修改，后收入湘版《全集》第一卷，又收入川版《全集》第一卷）。

3 月 10 日 发表《美国活动教授之一段》，刊上海《时报·教育周刊·世界教育新思潮》第三号，又载同年 4 月 22 日《南京高等师范日刊》（收入湘版《全集》第一卷，又收入川版《全集》第一卷）。

3月12日 致函胡适，略谓：

三个礼拜前听说杜威先生到了日本，要在东京帝国大学充当交换教员，当头一棒，叫我觉得又惊又喜。为何惊呢？因为我两三年后所要做的事体，倒日本先做去了。继而又想到杜威先生既到东方，必定能帮助东方的人建设新教育，而他的学说也必定从此传得广些。且日本和中国相隔很近，或者暑假的时候可以请先生到中国来玩玩，否则就到日本去看看他也是好的。想到这里，又觉得大喜了。所以即刻就把这事和郭先生谈了一下，当时就决定由他经过日本的时候当面去请。现在又有你欢迎的信去，我看杜威先生十分有六七分能够来了。我不久也要写一封信去。总而言之，这件事我们南北统一起来打个公司合办，你看如何？［《胡适遗稿及秘藏书信》①（36），第352—354页］

3月15日 出席河海工程学校四周年纪念会。

3月18日 发表演讲词《欧战后德国教育之大改革》，刊《南京高等师范日刊》第三、四版，记录者：施毓麒、徐泰（收入川版《全集》第十二卷）。

3月20日 致函胡适，略谓：

新教育杂志屡承惠赐鸿篇，至深感激。……先生热心教育，学识宏通。凡定阅本杂志者，莫不欲继续获睹先生之文以为快。……务请将本期所愿担任题目先期寄下，并希早日惠寄全文，俾得如期出版以惠国人，不胜欢迎感盼之至。［《胡适遗稿及秘藏书信》（36），第350—351页］

1919年3月20日陶行知为新教育杂志第六期约胡适撰稿。自第四卷第二期起，陶接替蒋梦麟担任该杂志主编，编辑部设在南京东南大学教育科。

3月22日 下午，由沪赴宁。

3月24日 发表《道路与教育》，刊《时报·教育周刊·世界教育新思潮》第五号（收入湘版《全集》第一卷，又收入川版《全集》第一卷）。

3月31日 发表《介绍杜威先生的教育学说》，刊《时报·教育周刊·世界教育新思潮》第六号上，又刊同年7月15日《新中国》第一卷第三号（收入湘版《全集》第一卷，又收入川版《全集》第一卷）。

---

① 本书版本信息胡适著、耿云志主编：《胡适遗稿及秘藏书信》，黄山书社1994年版。后文从略。

同日 致胡适函，略谓：

……杜威先生曾发表他的意思说，除今年之外，还愿留中国一年。既然有此很好的机会，这一年光阴自然不能轻轻放过。怎么办法，要等郭先生和哥伦比亚大学商量后才可定当。杜威先生到华接洽事宜应由北京大学、江苏省教育会、南京高师三个机关各举代表一人担任。敝校昨日已推定兄弟担任此事，请老兄和蔡孑民先生商量推举一人，以便接洽。附上敝校所拟办法数条，请与蔡孑民、蒋梦麟、沈信卿三先生（蒋、沈二君现在北京）磋商。[《胡适遗稿及秘藏书信》(36)，第 355—358 页]

3 月 发表《普露士教育之基本改革》，刊《新教育》第一卷第二期（收入湘版《全集》第一卷，又收入川版《全集》第一卷）。

4 月 14 日 发表《试验教育的实施》，刊《时报·教育周刊·世界教育新思潮》第八号（收入湘版《全集》第一卷，又收入川版《全集》第一卷）。

4 月 15 日 蒋梦麟致函胡适，略谓：

读兄致知行函，并来信，知道了。译稿用白话，弟无条件的赞成。英文原稿要付刊，更不成问题。余俟杜威先生到后再商，……此间已推我为欢迎代表。[《胡适来往书信选》[1]（上），第 37 页]

4 月 21 日 发表《第一流的教育家》，刊《时报·教育周刊·世界教育新思潮》第九号（收入《中国教育改造》，后收入湘版《全集》第一卷，又收入川版《全集》第一卷）。

4 月 22 日 《美国活动教授之一段》又转发于《南京高等师范日刊》，副标题为“柏格罗女士分糕寓教”。

4 月 28 日 晚，赴南京造币厂花园晤张伯苓 [《张伯苓年谱长编》[2]（上），第 244 页]。

同日 据严修年谱记述：“抵浦口，……晚宿造币厂，陶知行来谈。”（《严修年谱》[3]，第 413 页）

---

① 本书版本信息为中国社会科学院近代史研究所中华民国史组编：《胡适来往书信选》，中华书局 1979 年版。后文从略。

② 本书版本信息为梁吉生撰：《张伯苓年谱长编》，人民教育出版社 2009 年版。后文从略。

③ 本书版本信息为严修自订、高凌雯补、严仁曾增编：《严修年谱》，齐鲁书社 1990 年版。后文从略。

4月30日 与胡适、蒋梦麟等在上海迎接杜威抵华。

胡适于5月3日致蔡元培函记载此事，云："杜威博士夫妇于三十日午到上海，蒋[梦麟]、陶[知行]与我三人在码头接他们，送入沧州别墅居住。这几天请他们略看看上海。"[原载《北京大学日刊》1919年5月8日，转引自《蔡元培年谱长编》[①]（中），第195页]

5月1日 陪同杜威夫妇参观《申报》馆，与经理史量才等人合影留念。

同日 据张元济记述："美哥伦比亚大学 Dr. John Dewey 偕其夫人来厂，系蒋梦麟同来。伴者尚有陶行知[知行]。奥尔达（利达洋行主人）约在汇中晚饭。"[《张元济日记》，见《张元济全集》[②]（七），第61页]

5月4日 五四运动爆发。

5月7日 上午，在青年会召开全市中等以上学校代表会议，后因到会人数超过，改在鸡鸣寺进行。决议通电北京政府，要求立即释放被捕学生，并决议组织国耻纪念筹备会（《陶行知年谱》，第20页）。

5月9日 上午，在南京小营演武厅举行的国耻纪念日集会上发表演说，并参加会后游行，演讲词载同月11日《申报》第二张第七版第三栏（收入川版《全集》第十一卷）。

同日 下午三时，参加江苏省教育会举行的国耻纪念大会，发表演说并参加游行，演词载《时报·南京国耻纪念详记》（收入湘版《全集》第八卷）。

5月10日 与南京各校代表一起，会见英、美两国领事，表明中国人民强烈要求归还青岛的严正立场。

5月13日 南京学界联合会正式成立，大会通过会章，并确立了"服务社会、发挥爱国主义"的宗旨。

5月14日 参加南京绅、商、学各界一万余人召开的国民请愿大会。

同日 作《论学界联合会组织办法书》致记者，刊同月19日《时报·教育周刊·世界教育新思潮》第十三号（收入川版《全集》第十一卷）。

5月15日 被南京学界联合会推为副会长。应尚德任会长。

---

① 本书版本信息为高平叔撰：《蔡元培年谱长编》，人民教育出版社1998年版。后文从略。

② 本书版本信息为张元济：《张元济全集》，商务印书馆2007年版。后文从略。

5月18日 参加南京学界联合会会议，报告该会组织法，并解释会章概要。

同日 下午，陪同杜威赴南京高师口字房，口译杜威演讲《真正之爱国》，刊同月26、27日《南京高等师范日刊》第三版（收入川版《全集》第十二卷）。

5月19日 发表《论学界联合会组织办法书》，刊《时报·教育周刊·世界教育新思潮》第十三号。

5月20日 以南京学界联合会副会长身份赴大中桥省立通俗教育馆参加由江苏省教育厅厅长胡家琪主持的各界座谈会，阐述学界联合会宗旨（载同月22日《申报》）。

5月中旬 将南京高师全部课程由“教授法”改为“教学法”。

5月25日 在南高师担任杜威演讲《共和国之精神》翻译，听众到3 000余人（载次日《申报》）。

5月28日 被聘为南京学生单独成立的学生联合会顾问。

5月下旬 在南京高等师范学校担任学监主任兼代理校务的陈容辞职后，暂时代理校务。

6月6日 据本日《申报》载：“南京学界联合会已更名为学生联合会……正、副会长应尚德、陶知行均辞职，各校教职员亦均宣告脱离。”

6月19日—20日 发表与刘经庶、姜琦、吴翔庆等21校教职员共计95人的致江苏督军李纯、省长齐耀琳函，刊《申报》第二张第八版（收入川版《全集》第十一卷）。

6月24日 由宁赴沪，并与蒋梦麟共同致函胡适，略谓：

> ……徒威留一年，甚好。南京、上海方面准合筹四千元。[《胡适遗稿及秘藏书信》(36)，第359页]

7月1日 上午，以南京欧美同学会负责人身份参加南京十五个团体会议，磋商设立南京各团体联合会（载1919年7月4日《申报》，后收入湘版《全集》第八卷，又收入川版《全集》第十一卷）。

7月15日 《新中国》第一卷第三号又载《介绍杜威先生的教育学说》一文。

7月17日 据经亨颐记述：“七时，同孟恢乘车赴嘉兴。十时，即讲演。听者不少，闻此次系嘉属六邑联合发起。明日陶行知［知行］讲，今晚特快车到，余恐与相左，欲面邀其来杭讲演，因先赴嘉善。纯人同返，

且至东园小憩，候快车至，而陶君不来，颇为怅怅。”（《经亨颐日记》，见《经亨颐集》①，第537页）

7月21日 据经亨颐记述：“十时，至教育会，晤陶行知［知行］，同往湖滨旅馆，晤朱达善，余即返寓。”（《经亨颐日记》，见《经亨颐集》，第538页）

7月22日 参加浙江第一师范学校毕业生讲习会，并发表演讲《新教育》，刊9月《教育潮》第一卷第四期，记录者：李宗武、洪鋆（收入湘版《全集》第一卷，又收入川版《全集》第一卷）。

同日 据经亨颐记述：“八时，至湖山新旅社，访袁观澜，并迎陶行知［知行］至校演讲，其材料为新教育大体，颇动人。听讲毕，在校午膳后别去。”（《经亨颐日记》，见《经亨颐集》，第538页）

同日 据蔡元培记述：“午后进城，晤陶知行，相与谈中学改革策及南京高师改大学事。彼此甚洽。陶君言，曾集高师学生百人，询以中学所习代数曾经应用者几人，可举手。举手仅九人。复反讯之，则未曾应用者，确有九十一人。已应用之九人中，用诸适当问题者，亦是少数。其法不过两星期可以授毕。因而推得中学学生如无志专研数理天文诸科者，其代数课程，决不宜如是其繁云。”（《蔡元培日记》，第263—264页）

夏 组织南京高师暑假留校学生调查研究失学成人补习教育问题（《陶行知年谱》，第21页）。

8月14日 上午，参加江苏省教育会中等以上学校教育研究会会议，作关于青年心理问题演讲两小时（载同月18日《申报》）。

8月15日 上午继续参加会议，谈学生自治约一小时（载同月18日《申报》）。

9月6日 南高师颁布内部组织试行简章，设常设委员会和临时委员会。陶行知担任多项委员会委员（《南京大学校史资料选辑》，南京大学1982年编印，第63—65页）。

9月7日 接待来访贵州实业教育团，发表讲话，刊次日《申报》，又刊同月22日《时报·教育周刊·教育界》（收入湘版《全集》第一卷，又收入川版《全集》第一卷）。

---

① 本书版本信息为经亨颐著，张彬、经晖、林建平编：《经亨颐集》，浙江大学出版社2011年版。后文从略。

9月8日 《申报》刊发《陶知行与贵州教育团谈话》一文。

9月14日 在全体教务会议上报告教务处及各科组织计划（见中国第二历史档案馆《南京高等师范学校全体教育会议记录》，收入湘版《全集》第一卷，又收入川版《全集》第一卷）。

9月22日 《时报·教育周刊·教育界》刊发《陶行知与贵州教育团谈话》一文。

9月 《教育潮》第一卷第四期刊发《新教育》一文。

10月3日 与王伯秋、刘伯明等发起成立南京学术讲演会，起草阐述该会之旨趣。

10月4日 郭秉文致函陶行知，略谓：

> ……兹拟聘先生为本校教务主任。月薪按照部定直辖专门以上学校职员薪俸暂行规程，每月致送通用银元二百五十元，于本月一日起支。（《南京大学校史资料选辑》，南京大学1982年编印，第63页）

10月5日 南京学术讲演会召开成立大会，到中国科学社杨杏佛等人，被推为临时主席，报告该会旨趣，次由王伯秋宣读章程，讨论通过。并致函本城学术团体及中等以上学校于近期召开第一次演讲大会。（《陶行知年谱》，第22页）

10月 因郭秉文被免去教务主任升任校长一职，陶行知被正式聘为南京高师教务主任（李祚明：《陶行知在南京高师等校社的任职情况》，见《历史档案》1982年第2期）。

同月 发表《学生自治问题之研究》，刊《新教育》第二卷第二期，又于1920年1月10日、11日转载《民国日报·副刊》（收入《中国教育改造》，后收入湘版《全集》第一卷，又收入川版《全集》第一卷）。

11月7日 被南京各界联合会筹备会推举为会长（载1919年11月12日《申报》）。

11月8日 在南京学术讲演会第一次会议上表示："今日本会设立宗旨，即在改旧时私授学术的方法为公开的，变少数人专有的学术为多数的。"（载1919年11月24日《申报》）

11月22日 三子陶刚出生。

11月30日 据黄炎培记述："偕叔进、知行、伯秋，游清凉山。夜，饭于叔进家。"（《黄炎培日记》第2卷，第72页）

12月8日 参加南京各界四万余人为"福州惨案"而举行的抗议集

会，被推为大会副会长（载 1919 年 12 月 10 日《申报》）。

12 月 9 日 下午二时，在金陵大学开第一次学术演讲大会，到各学术团体及十余学校千余人（《陶行知年谱》，第 22 页）。

同日 下午六时，为“福州惨案”事以国民大会代表身份偕徐瀛赴军民两署请愿，先访李纯，因纯患目疾由副官杨恩培代见。再访齐燮元，由汪科长代见（载 1919 年 12 月 10 日《申报》）。

12 月 11 日 参加筹款建筑南京讲演厅委员会，主持会议并报告该会活动经过及计划（《陶行知年谱》，第 22—23 页）。

12 月 17 日 在校务会议上提出《改拳术为随意科案》（收入湘版《全集》第一卷，又收入川版《全集》第一卷）。

同日 提议《规定女子旁听办法案》（收入湘版《全集》第一卷，又收入川版《全集》第一卷）。

同日 提出《添设速记、打字讲习科案一件》（收入湘版《全集》第一卷，又收入川版《全集》第一卷）。

本年 主持全体校务会议，提出《改良课程案》，计划将本校课程改为“选科制”（收入湘版《全集》第三卷，又收入川版《全集》第一卷）。

同年 任南京高等师范学校“工读协助研究”“改良考试”等委员会主任，还任“学生自治”“暑期学校”和“女生研究”等委员会委员。

同年 撰写所担任的六门课程纲要（载《南京高等师范学校教育专修科第一级教学概况》之《教育专修科学程纲要》，后收入川版《全集》第十一卷）。

此外，还担任了《教育哲学》《中等教育》《小学校之组织及行政》《比较教育》四门课程的课程纲要撰写工作，共计有十门课程。

同年 开始正式更名为陶知行。

1920 年
（民国九年　庚申）　29 岁

1 月　天津学生开展反对日本提出的中日两国直接交涉山东问题的斗争，遭到镇压。

2 月 6 日　北京政府大总统令从严整饬学风。

7 月　直皖战争爆发。

8 月　上海共产主义小组成立。

年初　陪同杜威讲学并担任翻译。

1 月 10 日、11 日　《民国日报·副刊》转载《学生自治问题之研究》。

1 月 12 日　晨，缪金源作《读陶知行先生的〈学生自治问题之研究〉》，刊同年 2 月 8 日《北京大学学生周刊》第六号（收入川版《全集》第一卷）。

1 月 20 日　与安徽旅宁同学会等五百余人共同致电安徽省省长、教育厅厅长，请求将南京贡院所得之款作为欧美留学基金（1920 年 1 月 29 日《申报》，后收入川版《全集》第十一卷）。

2 月 29 日　胡适作书信致陶行知［《胡适日记全编》（三），第 106 页］。

2 月 17 日　柯庆施作家书一封予父柯临久，内提：

> ……南京有一试馆为歙县学界之公产，男现托同乡陶知行先生向该馆移借学费，待男毕业后再还。（柯六六：《五四运动前后柯庆施日记、家信选摘》，载《中共党史研究》2009 年第 5 期）

3 月 5 日　柯临久为子柯庆施致函陶行知、姚文采等（收入川版《全集》第十一卷）。

3 月 16 日　联合张士一、贺懋庆、柳诒徵、孙洪芬、杨杏佛、邹秉文、饶冰斯提出《各科招生新生案》（收入湘版《全集》第八卷）。

3 月 17 日　在南京高等师范学校第九次校务会议上提出《各科招生新生案》。会议对此案决议为："交招收新生委员会详细研究，再行报告。"

3月21日 以歙县旅宁同乡会名义致函柯临久（收入川版《全集》第十一卷）。

3月23日 上午十一时至十二时，晤胡适［《胡适日记全编》（三），第129页］。

3月25日 上午十时，访胡适［《胡适日记全编》（三），第131页］。

3月30日 据胡适记述："下午七时，访杜威、知行，东兴楼。"［《胡适日记全编》（三），第136页］

4月10日 经郭秉文提名，任东南大学筹议委员会委员（王德滋主编：《南京大学百年史》，南京大学出版社2002年版，第65页）。

4月14日 下午四五时，与南京学生联合会会长及分会代表接洽，商谈罢课一事。

4月15日 在南京高师校务会议上发言，谈与南京学生联合会接洽情形（收入《南京高等师范学校第五次校务会议临时会议记录》，后收入湘版《全集》第一卷，又收入川版《全集》第一卷）。

4月21日 在南京高等师范学校第十一次校务会议上报告"招收新生问题"，强调"不论男女均可录取"，规定了录取女生的数额（收入《南京高等师范学校第十一次校务会议记录》，后收入湘版《全集》第一卷，又收入川版《全集》第一卷）。

4月22日 《申报》刊载《公请杜威博士南来讲演办法》，内中告知杜威讲演时间、内容、经费等，并谓："'译述'特请南京高师校长郭秉文博士，教务主任陶知行博士，学监主任刘伯明博士轮流担任。"（载本日《申报》）

4月 主持接待杜威来南京高等师范学校讲学。

5月3日 柯临久致函陶行知、姚文采等人（收入川版《全集》第十一卷）。

5月14日 致函胡适，略谓：

……暑期学校章程，已经付印。广告今天登报。南方学界都晓得你已经允许在暑期学校讲演。大家都希望你来。如果变更，一定要使大家失望。

吾兄要在暑期休息，也是一件好事，我很赞成。但是在南京演讲，也如同休息一样。如果精力不足，就照前议演讲《中国古代哲学史》和《白话文法》。至于《西洋近代哲学史》可以取消。我并且要为你找一个适意的地方居住；包你可以读书休息，包你可以免除一切无谓的应酬。总之我希望你休息，希望你在南京休息；更希望你寓休息于有限制的演讲。暑期学校好像是新明大戏院；梅畹华来，才能开台，请你不要拆台罢！[《胡适遗稿及秘藏书信》(36)，第 360—362 页]

5 月 21 日 致函刘伯明（收入湘版《全集》第八卷，又收入川版《全集》第八卷）。

5 月 24 日 胡适致函陶行知。

5 月 28 日 复胡适函，略谓：

……大家都说这次暑期学校，事属创举，关系很大。吾兄担任的功课，都是多数学子所注目的，所以大家都希望你能够多留几天，使得学生不致失望。我们计划了一下，如果有四个星期，七月十二至八月七日，大概可以说得去。如此你每星期所任的功课分量也可以减少些，于休息一层，也可多些机会。至于著书一层，我们很希望你不致因此间断，应用的书籍，尽可搬来；一切运费，由我们开支。现在我所最虑的，就是夫人生产一事。万一上头所说的计划与产期太逼近，那也不应该过于勉强。但至少希望你能在南京留三个星期。请你自己斟酌。

论到讲题一层，我想你的《古文文法与白话文法之比较》比纯粹讲白话文法，还更加有用，就遵命变更。但是《中国哲学方法的变迁》一题，似乎太过于专门。此地大家觉得还是你从前所拟的《中国古代哲学史》好些。这个题目一来普通些，二来你已有成书，可以参考。这不过是我们的意见，供你采择；究竟改与不改，还请你快信通知。[《胡适遗稿及秘藏书信》(36)，第 363—367 页]

5 月 31 日 致函胡适，略谓：

……此地已经发表的每周教授时间表，将你的功课配在八至十时。因为这个时间最好，所以没有预先和你接洽。不过此刻所加的五小时，如果放在七至十二时，怕须影响多数学生的功课。上午六时至七时及下午任何时间都可安排。但是六至七太早，下午太热，吾兄之意如何？万一两种时间都不合意，我再来想法子。[《胡适遗稿及秘藏书信》(36)，第 368—369 页]

6 月 2 日 在南京高等师范学校第十四次校务会议上提出《南京高等

师范学校招收特别生办法》（收入《南京高等师范学校第十四次校务会议记录》，后收入湘版《全集》第一卷，又收入川版《全集》第一卷）。

6月9日 致函胡适，略谓：

> 昨天程君保和来信，说你因为北大补课事要到八月三号才能到南京上课。这话确否？我因此非常担忧。这次报名的人几乎无人没有你的功课，还有许多小学教员，特为要学你的白话文法不远千里来到这里，如果开学的时候你不能来，他们必定大大失望，我们暑期学校的信用必定一落千丈。所以我希望这事不确。如果确实，还要请你想个法子，使他不成事实。[《胡适遗稿及秘藏书信》(36)，第370—371页]

6月12日 江西省立第二中学校长熊育锡致北大学生苏芬函，嘱其吁请蔡元培和胡适赴赣演讲，提及陶行知业已答允，略谓："小儿自美归，……建议请杜威博士及国内名流来赣演讲，……省教育会……请小儿向杜威接洽，……现事已议妥。……（刘）伯明、（张）东荪、（陶）知行、（胡）敦复、（郭）秉文、杨铨，已由小儿敦请，业经慨允。"[《北京大学日刊》1920年6月12日，又见《蔡元培年谱长编》(中)，第308页]

上半年 主持制订南京高师招收选读通学生办法、选科制案（收入湘版《全集》第八卷）。

7月2日 柯庆施致函其父柯临久，内提：

> ……男现在此不问罢课与上课，决抱补习宗旨（暑假期内，胡适之先生要到高师演讲，高师开一暑假补习班，男女兼收。）男拟届时仍住南京听讲。食住二事可同陶先生商量，或住高师亦未可知。七八月间，男决至北京，入工读互助团（此事万不可外扬，……）至北京一层，尚需同陶［行知］、姚［文采］诸先生一商再定行……（柯六六：《五四运动前后柯庆施日记、家信选摘》，载《中共党史研究》2009年第5期）

7月12日—8月20日 为提高中小学师资水平，在南京高等师范学校举办首次暑期学校及国语讲习科，组织留校学生教附近平民识字。暑期学校学生总数计一千零四十一人。其中男生九百五十五人，女生八十六人。年龄最高者五十九岁，最幼者十六岁。

又 暑期学校开办期间，与胡适、王伯秋、任鸿隽、陈衡哲、梅光迪等人谈论个人抱负时说："我的志愿就是要用四通八达的教育来创造一个四通八达的社会。”

7月27日 柯庆施致函父亲柯临久，略谓：

男今年暑假决意在此补习，一切均蒙陶［行知］、姚［文采］、朱［家治］诸先生之照料，当无意外之事发生也。（柯六六：《五四运动前后柯庆施日记、家信选摘》，载《中共党史研究》2009年第5期）

7月28日 柯临久致函陶行知（收入川版《全集》第十一卷）。

8月27日 胡适作书信致陶行知［《胡适日记全编》（三），第201页］。

9月 促成南京高等师范学校首次招收女生。

同月 调查玄武湖上居民职业及学龄儿童，与郭秉文、柯成懋商办昆明学校。

10月6日 在南京高等师范学校第十六次校务会议上发言，提出停止高师《一览》编制。又提议将招生委员会改为常设委员会，以便随时开会讨论招生。当日表决通过。又提议与金陵大学、女子大学合设三校学年历委员会，经讨论后众议认为学年历统一困难诸多，提案未获通过。又作暑期学校开支报告。又提议组织暑期学校委员会，未获通过（收入湘版《全集》第一卷，又收入川版《全集》第一卷）。

同日 在校务会议上作《九年度招生报告》，收入《南京高等师范学校第十六次校务会议记录》（收入湘版《全集》第八卷，又收入川版《全集》第一卷）。

10月 为《南京高师第一届暑期学校概况》书写前言，题为《发刊词》，署名郭秉文、陶知行（收入川版《全集》第一卷）。

秋 做《办理暑期学校及国语讲习科报告》，未署名（收入川版《全集》第一卷）。

11月8日 作书信致胡适，略谓：

……近来各方议论纷纭，不免有颠倒是非、偏于刻薄的危险。北京《安徽旬刊》颇有价值，但近来有人利用，中伤善类。务请转达主持诸公，以后对于各处来信，须做一番明辨功夫。因为善恶不能分明，一切效力都要失去了。譬如三中校长是知行保荐，成了事实之后，再四敦劝，方先生才允担任。他何尝去运动？我们保荐他，是纯粹为教育的，并不是为私利的。方先生去后，高师如失左右手，是牺牲的，并不是争权的。［《胡适遗稿及秘藏书信》（36），第385—386页］

胡适收到此信后，即交《安徽旬刊》，并附说明：“《旬刊》记者：我接到陶知行先生来信一封，说得很诚恳，故送上请你们看看，不必登出。”

11月25日 下午七时至九时，作为评判员参加南京高等师范学校教育研究会的辩论会，辩题是“教育厅长由民选抑或官委”。后由李勉韶记录于《教育厅长之产出问题》一文，刊1921年3月《教育汇刊》第一卷第一期（收入湘版《全集》第一卷，又收入川版《全集》第一卷）。

11月26日 参加南京高师行政会议。

11月27日 致函郭秉文（收入湘版《全集》第五卷，又收入川版《全集》第八卷）。

12月1日 在南京高等师范学校二十次校务会议上提议，招收江西某中等学校毕业生四十五人为南京高等师范学校特别生或代办补习班（收入《南京高等师范学校第二十次校务会议记录》，后收入湘版《全集》第一卷，又收入川版《全集》第一卷）。

12月12日 致函胡适，略谓：

> 昨晚接到屯溪来电，说第三中学已起风潮，振民先生已经提出辞职书。依我看来，此事的发端因为少数教员不能满学生之意，并有几位野心的人要想利用时机谋校长的位置。但是吾徽人才太少，除振民先生之外，要想得一位靠得住的人，实在无处找。所以我主张仍旧维持方校长，但是教员却要改换好几位。振民先生始志未尝不想请好教员，一来路途远，二来薪水低，照现在的办法好教员是请不到的，这内中的困难我是澈底的明白。……要解决这个问题，只有一个法子，这法子就是……减少授课时间去减少教员，加增教员薪水。照这法子做去，再加些图书，学生既可自动，又能请好教员，岂不是一举两得么。……吾兄若以为可就，请先电学生挽留校长，再用快信指示改革方针。……吾兄的病好了么？我很挂念。[《胡适遗稿及秘藏书信》(36)，第387—389页]

12月15日 国立东南大学筹备处成立，为校章编订股成员（载1920年12月23日《申报》）。

12月26日 致函胡适，略谓：

> 演讲会是刘载黎等所发起，现……暂由中等以上学校主持。以后希望芜湖与安庆二处同为学术演讲中心，每年举行若干次，遇有学者即开讲，不必拘定日期。北京方面讲员，请兄注意预约。皖省财力艰

难，最好是乘便南下时乘便演讲。

此次演讲改在一月一日举行，讲员有伯明、士一、洪芬、默君、伯秋与弟六人。

三中并未解散，学生代表已到南京谈过，对于振民先生亦主张挽留。教育厅已电请振民先生面商改革事宜，日内可到皖。……现在皖省所最缺的即是有能力之教员，务请在北大、北高及其他方面注意，以便需要时可以应济。[《胡适遗稿及秘藏书信》(36)，第390—392页]

12月31日 致函胡适，略谓：

兹有金陵大学学生陈君源湘、朱君文伟，愿转入北大肄业暂处旁听之列，俟下学年再应入学试验。……应请格外招呼，俾遂问学之忱。[《胡适遗稿及秘藏书信》(36)，第393—394页]

冬 南京高等师范学校烤火不慎，校舍被毁部分，导致博士论文《中国教育哲学与新教育》亦被毁(《陶行知年谱》，第25页)。

编者注：对此谱文，学者李刚在查阅《南京大学大事记(1902—1988)》后认为，该年南高师并未有火灾，火灾应为1923年12月12日(参见吴宓日记)。编者亦在编撰过程中发现，中华教育改进社第三次社务报告中多人提及1923年12月12日的这场大火(见该日谱文)。但编者认为，1923年8月陶行知已从东南大学离职举家北迁，专职担任中华教育改进社主任干事一职，其博士论文还存放于东南大学似乎有违常理。故，在没有确凿资料证明陶的博士论文毁于1923年大火之前，只能暂从旧说。

冬 致函张企文(收入湘版《全集》第五卷，又川版《全集》第八卷)。

本年 为邹恩润(邹韬奋)之情，校阅其翻译的杜威《民本主义与教育》一书，有部分改译，并介绍由商务印书馆作为"大学丛书"出版，以助"为了解除经济上的困难，韬奋卖稿救穷"(原载《韬奋》画传，见《陶行知年谱》，第25页)。

1921年
（民国十年　辛酉）　30岁

3月14日　北京大学、北高师、女高师、法专、农专、工专、医专、美校等教职员向政府索取欠薪，并相继罢教，持续半年之久。

5月5日　孙中山就任中华民国非常大总统，在广州重组军政府。

7月23日　中国共产党第一次全国代表大会在上海召开。

10月27日至11月7日　全国省教育会联合会第七届大会在广州举行。

12月23日　中华教育改进社在北京成立。该社系新教育共进社、《新教育》杂志社、实际教育调查社合并而成。

2月28日　作书信致胡适，略谓：

> 皖省同乡及当局为改革教育事，屡嘱知行回乡服务，知行以现任职务关系五年内不能他就之意谢绝。但皖省教育确有澈底改革之必要，当此人才缺乏之际，不必限定用本省人，借材异地亦无不可。伯秋兄办事魄力，皆为同侪素所钦佩，若得王君主持皖省教育，而吾辈用全力以为后盾，则三年之内皖教育行政必大有可观，吾兄卓识以为然否？［《胡适遗稿及秘藏书信》（36），第400—401页］

3月16日　在南京高等师范学校第二十三次校务会议上提出“收取特别生标准办法”，拟将特别生程度提高。经大会决议，提案通过（见《南京高等师范学校第二十三次校务会议记录》，后收入湘版《全集》第一卷，又收入川版《全集》第一卷）。

3月　发表《地方教育行政为一种专门事业》，刊《教育汇刊》第一卷第一期（收入湘版《全集》第一卷，又收入川版《全集》第一卷）。

4月7日　晚七时，赴江苏省立第一中学演讲《青年的人生观》（载次日《申报》）。

春　对南京的教育状况进行深入调查。

5月1日 发表译作《未来之中国》，刊《时事新报·学灯》（收入湘版《全集》第六卷，又收入川版《全集》第六卷）。

6月3日 通电声援安徽学生反对军阀镇压民主运动，支持学生正当要求（《陶行知年谱》，第26页）。

6月6日 夜，致函郭秉文，交代暑期教务工作数事（收入湘版《全集》第八卷，又收入川版《全集》第八卷）。

同日 东南大学在上海召开董事会，通过《东南大学组织大纲》，编制预算，推荐郭秉文为首任校长。

6月7日 送陶文渼赴庐山牯岭养病。

6月30日 致函胡适，略谓：

……三中的事现在有些不稳。这不稳的现象，依我看来，是因为两个缘故：（一）被革的学生和被除的教员，时常放谣言，时常运动破坏。（二）一般有校长热的时常乘机进行凑火打劫。我们本县人更厉害。他们说：哪里我们歙县人就一个校长人才也没有么？

有了这两个缘故，这次风潮发生，大家就以为是千载一时的好机会，群起攻击振民先生。听说汪东木已经准备了人俟候了方先生辞职。新安教育危乎殆哉！

其实这次风潮，只是因为从前祸根未曾除尽。本来可以消于无形，只因诸位同事，阅世都浅，不能从容处理，故尔如此。……这次风潮原因不一，……幸而袁、雍以外之教员，均能一致，故不久即归平静。此刻内部是很统一的，而外面一般人无风作浪，想凑火打劫，我们实在不能不注意。

现在想谋三中校长的有三人。一是徐公前校长。……二是祁门一位先生。……三是洪范五先生。……就这三人与振民先生比较而论，我以为还是振民先生继续为宜。

……振民先生前天来信说，要辞职，叫你我二人赶快推荐惇士继任。这也是很好的事情。惇士少年老成，我很佩服他。……我想万一振民先生固辞，只好推荐他，你看如何？一二日内三中有四五个教员来，我再打听一番，来报告你。

不过省城对于三中，大有急于下箸之势，我已写信请他们维持，你能写一封信去吗？你有什么意思，请你告诉我，我们总要一致，才好。你的身体如何？[《胡适遗稿及秘藏书信》(36)，第372—384页]

同日 胡适、丁文江在北京为杜威归国饯行［《胡适日记全编》（三），第347—348页］。

7月3日 据胡适记述："写信与陶知行、张春霆（安徽教育厅长），皆为安徽第三中学校长方新辞职事。又发一电慰留方君。"［《胡适日记全编》（三），第352页］

7月11日 胡适等在北京送行杜威［《胡适日记全编》（三），第368页］。

7月16日 据胡适记述："下午二时半到浦口，过南京未停。前日得陶知行来电，要我'过宁留两天'，我不能留了，已有快信复他，说我到上海稍有头绪后仍可来南京讲演。"［《胡适日记全编》（三），第373—374页］

7月23日 据胡适记述："写信给知行，给安庆一班人，给冬秀。"［《胡适日记全编》（三），第395页］

7月31日 据胡适记述："七点半到南京，汪乃刚在车站接我。同到知行家中，吃了一碗粥，即去讲演。……回到知行家，知行邀了刘伯明、王伯秋、孙洪芬、梅迪生、张子高……诸君同吃饭。绩溪洪范五（名有丰，十四都人）新自美国学图书馆事业回国，亦在知行家住。知行前日大病，不能与我同行，范五允与我同行。"［《胡适日记全编》（三），第406—407页］

夏 南京高等师范学校改组为东南大学，兼任教育科主任。

徐兰友回忆：那时陶夫子很讲究，西装烫的笔挺，皮鞋擦的雪亮，扫地、抹桌、倒茶水、送信一切杂务都由我做，他出去办事，我就跟在后面拿着皮包。（《陶行知年谱》，第226页）

夏 到安庆支援安徽学生争取教育经费独立的运动，讲演《民权初步》。

夏 为解决安徽教育会"争长"风潮，与胡适等人联名发表《改造安徽省教育会宣言》，倡议将"会长制"改为"委员制"（收入川版《全集》第一卷）。

夏 南京高等师范学校办理第二期暑期学校，因校舍不足，限制名额，仍招收了一千人。"可见此种学校很能适应社会的需要。若各处高师能办理这种学校，使各地方与机关，选好教员来学习，供其用费，必于中国教育有所帮助。"［《新教育·民国十年教育大事记》（第四卷第三、四

期），见《陶行知年谱》，第26页]

又 时任职于南京高师的杨贤江表示："年来南京高等师范学校之暑期学校甫经创办，而四方来学者即踊跃异常，可见我们暑期学校之前途会有无限之希望。"（《教育杂志·教育评坛》第十四卷第六期，见《陶行知年谱》，第26页）

又 据《毛泽东年谱1893—1949》记载："8月上旬，[毛泽东] 到杭州、南京一带游历。在南京，看望周世钊以及在东南大学暑假补习班学习的陶毅、吴钊等六人。"（《毛泽东年谱1893—1949》① 上卷，第85页）

夏 在暑期学校发表"活的教育"演讲，经汪忠一、马延乾整理后，刊1922年1月18日—19日《时事新报·学灯》（收入湘版《全集》第一卷，又收入川版《全集》第一卷）。

8月6日 据胡适记述："……十二时，至大旅馆，赴马仲五之招，一时到徽州会馆，赴徽州同乡之招，知行已到省，也来赴会。……三时再至教育会，赴各校联合会的欢迎会，我与知行皆有短演说。"[《胡适日记全编》(三)，第419页]

8月24日 与东南大学郭秉文、王伯秋等拟请尚小云、杨小楼、程德霖、龚云甫等名伶演义务剧一日，门票五元（载本日《申报》）。

8月 得知孟禄将来华参加北京协和医学院落成典礼，遂与范源濂、蔡元培、张伯苓等人在京发起实际教育调查社，推举范源濂为社长，蔡元培为副社长，聘请孟禄来华调查科学教育。

约8月 江苏义务教育期成会聘陶行知为研究股委员会委员，写《义务教育入手办法之商榷大纲》（收入湘版《全集》第八卷，又收入川版《全集》第一卷）。

9月5日 在沪与教育界同人黄炎培、郭秉文、朱经农、袁复礼、王志莘等赴码头迎接美国哥伦比亚大学师范学院教授孟禄，随即同赴沧州别墅商谈此次孟禄来华调查与讲学事宜（载1922年《教育丛刊》第八集，1922年《新教育》第四卷第四期）。

9月6日 上午，与黄炎培、郭秉文、余日章、朱经农等人陪同孟禄赴上海商科大学谈中国教育问题。随后，陪同孟禄参观沪江大学，并偕沪

---

① 本书版本信息为中共中央文献研究室编，逄先知主编：《毛泽东年谱1893—1949》，中央文献出版社2002年版。后文从略。

江大学校长刘湛恩陪孟禄游览吴淞（载 1922 年《新教育》第四卷第四期）。

同日 访胡适，“谈安徽的事”[《胡适日记全编》（三），第 462 页]。

9 月 7 日 上午十时至下午一时，赴江苏省教育会参加孟禄博士谈话会，到黄炎培、沈信卿、余日章、郭秉文、孔祥熙、潘竞民、贾季英、袁叔畲、王文培、张叔良、顾荫亭等。在教育会午餐后赴公共体育场、中华职业学校参观（载次日《申报》）。

同日 下午四时，在江苏省教育会口译孟禄演讲《共和与教育》，刊 1922 年 4 月《新教育》第四卷第四期（收入湘版《全集》第六卷，又收入川版《全集》第六卷）。

9 月 9 日 因孟禄受哥伦比亚大学学生之请停留南京一日，上午七时二十分，偕陈鹤琴、徐养秋、郑晓沧、胡天濬、程湘帆、廖茂如赴南京下关火车站迎接孟禄。陪同孟禄参观南京高师、贡院、明孝陵等，后在高师梅庵午餐。午后又与孟禄等人讨论多时（载 1920 年 9 月 12 日《申报》）。

9 月 24 日 在南京高师、东南大学附中成立四周年纪念会上发表讲话，刊同年 12 月《中等教育》第一期（收入湘版《全集》第八卷，又收入川版《全集》第一卷）。

又 在四周年庆祝会上作学术报告《中学教育实验之必要》，刊同年 12 月《中等教育》第一期（收入湘版《全集》第八卷，又收入川版《全集》第一卷）。

10 月 16 日 晚六时，偕南高师书记谢君赴浦口火车站迎接孟禄一行，“乘船过江至下关，即雇车至南京城。我［王卓然］与汤君［茂如］住于东南大学新建的寄宿舍。孟禄住于南京青年会干事家内。”（《中国教育一瞥录》[①]，第 124 页）

10 月 17 日 在南京教育界讨论会上口译孟禄演讲和答客问，刊 1922 年 3 月《教育汇刊》第一卷第三期，记录者：卫士生（收入湘版《全集》第六卷，又收入川版《全集》第六卷）。

10 月 18 日 上午，陪同孟禄赴南京第一女子师范学校演讲。

据王卓然记载：“由第一女师出来后，孟禄回寓。我与汤君应陶知行之召，到他家里午餐。其住宅是楼房一所，布置雅洁，很有幽美的新家庭气象。陪客系陶君问我们的意思邀请以便谈话的，有刘经庶与郑晓沧二

---

① 本书版本信息王卓然：《中国教育一瞥录》，商务印书馆 1923 年版。后文从略。

位，席间相谈甚欢。”（《中国教育一瞥录》，第 139 页）

同日　下午，偕孟禄、王卓然等赴暨南中学参观。后随孟禄、郭秉文、王卓然等访江苏督军齐燮元、省长王瑚。后同回南高师观赏中国拳术（《中国教育一瞥录》，第 140、146、149 页）。

10 月 21 日　据王卓然记载：“早六点半会同孟禄陶知行汤茂如上站，买赴苏州车票。车比津浦京汉皆清洁的多。七点四十五分开车，虽时已深秋，沿路尚不少佳景，比之北方，风光是特别明媚。早餐与午餐皆在车上享用，饮食甚佳。午后一时到苏州，有苏州教育界人士杨鄂联吴研因等数人到站欢迎。下车后，住于铁路饭店。该饭店布置幽雅，室内完全西式，极为方便，且价值亦极便宜。”（《中国教育一瞥录》，第 169 页）

同日　下午，随孟禄一行参观苏州医学专门学校、留园、古玩店等处（《中国教育一瞥录》，第 169—170 页）。

同日　晚，苏州教育界同人在女子职业学校学士馆宴请孟禄，陶行知口译孟禄演讲和答客问，刊 1922 年 4 月《新教育》第四期第四卷，记录者：朱麟（收入湘版《全集》第六卷，又收入川版《全集》第六卷）。

10 月 22 日　在苏州第二女子师范口译孟禄演讲《旧教育与新教育的差异》，刊 1922 年 4 月《新教育》第四卷第四期，记录者：瞿雪野（收入湘版《全集》第六卷，又收入川版《全集》第六卷）。

同日　赴苏州陆军第二师观摩军人职业教育。途中发生交通意外，致使苏州第二女子师范附属小学一年级主任毛杏秀溺水身亡，故未到军营即返。

又　据王卓然记载：“我们原定于三时往参观军工学校，苏常镇守使署派来一位官长侯君相接。拍完照后，乃即出发。附小男女教员数人，以为趁此机会，也可看看军人学校的状况，乃随同前往。坐洋车出盘门，有预定的马车五辆先候。我与附小两男教员坐一车，孟禄与陶知行坐一车，……孟禄车在前，我的车第二，四位女教师车第三，……我与孟禄的车过第二拱桥时，忽闻后面惊喊之声。回头一看，呀！见四名女士坐的车，有一轮已走空，未及呼吸间，车马人全都坠入桥下水中。……他的面色青白，气息已无，四肢与周身冰凉，仅仅心口之处尚未大凉，……孟禄与陶知行皆提议用人工呼吸法。我说请你们二位作个样子看看。他们也只是由书上看来，知人工呼吸法得动死者胳膊，使肺得以张合。但实际上怎样施行，他们同我是一样，也是莫名其妙。……众人在亚细亚公司忙乱救护毛女士，期其返魂。我与孟禄及陶知行皆站在小雨之中，满腹的颓丧悲苦，虽顿足搓掌，亦没有起死回生的法子。无可如何，只得垂头叹气，驱车回到铁路饭店。我们原定在五点五十分车往上海，现在时间已晚，……于八时半快车赴上海。……孟禄住惠中旅馆。我与陶知行住大东旅社。”（《中国教育一瞥录》，第186—191页）

同日 发表演讲词《师范教育之新趋势》，刊《时事新报·学灯》，记录者：江源岷、张锡昌（收入湘版《全集》第一卷，又收入川版《全集》第一卷）。

10月23日 在上海。

10月25日 上午，陪同孟禄乘沙甸尼亚（Sardinia）号轮由上海赴广东，同行有王卓然、汤茂如。

10月26日—27日 在船上。

10月28日 晨，抵达香港。宿英皇爱德华大酒店。后陪同孟禄等参观香港大学，又游历香港。晚，爱德华大酒店晚餐会后乘金山号轮赴广州（《中国教育一瞥录》，第195—201页）。

10月29日 晨七时，与孟禄一行抵广州，广州市长孙科偕教育界人士登船欢迎。后宿亚洲酒店。早餐后随孟禄等人访黄炎培、袁希涛等。又随孙科拜谒黄花岗烈士墓。晚，随孟禄等人参加青年会组织的欢迎晚宴（《中国教育一瞥录》，第201—204页）。

10月30日 据黄炎培于广州记述：“午前，陶知行、陈伯华、陈午钦、刘小云来谈。”（《黄炎培日记》第2卷，第128页）

同日 晚，随孟禄与全国教育会联合会代表讨论学制问题。夜与王卓然谈论中国教育的过去、现在与未来，至十二时就寝（《中国教育一瞥录》，第201—204页）。

10月31日 在广州全国教育联合会第七届年会上口译孟禄演讲《“德谟克拉西”的教育》，刊1923年8月《中国教育一瞥录》（收入湘版《全集》第八卷，又收入川版《全集》第六卷）。

同日 据黄炎培记述：“与陶知行、袁、沈共晚餐于西堤。”（《黄炎培日记》第2卷，第128页）

11月1日 与王卓然、汤茂如等陪同孟禄参观广州培正中学、农业专门学校等（《中国教育一瞥录》，第221页）。

11月2日 上午，偕孟禄、王卓然等赴佛山。相继参观季华女子高等小学、南海县立第一师范讲习所、华英学校、私塾等。下午，回广州。晚，与孟禄等赴南圆酒店参加广州商务印书馆与中华书局举行的晚餐会（《中国教育一瞥录》，第224—226页）。

11月3日 随孟禄等参观广东省立第一女子师范学校、执信学校、广州市立第二十三国民学校、广州市立第一高等国民学校、陆纪生私塾，又赴石门观景（《中国教育一瞥录》，第228—234页）。

11月4日 偕汤茂如赴岭南大学借教育百科全书。晚六时半，随同孟禄等人参加广东省省长公署举办的晚宴（《中国教育一瞥录》，第234页）。

11月5日 陪同孟禄在广州参观广东高等师范学校及其附属学校。后随孟禄拜访汪精卫（《中国教育一瞥录》，第236页）。

11月6日 上午随孟禄赴省教育会与全国教育联合会代表讨论教育问题。晚五时，随孟禄一行访伍廷芳（《中国教育一瞥录》，第247页）。

11月7日 由广州回沪。

11月21日 抵上海。午后二时五十分，随孟禄赴杭州，晚七时十分到。

11月22日 上午陪同孟禄参观浙江省立第一师范学校及其附属小学等校。下午，随孟禄、王卓然、汤茂如乘船游西湖（《中国教育一瞥录》，第298—301页）。

11月23日 在浙江省教育会口译孟禄演讲《学理与应用》，刊1922年4月《新教育》第四卷第四期，记录者：朱怙生、李绍光（收入湘版《全集》第六卷，又收入川版《全集》第六卷）。

11月24日 上午陪同孟禄参观蕙兰中学、宗文中学校、之江大学等多所学校。下午同返上海（《中国教育一瞥录》，第314页）。

11月25日 孟禄在无锡对各校校长和教员发表演讲，陶行知口译，刊次年4月《新教育》第四卷第四期（收入湘版《全集》第六卷，又收入川版《全集》第六卷）。

11月27日 参加上海与无锡教育界在第三师范图画教室召开的教育讨论会，任孟禄翻译。

11月28日 回南京。送孟禄去济南。

12月初 被新教育共进社正式聘为《新教育》杂志主干（主编），着手整顿该刊的组织机构，筹划增加刊物内容。

《新教育》第四卷第一期启事：“蒋梦麟先生因事赴美，本刊主干（主编）职任，业经公推东南大学教授、教育科主任陶知行先生继续担任，本刊自第四卷第二期起，除照前定职志继续进行外，更加添实际经验并研究材料，内容较前更为丰富。”（《陶行知年谱》，第31页）

12月8日 在江苏省教育厅召开的《学制系统草案》讨论会上发言（见《学制系统草案讨论会记录》，后收入湘版《全集》第一卷，又收入川版《全集》第一卷）。

12月15日 上午，赴北京高等师范学校出席实际教育调查社预备会议。出席人员有张伯苓、袁希涛、陈宝泉、王仲达及山西代表杜君。会后应陈宝泉邀请，与张伯苓、严修、马叙伦、袁希涛、李襄臣、陈子和等赴陈宅小坐［《张伯苓年谱长编》（上），第290页］。

同日 下午二时半，赴美术学校参加北京各校代表教育讨论会。到孟禄、严修、梁启超、李建勋、陈宝泉、王文培、胡适、张伯苓等，李建勋主席（载1922年《教育丛刊》第八集）。

12月16日 上午，出席实际教育调查社预备会，积极主张由实际教育调查社、新教育共进社和新教育编辑社合组中华教育改进社。大会由范源濂主席，袁希涛副主席，推定凌冰、陶行知、王文培为翻译员，胡适、陶行知、陈宝泉为编辑员，汪懋祖为秘书。推定陈宝泉、李建勋、马叙伦、朱经农、陶行知等人为《中华教育改进社简章》的起草者。

同日 下午，约孟禄、司徒雷登、张伯苓、范源濂、刘廷芳、袁希涛等商讨教会大学立案问题［《张伯苓年谱长编》（上），第291页］。

同日 据《严修年谱》记述：“二钟半往六国饭店，是日陶知行约与门罗博士、司徒校长（燕京大学）、葛□□、刘君廷芳及范、袁二君会商教会所立大学立案问题。”（《严修年谱》，第444页）

12月17日 陪同孟禄参观朱其慧主办的北京香山慈幼院（载1922年《新教育》第四卷第四期）。

12月19日 在有孟禄参加的中国教育问题讨论会上发表对于师范教育意见的谈话，刊1922年4月《新教育》第四卷第四期（见《孟禄的中国教育讨论》，后收入湘版《全集》第一卷，又收入川版《全集》第一卷）。

12月21日 参加讨论《中华教育改进社简章》，《简章》获通过。

12月22日 晚七时半，赴北京高等师范学校演讲《中国师范教育》（载本日北京《晨报》）。

12月23日 中华教育改进社宣布诞生。该社由新教育共进社、新教育杂志社、实际教育调查社合并改组而成，以调查教育实际，研究教育学术，谋求教育进行为宗旨，总部设在北京。推举蔡元培、范源濂、郭秉文、黄炎培、汪精卫、熊希龄、张伯苓、李湘宸、袁希涛九人为董事；孟禄、梁启超、严修、张謇、杜威、张一麐、李石曾七人为名誉董事。

《直隶教育旬报》第四期《中华教育改进社之成立》记云："教育讨论会即于十年十二月二十三日闭会。因孟禄博士提议此次讨论各问题应组织委员会次第进行，同人均认本社有继续存在之必要，而同时有新教育共进社及新教育编辑杂志社与实际教育调查社宗旨相同，而社员亦多兼属之。因会商改组，将三社名义同时取消，合组为中华教育改进社，即于是月二十三日下午二时开成立大会，通过简章十八条。按照简章第五条之规定，选出董事九人，又公推名誉董事七人，此后即由各董事组织董事会按照简章次第实施矣。"

《直隶教育旬报》第二十期《中华教育改进社之成立纪要》又记云："二十一日三社代表联合开会讨论，新教育共进社、新教育编辑杂志社团体代表出席者，有北高李湘宸、北大蔡孑民（谭鸿逵代表）、南开张伯苓、江苏教育会袁希涛、东大南高陶知行，实际教育调查社亦有代表出席，当即通过简章草案。二十三日续开会，推举蔡元培、范源濂、郭秉文、黄任之、汪精卫、熊秉三、张伯苓、李湘宸、袁希涛九人为董事；孟禄、梁任公、严范孙、张謇、张仲仁、杜威、李石曾七人为名誉董事。公决请各团体来担任经费，至少维持前任三社经费总数；公决中华教育改进社董事会及主任干事。组织聘定后，三社事业即行归并。该社总事务所拟设于京师，各处亦可设分事务所云。"[《张伯苓年谱长编》（上），第294页]

同日 晚六时，出席实际教育调查社在北京为孟禄举行的饯别会并发表讲话，刊1922年4月《新教育》第四卷第四期（收入湘版《全集》第一卷，又收入川版《全集》第一卷）。

席间发言者，尚有张伯苓、王卓然、胡适、陈宝泉、金曾澄、汪懋祖、刘廷芳等二十余人。末由孟禄发表演说［北京《晨报》1921年12月24日；又见《蔡元培年谱长编》（中），第454—455页］。

12月26日 晚间，哥伦比亚大学同学会设宴为孟禄践行。

12月27日 上午十时十分，陪同孟禄乘火车离京南下。路过天津新站时，张伯苓前来送行［《张伯苓年谱长编》（上），第295页］。

12月下旬 与胡适等人着手编辑《孟禄的中国教育讨论》一书。

12月 发表演讲词《我国中等教育之先锋》《中学教育实验之必要》，刊《中等教育》第一期。

年底 书面陈条东南大学校长郭秉文，陈述义务教育研究问题（收入湘版《全集》第八卷，又收入川版《全集》第一卷）。

1922年
（民国十一年　壬戌）　31岁

1月12日　香港海员大罢工。

4月29日　直奉战争爆发，奉军以失败告终。

5月13日　蔡元培、胡适等发布《我们的政治主张》，主张组织“好人政府”。

9月　北京政府教育部召开学制会议。

10月　全国省教育会联合会第八届年会在济南召开。

11月2日　北京政府颁布《学校系统改革案》，时称壬戌学制。

1月1日　作诗《元旦游鸡鸣寺》（收入湘版《全集》第四卷，又收入川版《全集》第十二卷）。

1月4日　孟禄由沪抵宁，参观东南大学。后在东南大学讲话会发表谈话，陶行知任翻译（载1922年1月6日《申报》，后收入湘版《全集》第八卷，又收入川版《全集》第十二卷）。

同日　晚，在南京高等师范学校宴请孟禄的会上，介绍孟禄来华的活动与收获，刊同年3月《教育汇刊》第一卷第三期（收入湘版《全集》第八卷，又收入川版《全集》第十一卷）。

1月7日　在沪送孟禄归国。

1月18日—19日　在暑期学校的演讲经汪忠一、马延乾整理为《活的教育》，刊《时事新报·学灯》，署名陶知行（收入川版《全集》第一卷）。

1月19日　致函《时事新报》副刊《学灯》记者（收入湘版《全集》第一卷，又收入川版《全集》第一卷）。

1月23日　《时事新报·学灯》刊发其更正来信。

1月　经整顿的《新教育》第四卷第二期出版，延聘中国教育专家42人担任《新教育》编辑，特约各国教育界代表报告各国最新教育信息，获教育界好评。

同月 发表《评学制草案标准》，刊《新教育》第四卷第二期（收入湘版《全集》第一卷，又收入川版《全集》第一卷）。

同月 发表《中国建设新学制的历史》，刊《新教育》第四卷第二期（收入中华书局版《中国新教育概况》，后收入湘版《全集》第一卷，又收入川版《全集》第一卷）。

同月 发表《我们对于新学制草案应持之态度》，刊《新教育》第四卷第二期（收入《中国教育改造》，后收入湘版《全集》第一卷，又收入川版《全集》第一卷）。

同月 演讲《新学制与师范教育》，刊同年3月《新教育》第四卷第三期（收入湘版《全集》第一卷，又收入川版《全集》第一卷）。

2月1日 与胡适等人联名发表《改造安徽省教育会宣言》，刊《中华教育界》第十一卷第七期（收入湘版《全集》第三卷，又收入川版《全集》第一卷）。

2月6日 作诗《放爆竹》（收入《知行诗歌别集》，后收入湘版《全集》第四卷，又收入川版《全集》第七卷）。

2月7日 出席中华教育改进社在上海举行的董事会，自七日至十四日，开会四次。互选范源濂为董事长。签定各董事的任期：任期一年者：张伯苓、熊希龄、李建勋；二年者：袁希涛、汪精卫、蔡元培；三年者：郭秉文、黄炎培、范源濂。陶行知被聘为主任干事。大会通过董事会规则。规定本年度经费。组织筹划全国教育经费委员会［《新教育》第四卷第三期，又见《蔡元培年谱长编》（中），第472页］。

当月从中华教育改进社支取半月薪水，计120元。次月月薪为240元（李祚明：《陶行知在南京高师等校社的任职情况》，见《历史档案》1982年第2期）。

2月14日 中华教育改进社董事部召开会议，决议于同年7月3日—8日于济南召开第一届年会。

2月15日 下午五时，参加筹划全国教育经费委员会第一次委员会，到张一麐、史量才、范源濂、汤尔和、郭秉文、穆藕初、余日章、谭仲逵、袁希涛、沈信卿、熊希龄、黄炎培、陶行知、蔡元培（谭仲逵代表）、汪精卫（谭仲逵代表）、张謇（黄炎培代表），熊希龄主席。会上推举陶行知与黄炎培共同起草《筹划全国教育费委员会简章》（当晚通过），刊同年5月《新教育》第四卷第五期（收入《中华教育改进社社务报告》，后收入湘版《全集》第一卷，又收入川版《全集》第一卷）。

2月18日 以中华教育改进社名义致函胡适，略谓：

> 本社为求全国教育经费之扩充及适当支配起见，特设筹划全国教育费委员会，……并公推先生为赔款部部员。该部主任为范静生先生，一切请径与范先生接洽，积极进行，并请随时指示，使教育费早日得有着落，不至蹈空。（《胡适来往书信选》，第142—143页）

2月19日 《申报》刊载《中华教育改进社附设筹画全国教育费委员会职员名单》（载本日《申报》）。

2月28日 邀请袁希涛于南京高师教育研究会演讲义务教育问题，介绍袁希涛，载《教育汇刊》第一卷第四期，记录者：葛承训、卫士生（收入湘版《全集》第八卷，又收入川版《全集》第一卷）。

2月 与陈宝泉、汪懋祖共同整理出《孟禄博士与各省代表讨论教育之大要》，刊《教育丛刊》第二卷第八集（收入湘版《全集》第一卷，又收入川版《全集》第一卷）。

3月8日 在神州女学校发表演讲《中国女子教育之既往与将来》（收入湘版《全集》第八卷，又收入川版《全集》第十二卷）。

3月11日 发表《为创办长途汽车者进一言》，刊《申报汽车增刊》第十六期，署名陶（收入川版《全集》第十一卷）。

3月12日 《申报》刊载消息《东南大学进行近讯》，内称："该校与国内各大学及教育机关合组之中华教育改进社，公推该校教育科主任陶知行君为主任干事，该社与我国教育前途关系甚大，业经陶君慨允。"（载本日《申报》）

3月26日 赴南开大学开谈话会。晚，应严修之约，赴严宅宴，到张伯苓、凌冰、孙子文、卞俶成、武问泉等，谈至十时半乃散［《张伯苓年谱长编》（上），第302页］。

3月28日 据胡适记述："陶知行昨夜从南京来，今天住在我家里。"［《胡适日记全编》（三），第595页］

3月29日 以中华教育改进社名义致函胡适，略谓：

> ……素仰执事提倡教育，不遗余力，兹经董事部公推执事与陶知行先生担任安徽社员介绍事宜，深望鼎力赞助……（收入《胡适来往书信选》，后收入川版《全集》第十一卷）

3月30日 中华教育改进社京津董事假北京大学召开会议。

3月 发表《对于参与国际教育运动的意见》，刊《新教育》第四卷第三期，次年3月《中华教育界》又重发此文（收入湘版《全集》第一卷，又收入川版《全集》第一卷）。

同月 发表《女子教育在学制上占领地位之十五周纪念》，刊《新教育》第四卷第三期（收入湘版《全集》第一卷，又收入川版《全集》第一卷）。

同月 发表《新学制与师范教育》，刊《新教育》第四卷第三期。

3月底—4月初 赴济南筹备中华教育改进社第一届年会事宜。

4月1日 赴北京东兴楼与胡适、张伯苓、王伯衡等共进午餐［《张伯苓年谱长编》（上），第303页］。

同日 据胡适记述："午饭在东兴楼，客为知行与王伯衡、张伯苓。"［《胡适日记全编》（三），第600页］

4月2日 据胡适记述："知行昨夜病了，今天不能与我们同去逛香山。"［《胡适日记全编》（三），第602页］

4月3日 据胡适记述："知行病尚未好，我邀念劬来看他，念劬说是'肠窒扶斯'的第一期，尚不重要，服药当可痊愈。"［《胡适日记全编》（三），第604页］

4月10日 据胡适于天津记述："静生邀在正昌吃饭，有任公、知行等。"［《胡适日记全编》（三），第614页］

4月12日 中华教育改进社总事务所在北京正式成立，主持所内日常事务。改进社先借址美术学校，后迁至西四帝王庙内，后又迁至石驸马大街二十二号。

同日 据严修记述：上午，严与范源濂、张伯苓由津去京，"到美术学校，是日中华教育改进社事务所开成立会，到者二十余人，熊秉三、蔡孑民、胡适之俱到会。主席范静生、主任干事陶知行先后报告；胡适之、李襄臣、张伯苓、陈小庄、蔡孑民先后发言"。下午五时半散会（《严修年谱》，第448页）。

同日 据《张伯苓年谱长编》记述："偕严修赴美术学校出席中华教育改进社事务所成立会，到会者有熊希龄、蔡元培、胡适、陶行知、范源濂等二十余人，主席范源濂。主任干事陶行知作报告，胡适、张伯苓、蔡元培、陈宝泉、李襄臣等先后发言。下午五时半散会。会后，又与范源濂、陶行知、严修谈话许久。"［《张伯苓年谱长编》（上），第303—304页］

4月13日 上午，赴石驸马大街晤范源濂、张伯苓、严修。午后，张伯苓来美术学校晤陶行知 [《张伯苓年谱长编》(上),第 304 页]。

4 月 14 日 据胡适记述:"陈肖庄来,与知行与我同拟中华教育改进社的《年会规则》。"[《胡适日记全编》(三),第 616 页]

4 月 15 日 据胡适记述:"……到北京饭店访美国山格夫人 (Mrs. Margaret Sanger)。他是提倡'生育制裁'(Birth-Control) 最力的人;八年以来,他提倡的功效颇不少。此次来东方,携有梦麟的介绍书,蔡先生也收到介绍书,故我去看他。我请他演说,他答应了。回家时,我同知行说此事,知行说我近来很兴高采烈。其实我的兴致本来不坏,近来受一班冷血人的刺激,故更高兴了。"[《胡适日记全编》(三),第 621—622 页]

同日 发表《解决上海车务问题的我见》,刊《申报汽车增刊》第二十一期评论,署名陶 (收入川版《全集》第十二卷)。

4 月 29 日 发表《筑路之障碍》,刊《申报汽车增刊》第二十二期评论,署名陶 (收入川版《全集》第十一卷)。

4 月 30 日 下午,偕胡适赴公园吃茶 [《胡适日记全编》(三),第 655 页]。

4 月 以中华教育改进社名义致函全国,调查中国的教育状况。

同月 发表"关于师范教育的意见"的谈话、发表在实际调查社为孟禄举行的饯别会上的讲话,刊《新教育》第四卷第四期 (收入川版《全集》第一卷)。

同月 发表孟禄演讲专题译作《共和与教育》《旧教育与新教育的差异》《学理与应用》,刊《新教育》第四卷第四期。

同月 发表孟禄在苏州教育界同人讲话中文译作、无锡教育界谈话中文译作,刊《新教育》第四卷第四期。

同月 与孟禄等人共同发起筹建中华杏秀游泳社,并发表《中华杏秀游泳社之缘起与简章》,署名陶知行,刊《新教育》第四卷第四期 (收入湘版《全集》第一卷,又收入川版《全集》第一卷)。

春 作诗《游牛首山》(收入《知行诗歌别集》,后收入川版《全集》第七卷)。

5 月 2 日 晚,与胡适赴协和医院 Dr. Grant (格拉特博士) 宅吃饭 [《胡适日记全编》(三),第 657 页]。

5 月 4 日 出席中华教育改进社国民音乐研究部会议。到会者尚有蔡元培、梁启超、萧友梅、杨仲子、易憙、杨昭恕、胡适、周作人及林美德女士。该部主任萧友梅发言，谓国民音乐可分三部进行，第一编作，第二出版，第三传播。当即推定蔡、梁、胡、周、易担作歌词的著作，推定萧、杨、林美德及赵元任担任乐谱的制作。歌词著成后，即交该社总事务所转送制谱，然后在北京各学校中实验，逐步传播［载 1922 年 8 月《新教育》第五卷第一期，又见《蔡元培年谱长编》（中），第 502 页］。

5 月 7 日 与胡适同去参观京师图书馆。又与胡适同访陶孟和一谈［《胡适日记全编》（三），第 660 页］。

5 月 11 日 据胡适记述："做一篇《我们的政治主张》，是第一次做政论，很觉得吃力。这本是想专门为《努力》做的；后来我想此文颇可用为一个公开的宣言，故半夜脱稿时，打电话与守常［李大钊］商议，定明日在蔡先生家会议，邀几个'好人'加入。知行首先赞成，并担保王伯秋亦可加入。"［《胡适日记全编》（三），第 664—665 页］

5 月 12 日 据胡适记述："七时，打电话与蔡先生，借他的家里开会，讨论《我们的主张》。其余各人，也在电话上约定十一时相见。……十一时，在蔡宅开会，到者：梁漱溟、李守常、孟和、孟余、汤尔和、徐伯轩（未约他，偶相值）、经农等。他们都赞成了，都列名做提议人。蔡先生留我们吃饭；饭后他们都散了，我独与蔡先生闲谈。三时，王亮畴、罗君任也来，他们略有讨论，修改了几处，也都列名。连知行、在君、王伯秋、文伯和我，共十五人。下午，孟余自行取消，加入一涵、慰慈，共十六人。"［《胡适日记全编》（三），第 665 页］

5 月 13 日 据《张伯苓年谱长编》记述："陶行知［知行］从北京来南开大学。中午，张伯苓与陶行知［知行］、范源濂、严修、凌冰议事。"［《张伯苓年谱长编》（上），第 306 页］

同日 与蔡元培、李大钊、胡适等十六人联名起草《我们的政治主张》，刊同年 6 月《中华教育界》第十一卷第十一期，又载《东方杂志》第十九卷第八号（收入湘版《全集》第三卷，又收入川版《全集》第一卷）。

5 月 14 日 据《丁文江年谱》记述："由丁文江、蔡元培、胡适、李大钊、陶行知、陶孟和、梁漱溟等 16 人共同列名的《我们的政治主张》，在《努力》周报第 2 号发表。"（《丁文江年谱》①，第 162 页）

---

① 本书版本信息为宋广波编著：《丁文江年谱》，黑龙江教育出版社 2009 年版。后文从略。

5月17日 下午三时，中华教育改进社京、津董事假总事务所召开会议，讨论张彭春有关中学课程改进研究计划等诸事。

5月22日 离北京南下赴各省考察教育（载1922年5月23日《申报》）。

6月22日 发表致上海《申报》的信，刊《申报》（收入川版《全集》第十一卷）。

6月 与陈宝泉、胡适合编的《孟禄的中国教育讨论》由中华书局印刷出版。

同月 列名于蔡元培等十六人签名的《我们的政治主张》一文发表，刊《中华教育界》第十一卷第十一期。

上半年 与胡适、凌冰合译《中华教育改进社简章》，拟出英文本和汉英合译本。

7月2日 据张元济记述："晨三时抵济南，……回至中和饭店，有第十四号房，尚可用，遂约伯俞同寓。张仲仁、方叔远、刘海粟均寓此。……早餐后，赴招待所报到，晤陈主素、陶行知［知行］、张伯苓。缴到会费一元，取得赴会证。陶君问愿加入何组，余选得成人教育。"［《张元济日记》，见《张元济全集》（七），第292页］

7月3日 在济南举行的中华教育改进社第一次年会上作报告，刊同年10月《新教育》第五卷第三期（载中华教育改进社第一届年会《开幕典礼纪事》，后收入湘版《全集》第一卷，又收入川版《全集》第一卷）。

同日 《蔡元培年谱长编》记述："中华教育改进社在济南山东省议会举行第一次年会开幕式。会场遍挂全国学校调查表、学制系统表，正中订'作新民'三字，下挂行乞教育家武训遗像，到社员及山东省政、教各界代表三百余人，参观者拥挤异常。军乐大作，向国旗行礼后，该社董事长蔡元培任大会主席，致开会词，继由主任干事陶知行报告社务。山东省长田中玉、山东教育厅长齐徵致词后，由梁启超讲演《教育与政治》，黄炎培讲演《职业教育》。直至下午一时，摄影散会。"［《蔡元培年谱长编》（中），第531—532页］

同日 《张伯苓年谱长编》记述："中华教育改进社第一次年会在济南召开，与蔡元培、陶行知［知行］、胡适、黄炎培、张元济、张仲仁、汤尔和、陶孟和、黎锦熙、蒋梦麟、丁文江、胡敦复等出席。"［《张伯苓年谱长编》（上），第308页］

7月4日 晚间八时，中华教育改进社在年会会所举行董事会第一次会议。到梁启超、袁希涛、黄炎培、李建勋、张伯苓、张一麐，由蔡元培主席，致开会词，主任干事陶行知［知行］报告社务。议决向社务会议提议修改社章、提议于南京、长沙二处中选一处为明年大会地点、通过新加入的机关社员等事［《蔡元培年谱长编》（中），第535页］。

7月5日 上午，在中华教育改进社第一次年会期间社务会议上作报告，陈述社中人事变动及财务情况，刊同年10月《新教育》第五卷第三期（载该年会《社务会议记录》，后收入湘版《全集》第一卷，又收入川版《全集》第一卷）。

同日 与王伯秋合提《提倡创办青岛大学案》，刊同年10月《新教育》第五卷第三期（收入湘版《全集》第一卷，又收入川版《全集》第一卷）。

7月7日 发表在安庆暑期演讲会的演讲词《教育者之机会与责任》，刊《民国日报·觉悟》，记录者：程禔昌（收入湘版《全集》第一卷，又收入川版《全集》第一卷）。

7月8日 据胡适于济南记述："搬到泰丰旅馆……我出去访知行、孑民，都不遇。"［《胡适日记全编》（三），第722页］

7月18日 偕陶文渼赴胡适宅吃饭［《胡适日记全编》（三），第731页］。

8月3日 致函刘伯明（收入湘版《全集》第八卷，又收入川版《全集》第八卷）。

8月8日 据胡适记述："下午，知行来谈了三个钟头。"［《胡适日记全编》（三），第750页］

8月10日 出席中华教育改进社在香山森玉笏举行的董事会会议，被推选为中华教育改进社委员会委员。出席者蔡元培、熊希龄、张伯苓、李建勋、张一麐等董事。通过委员会规程，根据此项规程，组织各种委员会，如学校卫生委员会、职业学程委员会、农学教育委员会、商业教育委员会、工业教育委员会、幼稚教育委员会、数学教育委员会，等等。并确定本社担负各委员会经费总数，自本年7月1日至1923年6月底止，共二千元，酌量各委员会情形分配［《蔡元培年谱长编》（中），第545页］。

8月14日 据胡适记述："上午，知行来，邀至一涵家，与安徽代表李光炯们谈话。他们今天又作一公函给亮畴，系彤侯起的草。……知行来谈。他对于联省自治，与吴佩孚有同样的误解。但谈话的结果，他也觉得

我的主张有理。”[《胡适日记全编》(三)，第758页]

8月20日 为中华教育改进社第一届年会报告作序《中华教育改进社年会报告叙言二》，刊同年10月《新教育》第五卷第三期（收入湘版《全集》第一卷，又收入川版《全集》第一卷）。

8月20日—24日 赴南通参加中国科学社第七次年会。出席此次会议的有张謇、梁启超、马相伯、胡敦复、秉志、过探先、柳诒徵、竺可桢、杨杏佛、张孝若等四十余人（《丁文江年谱》，第169页）。

9月6日 代表中华教育改进社向教育部提出有关学制问题的八条议案。

9月10日 在南京邀集东南大学、南京高等师范学校教授多人与美国教育心理学家麦柯尔讨论进行教育心理测验办法。

9月16日 作诗《梨歌》，刊1924年12月20日《申报·申报常识·平民周刊》（收入湘版《全集》第四卷，又收入川版《全集》第七卷）。

9月17日 访黄炎培（《黄炎培日记》第2卷，第145页）。

9月18日 在北京召集北大、北京高师有关教授学者，与麦柯尔讨论教育心理测验的实行计划。

9月19日 上午十时，主持中华教育改进社会议，讨论麦柯尔博士心理测验进行事宜。一时，假五族饭店宴请麦柯尔，到蔡元培、张伯苓、李建勋、黄炎培、刘廷芳、邹秉文等。下午二时继续开会讨论（载次日北京《晨报》）。

9月20日—30日 参加教育部在北京举行的学制会议，就学制问题发表意见，后刊《申报》同月23日至10月1日的连续报道（收入湘版《全集》第八卷，又收入川版《全集》第十一卷）。

9月20日 晚九时，参加中华教育改进社董事会，到熊希龄、黄炎培、张伯苓、袁希涛、李建勋、郭秉文，研究员推士、麦柯尔。蔡元培主席，代表董事会欢迎新近来华协助教育研究工作的美国专家推士和麦柯尔。推、麦二人致答词后，经过讨论，通过全国儿童玩具展览会简章、通过各委员会委员、通过新入社的社员等案[《蔡元培年谱长编》(中)，第559页]。

9月22日 在改进社讨论美国科学家推士考查及改良中国理科教育的会议上，介绍推士履历。下午，与蔡元培、胡适、王宠惠等赴顾维钧宅开会。

同日 据胡适记载：“同抚五、一涵、明甫、知行去见孙汉尘，谈安

徽省议会及省长事，他一口答应帮忙。”［《胡适日记全编》（三），第804页］

9月23日 在欢迎推士和麦柯尔的大会上，介绍二人简历。

同日 下午二时四十分，全国学制会议举行第五次大会，由蔡元培主席。大会先决定将陶知行所提《对于县市乡教育行政机关组织大纲之意见》交第二组委员会审查。［《蔡元培年谱长编》（中），第561页］

同日 夜宿胡适处。

9月24日 据胡适日记记述：“早起洗面时，教祖儿唱：‘风来咯，雨来咯，老和尚背了鼓来咯。’（Vitale：《北京儿歌》之一，p. 103）祖儿一唱便会，但他唱第二遍时，便把末句改为‘老和尚背子一个鼓来咯’。他今年只三岁半，这个改法都有道理。他跟着王妈学北京话，王妈是京西海甸人，读语尾‘着’皆如‘子’。例如，《槐树槐》一首中的‘说着说着就来了，骑着驴，打着伞。’（Vitale，P. 31）。祖儿跟着王妈学此歌，‘着’字都改为‘子’字。‘老和尚’一句里‘着’字确胜于‘了’，因为这是Carrying，不是Carried。‘鼓’字上加‘一个’，想是因为音节上的关系。平民文学的修正，原来是这样来的！知行住在我家，我把这事告诉他，他笑着说：‘三岁半的小孩子要替哲学博士改文章了！’”［《胡适日记全编》（三），第807—808页］

9月25日 参加筹划全国教育经费委员会会议，议决增加教育税部。

9月 被聘为杭州大学董事。

同月 发表在中华教育改进社总事务所作的演讲《办公原则》，刊《教育汇刊》第一卷第四期，记录者：章松龄（收入湘版《全集》第一卷，又收入川版《全集》第一卷）。

10月9日 与孙洪芬、梅光迪、洪有丰、姚文采、程湘帆共同致电安徽省省长许世英，要求其主持改选省议员（载1922年10月19日《申报》）。

同日 与孙洪芬、梅光迪、洪有丰、姚文采、程湘帆共同致电大总统黎元洪、国务总理王宠惠及内务总长孙丹林，祈令筹备改选省议员以安皖局（载1922年10月19日《申报》）。

10月10日 发表《南京教育谈》，刊《新南京》（收入湘版《全集》第一卷，又收入川版《全集》第一卷）。

10月28日 致函郭秉文（收入湘版《全集》第八卷，又收入川版《全集》第八卷）。

10月29日 参加由南开大学主办的科学教授法讨论会。

10月30日 郭秉文作书信致陶行知（收入湘版《全集》第五卷，又收入川版《全集》第八卷）。

10月下旬 逗留开封一周有余。

10月 《新教育》第五卷第三期发表《中华教育改进社第一次年会社务报告》《在中华教育改进社社务会议上的社务报告》《提倡创办青岛大学案》和《中华教育改进社年会报告叙言二》。

同月 致函郭秉文（收入湘版《全集》第八卷，又收入川版《全集》第八卷）。

同月 又致函郭秉文（收入川版《全集》第八卷）。

11月2日 复郭秉文函（收入湘版《全集》第五卷，又收入川版《全集》第八卷）。

同日 为东南大学、南京高等师范学校下年度的经费问题访教育总长汤尔和。

11月3日 晚六时，赴罗钧任宅，与罗商谈东南大学经费一事。

11月4日 上午，访王宠惠，谈东南大学经费一事。

同日 致函郭秉文，交代访财政总长罗钧任之过程（收入湘版《全集》第五卷，又收入川版《全集》第八卷）。

11月5日 发表《市乡教育分治与南京教育》，并附《县教育行政机关组织大纲》《特别市教育行政机关组织大纲》，刊《新南京》（收入湘版《全集》第一卷，又收入川版《全集》第一卷）。

11月10日 抵达南京。

11月14日 作书信致郭秉文（收入湘版《全集》第八卷，又收入川版《全集》第八卷）。

11月30日 赴南开大学修身班演讲《大学教育的二大要素》，刊次月20日《南开周刊》第五十五期，李丙炎记录（收入川版《全集》第十一卷）。

11月 主持拟定《东南大学教育科、中华教育改进社合设测验之编造与应用学程办法》（收入湘版《全集》第八卷）。

12月6日 南京高等师范学校归并东南大学。任东南大学行政委员会委员、教育科主任和教育系主任。

12月14日 为薛鸿志著《教育统计学大纲》作序（收入川版《全集》

第十一卷）。

12 月 16 日 为程湘帆事致函刘伯明（收入湘版《全集》第五卷，又收入川版《全集》第八卷）。

12 月 17 日 出席在上海召开的改进社第七次董事会。主持筹备教育陈列所。

12 月 22 日 据《张伯苓年谱长编》记述："出席中华教育改进社董事会会议。参加者还有蔡元培、熊希龄、李建勋、黄炎培、张彭春等人。"[《张伯苓年谱长编》（上），第 315—316 页]

12 月 23 日 在北京举行的中华教育改进社周年纪念会上，报告一年社务，以《报告本年社务》名刊次年 1 月《新教育》第六卷第一期（收入湘版《全集》第一卷，又收入川版《全集》第一卷）。

同日 《蔡元培年谱长编》记述："下午 2 时，中华教育改进社在新会所举行成立一周年纪念大会，到社员与教育界人士以及来宾汪大燮、汤尔和、顾维钧、冯玉祥、陈宝泉、蒋梦麟等一百一十余人。蔡先生以董事长任主席，致开会词，陶知行以主任干事报告社务。继请顾维钧作题为《应否设置科学馆》，邓萃英作题为《世界教育三大趋势》的讲演。尚有冯玉祥、刘廷芳备有演说稿，因天色已晚，未及口述，遂茶点散会。"[《蔡元培年谱长编》（中），第 598 页]

同日 晚，假中华教育改进社总事务所举行中等教育委员会北京部委员讨论会议，会上作发言，表示应推定数人修订章程，并作经费计划（收入湘版《全集》第八卷，又收入川版《全集》第十一卷）。

12 月 27 日 参加改进社女子教育委员会北京部委员会议，反对清华学校和教育当局停派女生留学的决定。

12 月 29 日 午后，赴天津劝学所讲演《教员应有之观念》[《张伯苓年谱长编》（上），第 316 页]。

12 月 就清华学校当局停送女生留美一事，接受北京《导报》记者克乃文访谈，并发表英文访谈稿，以《译本社主任干事与北京〈导报〉记者谈话》名刊 1923 年 1 月《新教育》第六卷第一期（收入湘版《全集》第一卷，又收入川版《全集》第一卷）。

下半年 作《教育部学制会议经过情形》的演讲，刊次年 6 月《教育汇刊》第一卷第五期，记录者：周邦道、程宗潮（收入湘版《全集》第一卷，又收入川版《全集》第一卷）。

本年 应聘担任《教育大辞书》的特约编辑。

同年 主持制定改进社十二年度计划。

同年 为芜湖科学图书社题词：赈济了二十年学术的饥荒（载《廿周纪念册》，科学图书社 1922 年版，后收入川版《全集》第十一卷）。

1923年
（民国十二年　癸亥）　32岁

1月　北大校长蔡元培不满教育总长彭允彝干涉司法独立等卑劣行径，愤然提出辞职。北京大学掀起“挽蔡驱彭”运动。

1月26日　《孙文越飞联合宣言》发表。

2月7日　“二七惨案”发生。吴佩孚血腥镇压京汉铁路大罢工。

2月22日　北京政府任命范源濂为国立北京师范大学校长，将北京高等师范学校改为师范大学。

8月26日　中华平民教育促进会总会在北京成立，推举朱其慧为董事长，晏阳初为总干事。

1月15日　发表在北京大学教育研究会上的演讲词《教育与科学方法》，刊《民国日报·觉悟》，记录者：黄继文（收入湘版《全集》第一卷，又收入川版《全集》第一卷）。

1月24日　送青梧由京赴宁，与其合作诗《雪夜回宁》（收入川版《全集》第十二卷）。

1月31日　据黄炎培记述：“天未明上江顺船赴安庆，同行者陈筱庄、张孝安、陶知行、程湘帆、韩竹平、邹秉文、廖茂如、陆步青、孙洪芬。夜三时到安庆，宿江干迎宾旅馆。”（《黄炎培日记》第2卷，第159页）

1月　领导中华教育改进社举办国民音乐会。提倡以“国民音乐”来陶冶国民精神。

同月　发表《为反对中学男女同学的进言》，刊《新教育》第六卷第一期（收入湘版《全集》第一卷，又收入川版《全集》第一卷）。

同月　发表上年在中华教育改进社周年纪念会上的《报告本年社务》一文，刊《新教育》第六卷第一期。

同月　在《新教育》第六卷第一期发表1922年12月与北京《导报》记者克乃文谈话译文，题为《译本社主任干事与北京〈导报〉记者谈话》。

同月 《新教育》第六卷第一期刊发经陶行知审定的《中华教育改进社十二年度计划》(收入湘版《全集》第三卷)。

同月 陈镜湖发表《对于陶知行先生在南开大学讲演后的感想》，刊天津《向明学会半月刊》1月号，署名印谭。文章抄录如下：

陶先生是中国当代著名的教育家，我很想聆他的言论。幸而本校上月请陶先生来讲演。题目——大学教育的二个要件。第一个要件：就是养成学生有解决问题的能力。他所说的意思，大概是人的周围，全是问题来要你解决。你没有解决问题的能力，那末，你就不能适应你的环境。但是你若以古人或外国的方法来解决你的问题怕是靠不住，所以只好用科学方法而以古人外国的方法作参考。因此我就想到中国人是最好用古人的方法来解决自己当时的问题的一个民族。有了问题，自己没法去解决觉着困难时，就要拿古人的方法来对付下去。还要说那古圣先贤的嘉言懿行，本来是天经地义，行古之道，没有解决不了的问题。到了有觉悟的一般人，他们觉得人类是日日进化，社会是时时变迁；古人的方法，解决不了现代的问题，只好搬外国的方法来解决，所以一切问题，都要以外国方法作模型。举一个例来证明：就如杜威、罗素他们一来到中国，而中国人信仰他们比信仰古圣先贤的那种情形尤甚，听他们说一句话，就奉之为金科玉律，不论何时谈话或发表什么文章，总是要引几句不是杜威说的话，就是罗素说的话，抬出一个大偶像来吓人。岂不知两民族的社会情形不同，解决问题的方法是不能一模一样。总而言之：我看无论是崇古的，是尊外的，全是中国民族富于惰性的一个表现。遇着问题，总是自己不肯拿出创造精神，来发明一个新方法去解决，必须对付现成的，不费力的，我们富于创造性的青年，是应当除去不愿自己发明方法来解决问题的这种原动力——惰性。

第二个要件：教育者当注意学生对于人情世故的练达，大意不过是教育者与受教育者之间发生亲爱的感情，免去学校常闹风潮。我想练达人情事故，怕包括不过来这个。因为陶先生所说的意思，是关于人生问题。人的生活，是不是只有物质一方面，就可满足？精神一方面，我看就是刹那之间，亦不能不顾及，而对于精神方面的感情生活，尤其重要。人生既是如此，那末学校不仅是为学生求智励品的地方，乃学生实地生活的地方，这个意思，是近世教育家所承认的。所以学生在校，既是实地生活，那生活就不能是一方面或几方面，是一个全部生活。譬如一株松树你要让它十分发育，就必须让它的根四面八方蔓延。若堵住根向，仅让它一方向外伸张，我想它不能完全发育。所以我说教育既是生活，既是全部生活，决非一方面的。要全部陶冶受得圆满，那末将来个性的分化，才算是自然的。现在各学校时常发生教育者与受教育者之间的恶感，学生不是驱逐校长就是攻击教习等……我看还个原因，不是学生不熟习人情世故所致，多半是教育者未顾及学生精神方面的感情生活。学生的生活本需要全部的，教育者不顺自然想要它成为楔形的生活，学生不能容受，势必至于发达这种风潮的现象。我看此点教育者当注意，若不然，怕教育界或者就有破产之日！（原载天津《向明学会半月刊》1922 年 1 月号，见董济民、秦奎一编：《革命楷模陈镜湖》，白山出版社 1989 年版，第 86—87 页）

2 月 2 日 参加安徽实施新学制讨论会，作发言（载 1923 年 2 月 28 日《时事新报》，后收入川版《全集》第十一卷）。

2 月 3 日 继续出席安徽实施新学制讨论会。

2 月 4 日 据黄炎培记述："十二时，上江顺轮行。同行者筱庄、小涵、知行、步青、茂如、洪芬。"次日晨到南京下关（《黄炎培日记》第 2 卷，第 159 页）。

同日 《申报》刊载《皖省实施新学制会议》，报道了陶行知等人参加安徽新学制会议情形（载本日《申报》）。

2 月 10 日 发表《汽车工业促进他种工业观》，刊《申报汽车增刊》第六十四期，署名陶（收入川版《全集》第十一卷）。

2 月 15 日 除夕夜作诗《车上过年》（收入《知行诗歌别集》，后收入湘版《全集》第四卷，又收入川版《全集》第七卷）。

同日 作诗《他》（收入川版《全集》第十一卷）。

2 月 20 日 为成志社年会作诗《梦歌》（收入川版《全集》第十一卷）。

2 月 23 日 作诗《谢小友韵芬赠笔》（收入川版《全集》第十一卷）。

2 月 24 日 致函胡适，略谓：

……万国会议本社代表中已提兄名，沪、宁董事一致推重。京、津董事月底在京开会，当亦一致赞同。兄在中国代表中所占地位，很关重要。我怕你暑假中另有计划，故拿未成熟的消息赶快的告诉你，

务必请你把这件事放在心里，不要叫我们失望。[《胡适遗稿及秘藏书信》(36)，第402—403页]

2月28日 作诗《送金鸣岐入徽》(收入川版《全集》第十一卷)。

2月 为中华教育改进社参加万国教育会议作准备。

同月 作诗《寄信》(收入《知行诗歌别集》，后收入湘版《全集》第四卷，又收入川版《全集》第七卷)。

3月1日 本日《申报》登载南京紫金山学校创立通告，陶行知为赞成人之一。

3月4日 中华教育改进社假南开大学召开京津董事会，陶行知、熊希龄、梁启超、严修、张伯苓、孟禄等出席。推定代表蔡元培、张伯苓、范源濂、黄炎培、胡适、陶行知、汪精卫等出席本年六月二十八日至七月六日在美国旧金山举行的世界教育会议。同时，会议议定：下次会议，因世界教育会议召开，改期到八月二十日后[《张伯苓年谱长编》(上)，第321页]。

同日 据严修记述："中华教育改进社在南开大学开董事会，到者熊秉三、梁任公、陶知行、张伯苓、张仲述，余后至，时已议毕。"(《严修年谱》，第452页)

3月5日 据张彭春记述："知行谈要作一篇清华建议的文章。"(载川版《全集》第十一卷)

3月6日 在北京中华教育改进社总事务所参加讨论英、日两国退还庚款问题，到熊希龄等九人。

3月7日 中华教育改进社致函蔡元培，并附赴美参加万国教育会议名单，内有蔡元培、范源濂、黄炎培、郭秉文、张伯苓、胡适、汪精卫、陶知行[《蔡元培年谱长编》(中)，第621页]。

同日 以中华教育改进社名义致函胡适(收入《胡适来往书信选》，后收入川版《全集》第十一卷)。

3月10日 发表《一九二二年美国汽车事业统计表》，刊《申报汽车增刊》第六十八期，署名陶(收入川版《全集》第十一卷)。

3月11日 《申报》刊载消息称："师范讲习所联合会已开始讲习，讲员数人分担课程：廖茂如心理教育，俞子夷小学教授和指导，郑晓沧教育原理，陶知行学校行政，程湘帆小学课程，杨衡玉小学组织及行政。"(载本日《申报》)

3月12日 作诗《重逢张君鼎臣》（收入《知行诗歌别集》，后收入湘版《全集》第四卷，又收入川版《全集》第七卷）。

3月13日 作诗《津浦车上遇刘君天遒》（收入《知行诗歌别集》，后收入湘版《全集》第四卷，又收入川版《全集》第七卷）。

同日 中华教育改进社刊发参加万国教育会议有关事项的启事（川版《全集》第一卷）。

3月14日 作诗《赠方旭初同学》（收入湘版《全集》第四卷，又收入川版《全集》第七卷）。

3月21日 致函东南大学校长办公处（收入湘版《全集》第八卷，又收入川版《全集》第八卷）。

同日 作诗《述梦》（收入川版《全集》第十一卷）。

同日 《申报》刊载《东南大学新气象》，内称："该校为贫寒学子有志深研起见，特组织一贷金学额会，曾在梅庵开正式成立会一次，后即选举理事五人，现在开票结果，为郭秉文、刘伯明、陶知行、张子高、涂羽卿五人。"（载本日《申报》）

3月22日 作诗《赠程仲沂先生》（收入川版《全集》第十一卷）。

同日 作诗《赠方旭初同学》（收入川版《全集》第十一卷）。

3月25日 游玄武湖，遇同学张君，赠所猎斑鸠一双。

同日 作诗《春日晨游》（收入《知行诗歌别集》，后收入湘版《全集》第四卷，又收入川版《全集》第七卷）。

3月26日 作诗《哀斑鸠》（收入川版《全集》第十一卷）。

3月27日 致函胡适，略谓：

> 东南大学陆志韦先生曾有诗稿一册寄与吾兄阅，不知阅毕否，如以为可用，即请寄汪孟邹先生。[《胡适遗稿及秘藏书信》(36)，第404页]

3月 《中华教育界》第十二卷第八期重发《对于参与国际教育运动的意见》一文（收入湘版《全集》第一卷，又收入川版《全集》第一卷）。随文登载了一则启事，推定代表蔡元培、范源濂、黄炎培、郭秉文、张伯苓、胡适、汪兆铭、陶知行八人于六月四日由沪启程赴会。

同月 作诗《敲门》（收入《知行诗歌别集》，后收入湘版《全集》第四卷，又收入川版《全集》第七卷）。

同月 作诗《天无奈》（收入《知行诗歌别集》，后收入湘版《全集》

第四卷，又收入川版《全集》第七卷）。

4月2日 作诗《桃红八岁》（收入《知行诗歌别集》，后收入湘版《全集》第四卷，又收入川版《全集》第七卷）。

4月3日 作诗《儿歌——依美国通行的一首儿歌填词》（收入《知行诗歌别集》，后收入湘版《全集》第四卷，又收入川版《全集》第七卷）。

4月14日 发表《美国长途汽车发展初况》，刊《申报汽车增刊》第七十三期，署名陶（收入川版《全集》第十一卷）。

4月15日 赴南京第一女子师范学校与陆步青、朱君毅、程稚秋、王仲和、王仲武等人商讨编制学校模仿报告，并通过了《编制学校模范报告调查表大纲》（载1924年4月26日《晨报》第六版，后收入川版《全集》第十一卷）。

4月21日 下午三时至六时，赴徐州吴氏私立小学大礼堂演讲，谈中国教育现状及学生的天职（载1923年4月22日《申报》）。

同日 发表有关《美国汽车事业之进步》文章，刊《申报汽车增刊》第七十四期“瀛闻”栏目，署名陶（收入川版《全集》第十一卷）。

4月22日 上午，离徐州（载1923年4月22日《申报》）。

4月24日 致函南京友人（收入湘版《全集》第八卷，又收入川版《全集》第八卷）。

4月26日 由京赴宁。

4月27日 抵南京。晚，在家中与友人会商中华教育改进社所编教育统计。

4月 与改进社薛鸿志共同整理调查资料，合撰《中国之教育统计》（英文）；撰写《中华教育改进社之历史组织和事业》（英文），准备作为资料携往万国教育会议。

同月 作诗《生命》（收入《知行诗歌别集》，后收入湘版《全集》第四卷，又收入川版《全集》第七卷）。

同月 作诗《问天》（收入川版《全集》第十二卷）。

同月 作诗《月夜》（收入川版《全集》第十二卷）。

5月4日 夜，与黄炎培谈（《黄炎培日记》第2卷，第165页）。

5月9日 偕浙江省教育厅厅长张宗祥、省立第一师范学校校长何炳松赴杭州凤凰山一带，参观拟创办的杭州大学校址（载次日《上海时报》）。

又 参观后作《杭州大学之天然环境——一封公开信》（收入《知行书信》[①]，后收入湘版《全集》第五卷，又收入川版《全集》第八卷）。

5月12日 发表有关长途汽车的消息报道，刊《申报汽车增刊》第七十七期“瀛闻”栏目，署名陶（收入川版《全集》第十一卷）。

5月15日 发表《清华教育的背景》，刊《新教育》第六卷第五期，署名梁达（收入川版《全集》第十二卷）。

5月18日 据张彭春记述：“陶知行评我是‘不求近效而求远功’的。他对任之（黄炎培）说：‘若是给仲述五年功夫，可以有惊人的结果。’知行是爱我的，也是对我有信心的，所以不应当使他失望。”[《清华学校日程草案》，见《张伯苓年谱长编》（上），第325页]

5月22日 致函郭秉文（收入湘版《全集》第八卷，又收入川版《全集》第八卷）。

5月25日 致函胡适，略谓：

> 南京源盛工厂，系休宁程荷生先生所手创，……现已发现困难，其中事实颇足供关心劳工问题者之参考。工厂与工人相依为命，工厂存则工人之幸福可保，若空谈拥护工人利益，而使工厂有不能存在之势，岂非自杀政策？源盛厂主经此打击，不得已而倾向于收束，固非所宜；然政府不亟谋劳资共存之道，前途何堪设想！兹介绍荷生先生令侄耀晖先生与兄一谈，……倘遇有机会，酌加援助，或向其指示应付方针，亦感同身受。[《胡适遗稿及秘藏书信》（36），第431—432页]

5月28日 作诗《看花》（收入《知行诗歌别集》，后收入湘版《全集》第四卷，又收入川版《全集》第七卷）。

5月 与张彭春游西湖，在灵隐寺边拾得半文钱，二人相约以半文钱为题，张作一出戏，陶作一首诗。陶作诗《半文钱》（收入川版《全集》第十一卷）。

同月 与朱其慧、晏阳初等人在上海组织中华平民教育促进会筹备会。

同月 作《西湖之危机——给杭州朋友的公开信》（收入《知行书信》，后收入湘版《全集》第五卷，又收入川版《全集》第八卷）。

---

① 本书版本信息《知行书信》，上海亚东图书馆1929年印行。后文从略。

6月3日 据胡适记述："九时半，到沧州别墅（上海——编者注），看熊秉三夫人。在座的有经农、陶知行、任之、观澜、晏阳初、沈信卿等。谈的是用嘉兴现在试验的平民教育方法。其法以幻灯教授'千字课'，颇有奇效。知行与熊夫人们发起此会，想另组织筹备会，为大规模的推行。"[《胡适日记全编》(四)，第32页]

同日 晚七时，赴宁波同乡会参加欢送万国教育大会代表宴，到郭秉文、袁希涛、黄炎培、沈信卿、茅以升等人。宴会上报告准备中国教育材料以备赴会情形（载次日《申报》）。

6月8日 胡适得陶行知函[《胡适日记全编》(四)，第42页]。

6月12日 致函胡适，略谓：

平民教育课本编辑事宜，拟于日内开始办理，前托开示国语文法之重要变化之举例和平民教育之目标，如已告成，请即赐寄东南大学转交弟收。

东南大学教育科敦请吾兄担任教育哲学与中国教育史讲师，至兄回北大时止，每月致送讲费三百元。我诚恳的代表本科同人欢迎吾兄担任此职。[《胡适遗稿及秘藏书信》(36)，第405—406页]

6月16日 发表有关美国所受汽车利益的消息报道，刊《申报汽车增刊》第八十二期"瀛闻"栏目，署名陶（收入川版《全集》第十一卷）。

6月18日 致函胡适，略谓：

编辑平民课本的工具都收集得差不多完备了，所差的只是吾兄答应的国文文法举例和平民教育目标各一套。从明天起经农兄和我就要开始编辑，请兄快快的把这两套工具寄来。[《胡适遗稿及秘藏书信》(36)，第407页]

6月 参观浙江嘉兴的平民教育。

同月 与朱其慧、王伯秋等人共同发起成立了南京平民教育促进会。

同月 发表演讲词《教育部学制会议经过情形》，刊《教育汇刊》第一卷第五期。

同月 因准备改进社第二届年会，未能赴美参加万国教育会议。

同月 与朱经农着手合编《平民千字课》课本，后由商务印书馆出版。中华平民教育促进会正式成立后，该书作为推行平民教育的教材。

7月13日 张謇复陶行知函，告知不能参加中华教育改进社第二届年会，特派易作霖赴会（收入《张謇存稿》，后收入川版《全集》第一卷）。

7月21日 偕朱其慧赴浙江嘉兴，参加两所平民教育学校学生毕业典礼，分别授予两校男女毕业生一百四十余人文凭，各地各界前往参观千余人（《陶行知年谱》，第50页）。

7月28日 致函东南大学代理校长刘伯明（收入湘版《全集》第五卷，又收入川版《全集》第八卷）。

附刘伯明同年8月3日复函，略谓：

此间职务，敬从尊命，作长期之休息，八月一日起，请徐养秋先生担任。（李衿明：《陶行知在南京高师等校社的任职情况》，见《历史档案》1982年第2期）

7月 发表英文论著 *Statistical Summaries of Chinese Education*（《中国教育之统计》）。

夏 与熊朱其慧、晏阳初共同致函胡适，略谓：

日前平民教育促进会筹备会开会，想在十年之内使十二岁以上、二十五岁以下一万万不识字之人民，受一千基础字所代表之共和国民的基础教育。此刻最重要的一件事，就是编辑相当之教科书，未编之前，应有极明了之目标作指针。这许多人受过这种教育之后，对于国家前途应当有何种贡献，对于个人生活应当有何种影响，国民性中固有的，何者应光辉充实，缺少的何者应吸收补足，这都是应当分析出来，做我们具体的目标的。……夙仰先生对于国家大事、世界潮流研究有素，公推先生将新世纪中国民应有之精神态度、知识技能，条分缕析，赐作南针，并请于一星期内开单示知，最为盼切。[《胡适遗稿及秘藏书信》(36)，第408—410页]

夏 受聘为安徽公学校长，筹备开学四十余日。

8月5日 作诗《爱》（收入《知行诗歌别集》，后收入湘版《全集》第四卷，又收入川版《全集》第七卷）。

8月上旬 离宁赴京。

8月13日 安徽士绅于南京筹建安徽公学，陶行知被公推为校长（载本月18日北京《晨报》）。

8月15日 据《张彭春年谱》记述："介绍陶行知到清华学校参观，接受陶行知建议组织成立清华实验平民教育委员会，遂即招收成府（41人）、三旗营（24人）、蓝旗营（28人）、白旗（5人）、清华门口及车站（7人）、西柳村（6人）、杂（8人），共119人，8月15日起上课三天。"

(《张彭春年谱》，见《张彭春论教育与戏剧艺术》，第642页)

8月18日 发表慰留江彤侯的公开信，刊《申报》(收入湘版《全集》第八卷，又收入川版《全集》第十一卷)。

8月19日 下午一时，代表梁启超参加中华教育改进社董事会，到熊希龄、黄炎培、陈宝泉(代表李建勋)、张伯苓、蒋梦麟(代表蔡元培)、陈容(代表郭秉文)等共七人。通过各项决议共八件(载1923年8月24日《申报》)。

8月中旬 通电各省教育厅、教育会和办理平民教育的机关团体，拟在北京举行中华平民教育促进会总会成立大会。

8月20日—26日 中华教育改进社第二届年会在北京清华学校举行，负责年会的组织工作，为年会委员会七委员之一。另六委员为陈主素、张彭春、曹庆五、戴志骞、李仲华、张企文。在年会致欢迎词，刊《年会日刊》，又刊同年10月《新教育》第七卷第二期、第三期合刊(收入湘版《全集》第一卷，又收入川版《全集》第一卷)。

又 在年会上做社务报告，刊同年10月《新教育》第七卷第二期、第三期合刊(载《中华教育改进社第二届年会开幕纪事》，后收入湘版《全集》第一卷，又收入川版《全集》第一卷)。

又 会议期间，在年会社务会议上做报告，刊同年10月《新教育》第七卷第二期、第三期合刊，记录者：吴家镇(收入中华教育改进社第二届年会《社务会议记录》时题为《陶知行先生报告》，后收入湘版《全集》第一卷，又收入川版《全集》第一卷)。

又 会议期间，作《年会筹备情形及各组事务报告》，刊同年10月《新教育》第七卷第二期、第三期合刊，署名陶知行、陈容(收入湘版《全集》第一卷，又收入川版《全集》第一卷)。

又 会议期间，提出《地方教育行政机关应编教育概况统计案》，刊同年10月《新教育》第七卷第二期、第三期合刊(摘自《中华教育改进社第二届年会分组会议记录(教育统计组)》，后收入湘版《全集》第一卷，又收入川版《全集》第一卷)。

又 会议期间，提出《请组织整理议决案委员会的提案》，刊同年10月《新教育》第七卷第二期、第三期合刊(收入《中华教育改进社第二届年会全体学术会议记录》，后收入湘版《全集》第一卷，又收入川版《全集》第一卷)。

又 会议期间，与胡适、陈宝泉共同起草的《中华教育改进社年会规程》获得通过，刊同年10月《新教育》第七卷第二期、第三期合刊（收入湘版《全集》第一卷，又收入川版《全集》第一卷）。

又 会议期间，通过《中华教育改进社简章》，后刊同年10月《新教育》第七卷第二期、第三期合刊（收入湘版《全集》第一卷，又收入川版《全集》第一卷）。

8月20日 黄炎培在中华教育改进社董事会发表演说，后刊同年《新教育》第七卷第二期、第三期合刊，记录者：夏承枫（收入川版《全集》第一卷）。

8月22日 上午十时，在清华大礼堂召开平民教育促进会筹备会，当选为书记，起草组织大纲。

8月25日 上午十时至十二时，参加中华教育改进社第二届年会全体学术会议第三次会议，张伯苓任主席（收入川版《全集》第一卷）。

8月26日 中华平民教育促进会总会正式成立，被推选为董事部书记兼安徽省执行董事。任筹设平民学校委员，筹办北京羊市大街平民学校。

大会共推举知行董事九人。推举朱其慧为董事长，晏阳初为总干事。

附一：中华平民教育促进会在京开成立大会函（1923年8月）

敬启者：窃以共和国家之命脉，全在有能共和之国也，方克奠定共和国基。其慧等筹办平民教育事宜，冀以最短时间、最少经济，以培养大多数平民公共道德、普遍智识，俾循正规，免入歧途，斯真社会与国家之至幸也。经已设立筹备处，通电各省教育厅、教育会选派代表来京，组设中华全国平民教育促进会。兹各代表均已翩然莅止，爰定于月之二十六日（即星期日）下午四时，开成立会大会。夙仰热心公益，乐育为怀，敬恳届时惠临，参与会议，俾资赞助，共策进行。惟此事为数千年来历史别开生面之创举，应于历史上留一具体纪念，谨备活动写真，俾全体同人共摄一影，以资倡导。想台端当亦乐于观成也。附上宣言书一纸，希赐察览指教，至为企幸。再，是日下午五点半钟，另备茶点，藉表欢迎，并希赏光，尤深翘盼。颛此祇颂。

时绥

附宣言书一纸

开会地点在西四牌楼羊市大街帝王庙中华教育改进社内。

是午如遇大雨开会地点即改迁石驸马大街太平湖饭店内，微雨不改，附此声明。

附二：中华平民教育促进会总会执行董事一览表（1923年12月23日）

熊朱其慧　陶知行　陈筱庄　孙学仕　周作民　蒋梦麟　张训钦　张伯苓　刘芳

［原载中央大学档案，见《张伯苓年谱长编》（上），第329页］

8月　中华教育改进社发表《提倡平民教育》，刊《新教育》第七卷第一期（收入川版《全集》第一卷）。

同月　发表孟禄演讲译作《“德谟克拉西”的教育》，刊《中国教育一瞥录》。

9月初　以全国儿童的名义设宴招待交通部职员，感谢他们对改进社第二届年会提供的方便（载1923年9月7日北京《晨报》）。

9月7日　《晨报》刊发《中华教育改进社宴请交通部员之盛况，陶知行主任赞扬扶助教育之交通政策》一文（收入川版《全集》第十一卷）。

9月12日　独游八达岭万里长城，获赠长城砖，后作诗《送长城砖入徽》（收入川版《全集》第十一卷）。

又　作诗《独登长城》（收入川版《全集》第十一卷）。

又　作诗《八达岭上闻虫声有感》（收入川版《全集》第十一卷）。

同日　晚八时，南下候车时作《送长城砖——给程仲沂的信》（收入《知行书信》，后收入湘版《全集》第五卷，又收入川版《全集》第八卷）。

9月15日　安徽公学开学，任校长。姚文采为副校长。

9月20日　作《学问之要素——答程仲沂先生的信》（收入《知行书信》，后收入湘版《全集》第五卷，又收入川版《全集》第八卷）。

9月25日　与胡适等人在烟霞洞过中秋。

同日　据胡适记述：“陶知行来，今晚住在山上。”［《胡适日记全编》（四），第57页］

9月26日　据胡适记述：“今天游花坞。同行者，梦旦、知行、珮声、复三夫妇。……船到开化凉亭附近停下，我们上岸，步行到定慧庵同吃带来的午餐。饭后，我和梦旦知行走进花坞，直到白云堆。……船到留下，娟的身体不好，不能坐船了，我和她同梦旦、知行四个人包了一个汽车回到湖上（此为杭余汽车新道，开设不久。客车甚挤，但价甚廉。包车也不贵，只需三元半）。知行住沧州旅馆，我们在他那里小坐，便同至味莼园吃饭，饭时下雨。我们三人雇轿子回山。”［《胡适日记全编》（四），第57—58页］

9月27日 作《杭州过中秋——家信》（收入《知行书信》，后收入湘版《全集》第五卷，又收入川版《全集》第八卷）。

9月28日 与胡适、朱经农、汪精卫等人应徐志摩之约赴海宁观潮。晚间离海宁赴上海。

同日 据胡适记述：“今天为八月十八，潮水最盛。我和娟约了知行同去斜桥，赴志摩观潮之约。早车到斜桥，我们先上了志摩定好的船。上海专车到时，志摩同了精卫、君武、叔永、莎菲、经农和一位藩萨大学史学教授 Miss Ellery 一齐来。我们在船上大谈。船开到海宁，看潮。潮到时已近一点半钟。”［《胡适日记全编》（四），第59页］

9月下旬 去上海、杭州商议推行平民教育的具体办法。

10月3日 于南京作《建议聘晏阳初为总干事——给朱其慧先生的信》（收入《知行书信》，后收入湘版《全集》第五卷，又收入川版《全集》第八卷）。

10月4日—16日 在南京推行平民教育。宿成贤学舍，对学舍内斋夫、厨师等实施连环教学法。

又 请郭秉文夫人、姚文采、郑晓沧等人在家中试验连环教学法。

又 决议将南京歙县试馆的每月收入，用来推行歙县平民教育。

10月4日 王伯秋于山东馆宴请教育局官员孙阆仙、凌卓之、陈学仁等，陶行知、晏阳初、伍仲文等作陪。议定南京每一区立学校担任开办平民学校一班以上。

10月5日 下午二时，召开平民教育干事会议讨论进行方法，演讲《活的平民教育要有活的干事》。晏阳初演讲《干事应有的精神》。下午四时参加董事会，报告新发现的连环教学法，另有王伯秋报告会务，后公决向江苏省署呈请经常补助费。晚七时半，偕王伯秋、晏阳初赴女子师范演讲，并公推十一人组织罗汉委员会推广平民教育。

10月6日 偕王伯秋、晏阳初赴公共演讲厅演讲平民教育。

10月7日 上午九时，参加平民教员会议，商议改良教学问题。上午十一时，赴金陵大学孔子纪念会演讲《孔子纪念日与平民教育》，金陵大学校长包文主张极力提倡平民教育。下午三时，召开南京全城私塾教员会议，到六十余人。

10月8日 收到王云五所寄挂课、挂图代印价目表。

同日 作《连环教学法之发现——给桃红小桃的信》（收入《知行书信》，后收入湘版《全集》第五卷，又收入川版《全集》第八卷）。

同日 作《南京平民教育运动——给朱其慧先生的信》，汇报数日来在南京开展平民教育运动情况（收入《知行书信》，后收入湘版《全集》第五卷，又收入川版《全集》第八卷）。

同日 于南京作《能使全家识字的连环教学法——给胡适之夫人的信》（收入《知行书信》，后收入湘版《全集》第五卷，又收入川版《全集》第八卷）。

同日 为挽青梧作诗《送葬》（收入《知行诗歌别集》，后收入湘版《全集》第四卷，又收入川版《全集》第七卷）。

10月9日 游栖霞山。在栖霞寺推广平民教育。

10月10日 作《作十万新民，寿六旬王母——给程仲沂先生的信》（收入《知行书信》，后收入湘版《全集》第五卷，又收入川版《全集》第八卷）。

同日 作《请和尚教你——给栖霞山乡人张大哥的信》（收入《知行书信》，后收入湘版《全集》第五卷，又收入川版《全集》第八卷）。

10月13日 离宁赴沪。

10月15日 上午十时，与许隽人、柏烈武约集旅居上海安徽各界领袖，会商推广平民教育进行方法，并公电安徽省官厅、社会合力提倡。

同日 下午三时，应余鲁卿之邀，出席徽宁同乡会，演讲平民教育。

10月16日 晚，离沪赴宁。车上遇旧友祁暄，商谈在工厂推广平民教育。

10月17日 晨，由宁赴皖。

同日 于南京迎春楼作《劝慈母读〈千字课〉——家信》，汇报近期工作行程（收入《知行书信》，后收入湘版《全集》第五卷，又收入川版《全集》第八卷）。

10月18日 抵安庆，推行平民教育。

10月19日 安徽省会平民教育促进会成立。被推选为该会董事。

同日 作诗《将信将疑》(收入川版《全集》第十二卷)。

10 月中旬 作《我脚迹所到的地方——给文渼的信》(收入《知行书信》,后收入湘版《全集》第五卷,又收入川版《全集》第八卷)。

10 月 20 日 下午一时,对第一女子师范学生演讲女子领袖对于平民教育之使命。下午七时,对全城学校讲社会服务的精神。

10 月 21 日 上午十时,对圣公会学生演讲平民教育。下午二时,对全城牧师布道团演讲平民教育。

10 月 22 日 发表《〈平民千字课〉编辑大意》,刊上海《申报·教育与人生》第二期(收入湘版《全集》第一卷,又收入川版《全集》第五卷)。

同日 作诗《祝理想之友谊》(收入川版《全集》第十二卷)。

同日 向安徽省警察厅厅长潘怡然交涉,救出因参加集会捣毁议员住宅的学生唐耕尧、金鸣球(载次日《申报》)。

10 月 23 日 下午一时,约集热心平民教育同志十七人讨论进行方法。下午三时,对全城小学教员演讲平民教育。下午七时,对省立小学讲平民教育。

10 月 24 日 上午十时,参加朱熹纪念会,对徽州同乡讲促进徽州平民教育方法。下午四时,对全城商董一百余人演讲商界对于平民教育的使命。

10 月 25 日 出席安徽省会平民教育促进会第一次董事会议。

10 月 26 日 上午七时,对全城各机关学校代表讲“笑嘻嘻的平民教育”运动。

10 月 27 日 上午九时,参加安徽省会平民教育促进会第二次董事会。下午三时,对苦儿院学生和全城警察讲平民教育、警察与平民教育之关系。晚,对私立学校学生讲平民教育,对私塾教员讲私塾与平民教育,对和尚讲平民教育与宗教。

10 月 28 日 参与安徽省一万七千人的“笑嘻嘻的平民教育”游行。

同日 得金鸣岐来信。

10 月 29 日 与程仲翁游菱湖公园。

同日 襄助筹备安徽省会全城平民教育运动。

10 月 30 日 作《平民教育下乡——答金鸣岐先生的信》(收入《知行书信》,后收入湘版《全集》第五卷,又收入川版《全集》第八卷)。

10月31日 作《女子平民教育——给胡自华先生的信》(收入《知行书信》，后收入湘版《全集》第五卷，又收入川版《全集》第八卷)。

10月 在《新教育》第七卷第二期、第三期合刊发表在中华教育改进社第二届年会期间所作的“欢迎词”“社务报告”“社务会议报告”“年会筹备情形及各组事务报告”“地方教育行政机关应编教育概况统计案”“请组织整理议决案委员会的提案”“中华教育改进社简章”和“中华教育改进社年会规程”。

同月 朱君允发表《中华平民教育促进会筹备之经过》一文，刊《新教育》第七卷第二期、第三期合刊(收入川版《全集》第一卷)。

同月 作诗《你也愿意吗》(收入川版《全集》第十二卷)。

同月 作诗《可以不可以》(收入川版《全集》第十二卷)。

秋 作诗《国民与我》，刊1925年1月10日《申报·申报常识·平民周刊》(收入《知行诗歌别集》时改题为《爱与害》，后收入湘版《全集》第四卷，又收入川版《全集》第七卷)。

秋 作诗《读〈板桥全集〉》(收入《知行诗歌别集》，后收入湘版《全集》第四卷，又收入川版《全集》第七卷)。

11月初 离安庆赴江西。在南昌推行平民教育。会见江西省督，提出：由省长令省署内不识字之人限期读书。又举行平民教育庆贺活动。又将平民读书机构命名为“平民读书处”，并迅速推广。又参加南昌全城庆贺平民教育运动的集会游行。

11月5日 胡自华作书信致陶行知。

11月8日 在南昌监狱里对四百个犯人演讲。

11月11日 离南昌前往武昌。

11月12日 深夜至次日晨，在汉口南洋宝酒楼作《创造一个四通八达的社会——给文渼的信》(收入《知行书信》，后收入湘版《全集》第五卷，又收入川版《全集》第八卷)。

11月13日 晨，由汉口赴武昌。开始在武汉三镇推行平民教育。

在武汉期间，与朱其慧(11月23日抵武汉)一起，到各学校、各团体以及教育厅和监狱等处演讲平民教育。倡导成立了湖北省平民教育促进会。参加武汉三镇约定同时举行的集会游行，庆贺平民教育运动的开展。

又 在湖北期间，于湖北教职员联合会发表演讲，刊1924年2月11日湖南《大公报·湖南平民教育周刊》第八期，记录者：段麟郊(收入川版《全集》第十一卷）。

又 在武汉期间，赴武昌师范大学演讲“学生与平民教育”，刊 1924 年 2 月 16 日湖南《大公报·现代思想》，黄祖度事后追记（收入川版《全集》第十一卷）。

11 月 17 日 晚，赴安徽调停“教潮”，拟定于同月 23 日返回湖北（载 1923 年 11 月 19 日《申报》）。

11 月 23 日 晚，应各团联合会欢迎于汉口演讲平民教育（载 1923 年 11 月 25 日《申报》）。

11 月 28 日 《申报》消息称：“午，武阳夏举行平民教育大游行，汉口在老圃侧集合，汉阳在晴川中学集合后，即来汉参加，共达两万人。熊夫人、陶知行、晏阳初均到场演说，商务印书馆在场摄影。三时整队出发，各执教育建国光明之路等纸旗，军警亦参加维持，秩序极整。武昌在公共体育场集合，亦达两万余人，由宗教厅长、各校长前导游行。商店多悬旗放鞭，以表欢迎。”（载次日《申报》）

同日 夜，乘船离武昌东下。

11 月底 在芜湖与徽州旅芜同乡共同拟定《徽州推行平民教育八条》。

12 月 1 日 下午二时，赴芜湖马路山陕会馆演讲平民教育问题，听者约三千人（载 1923 年 12 月 6 日《申报·教育消息》之《芜湖平民教育之运动》，后收入湘版《全集》第八卷，又收入川版《全集》第十一卷）。

12 月 2 日 芜湖全县中小学校均听课一日，举行平民教育游行大运动，参加游行者万余人，每人手执小旗，旗上书有：“教育建国”“平民之光”“光明之路”“读书明理”“不识字是瞎子”等等。下午三时许整队游行前，陶行知到场作简单演说。当晚，主人欢宴陶行知，席间陶起立演说（载 1923 年 12 月 6 日《申报·教育消息》之《芜湖平民教育之运动》，后收入川版《全集》第十一卷）。

12 月 3 日 离芜湖赴南京。

同日 发表《平民读书处之试验》，刊《申报·教育与人生》第八期，后作修改又刊于同月 22 日《中华教育改进社第二周年纪念会会刊》（收入湘版《全集》第一卷，又收入川版《全集》第一卷）。

12 月 5 日 复胡自华函，作《土话与平民教育——答胡自华先生的信》（收入《知行书信》，后收入湘版《全集》第五卷，又收入川版《全集》第八卷）。

12月10日 发表《平民读书处组织大纲》，刊《晨报》（载《中华教育改进社第二周年纪念会会刊》时作为《平民读书处之试验》一文附件，后收入湘版《全集》第一卷，又收入川版《全集》第一卷）。

12月上旬 回京后组织了十几个平民读书处。在家里设立“笑山平民读书处”，鼓励儿子教祖母识字。

12月11日 胡适告知陶行知，其家中的平民读书处“已经教了三课了”。夜，赴蒋梦麟宅，劝蒋成立平民读书处。

12月12日 晨一时，接王伯秋电报，催赴南京。

同日 夜十二时，作《活罗汉——答王伯秋先生的电报》（收入《知行书信》，后收入湘版《全集》第五卷，又收入川版《全集》第八卷）。

同日 东南大学口字房失火。

12月16日 上午十时半，赴北京师范大学平民教育社演讲《长江流域平民教育运动之性质组织及方法》，后刊《平民教育》第七十一期，记录者：姚以齐（收入湘版《全集》第一卷，又收入川版《全集》第一卷）。

同日 据胡适记述：“陶知行发起募款为安徽第四女师（在隆阜，即戴东原生地）建一东原图书馆，已托梁任公作缘起，又要我作一短文，述东原在思想史上的位置。今晚试作此文，成千余字，未完。短文最难作。”［《胡适日记全编》（四），第133页］

12月20日 胡适致函陶行知［《胡适日记全编》（四），第138页］。

12月22日 修改《平民读书处之试验》一文并附加《平民读书处组织大纲》，刊发于《中华教育改进社第二周年纪念会会刊》。

12月23日 参加改进社成立二周年纪念会暨羊市大街普及教育期成大会，发表讲话《社会改造之出发点》，刊《中华教育改进社二周年纪念会会刊》（收入湘版《全集》第一卷，又收入川版《全集》第一卷）。

同日 在改进社二周年纪念会上发表讲话（载1923年12月26日《申报》之《记教育改进社二周纪念会》，后收入湘版《全集》第八卷，又收入川版《全集》第十一卷）。

同日 编辑出版平民教育《纪念月刊》。

同日 中华平民教育促进会总会公布各省区董事一览表，如下：

京兆	段茂森	王凤翰	河南	袁世传	陶怀琳
江苏	袁观澜	王伯秋	奉天	张恩明	方永蒸
陕西	于右任	李宜之	绥远	赵允义	吴棣华

吉林	孙炜鄂	孙翰声		广东	许崇清	金湘帆
直隶	张伯苓	张敬虞		云南	董泽	龚自如
山东	熊梦宾	鞠承颖		安徽	王星拱	陶知行
湖南	方克刚	曾葆荪		广西	谢起文	雷荣甲
江西	吴树楠	熊恢		察哈尔	郑钦	张杰
湖北	王大祺	鄢从龙		福建	郑翠英	李圣述
四川	晏阳初	张廷福		黑龙江	姚翰卿	邓振元

[中央大学档案，见《张伯苓年谱长编》（上），第336页]

12月27日 拟定《中华教育改进社十三年进行计划》，获董事会通过，刊次年1月1日《申报》（收入湘版《全集》第八卷，又收入川版《全集》第十一卷）。

12月29日 作《贵州失守——给朱经农先生的信》（收入《知行书信》，后收入湘版《全集》第五卷，又收入川版《全集》第八卷）。

12月底 北京平民读书处迅速发展到一百多个。

同月 发表演讲词《平民教育运动与国运》，刊《教育汇刊》第一卷第六期（收入湘版《全集》第一卷，又收入川版《全集》第一卷）。

同月 《新教育》第七卷第五期发布《中华平民教育促进会总会之进行方针与计划》《中华平民教育促进会总会执行董事及各省区董事一览表》两文（收入川版《全集》第一卷）。陶行知与熊朱其慧、陈筱庄、孙学仕、周作民、蒋梦麟、张训钦、张伯苓、刘芳共为执行董事。

下半年 与朱经农合编的《平民千字课》四册陆续出齐。

本年 作诗《远别辞行》（收入《知行诗歌别集》，后收入湘版《全集》第四卷，又收入川版《全集》第七卷）。

同年 为薛鸿志等编著的《中国教育统计概览》作序言，载1924年7月《中国教育统计概览》（收入湘版《全集》第一卷，又收入川版《全集》第一卷）。

同年 作诗《朋友》、作《白兰花》诗草稿（收入川版《全集》第十二卷）。

1924年
（民国十三年　甲子）　33岁

1月20日　中国国民党第一次全国代表大会于广州开幕。23日，通过《中国国民党第一次全国代表大会宣言》。

6月16日　黄埔军校正式开学。

7月4日　全国教育展览会及全国平民教育展览会在南京开幕。

9月3日　江浙战争爆发，以卢永祥失败而告终。

9月　第二次直奉战争爆发。

9月18日　国民党发布《中国国民党北伐宣言》。

10月23日　冯玉祥发动北京政变，囚禁曹锟，驱逐溥仪出宫，电请孙中山北上共商国是。

11月10日　孙中山发表《北上宣言》。31日，扶病抵北京，受到热烈欢迎。

11月24日　段祺瑞就任中华民国临时执政府总执政。

1月1日　作《一个月的效力——祥阶是武昌模范小学黄校长的车夫，读〈千字课〉一个月后，我根据第一册生字写这封信与他，他完全能懂》（收入《知行书信》，后收入湘版《全集》第五卷，又收入川版《全集》第八卷）。

1月2日　作《又是一个月的成绩——永汇、金祥，是芜湖的学徒，读了一个月的〈千字课〉会看我这封信》（收入《知行书信》，后收入湘版《全集》第五卷，又收入川版《全集》第八卷）。

1月3日　作《请看〈三字经〉之流行——给朱经农先生的信》（收入《知行书信》，后收入湘版《全集》第五卷，又收入川版《全集》第八卷）。

同日　致函湖南平民教育促进会总干事周静庵，后刊同月22日湖南《大公报·湖南平民教育周刊》第六期（收入川版《全集》第十一卷）。

同日　胡适致函陶行知［《胡适日记全编》（四），第152页］。

1月5日 夜，在联合船上作《预备钢头碰铁钉——给吴立邦小朋友的信》（收入《知行书信》，后收入湘版《全集》第五卷，又收入川版《全集》第八卷）。

1月6日 下午三时，赴北京东城米市大街青年会大礼堂演讲《今日青年当努力的方向》（载同月5日北京《晨报》）。

1月7日 由北京前往张家口。

1月8日 晨三时半，偕米振标抵张家口，后参加察哈尔区平民教育筹备会。

1月9日 与张家口政学各界领袖开会。

同日 作《十六天的功效——吾母读了〈千字课〉十六天的时候，我正在张家口推广平民教育，便依据十六课的生字，写了这封信与她，她完全能懂》，刊同年7月26日《申报·平民周刊》（收入《知行书信》，后收入湘版《全集》第五卷，又收入川版《全集》第八卷）。

同日 作《美国人读〈千字课〉的成绩——推士夫人是位美国朋友，读了《千字课》一个月，我便写这信与她，她能懂得其中的大意》（收入《知行书信》，后收入湘版《全集》第五卷，又收入川版《全集》第八卷）。

1月10日 与蒙古学生开会。午后，蒙古学生开欢迎会，作《五族一家精神》的讲话。

同日 察哈尔全区平民教育促进会成立，通过章程，选举职员。

1月11日 上午，向察哈尔政府部门建议施行平民教育方法十四条，均获采纳，部分内容当日令行。十时回京，热心平民教育诸君和全体蒙古学生到站送行。

又 在察哈尔期间，得一蒙名：麦勒根亚布达拉图。

1月12日 访胡适［《胡适日记全编》（四），第160页］。

1月16日 得温佩珊及其夫人二十五周年结婚纪念请帖，作《我们送的寿礼——给温佩珊先生和他的夫人的信》（收入《知行书信》，后收入湘版《全集》第五卷，又收入川版《全集》第八卷）。

1月19日 赴北京安徽会馆参加东原图书馆发起人会议（载同月22日北京《晨报》）。

1月20日 作《希望于县知事的——给歙县县知事汪镜人先生的信》（收入《知行书信》，后收入湘版《全集》第五卷，又收入川版《全集》第八卷）。

同日 作《深入蒙古教育之梦——给朱其慧先生的信》，汇报了在内蒙古办理平民教育运动的具体情况（收入《知行书信》，后收入湘版《全集》第五卷，又收入川版《全集》第八卷）。

1月22日 发表致湖南平民教育促进会总干事周静庵函，刊湖南《大公报·湖南平民教育周刊》第六期。

1月25日 与范源濂、许世英、金猷树、洪有丰、熊希龄、江朝宗、江彤侯、严修、蒋梦麟、孙洛、胡适、梁启超、张广建、吴兴周、余鲁卿、程宗泗等共同倡议发起《东原图书馆募捐办法》，刊《晨报副刊》（收入川版《全集》第一卷）。

1月26日 赴北京西四北翊教寺平民中学，演讲《学生与平民教育》。

1月30日 下午六时半，中华教育改进社假北京太平湖饭店举行平民学校试验班毕业仪式，到毕业生六十二人，女生居多。到会者有熊希龄、张素英、杨大可、章洪熙、陶文渼以及学生家长等。会上陶行知报告平民学校组织经过，颁发毕业文凭（载1924年2月1日《晨报》第六版，后收入湘版《全集》第八卷，又收入川版《全集》第十一卷）。

2月6日 作《谈诗——答吴立邦小朋友的信》（收入《知行书信》，后收入湘版《全集》第五卷，又收入川版《全集》第八卷）。

2月7日 晨，赴南京。

2月8日 抵南京。

同日 作《南下——母亲读〈千字课〉后第二次给母亲的信》（收入《知行书信》，后收入湘版《全集》第五卷，又收入川版《全集》第八卷）。

同日 车中作《希望您做一位三千万人的教育厅长——给安徽教育厅长卢绍刘先生的信》（收入《知行书信》，后收入湘版《全集》第五卷，又收入川版《全集》第八卷）。

同日 作诗《新年饮》（收入《知行诗歌别集》，后收入湘版《全集》第四卷，又收入川版《全集》第七卷）。

2月9日 抵上海。

2月11日 发表《在湖北教职员联合会讲演录》，刊湖南《大公报·湖南平民教育周刊》第八期。

2月14日 发表演讲词《平民教育实施法》，刊湖南《大公报·现代思想》第十五号，记录者：陈培基（收入川版《全集》第十一卷）。

2月16日 发表演讲词《学生与平民教育》，刊湖南《大公报·现代思想》。

2月24日 作诗《车中偶题》（收入《知行诗歌别集》，后收入湘版《全集》第四卷，又收入川版《全集》第七卷）。

同日 作诗《有怀》（收入川版《全集》第十一卷）。

2月26日 据张彭春记述："我也免不了有党见，想联合北大、南开来同黄炎培、陶知行等争战。我早看到清华这块肥肉是大家要抢的，毕业生特别是近两三年回国的，合力要占这块地盘。"[《清华学校日程草案》，见《张伯苓年谱长编》（上），第342页]

2月27日 作诗《归来》（收入《知行诗歌别集》，后收入湘版《全集》第四卷，又收入川版《全集》第七卷）。

同日 湖南《大公报》第六版刊发《陶知行缄示方针》一文（收入川版《全集》第十一卷）。

同日 发表《平民教材内容大意与教学顺序之意见》，刊湖南《大公报》，又载《湖南平民教育周刊》第十至十二期（收入川版《全集》第十一卷）。

2月29日 《晨报》第六版刊登《陶知行星期日演讲》公告（收入湘版《全集》第八卷，又收入川版《全集》第十一卷）。

2月 为刘伯明作挽联，谓"有书未著，流泽方长"，载《金陵光》第十三卷第二号（收入川版《全集》第十一卷）。

约2月 作诗《年神和我抬杠子》（收入川版《全集》第十一卷）。

3月2日 下午三时，赴米市大街北京青年会礼堂演讲《平民读书处之经验》，刊同月13日《晨报副刊》，由萧健记录整理（收入川版《全集》第一卷）。

3月5日 中华教育改进社和东南大学拟在南京举办全国教育展览，任筹备委员会副主任（载1924年5月25日《申报》）。

3月8日 下午，赴北京太平湖饭店参加北京平民教育促进会，并作发言（收入湘版《全集》第八卷）。

3月9日 作诗《咏牙签》（收入川版《全集》第十一卷）。

3月11日 作《送诗集——给刘廷蔚弟的信》（收入《知行书信》，后收入湘版《全集》第五卷，又收入川版《全集》第八卷）。

同日 作诗《谢方旭初兄与章杏生女士赠结婚玉照》（收入《知行诗歌别集》，后收入湘版《全集》第四卷，又收入川版《全集》第七卷）。

3月13日 发表演讲词《平民读书处之经验》，刊《晨报附刊》。

同日 安徽省拟建江南大学，名列被聘请教授名单之中（载本日《申报》）。

3月14日 作诗《车中偶题》（收入《知行诗歌别集》，后收入湘版《全集》第四卷，又收入川版《全集》第七卷）。

3月15日 作诗《真理》（收入川版《全集》第十一卷）。

3月16日 作《说书人韩庆鼎——答王伯秋兄的信》（收入《知行书信》，后收入湘版《全集》第五卷，又收入川版《全集》第八卷）。

3月17日 为改进社欠款事访颜惠庆［《颜惠庆日记》（二），第126页］。

同日 发表《五族共和与教育者之责任》，刊申报馆《教育与人生》第二十二期（收入湘版《全集》第一卷，又收入川版《全集》第一卷）。

3月18日 发表在武昌师范大学、华中大学、中华大学有关平民教育具体方法和目的的演讲词，刊湖南《大公报》，又载《湖南平民教育周刊》第十三至十五期，记录者：段麟郊（收入川版《全集》第十一卷）。

3月24日 于津浦路南下时作诗《南下车中见山树奔过》（收入《知行诗歌别集》，后收入湘版《全集》第四卷，又收入川版《全集》第七卷）。

同日 与徐养秋共同致函南洋各校（收入湘版《全集》第五卷，又收入川版《全集》第八卷）。

3月25日 于徐州旅馆作诗《自勉并勉同志》（收入《知行诗歌别集》，后收入湘版《全集》第四卷，又收入川版《全集》第七卷）。

同日 作诗《努力》（收入《知行诗歌别集》，后收入湘版《全集》第四卷，又收入川版《全集》第七卷）。

同日 作诗《天生我材必有用》（收入川版《全集》第十一卷）。

3月26日 于火车上作《徽州土货——答吴立邦小友的信》（收入《知行书信》，后收入湘版《全集》第五卷，又收入川版《全集》第八卷）。

同日 抵开封。当夜与王幼乔厅长、何日章、刘潆甫等人商定行程。

3月27日 下午三时，对九十余县教育局长演讲平民教育。晚六时，赴王幼乔厅长之宴请，对各界领袖演讲平民教育。

同日 作诗《欲望》（收入川版《全集》第十一卷）。

3月28日 代表平民教育促进会总会参与河南全省平民教育促进会

会议。

3月29日 上午，召开开封全城平民教育演讲会，到三千余人。

同日 作诗《赠方振民先生》（收入《知行诗歌别集》，后收入湘版《全集》第四卷，又收入川版《全集》第七卷）。

同日 夜，作《在开封落土的种子——给朱其慧先生的信》（收入《知行书信》，后收入湘版《全集》第五卷，又收入川版《全集》第八卷）。

同日 西村平民学校学生胡映莲作书信致陶行知。

3月30日 离豫赴沪。

同日 作诗《梦采诗》《坐火车》《得一知己可以无憾》（收入川版《全集》第十一卷）。

4月5日 《申报》刊载《陶知行来沪之任务》，抄录如下：

> 教育家陶知行博士，于日前由京来沪，陶氏谓此次南下系参与开封教育行政会议，并在沪宁请专家准备论文，俾于本年七月间教育促进会在南京开年会时宣读，并与朱经农博士讨论修正前编之平民千字课办法，拟在三月内出新书。又谓平民教育，已推行十二省，约有三十万人，已受平民教育云。又陶氏定于今晚赴无锡，略事勾留，然后赴宁返京云。（载本日《申报》）

同日 晚，离上海赴无锡。

4月8日 作诗《爱之果——小桃出麻疹时，代老太太作》（收入《知行诗歌别集》，后收入湘版《全集》第四卷，又收入川版《全集》第七卷）。

4月12日 与徐养秋共同致函特约应征机关（收入湘版《全集》第五卷，又收入川版《全集》第八卷）。

同日 与徐养秋共同致函全国各县教育局（收入湘版《全集》第五卷，又收入川版《全集》第八卷）。

4月13日 赴南京秀山公园参加中华教育改进社会议（载1924年4月《新教育》第八卷第三期）。

同日 作《教小桃写信——给小桃的信》（收入《知行书信》，后收入湘版《全集》第五卷，又收入川版《全集》第八卷）。

同日 得西村平民学校学生胡映莲信。

4月14日 在南京鸡鸣寺主持召开征集中华教育改进社会员的会议（载1924年4月《新教育》第八卷第三期）。

同日 作《请双耳朵做教员——给西村平民学校学生胡映莲的信》(收入《知行书信》，后收入湘版《全集》第五卷，又收入川版《全集》第八卷)。

4月15日 在南京第一女子师范召集有关学校领导，讨论编制学校模范报告的进行计划，到陆少青、朱君毅、程稚秋、王仲和、王仲武等（载1924年4月27日《申报》)。

4月16日 与江苏省政务、财政、教育、实业四厅长及金陵道尹警务处长筹备成立新南京电影公司，资本额一万元，每股五十元。目的为改良社会风俗，提倡高尚娱乐（载本日《申报》)。

4月18日 代洪范五戏作诗歌《半块糖》（收入川版《全集》第十一卷)。

4月20日 以中华教育改进社名义致函东南大学，奉商在该校设立改进社分事务所。

同日 发表《全国平民教育之现状》，刊《申报·星期增刊》（载本日《申报》)。

4月21日 发表《论平民读书处之得失》，刊申报馆《教育与人生》第二十七期（收入湘版《全集》第一卷，又收入川版《全集》第一卷)。

同日 与徐养秋共同致函梁启超（收入湘版《全集》第八卷，又收入川版《全集》第八卷)。

同日 作诗《读诗》《车中生活》《落花》《谢中苏令仪送南屏晚钟花盆》(收入川版《全集》第十一卷)。

4月22日 在北京中华教育改进社总事务所参加董事会，报告社务工作。到会有熊希龄、袁希涛、黄炎培、张伯苓、范源濂、蒋梦麟、陈宝泉等（载1924年4月《新教育》第八卷第三期)。

同日 发表《中华平民教育促进会启事》，刊《晨报副刊》（收入湘版《全集》第八卷，又收入川版《全集》第五卷)。

4月28日 出席江苏省平教促进会教案会议，到王伯秋、徐养秋等共十三人。被大会推举与王伯秋、徐养秋等负责课本审查之责（载1924年5月1日《申报》)。

4月 筹组科学教员暑期研究会，被推为该会副会长。拟定中、英文说明书及报告单。

同月 发表《全国平民教育之现状》，刊3月、4月《教育月刊》第一卷第五期、第六期合刊（安徽歙县公署出版）（收入湘版《全集》第一卷，又收入川版《全集》第一卷）。

同月 发表《平民教育实施法》，刊3月、4月《教育月刊》第一卷第五期、第六期合刊（安徽歙县公署出版）（收入湘版《全集》第八卷，又收入川版《全集》第一卷）。

同月 发表与徽州旅芜同乡共拟的《徽州推行平民教育办法》，刊3月、4月《教育月刊》第一卷第五期、第六期合刊（安徽歙县公署出版）（收入湘版《全集》第一卷，又收入川版《全集》第一卷）。

约4月 戏代王伯秋作诗歌《美国无名氏赠王伯秋玫瑰花》（收入川版《全集》第十一卷）。

春 作《到庐山去——给胡适之先生信》（收入《知行书信》，后收入湘版《全集》第五卷，又收入川版《全集》第八卷）。

春 作诗《不自然》（收入川版《全集》第十二卷）。

5月3日 复朱经农函，作《〈平民周刊〉——答朱经农先生的信》（收入《知行书信》，后收入湘版《全集》第五卷，又收入川版《全集》第八卷）。

5月5日 致函胡适，略谓：

> 目前听说吾兄旧病复发，不胜悬念。人生第一要事是康健，第二要事是康健，第三要事是康健。学术不是一时研究得了的；学生也不是一时教得了的。先顾到身体；身体好了，再慢慢的去研究，慢慢的去教学，尽有机会。老兄倘使照着现在这样牺牲下去，真是拿自己的性命和学术的前途做儿戏。……与其把一切事业学问挤在几年内匆匆忙忙劳劳苦苦的去做，何如把他们匀在几十年内从从容容、舒舒服服的去干？……不但身体有无上的快乐，至于造就之大，贡献之宏，更是不可思议了。我替老兄开的一个百年康健的药方是：（一）暂辞大学教授，（二）暂停《努力》，（三）带着图书、家眷到庐山去住家。……我们爱兄，请兄听我们极诚恳的建议，并希望兄本着《尝试集》的精神给这个建议一个尝试的机会。［《胡适遗稿及秘藏书信》(36)，第411—415页］

本信与《知行书信》中《到庐山去——给胡适之先生信》有同有异。

5月12日 晚，抵济南（载1924年5月14日《申报》）。

又 在济南期间晤胡适。

5月14日 赴济南一师参加教育界欢迎会，并演讲平民教育（载本日《申报》）。

5月22日 下午，由济南抵南京。

5月23日 致函胡适，略谓：

……武昌中华大学八月间拟开学术讲习会，甚希望吾兄莅会讲演。弟意湖北教育急待改革，兄如俯就讲演，则文化鼓动力胜于江汉之洪涛，若无暇久在南方，则短期亦可餍武昌人之望。……三个儿子见了玩具，如得奇宝，大的叫桃红，还要写信来多谢胡太太。先向你先表我的谢忱。[《胡适遗稿及秘藏书信》(36)，第420—421页]

5月25日 晚七时，偕熊希龄、黄炎培赴汉口万国春饭店，参加由湖北省教育厅及各校组织的欢送运动员及职教社代表晚宴（载次日《申报》）。

同日 于江新船上作诗《贺友人结婚》（收入《知行诗歌别集》，后收入湘版《全集》第四卷，又收入川版《全集》第七卷）。

同日 《申报》刊载《全国教育展览会筹备经过》（载本日《申报》）。

5月27日 据《丁文江年谱》记述："上午十时，中华图书馆协会董事部第一次会议在北京石虎胡同松坡图书馆举行。出席者有丁文江、蔡元培（陈源代）、梁启超、袁同礼、胡适、熊希龄（高仁山代）、颜惠庆、陶知行（陈翰笙代）、范源濂（梁启超代）、洪有丰（袁同礼代）。会议公推梁启超为临时主席，胡适为临时书记。选举职员，议决：除本会组织大纲所规定之部长一人外，选举一人任书记事务，另举五人组织财政委员会。选举结果：部长：梁启超；书记：袁同礼；财政委员会：颜惠庆、熊希龄、袁希涛、丁文江、胡适。签订董事任期年限一年的5人：颜惠庆、袁希涛、梁启超、范源濂、袁同礼；二年的5人：王正廷、熊希龄、蔡元培、洪有丰、沈祖荣。三年的5人：胡适、丁文江、陶知行、钟福庆、余日章。"（《丁文江年谱》，第195页）

5月 发起筹备由文学界、教育界知名人士组织平民文学委员会，编辑出版平民文学书刊，筹备出版《平民周刊》。

同月 作诗《藤花落》（收入川版《全集》第十一卷）。

6月16日 《申报》刊发《南京两大会筹备消息》，表示"徐养秋、陶知行二先生"为全国教育展览会"规划经营，不遗余力"（载本日《申报》）。

6 月 25 日 下午四时，赴北京李阁老胡同法政大学参加北京学界三团体会议，商讨俄国庚子赔款事宜，到蒋梦麟、许绳祖等十余人（载次日北京《晨报》）。

6 月 28 日 与朱经农共同创刊《申报·平民周刊》。《平民周刊》只用白话文面向平民的申报副刊，周六出版，1925 年 5 月 31 日终刊。

同日 发表诗歌《自立》，刊《申报常识·平民周刊》创刊号，署名知行（收入湘版《全集》第八卷，又收入川版《全集》第十一卷）。

7 月 2 日 申报刊发《中华教育改进社年会日程》，详细告知年会期间教育界名人演讲时间，其中，“四日下午八时，范静生郭道甫黄城塘黄夫人陈夫人陶知行诸先生，在体育馆讲《蒙古生活与教育》，并用幻灯”（载本日《申报》）。

7 月 3 日—9 日 中华教育改进社第三届年会在南京东南大学举行。3 日改进社假南京公共讲演厅举行第三届年会开幕式，到熊希龄、朱其慧、黄炎培、范源濂、袁希涛等千余人。董事长熊希龄先致开会词，次由陶行知作社务报告，报告刊同年 7 月《中华教育界》第十四卷第一期（收入湘版《全集》第一卷，又收入川版《全集》第一卷）。

又 会议期间，作诗《中华教育改进社第三届年会同乐歌》（收入川版《全集》第十一卷）。

又 会议期间，推举张伯苓、蔡元培、陶行知、郭秉文出席下届世界教育会议［《张伯苓年谱长编》（上），第 348 页］。

7 月 3 日 《申报》记载：“中华教育改进社今午开幕，社员到二十四省区、蒙古代表二，熊希龄报告本届计划，应注重蒙古及华侨教育；陶知行谓现时教育应以适合国情为主，不宜偏重欧美或东洋式教育，关于亟需组织要点：一、全国教育协会；二、全国童子军协会；三、教育陈列所。实施要点：一、测验心理；二、科学调查；三、矫正青年思想；四、推广平民教育。”（载次日《申报》）

7 月 4 日 参加改进社年会蒙古教育组第一次会议，讨论蒙古教育问题。主席范源濂，书记马鹤天。

同日 参加以社员为限的社务会议，作社务报告，熊希龄主席（载 1924 年 7 月 6 日《申报》）。

7 月 5 日 参加改进社年会蒙古教育组第二次会议，讨论蒙古教育问题。主席范源濂，书记马鹤天。

7月6日 上午八时，参加中华平教促进会讨论会，议决与王伯秋共提议案七件（载次日《申报》）。

同日 在国际教育组第三次会议上提出《施行世界教育会议议决及派代表出席议案》，经讨论议决通过（载1924年7月8日《申报》）。

同日 本日改进社董事会第四项议题：主任干事任期将满，应预备改聘案，议决请陶知行先生连任（《新教育》第八卷第二期，见《陶行知年谱》，第74页）。

同日 赴东南大学体育馆参加全国教育展览会开幕式并作讲话（载1924年8月8日《申报》，后入湘版《全集》第八卷）。

7月7日 在学术会议上讨论《蒙古教育方针》议案，张伯苓主席。会上作发言，表示："如何促进五族合成合作之国家，其法有二：（一）四通八达之交通道路。（二）普遍之教育"，"教育之要点：（一）培养公共之观念。……（二）使蒙古人之生活，能适应世界之大势"（载1924年7月8日《申报》）。

同日 下午四时，中华教育改进社假东南大学梅庵召开筹划全国教育经费委员会会议，到陶行知、陈宝泉、熊希龄、袁希涛、陶怀琳、邓翠英、李庆元、鲁清晨、茅以升、赵叔愚、张敬虞、梁明致、张锦云、史毓琨、李杰、范源濂、廖立勋、方克刚、胡敬复、谭熙鸿、裕光、朱其慧、郭秉文、米增兆、王伯秋、马寅初等，共计二十四人。

7月8日 参加改进社年会第一次学术会议，提议蒙古教育方针（收入川版《全集》第一卷）。

同日 在改进社年会第二次学术会议上作"关于《致谢俄美退还赔款为发展我国教育案》的说明"，刊同年10月《新教育》第九卷第三期，记录者：夏承枫（收入湘版《全集》第一卷，又收入川版《全集》第一卷）。

同日 晚七时半至十一时，召开有关蒙古教育之演讲大会，原定主席范源濂因事未到，代理主席，会上用幻灯影片说明蒙古生活（载1924年7月9日、10日《申报》）。

7月9日 在中华教育改进社第三届年会第三次学术会议上讨论"本社应力谋收回教育权案"，刊同年7月《中华教育界》第十四卷第一期，又刊同年10月《新教育》第九卷第三期（收入湘版《全集》第一卷，又收入川版《全集》第一卷）。

同日 筹办的全国教育展览会在年会期间正式展出，任全国教育展览会筹备委员会副主任兼大会总务干事及蒙古教育组的鉴别委员，徐养秋为主任兼总干事及华侨教育组的鉴别委员。又在展览会开幕式上发表讲话，刊同年12月《新教育》第九卷第五期（收入川版《全集》第一卷）。

同日 任鸿隽致函胡适，内中提及："你对于日本文化事业的抗议，我接到之后，就交与静生先生看了……我与三胡、在君、知行、杏佛等也都谈过。他们都觉得现在国内若有一两个研究所，总胜于无，但以为外交关系，不妨主张过分一点，容许可得到相当的还价。结果由改进社拟了一个公文送到政府，请求与日本人废除协办文化事务的协定。这个公文的语气比北京寄来的宣言要和缓多了。"［《胡适来往书信选》（上），第255页］

7月10日—8月8日 任科学教员暑期研究会副会长，赴清华学校，视察举办情况，并征求意见。

7月10日 在改进社董事会上，被推为出席下届世界教育会议的代表，代表另有蔡元培、郭秉文、张伯苓三人。

同日 据《张彭春年谱》记述："清华学校与中华教育改进社和洛氏驻华医社合组暑假科学研究会为期四星期，分三科：生物、物理、化学，面向全国。为此，组成一董事性质之委员会，委员为：曹庆五（会长）、张仲述（会务主任）、梅贻琦、陶行知（副会长）、陈裕生、推士（Twiss）及协和济教授（Professor Gee）。学员320人，来自16个省。"（《张彭春年谱》，见《张彭春论教育与戏剧艺术》，第650页）

7月19日 发表时事短评《大水是谁的罪过》，刊《申报·平民周刊》（收入湘版《全集》第一卷，又收入川版《全集》第一卷）。

同日 发表《空前之全国教育大会》《四十万的平民学生》《代理国务总理违背宪法吗》，刊《申报·平民周刊》（收入湘版《全集》第一卷，又收入川版《全集》第一卷）。

7月26日 发表《何不提倡裁兵筑路》《万众一心的拒毒》，刊《申报·平民周刊》（收入湘版《全集》第一卷，又收入川版《全集》第一卷）。

同日 发表诗歌《问一问》，刊《申报常识·平民周刊》（收入《陶行知全集·幼苗集》时略作修改并改题为《问到底》，后收入湘版《全集》第四卷，又收入川版《全集》第七卷）。

7月 作《半周岁的燕子矶国民学校——一个用钱少的活学校》，刊同年8月4日申报馆《教育与人生》第四十二期（收入《中国教育改造》，后收入湘版《全集》第一卷，又收入川版《全集》第一卷）。

同月 撰写《平民教育概论》，刊同年10月《中华教育界》第十四卷第四期。

夏初 鼓励章衣萍编写《平民诗选》(载1924年7月24日《晨报》)。

夏 与赵叔愚一同参观南京燕子矶国民学校，回后撰文宣传。

夏 扩充南京安徽公学班级，拟定该校训育方案。

8月1日 致函郭秉文（收入湘版《全集》第五卷，又收入川版《全集》第八卷）。

8月2日 发表《对于〈申报〉读者的请求》《国会议员又做买卖》《赈灾附加捐》《加拉罕做第一个大使》，刊《申报·平民周刊》（收入湘版《全集》第一卷，又收入川版《全集》第一卷）。

同日 发表诗歌《问》，刊《申报·平民周刊》，署名知（收入《陶行知全集·幼苗集》时略作修改并改题为《每事问》，后收入湘版《全集》第四卷，又收入川版《全集》第七卷）。

8月4日 发表《半周岁的燕子矶国民学校——一个用钱少的活学校》，刊申报馆《教育与人生》第四十二期。

8月9日 发表《外交团将有变化》《农民联合会》《北京大学要求人权》《英国果真退还赔款吗》《同到乡下去》，刊《申报·平民周刊》，署名韵秋（收入湘版《全集》第一卷，又收入川版《全集》第一卷）。

8月11日 致函东南大学，协商合办科学教员暑期研究会一事（收入湘版《全集》第五卷，又收入川版《全集》第八卷）。

8月12日 作《改良〈平民周刊〉之建议——给朱经农先生的信》（收入《知行书信》，后收入湘版《全集》第五卷，又收入川版《全集》第八卷）。

8月14日 作《师生共生活——给姚文采弟的信》（收入《知行书信》，后收入湘版《全集》第五卷，又收入川版《全集》第八卷）。

8月23日 发表《同水打仗的军队》《请看日本的裁兵》《外蒙古独立之回想》，刊《申报·平民周刊》，署名韵秋（收入湘版《全集》第一卷，又收入川版《全集》第一卷）。

同日 发表诗歌《秋的命令》，刊《申报·申报常识·平民周刊》。

8月27日 晚八时，中华教育改进社在北京饭店举行欢迎孟禄来华宴会。

8月31日 与黄炎培、蒋梦麟同游西山，于西山旅馆午餐（《黄炎培日记》第 2 卷，第 209 页）。

8 月 组织成立平民文学委员会，为平民教育运动提供“有营养”的读物。又修改《平民千字课》，拟再版。

9 月 1 日 晚，偕马名海访孟禄，呈递当日下午教育界紧急会议选出的庚款 14 人委员名单。

同日 为章鲁泉等译的《美国退还庚子赔款余额经过情形》作序（收入湘版《全集》第八卷，又收入川版《全集》第一卷）。

9 月 2 日 黄炎培赴改进社访陶行知（《黄炎培日记》第 2 卷，第 210 页）。

9 月 3 日 晚六时半，应外交总长顾维钧电召，偕全国教育学术团体联合会代表黄炎培、马叙伦、查良钊等十五人赴铁狮子胡同顾宅，讨论美国庚子赔款退还一事（载 1924 年 9 月 8 日《申报》）。

9 月 6 日 据黄炎培记述：“午，少川家餐，托为墨哂事设法。至孟邻家长谈，托叔鲁为墨哂设法。知行共餐。”（《黄炎培日记》第 2 卷，第 211 页）

同日 发表《民团的前途》《俄美两国绝对反对庚子赔款筑路》，刊《申报·平民周刊》，署名韵秋（收入湘版《全集》第一卷，又收入川版《全集》第一卷）。

9 月 8 日 致函东南大学（收入湘版《全集》第五卷，又收入川版《全集》第八卷）。

9 月 11 日 据黄炎培记述：“访梦麟、陶知行、顾孟余同夜餐于杏花楼。”（《黄炎培日记》第 2 卷，第 211 页）

9 月 15 日 作《打了胜仗——答姚文采弟的信》（收入《知行书信》，后收入湘版《全集》第五卷，又收入川版《全集》第八卷）。

9 月 17 日 据黄炎培记述：“午，陶知行邀餐于其家。”（《黄炎培日记》第 2 卷，第 212 页）

9 月 22 日 朱经农致函胡适，内中提及：“《平民周刊》是办不出色的了。《申报》方面只想用办‘常识’的旧政策来办《平民周刊》，只把外面投来勉强可用的稿子采登几篇……从前知行还寄些大事记来，现在大事记也不寄来了。”[《胡适来往书信选》（上），第 262 页]

9 月 25 日 作诗《学画》（收入川版《全集》第十二卷）。

10 月 18 日 发表诗歌《国之大禁》，刊《申报·申报常识·平民周刊》（收入湘版《全集》第八卷，又收入川版《全集》第七卷）。

10月21日 《申报》刊载消息称："现该社董事长熊希龄、主任干事陶知行，已致函美国，请梅乐先生来华，以便指导我国图书馆事业之进行。"（载本日《申报》）

10月29日 于南京作《四个小孩两人分——家信》（收入《知行书信》，后收入湘版《全集》第五卷，又收入川版《全集》第八卷）。

10月 发表《平民教育概论》，刊《中华教育界》第十四卷第四期（收入湘版《全集》第一卷，又收入川版《全集》第一卷）。

同月 在《新教育》第九卷第三期发表中华教育改进社第三届年会上关于《致谢俄美退还赔款为发展我国教育案》的说明及"本社应力谋收回教育权案"的讨论发言。

同月 与范源濂、曹云祥、洪范五、黄止端、张伯苓、茅以升、张叔良、杨卫玉、查谦等人共同发起《关于改变纪念国耻方式的提议》，刊《新教育》第九卷第三期（收入湘版《全集》第三卷，又收入川版《全集》第一卷）。

秋 作诗《秋的命令》，刊同年8月23日《申报·申报常识·平民周刊》（收入《知行诗歌别集》时略为修改并改题为《秋歌》，后收入湘版《全集》第四卷，又收入川版《全集》第七卷）。

秋 作诗《秋神的命令》（收入《知行诗歌别集》，后收入湘版《全集》第四卷，又收入川版《全集》第七卷）。

秋 作诗《打头绳》，刊同年12月13日《申报·申报常识·平民周刊》（收入《知行诗歌别集》时略修改并改题为《桃红小桃学打头绳围巾》，后收入湘版《全集》第四卷，又收入川版《全集》第七卷）。

11月3日 被上海图书馆协会编辑委员会推举为名誉编辑（载次日《申报》）。

11月4日 作《我的生活——家信》（收入《知行书信》，后收入湘版《全集》第五卷，又收入川版《全集》第八卷）。

11月5日 抵无锡。下午参观崇安寺市一小学（载1924年11月9日《申报》）。

11月7日 赴沪宁线各校学校调查战后教育状况（载1924年11月9日《申报》）。

11月9日 作《心里大乐——家信》（收入《知行书信》，后收入湘版

《全集》第五卷，又收入川版《全集》第八卷）。

11月25日 申报刊载《武昌师大校长问题已解决——部聘陶知行继任》。文章抄录如下：

武昌师大学生，前接教部商聘陶知行担任校长，商聘黄百新暂维校务之寒电后，以教部虽允聘陶，尚未明令发表，当即电请教部，作速发表陶知行为该校校长。昨晚该校赴京请愿代表，自京拍来巧电云，已委陶赴沪等语，是教部明令已下，而该代表，又往沪赴宁欢迎矣。该校学生，以数月未决之校长问题，一旦得有圆满结果，莫不喜形于色，立即去电表示欢迎，恳其从速来校就职，并拟除由京转沪赴宁欢迎之代表外，另行加派代表往迎，以示诚恳，藉促陶校长早日到校视事，闻该校教职员，亦拟公推代表前往协促。（载本日《申报》）

12月6日 发表《扶柳条——无定河决堤之救水情形》，署名陶知行，刊《申报常识·平民周刊》（收入《知行诗歌集·荒郊集》时改题为《救水》，后收入湘版《全集》第四卷，又收入川版《全集》第七卷）。

12月8日 发表《南京安徽公学创学旨趣》，刊申报馆《教育与人生》第六十期，收入《十年来之南京安徽中学》一书时改题为《本校创立旨趣》（收入《中国教育改造》时改题为《南京安徽公学办学旨趣》，后收入湘版《全集》第一卷，又收入川版《全集》第一卷）。

12月13日 四子陶城（蜜桃）生。

同日 发表《打头绳》，刊《申报·申报常识·平民周刊》。

12月18日 作《用小桃的笔法写信——给桃红、小桃的信》（收入《知行书信》，后收入湘版《全集》第五卷，又收入川版《全集》第八卷）。

12月20日 发表诗歌《梨歌》，刊《申报·申报常识·平民周刊》。

12月 发表在全国教育展览会开幕式上的讲话，刊《新教育》第九卷第五期。

年底 主持制定中华教育改进社下年度方针，提出：“适合本国国情，满足生活需要。”

年底 应美国哥伦比亚大学师范学院国际教育研究所邀请，以中华教育改进社主任干事身份为其所编 *Educational Year Book* 1924（《1924年世界教育年鉴》）作英文论著 *China*（《中国》），署名 W. Tchishin Tao，M. A.（陶知行硕士）（收入湘版《全集》第八卷，又收入川版《全集》第六卷）。

本年 为程湘帆所作《小学课程概论》写序（收入湘版《全集》第八卷，又收入川版《全集》第一卷）。

同年 作诗《为何只杀我——民歌改作》《饮冰》《少年》《勉章衣萍》（收入《知行诗歌别集》，后收入湘版《全集》第四卷，又收入川版《全集》第七卷）。

同年 作诗《白玫瑰》《观其眸子》《刘君廷蔚送诗数十首都没有收到》（收入川版《全集》第十一卷）。

同年 作信致朱其慧（收入湘版《全集》第五卷，又收入川版《全集》第八卷）。

同年 对张国良谈陈鹤琴（载1984年5月《行知研究》之《再记我所知道的陶行知先生》，后收入湘版《全集》第八卷，又收入川版《全集》第十一卷）。

同年前后 致函胡适，略谓：

> ……我又看见绍刘厅长一切计划都能合乎教育原理，他的一股百折不回的精神又能够将本省教育事业起死回生，所以我非常为安徽欢喜。但是好事多磨，中途教育部有将绍刘先生调任甘肃教育厅长的命令。本省教育界听见这个消息非常灰心，大家要想法挽留。……我看绍刘先生的去留于安徽教育有切肤的关系。今次会议已经议决四十三条好议案，若绍刘先生能够留任，必定能够极力推行，若调了别人，我恐怕这一番的惨淡经营是要白费了。况且各县代表对于绍刘先生的信仰心非常坚固，这种的中心点是非常难得的，倘若失去，那将来怎能联络研究、联络进行。再吗，在安徽做事，最要紧的是要与督军相安。绍刘先生现在与督军已经渐渐的能相安了，使能久任厅长的职务，必定可以有些要紧的建设。所以照我看来，老哥不能不出些力气为桑梓挽回这重要的人物。万望邀集北京的安徽同志，请教育部收回成命。这是一件大事，这是一件要紧的事。这件事关系全省教育，关系五百万儿童的命运。能成就这件事的后盾就是老哥，请尽你九牛二虎的力。[《胡适遗稿及秘藏书信》(36)，第395—399页]

1925年
（民国十四年 乙丑） 34岁

3月12日 孙中山在北京逝世。

4月28日 成立中法教育基金委员会，办理法国退还庚子赔款一事。

5月7日 北京学生在天安门举行国耻纪念，遭军警镇压，逮捕学生十八人，打伤多人。

5月30日 五卅惨案。

7月1日 国民政府在广州成立。

12月 段祺瑞改组国务院，教育总长章士钊辞职，由易培基继任。

年初 中华教育改进社决议出《中华教育改进社十四年度之进行方针》（收入湘版《全集》第三卷，又收入川版《全集》第十一卷）。

1月1日 作诗《我的小怀抱》，后载1931年10月18日《申报·自由谈》之《我的小怀抱》一文（收入《知行诗歌别集》，后收入湘版《全集》第四卷，又收入川版《全集》第七卷）。

1月10日 发表诗歌《国民与我》，刊《申报·申报常识·平民周刊》。

1月11日 晚，赴上海环球学生会演讲，谈1924年中国教育之回顾，详举各例，指出中国教育情形可用四个字形容，"一方面是'困难'，一方面是'努力'"，并希望大家继续努力（载1924年1月12日、13日《申报》）。

1月13日 《申报》消息称："东南大学及商科大学全体教职员，对于易长问题，曾经各组委员会，本定于前晚（十一）十时，在上海开联席会议，讨论发表正式宣言，表示态度。不料沪宁铁路因沪局陡变中断，故宁方代表不能如期来沪，现上海方面，有东大方面教授郑宗海、程其保、陶知行等，定于今日下午四时，会集商大委员会磋商进行办法。"（载本日《申报》）

同日 施肇基致函孟禄，信中提及："……请您要求范源濂先生和陶行知先生随时向我提供有关中国教育进步的信息和出版物，好吗？如有用英语发表的作品，请他们寄给我多份。我可以很好地利用它们。费城博览会已要求教育部常设一个中国教育的展览。我想知道中华教育改进社能否被说服对收集展品抱有积极的兴趣。"

1月15日 上午十时，出席在上海召开的图书馆代表会议，到韦棣华、洪有丰、杜定友等十余人，商讨欢迎鲍士维来华事宜（载次日《申报》）。

1月16日 发表致教育部次长马叙伦的信，刊上海《申报》（收入川版《全集》第十一卷）。

1925年1月郭秉文被免除东南大学校长职务，因而引起风波，直到10月由曾在江南高等学堂担任过教务长的秦汾，担任校长后始告平息。

同日 中华教育改进社与中华职业教育社等21团体假上海一品香举行欢迎孟禄宴会。

1月17日 据黄炎培记述："晨，偕秉文、知行与孟禄博士船次谈。"（《黄炎培日记》第2卷，第222页）

同日 出席中华教育改进社图书馆委员会会议，商讨鲍士维博士来华调研计划（载同月19日《申报》）。

同日 发表《国民与瞎民》，刊《申报·平民周刊》（收入湘版《全集》第一卷，又收入川版《全集》第二卷）。

同日 陶宏、陶晓光作书信致陶行知。

1月18日 作《孟禄夫人送玩具——给桃红、小桃的信》（收入《知行书信》，后收入湘版《全集》第五卷，又收入川版《全集》第八卷）。

同日 致函胡适，略谓：

……同学程湘帆兄不日赴京，很想得个机会和吾兄谈谈。湘帆兄现任中华基督教教育会副主任干事，近来基督教教育渐趋于中国化，多由湘帆兄苦心开导所致。吾兄必有好的意思给他做参考，所以介绍他来和吾兄交换意见。……知行近来进步不多，身上加了十磅肉。连日与党化教育宣战，决以超然的精神奋斗到底。吾兄以为值得一战吗？［《胡适遗稿及秘藏书信》(36)，第416—417页］

1月20日 季通致函胡适，内中提及："东大更易校长，引起一般舆论的非难；……并见陶知行先生有文章发表，说此事的动机，是精卫‘党化教育’的主张；如果并无此事，陶先生总不能如此言之凿凿；假使果然如此，似乎很不正当。”［《胡适来往书信选》（上），第305—306页］

1月30日 下午四时，参加中华国民拒毒会第十九次董干联席会议，作发言（载1925年2月1日《申报》）。

同日 作《三花脸的白话诗——给桃红、小桃的信》（收入《知行书信》，后收入湘版《全集》第五卷，又收入川版《全集》第八卷）。

1月31日 发表诗歌《人情歌》，刊《申报·申报常识·平民周刊》（收入湘版《全集》第八卷，又收入川版《全集》第七卷时题为《恕歌》）。

1月底 偕王伯秋看《尘世天堂》影戏。

1月—2月 致函胡适，云：

> 国民代表会议条例草案，关于蒙藏部分，宜参考贡桑诺尔布之修正案。内蒙以盟为单位，外蒙以部为单位，实是正当办法。唐努乌梁海、科布多、呼伦贝尔三处，知行确知其不可以内外蒙来范围他们。他们的风土人情和地理关系，都应当受特别看待。前后藏及青海宜分别规定，昨已谈过。其他地方情形不甚熟悉，不敢有所主张。但蒙藏部分情形复杂，与其失之概括，不如失之琐碎。吾兄提案为全国观瞻所系，此层有关民族合作前途，务望特别注意为祷。［《胡适遗稿及秘藏书信》(36)，第419页］

2月2日 致函胡适，略谓：

> ……吾兄前闻我有诗兴，曾两次向我索阅。奈我们初学诗的人有如处女，终因害羞之故，不敢献拙。但心中念念不忘，决非拒绝。新年偕伯秋兄看《尘世天堂》影戏，见叩秘宾 Cubit 作祟，颇动诗思。清夜无事，偶成一词，聊供吾兄一笑，并藉此报答殷殷垂问之盛意。［《胡适遗稿及秘藏书信》(36)，第418页］

2月7日 发表《民国的政府》，刊《申报·平民周刊》（收入湘版《全集》第一卷，又收入川版《全集》第二卷）。

2月9日 被安徽省教育会推举为善后会议代表（载1925年2月13日《申报》）。

2月14日 致函段祺瑞、各部总长及马叙伦，后刊次日《申报》（收入湘版《全集》第八卷，又收入川版《全集》第十一卷）。信中略谓：

> 江苏蒋厅长，德高望重，有功教育，遽尔撤换，公论不直。今教

部方以改进教育行政相号召，知行深知苏省教育情形，敢断言蒋厅长之去职为改退，而非改进。一人之去留尚小，教部示人以不能容贤事大。今政府方谋国是之善后，但贤能被摈，公道不彰，众怨将归，何以为国？

2月15日 《申报》刊载《陶知行致函政府援助蒋教育厅长》（载本日《申报》）。

2月21日 发表《主动的民意》，刊《申报·平民周刊》（收入湘版《全集》第一卷，又收入川版《全集》第二卷）。

2月28日 晚，北京京兆尹公署举行附设平民补习学校开学式，偕熊希龄、朱其慧、晏阳初等人到会演讲（载1925年3月2日《晨报》之《京兆尹附设之平民补习学校已开学》，后收入湘版《全集》第八卷，又收入川版《全集》第十一卷）。

2月 不再担任《新教育》主干（主编）。

3月14日 发表诗歌《家穷子孙多》，刊《申报·申报常识·平民周刊》（收入湘版《全集》第四卷，又收入川版《全集》第七卷）。

4月初 中华教育改进社假北京总事务所召开董事会，到熊希龄、蒋梦麟、王正廷、陈宝泉、张伯苓、郭秉文（熊希龄代表）、范源濂（张伯苓代表）、袁希涛（陶知行代表）、黄炎培（陈容代表）。随后在会上报告社务一事（载1925年4月7日《申报》）。

4月12日 赴北京中央公园来今雨轩出席中华图书馆协会发起人大会，到蔡元培、梁启超、胡适、丁文江、张伯苓、黄炎培、熊希龄、颜惠庆、汪精卫、袁希涛等（载同月11日北京《晨报》）。

4月25日 据《申报》记载："上午十时，在北四川路横滨桥广肇公学三楼开讨论会，到会代表四十余人，……书记王恂如宣读昨日（二十四日）议决案，……十二时午餐，餐毕由该校教职员引导各代表参观。……下午二时改开成立大会，仍推杜定友主席，议决下列各案：……最后公推陶知行欢词毕，既往宝山路参观商务印书馆之东方图书馆。是晚，该馆并在大东旅社宴请各代表并请韦棣华女士演说……选举职员：董事蔡元培、梁启超、胡适、丁文江、沈祖荣、钟叔进、戴志骞、熊希龄、袁希涛、颜惠庆、余日章、洪有丰、王正廷、陶知行、袁同礼。"（载1925年4月26日《申报》）

同日 据《丁文江年谱》记述："中华图书馆协会在上海成立，会议通过了《组织大纲》并选举职员，丁文江当选为董事；其他董事还有蔡元培、梁启超、胡适、沈祖荣、熊希龄、袁希涛、颜惠庆、余日章、洪有丰、王正廷、陶知行、袁同礼等。”（《丁文江年谱》，第206页）

约4月 作诗《桃红十岁》（收入川版《全集》第十一卷）。

5月8日 徽社拟于同月10日邀请陶行知来社演讲（载本日《申报》）。

5月29日 《申报》刊载消息称中华图书馆协会执行部将于次月2日晚在北京欧美同学会成立，并举行宴会。陶行知名列该会职员名单其中（载本日《申报》）。

5月 为陈鹤琴编撰的《语体文应用字汇》一书作序（收入湘版《全集》第一卷，又收入川版《全集》第二卷）。

同月 为中华教育改进社编撰的《柏克赫司特女士与道尔顿制》作序（收入湘版《全集》第八卷，又收入川版《全集》第二卷）。

6月2日—4日 出席于天津举行的中华教育文化基金董事会第一次会议，会上当选为中基会执行秘书。

6月4日 据颜惠庆记述：“举行最后一次（中华教育文化基金董事会——编者注）会议，通过了一些原则，决定采用什么印章，并选举陶知行为执行秘书。”[《颜惠庆日记》（二），第237页]

同日 据黄炎培记述：“午后，静生、知行、伯苓来长谈，骏人、少川续来谈。”（《黄炎培日记》第2卷，第233页）

6月5日 午前与黄炎培长谈（《黄炎培日记》第2卷，第233页）。

6月12日 作诗《斜阳淡月》（收入川版《全集》第十二卷）。

6月 编撰出版与程其保合著的英文论著 *Education In China* 1924（《民国十三年中国教育状况》），商务印书馆印刷，署名 Tao Teh - Shin（W. T. TAO）（收入湘版《全集》第一卷，又收入川版《全集》第六卷）。

7月6日 列名于梁启超等十五人签名的《中华图书馆协会董事会呈文》，刊同年8月20日《中华图书馆协会会报》第一卷第二期（收入川版《全集》第二卷）。

7月15日 中华教育改进社、中华职业教育社、环球中国学生会等十四个团体假公德林宴请道尔顿制始创者柏克赫司特女士。在宴会上致欢迎词（载1925年7月16日《申报》）。

7月16日 任鸿隽致函胡适，内中提及："前日静生先生托知行来说，希望我北来任中华教育文化基金的专门调查委员。这件事我到是很愿意干的。但不晓得他的性质、权责等是怎样。"[《胡适来往书信选》（上），第338页]

7月25日 参加上海徽社聚餐会，并担任徽社顾问（载1984年5月《行知研究》之《再记我所知道的陶行知先生》，后收入川版《全集》第十一卷）。

又 在聚餐会上对徽州同乡发表演讲《我对于屯昌汽车路办理的意见》，刊同年《微音》第二十五期，记录者：程本海（收入湘版《全集》第八卷，又收入川版《全集》第二卷）。

7月27日 致蔡元培函，云："世界教育会联合会议第二届年会，前承先生允偕夫人及黄君建中、陈君宝锷等赴会，代表得人，同人方深庆幸。兹闻因有困难，未获成行；又接到大示已在七月二十四日，不及电恳先生仍照原议赴会，曷胜怅惘，但社中同人甚盼先生卒能赴会也。代表旅费，曾于六月廿九日用国币二千元、买就比法郎二万三千八百枚，电汇驻比华使馆。如未收到，请与使馆接洽为幸。"[《蔡元培年谱长编》（中），第710页]

7月28日 赴北京西城驸马大街四十二号出席中华教育文化基金董事会事务所开幕式（载同月30日北京《晨报》）。

7月29日 凌冰作书信致陶行知（收入川版《全集》第二卷）。

7月 筹备中华教育改进社第四届年会，未能出席世界教育会议。

夏 被推为第二届科学教员暑期研究会书记。

夏 坐日本船由汕头赴香港。

8月12日 发表公开信《敬请撰制论文——致中华教育改进社同人》，刊《申报》（收入湘版《全集》第八卷，又收入川版《全集》第十一卷）。

8月13日 离京赴山西太原（载本日《申报》）。

8月17日—23日 中华教育改进社第四届年会在太原山西大学举行，汉、满、蒙、回、藏五族均有代表参加年会，负责年会组织工作。

又 提出《请组织国家教育政策委员会案》，刊同年9月《新教育》第十一卷第二期（收入湘版《全集》第一卷，又收入川版《全集》第二卷）。

又 与朱其慧、王伯秋共同提出《请发起并筹备中华女子教育促进会案》，刊同年9月《新教育》第十一卷第二期（收入湘版《全集》第一卷，又收入川版《全集》第二卷）。

又 与薛鸿志提出《统一学校统计报告时期案》，刊同年9月《新教育》第十一卷第二期（收入湘版《全集》第一卷，又收入川版《全集》第二卷）。

又 与薛鸿志提出《请本社函请山西省行政官于山西省内指定一相当之县试办教育统计案》，刊同年9月《新教育》第十一卷第二期（收入湘版《全集》第一卷，又收入川版《全集》第二卷）。

8月17日 在中华教育改进社第四届年会上发表“年会感言”，刊同年9月《新教育》第十一卷第二期（收入湘版《全集》第一卷，又收入川版《全集》第二卷）。

同日 在年会上做“社务报告”，刊同年9月《新教育》第十一卷第二期（收入《年会开幕纪事》，后收入湘版《全集》第一卷，又收入川版《全集》第二卷）。

同日 据黄炎培记述：“午前，中华教育改进社第四届年会行开幕式，假山西大学，校长王录勋（猷丞）。午后，职业教育组谈话会，定日程。各组会议。夜，董事会。”（《黄炎培日记》第2卷，第237页）

8月18日 上午，主持教育统计组讨论（载本月23日《申报》）。

同日 下午，邀请美国女教育家、“道尔顿制”的创始人柏克赫司特参加中华教育改进社第四届年会，会上作演讲介绍柏克赫司特女士，刊同年9月《新教育》第十一卷第二期，记录者：牛甫毅（收入湘版《全集》第一卷，又收入川版《全集》第二卷）。

同日 据黄炎培记述：“午前，职业教育组会议，通过议案三。”（《黄炎培日记》第2卷，第237页）

8月19日 上午十时，改进社假山西大学校大礼堂举行社务会议，熊希龄主席（载年会《学术会议记录》，后收入川版《全集》第二卷）。

同日 据黄炎培记述：“午前，分组会议通过两案。”（《黄炎培日记》第2卷，第237页）

8月20日 上午十时至下午一时，假山西大学校大礼堂举行社务会议，赞成查良钊有关外籍人员加入改进社所需要求的提案。提案未获通过。

同日 与梁启超等人联名的《中华图书馆协会董事会呈文》刊发于《中华图书馆协会会报》第一卷第二期。

同日　据黄炎培记述："午前，分组会议通过一案。二十。参观学兵团，国民师范，午后，平民工厂、工业试验所。"（《黄炎培日记》第2卷，第238页）

8月21日　在中华教育改进社第四届年会学术会议上作报告，由程宗潮、章洪熙整理记录，刊同年9月《新教育》第十一卷第二期（收入年会《学术会议记录》，收入湘版《全集》第一卷，又收入川版《全集》第二卷）。

同日　下午二时，出席中华女子教育促进会筹备会，朱其慧主席，推举陶行知等为章程起草委员会委员（载同月27日《申报》）。

同日　下午四时，在中华教育改进社第四届年会学术会议上作演讲《中国教育政策之商榷》，刊同年9月《新教育》第十一卷第二期（收入湘版《全集》第一卷，又收入川版《全集》第二卷）。

同日　据黄炎培记述："八时讲演职业教育原则：（一）绝对的因地制宜，因材施教；（二）须向社会里边去设施；（三）宜从平民社会入手。方式：（一）分区立系的农业教育；（二）指定一业的手工……（三）划定一区的不限职业种类。服务不忘爱国，爱国不忘服务。谈话会，省长皆出席。偕纠思重观平民工厂。董事会。"（《黄炎培日记》第2卷，第238页）

8月25日　据黄炎培记述："晨九时上车，郝更生、陶知行兄妹、陈郁磬女士同行，甚乐。午后三时到京……"（《黄炎培日记》第2卷，第239页）

8月26日　据黄炎培记述："午，陶知行家餐。……游北海，观九龙壁，陶文渼女士同游。"（《黄炎培日记》第2卷，第239页）

8月31日　孟寿椿致函胡适，介绍葛丽英女士（Miss Elizabeth Green）与其认识，并请胡适代为引荐梁启超、陶行知（《胡适来往书信选》，第342页）。

9月5日　据黄炎培记述："餐于陶知行家，见黄建中。"（《黄炎培日记》第2卷，第241页）

9月20日　下午三时，出席北京国民拒毒会各界代表大会筹备会，被推举为副主任，陈宝泉任主任（载次日北京《晨报》）。

9月23日　受拒毒会委托，与熊希龄访北洋政府执政段祺瑞，请求政府下令禁止种植贩卖鸦片等毒品，段祺瑞面许照办（载次日北京《晨报》）。

9月26日 接基督教教育会高等教育会议邀请函，邀十月九日赴上海参会。

同日 参加中华教育文化基金董事谈话会（中国第二历史档案馆藏中华教育文化基金董事会档案，转引自李祚明：《有关陶行知的几则史实的商榷》，见《历史档案》1990年第3期）。

9月27日 赴北京中央公园来今雨轩参加《新教育评论》杂志筹备会，到赵述庭、查良钊、孟承宪、汪懋祖、王希曾等。会上被推举接洽合组各机关（载1925年10月7日《申报》）。

同日 致函胡适，略谓：

> ……昨接基督教教育会高等教育会议来函并开会秩序一纸，以该会议定于十月九日在上海开会，嘱知行前往与会。知行以此事为教会所办高等学校，改进动机关系教育前途至为重要，届日拟出席会议发表意见……
>
> 先生于改进教会教育素极关心，敬请于十月一日（即下星期四）下午四时惠临本社赐教是幸。［《胡适遗稿及秘藏书信》（36），第422—423页］

同日 次子陶晓光参加北京拒毒行动，赴中天电影院演讲（载本日北京《晨报》）。

9月 与赵廼传、高仁山、查良钊、孟宪承、汪懋祖、王希曾等共同发表《〈新教育评论〉创刊缘起》，刊《新教育》第十一卷第二期（收入湘版《全集》第一卷，又收入川版《全集》第二卷）。

同月 在《新教育》第十一卷第二期发表中华教育改进设第四次年会感言、介绍柏克赫司特女士演讲词、年会社务报告和年会学术会议报告、《请组织国家教育政策委员会案》、《请发起并筹备中华女子教育促进会案》、《统一学校统计报告时期案》、《请本社函请山西省行政官于山西省内指定一相当之县试办教育统计案》、《中国教育政策之商榷》。

10月3日 在中华教育改进社内组织《新教育评论》编委会议，到赵述庭、查良钊、孟承宪、汪懋祖、王希曾、高仁山。当场讨论简章、缘起及筹款发行等事宜（载1925年10月7日《申报》）。

10月7日 离京赴宁，欲赴长沙参加全国教育联合会（载1925年10月9日《申报》）。

同日 中华教育改进社致函全国教育联合会，“议决组织国家教育政策委员会案，特推主任干事陶知行出席教联会，陈述意见，协商进行”（载1925年10月9日《申报》）。

10月8日 抵南京，赴东南大学。

10月11日 发表《对于解决东南大学问题之意见》，刊上海《申报》（收入川版《全集》第十一卷）。

10月14日 上午十一时，全国教育联合会在湖南长沙开幕（次日《申报》）。

10月17日 午，抵达长沙（载1925年10月19日《申报》）。

同日 下午，在湖南平教促进会欢迎大会上发表演讲，演讲词刊次日长沙《大公报》之《教育临时增刊》第七号，记录者：记者逸（收入川版《全集》第十一卷）。

同日 下午五时，赴湖南教育司宴会，发表即席演说，呼吁实行自治首先要普及教育，以求真正之自治，并希望能将湖南省宪订入平民教育课本，使全民有省宪知识以树立真正自治根基（载1925年10月19日《申报》）。

10月18日 上午，游岳麓山。后又赴湖南省立工业专门学校礼堂发表演讲，略谓："湘省工业，向称发达。希望更进一层，务与天然界之雨旱竞争，力谋进步。"（载1925年10月24日《申报》）

同日 晚，赴第一中校演讲（载1925年10月21日《申报》）。

10月19日 下午一时，赴岳云中学演讲（载1925年10月21日《申报》）。

10月20日 下午二时，晤湖南省省长赵恒惕，要求将平民教育事业纳入省宪条文之中，并请实行三点："一、将平教经费正式列入省预算与县预算，俾便推行。二、责成各县知事督促实行平教，以其成绩为考成知事标准，分别奖惩。三、通令全省各部军队、各机关、各团体，一律附设平教，务期普及。"（载1925年10月22日《申报》）

同日 下午五时，应湖南平民教育促进会之邀赴第一中校演讲平民教育，到者五百余人。先由蒋育寰介绍陶行知，后陶作演讲，演讲词后以《陶行知先生讲演平民教育》名刊次日长沙版《大公报》之《教育临时增刊》第十至十三号，记录者：逸（收入川版《全集》第十一卷）。

10月21日 下午，偕袁希涛、马志恒、程其保等十余人赴湖南省省长赵恒惕之宴（载次日《申报》）。

同日 晚，偕陈宝泉、姚金绅乘车离湘北上（载 1925 年 10 月 24 日《申报》）。

10 月 22 日 《申报》称：“陶知行连日参观衡粹周南女校幼幼小学，均有演说。”（载本日《申报》）

秋 向中华教育改进社董事会建议将平民教育促进会总会分立出去，即不再属于改进社事业范围，不再合署办公（《陶行知年谱》，第 88 页）。

秋 辞去中华教育改进社主任干事职务，专职任中华文化教育基金会执行秘书。后经改进社再三挽留，不久又回改进社工作（《陶行知年谱》，第 88 页）。

11 月上中旬 观摩吕镜楼教《游泳》一课。

11 月 13 日 中基会作书信致孟禄，其中提及：“陶知行先生现在是中基会的执行秘书。”

11 月 14 日 作《小学理科——给吕镜楼先生的信》（收入《知行书信》，后收入湘版《全集》第五卷，又收入川版《全集》第八卷）。

11 月 15 日 据《张伯苓年谱长编》记述：“接待中华教育文化基金董事会调查团陶行知、钱崇澍、祁天锡等人来南开大学参观，张伯苓留该团午餐，理科全体教授作陪。”[《张伯苓年谱长编》（上），第 381 页]

11 月 26 日 应邀赴南开演讲《大学生应有之精神》，其要点为大学生研究学问要有科学精神，改良社会要有美术之精神，处世应变要有大丈夫精神。“陶先生言辞流利，神情滑稽，信口说来，娓娓动听，全堂莫不为之欢然。”[《南大周刊》第二十一期，见《张伯苓年谱长编》（上），第 383 页]

11 月 27 日 应邀在南开大学理科同乐大会讲演《学术独立在中国之重要》。张伯苓讲《大学理科与中国科学之关系及科学事业之未来》。

《南大周刊》第二十四期报道：“本校理科课程素称重。该科诸同学感于试验室及图书馆之生活过于枯寂，乃于上星期五（二十七日）晚假科学馆 201 室举行全体同乐大会，内容之盛可称空前。首有中国音乐，次由主席查良镕报告开会之目的。旋请陶知行先生讲演《学术独立在中国之重要》。陶先生以诙谐之语气，讲此重要之问题，颇博众人之称赞。”“次有校长演说，大意约分两项：（一）理科学生与中国科学之关系；（二）科学事业之未来。同学聆此对于各人事业前途，咸生鼓舞之心。”会后学生表演节目，“校长引导游戏”[《张伯苓年谱长编》（上），第 383—384 页]。

同日 下午，在南开学校发表演讲《学做一个人》，刊1926年2月28日《生活周刊》第一卷第十九期，记录者：高中勾秉錞（收入湘版《全集》第一卷，又收入川版《全集》第二卷）。

同日 下午，对南开中学教职员发表《教学合一》的讲演，张伯苓主持讲演会。陶行知讲演大意谓："一、先生的责任在教学，在教学生学；二、教的法子必须根据于学的法子；三、先生不只是教学生学，并且同时自己也要学。"［《南开周刊》第一卷第十六号，见《张伯苓年谱长编》（上），第384页］

张伯苓听后称："我对于陶先生第一个理由有些补充，就是先生之责任不在教，而是教学生学，更要教学生行。""如果师生间终日贩卖知识，那么教学有多大成绩可观呢？"陶行知听了张伯苓的论述表示："我于是豁然贯通，直称'教学做合一'。"［《张伯苓年谱长编》（上），第384页］

12月1日 发表在湖南的演讲词《学生的精神》，刊《国民日报·觉悟》（收入湘版《全集》第一卷，又收入川版《全集》第二卷）。

12月4日 《新教育评论》创刊发行，主编有陶行知、赵迺传、高仁山、王西澂等，为刊物撰写了发刊词《本刊之使命》，刊《新教育评论》第一卷第一期（收入湘版《全集》第一卷，又收入川版《全集》第二卷）。

同日 发表《南开大学教授来京参观感言》，刊《新教育评论》第一卷第一期（收入湘版《全集》第一卷，又收入川版《全集》第二卷）。

12月6日 参加由北京师大教育系发起的乡村教育研究会成立大会，在演讲中主张：先试办小学，再试办乡村师范学校，以为改良乡村生活之中心。

12月11日 为陈鹤琴所著《家庭教育》一书作书评《评陈著之〈家庭教育〉——愿与天下父母共读之》，刊《新教育评论》第一卷第二期（收入《中国教育改造》，后收入湘版《全集》第一卷，又收入川版《全集》第一卷）。

同日 发表《女师大与女大问题之讨论》，刊《新教育评论》第一卷第二期（收入湘版《全集》第一卷，又收入川版《全集》第二卷）。

12月17日 据《张伯苓年谱长编》记述："针对陶行知前不久在南开所讲的'教学合一'，张伯苓在南开中学高中学生周会上发表《学行合一》的讲话，他以《论语》举例说明'孔子心目中的好学，乃学行并重，而不是死捧书本的'，最后谓：'现在的教育者，不但是不能以'教书'、'教学生’为满足，即使他能‘教学生学’，还没有尽他的教之能事。他应该更进一步，‘教学生行’，即‘行做人之道。这样，才算是好的教育’。”[《张伯苓年谱长编》(上)，第385页]

12月18日 发表《驳特定学区议》，刊《新教育评论》第一卷第三期(收入湘版《全集》第一卷，又收入川版《全集》第二卷)。

同日 发表《时局变化中之义务教育》，刊《新教育评论》第一卷第三期(收入湘版《全集》第一卷，又收入川版《全集》第二卷)。

12月25日 发表《内蒙革命与教育》，刊《新教育评论》第一卷第四期(收入湘版《全集》第一卷，又收入川版《全集》第二卷)。

本年 与程其保合写的英文撰著《民国十三年中国教育状况》收入美国哥伦比亚大学师范学院国际教育社出版的《世界教育年鉴》。

同年 作诗《风月儿》《天气冷》《悲美之神》《麦多那的恩赏》《白兰花》《春晨听莺说话》《望归》《重逢》《勉青梧》《恼别》《归来》《谢友去年赠扇》《追忆美国得父殁耗后之生活》《有怀》《与月亮赛跑》《落花》《登高》《饯春》《兰花怨》《古歌——译自〈非此吉拉德诗集〉》(收入《知行诗歌别集》，后收入湘版《全集》第四卷，又收入川版《全集》第七卷)。

1926年
（民国十五年　丙寅）　35岁

1月1日　国民党第二次全国代表大会在广州召开。

3月18日　北京学生及各界群众集会游行，抗议日本军舰炮大沽口以及各帝国主义国家的侵略行径，遭到段祺瑞政府的镇压，造成死四十余人，伤一百余人的惨案。时称“三一八惨案”。

4月　直奉联军攻入北京，段祺瑞政府垮台。

7月9日　国民革命军誓师北伐，蒋介石就总司令职。

10月　中华平民教育促进总会在河北省定县设立办事处。

11月15日　全国省教育会联合会在上海的代表商定，暂缓召开大会。此后，该联合会无形解散。

11月26日　国民党中央政治会议决定迁都武汉。

1月1日　发表《四年前的这一周》，刊《新教育评论》第一卷第五期（收入湘版《全集》第一卷，又收入川版《全集》第二卷）。

1月8日　发表《师范教育下乡运动》，刊《新教育评论》第一卷第六期（收入湘版《全集》第一卷，又收入川版《全集》第二卷）。

1月15日　发表《国画也要提倡了》，刊《新教育评论》第一卷第七期（收入《中国教育改造》，后收入湘版《全集》第一卷，又收入川版《全集》第一卷）。

同日　为郭道甫所著《蒙古教育之方针及其办法》一文作按语，刊《新教育评论》第一卷第七期（收入湘版《全集》第一卷，又收入川版《全集》第二卷）。

1月　作《教会教育与私立学校——答同仁中学校杨继宗先生的信》，刊同月《新教育评论》第一卷第九期（收入《知行书信》，后收入湘版《全集》第五卷，又收入川版《全集》第八卷）。

2月初　因受到清华学校保守势力的攻击，张彭春辞去清华教务长一职，从而引发了清华“挽张去恶”的风潮。陶行知认为张彭春主持起草了《清华大学的总纲》，并制定了过渡方案：“一是将清华学校与游学完全划分，停招旧制之留美预备班。二是建立新校，完全在本国造成本国领袖人才为目的。三是游美学额之给予，完全公之全国各大学之毕业生，以公开考试定之。”“这三项政策是清华学校最切中时代需要之改革。”（《张彭春年谱》，见《张彭春论教育与戏剧艺术》，第658页）

2月5日　发表《整个的校长》，刊《新教育评论》第一卷第十期（收入《中国教育改造》，后收入湘版《全集》第一卷，又收入川版《全集》第一卷）。

2月12日　发表《清华学校问题》，刊《新教育评论》第一卷第十一期（收入湘版《全集》第一卷，又收入川版《全集》第二卷）。

2月19日　作《如何引导学生努力求学——答山西铭贤学校徐正之先生书》，刊同月《新教育评论》第一卷第十二期（收入《知行书信》，后收入湘版《全集》第五卷，又收入川版《全集》第八卷）。

2月21日　位列黄炎培计划到京应访之友中（《黄炎培日记》第2卷，第255页）。

2月25日　《新教育评论》第三卷第十三期发布试验乡村师范学校筹备处启事及中华教育改进社设立试验乡村师范学校招生章程。

2月28日　发表演讲词《学做一个人》，刊《生活周刊》第一卷第十九期。

同日　在中华教育文化基金董事会第一次常会第八次会议上，范源濂报告陶行知辞去执行秘书一事（中国第二历史档案馆藏中华教育文化基金董事会档案，转引自李祚明：《有关陶行知的几则史实的商榷》，见《历史档案》1990年第3期）。

3月1日　据黄炎培记述：“知行家晚餐。”（《黄炎培日记》第2卷，第257页）

3月2日　据黄炎培记述：“晨八时十分，偕郭任远、晏阳初同车行，公权、梯霞夫妇、张水淇、知行送于车站。”（《黄炎培日记》第2卷，第257页）

3月5日　熊希龄招餐中华国民拒毒会干事，到蔡元培、范源濂、蒋梦麟、陶行知等（载次日《申报》）。

3月上旬　与凌冰共同致函胡适、丁文江，略谓：

英国国会处理中国赔款之法案现经检出，……知行细审此案内容，觉其与日本对支文化事业办法不谋而合，虽条文不无小异，而根本精神实属一致。人家只是变更用途，我国人误为退还，已纷向其申述用途，抑何可笑！二兄明达，深望先谋组织之完善以保国权，若款项之分配，用途之指定，以知行观之俱属次要问题，而非先决问题。[《胡适遗稿及秘藏书信》(36)，第424—425页]

3月16日 下午五时，赴欧美同学会参加京师教育界讨论"英国国会关于庚款处置办法"会议，会上反对英国对庚款处置办法，要求英国无条件归还庚款（载1926年3月23日《申报》）。

同日 致函东南大学校长蒋维乔（收入湘版《全集》第五卷，又收入川版《全集》第八卷）。

3月17日 中华教育改进社致函有关单位，要求对于英国国会庚款议决案要先保主权，后谈用途（收入川版《全集》第十一卷）。

3月中旬 与雷殷、马叙伦、陈宝泉等二十二人为英国庚款一事共同致函胡适，抄录如下：

径启者：查西历一九二五年五月英国国会通过关于庚子赔款之决议案，其中对于庚款并无抛弃或退还我国等字样，是庚款仍属英国所有。核其所定方法，实思借此伸张其行政权于我国领土。同人等认为如果该案所称有益中英两国之事业施行于我国境内，实属有辱国体，侵我主权，自当极端反对。闻英国为备其外交大臣关于庚款用途顾问机关之咨询委员会拟延，执事为该委员会委员，素仰执事热心爱国，对于同人前项意见必表赞同，自无就职之理。用特专函奉达，并附上英国国会关于庚款之议决案，本年三月十六日同人公议议决事件及宣言各一纸，并希台察为荷。[《胡适来往书信选》(上)，第363页]

3月22日 与教育界同人联名发表《对于英国处置庚款办法之宣言》。

3月26日 列名雷殷、陈保泉等二十二人共同发起《对于英国处置庚款办法之宣言》，刊《新教育评论》第一卷第十七期（收入湘版《全集》第三卷，又收入川版《全集》第二卷）。

同日 发表诗歌《哀辞——悼三月十八日为抗议八国通牒死难学生》，刊《新教育评论》第一卷第十七期，署名本社同人，同人包括陶行知等七位发起人（收入川版《全集》第十一卷）。

同日 《新教育评论》第一卷第十七期刊发《第二届科学教员暑期研

究会说明书》，告知将于同年7月9日至8月7日在清华学校举办第二届科学教育暑期研究会（收入川版《全集》第二卷）。

3月27日 与凌冰为英国退还庚款一事共同致函丁文江、胡适、王景春，谓：

英国处分庚款问题，京中国立九校校长及九校教职员联席会议代表，私立五大学校长，学务局长及社会，于十六日下午在欧美同学会会议，商定：一、反对英国政府所定关于庚款处置办法，以保国权；二、要求英国无条件抛弃庚款，否则无论此款在中国作何事业，均认为伸张其行政权于中国领土，中国决不承受，并极端反对之。此种决议，当由列席人具名寄阅，不久可以达览。此外，会议情形有为记录所未载者，请为兄等略陈梗概：是日会议，到会各人鉴于俄款处置办法，因表决权由中俄两国代表平均分配，处处受俄代表钳制，异常愤慨。因之对于外人参与办法深致不满，故对于英款主张无条件退还我国。如英国不能容纳，各校虽穷窘至一律关门，亦决不愿受分文，并极力反对。此种一致坚决对外之精神，为京中教育界三四年来所未有。来电述及咨询委员会重要职务，在决定管理基金之组织，弟等对组织一层，亦曾稍加考虑。如果英国赞同无条件退还，在组织方面，吾人应有下列最低限度之要求：一、董事会应为独立机关，以行使保管、支配款项之权；二、中国人董事至少应居三分之二，表决时每人一权，由多数取决；三、董事会内如有设置英国人董事之必要，则其任期至一千九百四十四年庚款付清时止；四、全体董事均须由中国政府聘任；五、用途俟董事会依前列原则组织后，再由董事会决定。总之，董事会董事，我国人必须居大多数，而英国人董事任期必须于有限期间截止，且同由我国政府聘任，庶几主权在己，国体无伤，巨款可得正用，而中英邦交亦可望增进。不然，将来组织英款董事会，如全体董事不由中国政府聘任，中国人董事不占大多数，英国人董事无一定期限截止，以京中情形推之，其不能获国人同意，当可断定。日俄两款已铸大错，英款处理似不宜蹈其覆辙。谨举所知，以备参考，幸加亮察。[《胡适遗稿及秘藏书信》(36)，第427—429页]

3月 《张伯苓年谱长编》记述：“中华教育文化基金董事会视察员陶行知、李耀邦、钱雨农及美人吉教授与阿道夫（Adolph）博士来南开大学调查报告谓：‘南开大学创办于民国八年，为国内办理最有成效之私立大学，校长张伯苓先生与积学之教授通力合作，精神至佳。校内教学、训育各方面，生活均极健全。学生分配廿二行省，其教育影响已不限于一地方而普及全国。学额限定为五百人，名额较少，训练可期完密。科学方面，该校已竭其财力所及锐意经营，尤以化学、物理为最优，但教授及设备均亟待补充，俾臻完善。该校资产已有二百五十万，由私人捐助，政府补助者较他校特多，足征社会之信仰。本会视察员之意，在私立大学中其应得奖励与补助者，莫南开若。兹提议本会酌量情形予以最高额之补助金，以宏私立大学教育之效益。'”[《张伯苓年谱长编》(上)，第390页]

4月1日 据顾颉刚记述：“教育改进社以美国开百五十年纪念展览会，筹备出品，邀予主持国故一部分。今晚在北海漪澜堂设宴，主为陶知行、凌冰、衣萍。客为予、伏园、黎劭西。”[《顾颉刚日记》[①]（卷一），第731页]

4月12日 致函东南大学校长蒋维乔（收入湘版《全集》第八卷，又收入川版《全集》第八卷）。

4月16日 发表《尊重公有财产》，刊《新教育评论》第一卷第二十期（收入湘版《全集》第一卷，又收入川版《全集》第二卷）。

4月25日 胡适就英国退还庚款一事复函陶行知、凌冰，略谓：

> 我现在以私人名义，作此答书，相熟的朋友们请与传观。有许多问题，此时还不曾到可以正式发表的地步；我用私人名义写信，说话比较可以自由些。
>
> 英国国会原案乃是一九二二年的旧案，至去年六月卅日始通过两院，成为法令。其中诚多不满人意之点，(1)(4)两条尤坏。但你们根据此案，说英国不肯退还此款，那却不是事实。英国朝野人士及委员会中人，都认此举是退还赔款。故我们三月二十二日的宣言直用“退还”字样。不过所谓的“退还”并不是完全交与中国政府去自由支配罢了。……
>
> 我在北京这几年，眼见大家争各国庚款的惨史、丑史，思之痛心。……美款所以较佳者，正因为美国总统操有全权，直到董事会正式开会之后，基础已定，组织已完成，然后他把全权交付董事会，所

---

① 本书版本信息为《顾颉刚日记》，台湾联经出版事业股份有限公司2007年版。后文从略。

以流弊较少，成绩较大。……我们既有各国庚款委员会组织经过的事实作借鉴，自应格外慎重，以求一个满意的结果。

英国国会原案经过三年之久，始得通过。若推翻此案，另提新案或修正案，几近于不可能；即使可能，亦必费去一二年之久。为今之计，只有潜移默运于此案范围之中，使此案不成为障碍，反为有益的根据。

我们主张的解释如下：（一）外交大臣的管理全权是暂时的……（二）咨询委员会给外交大臣决定方针与办法……（三）管理机关（董事会）成立之后，外交大臣以全权移交……（四）原案第四项年终报账一层，实际上应作为"董事会每年年终应将本年度收支账目作为报告，各以一份分送中英两国政府存案"。……如此，则原则之条文具在，而精神根本改变了。这几层意思，甚盼你们和静生、梦麟、叔永诸位细细考虑，随时赐教……

我们三个中国委员虽无他长，至少有一点可以与国人共见，就是都肯细心考虑，为国家谋永久利益；都有几根硬骨头，敢于秉着公心对国人、对外人说话。我们的任务有两点：（1）审察舆论，替英庚款计划一个能满人意的董事会，并助其组织成立；（2）博访各方面的意见，规定用途的原则，以免去原案"教育或其他用途"有太空泛的危险。[《胡适遗稿及秘藏书信》（20），第 84—102 页]

4 月 作《女子大学与女子师范大学联合并存——给邵振青先生的信》（收入《知行书信》，后收入湘版《全集》第五卷，又收入川版《全集》第八卷）。

春 被推为中华教育改进社"国家政策教育委员会"委员和"促成宪法中制定教育专章委员会"委员。

春 改进社下设乡村教育研究部，聘请东南大学乡村教育教授赵叔愚、金陵大学农业教授兼农场主任邵仲香为研究员，并共同调查沪宁路沿线优良乡村学校现状，筹办试验乡村师范，图谋乡村教育之改进（《陶行知年谱》，第 94 页）。

5 月 3 日 参加中华教育改进社农村教育组预备会，到袁希涛、冯梯霞、赵叔愚、徐养秋、邹秉文、黄炎培、王企华、杨衡玉、王志莘。会上被推为主席，报告各机关接洽合作试验乡村教育原因与经过（载次日《申报》）。

5月6日 在杭州参加中华职业教育社会议，在会上谈对于大职业教育主义的批评，表示："吾人须注意所谓事业之境界。第一种境界，须登高而远望一切。今所谓大职业教育主义，亦有此种境界。若囿于职业，不能办好职业教育；囿于教育，亦办不好职业教育。第二种境界，须有依永心［久］纪念事业之精神。第三，须极力寻觅所欲达之目的，不得不止。例如现有美国之职业教育，德国之职业教育，须寻得中国所需始可。"（载次日《申报》）

5月15日 下午四时，赴南京教实联合会主持改进农村生活董事会第一次会议，到黄炎培、赵叔愚、邹秉文、徐养秋等，当选为董事会副会长，黄炎培任会长（载同月17日《申报》）。

5月18日 与张伯苓、黄炎培等被中华国民拒毒会推选为委员，负责为学生演讲拒毒问题（载同月20日《申报》）。

5月29日 乘船路过江西小孤山，作诗《小孤山》，刊1931年10月19日《申报·自由谈·不除庭草斋夫谈荟》（收入《知行诗歌别集》，后收入湘版《全集》第四卷，又收入川版《全集》第七卷）。

5月 主持中华教育改进社与在京其他单位合办北京暑期学校。

同月 与全国教育联合会等团体代表共同致函丁文江、胡适、王景春，略谓：

> 同人等前于三月十六日对于英国处置庚款办法曾有宣言，并依决议一度贡其愚诚于 左右。……兹谨再将本日集会决议并上次宣言及决议各缮一份，尘渎清听。……查英政府方面既欲借处置庚款办法图中英两国邦交之亲善，而我全国上下亦咸祈中英两国之感情借此得以增进，想先生等爱国情深，必能遵从公意，保卫国权。［《胡适来往书信选》（上），第382页；又收入川版《全集》第八卷］

6月12日 顾颉刚寄《古史辨》与陶行知［《顾颉刚日记》（卷一），第801页］。

6月14日 作诗《端午山歌》（收入川版《全集》第十二卷）。

上半年 与全国教育联合会等团体代表共同致函英国庚款咨询委员会调查团（川版《全集》第八卷）。

7月6日 赴南京教实联合会参加中华教育改进社、中华职业教育社、中华平民教育促进会、东南大学四团体组织的改进农村生活董事会，到黄炎培、袁希涛、赵叔愚、邹秉文等。会上提议推举赵叔愚为执行部主任

（载次日《申报》）。

7月9日—8月7日 参与组织假清华学校举办的第二届科学教员暑期研究会。研究会由中国科学社、中华教育改进社、罗氏驻华医社、清华学校合办。翁文灏任会长，李顺卿任副会长，陶行知任书记。

7月中旬 赴南京花园饭店访熊希龄（载同月23日《申报》）。

7月30日 《申报》刊载《改进农村生活会执行部预算通过》（载本日《申报》）。

8月20日左右 作《退学的理论——给安徽公学退学学生的信》（收入《知行书信》，后收入湘版《全集》第五卷，又收入川版《全集》第八卷）。

8月25日 据严修记述："陶知行来，长谈，论及各省学校之可取法者，曰北京艺文中学，曰安徽公学（中学），曰燕子矶小学。燕子矶小学借关帝庙地，岁费止六百元，学生一百余人，不用校役，一切工作皆师生为之。"（《严修年谱》，第467页）

8月31日 《申报》刊载《中华平教总会改编千字课之经过》，内中称："曾请陶知行、朱经农两君编写平民千字课……陶朱诸君，并未受涓滴酬报，服务社会之精神，洵属难能可贵。"（载本日《申报》）

9月7日 中华教育改进社发表《关于发表反对日本利用庚款实行文化侵略的宣言》（收入川版《全集》第十一卷）。

9月16日 致函江苏省长陈陶遗，以《主任干事陶知行先生致江苏省长函论幼稚园应有之改革及进行办法》名刊同年10月《新教育评论》第二卷第十九期（收入湘版《全集》第五卷，又收入川版《全集》第八卷）。

9月17日 作书信《主任干事致江苏省长函论幼稚园切合农村之需要》致江苏省长陈陶遗，刊同年10月《新教育评论》第二卷第十九期（收入《知行书信》，后收入湘版《全集》第五卷，又收入川版《全集》第八卷）。

9月中旬 赴南京贡院参加江苏省教育会召开的有关乡村教育会议。提出乡村标准校长要有"农夫的身手、教师的头脑、社会改造家的精神"。

9月20日 作《我之学校观》，刊同年11月5日《微音》第二十九、三十期合刊，又转载于同年11月10日《民国日报》上海版（收入湘版《全集》第八卷，又收入川版《全集》第二卷）。

同日 作诗《赠程仲沂先生》（收入《知行诗歌别集》，后收入湘版《全集》第四卷，又收入川版《全集》第七卷）。

9月21日 作诗《中秋月下》（收入《知行诗歌别集》，后收入湘版

《全集》第四卷，又收入川版《全集》第七卷)。

9月23日 江苏省长陈陶遗致函陶行知（收入川版《全集》第八卷)。

同日 陶文渼作书信致陶行知，讨论陶母寿辰一事。

10月3日 在南京安徽公学召开燕子矶试验乡村幼稚园董事会。被推为副董事长。

10月5日 偕赵叔愚、邵德馨赴江宁县立师范学校参观，深为该校坚持面向农村的办学精神所感动，演讲时为之下泪。

同日 作《寿六旬慈母——给文渼妹的信》(收入《知行书信》，后收入湘版《全集》第五卷，又收入川版《全集》第八卷)。

10月9日 参观无锡开原乡立第一小学。独自考察了学校表册，参观了校园环境，讲述了“知难行易”和“知易行难”的道理。

10月15日 抵天津，参加南开大学二十二周年校庆。张伯苓派张彭春引导参观。

同日 严修记述：往南开中学访张伯苓。“为王子仁游欧事，不遇，(李）芹香亦不遇，闻（华）午晴，(尹）劭勋乃往就之，遇陶知行、张仲述久谈。”[《张伯苓年谱长编》(上)，第413页]

10月16日 作《劝南开大学开办小学——给张伯苓先生的信》(收入《知行书信》，后收入湘版《全集》第五卷，又收入川版《全集》第八卷)。

10月17日 翻译亨利·加里（Henry Carey）著诗《饮酒歌》(收入川版《全集》第十二卷)。

10月18日 翻译莎士比亚（Shakespeare）著诗《爱》(收入川版《全集》第十二卷)。

10月20日 翻译英文诗《爱与生》(收入川版《全集》第十二卷)。

10月22日 发表《天将明之师范学校——江宁县立师范学校半日生活记》，刊《新教育评论》第二卷第二十一期，又载于同年11月5日《微音》第二十九、三十期合刊（收入《中国教育改造》，后收入湘版《全集》第一卷，又收入川版《全集》第一卷)。

10月29日 发表《创设乡村幼稚园宣言书》，刊《新教育评论》第二卷第二十二期（收入《中国教育改造》，后收入湘版《全集》第一卷，又收入川版《全集》第一卷)。

10月 作诗《题黄山游记》(收入《知行诗歌别集》，后收入湘版《全集》第四卷，又收入川版《全集》第七卷)。

同月 发表《主任干事陶知行先生致江苏省长函论幼稚园应有之改革及进行办法》《主任干事致江苏省长函论幼稚园切合农村之需要》，刊《新教育评论》第一卷第十九期。

11月3日 致张伯苓函，告以本星期日拟来津［《张伯苓年谱长编》（上），第418页］。

11月5日 发表《南京中等学校训育研究会》，刊《新教育评论》第二卷第二十三期（收入《中国教育改造》，后收入湘版《全集》第一卷，又收入川版《全集》第一卷）。

同日 发表《我之学校观》，刊《微音》月刊第二十九、三十期合刊。文后有程本海所作按语，如下："陶先生这篇文字，是一个活学校的宣言书。在共和国家里面，无论什么地方，都可适用，尤其是我们徽州的学校，应当特别注意。我希望家乡学校读了这篇文字之后，要自己问问：'我这个学校是死的，还是活的？'如果是死的，就要叫他复活，如果是活的，就是叫他更加活，叫他长生不老。我们一致的要求是：徽州从今以后只有活学校，没有死学校。我们还要进一步要求活的学校去共同造一个活的徽州。"

11月7日 作《惟有学校负社会，没有社会负学校——给宋调公先生的信》（收入《知行书信》，后收入湘版《全集》第五卷，又收入川版《全集》第八卷）。

11月10日 《民国日报》上海版转载《我之学校观》一文。

11月12日 发表《幼稚园之新大陆——工厂与农村》，刊《新教育评论》第二卷第二十四期（收入《中国教育改造》，后收入湘版《全集》第一卷，又收入川版《全集》第一卷）。

11月13日 于津浦车上翻译 Alice Meynell 著《牧小羊的姑娘》（收入川版《全集》第十二卷）。

11月21日 下午二时至四时许，假南京明陵小学发起中华教育改进社特约乡村学校第一次研究会暨乡村教育研究会成立大会，到王伯秋、赵叔愚、邵德馨、丁超、徐作人、宋鼎、吉德梁、毛石麒、张正林、江希彭、毛瑞芝、钟秋荣、业春镛、曹伯庚、蔡竹荪、刘松年、王燮、白启祥（收入《中国教育改造》，后收入湘版《全集》第一卷，又收入川版《全集》第一卷）。

11月23日 与《新闻报》编辑潘竞民商定：《新教育评论》如有影响

较大文章，即送《新闻报》一家披露。

同日 致函王西澂（收入湘版《全集》第五卷，又收入川版《全集》第八卷）。

11月24日 为丁超所著《燕子矶小学》作序（收入湘版《全集》第八卷，又收入川版《全集》第二卷）。

11月26日 发表《无锡小学之新生命——开原乡立第一小学一日生活记》，刊《新教育评论》第二卷第二十六期，又载同年《教育季刊》第二卷第四期（收入《中国教育改造》时删去燕子矶小学回信，后收入湘版《全集》第一卷，又收入川版《全集》第一卷）。

11月29日 晤《新闻报》编辑潘竞民。

11月30日 致函王西澂（收入湘版《全集》第五卷，又收入川版《全集》第八卷）。

11月 撰写《中国师范教育建设论》。组织特约乡村试验学校互相参观。首创“艺友制”教育。

12月初 为乡村教育事业筹集资金。

12月3日 发表《中国师范教育建设论》，刊《新教育评论》第三卷第一期（收入《中国教育改造》，后收入湘版《全集》第一卷，又收入川版《全集》第一卷）。

同日 以中华教育改进社名义发表《改造全国乡村教育宣言书》，刊《新教育评论》第三卷第一期（收入《中国教育改造》，后收入湘版《全集》第一卷，又收入川版《全集》第一卷）。

同日 发表《教育改进社特约乡校教师研究会成立纪事》，刊《新教育评论》第三卷第一期。

12月4日 凌冰作书信致陶行知。

12月5日 晚，看影戏，“人山人海，没有座位”，随即“席地而坐”。

12月7日 作《卫生运动——给凌济东先生的信》（收入《知行书信》，后收入湘版《全集》第五卷，又收入川版《全集》第八卷）。

12月9日 发表《致改进社在沪社员》，刊《申报》（收入湘版《全集》第八卷，又收入川版《全集》第十一卷）。信中告知十二月十二日改进社假中华路小西门迎薰路中华职业学校职工教育馆召开本埠社员会议。

12月10日 发表《我们的信条》，刊《新教育评论》第三卷第二期。

12月12日 下午二时，在上海邀集改进社在沪社员，召开乡村教育讨论会，到袁希涛、黄炎培、赵叔愚、穆藕初、邹秉文、贾季英、杨聘渔等三十余人（载 1927 年 1 月 16 日《乡教丛讯》第一卷第二期，后收入湘版《全集》第八卷，又收入川版《全集》第二卷）。

会上又作演讲《中国乡村教育之根本改造》（收入《中国教育改造》，后收入湘版《全集》第一卷，又收入川版《全集》第一卷）。

12 月 14 日 作《新使命——给丁兆麟先生的信》（收入《知行书信》，后收入湘版《全集》第五卷，又收入川版《全集》第八卷）。

同日 作《山穷水尽——给凌济东先生的信》（收入《知行书信》，后收入湘版《全集》第五卷，又收入川版《全集》第八卷）。

12 月 17 日 发表《中华教育改进社设立试验乡村师范学校第一院简章草案》，刊《新教育评论》第三卷第三期，署名陶知行，又载 1927 年 1 月 1 日《乡教丛讯》第一卷第一期（收入湘版《全集》第一卷，又收入川版《全集》第二卷）。

12 月 19 日 作《本校生长程序》，载《十年来之南京安徽中学》，署名陶知行、姚文采（收入湘版《全集》第一卷，又收入川版《全集》第二卷）。

12 月 21 日 作《中国翻身有日——给赵叔愚兄的信》（收入《知行书信》，后收入湘版《全集》第五卷，又收入川版《全集》第八卷）。

12 月 25 日 下午三时，赴尧化门小学参加中华教育改进社特约试验乡村小学校第二次研究会（载 1927 年 1 月 1 日《乡教丛讯》第一卷第一期，后收入川版《全集》第二卷）。

12 月 26 日 石民佣等人致函陶行知。

12 月 27 日 作《透明的改进社——答王西徵弟的信》（收入《知行书信》，后收入湘版《全集》第五卷，又收入川版《全集》第八卷）。

同日 通宵撰写《试验乡村师范学校答客问》。

12 月 28 日 黎明时分完成《试验乡村师范学校答客问》一文，刊同月三十日《申报》第十版，又载于 1927 年 1 月 16 日《乡教丛讯》第一卷第二期（收入《中国教育改造》，后收入湘版《全集》第一卷，又收入川版《全集》第一卷）。

12 月 30 日 发表《试验乡村师范学校答客问》，刊《申报》第十版。

12 月 31 日 获江苏省教育厅复函，准允于南京神策门设立试验乡村师范学校第一院。

冬 起草《乡村小学比赛表》（收入湘版《全集》第八卷）。

年底 筹办中华教育改进社乡村教育同志会会刊《乡教丛讯》，为乡教工作者提供园地。

本年 主持拟定《中华教育改进社特约试验燕子矶乡村小学》，载丁超著《燕子矶小学》一书（收入湘版《全集》第八卷，又收入川版《全集》第二卷）。

同年 在燕子矶小学乡村公园落成典礼上作祝词，载丁超著《燕子矶小学》一书中《燕子矶小学乡村公园落成》一文。

同年 作诗《攀智识塔》，刊1931年4月1日《儿童生活》第一期（收入《知行诗歌别集》，后收入湘版《全集》第四卷，又收入川版《全集》第七卷）。

同年 与陈鹤琴、王伯秋发起“平鼓楼”运动，将鼓楼幼稚园所在地的一段高而陡的路面整理平坦（载陈一鸣：《陶行知与陈鹤琴》，见川版《全集》第十二卷）。

1927 年
（民国十六年　丁卯）　36 岁

1月1日　国民党中央党部和国民政府，由广州迁往武汉。本月上旬，陆续收回汉口、九江的英租界。

3月21日　周恩来领导上海工人举行第三次武装起义，次日解放上海。

4月12日　蒋介石发动“四一二”清党政变，大批捕杀共产党员和革命群众。

4月18日　蒋介石在南京成立国民政府。

7月15日　汪精卫在武汉发动政变。

8月1日　周恩来领导国民革命军两万余人在南昌举行武装起义。

1月1日　中华教育改进社乡村教育同志会主办的会刊《乡教丛讯》创刊，刊发《中华教育改进社乡村教育同志会简章》（收入湘版《全集》第三卷）。

同日　以改进社名义召开试验乡村师范学校筹备会，到赵叔愚、丁超、宋鼎、钱向志等。会上议决开校计划，落实专人负责。

1月2日　与赵叔愚、丁超等人赴南京北郊黑墨营勘察乡村师范校址。初步确定后，立下界牌。

1月3日　应徽社之请，在上海基督教青年会演讲《中国乡村教育之根本改造》，刊同年4月《中华教育界》第十六卷第十期，记录者：程本海（收入湘版《全集》第二卷，又收入川版《全集》第二卷）。

1月4日　作《徽州人的新使命——给徽州同乡的公开信》（收入《知行书信》，后收入湘版《全集》第五卷，又收入川版《全集》第八卷）。

1月5日　操震球于清华学校给陶行知信（收入湘版《全集》第五卷，又收入川版《全集》第八卷）。

1月8日　赴南京贡院出席改进农村生活社董事会议，到晏阳初、袁希涛、邹秉文、赵叔愚、徐养秋等（载本月 11 日《申报》）。

1 月 9 日 赴嘉定出席中华职业教育社会议（载同月 12 日《申报》）。

同日 据黄炎培记述："南翔下车，偕茂如、叔愚、问渔行，会同卫玉、湛恩、翰才、志莘、荫亭、仰尧、知行、师达、吟阁，赴嘉定会议。午前，会议。县知事钱邀餐。午后，会议。……夜，公宴于胡氏霞园，即下宿。"（《黄炎培日记》第 2 卷，第 285 页）

1 月 14 日 本日《申报》刊登《招待克伯屈博士昨开筹备会》，会议委托陶行知编制招待克伯屈费用预算。

1 月 15 日 在无锡河埒口开原一小参加改进社特约乡校教师研究会第三次会议，讨论乡村教育实际问题。到江问渔、袁希涛、赵叔愚、盛朗西、邵德馨、章伯寅、宋维敬、曹增祺、蒋仲怀、陈谷岑、侯葆三、许少仙及诸学校校长教师百余人。

同日 作《乡下生活之苦乐——给清华学校操震球的信》（收入《知行书信》，后收入湘版《全集》第五卷，又收入川版《全集》第八卷）。

1 月 16 日 《乡教丛讯》第一卷第二期转载《试验乡村师范学校答客问》一文。

1 月 17 日 赴上海参加克伯屈来华筹备会第三次会议，到朱经农、程其宝等（载次日《申报》）。

1 月 19 日 晤表弟曹子云。

同日 本日《申报》刊登《招待克伯屈博士筹备会聘请委员》，陶行知被聘为初等教育组委员。

同日 蒋爱真作书信致陶行知（收入川版《全集》第八卷）。

同日 主持拟定《约聘招待克伯屈博士筹备会委员——致教育界名流》，刊《申报·教育消息》（收入湘版《全集》第八卷，又收入川版《全集》第十一卷）。

1 月 20 日 作《谢允担任自然科学指导——给吕镜楼先生的信》（收入《知行书信》，后收入湘版《全集》第五卷，又收入川版《全集》第八卷）。

同日 作《送给国家的寿面——给母亲的信》（收入《知行书信》，后收入湘版《全集》第五卷，又收入川版《全集》第八卷）。

同日 作《得弟胜得百万金——给杨效春弟的信》（收入《知行书信》，后收入湘版《全集》第五卷，又收入川版《全集》第八卷）。

1月中旬 因黑墨营交通不便，决定将乡村师范校址改定在南京神策门外老山脚下的小庄。

1月中下旬 赴沪为创办乡村师范筹款。

1月28日 在《新教育评论》上刊出《中华教育改进社设立试验乡村师范学校招生》的广告，其中声明："小名士，书呆子，文凭迷最好不来。"

同日 作《请为晓庄绘图——给刘海粟先生的信》（收入《知行书信》，后收入湘版《全集》第五卷，又收入川版《全集》第八卷）。

同日 王琳作书信一封致陶行知，刊同年3月1日《乡教丛讯》第一卷第五期（收入川版《全集》第八卷）。

1月30日 夜，返回南京。

1月31日 用筹得的款项买下创校所需地皮。

同日 作《过年信——给纯妻渼妹的信》（收入《知行书信》，后收入湘版《全集》第五卷，又收入川版《全集》第八卷）。

1月下旬 复蒋爱真函，刊同年2月1日《乡教丛讯》第一卷第三期（收入湘版《全集》第五卷，又收入川版《全集》第八卷）。

2月1日 发表《我们应当向谁拜年》，刊《乡教丛讯》第一卷第三期（收入湘版《全集》第二卷，又收入川版《全集》第二卷）。

同日 《乡教丛讯》第一卷第三期发表《苏义教会之农村师范评点表》（收入川版《全集》第二卷）。此表由胡叔异赴各县调查农村师范后主稿而成，经袁希涛审定，又请陶行知、章伯寅、顾述之校阅并提修改意见后修订而成。

同日 《乡教丛讯》第一卷第三期发表《中华教育改进社拟订全国乡村学校大比赛方法》（收入湘版《全集》第三卷，又收入川版《全集》第二卷）。

同日 《乡教丛讯》第一卷第三期发表《中华教育改进社辅导乡村小学办法》（收入湘版《全集》第三卷，又收入川版《全集》第二卷）。

同日 《乡教丛讯》第一卷第三期发表陶行知复蒋爱真函。

2月3日 作《师范教育之彻底改革——答石民佣等的信》（收入《知行书信》，后收入湘版《全集》第五卷，又收入川版《全集》第八卷）。

2月4日 下乡安排试验乡村师范学校立础礼。当晚，住小庄农友陆健祥家。与钱尚志等五人打稻草地铺，与耕牛（戏称为"牛大哥"）同卧一室。

2 月 5 日 立春。主持乡村师范立础礼，宣布改“小庄”为“晓庄”，取日出而作之意。江苏省教育厅厅长江问渔到场祝贺。

同日 曹聚仁作书信致陶行知，刊同月 16 日《乡教丛讯》第一卷第四期（收入湘版《全集》第五卷，又收入川版《全集》第八卷）。

2 月 9 日 抵上海。

同日 作《请试就小学办师范——给潘一尘先生的信》（收入《知行书信》，后收入湘版《全集》第五卷，又收入川版《全集》第八卷）。

2 月 10 日 假上海功德林召开试验乡村师范学校第一次董事会。陶行知致开会词，次推举王云五为临时主席。次陶行知报告小学办师范之主旨，表示欲做农民导师，须先化自己为农民，方为有效。次赵叔愚报告第一院筹备情形，关于指导人才之物色，校址之选择，经费之筹措及学生招考。后开会议定组织大纲、组织系统图、董事会简章、会计规程、年度一月至六月预算。最后推举袁希涛为董事长，王云五为司库，陶行知为书记，江彤侯为监察部部长。继又举陶行知为校长，赵叔愚为第一院院长并研究部部长。第二院专收女生，下学期开办。第一、第二、第三中心小学主任及指导员，皆由院长与校长会商延聘。

同日 李增祥致函陶行知（收入川版《全集》第八卷）。

2 月 11 日 作《下乡拜年——和牛大哥同铺——家信》（收入《知行书信》，后收入湘版《全集》第五卷，又收入川版《全集》第八卷）。

同日 复曹聚仁函，刊同月 16 日《乡教丛讯》第一卷第四期（收入湘版《全集》第五卷，又收入川版《全集》第八卷）。

2 月 16 日 《乡教丛讯》第一卷第四期刊发《中华教育改进社试验乡村师范学校组织大纲》《试验乡村师范董事会纪事及章程》《中华教育改进社试验乡村师范及中心学校会计规程》《中华教育改进社全国乡村教育运动计划预算书》以及曹聚仁与陶行知来往信函（收入湘版《全集》第三卷，又收入川版《全集》第二卷）。

同日 中华教育改进社致函各董事，刊次日《申报》（收入湘版《全集》第八卷，又收入川版《全集》第十一卷）。

2 月 18 日 上海爱国女学校校长季通致函陶行知（收入川版《全集》第八卷）。

2 月 21 日 复王琳函，刊同年 3 月 1 日《乡教丛讯》第一卷第五期（收入湘版《全集》第五卷，又收入川版《全集》第八卷）。

2 月 25 日 《新教育评论》第三卷第十三期刊发《试验乡村师范学校筹备处启事》（收入川版《全集》第二卷）。

同日 《新教育评论》第三卷第十三期刊发《中华教育改进社设立试验乡村师范学校招生》（收入川版《全集》第二卷）。

2 月 26 日 复李增祥函，刊同年 3 月 1 日《乡教丛讯》第一卷第五期（收入湘版《全集》第五卷，又收入川版《全集》第八卷）。

同日 复季通函，刊同年 3 月 1 日《乡教丛讯》第一卷第五期（收入湘版《全集》第五卷，又收入川版《全集》第八卷）。

2 月 27 日 假南京安徽公学召开试验乡村师范学校第一院院务会议，报告董事会议决的事项，议决招考及开学日期等问题。

2 月下旬 委派钱向志在晓庄附近的佘儿岗筹办晓庄小学，贯彻办理师范应以小学为中心的主张。

3 月 1 日 发表《告来本院应试的同志》，刊《乡教丛讯》第一卷第五期，署名陶行知、赵叔愚（收入湘版《全集》第二卷，又收入川版《全集》第二卷）。

同日 《乡教丛讯》第一卷第五期刊发《中华教育改进社特约乡村学校办法》、陶行知与王琳往来信函、复李增祥函、复季通函。

3 月 5 日 晓庄小学开学。

同日 改进社试验乡村师范学校两年内之发展计划，现第一院第一年经费已略有着落，开办费已筹有一万元，经常费一万二千元亦有着落，所缺开办费五千元拟请中华教育文化基金董事会于本年七月拨款补助专充理科设备之用。经常费拟请自十七年一月起每月补助一万二千元，俾能扩充学额，罗致全国志士，为全国农民服务。现闻该会已同意全数补助（载本日《申报》）。

3 月 9 日 陶晓光作书信致陶行知。

3 月 10 日 晓庄举行招生考试。

3 月 11 日 主持乡村师范招考工作，内容为国文、常识、智慧测验及口试。

上午，考国文，题有两道，一为《孟子说劳心者治人，劳力者治于人对不对?》，另一为《有人说我们办试验乡村师范是行许行之道对吗?》，两题任选一题作答。继而是常识及智慧测验。下午口试，应试者在五分钟前抽一题，然后登台演说三分钟。

同日 陶宏作书信致陶行知。

3月12日 得家书两封。

同日 因雨，垦荒等考试延至次日。

3月13日 主持晓庄入学考试，内容为垦荒、施肥及修路。考前发表讲话，谓："你们要下乡了，以后要和农民做朋友，为中国三万万四千万农民服务，要改造中国乡村，替中华民国创造一个新生命。今天就要举行一个特别考试，看看是否能吃得起苦。"（原载辛元、谢放编：《陶行知与晓庄师范》，江苏教育出版社1986年版，第12页；后收入川版《全集》第十一卷）

据李楚材记述：白粉线一方方的划好，各人手里都拿着山锄，号笛一响，大家向荒芜的山上垦去。汗从额角上背上渐渐渗出，于是把棉衣脱去，依旧不息地垦掘，流着热汗。汗发出水蒸汽［气］，像白雾般在眼前。喘着气，呼呼地在喉间作响。不一会，锄柄上有红色粘着，心里非常害怕。这是什么咧？原来，是从薄脆的手皮里所浸出的鲜血呀！血！不管。要做一件事，要使一件事做得好，总要流汗，总要流血（李楚材：《破晓》，见陶行知：《〈破晓〉序》）。

同日 作《十三位门徒——家信》（收入《知行书信》，后收入湘版《全集》第五卷，又收入川版《全集》第八卷）。

3月14日 在晓庄筹备开学，与老牛同屋。

3月15日 十时半，举行试验乡村师范学校开学典礼，江苏教育厅厅长江问渔及陈鹤琴等人出席。在典礼上强调：晓庄不同于平常学校，一无校舍，二无教员，我们校舍上盖的是青天，下面踏的是大地，我们的精神要充溢于天地之间。

> 陈鹤琴回忆：我还记得，晓庄开学的那一刻情形，几百个学生，几千个乡下男女老百姓在一个空旷的黄泥地上进行开学典礼，陶先生指着蔚蓝的青天作为学校的天花板，踏着黄金色的泥土作为学校的地板，向着同学老百姓报告筹备经过、办学宗旨、教学方式、将来计划，我听了几乎被感动得流下泪来。陶先生坚苦卓绝的精神，创造力的伟大，思想的前进，确是空前未有的。（《纪念陶行知先生文选》，江苏省教育学会1981年编印，第100页）

附试验乡村师范招考情形及开学情形：

〇招考情形 三月十一日中华教育改进社试验乡村师范举行招生试验。先一日，考生自远道如北京、湖北、江西、安徽、浙江、上海、镇江各地陆续报到。在此车马倥偬之秋，宁城居民，纷纷避难它徙，而各学校所有之学生，亦皆逃避一空。独此乡村师范，在此时招生，竟有数千百里外，不避艰难，不顾生死，远道而来，殊可令人注意。十一日开始考试，地点在南京附近燕子矶小学。是日上午考试国文，其题一为：《孟子说劳心者治人，劳力者治于人对不对?》一为：《有人说我们办试验乡村师范是行许行之道对吗?》，二题任作一题。继试常识及智慧测验。下午口试，应试者在五分钟前抽一题，然后登台演说三分钟，四周有燕子矶村民及小学生，均为二百余人，而诸生全能侃侃而谈。十二日天雨，延至十三日续试。农事应试生全着草履往晓庄开垦，久雨之后，地土异常泞污，开垦殊不易。评判员注意姿势、态度及工作兴味，有手心起疱者，有疱破流血者，然皆兴高采烈，而无愠色。十三日揭晓录取正式生15人，补习生1人。

〇开学典礼 三月十五日试验乡村师范学校举行开学典礼。八时半，寄宿于燕子矶小学校之师范生，成足着草履，肩扛帐幕，同至晓庄校址，沿途遍竖教师信条，殊堪警目。该校校舍尚在建筑，故暂于基地起搭帐四座，中置一桌，作为讲台，旁列板凳数条，以供来宾憩息。是日宿雨初收，天阴雾雨，惟寒冷异常，且因时局关系，故来宾到者不多。十时半开会首由校长陶知行演说，略谓本校特异于寻常学校者有二：一无校舍，二无教师。本校之校舍，上以天为盖，下以地为址，所造者不过避风躲雨之所。本校所聘者均为指导员，并无教师之名。而农夫樵子，猪狗牛羊，均能给予知识云，语甚恳切。继由院长赵叔愚演说，大意谓读书人不愿做事，治事人不肯读书。蹈至读者死读，耕者死耕，永不接近。吾等须一方读，一方做，一方教，不可泥于书本，更须以大自然为范本云。后由来宾徐作人君演说，谓办学三十年，觉死气沉沉，行将破产，诸君研究乡教，必能开一新纪元，以拯三万万四千万农民云。再由指导员邵德馨、吕德清、马绍季相继演说，均为期勉之辞。继以学生答辞，大意如感谢来宾及诸师长，并述来学之旨趣及以后之希望。末唱歌而散。现闻该校因时局关系，要求补考者多，故申明凡以前报名者，尚得补考。而在校学生，已开始工读矣。（载1927年4月3日《申报》）

3 月 16 日 张伯苓致函中华图书馆协会董事部，告知已推定王正廷、熊希龄、蔡元培、洪有丰、沈祖荣、陶行知、高仁山、周诒春、陈宝泉、马群武十人为董事［《张伯苓年谱长编》（上），第 434 页］。

3 月 17 日 作《晓庄开学勉励桃红——给桃红的信》（收入《知行书信》，后收入湘版《全集》第五卷，又收入川版《全集》第八卷）。

陶宏回忆：教我们自己的事自己干。他在南方时，我在北京就常把我小学里的得意之作寄去给他看，他来信总是夸奖我，鼓励我。当他十五年回南京筹办晓庄师范，十六年春在北伐烽火弥天时，正式成立该校前后，不时写信给我们，叫我们自己的事自己干，不要做少爷，要会扫地、挑水、洗衣服等等，要能吃苦自励。（《陶行知年谱》，第 113 页）

同日 作《教小桃不要做书呆子——给小桃的信》（收入《知行书信》，后收入湘版《全集》第五卷，又收入川版《全集》第八卷）。

3 月 19 日 作《红十字会救护队之组织——家信》（收入《知行书信》，后收入湘版《全集》第五卷，又收入川版《全集》第八卷）。

3 月中上旬 北伐军进逼南京，战云密布。协助南京红十字会办起收容所和救护队，以减轻离难平民的痛苦。

3 月 22 日 晨五时，作《敬告妇孺收容所来宾》。

3 月 23 日 作《妇孺收容所——家信》（收入《知行书信》，后收入湘版《全集》第五卷，又收入川版《全集》第八卷）。

3 月 31 日 晚十一时，抵上海。遍寻住宿地无果，后与吴夷泽、张协南宿“三星茶园”，拼桌而睡。

3 月下旬 带领晓庄学生参加救护、收容难民的工作。在晓庄设立了救护队和妇孺收容所。在收容所内创办妇女教育班。在安徽公学设立的妇孺收容所内，创办了临时幼儿园、小学、平民学校和临时看书处，晚上还举行“同乐会”。又组织晓庄乡村师范和安徽公学师生成立慰劳队，慰问北伐军。

4 月 2 日 作《晓庄学校之使命——给全体同志的信》（收入《知行书信》，后收入湘版《全集》第五卷，又收入川版《全集》第八卷）。

4 月 5 日 据黄炎培记述：“午后，知行来，志莘来，观澜来。”（《黄炎培日记》第 2 卷，第 295 页）

同日 中华教育改进社紧要通告，致全体社员函：“本社本年全体大会照山西大会议决应在武昌或杭州举行，刻因时局未靖，交通阻梗，无法筹备，由董事会建议本年暂行停止，特此奉达。”(《新教育评论》第四卷第三至八期，见《陶行知年谱》，第115页)

中华教育改进社此后即未举行过年会，人员分化，社务无形停顿。

4月7日 拟上午十时赴上海博物院路青年协会听取克伯屈演讲“公民教育”(载本日《申报》)。

4月9日 晓庄试验乡村师范全体同学致函陶行知。

4月10日 据蔡元培记述：“陶行知，北京西四帝王庙。教育改进社编译所，上海王云五先生。”[《蔡元培日记》(下)，第356页]

4月12日 访黄炎培(《黄炎培日记》第2卷，第296页)。

4月23日 赴北京车站迎接哥伦比亚大学教授克伯屈(载同年5月4日《申报》)。

4月24日 中华教育改进社派车迎接克伯屈夫妇去天坛、故宫博物院游览。晚，改进社在欧美同学会设宴款待克氏夫妇(载同年5月4日《申报》)。

4月 在上海等地为晓庄和安徽公学筹集经费。又协助当地农民组织农民协会。动员师生在晓庄附近荒山上植树。

同月 发表演讲词《中国乡村教育之根本改造》，刊《中华教育界》第十六卷第十期。

5月2日 下午三时，克伯屈北大演讲遭警察阻止。改进社推举陶行知、朱君毅次日赴警察厅接洽(载次日北京《晨报》)。

5月3日 偕朱君毅赴警察厅，就克氏演讲一事交涉。得警察厅允许后，重新制定克氏演讲日程(载次日北京《晨报》)。

5月6日 赴改进社出席为克伯屈举办的讨论会，到百余人(载次日北京《晨报》)。

同日 发表《北齐庙会期内之农民教育运动》，刊《新教育评论》第三卷第二十三期(收入湘版《全集》第二卷，又收入川版《全集》第二卷)。

5月13日 晚八时，赴车站送克伯屈夫妇离京，到英美公使及教育界人士二百余人(载次日北京《晨报》)。

5月15日 抵上海。

同日 作《实际生活是我们的指南针——给全体同学的信》(收入

《知行书信》，后收入湘版《全集》第五卷，又收入川版《全集》第八卷）。

5 月 16 日 作《解决经济苦难——答王琳弟的信》（收入《知行书信》，后收入湘版《全集》第五卷，又收入川版《全集》第八卷）。

5 月 创设寅会。于每日清晨，由师生轮流演讲工作计划及学习心得一刻钟左右。

同月 作诗《题严子陵先生像》（收入《知行诗歌别集》，后收入湘版《全集》第四卷，又收入川版《全集》第七卷）。

6 月 3 日 在晓庄学校寅会上发表演讲《行是知之始》，刊 1929 年7 月 30 日《乡教丛讯》第三卷第十二期，第一段内容又刊 1928 年 1 月 15 日《乡教丛讯》第二卷第一期（收入《教学做合一讨论集》，后收入湘版《全集》第二卷，又收入川版《全集》第二卷）。

6 月 12 日 参加晓庄乡村师范的建校劳动，建厕所。

6 月 13 日 在晓庄建浴堂。

6 月 14 日 在晓庄建厨房。又进南京城赴宴。

6 月 15 日 作《晓庄生活——家信》（收入《知行书信》，后收入湘版《全集》第五卷，又收入川版《全集》第八卷）。

6 月 16 日 参加晓庄小学迁址后补行的开学典礼。又利用晓庄小学原址开办乡村医院，为学校周围农友治病。

6 月 19 日 晓庄乡村教育先锋团成立，兼任先锋团团长。

6 月 20 日 与汪纯宜同列黄炎培来京待访名单（《黄炎培日记》第 2 卷,第 314 页）。

6 月 28 日 厦门大学参观团来访晓庄。

6 月 晓庄乡村师范礼堂“犁宫”落成，亲笔书写“和马牛羊鸡犬豕做朋友，对稻粱菽麦黍稷下功夫”对联于犁宫大门两侧。

同月 组织晓庄小学课程设计会。

同月 为《自立歌》作注（收入《知行诗歌集·幼苗集》，后收入川版《全集》第七卷）。

7 月 1 日 发表《从野人生活出发》，刊《乡教丛刊》第一卷第十三期，又刊同年 9 月 10 日《申报》（收入《中国教育改造》，后收入湘版《全集》第二卷，又收入川版《全集》第一卷）。

同日 发表《工具教育》，刊《乡教丛讯》第一卷第十三期（收入《中国教育改造》时改题为《生活工具主义之教育》，后收入湘版《全集》

第二卷，又收入川版《全集》第一卷）。

同日 发表《十三人》，刊《乡教丛讯》第一卷第十三期，署名韵秋（收入湘版《全集》第八卷，又收入川版《全集》第二卷）。

7月2日 作《第一次下乡的女学生——家信》（收入《知行书信》，后收入湘版《全集》第五卷，又收入川版《全集》第八卷）。

7月10日 上午，组织"晓庄信用合作社"，宣传、发动"到民间去"。晚，与全体师生一起到民间去"会朋友"。

7月16日 主持制定晓庄小学课程设计办法。将小学课程分为五门：语言文字、公民训练、自然农艺、健康卫生、正当娱乐。主动兼任语言文字指导员。

7月19日 在晓庄师范寅会上演讲《农夫的身手》，刊同年8月1日《乡教丛讯》第一卷第十五期（收入湘版《全集》第二卷，又收入川版《全集》第二卷）。

7月 创设农村改造设计会和民众学校。将到民间"会朋友"形成制度。

夏 作诗《初学烧饭》（收入《知行诗歌集·幼苗集》，后收入湘版《全集》第四卷，又收入川版《全集》第七卷）。

夏 为阻止失业失恋青年在燕子矶处投江自尽，特书警句于江边两块大木牌上（摘自夏孟文：《回忆晓庄》和李相维：《晓庄师范生活片断》，后收入湘版《全集》第八卷，又收入川版《全集》第十一卷）。

8月1日 拟定《杭州市教育局创办西湖中心小学计划书草案》，刊《乡教丛讯》第一卷第十五期，署名陶知行、丁超（收入湘版《全集》第二卷，又收入川版《全集》第二卷）。

8月14日 欢迎南京市教育局局长陈剑修、学校教育课课长陈鹤琴及各校校长参观晓庄乡村师范，介绍创办学校的经过及现状，谈晓庄试验乡村师范创校旨趣，刊同年9月1日《乡教丛讯》第一卷第十七期（摘自《南京市教育局长及各校长参观本校记》，收入湘版《全集》第二卷，又收入川版《全集》第二卷）。

8月15日 发表演讲词《如何教农民出头》，刊《乡教丛讯》第一卷第十六期，记录者：戴伯韬（收入《中国教育改造》，后收入湘版《全集》第二卷，又收入川版《全集》第一卷）。

8月 创设晓庄武术会，劝导青年农友入会练拳。

9 月初 组织成立了民众教育研究会。主持编订儿童生活历。

9 月 1 日 发表演讲词《平等与自由》，刊《乡教丛讯》第一卷第十七期，记录者：陈昌嵩、戴伯韬（收入《中国教育改造》时略作修改，后收入湘版《全集》第二卷，又收入川版《全集》第一卷）。

同日 发表《本校新加标语》，刊《乡教丛讯》第一卷第十七期（收入湘版《全集》第八卷，又收入川版《全集》第十一卷）。

同日 发表演讲词《晓庄试验乡村师范学校创校旨趣》，刊《乡教丛讯》第一卷第十七期。

9 月 2 日 陶文渼作书信致陶行知。

9 月 3 日 据《张伯苓年谱长编》记述："第八届远东运动会闭幕，张伯苓、凌冰、查良钊在陶行知陪同下赴杭州西湖游历三日返回上海。"

9 月 14 日 陶行知给妹妹陶文渼的信中写道："前几天我陪张伯苓、凌济东、查勉仲诸先生到西湖去游了三天，精神格外振作了。我们在刘庄看到一副对联，大家都觉得好，信中写来与你看看：山水有清音，且向烟波容我老；春秋多佳日，莫教鱼鸟笑人忙。"[《张伯苓年谱长编》（上），第 446 页]

9 月 4 日 上午，偕凌冰访顾颉刚 [《顾颉刚日记》（卷二），第 83 页]。

9 月 7 日 访顾颉刚。晚，赴顾颉刚宴，到张伯苓、凌冰、查良钊、谭仲逵、陈万里 [《顾颉刚日记》（卷二），第 84 页]。

9 月 10 日 《申报》转载《从野人生活出发》一文。

9 月 11 日 杨效春作书信致陶行知。

9 月 14 日 作《平等与自由——给渼妹的信》（收入《知行书信》，后收入湘版《全集》第五卷，又收入川版《全集》第八卷）。

9 月 15 日 得杨效春来函，复作《停止灵隐小学之进行——给全校指导》（收入《知行书信》，后收入湘版《全集》第五卷，又收入川版《全集》第八卷）。

9 月 27 日 发表《中国乡村教育运动之一斑——中国代表送坎拿大世界教育会议报告之一》，刊《教育季刊》第三卷第三期，原为英文稿，张宗麟译（收入湘版《全集》第二卷，又收入川版《全集》第二卷）。

9 月 29 日 杨效春作书信致陶行知。

9 月 作《拜金主义——给胡适之先生的信》（收入《知行书信》，后收入湘版《全集》第五卷，又收入川版《全集》第八卷）。

10月2日 蔡元培偕同国民党中央党部妇女部委员吴章琪，农人部委员沈定一，江苏省政府委员高鲁，南京市教育局陈鹤琴、张宗麟等到晓庄师范学校参观。校长陶知行及学生代表致欢迎词后，先请蔡元培演讲，继请沈、吴、高演说。散会后，师范生送蔡、吴、沈、高四人草鞋各一双、红萝卜各一束、山芋各数枚、新鲜栗子各一包；附属小学学生则各送泥菩萨数个。“皆一一笑纳，视为最好的礼品。”［原载上海《民国日报》1927年10月5日，后载《蔡元培年谱长编》（下1），第81页］

10月3日 作《人之所不见处——给陈昌嵩、徐企周二弟的信》（收入《知行书信》，后收入湘版《全集》第五卷，又收入川版《全集》第八卷）。

同日 作《回校与否——给杨效春弟的信》（收入《知行书信》，后收入湘版《全集》第五卷，又收入川版《全集》第八卷）。

10月15日 夜，抵上海。

10月16日 作《催效春回校歌——给赵叔愚兄的信》（收入《知行书信》，后收入湘版《全集》第五卷，又收入川版《全集》第八卷）。

10月23日 陶宏、陶晓光分别作书信致陶行知。

10月24日 妻汪纯宜作书信致陶行知。

10月26日 在晓庄学校寅会上演讲《政治家与政客》，刊同年11月1日《乡教丛讯》第一卷第二十一期（收入湘版《全集》第二卷，又收入川版《全集》第二卷）。

10月27日 蔡元培复函胡适，信中提及：

> 大学委员会所讨论之事，未必涉及有政府与无政府问题；劳动大学与无政府主义无关系；……劳动大学，实即陶知行所提倡之“教学做合一”主义。弟甚赞成陶君之主义，想先生对彼所办之农村学校，必亦极端赞成也。［《胡适来往书信选》（上），第448页］

10月29日 晓庄第二次招生。幼稚师范园开学。

秋 命名图书馆为“书呆子莫来馆”。

11月1日 发表演讲词《政治家与政客》，刊《乡教丛讯》第一卷第二十一期。

同日 发表诗歌《晓声》，刊《乡教丛讯》第一卷第二十一期（收入《知行诗歌集·幼苗集》时改题为《朝阳歌》，后收入湘版《全集》第四卷，又收入川版《全集》第七卷）。

11月2日 在晓庄学校寅会上发表演讲《教学做合一》，刊1928年1月15日《乡教丛刊》第二卷第一期（收入《中国教育改造》，又收入《教学做合一讨论集》，后收入湘版《全集》第二卷，又收入川版《全集》第一卷）。

11月3日 在晓庄学校寅会上演讲《在劳力上劳心》，刊1928年1月31日《乡教丛刊》第二卷第二期（收入《中国教育改造》，又收入《教学做合一讨论集》，后收入湘版《全集》第二卷，又收入川版《全集》第一卷）。

11月5日 在晓庄学校寅会上演讲《以教人者教己》，刊1928年2月12日《乡教丛刊》第二卷第三期（收入《中国教育改造》，又收入《教学做合一讨论集》，后收入湘版《全集》第二卷，又收入川版《全集》第一卷）。

11月7日 在晓庄试验乡村师范学校寅会上演讲《本校产生时的催生娘娘》，载方与严编《晓庄之一页》时改题为《年年今日》，记录者：操震球（收入湘版《全集》第二卷，又收入川版《全集》第二卷）。

同日 作《第一个乡村幼稚园成立——家信》（收入《知行书信》，后收入湘版《全集》第五卷，又收入川版《全集》第八卷）。

11月9日 作诗《锄头舞歌》（收入《知行诗歌集·幼苗集》，又收入《晓庄歌曲集》，后收入湘版《全集》第四卷，又川版《全集》第六卷、第七卷）。

11月11日 参加中国第一个乡村幼儿园——晓庄师范燕子矶中心幼稚园的开学典礼，并发表讲话，刊《乡教丛讯》第二卷第四期（收入孙铭勋、戴自俺编著：《晓庄幼稚教育》，后收入湘版《全集》第二卷，又收入川版《全集》第二卷）。

11月12日 在晓庄试验乡村师范学校纪念孙中山诞辰六十一周年大会上发表演讲，刊1928年8月16日《乡教丛讯》第二卷第十五期，记录者：徐企周（收入湘版《全集》第二卷，又收入川版《全集》第二卷）。

11月26日 作诗《黄花歌》（收入《知行诗歌集·幼苗集》，又收入《晓庄歌曲集》，后收入湘版《全集》第四卷，又收入川版《全集》第七卷）。

11月28日 对晓庄师生演讲涿州守将傅作义："我愿全体同志牢记此语：晓庄生活表上没有投降教学做！……我们要有艺术的生，艺术的死。

涿州之守，已达到艺术之境界。”

又 撰有《不投降歌》（收入《知行诗歌集·幼苗集》，后收入湘版《全集》第四卷，又收入川版《全集》第七卷）。

12月1日 作诗《农人破产之过程》（收入《知行诗歌集·荒郊集》，后收入湘版《全集》第四卷，又收入川版《全集》第七卷）。

12月2日 作《活的展览会——给晓庄全体同志》（收入《知行书信》，后收入湘版《全集》第五卷，又收入川版《全集》第八卷）。

12月3日 乘船离宁赴豫。应冯玉祥邀请，赴开封等地考察河南教育，并助冯玉祥制定普及军队教育计划。后婉言谢绝出任河南省教育厅厅长一职。

同日 作诗《从下关乘船赴豫时寄晓庄全体同志》（收入《知行诗歌别集》，后收入湘版《全集》第四卷，又收入川版《全集》第七卷）。

同日 代作诗歌《祭黄花岗里的未婚夫》（收入川版《全集》第十二卷）。

同日 作《晓庄并不苦——给文渼的信》《幼稚园艺友——给纯宜的信》（收入《知行书信》，后收入湘版《全集》第五卷，又收入川版《全集》第八卷）。

12月4日 作《镰刀歌》（收入《知行诗歌集·幼苗集》，后收入湘版《全集》第四卷，又收入川版《全集》第六卷、第七卷）。

12月5日 作《平等与本分——给校工高大哥的信》（收入《知行书信》，后收入湘版《全集》第五卷，又收入川版《全集》第八卷）。

12月8日 抵信阳鸡公山，作诗《鸡公山前》（收入《知行诗歌别集》，后收入湘版《全集》第四卷，又收入川版《全集》第七卷）。

12月10日 作诗《新年》（收入川版《全集》第十二卷）。

12月11日 晚七时，乘民团军兵车由郑州赴开封。夜十二时，抵开封。宿天成客栈。

12月13日 与查良钊同游开封中山公园。

同日 作《到开封去——给晓庄同志的信》（收入《知行书信》，后收入湘版《全集》第五卷，又收入川版《全集》第八卷）。

12月15日 于河南作诗《双料少爷》，刊1928年1月15日《乡教丛讯》第二卷第一期，署名韵秋（收入《知行诗歌集·枯树集》时略作修改，后收入湘版《全集》第四卷，又收入川版《全集》第七卷）。

同日 作诗《败家子的体操》(收入《知行诗歌集·枯树集》，后收入湘版《全集》第四卷，又收入川版《全集》第七卷)。

同日 作诗《一文钱》，刊1934年6月16日《生活教育》第一卷第九期封面(收入《知行诗歌别集》，后收入川版《全集》第七卷)。

12月18日 "今晨寅会推选几位同志去调查真实情况：1. 十天前镇上贴有小纸条，文字欠通，限期××、××几家店铺交款三千元，如不睬，决取最后手段；2. 发现恐吓纸条，公安局、公安分局得报后不闻不问；3. 昨夜(前半夜)匪徒二十余人，有短衣、有长衫，有持枪，有空手，强迫一位菜农带路，从铁路上跑步入镇；4. 带路菜农脱险后迅速报警，村民闻讯即鸣枪、鸣锣赴援，土匪吓跑了。调查结果认为零星散匪，只在小乡镇抢劫。我们得此教训，学校发起组织联村自卫，加强训练。土匪即不敢再来。"(原载程本海：《在晓庄》，见《陶行知年谱》，第127页)

12月27日 四川铜梁县县立农村师范彭选三作书信致陶行知。

12月 作诗《人的身体》(收入《知行诗歌集·幼苗集》，后收入湘版《全集》第四卷，又收入川版《全集》第七卷)。

同月 复函孙铭勋、戴自俺(摘自《孙铭勋教育文选》之《忆当年，哭铭勋》，后收入川版《全集》第十一卷)。

本年 作诗《骂人》(收入《知行诗歌别集》，后收入湘版《全集》第四卷，又收入川版《全集》第七卷)。

同年 作诗《一根麻绳》，刊1931年9月28日《申报·自由谈·不除庭草斋夫谈荟》(收入《斋夫自由谈》，又收入《知行诗歌别集》；后收入湘版《全集》第二卷，又收入川版《全集》第七卷)。

同年 赵元任为陶行知所作《自立立人歌》《村魂歌》《黄花歌》作谱，后收入《行知歌曲集》内(《赵元任年谱》[①]，第144页)。

同年 作诗《村魂歌(二)(三)》(收入川版《全集》第十二卷)。

---

① 本书版本信息为赵新那、黄培云编：《赵元任年谱》，商务印书馆1998年版。后文从略。

1928 年
（民国十七年　戊辰）　37 岁

5 月 3 日　日军在济南制造“济南惨案”。

6 月 3 日　张作霖在皇姑屯被日军炸死。

12 月 29 日　张学良发表通电，表示“遵守三民主义，服从国民政府，改易旗帜”。国民政府任张学良为东北边防军司令长官。

1 月 1 日　在寅会上宣布：“十七年的晓庄要彻底的科学化。”

1 月 5 日　晨，将培养师资的“徒弟制”定名为“艺友制”。

1 月 8 日　撰《艺友制师范教育答客问——关于南京六校招收艺友之解释》，刊同月 9 日及 11 日《民国日报》，又载同年 1 月 9 日、10 日《申报》（收入《中国教育改造》，后收入湘版《全集》第二卷，又收入川版《全集》第一卷）。

1 月 9 日、11 日　发表《艺友制师范教育答客问——关于南京六校招收艺友之解释》，刊《民国日报》。

1 月 15 日　发表演讲词《教学做合一》，刊《乡教论丛》第二卷第一期。

同日　发表《行是知之始知是行之终》，刊《乡教论丛》第二卷第一期。文章系 1927 年 6 月 3 日陶行知晓庄寅会演讲的第一部分内容。

同日　发表诗歌《双料少爷》，刊《乡教论丛》第二卷第一期。

同日　发表诗歌《新年》，刊《乡教论丛》第二卷第一期。

1 月 16 日　据黄炎培记述：“午，知行来谈，先是仰尧来谈。”（《黄炎培日记》第 3 卷，第 47 页）

同日　中华职业教育社会议议决：“用贷金方法帮助艺友，请王志莘、陶知行二君拟定详细办法。”（载次日《申报》）

1 月中旬　作诗《除夕》（收入川版《全集》第十二卷）。

同月中旬　作诗《过不得年的朋友》（收入《知行诗歌别集》，后收入湘版《全集》第四卷，又收入川版《全集》第七卷）。

1 月 21 日 作诗《寄小影回家》（收入《知行诗歌别集》，后收入湘版《全集》第四卷，又收入川版《全集》第七卷）。

同日 作诗《月下思亲》（收入川版《全集》第十二卷）。

1 月 23 日 作诗《雪中老妇》（收入《知行诗歌别集》，后收入湘版《全集》第四卷，又收入川版《全集》第七卷）。

1 月 24 日 上午，接待四川来访参观团，谈论中国乡村教育。

同日 作《乡村教育入川——给四川铜梁县县立农村师范彭选三先生的信》（收入《知行书信》，后收入湘版《全集》第五卷，又收入川版《全集》第八卷）。

1 月 31 日 发表《在劳心上劳力》，刊《乡教论丛》第二卷第二期。

同日 发表《读书人》，刊《乡教论丛》第二卷第二期。本文后为《中国教育改造》一书中《“伪知识”阶级》最后两段。

1 月 在晓庄乡村师范推行国语（普通话）。

2 月 9 日 据黄炎培记述：“至职社，经农、郭、邹秉文、知行都到。”（《黄炎培日记》第 3 卷，第 52 页）

2 月 10 日 担任中华职业教育社与晓庄师范合办的中心木匠店指导。

2 月 12 日 发表演讲词《以教人者教己》，刊《乡教丛讯》第二卷第三期。

2 月 16 日 作“恋爱问题”演讲，操震球记录，载《方与严教育文集》（下）（收入川版《全集》第十一卷）。

2 月 18 日 晓庄与中华职业教育社合办佘儿岗中心茶园，由黄志诚负责筹办，农友陈金禄任经理，陶行知与马绍季为指导。茶馆有对联三幅：嘻嘻哈哈喝茶，叽叽咕咕谈心；多谢你来帮助，少了我也不行；为农民教育之枢纽，是乡村社会的中心。

茶馆备有乒乓球、围棋、象棋、胡琴、笛子等文体用品及图书等。每天下午三时，晚上七时，师生轮流说书，如《三国演义》等，或讲解卫生常识，时事新闻等。茶馆内有一年长农夫烧水冲茶，水费很低，目的在于联系群众，传播文化，开导思想，团结互助，移风易俗，改造乡村（《陶行知年谱》，第 135 页）。

2 月 29 日 发表《如何使幼稚教育普及》，刊《乡教丛讯》第二卷第四期（收入《中国教育改造》，后收入湘版《全集》第二卷，又收入川版

《全集》第一卷)。

同日 发表在燕子矶幼稚园开学典礼的讲话，刊《乡教丛讯》第二卷第四期。

2月 晓庄师范第三期招生，刘季平、董纯才等三十余人入学。又创设第三中心稚园(晓庄幼稚园)。又主持召开晓庄附近三十余村的村长会议。

3月7日 参加晓庄师范吉祥庵中心小学的开学典礼，特作诗《风雨中开学》(收入《知行诗歌别集》，后收入湘版《全集》第四卷，又收入川版《全集》第七卷)。

3月8日 指导筹创的晓庄师范万寿庵中心小学开学。

3月15日 主持晓庄试验乡村师范学校成立一周年纪念会，演讲《晓庄试验乡村师范的第一年》，刊当日出版的《乡教丛讯》第二卷第五期，又转载于广州《教育研究》1928年5月号(第四期)(收入湘版《全集》第二卷，又收入川版《全集》第二卷)。

3月20日 创设晓庄师范三元庵中心小学。

3月24日 筹创的晓庄联村救火会成立。

3月26日 上午，参加晓庄师范神策门中心小学的开学典礼，报告开办缘由，刊同年4月15日《乡教丛讯》第二卷第七期，记录者：葛尚德(收入湘版《全集》第二卷，又收入川版《全集》第二卷)。

同日 下午，参加晓庄师范黑墨营中心小学开学典礼。

3月31日 据黄炎培记述："陶知行介绍操[?]震球君，招来谈同游事。"(《黄炎培日记》第3卷，第61页)

3月 晓庄正式试行"艺友制"。

同月 接待蒋梦麟、沈定一等来晓庄参观。

同月 自编文集《中国教育改造》，选入1918年至1928年间所写的论著32篇。

4月1日 赴杭州出席关于设立浙江乡村师范的筹备会议。受托创办该校。

4月4日 为自编的第一部教育论文集《中国教育改造》写《自序》(收入《中国教育改造》，后收入湘版《全集》第二卷，又收入川版《全集》第一卷)。

4月15日 《乡教丛讯》第二卷第七期刊发陶行知在神策门中心小学

的开学典礼的演讲。

4月22日 主持联村运动会。参与竞赛的农友有八十余人。并与蔡元培、杨杏佛、吴稚晖等一起参加联村运动会之跑山竞赛。

4月23日 在欢送宝山县立师范学校代表团会议上发表演讲（载程本海：《在晓庄》，后收入湘版《全集》第二卷，又收入川版《全集》第二卷）。

4月 主持晓庄指导会议，决定充实生物学研究的设备，拨给专款作为晓庄科学建设的第一步。

同月 亚东图书馆出版文集《中国教育改造》。文集选入1918年至1928年间所写的论著32篇并作自序。该书到1934年4月，发行达七版之多。

春 梁漱溟参观晓庄，“第一次参观，因为去的人太多，……所以只过两个小时就回来了”。第二日晨再去，“细细参观一天，当晚在学校里住宿，第二天才回来”[《梁漱溟全集》① （四），第846页]。

《梁漱溟先生年谱》亦有文：“春天到南京后，曾参观晓庄学校，颇有感触，后来回到广州担任一中校长时，对一中师生讲演中极赞晓庄办学精神，称之为‘一件有兴味的事’。认为这是一所理想的学校。”（《梁漱溟先生年谱》②，第65页）

5月1日 带领全校师生做粗工八小时纪念劳动节。

5月10日 据《丁文江年谱》记述：“中华图书馆协会致函该会会员，请会员选举董事（因本届董事三分之一暨执行部正副部长均已任满）。董事候选人共10人，丁文江是其中之一，其他候选人还有胡适、蒋梦麟、余日章、陶知行等。”（《丁文江年谱》，第324页）

5月上旬 提出欢迎全国教育会议代表的提案，确定地点、出席人员及后勤招待等事宜，后刊同年7月1日《乡教丛讯》第二卷第十二期（载《第十一次小学活动设计会记录》，后收入湘版《全集》第八卷，又收入川版《全集》第十一卷）。

5月15日—28日 参加南京举行的全国教育会议，任全国教育会议分

---

① 本书版本信息为中国文化书院学术委员会编：《梁漱溟全集》，山东人民出版社2005年版。后文从略。

② 本书版本信息为李渊庭、阎秉华编写：《梁漱溟先生年谱》，广西师范大学出版社1991年版。后文从略。

组审查委员会普通教育组委员和初等及中等学校教学组提案预备委员会委员。

会议期间，提出《乡村小学师范学校标准案》（载《全国教育会议报告·乙编（成立案）》，后收入湘版《全集》第二卷，又收入川版《全集》第二卷）。

又 提出《调查全国幼稚教育案》（载《全国教育会议报告·乙编（成立案）》，后收入湘版《全集》第二卷，又收入川版《全集》第二卷）。

又 提出《各省各县各市实验小学设立幼稚园案》（载《全国教育会议报告》，后收入湘版《全集》第二卷，又收入川版《全集》第二卷）。

又 提出《推广乡村幼稚园案》（载《全国教育会议报告》，后收入湘版《全集》第二卷，又收入川版《全集》第二卷）。

又 提出《各省开办试验幼稚师范案》（收入湘版《全集》第二卷，又收入川版《全集》第二卷）。

又 提出《审查编辑幼稚园课程及教材案》（载《全国教育会议报告》，后收入湘版《全集》第二卷，又收入川版《全集》第二卷）。

又 提出《小学目标案》，与郑宗海的提案合并为《请订初等教育目标公布全国案》（载《全国教育会议报告·乙编（成立案）》，后收入湘版《全集》第二卷，又收入川版《全集》第二卷）。

又 提出《编制小学生活历案》（载《全国教育会议报告·乙编（成立案）》，后收入湘版《全集》第二卷，又收入川版《全集》第二卷）。

又 提出《设立教育研究所案》（载《全国教育会议报告·乙编（成立案）》，后收入湘版《全集》第二卷，又收入川版《全集》第二卷）。

又 提出《减少校工以实现劳动教育案》（载《全国教育会议报告·丙编（参考案）》，后收入湘版《全集》第二卷，又收入川版《全集》第二卷）。

又 提出《改革乡村教育案》（载《全国教育会议报告·乙编（成立案）》，后收入湘版《全集》第二卷，又收入川版《全集》第二卷）。

又 提出《请大学院呈清国民政府，划出地方数处献与人类，俾抱有改造社会理想之学者，得以运用科学方法，实现极乐世界，俟试有结果，再行从事推广，以收大同之效案》（载《全国教育会议报告·丁编（附录）》，后收入湘版《全集》第二卷，又收入川版《全集》第二卷）。

5月17日 晨，赴全国教育会议会场晤朱经农，后因事未参与讨论即离去（载次日《申报》）。

5月18日 上午八时许，赴全国教育会议会场，后晤胡适，约请胡二十日赴晓庄参观（载次日《申报》）。

5月19日 出席普通教育组分组审查会（载同月21日《申报》）。

5月21日 出席全国教育会议（载次日《申报》）。

5月22日 据胡适记述："吴淞回来后，电车上遇着王伯秋，多年不见他了。他问起知行，并说：'陶知行不是反对党化教育的吗？现在他似乎早已迎头赶上去了！'这句话说着无数熟人，使我生不少感慨。有许多人确是'迎头赶上去'，难免招人轻视。知行似乎也感觉得一点，故在会场中我只见他发过一次言。如庄泽宣一流人，则不但'迎头赶上去'，还要在额角上大登广告，故更为人轻视了。"[《胡适日记全编》（五），第123页]

5月24日 下午，首都教育界在中央大学体育馆举行在北京被杀害的教育家高仁山教授追悼会，到各界人士五百余人。蔡元培主席，奏哀乐，向高烈士遗像行礼默哀后，致开会词，赵廼传报告高为国牺牲的事略，孟宪承、周鲠生、陶知行、朱经农、杨杏佛及北京艺文中学代表相继演说，末由高的夫人陶曾谷答词[载次日上海《民国日报》，见《蔡元培年谱长编》（下1），第222页]。

5月27日 陪同全国教育会议代表参观晓庄学校及所属燕子矶中心小学（载次日《申报》）。

同日 在燕子矶幼稚园落成典礼上发表讲话，刊同年7月15日《乡教丛讯》第二卷第十三期，记录者：程本海（载《燕子矶幼稚园落成典礼——小学活动设计会第十三次会议记录》，后收入湘版《全集》第二卷，又收入川版《全集》第二卷）。

5月 建议晓庄地区民众组织晓庄联村会，以防匪患。

同月 组织"五四"和"五九"纪念会，组织"对英日经济绝交委员会"。

同月 提倡乡村卫生运动——灭蚊灭蝇。

同月 作诗《孩子自己抱》（收入《知行诗歌集·幼苗集》，后收入湘版《全集》第四卷，又收入川版《全集》第七卷）。

同月 广州《教育研究》转载《晓庄试验乡村师范的第一年》。

6月4日 访黄炎培并长谈（《黄炎培日记》第3卷，第73页）。

6月8日 发表《道德问题》，刊《申报本埠增刊》，署名知（收入川版《全集》第十一卷）。

6月15日　据黄炎培记述："偕卫、竹、北禾坐马车出神策门（改名兴中门），至晓庄晤知行。……午餐后，游燕子矶小学，见丁麟（超）。……与叔愚评晓庄。……初游晓庄十分钟内所见：一双燕子，梁上飞飞。八九个唱歌游戏的儿童，又黑又肥。赤脚的先生笑嘻嘻。手里的书包，脚下的泥。门外农夫，唱他的秧歌，把他的犁。"（《黄炎培日记》第3卷，第76页）

6月16日　杨效春发表《中华教育改进社晓庄学校报告事》，刊《乡教丛讯》第二卷第十一期（收入川版《全集》第二卷）。

同日　据黄炎培记述："午后三时，农村改进委员会，知行、柏庐、叶元鼎、徐仲迪等到，徐受谦记录。"（《黄炎培日记》第3卷，第76页）

6月21日　赴赵叔愚宅。赵叔愚夫人代转朱葆初所送一根麻绳。

6月23日　蒋梦麟致函胡适，谓：

> 皖南匪患，本省兵力太单薄，势难派遣大队前往，若少数人去，必被土匪缴械。知行兄因此事曾向我转恳省府设法，而省府除请军委会派兵外，别无较善之处理。日前据何主席云，军委会已自京派兵前往矣。兵权不操我手，除从旁催促浙当局外，其余的责任，我可负不了吓！［《胡适来往书信选》（上），第482页］

6月27日　偕操震球、程本海、王琳赴杭州，筹办浙江乡村师范。

6月　作诗《劝友》（收入湘版《全集》第四卷，又收入川版《全集》第七卷）。

7月1日　《乡教丛讯》第二卷第十二期刊发《晓庄科学社宣言》，表示对"科学的努力，决不肯松懈的"（收入川版《全集》第二卷）。

同日　《乡教丛讯》第二卷第十二期刊发《晓庄科学社简章》（收入川版《全集》第二卷）。

7月3日　偕同建筑家朱葆初到湘湖定山勘定浙江乡村师范校址。

7月10日　据黄炎培记述："陶知行来，偕至职社，问渔、卫玉共商问渔职务问题。"（《黄炎培日记》第3卷，第81页）

7月15日　《乡教丛讯》第二卷第十三期发表陶行知在燕子矶幼稚园落成典礼上的讲话。

同日　《乡教丛讯》第二卷第十三期刊发《晓庄学校1928年招生启事》（收入川版《全集》第二卷）。

同日　《乡教丛讯》第二卷第十三期刊发《晓庄学校长期参观规程》

《晓庄自由章赠与规程》《关于晓庄的组织、活动和人事》等内容。

同日 《乡教丛讯》第二卷第十三期刊发经赵元任谱曲的《村魂歌》《自立歌》。

7月16日—8月15日 中央大学区举办县督学教育委员会讲习会，被聘为乡村教育实施法的指导讲师。

7月24日 朱经农致函胡适，信末略谓："……此间新部长大约系梦麟。次长或说是季茀，或说是知行。无论何人来，总希望他们少说空话，多做实事吧！"[《胡适往来书信选》(上)，第486页]

7月25日 据黄炎培记述："晨至职社，知行、茂如、懋青来。"(《黄炎培日记》第3卷，第85页)

7月 晓庄第一期学生结业。发表临别赠言，号召离校后应以发扬晓庄精神相勉励(《陶行知年谱》，第139页)。

夏 晓庄师范招收第四期学生，陆维特、徐明清、汪达之等六十余人入学(《陶行知年谱》，第139页)。

夏 晓庄中共地下党支部成立，刘季平为第一任书记。

夏 梁漱溟在广东省立第一中学教职员工大会上讲述在晓庄学校参观所闻(收入《梁漱溟全集》第四卷，又收入川版《全集》第二卷)。

8月1日 致函中国科学社(收入湘版《全集》第五卷，又收入川版《全集》第八卷)。

同日 《乡教丛讯》第二卷第十四期刊发《大学院增加补助晓庄研究经费》(收入川版《全集》第二卷)。

8月2日 赴中大一字房讨论各县乡村教育视察指导困难问题，任主席，到专家及各县督导130余人(载1928年8月5日《申报》之《中大区县督委讨论乡村视察难题》，后收入川版《全集》第十一卷)。

8月3日 参加中央大学区督学教育委员讲习会，任主席，讨论各县乡村教育视察指导问题。会上作有关儿童自治问题的发言，记录者：李西侯、季倜凡，后载同月7日《申报》之《中央县督委续论乡村视察难题(一)》(收入川版《全集》第十一卷)。

8月7日 据冯玉祥记述："下午一点，游燕子矶。"(《冯玉祥日记》[①]

---

① 本书版本信息为冯玉祥著、中国第二历史档案馆编：《冯玉祥日记》，江苏古籍出版社1992年版。后文从略。

第二卷，第498页）

8月15日　随冯玉祥派遣的教官进行军事训练学习。

同日　作《介绍一件大事——给大学生的一封信》（收入《知行书信》，后收入湘版《全集》第五卷，又收入川版《全集》第八卷）。

8月16日　在《乡教丛讯》第二卷第十五期发表在晓庄试验乡村师范学校纪念孙中山诞辰六十一周年大会上的演讲。

8月18日　作《武八股——给冯焕章先生的信》（收入《知行书信》，后收入湘版《全集》第五卷，又收入川版《全集》第八卷）。

8月19日　据冯玉祥记述："九点，晓庄师范学校行授枪典礼，余讲话曰，枪械皆以血汗买来，吾等有此利器，当加意练习，以备为民除害之用。"（《冯玉祥日记》第二卷，第501页）

8月中旬　晓庄成立联村自卫团。

8月26日　"晓庄师范操场上发现恐吓信一封，略谓：陶行知［知行］，你办你的学校，何必干予我们的事！现在本旅长向你们要大洋三万元，限期交到指定地点，少一个都不行。否则我们要和你们较量一下，晓庄三里路内，杀得鸡犬不留。陶先生看信后十分镇定，召开了自卫团会议，加强了武装守卫，以防万一。过了些日，匪徒又寄来一信，把陶行知大骂一顿。陶先生看了信付之一笑。召集大会讨论办法，在大会上很风趣地说：'土匪来了不要怕，我们正可以办土匪教育，劝他们改邪归正。鸡犬无辜，何必杀它一个不留，哈哈！'经讨论决加紧操练，联村自卫。土匪也深知我们戒备森严，终于不敢轻易来犯。"（《陶行知年谱》，第143页）

9月1日　晓庄学校举行新生测试。

同日　据黄炎培记述："讯知行，为杨效春事。"（《黄炎培日记》第3卷，第93页）

9月10日　《申报》转载《艺友制师范教育答客问——关于南京六校招收艺友之解释》一文。

9月11日　赵叔愚病逝。

10月1日　浙江省立乡村师范（湘湖师范）开学。

同日　发表《祭赵院长叔愚兄文》，刊《乡教丛讯》第二卷第十八期（收入湘版《全集》第二卷，又收入川版《全集》第二卷）。

同日　发表《挽赵院长诗》，刊《乡教丛讯》第二卷第十八期（收入《知行诗歌集·幼苗集》时改题为《挽赵叔愚院长》，后收入湘版《全集》

第四卷，又收入川版《全集》第七卷）。

10月10日 在晓庄学校国庆纪念会上演讲《今后中华民族的使命》，刊同年11月30日《乡教丛讯》第二卷第二十二期，记录者：季雪云（收入湘版《全集》第二卷，又收入川版《全集》第二卷）。

10月27日 据冯玉祥记述："三点，到晓庄，住于山顶茅屋。"（《冯玉祥日记》第二卷，第528页）

10月28日 据冯玉祥记述："七点，与尹同山谈晓庄学校内部情形，并告以余之来此，专为养病。十二点，与许士骐夫妇，谈美对俄及日对我之态度。"（《冯玉祥日记》第二卷，第529页）

10月29日 据冯玉祥记述："七点，由晓庄返行营，与陈裕光谈陕西灾情。"（《冯玉祥日记》第二卷，第529页）

秋 组织师生捕捉蝗虫，为民除害。

11月4日 据冯玉祥记述："十一点，与蒋介石夫妇谈陇海铁路近况。继与偕游晓庄。下午六点，与陶知行谈应除官僚习气，提倡平民化。八点，返行营，写横幅两条。"（《冯玉祥日记》第二卷，第532页）

11月5日 下午一时，与冯玉祥谈改良南京学校办法（《冯玉祥日记》第二卷，第532页）。

11月7日 据冯玉祥记述："八点，赴晓庄，写字。旋看'战后新世界'，并题洋车夫画图诗一首：一人坐车一人拉，同是人类有牛马，重层压迫真痛苦，惟盼仁者解放他。"（《冯玉祥日记》第二卷，第533页）

11月8日 赴上海浦东中学演讲《中国教育的改造》（载1929年2月《浦东中学期刊》第一期）。

11月10日—11日 参加湘湖师范全体师生的教学做讨论会。十日晚时过十一点，座谈未完，次日朝会继续举行。讨论内容经罗谦整理为《湘湖教学做讨论会记》，刊同月21日《湘湖生活》（收入《教学做合一讨论集》，后收入湘版《全集》第二卷，又收入川版《全集》第二卷）。

11月18日 据冯玉祥记述："十一点半，赴晓庄游览。下午四点返。"（《冯玉祥日记》第二卷，第538页）

11月24日 晨二时、完成为李楚材《破晓》所作序，刊1929年1月30日《乡教丛讯》第三卷第二期（收入湘版《全集》第二卷，又收入川版《全集》第二卷）。

11月30日 《乡教丛讯》第二卷第二十二期发表《晓庄联村自卫队

组织大纲》(收入川版《全集》第二卷)。

同日 发表《今后中华民族的使命》，刊《乡教丛讯》第二卷第二十二期。

12月2日 据冯玉祥记述：“十二点，携眷赴晓庄游览。”(《冯玉祥日记》第二卷，第545页)

12月3日 十时，与冯玉祥谈办学校事(《冯玉祥日记》第二卷，第546页)。

12月16日 冯玉祥于“十点，与陶知行、程源铨谈西北旱灾及汽车路交通状况”(《冯玉祥日记》第二卷，第552页)。

12月17日 晚，在晓庄农艺馆与黄公弼、朱泽普谈话，刊1929年11月30日《乡教丛讯》第三卷第二十期(收入湘版《全集》第八卷，又收入川版《全集》第二卷)。

12月18日 在晓庄学校寅会上作《同向乡村教育瞄准》的演讲，刊次年11月30日《乡教丛讯》第三卷第二十期，记录者：朱泽普(收入湘版《全集》第八卷，又收入川版《全集》第二卷)。

本年 作诗《凤阳花鼓》(收入《晓庄歌曲集》)。

同年 作诗《问江》(收入《知行诗歌别集》，后收入湘版《全集》第四卷，又收入川版《全集》第七卷)。

同年前后 为邵仲香书条幅“山芋总统”(摘自邵仲香：《我与陶行知在晓庄》一文，载《金陵大学建校100周年纪念册》；后收入川版《全集》第十一卷)。

1929年
（民国十八年　己巳）　38岁

1月　国民政府教育部成立国语统一筹备委员会。

4月26日　国民政府通令公布《中华民国教育宗旨及其实施方针》。

5月26日　孙中山灵柩由北平运至南京。6月1日葬于紫金山。

10月10日　西北军通电反蒋，推阎锡山、冯玉祥为国民军正副总司令。

年初　应邀参与总理陵园设计事宜（摘自丁葆冈：《陶老师指派我去办乡村小学》，载《回首当年话晓庄》；后收入川版《全集》第十一卷）。

年初　邀请贵州教育家黄齐生先生来校讲学（《陶行知年谱》，第152页）。

年初　晓庄学校成立乡村妇女工学处，聘陶文渼为指导员，招收乡村青年妇女农暇上学（《陶行知年谱》，第152页）。

1月12日　致函韩国钧，略谓：

> 我公以治国之望治乡，不出数年，必著奇效，瞻望前途，不胜庆幸。承嘱推荐小学教员，自当代为物色，奈春季无学生毕业；校外同志，切实有把握者，亦寥若晨星，一时难以报命。为今之计，不如由公选当地合格人才一二人，于二月中旬来晓庄学习数月，然后回乡服务，较为有效。倘急须开校，则来校一月，加以特殊训练亦可。如何之处，尚希卓裁。（《韩国钧朋僚函札选编》，载荣孟源、章伯锋主编：《近代稗海》第七辑，四川人民出版社1987年版，第558—559页）

1月15日　就朱端琰来信所提教学做合一的十五点疑问予以详尽的解答，阐述教学做合一理论和实践的意义，以《答朱端琰君并致一般怀疑教学做合一者》为题，刊《乡教丛讯》第三卷第一期，又刊3月《教育汇刊》（收入《教学做合一讨论集》时改题为《答朱端琰之问》，后收入湘版《全集》第五卷，又收入川版《全集》第二卷）。

1 月 17 日　晓庄学生叶刚致函陶行知。

1 月 20 日　致函田汉及南国社诸位（收入湘版《全集》第五卷，又收入川版《全集》第八卷）。

1 月 23 日　下午，领汽车数辆迎接南国社到晓庄学校演出。晚，演出前举办欢迎会，致欢迎词，谓："今天我是以'田汉'的资格欢迎田汉。晓庄是为农民而办的学校。农民是晓庄师生的好朋友。我们的教育是为种田汉而办的教育。我们犁宫前的一副对联，说明我们办学的态度：'和马牛羊鸡犬豕做朋友；对稻粱菽麦黍稷下功夫'。所以，我是以一个'种田汉'代表的资格在这儿欢迎田汉。"

田汉致答词，云："陶先生说，他是以'田汉'的资格欢迎田汉，实不敢当！我是一个'假田汉'，陶先生是个'真田汉'，我这个'假田汉'能够受到陶先生这个'真田汉'以及在座的许多'真田汉'的欢迎，实在感到荣幸！我们一定要向'真田汉'学习……"（载 1980 年 7 月 25 日《人民日报》）

同日　据《田汉年谱》记述："应陶行知先生之邀，率南国社赴位于南京北郊北团乡的晓庄师范演出。晚上正式开演前举行欢迎仪式。在陶行知致欢迎词后致答词，称赞晓庄'充满着新的愉快'，这里的《锄头舞歌》、《镰刀舞歌》'属农人的唱歌'。提出：'知识者应当到民间去指导农民运动的。农民文学就在表演农民的情绪、痛苦、要求和希望。''希望农友们将来能自己搭台自己演剧，以说出自己的痛苦、要求和希望。'当晚上演了《生之意志》、《颤栗》、《苏州夜话》等剧。"（《田汉年谱》[①]，第 118—119 页）

1 月 24 日　据《田汉年谱》记述："晚，南国社在晓庄增演两出'农民剧'，即左明构思的哑剧《一文钱》和田汉临时编就的《新村之夜》。《新村之夜》剧情是：……此剧演员临时凑合，女主角拉当地乡姑陈秋舫担任。"（《田汉年谱》，第 119 页）

1 月 28 日　在南京金陵大学科学馆召开的中华图书馆协会第一次年会上作演讲（载《中华图书馆协会第一次年会报告》，后收入湘版《全集》第八卷，又收入川版《全集》第二卷）。

---

①　本书版本信息为张向华编：《田汉年谱》，中国戏剧出版社 1992 年版。后文从略。

1 月 30 日 发表《〈破晓〉序》，刊《乡教丛讯》第三卷第二期。

同日 复叶刚函（收入湘版《全集》第五卷，又收入川版《全集》第八卷）。

1 月下旬 “南国社”来校演出后，成立晓庄剧社，任社长。后相继创作剧本《香姑的烦恼》《爱的命令》《死要赌》等，并与学生同台演出。

1 月 由上海亚东图书馆出版《知行书信》，收入 1923 年至 1928 年书信 97 封。

约 1 月 作书信致湘湖师范学校师生（摘自湘师陶研小组：《陶行知与湘湖师范》，载浙江省陶研会编：《陶行知研究文集》；后收入川版《全集》第十一卷）。

2 月 23 日 赴无锡参加中华职业教育社专家会议，到朱经农、顾荫亭、王志莘等。会上提出请京沪两职业指导所购置心理测验器，并建议职业指导推广须联络学校及教育行政当局。后又参加农村教育组讨论，任主席。晚餐后，赴世界旅社大厅出席无锡当地教育部门组织的欢迎仪式（载 1929 年 2 月 25 日《申报》）。

2 月 24 日 继续在无锡参加中华职业教育社会议（载同月 26 日《申报》）。

2 月 发表《地方教育与乡村改造》，刊《地方教育》第一期（收入湘版《全集》第二卷，又收入川版《全集》第二卷）。

同月 《梁漱溟先生年谱》记述：“二月，先生离开广州北上考察农村。行抵南京，首先到陶行知先生在南京城外办的晓庄师范参观考察。陶行知先生是一位力主教与学、言与行合一的教育家。先生与陶行知先生是第一次见面，交谈之后，十分相投。先生‘深感陶先生是革命心、事业心都十分强盛的人，很佩服’。在晓庄参观了两天，先生向陶先生提出‘借兵调将’予以帮忙的要求，陶先生欣然答应。后来派了三名学生——潘一尘、张宗麟、杨效春——到邹平山东乡村建设研究院工作。”（《梁漱溟先生年谱》，第 66 页）

3 月 10 日 晓庄学校成立妇女工学处，聘胞妹陶文渼为指导员。

3 月 12 日 在寅会上作演讲《定于一》，刊同年 4 月 30 日《乡教丛讯》第三卷第六期，记录者：戴自俺、孙铭勋（收入湘版《全集》第二卷，又收入川版《全集》第二卷）。

3 月 15 日 主持晓庄学校建校二周年纪念会。

同日 发表《这一年》，刊《乡教丛讯》第三卷第三期第一号晓庄学校《二周纪念特刊》，后在《地方教育》第五期发表时改题为《第二年的晓庄》（收入湘版《全集》第二卷，又收入川版《全集》第二卷）。

同日 发表《对于乡村教育及本校赞助人之总致谢》，刊《乡教丛讯》第三卷第三期第一号晓庄学校《二周纪念特刊》（收入湘版《全集》第二卷，又收入川版《全集》第二卷）。

同日 《乡教丛讯》第三卷第三期刊发《晓庄学校完成初步计划预算书》（收入湘版《全集》第八卷，又收入川版《全集》第十一卷）。

3月 发表《答朱端琰君并致一般怀疑教学做合一者》，刊《教育汇刊》。

4月21日 在和平门小学开会，讨论武进乡村教育促进会捐款在晓庄建筑武进馆事宜。

4月28日 于杭州为程本海著《在晓庄》作序，书中原题为《陶序》（收入湘版《全集》第二卷，又收入川版《全集》第二卷）。

4月30日 发表演讲词《定于一》，刊《乡教丛讯》第三卷第六期。

春 与淮安河下镇莲花街新安会馆吴俊卿谈话，表示提供三个人帮助吴俊卿去淮安办学校（载孙铭勋：《古庙活菩萨》，后收入湘版《全集》第八卷，又收入川版《全集》第二卷）。

次日，在晓庄寅会宣布去淮安办学一事，吴廷荣、蓝九盛、李友梅三人自告奋勇出征，前往淮安创办新安小学。

春 应泰国曼谷华侨学校之邀，派遣晓庄高中部师范科毕业生夏孟文和郭美璋前往。行前与二人谈话，要求二人到曼谷后要调查华侨教育情况、华文报纸报社情况、华侨劳工情况及华侨帮派情况（摘自夏孟文：《回忆晓庄》，载《陶行知一生》①；后收入湘版《全集》第八卷，又收入川版《全集》第十一卷）。

5月15日 发表讲话稿《哥伦布探得新大陆》，刊《乡教丛讯》第三卷第七期，记录者：庞雄（收入湘版《全集》第二卷，又收入川版《全集》第二卷）。

5月19日 在晓庄学校寅会上发表演讲《生活即教育》，刊同年《乡

---

① 本书版本信息为安徽省陶行知教育思想研究会编：《陶行知一生》，湖南教育出版社 1984 年版。后文从略。

教丛讯》第三卷第四期（收入《教学做合一讨论集》，后收入川版《全集》第二卷）。

5 月 30 日 于浙江湘湖师范湘云村内与李楚材共为徐德春著《做学教ABC》作序（收入川版《全集》第二卷）。

6 月 1 日 发表有关做学教关系的短文，刊《湘湖生活》第六期（收入川版《全集》第十一卷）。

6 月 6 日 新安小学开学，兼任校长。

同日 妹陶文渼病逝。陶行知“亲为治丧，蔽以素衣，藏以松棺，祭以清水，哭以热泪”。

6 月 8 日 作《文渼指导之遗志》，刊同月 15 日《乡教丛讯》第三卷第九期《追悼文渼先生专号》（收入湘版《全集》第二卷，又收入川版《全集》第二卷）。

6 月 15 日 发表《文渼指导之遗志》，刊《乡教丛讯》第三卷第九期《追悼文渼先生专号》。

6 月 21 日 赴南京城内安徽公学访王西澂。夜，由宁赴沪。

6 月 22 日 夜，由沪赴宁。

6 月 23 日 开会至次日凌晨一时。

6 月 24 日 晨四时起，因身体支持不住，休息至下午四时，赶车北上。

同日 于船上作书信致王西澂，谈安徽公学由城里搬至晓庄附近一事（收入湘版《全集》第五卷，又收入川版《全集》第八卷）。

6 月 发表《第二年的晓庄》，刊《地方教育》第五期。文章系同年 3 月 15 日《这一年》一文附加一段而成。

7 月 1 日—2 日 《华北日报》刊发《二年来之晓庄乡村教育运动——中华教育改进社主任干事陶行知报告》，后载《辽宁教育月刊》第一卷第十二号。

7 月 2 日 晚，作为旅京代表出席在秦淮河画舫举办的欢迎南国社访京集会，发表讲话，刊同月 6 日南京《中央日报》副刊戏剧专号《南国特刊》第一期，记录者：阎折梧、姜敬舆（收入川版《全集》第十二卷）。

7 月 8 日 参加晓庄学校全体会议，与张宗麟同任会议主席。会上讨论由张宗麟提出的“谋注重研究减轻事务培养有特长的乡村导师并试验小学中心活动”的议案，议决将晓庄的全部事业分设为五个学院。和平学院院长陶行知；万寿学院院长邵仲香、晓小学院（晓庄幼稚园在内）院长潘一尘；吉祥学院（燕子矶幼稚园在内）院长张宗麟；三元学院院长陆静山（载《乡教丛讯》第三卷第十五期）。

7月30日 发表演讲词《行是知之始》，刊《乡教丛讯》第三卷第十二期。

7月 上海世界书局印行出版徐德春著《做学教ABC》，附录（一）收入陶行知所作《“做学教合一”的总解释》一文（收入川版《全集》第十一卷）。

同月 试行学园制，将各小学改为学园。

夏 辞去安徽中学校长职。

夏 与晓庄剧社全体社员游玄武湖赏莲，并作诗。

夏 针对晓庄学生提出的“在求学期间可不可以谈恋爱”一问，建议学生开展“恋爱问题讨论会”活动，每星期五下午二时至五时开会，在犁宫举行。后出席第三次讨论会，作总结性发言（载戴自俺：《时雨春风思金陵——师陶琐忆之二》，后收入川版《全集》第十一卷）。

8月27日 王西澂致函陶行知。

9月2日 游燕子矶，遇卢方聿。

9月3日 复王西澂函（收入湘版《全集》第五卷，又收入川版《全集》第八卷）。

9月6日 因某师范生对指导员罗公陶、丁柱中不满，在校内贴大字报，引发学校动荡（载同月15日《乡教丛讯》第三卷第十五期）。

9月7日 因大字报事在寅会上宣布辞去校长职，并出布告由张宗麟代理校长。

9月17日 致函戴志骞，介绍南京高师肄业生应孙良插班入中央大学法学院（收入湘版《全集》第八卷，又收入川版《全集》第八卷）。

9月18日 教育部组织教育方案编纂委员会，聘蔡元培、陶知行、俞子夷、陶玄、戴修骏等七人为常务委员［《第一次中国教育年鉴》，见《蔡元培年谱长编》（下1），第368页］。

9月28日 下午四时，主持召开乡村教育先锋团团部会议，讨论晓庄学校进行计划。下午七时，召开晓庄五院联席会，讨论孙铭勋、戴自俺提出的《把各幼稚园集合成一个独立的学院》案（载孙铭勋、戴自俺：《晓庄幼稚教育》，后收入川版《全集》第二卷）。

9 月 29 日 主持召开五院联席会议和晓庄学校全体会议，就孙铭勋、戴自俺提出的《把各幼稚园集合成一个独立的学院》案发表讲话（载孙铭勋、戴自俺：《晓庄幼稚教育》，后收入湘版《全集》第二卷，又收入川版《全集》第二卷）。

10 月 1 日 召开指导会议，提议幼稚园合并后的学院名为“蟠桃学园”。学园地址设在燕子矶，园长徐世璧。

10 月 10 日 作对联。上联为“为破坏牺牲，为建设牺牲，中华民国应背两个十字架”，下联为“向儿童瞄准，向农人瞄准，乡村教师捧来一颗爱心”。

10 月 14 日 参加教育方案编制委员会第一次会议，担任义务教育组主任、师范教育组委员。

同日 据克伯屈记述：晚“和朱进、陈小姐一起吃饭，虽说是中国饭菜，但是以中西两式出现。蒋梦麟博士主持，我坐在他右边，我的老朋友（先前的学生）陶行知先生坐我右首。在场的人有 M. Chiang 博士，刘先生（T. P. Liu 教育部次长），华（S. H. Hua）博士（Tun Chi 大学教授，上海），唐先生（S. H. Tang，浙江大学农学院主任），邰爽秋博士，韦博士，Y. L. Yeli（中央大学总务主任），欧先生（Y. H. Ou，上海大中华大学副校长，先前的学生），孟宪承（浙江大学教育教授），陈小姐（Nei - y Chen），陶行知（南京晓庄师范学校校长，先前的学生），曹先生（N. C. Chao），俞子夷（浙江乡村学校校长），朱进”（《克伯屈日记》，藏美国哥伦比亚大学师范学院图书馆特藏室）。

10 月 15 日 接待美国哥伦比亚大学教授克伯屈参观晓庄学校，致欢迎词并任演讲翻译。欢迎词刊同年 11 月 30 日《乡教丛讯》第三卷第二十期，记录者：徐鸿仪、宋恩鸿（收入湘版《全集》第八卷，又收入川版《全集》第二卷）。欢迎词略谓：

> 克伯屈先生是设计法的发明者。设计法在教育史上占有很重要的地位，现在发明者来了，我们应该怎样的欢迎？杜威先生的教育哲学，是世界上公认的，而根据这个理论找出具体的方法，去实现这个理论，予教育界一个伟大贡献的，就是克伯屈先生发明的设计法。……我们深信，现在世界上能够给我们最有价值的指导的怕只有克先生。这不是平常的开会，倒是一个四代同堂的家庭会：因为先生是我留美时的老师，今天我与师范同学、小朋友，都聚集一堂，这不

是四代吗？一家团圆是人生最有意思的生活。

同日 据克伯屈记述：

陶行知博士很早便过来了。……随后和陶行知去看他在晓庄的教育成果。似乎刚一进庄门，我们就踏上了一条通往学校的路，学校位于一清真寺内（后来我发现这一现象很普遍），这是一所初级学校。几个学生正在辅助教学。我看到一张显示村庄信息的地图，这大约是70个孩子的杰作。工作相当复杂。师范小学（200个学生），系列乡村学校（1 000名学生），相应的成人组织（农民200人）。如此协调意在改善、丰富人们的生活。师范学校的学生通过接触实际生活问题而学习，可以说学校处处以节约为本。5人以上，50人以下没有仆人，陶行知和妻子也没有。跟他们住一起的母亲也充当助手的角色。陶行知的计划是尽可能地节省开支以免损害到长远利益。他花了40元将一农屋建设成一幼儿园，并安装窗户。150元用作学校设备的购置，学校大多是租来的而非买来的（如果现时努力获得成功，那么他们会比那些在职的教师做得更好）。师范学校最多能容纳200名学生。他们来自全国各地，一些是被当地政府派遣来的。我看见一师范学校的女孩子，她很快会结婚，然后和丈夫一道在师范学校工作，一个月可能领30—40元。学生们学习烹调，在各自的村庄里学习其他照顾自己的方式，学习如何提高乡村生活状况。一个4人组的理财者为其他人负责一星期的伙食（大米饭除外），每人有自己的洗脸盆和饭碗、被子、牙刷，用完之后均用热水予以清洗。有一P. U. M. C的毕业生负责将经过培训的护士组成护理中心，一留德学生主管一较大学校，一留法生负责收音机的接收工作，以便及时告知村民各种情况，做好防备土匪的工作。同时还有一农业方面的专家可以指导相关的教学工作，护理中心的工作者定期为学生作检查，尽量教给他们利于身体健康的习惯和方法。学生不仅仅学习书本知识，而且努力使书本成为附属物。每个学生都记日记，写每天发生的事及各自的想法或感受。学校没有墙报，戏剧是一大特色，学校还开辟有花园，游戏被视为积极的鼓励。当我来到主中心时，学生们决定集合列队欢迎我，委员会的主席年龄如此之小以至于当他走向前向我鞠躬表示欢迎时，我感到很惊讶。然而他的管理能力是出色的，他冷静而庄严地致辞。我讲了几句（陶行知作解释）。我建议他们应与美国的一些相似的学校取得联系。

在中国的乡村，茶社被认为是邪恶的地方，陶行知在学校和村民的合作下重组了茶社，我看了一刚开张一星期的茶社，合作社以某些特定的目的为由向政府借了钱，其中有一茶屋位于一美丽的小山之上，在扬子江的拐弯处可以看到扬子江的全景。有趣的是，冯玉祥将军对陶行知的工作很感兴趣，在他和蒋介石破裂之前他在中心还有一房子，后来赠给学校。

反对土匪的自卫团可以说是这一事业的又一大特色。当陶行知刚开始着手开展工作时，土匪威胁他，对此陶行知回答说来此的每一个人都会受到一杯茶水的礼遇，并对之所做的工作予以解释。如果他们带走了这些人中的一个并以赎金来要挟，那么被掳走的那个人会运用其能力教给他的掳掠者100种事物。然而，当有一次土匪抓走一小孩，要求付800元的赎金。在要求未满足时，竟然残忍地将那个小孩杀死。陶行知认识到，必须采取其他策略，对此他组织了自卫团。我看到了一布满枪炮的瞭望塔（所购枪支的钱是从修路的资金中抽取的），对面山上的石头被用来做防御工事。

在这些人中，冒险意味着是一大灾祸。为与陶行知的茶社保持联系，陶行知制定了禁止在这一地区任何一座茶社中投机倒把行为的法律。虽然使那些茶社的所有者感到愤怒，但却使母亲们极为放心。总的来说，我对看到的和听到的都非常满意，陶行知的理论相当完美，而且付诸实践也不错。有明显的热情在内，这些人中的工资是一个月100元，而在其他地区则可赚到比这多达两倍或四倍的钱，总预算为27 000元。尽管政府对师院200名学生的补助为40 000元。我告诉陶行知，我认为：（1）他的幼儿园需要改善（看起来似乎太正规了）；（2）需要做更多的工作来改善家庭；（3）晏阳初的农业工作有很多值得注意的事应被介绍到这里来（如猪、鸡、种子）；（4）这一学校足以完成晏阳初的工作。看来一个事业能如此成功，花费不多，只有中国人才能做到。下午大约四点到了金陵，后来蒋梦麟和陶行知也来了，带我和玛格丽特驱车前往这一城市的古老之地，在这一古老的佛奇庙处，我们看到了美丽的城墙和远处的河流。六时半我和学生们讨论了中国的新教育：（1）每个国家需要自己的学制；（2）新中国文化的一些特征；（3）对一新体制的一些建议。对于第三点，我对陶行知和晏阳初讲了，认为他们是这一工作的先锋。（《克伯屈日记》，藏美

国哥伦比亚大学师范学院图书馆特藏室）

10月16日 据克伯屈记述："早早起床，叫了一辆黄包车装载一部分行李，陶行知和朱进乘教育部的车来接我们，车比较高级，是头等车。"（《克伯屈日记》，藏美国哥伦比亚大学师范学院图书馆特藏室）

10月17日 据克伯屈记述："我请求奥斯特兰德小姐寄一些杜威关于俄国的书过来给朱进和陶行知，同时再寄给陶行知学前年鉴和父母教育的资料。"（《克伯屈日记》，藏美国哥伦比亚大学师范学院图书馆特藏室）

10月18日 据克伯屈记述："……回到家邀请胡适共进午餐，胡很有趣，思想新颖独特，视野开阔，为人真诚。他或多或少称得上是杜威教授的追随者。他认为中国需要一种新思想，一种不将思想和行动分离的思想。而杜威的思想恰恰适合，他表示中国确实需要一新学制。他对陶行知的工作深表赞赏，认为在中国找到好学校很困难，挑选之后不得不将其儿子送入上海大学的一附属中学。

"……拍电报庆贺杜威生日，每个字1.15元。我将信息写好留给奥斯特兰德小姐。我也告诉了其他人庆祝会的事。有平科威奇、张彭春、王正廷、在北京的一个人（我忘记是谁了）、蒋梦麟、陶行知、胡适和凌冰博士。他们说他们均拍了电报的。"（《克伯屈日记》，藏美国哥伦比亚大学师范学院图书馆特藏室）

10月24日 据克伯屈在日本记述："就计划中的食品和人口问题向Naru和艾尔博格咨询。……我们的计划委员会成员有：卡特主席，秘书处的鲁米斯，澳大利亚的卡特瑞斯（A. H. Charteries）教授（长得很胖），英国的汤因比（Toyubee），加拿大的内尔森（Nelson），中国的陈（L. T. Chen，暂时替代陶行知），苏鲁米（我的老朋友，檀香山的计划主席），新西兰的米姆（G. Lam）（工作勤奋且聪明）。"（《克伯屈日记》，藏美国哥伦比亚大学师范学院图书馆特藏室）

10月28日 参加晓庄学校幼稚教育研究会的讨论，并作报告《今日之幼稚园》，刊1930年4月12日《乡村教师》第十一期，记录者：戴自俺（收入戴自俺：《蟠桃学园》一文，后收入湘版《全集》第二卷，又收入川版《全集》第二卷）。

10月29日 下午五时，指导召开和平门村民大会，民主解决村民和学校的吃水用井问题。

10月30日 晨，对吃水问题处理结果调查反馈。

10月 被教育部聘为义务教育组主任，负责方案的起草工作。同组的委员有马寅初和朱经农。

秋 致函江苏高等法院，担保晓庄学生马纯仁无罪（收入湘版《全集》第五卷，又收入川版《全集》第八卷）。

11月5日—6日 赴教育部参加教育方案编制委员会会议（载同月8日、9日《申报》）。

11月15日 发表《和平门的村民大会——解决吃水问题的教学做》，刊《乡教丛讯》第三卷第十九期（收入《普及教育》时略作修改并改名为《大众的力量伟大》，后收入湘版《全集》第二卷，又收入川版《全集》第三卷）。

同日 发表《教学做合一测验》，刊《乡教丛讯》第三卷第十九期（收入湘版《全集》第二卷，又收入川版《全集》第二卷）。

同日 为白启祥著《谈心集》作序，刊《乡教丛讯》第三卷第十九期（收入湘版《全集》第二卷，又收入川版《全集》第二卷）。

同日 作诗《红叶》《我们的白老鼠》（收入《知行诗歌别集》，后收入湘版《全集》第四卷，又收入川版《全集》第七卷）。

11月30日 《乡教丛讯》第三卷第二十期发表与黄公弼、朱泽普的谈话及演讲词《同向乡村教育瞄准》。

同日 发表《村魂题诗三首》，刊《乡教丛讯》第三卷第二十期，署名知行（收入《知行诗歌别集》时改题为《题照》，后收入湘版《全集》第四卷，又收入川版《全集》第七卷）。

同日 作诗《赠钱君尚志》（收入《知行诗歌集·幼苗集》，后收入湘版《全集》第四卷，又收入川版《全集》第七卷）。

11月下旬 带领晓庄剧社去镇江、无锡、苏州、上海、杭州等地演出，颇获好评。

12月14日 因科学教育方面作出的杰出贡献，被上海圣约翰大学授予荣誉理学博士学位（载同月14日、15日《申报》）。

12月17日 乡村教育先锋团举行大会，决定出版《乡村教师》周刊，与操震球、方与严、胡尚志、石俊、董纯才、易铁夫等七人被推为筹备委员会委员，组成委员会。

12月20日 作诗《小庄晓》（收入《知行诗歌集·幼苗集》，后收入湘版《全集》第四卷，又收入川版《全集》第七卷）。

12月24日 在《乡村教师》周刊第一次委员会会议上，被推为委员会主席。方与严担任总编辑，程本海担任总经理。

12月25日 出席和平门幼稚园召开的晓庄学校幼稚教育研究会，提出第二年的计划十一条，获通过，刊次年4月12日《乡村教师》第十一期（收入湘版《全集》第二卷，又收入川版《全集》第二卷）。

12月26日 主持晓庄指导会议。要求每个团体和个人都要对下年的工作列出计划，决定起草次年晓庄的计划大纲。

12月28日 作诗《贺陈志潜、王文瑾两同志结婚》（收入川版《全集》第十二卷）。

冬 作诗《乡下先生小影》（收入《知行诗歌集·幼苗集》，后收入湘版《全集》第四卷，又收入川版《全集》第七卷）。

本年 为《湘湖生活》题字（载《生活教育之花盛开在湘湖师范》，后收入湘版《全集》第八卷，又收入川版《全集》第十一卷）。

同年 自编文集《教学做合一讨论集》，上海商务印书馆出版。文集系“晓庄学校丛书”之一，收入作者1927年至1929年的论著和讲话共8篇，分《上编·理论之叙述》和《下编·问题之讨论》。

同年 作诗《香姑的表姊说上海》《大雪下乡途中写实》（收入《知行诗歌别集》，后收入湘版《全集》第四卷，又收入川版《全集》第七卷）。

同年 作诗《该骂不?》（收入《知行诗歌别集》，后收入湘版《全集》第四卷，又收入川版《全集》第七卷）。

同年 致函晓庄学生郑先文（收入湘版《全集》第五卷，又收入川版《全集》第八卷）。

同年 为晓庄剧社作凤阳花鼓调二人双腔演唱稿（收入川版《全集》第十二卷）。

1930年
（民国十九年　庚午）　39岁

3月2日　中国左翼作家联盟在上海成立。参加人员有鲁迅、冯雪峰、夏衍等五十余人。

5月11日　蒋介石对阎锡山、冯玉祥、李宗仁下总攻击令，中原大战爆发。

12月6日　蒋介石兼教育部长，由国民政府发布《国民政府行政院饬教育部整饬学风令》。

年初　拟定《我今年的计划》。计划包括时间分配和生活举要两个方面（载方与严：《晓庄一年计划》，后收入湘版《全集》第二卷，又收入川版《全集》第二卷）。

1月5日　召开乡村教育先锋团全体大会，通过晓庄学校十九年计划。决定办初级中学，定名“劳山学园”。

1月8日　作诗《告书呆子》（收入《知行诗歌集·枯树集》，后收入湘版《全集》第四卷，又收入川版《全集》第七卷）。

1月13日　复函金陵大学农林科主任谢家馨（收入湘版《全集》第八卷，又收入川版《全集》第八卷）。

1月14日　就戴自俺、孙铭勋二人不愿创办迈皋桥幼稚园一事展开辩论，说服二人要顾及学校的计划，打破女子创办幼稚园的观念。

1月16日—2月7日　主持乡村教师讨论会，研讨乡村教育问题，邀请各地乡村老师和教育行政人员参加（《陶行知年谱》，第171页）。

2月1日　《乡村教师》周刊创刊。晓庄学校被勒令停办后，《乡村教师》出至十一期亦随之停刊。

同日　发表《本刊宣言》，刊《乡村教师》创刊号（收入湘版《全集》第二卷，又收入川版《全集》第二卷）。

同日　发表《生活即教育》，刊《乡村教师》创刊号，署名“操震球问，陶知行答”（收入湘版《全集》第二卷，又收入川版《全集》第二卷）。

同日 发表《社会即学校》，刊《乡村教师》创刊号，署名“操震球问，陶知行答”（收入湘版《全集》第二卷，又收入川版《全集》第二卷）。

同日 发表《晓庄学校民国十九年的计划大纲》，刊《乡村教师》创刊号，署名陶知行拟（收入湘版《全集》第二卷，又收入川版《全集》第二卷）。

2月11日—12日 出席教育部教育方案编制委员会会议（载同月13日、14日《申报》）。

2月15日 发表《实施义务教育的初步计划》前半部分，刊《乡村教师》第三期，无署名（收入湘版《全集》第二卷，又收入川版《全集》第二卷）。

2月22日 发表《实施义务教育的初步计划》后半部分，刊《乡村教师》第四期，无署名（收入湘版《全集》第二卷，又收入川版《全集》第二卷）。

2月23日 本日《申报》刊载《教部函聘全国教育会议专家》，称专家共计二十四人，陶行知以乡村师范代表入选。

同月 晓庄师范成立南京中国自由运动大同盟分部。会后，作诗《我们要自由》（收入湘版《全集》第八卷，又收入川版《全集》第十一卷）。

3月15日 发表《晓庄三岁敬告同志书》，刊《乡村教师》第七期（收入湘版《全集》第二卷，又收入川版《全集》第二卷）。

同日 主持晓庄学校成立三周年的纪念活动，自十五日至十七日共三天。内容包括举办成绩展览会、专家讲演，举行联村运动会、救火会演习、植纪念树等。

3月18日 亲自筹创的迈皋桥幼稚园成立。

3月中旬 作《为组织试验乡推行村治呈民政厅文》，刊同月29日《乡村教师》第九期（收入湘版《全集》第二卷，又收入川版《全集》第二卷）。

3月29日 发表演讲词《生活即教育》，刊《乡村教师》第九期。

同日 发表《为组织试验乡推行村治呈民政厅文》，刊《乡村教师》第九期。

3 月 31 日 为春季旅行修学，南京晓庄学生在火车上散发《为争取旅行上学坐火车不打票宣言》（收入川版《全集》第八卷）。

4 月 1 日 为晓庄学生免费坐火车一事函复孙科（收入湘版《全集》第五卷，又收入川版《全集》第八卷）。

4 月 3 日 对南京英商和记工厂的华工被殴事件非常关心，进城了解情况。

4 月 5 日 发表《实施成年补习教育初步计划》，刊《乡村教师》第十期（收入湘版《全集》第八卷，又收入川版《全集》第二卷）。

同日 晓庄中共党支部在刘季平组织下，带领学生赴下关游行。

4 月 7 日 国民政府首都卫戍司令部司令官谷正伦奉命训令晓庄学校暂行停办。

4 月 8 日 教育部派赵迺传、顾树森、姜绍谟、钟灵秀、吴研因等五人为晓庄学校保管委员，接管晓庄学校。

同日 起草《护校宣言》，刊同年 5 月 17 日北京《京报》（收入湘版《全集》第二卷，又收入川版《全集》第二卷）。

4 月上旬 得知即将被通缉，连夜乘火车离开南京。临行前，赴成贤街与众学生告别，嘱咐大家不可硬拼，还要接着干！（《回忆陶行知先生——其生平及其学说》，第 49 页）

4 月 11 日 据黄炎培记述：“晚，成志会聚餐。陶知行报告晓庄，余报告徐公桥状况。”（《黄炎培日记》第 3 卷，第 224 页）

同日 晓庄学校学生和农友代表赴教育部请愿，沿途散发《护校宣言》（《陶行知年谱》，第 180 页）。

4 月 12 日 晓庄学校被国民党武装军警强行封闭。本人遭国民党政府通缉。

同日 在《乡村教师》第十一期发表《今日之幼稚园》及有关晓庄学校幼稚教育的十一项提案。

4 月 13 日 上海《时事新报》刊登对陶行知的通缉令，同时报道称：“据教育部某君谈，该校年来私购枪支，并接受冯玉祥汇款，为数甚巨，学生分子复杂……”

同日 陶行知在上海致函《时事新报》，刊次日《时事新报》（收入湘版《全集》第五卷，又收入川版《全集》第八卷）。

4 月 14 日 上海《时事新报》刊发陶行知驳斥该报关于晓庄关闭谣言

来函。

4月15日 第二次全国教育会议开幕。因陶本人"为国府明令通缉，教育部改聘中大教育学院院长韦悫担任代表"。

4月17日 据黄炎培记述："偕观澜访信卿，病小愈。访公权不晤。访适之，但未晤知行。"原有注云："原文如此，似应为'但未晤，晤知行'。"（《黄炎培日记》第3卷，第225页）

4月18日 晚，访黄炎培（《黄炎培日记》第3卷，第225页）。

4月19日 据黄炎培记述："晨至人文社。……适之来，知行来，凌纯声来。午后，偕知行至惟慎处。同至职社。"（《黄炎培日记》第3卷，第225—226页）

4月24日 新安小学的李友梅、蓝九盛、台和中、汪达之等致函陶行知。

4月30日 在极端困难的情况下，回函、汇款给新安小学李友梅、蓝九盛、台和中、汪达之等，署名何日平（收入湘版《全集》第五卷，又收入川版《全集》第八卷）。

同日 《申报》刊载针对陶行知的通缉令（载本日《申报》）。

春 草拟二十年内完成的普及教育计划。

春 撰写《实施义务教育初步计划提要》。

春 派晓庄学生汪达之去新安小学工作。

春 作诗《踏雪》（收入《知行诗歌集·幼苗集》，后收入湘版《全集》第四卷，又收入川版《全集》第七卷）。

春 作诗《有怀》（收入《知行诗歌别集》，后收入湘版《全集》第四卷，又收入川版《全集》第七卷）。

5月17日 北京《京报》刊发《护校宣言》，文前并载晓庄代表答记者问（收入川版《全集》第二卷）。

5月25日 据黄炎培记述："偕陶知行至敬武处长谈。"（《黄炎培日记》第3卷，第233页）

6月17日 据黄炎培记述："至职社。黄齐生、陶知行来长谈。"（《黄炎培日记》第3卷，第239页）

7月 朱经农所著《教育大辞书》由商务印书馆出版。陶行知担任该书特约编辑，作词条"教育改进""生活历""艺友制的教育"（收入湘版《全集》第二卷，又收入川版《全集》第二卷）。

同月 作诗《假好人》，刊1931年9月25日《申报·自由谈·不除庭草斋夫谈荟》（收入《知行诗歌集·荒郊集》时改题为《假人》，后收入湘版《全集》第四卷，又收入川版《全集》第七卷）。

夏 在上海召集晓庄师生座谈。一致认为晓庄学校是“用教育的形式反封建、反帝国主义”，并指出“我们是实际的革命者”。

夏 作诗《偕毅远等夜游法国公园》（收入川版《全集》第十二卷）。

10月 被迫东渡日本。

秋 作诗《伤别》《别后》（收入《知行诗歌别集》，后收入湘版《全集》第四卷，又收入川版《全集》第七卷）。

11月7日 作诗《一双手》（收入《知行诗歌集·幼苗集》，后收入湘版《全集》第四卷，又收入川版《全集》第七卷）。

11月11日 作诗《老鼠》（收入《知行诗歌别集》，后收入湘版《全集》第四卷，又收入川版《全集》第七卷）。

12月15日 在日本读胡适的《我们走那条路》后，作诗《贺胡适先生四十岁》（收入《知行诗歌别集》，后收入湘版《全集》第四卷，又收入川版《全集》第七卷）。

12月25日 作诗《天要黑了——译一百零一首绝妙好歌 *One Hundred and One Best Songs* 中之 *In the Gloaminy*》（收入《知行诗歌别集》，后收入湘版《全集》第四卷，又收入川版《全集》第七卷）。

同年 作诗《别离》《伤别》《岁寒三友》（收入《知行诗歌别集》，后收入湘版《全集》第四卷，又收入川版《全集》第七卷）。

同年 为赵叔愚作诗《大家一起来流汗》（收入湘版《全集》第四卷，又收入川版《全集》第七卷）。

1931 年
（民国二十年 辛未） 40 岁

5 月 5 日 国民会议在南京召开，蒋介石任国民政府主席。

9 月 18 日 日本关东军制造“九一八事变”，炮轰北大营。日军在三个月内逐步占领东北地区。

11 月 7 日 中华苏维埃第一次全国代表大会在江西瑞金召开。

12 月 28 日 蒋介石辞去国民政府主席及行政院院长职务，林森任国民政府主席，孙科任行政院院长。

1 月 1 日 作诗《钱》《自誓》（收入《知行诗歌别集》，后收入湘版《全集》第四卷，又收入川版《全集》第七卷）。

1 月 16 日 在日本上桃山谒明治陵时，观察到日本工人对天皇冷漠的态度。

1 月 25 日 在日本作《人与煤炭》一诗，后载 1931 年 10 月 30 日《申报·自由谈》之《工业文明》一文，署名不除庭草斋夫（收入《知行诗歌集·荒郊集》，后收入湘版《全集》第四卷，又收入川版《全集》第七卷）。

2 月 4 日 作诗《寂寞》（收入《知行诗歌别集》，后收入湘版《全集》第四卷，又收入川版《全集》第七卷）。

2 月 7 日 作诗《天山虎》，刊同年 9 月 9 日《申报·自由谈·不除庭草斋夫谈荟》（收入《知行诗歌别集》，后收入湘版《全集》第四卷，又收入川版《全集》第七卷）。

2 月—3 月 致函辛甫世叔并附寿诗一首（收入川版《全集》第十二卷）。

3 月 4 日 黄炎培“讯知行”（《黄炎培日记》第 3 卷，第 300 页）。

3 月 15 日 作诗《久病忽愈》（收入《知行诗歌别集》，后收入湘版《全集》第四卷，又收入川版《全集》第七卷）。

3 月 20 日 作儿歌《雪罗汉》《雪狮子》（收入《知行诗歌别集》，后收入湘版《全集》第四卷，又收入川版《全集》第七卷）。

3月22日 作诗《爱之酒》，刊同年10月9日《申报·自由谈》之《爱之三字经》一文（收入《知行诗歌别集》，后收入湘版《全集》第四卷，又收入川版《全集》第七卷）。

3月23日 作诗《愁云》（收入《知行诗歌别集》，后收入湘版《全集》第四卷，又收入川版《全集》第七卷）。

3月24日 作诗《逼上诗山》（收入《知行诗歌别集》，后收入湘版《全集》第四卷，又收入川版《全集》第七卷）。

3月25日 作诗《笔病》《愁云》（收入《知行诗歌别集》，后收入湘版《全集》第四卷，又收入川版《全集》第七卷）。

3月27日 作诗《问五柳先生》（收入《知行诗歌别集》，后收入湘版《全集》第四卷，又收入川版《全集》第七卷）。

3月28日 作诗《今之戏子》（收入《知行诗歌别集》，后收入川版《全集》第七卷）。

3月29日 作诗《武二》（收入《知行诗歌别集》，后收入湘版《全集》第四卷，又收入川版《全集》第七卷）。

3月底4月初 由日本潜回上海，并受《申报》史量才之聘，秘密担任该报总管理处顾问。

4月初 指导方与严主编出版《师范生》月刊。后以时雨为笔名，为《师范生》月刊撰稿。

4月1日 发表《一只鸽子》，刊《儿童生活》第一期，署名时雨，后收入《创作故事丛书》（上海儿童书局出版）时改题为《白鸽》（收入湘版《全集》第六卷，又收入川版《全集》第五卷）。

同日 发表诗歌《攀知识塔》，刊《儿童生活》第一期，署名时雨。

4月2日 作诗《百花生日》（收入川版《全集》第十二卷）。

4月7日 夜，访友等餐时追忆《看荷花舞》一诗。

同日 作诗《学生或学死》（收入《知行诗歌集·枯树集》，后收入湘版《全集》第四卷，又收入川版《全集》第七卷）。

同日 作诗《偶咏》（收入《知行诗歌别集》，后收入湘版《全集》第四卷，又收入川版《全集》第七卷）。

4月8日 作《老吴的白话文》，刊同年9月16日《申报·自由谈》（收入《斋夫自由谈》，后收入湘版《全集》第二卷，又收入川版《全集》

第七卷）。

同日 作诗《看荷花舞》（收入《知行诗歌别集》，后收入湘版《全集》第四卷，又收入川版《全集》第七卷）。

同日 作诗《红线》（收入川版《全集》第十二卷）。

同日 作诗《小朋友》（收入《知行诗歌集·枯树集》，后收入湘版《全集》第四卷，又收入川版《全集》第七卷）。

4月9日 作诗《贺大作和风同居并阐明友婚之要旨》（收入《知行诗歌别集》，后收入湘版《全集》第四卷，又收入川版《全集》第七卷）。

4月10日 作诗《献诗》（收入《知行诗歌集》时作为序诗，后收入湘版《全集》第四卷，又收入川版《全集》第七卷）。

4月11日 作诗《爱之翅》（收入川版《全集》第十二卷）。

4月12日—13日 作诗《回来了》（收入川版《全集》第十二卷）。

4月15日 发表《师范生的第一变——变个孙悟空》，刊《师范生》第一期，署名时雨（收入湘版《全集》第二卷，又收入川版《全集》第二卷）。

同日 发表诗歌《春天不是读书天的回声》，刊《师范生》第一期，署名自由诗人（收入《知行诗歌集·幼苗集》时改题为《春天不是读书天》，后收入湘版《全集》第四卷，又收入川版《全集》第七卷）。

同日 发表诗歌《敬赠师范生》，刊《师范生》第一期，署名时雨（收入《知行诗歌集·幼苗集》，后收入湘版《全集》第四卷，又收入川版《全集》第七卷）。

4月16日 据冯玉祥记述："陶知行不知在何处，真对不住他。李谈赵博生，我始想起，真忘心太大。"（《冯玉祥日记》第三卷，第403页）

4月17日 作《农夫歌》，刊同月《师范生》第二期，署名时雨，后又载同年10月24日《申报·自由谈》之《农夫之声》一文中（收入《知行诗歌集·荒郊集》，后收入湘版《全集》第四卷，又收入川版《全集》第七卷）。

4月18日 作诗《小孩不小歌》《变个小孩子》（收入《知行诗歌集·幼苗集》，后收入湘版《全集》第四卷，又收入川版《全集》第七卷）。

同日 作诗《题雪云合影》（收入《知行诗歌别集》，后收入湘版《全集》第四卷，又收入川版《全集》第七卷）。

4月24日 作诗《看三箭之爱赠李明》（收入《知行诗歌集·幼苗

集》，后收入湘版《全集》第四卷，又收入川版《全集》第七卷）。

4 月 发表《农夫歌》，刊《师范生》第二期，署名时雨。

同月 作诗《变个孙悟空》《新唐僧》（收入《知行诗歌集·幼苗集》，后收入川版《全集》第七卷）。

同月 作诗《糊涂的先生》（收入《知行诗歌集·枯树集》，后收入湘版《全集》第四卷，又收入川版《全集》第七卷）。

春 作诗《种菜者与友和唱》（收入《知行诗歌别集》，后收入湘版《全集》第四卷，又收入川版《全集》第七卷）。

春 作《儿童工歌》，刊同年 9 月 15 日《儿童生活》第五期，署名梧影（收入《知行诗歌集·幼苗集》，后收入湘版《全集》第四卷，又收入川版《全集》第六卷、第七卷）。

春 作诗《诗的学校》，刊同年 5 月《师范生》，署名梧影，又刊同年 12 月 30 日《申报·自由谈·不除庭草斋夫谈荟》（收入《知行诗歌集·幼苗集》，后收入湘版《全集》第四卷，又收入川版《全集》第七卷）。

5 月 1 日 发表《百花生日前一夜的梅香》，刊《儿童生活》第二期，署名时雨（收入湘版《全集》第六卷，又收入川版《全集》第五卷）。

5 月 6 日 作诗《一张字纸篓里的颂词》，载同年 12 月 26 日《申报·自由谈·不除庭草斋夫谈荟》（收入《知行诗歌集·荒郊集》，后收入湘版《全集》第四卷，又收入川版《全集》第七卷）。

5 月 15 日 发表《师范生的第二变——变个小孩子》，刊《师范生》第二期，署名时雨（收入湘版《全集》第二卷，又收入川版《全集》第二卷）。

同日 发表《评乡村小学充实儿童学额办法》，刊《师范生》第二期，署名问江（收入湘版《全集》第八卷，又收入川版《全集》第二卷）。

同日 发表《评苏省中学校教职员联合会向国民会议请愿之气度》，刊《师范生》第二期，署名问江（收入湘版《全集》第八卷，又收入川版《全集》第二卷）。

5 月 发表《诗的学校》，刊《师范生》，署名梧影。

6 月 6 日 作诗《教师节》（一）《教师节》（二）（收入《知行诗歌集·幼苗集》，后收入湘版《全集》第四卷，又收入川版《全集》第七卷）。

同日 作《送科学丛书》，载上海儿童书局 1932 年 3 月版《儿童科学指导（二）》（收入湘版《全集》第二卷，又收入川版《全集》第五卷）。

同日 以“乡村教育同志会”名义送祝词给新安小学（收入湘版《全集》第八卷，又收入川版《全集》第十一卷）。

6月15日 发表《磁石的朋友》，刊《儿童教育》第三卷第十期，署名吴健人（收入川版《全集》第十一卷）。

7月1日 发表寓言儿歌《乌鸦歌》，刊《儿童生活》第三期，署名梧影，后收入《创作故事丛书》（上海儿童书局出版）时改题为《乌鸦》（收入湘版《全集》第四卷、第六卷，又收入川版《全集》第五卷）。

7月14日 据黄炎培记述：“至人文社。知行来，长谈同晚餐，同访量才长谈。”（《黄炎培日记》第4卷，第10页）

7月16日 新安小学汪达之等致函陶行知（收入湘版《全集》第五卷，又收入川版《全集》第八卷）。

7月19日 函复新安小学汪达之等人，署名不除庭草斋夫（收入湘版《全集》第五卷，又收入川版《全集》第八卷）。

夏 接受史量才资助，创办自然学园，开展科学下嫁运动，主编《儿童科学丛书》。

夏 假孟渊旅馆召开在沪晓庄师友座谈会，检讨过去得失。会上希望农民组建一个绿色政党。

8月12日 据黄炎培记述：“访陶知行（静安寺路赫德路口）。”（《黄炎培日记》第4卷，第17页）

8月19日 发表《今后教育上基本问题之讨论（一）》，刊《申报·时评》（收入川版《全集》第十一卷）。

8月20日 发表《今后教育上基本问题之讨论（二）》，刊《申报·时评》（收入川版《全集》第十一卷）。

8月22日 发表《今后教育上基本问题之讨论（三）》，刊《申报·时评》（收入川版《全集》第十一卷）。

8月23日 发表《今后教育上基本问题之讨论（四）》，刊《申报·时评》（收入川版《全集》第十一卷）。

9月2日 在《申报》副刊《自由谈》上以“不除庭草斋夫”之名辟“不除庭草斋夫谈荟”专栏，发表时评和杂感。

同日 发表《不除庭草斋夫》，刊《申报·自由谈》，署名不除庭草斋夫（收入《斋夫自由谈》，后收入湘版《全集》第二卷，又收入川版《全集》第二卷）。

9月3日 发表《比牛顿大一倍》，刊《申报·自由谈》，署名不除庭草斋夫（收入《斋夫自由谈》，后收入湘版《全集》第二卷，又收入川版《全集》第二卷）。

9月4日 发表《胡适捉鬼》，刊《申报·自由谈》，署名不除庭草斋夫（收入《斋夫自由谈》时略作修改，后收入湘版《全集》第二卷，又收入川版《全集》第二卷）。

9月5日 发表《世上三等人》，刊《申报·自由谈》，署名不除庭草斋夫（收入《斋夫自由谈》，后收入湘版《全集》第二卷，又收入川版《全集》第二卷）。

9月6日 发表《生难杀易》，刊《申报·自由谈》，署名不除庭草斋夫（收入《斋夫自由谈》，后收入湘版《全集》第二卷，又收入川版《全集》第二卷）。

同日 据冯玉祥记述："午后……学唱'锄头歌'。"（《冯玉祥日记》第三卷，第478—479页）

9月7日 发表《拆台》，刊《申报·自由谈》，署名不除庭草斋夫（收入《斋夫自由谈》，后收入湘版《全集》第二卷，又收入川版《全集》第七卷）。

同日 发表《大胖子》，刊《申报·自由谈》，署名不除庭草斋夫（收入《斋夫自由谈》，又收入《知行诗歌别集》，后收入湘版《全集》第二卷，又收入湘版《全集》第四卷，又收入川版《全集》第七卷）。

同日 发表《认清环境，认清责任——敬告全国大学生》，刊《申报·时评》（收入川版《全集》第十一卷）。

9月8日 发表《阳历闹的乱子》，刊《申报·自由谈》，署名不除庭草斋夫（收入《斋夫自由谈》，后收入湘版《全集》第二卷，又收入川版《全集》第二卷）。

同日 发表《国难中教育界应有之自觉——敬告大学校当局》，刊《申报·时评》（收入川版《全集》第十一卷）。

9月9日 发表诗歌《天山虎》，刊《申报·自由谈·不除庭草斋夫谈荟》，署名不除庭草斋夫（收入《斋夫自由谈》，后收入《知行诗歌别集》，后收入川版《全集》第七卷）。

9月10日 发表《如是我见》，刊《申报·自由谈》，署名不除庭草斋夫（收入《斋夫自由谈》，后收入湘版《全集》第二卷，又收入川版《全集》第二卷)。

同日 发表《敬告中小学教师》,刊《申报·时评》(收入川版《全集》第十一卷)。

9月11日 发表《学半个卡汾狄士》,刊《申报·自由谈》,署名不除庭草斋夫(收入《斋夫自由谈》,后收入湘版《全集》第二卷,又收入川版《全集》第二卷)。

9月12日 发表《五毛钱的总司令》,刊《申报·自由谈》,署名不除庭草斋夫(收入《斋夫自由谈》,后收入湘版《全集》第二卷,又收入川版《全集》第二卷)。

9月13日 据黄炎培记述:“访王儒堂,兼晤孔庸之,为陶知行事。”(《黄炎培日记》第4卷,第24页)

同日 发表《精卫与志摩之喜事观》,刊《申报·自由谈》,署名不除庭草斋夫(收入《斋夫自由谈》,后收入湘版《全集》第二卷,又收入川版《全集》第二卷)。

同日 发表《“和平”“奋斗”“救中国”》,刊《申报·时评》(收入川版《全集》第十一卷)。

9月14日 发表《芭蕉先生》,刊《申报·自由谈》,署名不除庭草斋夫(收入《斋夫自由谈》,后收入湘版《全集》第二卷,又收入川版《全集》第二卷)。

9月15日 发表《水底点火》,刊《儿童生活》第五期,署名梧影(收入湘版《全集》第六卷,又收入川版《全集》第五卷)。

同日 发表《儿童工歌》,刊《儿童生活》第五期,署名梧影。

同日 发表《一碗面的代价》,刊《申报·自由谈》,署名不除庭草斋夫(收入《斋夫自由谈》,后收入湘版《全集》第二卷,又收入川版《全集》第七卷)。

9月16日 据黄炎培记述:“夜访彬和,偕访陶知行。彬和之辞为余张目。”(《黄炎培日记》第4卷,第25页)

同日 发表《老吴的白话文》,刊《申报·自由谈》,署名不除庭草斋夫。

9月17日 发表《伽利略与木星的月亮》,刊《申报·自由谈》,署名不除庭草斋夫(收入《斋夫自由谈》,后收入湘版《全集》第二卷,又收入川版《全集》第二卷)。

9 月 18 日 发表《佛罗棱萨的教授》，刊《申报·自由谈》，署名不除庭草斋夫（收入《斋夫自由谈》，后收入湘版《全集》第二卷，又收入川版《全集》第二卷）。

9 月 19 日 发表《写字》，刊《申报·自由谈》，署名不除庭草斋夫（收入《斋夫自由谈》，后收入湘版《全集》第二卷，又收入川版《全集》第二卷）。

9 月 20 日—21 日 发表《活吃丈夫》，刊《申报·自由谈》，署名不除庭草斋夫（收入《斋夫自由谈》，后收入湘版《全集》第二卷，又收入川版《全集》第二卷）。

9 月 21 日 作《科学的生活》一文，刊同年 10 月 10 日《生活》第六卷第四十二期，发表时署名斋夫（收入湘版《全集》第二卷，又收入川版《全集》第二卷）。

9 月 22 日 发表《不转弯的笔》，刊《申报·自由谈》，署名不除庭草斋夫（收入《斋夫自由谈》，后收入湘版《全集》第二卷，又收入川版《全集》第二卷）。

9 月 23 日 发表《血染的诺贝尔奖金》，刊《申报·自由谈》，署名不除庭草斋夫（收入《斋夫自由谈》，后收入湘版《全集》第二卷，又收入川版《全集》第二卷）。

9 月 24 日 发表《托尔斯泰与穆罕默德的信徒》，刊《申报·自由谈》，署名不除庭草斋夫（收入《斋夫自由谈》，后收入湘版《全集》第二卷，又收入川版《全集》第二卷）。

9 月 25 日 发表《假好人》，刊《申报·自由谈》，署名不除庭草斋夫（收入《斋夫自由谈》，后收入湘版《全集》第二卷，又收入川版《全集》第七卷）。

9 月 26 日 发表《傅将军到哪里去了?》，刊《申报·自由谈》，署名不除庭草斋夫（收入《斋夫自由谈》，后收入湘版《全集》第二卷，又收入川版《全集》第二卷）。

9 月 27 日 发表《无量之福》，刊《申报·自由谈》，署名不除庭草斋夫（收入《斋夫自由谈》，后收入湘版《全集》第二卷，又收入川版《全集》第二卷）。

9 月 28 日 发表《一根麻绳》，刊《申报·自由谈》，署名不除庭草斋夫。

9月29日 发表《康有为的诗》，刊《申报·自由谈》，署名不除庭草斋夫（收入《斋夫自由谈》，后收入湘版《全集》第二卷，又收入川版《全集》第二卷）。

9月30日 发表《屡败屡战》，刊《申报·自由谈》，署名不除庭草斋夫（收入《斋夫自由谈》，后收入湘版《全集》第二卷，又收入川版《全集》第二卷）。

9月 发表《中华民族之出路与中国教育之出路》，刊《中华教育界》第十九卷第三期，署名何日平（收入湘版《全集》第二卷，又收入川版《全集》第二卷）。

10月2日 发表《战时的功课》，刊《申报·自由谈》，署名不除庭草斋夫（收入《斋夫自由谈》，后收入湘版《全集》第二卷，又收入川版《全集》第二卷）。

10月3日 发表《大扫除》，刊《申报·自由谈》，署名不除庭草斋夫（收入《斋夫自由谈》，后收入湘版《全集》第二卷，又收入川版《全集》第七卷）。

同日 发表《抗日救国运动中教育界之责任》，刊《申报·时评》（收入川版《全集》第十一卷）。

10月4日—6日 发表《珠瓔贺人自杀》（珠瓔即方与严——编者注），刊《申报·自由谈》，署名不除庭草斋夫（收入《斋夫自由谈》，后收入湘版《全集》第二卷，又收入川版《全集》第二卷）。

10月5日 发表《一致对外究待何时》，刊《申报·时评》（收入川版《全集》第十一卷）。

10月6日 发表《留日学生返国》，刊《申报·时评》（收入川版《全集》第十一卷）。

10月7日 发表《史督师对国民训话》，刊《申报·自由谈》，署名不除庭草斋夫（收入《斋夫自由谈》，后收入湘版《全集》第二卷，又收入川版《全集》第二卷）。

10月8日 发表《新旧中国之军队》，刊《申报·自由谈》，署名不除庭草斋夫（收入《斋夫自由谈》，后收入湘版《全集》第二卷，又收入川版《全集》第二卷）。

10月9日 发表《爱之三字经》，刊《申报·自由谈》，署名不除庭草斋夫（收入《斋夫自由谈》，后收入湘版《全集》第二卷，又收入川版

《全集》第二卷）。

10月10日 发表《背起四个十字架》，刊《申报·自由谈》，署名不除庭草斋夫（收入《斋夫自由谈》，后收入湘版《全集》第二卷，又收入川版《全集》第二卷）。

同日 发表《从今年双十节到明年双十节——一年的计划》，刊《申报·时评》（收入川版《全集》第十一卷）。

同日 发表《科学的生活》，刊《生活》第六卷第四十二期，署名斋夫。

10月12日 发表《剃头担上的竿子》，刊《申报·自由谈》，署名不除庭草斋夫（收入《斋夫自由谈》，后收入湘版《全集》第二卷，又收入川版《全集》第二卷）。

10月13日 发表《车夫老王》，刊《申报·自由谈》，署名不除庭草斋夫（收入《斋夫自由谈》，后收入湘版《全集》第二卷，又收入川版《全集》第二卷）。

10月15日 发表《听拳》，刊《申报·自由谈》，署名不除庭草斋夫（收入《斋夫自由谈》，后收入湘版《全集》第二卷，又收入川版《全集》第二卷）。

同日 发表《香姑洗碗》，刊《儿童生活》第六期，署名梧影（收入湘版《全集》第六卷，又收入川版《全集》第五卷）。

同日 发表诗歌《小日本》《抵制日货》，刊《儿童生活》第六期，署名梧影（收入湘版《全集》第八卷，又收入川版《全集》第七卷）。

10月16日 发表《吴稚晖没有回的信》，刊《申报·自由谈》，署名不除庭草斋夫（收入《斋夫自由谈》，后收入湘版《全集》第二卷，又收入川版《全集》第二卷）。

10月17日 发表诗歌《蚕之告状》，刊《申报·自由谈》，署名不除庭草斋夫（收入《斋夫自由谈》，又收入《知行诗歌别集》，后收入湘版《全集》第四卷，又收入川版《全集》第二卷）。

10月18日 发表《我的小怀抱》，刊《申报·自由谈》，署名不除庭草斋夫（收入《斋夫自由谈》，后收入湘版《全集》第二卷，又收入川版《全集》第二卷）。

10月19日 发表诗歌《小孤山》，刊《申报·自由谈·不除庭草斋夫谈荟》，署名不除庭草斋夫（收入《知行诗歌别集》，后收入川版《全集》

第七卷）。

10月20日 发表《陶知行的颜色》，刊《申报·自由谈》，署名不除庭草斋夫（收入《斋夫自由谈》，后收入湘版《全集》第二卷，又收入川版《全集》第二卷）。

10月21日 发表《温寿》，刊《申报·自由谈》，署名不除庭草斋夫（收入《斋夫自由谈》，后收入湘版《全集》第二卷，又收入川版《全集》第二卷）。

10月22日 发表《读列宁传》，刊《申报·自由谈》，署名不除庭草斋夫（收入《斋夫自由谈》，后收入湘版《全集》第八卷，又收入川版《全集》第二卷）。

同日 发表《学生军应有之认识》，刊《申报·时评》（收入川版《全集》第十一卷）。

10月23日 发表《“好政府”最后之一幕》，刊《申报·自由谈》，署名不除庭草斋夫（收入《斋夫自由谈》，后收入湘版《全集》第二卷，又收入川版《全集》第二卷）。

10月24日 发表《农夫之声》，刊《申报·自由谈》，署名不除庭草斋夫（收入《斋夫自由谈》，后收入湘版《全集》第二卷，又收入川版《全集》第二卷）。

10月25日 发表《爱迪生之死》（上），刊《申报·自由谈》，署名不除庭草斋夫（收入《斋夫自由谈》，后收入湘版《全集》第二卷，又收入川版《全集》第二卷）。

10月26日 发表《爱迪生之死》（下），刊《申报·自由谈》，署名不除庭草斋夫（收入《斋夫自由谈》，后收入湘版《全集》第二卷，又收入川版《全集》第二卷）。

10月27日 发表《怎样学爱迪生》，刊《申报·自由谈》，署名不除庭草斋夫（收入《斋夫自由谈》，后收入湘版《全集》第二卷，又收入川版《全集》第二卷）。

10月28日 发表《不如学阿尔》（上），刊《申报·自由谈》，署名不除庭草斋夫（收入《斋夫自由谈》，后收入湘版《全集》第二卷，又收入川版《全集》第二卷）。

10月29日 发表《不如学阿尔》（下），刊《申报·自由谈》，署名不除庭草斋夫（收入《斋夫自由谈》，后收入湘版《全集》第二卷，又收入川版《全集》第二卷）。

10月30日 发表《工业文明》，刊《申报·自由谈》，署名不除庭草斋夫（收入《斋夫自由谈》，后收入湘版《全集》第二卷，又收入川版《全集》第二卷）。

10月31日 发表《法拉第》，刊《申报·自由谈》，署名不除庭草斋夫（收入《斋夫自由谈》，后收入湘版《全集》第二卷，又收入川版《全集》第二卷）。

10月 由上海儿童书局出版《儿童的度量衡（上）（下）》《空气的科学把戏（一）（二）》和《肥皂的把戏》。其中《儿童的度量衡（上）（下）》署名何日平，《空气的科学把戏（一）（二）》署名听雨（收入湘版《全集》第六卷，又收入川版《全集》第五卷）。

同月 发表《教学做合一下之教科书》，刊《中华教育界》第十九卷第四期，署名何日平（收入湘版《全集》第二卷，又收入川版《全集》第二卷）。

秋 作诗《什么东西最可怕》，刊1932年1月7日《申报·自由谈·不除庭草斋夫谈荟》（收入《知行诗歌集·荒郊集》时改题为《人心不可测》，后收入湘版《全集》第四卷，又收入川版《全集》第七卷）。

秋 作诗《三代》，刊1932年6月21日《申报·自由谈》（收入《知行诗歌集·幼苗集》，后收入湘版《全集》第四卷，又收入川版《全集》第七卷）。

秋 作诗《吴稚晖与张学良》（收入川版《全集》第十二卷）。

11月1日 发表《化磁为电》，刊《申报·自由谈》，署名不除庭草斋夫（收入《斋夫自由谈》，后收入湘版《全集》第二卷，又收入川版《全集》第二卷）。

同日 发表《太平洋国际学会之展望》，刊《申报·时评》（收入川版《全集》第十一卷）。

11月2日 发表《长忙玩忘完》，刊《申报·自由谈》，署名不除庭草斋夫（收入《斋夫自由谈》，后收入湘版《全集》第二卷，又收入川版《全集》第二卷）。

11月4日 发表《笼统哥之统一》，刊《申报·自由谈》，署名不除庭草斋夫（收入《斋夫自由谈》，后收入湘版《全集》第二卷，又收入川版《全集》第二卷）。

11 月 5 日 发表《爱迪生前后受敌》，刊《申报·自由谈》，署名不除庭草斋夫（收入《斋夫自由谈》，后收入湘版《全集》第二卷，又收入川版《全集》第二卷）。

同日 发表《绝食呼吁和平》，刊《申报·时评》（收入川版《全集》第十一卷）。

11 月 6 日 发表致陶晓光和陶刚的信《科学的孩子》，刊《申报·自由谈》，署名不除庭草斋夫（收入《斋夫自由谈》，后收入湘版《全集》第五卷，又收入川版《全集》第二卷）。

11 月 7 日 发表《这是教育》，刊《申报·自由谈》，署名不除庭草斋夫（收入《斋夫自由谈》，后收入湘版《全集》第二卷，又收入川版《全集》第二卷）。

同日 发表《请大家一致向外看》，刊《申报·时评》（收入川版《全集》第十一卷）。

11 月 8 日 发表《十万封信之效力》，刊《申报·自由谈》，署名不除庭草斋夫（收入《斋夫自由谈》，后收入湘版《全集》第二卷，又收入川版《全集》第二卷）。

11 月 9 日 发表《中国的人命》，刊《申报·自由谈》，署名不除庭草斋夫（收入《斋夫自由谈》，后收入湘版《全集》第二卷，又收入川版《全集》第二卷）。

11 月 10 日 发表《午饭桌上》，刊《申报·自由谈》，署名不除庭草斋夫（收入《斋夫自由谈》，后收入湘版《全集》第二卷，又收入川版《全集》第二卷）。

11 月 11 日 发表《思想的母亲》，刊《申报·自由谈》，署名不除庭草斋夫（收入《斋夫自由谈》，后收入湘版《全集》第二卷，又收入川版《全集》第二卷）。

11 月 12 日 发表《莫轻看徒弟》，刊《申报·自由谈》，署名不除庭草斋夫（收入《斋夫自由谈》，后收入湘版《全集》第二卷，又收入川版《全集》第二卷）。

11 月 14 日 发表连载《佛兰克林——小徒弟列传之一》，刊《申报·自由谈》，署名不除庭草斋夫（收入《斋夫自由谈》，后收入湘版《全集》第二卷，又收入川版《全集》第二卷）。

同日 发表《忠勇哉 马占山将军》，刊《申报·时评》（收入川版

《全集》第十一卷）。

11 月 15 日 发表连载《佛兰克林——小徒弟列传之一》，刊《申报·自由谈》，署名不除庭草斋夫（收入《斋夫自由谈》，后收入湘版《全集》第二卷，又收入川版《全集》第二卷）。

同日 发表《火碗收水》，刊《儿童生活》第七期，署名梧影（收入湘版《全集》第六卷，又收入川版《全集》第五卷）。

同日 发表《一年白到头的手巾》，刊《儿童生活》第七期，署名梧影（收入湘版《全集》第六卷，又收入川版《全集》第五卷）。

11 月 16 日 发表连载《佛兰克林——小徒弟列传之一》，刊《申报·自由谈》，署名不除庭草斋夫（收入《斋夫自由谈》，后收入湘版《全集》第二卷，又收入川版《全集》第二卷）。

11 月 17 日 发表连载《佛兰克林——小徒弟列传之一》，刊《申报·自由谈》，署名不除庭草斋夫（收入《斋夫自由谈》，后收入湘版《全集》第二卷，又收入川版《全集》第二卷）。

同日 发表《民众慰劳马将军之心理》，刊《申报·时评》（收入川版《全集》第十一卷）。

11 月 18 日 发表连载《佛兰克林——小徒弟列传之一》，刊《申报·自由谈》，署名不除庭草斋夫（收入《斋夫自由谈》，后收入湘版《全集》第二卷，又收入川版《全集》第二卷）。

11 月 19 日 发表《吾人能坐视马占山孤军抗暴乎》，刊《申报·时评》（收入川版《全集》第十一卷）。

11 月 20 日 发表《两支孤军》，刊《申报·时评》（收入川版《全集》第十一卷）。

11 月 23 日 发表《东北两少年》，刊《申报·自由谈》，署名不除庭草斋夫（收入《斋夫自由谈》，后收入湘版《全集》第二卷，又收入川版《全集》第二卷）。

11 月 24 日 发表《观战》，刊《申报·自由谈》，署名不除庭草斋夫（收入《斋夫自由谈》，后收入湘版《全集》第二卷，又收入川版《全集》第二卷）。

11 月 25 日 发表诗歌《“末”之命运》，刊《申报·自由谈》，署名不除庭草斋夫（收入《斋夫自由谈》，又收入《知行诗歌别集》改题为《“末”之运命》，后收入湘版《全集》第四卷，又收入川版《全集》第七卷）。

11 月 26 日 发表《新旧时代之学生》，刊《申报·自由谈》，署名不除庭草斋夫（收入《斋夫自由谈》，后收入湘版《全集》第二卷，又收入川版《全集》第二卷）。

11 月 27 日 发表《克虏伯之金钱观》，刊《申报·自由谈》，署名不除庭草斋夫（收入《斋夫自由谈》，后收入湘版《全集》第二卷，又收入川版《全集》第二卷）。

11 月 28 日 发表《从饿到死的过程》，刊《申报·自由谈》，署名不除庭草斋夫（收入《斋夫自由谈》，后收入湘版《全集》第二卷，又收入川版《全集》第二卷）。

11 月 29 日 发表《战神前之对话》（一），刊《申报·自由谈》，署名不除庭草斋夫（收入《斋夫自由谈》，后收入湘版《全集》第二卷，又收入川版《全集》第二卷）。

11 月 30 日 发表《战神前之对话》（二），刊《申报·自由谈》，署名不除庭草斋夫（收入《斋夫自由谈》，后收入湘版《全集》第二卷，又收入川版《全集》第二卷）。

12 月 2 日 发表《战神前之对话》（三），刊《申报·自由谈》，署名不除庭草斋夫（收入《斋夫自由谈》，后收入湘版《全集》第二卷，又收入川版《全集》第二卷）。

12 月 3 日 发表《战神前之对话》（四），刊《申报·自由谈》，署名不除庭草斋夫（收入《斋夫自由谈》，后收入湘版《全集》第二卷，又收入川版《全集》第二卷）。

12 月 6 日 发表《战神前之对话》（五），刊《申报·自由谈》，署名不除庭草斋夫（收入《斋夫自由谈》，后收入湘版《全集》第二卷，又收入川版《全集》第二卷）。

12 月 7 日 发表诗歌《敬赠马占山主席》，刊《申报·自由谈》，署名不除庭草斋夫（收入《斋夫自由谈》，后收入湘版《全集》第四卷，又收入川版《全集》第二卷）。

12 月 8 日 发表连载《佛兰克林——小徒弟列传之一》，刊《申报·自由谈》，署名不除庭草斋夫（收入《斋夫自由谈》，后收入湘版《全集》第二卷，又收入川版《全集》第二卷）。

同日 发表《学生爱国运动平议》，刊《申报·时评》（收入川版《全集》第十一卷)。

12 月 9 日 发表连载《佛兰克林——小徒弟列传之一》，刊《申报·自由谈》，署名不除庭草斋夫(收入《斋夫自由谈》，后收入湘版《全集》第二卷，又收入川版《全集》第二卷)。

同日 发表《国立大学校长辞职》，刊《申报·时评》(收入川版《全集》第十一卷)。

12 月 10 日 发表《青年自动援马抗日团》，刊《申报·自由谈》，署名不除庭草斋夫(收入《斋夫自由谈》，后收入湘版《全集》第二卷，又收入川版《全集》第二卷)。

12 月 11 日—12 日 发表《一个教师与家长的答复——出头处要自由!》，刊《申报·自由谈》，署名不除庭草斋夫(收入《斋夫自由谈》，后收入湘版《全集》第二卷，又收入川版《全集》第二卷)。

12 月 13 日 发表《一出历史戏的开场白》，刊《申报·自由谈》，署名不除庭草斋夫(收入《斋夫自由谈》，后收入川版《全集》第二卷)。

12 月 14 日—15 日 发表《小朋友的鸡——给徐君企周的一封信》，刊《申报·自由谈》，署名不除庭草斋夫(收入《斋夫自由谈》，后收入湘版《全集》第五卷，又收入川版《全集》第二卷)。

12 月 18 日 发表《生存圈边》，刊《申报·自由谈》，署名不除庭草斋夫(收入《斋夫自由谈》，后收入湘版《全集》第二卷，又收入川版《全集》第二卷)。

12 月 19 日 发表《这是什么意思》，刊《申报·自由谈》，署名不除庭草斋夫(收入《斋夫自由谈》，后收入湘版《全集》第二卷，又收入川版《全集》第二卷)。

12 月 20 日 发表《且慢》，刊《申报·自由谈》，署名不除庭草斋夫(收入《斋夫自由谈》，后收入湘版《全集》第二卷，又收入川版《全集》第二卷)。

12 月 21 日 发表《斋夫工会》，刊《申报·自由谈》，署名不除庭草斋夫(收入《斋夫自由谈》，后收入湘版《全集》第二卷，又收入川版《全集》第二卷)。

12 月 22 日—23 日 发表《甘地先生敷衍法国人》，刊《申报·自由谈》，署名不除庭草斋夫(收入《斋夫自由谈》，后收入湘版《全集》第二卷，又收入川版《全集》第二卷)。

12 月 24 日 发表《如何可以不做一个时代落伍者？——答复一位青年教师的信》，刊《申报·自由谈》，署名不除庭草斋夫（收入《斋夫自由谈》，后收入湘版《全集》第五卷，又收入川版《全集》第二卷）。

同日 发表《谨贡献于一中全会——改革教育》，刊《申报·时评》（收入川版《全集》第十一卷）。

12 月 26 日 发表《一张字纸篓里的颂词》，刊《申报·自由谈》，署名不除庭草斋夫（收入《斋夫自由谈》，后收入湘版《全集》第二卷，又收入川版《全集》第七卷）。

12 月 27 日 发表《一张新婚通告》，刊《申报·自由谈》，署名不除庭草斋夫（收入《斋夫自由谈》，收入《知行诗歌集·幼苗集》时改题为《静山的结婚通告》，又收入《知行诗歌别集》，后收入湘版《全集》第四卷，又收入川版《全集》第七卷）。

12 月 28 日 发表《读马占山主席来电》，刊《申报·自由谈》，署名不除庭草斋夫（收入《斋夫自由谈》，后收入湘版《全集》第二卷，又收入川版《全集》第二卷）。

同日 发表《这一年来的我国教育》，刊《申报·时评》（收入川版《全集》第十一卷）。

12 月 30 日 发表《诗的学校》，刊《申报·自由谈》，署名不除庭草斋夫（收入《斋夫自由谈》，后收入川版《全集》第七卷）。

12 月 31 日 发表诗歌《敬赠全国的教师》，刊《申报·自由谈》，署名不除庭草斋夫（收入《斋夫自由谈》，后收入川版《全集》第二卷）。

冬 作诗《儿子教学做之四个阶段》，后刊 1932 年 1 月 23、24 日《申报·自由谈》。

冬 作诗《手脑相长歌》并译英文 *Hands and Brain Unite*，中文版刊 1932 年 11 月 28 日《教育周刊》第一百三十七期，又刊 1934 年 5 月 16 日《生活教育》第一卷第七期封面（收入《知行诗歌集·幼苗集》，后收入湘版《全集》第四卷，又收入川版《全集》第四卷、第七卷）。

冬 作诗《军阀的镜子》，刊 1932 年 1 月 12 日《申报·自由谈·不除庭草斋夫谈荟》同名文章（收入《知行诗歌集·荒郊集》，又收入《知行诗歌别集》，后收入湘版《全集》第四卷，又收入川版《全集》第七卷）。

年底 为商务印书馆翻译完成《昂多尔的桑德森》。但因次年“一·二八”战火，将手稿烧光，未能出版。

本年 作诗《送礼》(收入《知行诗歌集·荒郊集》,后收入湘版《全集》第四卷,又收入川版《全集》第七卷)。

同年 作诗《无怨》《白描》《如是我闻》《戏赠黄云与一位飞机驾驶员结婚》《二房东太太的发明》《乡下老眼里的电灯》《题黄山云海探奇图》《保护栽的树》《做生日》《夏天打蚊子》(收入《知行诗歌别集》,后收入湘版《全集》第四卷,又收入川版《全集》第七卷)。

同年 赵元任为陶行知所作《手脑相长歌》《儿童工歌》作曲和声跟三部合唱部分,为《小孩不小歌》作曲(《赵元任年谱》,第177页)。

同年 作《儿童生活杂志之中心主张》(收入川版《全集》第十一卷)。

1932年
（民国二十一年　壬申）　41岁

1月28日　日军进攻上海，发动“一·二八”事变，驻沪十九路军奋起抗战。

3月1日　伪满洲国在长春宣布成立，清废帝溥仪任执政，年号“大同”。

4月15日　中华苏维埃共和国临时中央政府发布《对日战争宣言》。

1月1日　发表《新年三问三答》，刊《申报·自由谈》，署名不除庭草斋夫（收入《斋夫自由谈》，后收入湘版《全集》第二卷，又收入川版《全集》第二卷）。

1月5日　冯玉祥电呈孙科要求解除陶行知的通缉。孙科于同日批示同意（收入川版《全集》第二卷）。

1月6日　孙科复电冯玉祥，谓：“陶前校长知行通缉前令已呈请国府明令取消，并请将该学校全部发还矣。”（收入川版《全集》第二卷）

1月7日　发表《什么东西最可怕》，刊《申报·自由谈》，署名不除庭草斋夫。

同日　发表《精诚团结与国难》，刊《申报·时评》，署名彬（收入川版《全集》第十一卷）。

1月8日　发表《颠倒的逻辑》，刊《申报·自由谈》，署名不除庭草斋夫（收入《斋夫自由谈》，后收入湘版《全集》第二卷，又收入川版《全集》第二卷）。

1月9日　发表《从烧煤炉谈到教育》（上），刊《申报·自由谈》，署名不除庭草斋夫（收入《斋夫自由谈》，后收入湘版《全集》第二卷，又收入川版《全集》第二卷）。

1月10日　发表《从烧煤炉谈到教育》（下），刊《申报·自由谈》，署名不除庭草斋夫（收入《斋夫自由谈》，后收入湘版《全集》第二卷，又收入川版《全集》第二卷）。

1月11日 发表《主人教育》，刊《申报·自由谈》，署名不除庭草斋夫（收入《斋夫自由谈》，后收入湘版《全集》第二卷，又收入川版《全集》第二卷）。

同日 发表《严重时期国人应有之觉醒》，刊《申报·时评》，署名彬（收入川版《全集》第十一卷）。

1月12日 发表《军阀的镜子》，刊《申报·自由谈》，署名不除庭草斋夫（收入《斋夫自由谈》，后收入湘版《全集》第二卷，又收入川版《全集》第二卷）。

1月13日 发表《正告政府与国民》，刊《申报·时评》，署名彬（收入川版《全集》第十一卷）。

1月14日 发表《新政府小影》，刊《申报·自由谈》，署名不除庭草斋夫（收入《斋夫自由谈》，后收入湘版《全集》第二卷，又收入川版《全集》第二卷）。

1月15日 发表《读锦西义勇军绝命宣言有感》，刊《申报·自由谈》，署名不除庭草斋夫（收入《斋夫自由谈》，后收入湘版《全集》第二卷，又收入川版《全集》第二卷）。

1月16日 发表《创造中之中华民族》，刊《申报·自由谈》，署名不除庭草斋夫（收入《斋夫自由谈》，后收入湘版《全集》第二卷，又收入川版《全集》第二卷）。

1月18日—19日 发表《从南京路说到南京城》刊《申报·自由谈》，署名不除庭草斋夫（收入《斋夫自由谈》，后收入湘版《全集》第二卷，又收入川版《全集》第二卷）。

1月21日 作书信致冯玉祥，汇报冯在晓庄茅屋现状（收入湘版《全集》第八卷，又收入川版《全集》第八卷）。

同日 发表《教育破产与政府之责任》，刊《申报·时评》，署名彬（收入川版《全集》第十一卷）。

1月22日 军政部部长何应钦就解除陶行知通缉一事作呈复。

同日 位列国民政府行政院公布的国难会议会员名单之中（原载1932年1月22日《申报》，转引自李祚明：《有关陶行知的几则史实的商榷》，见《历史档案》1990年第3期）。

1月21日—22日 发表《是非》，刊《申报·自由谈》，署名不除庭草斋夫（收入《斋夫自由谈》，后收入湘版《全集》第二卷，又收入川版《全集》第二卷）。

1 月 23 日　国民政府向陶行知颁发国难会议会员聘书（原载《国民政府公报》1932 年 1 月 25 日第 985 号，转引自李祚明：《有关陶行知的几则史实的商榷》，见《历史档案》1990 年第 3 期）。

1 月 23 日—24 日　发表《儿子教学做之一课》，刊《申报·自由谈》，署名不除庭草斋夫（收入《斋夫自由谈》，后收入湘版《全集》第二卷，又收入川版《全集》第七卷）。

1 月 25 日　发表《一张空前的广告》，刊《申报·自由谈》，署名不除庭草斋夫（收入《斋夫自由谈》，后收入湘版《全集》第二卷，又收入川版《全集》第二卷）。

同日　国民政府主席林森与行政院长孙科共同指令行政院取消陶行知的通缉（收入川版《全集》第二卷）。

1 月 26 日　教育部就解除陶行知通缉一事作呈复。

同日　发表《教育经费急应独立》，刊《申报·时评》，署名彬（收入川版《全集》第十一卷）。

1 月 27 日　代内政部部长汪精卫就解除陶行知通缉一事作呈复。

同日　发表《从政者之人格》，刊《申报·时评》，署名彬（收入川版《全集》第十一卷）。

1 月 26 日—27 日　发表《县长的资格》，刊《申报·自由谈》，署名不除庭草斋夫（收入《斋夫自由谈》，后收入湘版《全集》第二卷，又收入川版《全集》第二卷）。

1 月 28 日　国民政府行政院训令内政部与军政部，命“将陶知行通缉案撤销并将该学校全部发还”（收入川版《全集》第二卷）。

同日　发表《召集国难会议平议——何谓“国难”，其职与权如何》，刊《申报·时评》，署名彬（收入川版《全集》第十一卷）。

1 月 28 日—29 日　发表《国难会议与名人会议》，刊《申报·自由谈》，署名不除庭草斋夫（收入《斋夫自由谈》，后收入湘版《全集》第二卷，又收入川版《全集》第二卷）。

1 月 31 日　发表时评《国民的军队》，刊《申报》，署名不除庭草斋夫（收入《斋夫自由谈》，后收入湘版《全集》第二卷，又收入川版《全集》第二卷）。

同日 发表时评《敬告国民》，刊《申报》，署名不除庭草斋夫（收入《斋夫自由谈》，后收入湘版《全集》第二卷，又收入川版《全集》第二卷）。

1月底2月初 作《异哉公共租界之中立》（收入川版《全集》第十一卷）。

2月中旬 与史量才就《申报》登载《伍豪等脱离共党启事》密商，决定推迟发表该启事。后接受中共对策，刊登《伍豪启事》。

2月22日 中共中央在经过陶行知做史量才工作后，于《申报》刊发“伍豪辟谣广告”。

2月23日 为友人罗馨甫之女插班一事致函刘海粟（收入湘版《全集》第五卷，又收入川版《全集》第八卷）。

3月9日 安徽省政府发布第一四九七号内闻：告知取消陶行知通缉一事（载本年《安徽教育行政周刊》第五卷第十期）。

3月13日 发表《救济上海教育问题》，刊《申报·时评》，署名彬（收入川版《全集》第十一卷）。

3月22日 致函中山大学教授庄泽宣，后刊同年《教育研究》（中大）第三十五期（收入湘版《全集》第五卷，又收入川版《全集》第八卷）。

3月31日 发表《政治黑暗与教育破产》，刊《申报·时评》，署名彬（收入川版《全集》第十一卷）。

3月 发表《怎样做一个科学的孩子》，载上海儿童书局出版的《儿童科学丛书·儿童科学指导》（收入湘版《全集》第六卷，又收入川版《全集》第五卷）。

4月1日 发表《国难会议之难产》，刊《申报·时评》，署名彬（收入川版《全集》第十一卷）。

4月4日 发表《第一届儿童节献词》，刊《申报·时评》，署名彬（收入川版《全集》第十一卷）。

4月5日 发表《介绍苏联的儿童教育》，刊《申报·时评》，署名彬（收入川版《全集》第十一卷）。

4月8日 广东省政府主席兼琼崖特区长官伍朝枢致函陶行知，邀其南下海南（收入川版《全集》第八卷）。

同日 发表《从言论自由说到思想自由》，刊《申报·时评》，署名彬（收入川版《全集》第十一卷）。

4月9日 路遇秉农山，同去朋友家中商谈小学生物“养生而不杀生”的主张。

4月10日 发表《公务技术人员应有保障》，刊《申报·时评》，署名彬（收入川版《全集》第十一卷）。

4月11日 致函郑先文（收入湘版《全集》第五卷，又收入川版《全集》第八卷）。

4月15日 发表《国难会议之成绩》，刊《申报·时评》，署名彬（收入川版《全集》第十一卷）。

4月16日 发表《欢迎罗格博士》，刊《申报·时评》，署名彬（收入川版《全集》第十一卷）。

4月17日 致函教师、家长和小朋友，谈《儿童科学丛书》的用法，载1933年上海儿童书局出版的《儿童科学指导（三）》（收入湘版《全集》第五卷，又收入川版《全集》第五卷）。

4月21日 发表《是非辩》，刊《申报·时评》，署名彬（收入川版《全集》第十一卷）。

4月22日 发表《左右辩》，刊《申报·时评》，署名彬（收入川版《全集》第十一卷）。

4月25日 复函伍朝枢，婉拒南下之邀请（收入湘版《全集》第八卷，又收入川版《全集》第八卷）。

4月30日 《申报》馆初版杂文集《斋夫自由谈》，共五千册，定价一元。马相伯题书名，落款九三叟相伯。陶行知以不除庭草斋夫为名作诗“献给自由世界之创造者”：

> 做人只做自由人，敲钟只敲自由钟。
>
> 众生共走自由路，海阔天空路路通。

4月 发表《怎样选书》，载上海儿童书局1932年4月版《儿童科学指导（二）》，原题为《儿童用书选择标准》，署名吴健人（收入湘版《全集》第二卷，又收入川版《全集》第五卷）。

同月 介绍高士其与史量才相识，希望能使高学有所用。（载《陶行知一生》，后收入湘版《全集》第八卷，又收入川版《全集》第十一卷）

春 作诗《乡村自卫团歌》（收入《知行诗歌集·幼苗集》，后收入湘版《全集》第四卷，又收入川版《全集》第七卷）。

5月13日—15日 率领儿童科学通讯学校指导员共六人到浙江杭州师

范、湘湖师范等地宣传儿童科学教育的重要性。

5月13日 在杭州师范学校演讲《儿童科学教育》，载同年6月20日杭州师范学校编《师范教育学术讲座讲演集（第一辑）》（收入湘版《全集》第二卷，又收入川版《全集》第三卷）。

5月16日 离杭返沪。

5月18日 伍朝枢复函陶行知（川版《全集》第八卷）。

5月19日 晓庄学校再遭封闭。国民政府干涉晓庄欲开办儿童科学暑期学校一事，派兵强占校舍，强迫教师离校。（《陶行知年谱》，第216页）

5月21日 发表长篇教育小说《古庙敲钟录》，于是日开始在《申报》刊载（连载至1932年8月15日）（收入湘版《全集》第二卷，又收入川版《全集》第三卷）。

5月30日 复函台和中，署名梧影（收入湘版《全集》第五卷，又收入川版《全集》第八卷）。

6月9日 据冯玉祥记述："闻南京城外之晓庄师范已驻军队。"（《冯玉祥日记》第三卷，第637页）

6月13日 发表《救济战区教育》，刊《申报·时评》，署名彬（后收入川版《全集》第十一卷）。

6月15日 发表《政治纷乱与学潮》，刊《申报·时评》，署名彬（收入川版《全集》第十一卷）。

6月20日 发表《仍在不辍研究中的"活的教育"》，刊《消息》（收入湘版《全集》第八卷，又收入川版《全集》第三卷）。

6月21日 发表诗歌《三代》，刊《申报·自由谈》。

6月23日 与丁柱中、陈鹤琴、胡宣明等成立儿童科学通讯学校，发布《儿童科学通讯学校成立启事》，刊《时事新报》（收入湘版《全集》第八卷）。

同日 徐笃仁致函陶行知。

6月24日 复徐笃仁函（收入湘版《全集》第五卷，又收入川版《全集》第八卷）。

6月27日 《申报》刊载《普遍下层科学训练发端——全民族五大训练之一——陶知行复徐笃仁的一封信》（载本日《申报》）。

6月29日 发表《留学制度急应改革》，刊《申报·时评》，署名彬（收入川版《全集》第十一卷）。

6月30日 发表《“剿匪”与“造匪”》，刊《申报·时评》，署名彬（收入川版《全集》第十一卷）。

7月1日 发表《青年如何利用暑假》，刊《申报·时评》，署名彬（收入川版《全集》第十一卷）。

7月2日 发表《再论“剿匪”与“造匪”》，刊《申报·时评》，署名彬（收入川版《全集》第十一卷）。

7月3日 发表《中大学潮平议》，刊《申报·时评》，署名彬（收入川版《全集》第十一卷）。

7月4日 发表《三论“剿匪”与“造匪”》，刊《申报·时评》，署名彬（收入川版《全集》第十一卷）。

7月6日 发表《改造教育私议》，刊《申报·时评》，署名彬（收入川版《全集》第十一卷）。

7月7日 发表《再论改造教育》，刊《申报·时评》，署名彬（收入川版《全集》第十一卷）。

7月8日 发表《我国教育之出路》，刊《申报·时评》，署名彬（收入川版《全集》第十一卷）。

7月9日 发表《再论中国教育之出路》，刊《申报·时评》，署名彬（收入川版《全集》第十一卷）。

7月10日 发表《学者会谈救国》，刊《申报·时评》，署名彬（收入川版《全集》第十一卷）。

7月17日 发表《改革高等教育之管见》，刊《申报·时评》，署名彬（收入川版《全集》第十一卷）。

7月19日 发表《敬告今年的大学毕业生》，刊《申报·时评》，署名彬（收入川版《全集》第十一卷）。

7月 派戴自俺、马侣贤、王作舟等人分头物色创办工学团地点。

7月—8月 与戴自俺谈话，鼓励他独立去河南百泉师范办学，并谓“大树底下，小树是不好生长的”（载《陶行知一生》，后收入川版《全集》第十一卷）。

夏 作《对于乡村教育的一个新建议——乡村工学团之试验》，刊同年11月14日《光华半月刊》第三期（收入湘版《全集》第二卷，又收入川版《全集》第三卷）。

夏 刘季平被捕后，在四个小时内筹措到大洋五百元，确保其有律师辩护，被判五年徒刑（载徐明清：《陶行知营救刘季平》，后收入川版《全集》第十二卷）。

夏 作诗《活的教育》《摸黑路》《小小兵》《招生》《扇倒斯文架》（收入《知行诗歌集·幼苗集》，后收入湘版《全集》第四卷，又收入川版《全集》第七卷）。

夏 作诗《钟儿誓》（收入《知行诗歌集·幼苗集》，后收入川版《全集》第七卷）。

夏 作诗《拉车的教员》《拉车》《士之小影》《两位先生的对话》（收入《知行诗歌集·枯树集》，后收入湘版《全集》第四卷，又收入川版《全集》第七卷）。诗云：

分明是教员，爱做拉车夫。

拉来一车洋八股，谁愿受骗谁呜呼。

8 月 2 日 发表《商务印书馆复业》，刊《申报·时评》，署名彬（收入川版《全集》第十一卷）。

8 月 20 日 据黄炎培记述："到量才家。政府以彬和辞申报馆职为未足，必欲余与陶知行皆离馆才允恢复邮递，余乃立递辞职书如下：量才先生鉴：顷承面示种种，虽出意外，岂复忍以一人累报务，敬此告辞，当乞准许。"（《黄炎培日记》第 4 卷，第 109 页）

8 月 30 日 在上海沪江大学演讲《国难与教育》，记录者：持大，载《南华评论》之《陶行知与新中国教育》一文，后载孙铭勋、戴自俺编：《晓庄批判》（收入湘版《全集》第二卷，又收入川版《全集》第三卷）。

8 月 任校长的儿童科学通讯学校经上海市教育局审查合格，准予登记。

同月 致函胡同炳等人，对其二十余人联名要求赴上海工学团学习一事予以答复（载《南京儿童自动学校十年努力记》[①]，后收入川版《全集》第十一卷）。

9 月 4 日 晓庄小学在佘儿岗复校开学。后派戴自俺前往看望指导。

9 月 11 日 派马侣贤、王作舟去山海与宝山县交界处选择创办工学团的地点。

---

① 本书版本信息为胡同炳：《南京儿童自动学校十年努力记》，四川教育出版社 1989 年版。后文从略。

9月15日 中秋，亲赴大场，察看创办工学团的地点。

9月20日 发表《从教育上谋国难的出路——手脑并用》，刊《消息》（收入湘版《全集》第八卷，又收入川版《全集》第三卷）。

9月 发表为李楚材所著《破晓》所写的《序》。

10月1日 出席大场孟家木桥山海工学团成立大会。马侣贤任团长。此日即为山海工学团诞生纪念日。

10月15日 发表《打倒留级》，刊《儿童教育》第四卷第九期（收入《知行诗歌集·幼苗集》，后收入湘版《全集》第四卷，又收入川版《全集》第七卷）。

同日 发表诗歌《两位先生的对话》，刊《儿童教育》第四卷第九期《儿童教育漫谈》。

10月 致函佘儿岗小学胡同炳等，略谓："你们不要小看自己做的事，你们这个学校是教育史上的一个创举，是了不起的大创举！"（载《南京儿童自动学校十年努力记》，后收入川版《全集》第十一卷）

同月 发表英文论著《生活教育的理论及若干实验》，刊 *Education Review*（《教育评论》）第二十四卷第四期，署名 W. T. Tao（收入川版《全集》第十二卷）。

秋 指导朱泽甫、周端铨建立光华工学团，开展基层工人运动（《陶行知年谱》，第225页）。

11月11日 撰写《手脑相长歌》庆祝中华儿童教育社三周年，刊同年12月15日《儿童教育》第四卷第十期（收入湘版《全集》第八卷）。

11月14日 发表《对于乡村教育的一个新建议——乡村工学团之试验》，刊《光华半月刊》第三期。

11月15日 据冯玉祥记述："日前接某君函，为给伍朝枢先生，是陶知行先生的事，内有甘地三事，言如要救中国，非与民众合为一起不可。此事为我应一刻不忘而努力的事。"（《冯玉祥日记》第三卷，第723页）

11月19日 孙铭勋致函陶行知（收入川版《全集》第八卷）。

11月25日 复函孙铭勋、台和中（收入湘版《全集》第五卷，又收入川版《全集》第八卷）。

11月28日 发表在国立暨南大学教育学系的演讲词《目前中国教育的两条路线——教劳心者劳力，教劳力者劳心》，刊福建教育厅《教育周刊》第一百三十七期，记录者：严格（收入湘版《全集》第二卷，又收入川版《全集》第三卷）。

同日 发表《手脑相长歌》，刊《教育周刊》第一百三十七期。

11 月 与陈立廷、沈嗣庄、丁柱中共同署名补呈设立山海实验乡村学校（即“山海工学团”），呈文后刊1934年3月1日《生活教育》第一卷第二期（收入湘版《全集》第二卷，又收入川版《全集》第三卷）。

12 月 4 日 下午，对北平女子师大、湖南省立师范学生演讲“民众十条路线”达两小时，略谓“1. 少数人的力量少，多数人的力量大；2. 焕散的力量小，团结的力量大；3. 空谈的力量小，动作的力量大；4. 被动的力量小，自动的力量大；5. 手脑分家的力量小，手脑联盟的力量大；6. 头脑指挥手的力量小，头脑指挥手推动机器的力量大；7. 真力量大，假力量小；8. 安□的力量小，生死关头的力量大；9. 认清目标的力量大，糊里糊涂的力量小；10. 无信仰的力量小，有信仰的力量大。”（载次日《申报》）

12 月 9 日 午十二时半，赴民众教育馆以光华大学教授身份对上海女中学生演讲（载本日《申报》）。

12 月 13 日 致函舒新城，介绍潘一尘与唐文粹前往卖稿（载《收藏现代名人书信手迹》，后收入川版《全集》第十一卷）。

12 月 15 日 发表庆祝中华儿童教育社三周纪念诗，刊《儿童教育》第四卷第十期。

12 月 22 日 发表《集中国力挽救危亡》，刊《申报·时评》，署名文（收入川版《全集》第十一卷）。

12 月 23 日 发表《整顿教育之根本问题》，刊《申报·时评》，署名文（收入川版《全集》第十一卷）。

12 月 24 日 发表《陶知行卖艺启事》，刊《涛声周刊》第三十六期（收入《知行诗歌续集》时改题为《卖艺》，后收入湘版《全集》第四卷，又收入川版《全集》第七卷）。

12 月 与孙铭勋谈话（载孙铭勋、戴自俺：《晓庄幼稚教育》，后收入湘版《全集》第二卷，又收入川版《全集》第三卷）。

同月 率领山海工学团部分师生参观“自然学园”高士其的实验室。

同月 指导晓庄学生徐明清（一冰）在上海北新泾创办了“晨更工学团”。

冬 作诗《高跟皮鞋上之小姐》（收入《知行诗歌集·荒郊集》，后收入湘版《全集》第四卷，又收入川版《全集》第七卷）。

冬 作诗《牛角筒》（收入《知行诗歌集·枯树集》，后收入湘版《全集》第四卷，又收入川版《全集》第七卷）。

冬 作诗《工师歌》（收入《知行诗歌集·幼苗集》，后收入湘版《全集》第四卷，又收入川版《全集》第七卷）。

本年 上海儿童书局出版《儿童科学丛书》之《空气的科学把戏（三）（四）（五）》册，其中三、四两册署名何日平，第五册署名陶知行。

同年 作诗《布谷》（收入湘版《全集》第四卷，又收入川版《全集》第十二卷）。

1933年
(民国二十二年　癸酉)　42岁

1月3日　日军攻占山海关，进逼华北。

1月17日　中华苏维埃临时中央政府、工农红军革命军事委员会发表宣言，主张与国民党“停战议和，一致抗日”。

5月31日　国民政府代表与日本代表冈村宁次签订《塘沽停战协定》。

9月　蒋介石集中百万兵力对苏区发动第五次“围剿”。

11月20日　李济深、陈铭枢、蒋光鼐、蔡廷锴等在福建发动反蒋事变，成立中华共和国人民革命政府。

年初　作诗《锄头造好造斧头》(收入川版《全集》第十二卷)。

1月1日　上午，参加山海工学团成立三周月纪念会。

同日　下午，应中社邀请，前往演讲《手脑相长》，刊同月16日《新社会》半月刊第四卷第二号，记录者：张书庚（收入湘版《全集》第二卷，又收入川版《全集》第三卷）。

同日　发表《卖艺第一夜》，刊《涛声周刊》第三十七期（收入《知行诗歌续集》时略修改，后收入湘版《全集》第四卷，又收入川版《全集》第七卷）。

1月4日　复函堂弟陶文澄之妻（收入湘版《全集》第五卷，又收入川版《全集》第八卷）。

1月8日　《涛声周刊》第三十八期有该刊帮编署名“不知所贺”的《忧卖艺馆四歪诗》(收入川版《全集》第七卷)。

1月16日　发表演讲词《手脑相长》，刊《新社会》半月刊第四卷第二号。

1月17日　下午五时半，赴山海关路工部局育才学校讲堂演讲“创造的教育”(载本日《申报》)。

1月21日　宝山县政府对山海实验乡村学校呈文作批复（收入川版

《全集》第三卷）。

1 月 28 日 上午九时，中国教育学会在上海举行成立大会，到各地会员七十余人，选举陶行知、孟宪成、刘湛恩等十五人为理事，并讨论中国教育改革方案（《陶行知年谱》，第 230 页）。

1 月 30 日 发表《中国教育学会成立》，刊《申报·时评》，署名穗（收入川版《全集》第十一卷）。

1 月—2 月 组织佘儿岗自动学校胡同炳等赴山海工学团进行寒假进修，并亲自讲解天文知识。此外，还聘请南京安徽公学校长姚文采为儿童自动学校常年顾问，并邀请南京中国科学社派人到校进行科学知识指导。

2 月 2 日 中华职业教育社假闵行淞沪纪念广慈院举行第七届专家会议，到何炳松、刘湛恩、陈选善、邹秉文、王志莘、廖世承、李公朴、黄炎培、陶行知等三十余人。会议公推蔡元培主席。首由江问渔报告该社最近事业概况，杨卫玉报告推行、设计、研究、编辑各组的工作，贾佛如、姚惠泉、潘仰尧、陆叔昂、赵蔼吴、宋紫云等分别报告各部分试验事业实况。至十二时，在该院午餐。下午一时，继续开会，提出各项问题讨论，由主席归纳为五类：（一）如何完成该社的使命；（二）职业学校；（三）职业补习教育；（四）职业指导；（五）农村改进。讨论结果，刊载于《教育与职业》月刊第一百四十三期［《申报》1933 年 2 月 4 日，见《蔡元培年谱长编》（下 2），第 9—10 页］。

2 月 19 日 赴八仙桥青年会五楼参加中国教育学会上海分会成立大会，到刘湛恩、张一麐、舒新城、陈鹤琴等数十人（载同月 21 日《申报》）。

2 月 在程霖生家，请密友讲解马克思主义，约严竞成、戴伯韬等人参加。

3 月 10 日 发表在上海光华大学附中所作演讲词《过去与未来的中学生》，刊《光华附中半月刊》第六期（收入川版《全集》第十一卷）。

3 月 13 日 与蔡元培、叶恭绰、江问渔、张蕴和、章益、李公朴、李石岑、黄炎培、章乃器、朱镜宙等一百多人发起纪念马克思逝世五十周年。摘录其“缘起”如下：

卡尔·马克思于一八八三年三月十四日逝世，今年适为其逝世五十周年。……五十年来，世界对于马克思，无论其为憎为爱，为毁为誉，而于马克思之为一伟大之思想家，为近世科学的社会主义之始祖，则殆无人否认。……一种思想之产生，一种学说之成立，断非偶然之奇迹。……无论为附和或为反对，但于此种思想学说，都应切实研究，唯研究乃能附和，亦唯研究乃能反对，盖真理惟研究乃能愈益接近也……同人等今基于纯正之研究学术立场上，发起纪念马克思逝世五十周年会，一以致真挚之敬意于此近代伟大之思想家，同时亦即作研究自由、思想自由之首倡，并打破我国学术界近年来一种思想义和团之壁垒，是为启。[原载《申报》1933年3月13日，后载《蔡元培年谱长编》（下2），第25—26页]

3月14日 参加与蔡元培、陈望道、李公朴等共同发起的纪念马克思逝世五十周年的纪念大会。

3月15日 在上海举行晓庄创校五周年纪念会。会后作诗《新锄头歌》（收入《知行诗歌集·幼苗集》，后收入湘版《全集》第四卷，又收入川版《全集》第七卷）。

3月18日 致函新安小学汪达之、孙铭勋（收入湘版《全集》第五卷，又收入川版《全集》第八卷）。

3月 发表在上海大夏大学的演讲词《创造的教育》，刊《教育建设》第五集，记录者：华炜生（收入湘版《全集》第二卷，又收入川版《全集》第三卷）。

同月 上海儿童书局出版《古庙敲钟录》单行本。单行本未收入第七十九节至八十四节。

4月2日 作诗《儿童节歌》并翻译为英文版 *Children's Day*（收入《知行诗歌集·幼苗集》，后收入湘版《全集》第四卷，又收入川版《全集》第六卷、第七卷）。

4月7日 作诗《奶妈的婆婆之悲哀》，刊1934年4月1日《生活教育》第一卷第四期封面（收入《知行诗歌集·枯树集》，后收入湘版《全集》第四卷，又收入川版《全集》第七卷）。

4月16日 在中华基督教教育会初等教育参事会上发表演讲《小先生与普及教育》，刊1934年9月《教育季刊》第十卷第三期，署名陶知行博士，记录王尔斌（收入川版《全集》第十一卷）。

4月28日 发表《敬告教育界》，刊《申报·时评》，署名民（收入川版《全集》第十一卷）。

约4月 作诗《瞄准乡村向前冲》（收入湘版《全集》第四卷，又收入川版《全集》第七卷）。

春 因陶宏骑自行车时被后面汽车撞倒，头骨裂开，不得不取消应雷沛鸿之邀的广西之行。其时，雷已为陶买好去香港转广西的船票。

6月30日 上午，赴上海八仙桥青年会三楼参加中国教育学会第一次理事会，到理事十二人，第八议题推陶行知等为专题研究委员，以便年会时报告（载次日《申报》）。

上半年 托请姚文采带其亲笔信拜访南京市长石瑛，请其支持佘儿岗儿童自己办学，并帮助备案。后该校以“佘儿岗农村小学”立案（载《南京儿童自动学校十年努力记》，第41页）。

7月15日 与商务印书馆王云五签订出版小工人丛书契约。

7月 由上海儿童书局出版《知行诗歌集》。诗集内有序诗《献诗》及《荒郊集》《枯树集》《幼苗集》三个小集，共有诗歌72篇。

同月 指导张世德（张劲夫）、严钝组织沈家楼棉花工学团。亲自下地劳动，推广条播技术。

同月 发表在上海中华基督教教育会的国际教育委员会和小学教育委员会上的英文演讲词《创造的教育》，刊 *Education Review*（《教育评论》）第二十五卷第三期，署名 W. T. Tao（收入川版《全集》第十二卷）。

夏 指导方友竹（方明）、陈挺夫创办报童工学团。

8月1日 中华职业教育社改选董事及评议员，因任期未满继续为评议者（载1933年8月3日《申报》）。

8月2日 汪达之作书信致陶行知，汇报新安相关情况（收入川版《全集》第八卷）。

8月5日 复函汪达之（收入湘版《全集》第五卷，又收入川版《全集》第八卷）。

8月6日 致函汪达之，谈新安小学校董改组一事（收入湘版《全集》第五卷，又收入川版《全集》第八卷）。

8月11日 致函西桥工学团承国英等（收入湘版《全集》第五卷，又收入川版《全集》第八卷）。

8月20日 晨，汪达之复函陶行知，力陈新安办学之困难（收入川版《全集》第八卷）。

8月22日 晚，赴女青年会三全大会，并做演讲“农工教育对于社会改造的重要”（载次日《申报》）。

9月初 为佘儿岗建校一周年致函学校同学，略谓：“小孩子能教人，能办学，晓庄佘儿岗小学是个很好样子。”

又 为佘儿岗校庆一周年寄来《小学生文库》一套，儿童读物五百本，现款八十元。

9月11日 据黄炎培记述：“晚，庄泽宣招餐青年会，同席郜爽秋、张耀翔、陈青士、欧元怀、郑西谷、陈子明（亮，东大）、郭一岑（暨大教育学）、廖茂如、董任坚、章友三、何清儒、陶知行、谢循初。”（《黄炎培日记》第4卷，第211页）

9月13日 汪达之作书信致陶行知，汇报新安小学校董会纠纷一事，并请陶行知指示设立民众夜班的意旨和办法（收入川版《全集》第八卷）。

9月15日 中山文化教育馆理事长孙科聘陶行知为中山文库审订委员会委员。

9月16日 与山海少年工学团谈“为农人服务的方针和做学问的方法”（载马侣贤、戴自俺编：《山海工学团》，后收入湘版《全集》第二卷，又收入川版《全集》第三卷）。

9月17日 复汪达之函（收入湘版《全集》第五卷，又收入川版《全集》第八卷）。

10月1日 陪同马莱率领的国际反战大同盟代表团参加山海工学团成立一周年纪念活动。小先生张健舌战马莱。

10月13日 黄炎培“二时，访陶知行”（《黄炎培日记》第4卷，第218页）。

10月17日 汪达之致函陶行知（载汪达之：《生活的书》，后收入川版《全集》第三卷）。

10月20日 汪达之致函陶行知。因收信人为笔名梧影，信被退回。

10月22日 新安旅行团从江苏淮安出发，开赴上海。

10月25日 看望来沪参观的新安儿童旅行团团员，为他们拟定参观计划（载《我们的旅行记》，后收入湘版《全集》第八卷，又收入川版《全集》第三卷）。

10月26日 与新安儿童旅行团谈参观和演讲的方法（载《我们的旅行记》中《讨论参观场地和到科学通讯学校》一文，后收入湘版《全集》第二卷，又收入川版《全集》第三卷）。

10月27日 陪同新安儿童旅行团参观上海闸北教养院，发表演讲

（载《我们的旅行记》中《到平民教养院演讲》一文，后收入湘版《全集》第二卷，又收入川版《全集》第三卷）。

10月28日 汪达之致函陶行知（载汪达之：《生活的书》，后收入川版《全集》第三卷）。

同月 上海儿童书局再版《古庙敲钟录》。

同月 与张国良谈写诗，谓“最好见事行事，自己写一首，抒发自己的抱负”（载《行知研究》1984年5月第十一期）。

11月1日 萧场工学团成立。

11月7日 汪达之作书信致陶行知（收入川版《全集》第八卷）。

11月14日 作书信致汪达之，以《划分时代之新安小学儿童自动旅行团——给汪达之君的信》刊1934年5月16日《生活教育》第一卷第七期（收入《普及教育》，后收入湘版《全集》第五卷，又收入川版《全集》第三卷）。

11月16日 致函承国英（收入湘版《全集》第八卷，又收入川版《全集》第八卷）。

11月17日 赴沪闵路参加上海县农民教育馆组织的耕牛比赛，并发表演讲（载本日《申报》）。

11月18日 汪达之作书信致陶行知，商谈新安旅行团回校日期及相关校务（收入川版《全集》第八卷）。

11月19日 上午在上海参加中国教育学会第三次理事会，到理事十人。第二议题加推陶行知为教育图书馆筹备委员（载《中华教育界》第二十一卷第七期，见《陶行知年谱》，第238页）。

11月26日 晚，陶母因脑溢血于上海国立医学院去世。

11月27日 新安儿童旅行团、山海工学团、儿童科学通讯学校为陶母敬献花圈寄托哀思。

11月28日 赴新安儿童旅行团住处发表讲话（载《我们的旅行记》中《送殡和参观自由农场》一文，后收入湘版《全集》第二卷，又收入川版《全集》第三卷）。

11月30日 汪达之致函陶行知（收入川版《全集》第八卷）。

11月 发表在基督教女青年会的演讲词《农工教育对于社会改造的重要》，刊《女青年月刊》第十二卷第九期，记录者：李冠芳（收入湘版《全集》第二卷，又收入川版《全集》第三卷）。

同月 发表在宝山实验农民教育馆的演讲词《棉花与教育》，刊《地方教育》副刊《教育与农村》第二十九期，记录者：朱学典、王浩英（收入湘版《全集》第八卷，又收入川版《全集》第三卷）。

同月 出版与陈鹤琴、张宗麟合著的《幼稚教育论文集》（载陈一鸣：《陶行知与陈鹤琴》，见川版《全集》第十二卷）。

同月前后 周一与周四上午赴山海工学团工作。余日于早晨八时在地丰路地丰里六号陈彬龢先生寓所会客。

12月3日 汪达之作书信致陶行知，商谈赴华北参观一事（收入川版《全集》第八卷）。

12月5日 致函汪达之（收入湘版《全集》第五卷，又收入川版《全集》第八卷）。

12月10日 偕陈彬龢、陈华和夫妇送新安旅行团，在赴上海火车站的汽车上发表谈话（载《我们的旅行记》中《离开上海回到镇江》一文，后收入湘版《全集》第二卷，又收入川版《全集》第三卷）。

又 送别时作诗歌《谁则家我》（收入湘版《全集》第八卷，又收入川版《全集》第十一卷）。

12月13日 汪达之函复陶行知，商谈日记出版及归家游历等诸事（收入川版《全集》第八卷）。

12月15日 作书信致承国英，以《给国英的信》刊1934年4月16日《生活教育》第一卷第五期（收入《普及教育》，后收入湘版《全集》第五卷，又收入川版《全集》第三卷）。

12月16日 赴吴江县参加江苏省第二师范区教育改进会，发表“劳动教育”的演讲（载1933年12月18日《申报》）。

12月25日 汪达之致函陶行知（收入川版《全集》第八卷）。

12月29日 致函西桥小学董事会（收入湘版《全集》第五卷，又收入川版《全集》第八卷）。

12月 派陆静山、侣朋到宜兴指导承国英创办西桥工学团。

同月 对中华基督教会全国总会第三届常会关于《筹设乡农生活改进实验区以提高乡农生活案》发表意见（载《教育参考资料选集》第一集，后收入湘版《全集》第八卷，又收入川版《全集》第三卷）。

本年 主编《晓庄丛书》《山海工学团丛书》。

同年 创办侯家宅养鱼工学团、红庙儿童工学团等。并在山海工学团总部开设了木工场、图书馆和诊疗室。

同年　编写出版儿童科学通讯学校高级班函授教材《儿童天文学活页指导》，绘画者陶宏（收入湘版《全集》第六卷，又收入川版《全集》第五卷）。

同年　编写出版儿童科学通讯学校初级班函授教材《算学的把戏》（收入湘版《全集》第六卷，又收入川版《全集》第五卷）。

同年　作诗《贺宝山师范创校纪念》《贺安徽中学十周纪念》《留学生治国》《读冯焕章先生诗》《送礼》（收入《知行诗歌续集》，后收入湘版《全集》第四卷，又收入川版《全集》第七卷）。

同年　作诗《阔人过生日》（收入三联书店《行知诗歌集》，后收入湘版《全集》第四卷，又收入川版《全集》第七卷）。

同年前后　致函佘儿岗小学胡同炳等人（载《南京儿童自动学校十年努力记》，后收入川版《全集》第十一卷）。

1934年
（民国二十三年　甲戌）　43岁

2月19日　蒋介石发动“新生活运动”，提倡尊孔读经。

5月31日　国民党中央常务委员会决定每年8月27日为孔子诞辰纪念日。

5月　《第一次中国教育年鉴》出版。

10月　中国工农红军开始长征。

1月4日　致函潘一尘（收入湘版《全集》第五卷，又收入川版《全集》第八卷）。

1月6日　致函邵仲香（收入湘版《全集》第五卷，又收入川版《全集》第八卷）。

1月7日　下午，在歙县旅沪同乡会第一次董监执干联席会议上发表演说。

1月9日　致函上海宝山县教育局局长冯国华（收入湘版《全集》第五卷，又收入川版《全集》第八卷）。

1月10日　北京孔德学校《孔德校刊》第三十三期刊发《给陶知行先生的一封信》，作者为五年级徐榴，署名你不认识的小朋友徐榴。

1月12日　参加山海工学团计划讨论会。

1月13日　致函孙铭勋、戴自俺（收入湘版《全集》第五卷，又收入川版《全集》第八卷）。

1月17日　复张宗麟函（收入湘版《全集》第五卷，又收入川版《全集》第八卷）。

1月20日　戴自俺、孙铭勋来访，商谈两小时。

同日　致函生活教育社全体同志（收入湘版《全集》第五卷，又收入川版《全集》第八卷）。

1月22日　与儿童书局签订《生活教育》半月刊编辑印行合同。

1月25日—26日 中国教育学会第二届年会在南京中央大学召开。会上讨论了陶行知所寄《中国普及教育急成计划》，并在大会理事改选中当选为理事（原载1934年2月12日《大公报》，后收入川版《全集》第十二卷）。

1月28日 在山海工学团参加“一·二八”两周年纪念会。同时举行儿童自动工学团小先生普及教育队授旗典礼及宣誓，“小先生制”正式诞生。

同日 广东百侯中学校长潘一尘来访，并随陶行知参加“一·二八”两周年纪念。

同日 《申报》刊载《普及教育研究院发起》，内称：“教育专家陶知行等，为谋普及教育起见，近拟发起创设普及教育研究院，以资分别研究。”文中附有普及教育研究院组织大纲等（载本日《申报》）。

1月30日 戴自俺、孙铭勋再就陶行知“劳工幼儿园”艺友一事致函黄乐民（收入川版《全集》第八卷）。

2月16日 主编的《生活教育》半月刊创刊。助编为戴伯韬。

同日 发表《普及什么教育》，刊《生活教育》第一卷第一期（收入《普及教育》，后收入湘版《全集》第二卷，又收入川版《全集》第三卷）。

同日 发表《生活教育》（收入《普及教育》，又收入《普及教育续编》，后收入湘版《全集》第二卷，又收入川版《全集》第三卷）。

同日 发表《宝山县试办乡村儿童自动工学团组织大纲草案》，刊《生活教育》第一卷第一期（收入《普及教育》，后收入湘版《全集》第三卷，又收入川版《全集》第三卷）。

同日 发表《小先生》，刊《生活教育》第一卷第一期（收入《普及教育》，又收入《普及教育续编》，后收入湘版《全集》第二卷，又收入川版《全集》第三卷）。

2月24日 参加中华职业教育社第八次专家会议，到黄炎培、江问渔、邰爽秋等三十余人（载次日《申报》）。

2月28日 据《卢作孚年谱》记述：“卢作孚主持召开峡防局临时主干会议，要求各机关制定的计划中，应注明本年度能完成哪几件，做到什么程度；要求本年工作要定出标准，达到或超出者得外出到河北定县平民教育实验区、上海陶行知办的山海工学团等处参观、考察。”（《卢作孚年谱》①，第127页）

---

① 本文版本信息为张守广：《卢作孚年谱》，江苏古籍出版社2002年版。后文从略。

2月底 国民党特务机关将山海工学团团长马侣贤抓走，说其是共产党、左翼文化联盟负责人，并关押三月之久，后经陶行知多方营救出狱（载《行知研究·山海工学团大事记》第六期，见《陶行知年谱》，第246页）。

3月1日 手书《诗的学校》第一节："宇宙为学校，自然是吾师。众生皆同学，书呆不在兹。"作为《生活教育》第一卷第二期封面题诗。

同日 发表《从穷人教育想到穷国教育》，刊《生活教育》第一卷第二期（收入《普及教育》，后收入湘版《全集》第二卷，又收入川版《全集》第三卷）。

同日 发表《从救水想到小孩的力量》，刊《生活教育》第一卷第二期（收入《普及教育》，后收入湘版《全集》第二卷，又收入川版《全集》第三卷）。

同日 发表《怎样培养普及教育的人才》，刊《生活教育》第一卷第二期（收入《普及教育》，后收入湘版《全集》第二卷，又收入川版《全集》第三卷）。

同日 发表创立山海工学团的呈文，刊《生活教育》第一卷第二期。

同日 发表《普及教育研究院组织大纲》，刊《生活教育》第一卷第二期（收入《普及教育》，后收入湘版《全集》第三卷，又收入川版《全集》第三卷）。

同日 发表儿童剧《少爷门前》，刊《生活教育》第一卷第二期（收入湘版《全集》第六卷，又收入川版《全集》第五卷）。

3月16日 手书《士之小影》为《生活教育》第一卷第三期封面题诗。

同日 发表《从守财奴想到守知奴》，刊《生活教育》第一卷第三期（收入《普及教育》，后收入湘版《全集》第二卷，又收入川版《全集》第三卷）。

同日 发表《宝山县观澜义务教育急成方案》《儿童工学团之表格》，刊《生活教育》第一卷第三期（收入《普及教育》，后收入湘版《全集》第三卷，又收入川版《全集》第三卷）。

同日 发表《小先生歌》，刊《生活教育》第一卷第三期（收入《知行诗歌续集》，后收入湘版《全集》第四卷，又收入川版《全集》第七卷）。

3月19日 赵元任整晚为陶行知六首儿童歌词谱曲（《赵元任年谱》，

第189页）。

3月28日 本日《申报》刊发《普及教育研究院发起》一文。

4月1日 手书《奶妈的婆婆之悲哀》为《生活教育》第一卷第四期封面题诗。

同日 作诗《富人一口棺》（收入《知行诗歌续集》，后收入湘版《全集》第四卷，又收入川版《全集》第七卷）。

同日 发表《怎样指导小先生》，刊《生活教育》第一卷第四期（收入《普及教育》，后收入湘版《全集》第二卷，又收入川版《全集》第三卷）。

同日 发表《儿童节标语》，刊《生活教育》第一卷第四期（收入《普及教育》，后收入湘版《全集》第八卷，又收入川版《全集》第三卷）。

同日 劳工幼儿团正式成立，专门招收劳工子女免费入学。山海工学团亦开始利用电影、收音机等设备施行电化教育。

4月4日 在山海工学团庆祝儿童节大会上演讲"普及教育与学武训"（载马侣贤、戴自俺编：《山海工学团》，后收入湘版《全集》第二卷，又收入川版《全集》第三卷）。

同日 下午，出席上海市儿童节纪念会。

4月15日 徐达人于《众志月刊》第一卷第一期发表《"生活教育"批判》，对陶行知的生活教育思想、内容、形式进行了批判。

4月16日 上午，在中华基督教教育会小学教育委员会发表英文演讲，刊同年7月 *Education Review*（《教育评论》）第二十六卷第三期，署名 W. T. Tao（收入川版《全集》第十二卷）。

同日 发表《从今年的儿童节到明年的儿童节》，刊《生活教育》第一卷第五期（收入《普及教育》，后收入湘版《全集》第二卷，又收入川版《全集》第三卷）。

同日 发表《给国英的信》，刊《生活教育》第一卷第五期。

同日 发表诗歌《病人的呼声》，刊《生活教育》第一卷第五期（收入《知行诗歌续集》，后收入湘版《全集》第四卷，又收入川版《全集》第七卷）。

4月18日 据冯玉祥记述："葛心斋先生由上海回来，谈见陶行知先生的事。"（《冯玉祥日记》第四卷，第311页）

4月21日 致函舒新城（载《收藏现代名人书信手迹》，后收入川版

《全集》第十一卷）。

4月23日 随上海市市长吴铁城去万竹小学演讲（载次日《申报》）。

同日 据冯玉祥记述：“连海往上海去，为见连山及陶行知先生去。”（《冯玉祥日记》第四卷，第314页）

4月24日 据冯玉祥记述：“我同张雪山先生谈两条事，为写《我的生活》的事及找陶行知先生的事。”（《冯玉祥日记》第四卷，第315页）

4月25日 据冯玉祥记述：“刘纯德本日往张家口，带书给过、鹿、石、陈、秦，为陶先生的小诗及×夫斋……”（《冯玉祥日记》第四卷，第316页）

4月26日 访黄炎培（《黄炎培日记》第4卷，第271页）。

4月28日 赴无锡梅园参加成志学社年会。到二十三人，张星联、陈鹤琴、庄秉权、傅若愚、郭秉文、李组绅、林旭如、刘湛恩、潘铭新、薛桂轮、孙瑞璜、黄炎培、王正廷、王志莘、陈念中、沈鹏飞、陈可忠、杨承训、凌其峻、黄启明、张道宏、徐仁铣等。夜开会于太湖饭店（《黄炎培日记》第4卷，第271页）。

4月 偕陶晓光赴浙江湘湖师范、杭州翁家山小学等地推广小先生制。

同月 作诗《恋爱无上主义者小影》（收入《知行诗歌续集》，后收入湘版《全集》第四卷，又收入川版《全集》第七卷）。

春 作《小先生》歌并翻译英文版*Little Teachers*（收入川版《全集》第六卷）。

5月1日 发表《三块大洋的结婚》，刊《生活教育》第一卷第六期（收入湘版《全集》第二卷，又收入川版《全集》第七卷）。

同日 发表《从学军到工学军》，刊《生活教育》第一卷第六期（收入《普及教育》，后收入湘版《全集》第二卷，又收入川版《全集》第三卷）。

同日 发表《萧场儿童流通图书馆组织大纲》《萧场儿童流通图书馆借书阅书简则》，刊《生活教育》第一卷第六期（收入《普及教育》，后收入湘版《全集》第三卷，又收入川版《全集》第三卷）。

同日 发表诗歌《豆腐浆》（收入湘版《全集》第四卷，又收入川版《全集》第七卷）。

5月2日 杨效春作书信致陶行知（载1934年6月1日《生活教育》第一卷第八期，后收入川版《全集》第三卷）。

5月6日 参加山海工学团全体师生及艺友讨论会，对“怎样达到工以养生”问题发表见解，刊同年7月16日《生活教育》第一卷第十一期之《怎样达到工以养生——山海工学团讨论会记录》，记录者：戴自俺、吴锦璋（收入湘版《全集》第二卷，又收入川版《全集》第三卷）。

5月13日 据黄炎培记述：“张楚珩（维）招餐于其家，（拉都［里］［路］敦余里七号72991），同席梁漱溟、陶知行、张君及李与仁（天如）。餐毕招观中央影戏院《姊妹花》。”（《黄炎培日记》第4卷，第277页）

5月14日 据黄炎培记述：“晚，招漱溟、竺君等觉林餐，同席知行、问渔、耆卿。”（《黄炎培日记》第4卷，第277页）

5月15日 黄炎培“送膺白捐赠卫西琴二百元于陶知行”（《黄炎培日记》第4卷，第277页）。

5月16日 以《手脑相长歌》作为《生活教育》第一卷第七期封面题诗。

同日 发表《暑期普及教育运动》，刊《生活教育》第一卷第七期（收入《普及教育》，后收入湘版《全集》第二卷，又收入川版《全集》第三卷）。

同日 发表《划分时代之新安小学儿童自动旅行团——给汪达之君的信》，刊《生活教育》第一卷第七期。

同日 作诗《教师歌——献与儿童教育社同人和〈儿童教育月刊〉同时披露》（收入《知行诗歌续集》，后收入湘版《全集》第四卷，又收入川版《全集》第七卷）。

5月 派戴自俺在山海工学团总部成立了乡村幼儿园。

同月 在山海工学团为农友放映电影。亲自改写电影说明书，要求农友认识到说明书后方能进场。

6月1日 手书《自立歌》作《生活教育》第一卷第八期封面题诗。

同日 发表《杀人的会考与创造的考成》，刊《生活教育》第一卷第八期（收入《普及教育》，后收入湘版《全集》第二卷，又收入川版《全集》第三卷）。

同日 发表《妨害进步无罪?》，刊《生活教育》第一卷第八期（收入《普及教育》，后收入湘版《全集》第二卷，又收入川版《全集》第三卷）。

同日 发表诗歌《一对妖怪》，刊《生活教育》第一卷第八期（收入《知行诗歌续集》，后收入湘版《全集》第四卷，又收入川版《全集》第七卷）。

6月7日 致函王云五（藏重庆育才中学）。

同日 据冯玉祥记述：“我要勉励我自己作一个武训也是好的。我要勉励我作行知先生的好友。助他成事。”（《冯玉祥日记》第四卷，第339页）

6月10日 下午，第十二届歙县旅沪同乡会第六次执监联席会议讨论通过了陶行知起草的《歙县旅沪同乡普及歙县教育助成委员会简章》（摘自《歙县旅沪同乡会第十二届报告书》，后收入川版《全集》第十一卷）。

6月13日 据冯玉祥记述：“刘复先生言，我同行知先生的诗为一派也，有意思。”（《冯玉祥日记》第四卷，第343页）

6月14日 据冯玉祥记述：“昨日寄来武训先生像片及行知先生所印之武训诗，更使我愧到不能见人。立志办一百个不要钱的小学校，十个中学校，尽我一点本分。”（《冯玉祥日记》第四卷，第344页）

6月15日 《卢作孚年谱》记述：“卢作孚乘民年轮抵上海。大约在此后不久，卢作孚、卢子英等人参观了著名人民教育家陶行知在上海宝山县创办的‘山海工学团’，并且从1936年起，开始在北碚乡村建设中推行陶行知倡导的‘即知即传’的‘小先生’制。”（《卢作孚年谱》，第134页）

6月16日 手书诗歌《一文钱》以作《生活教育》第一卷第九期封面题诗。

同日 发表《文言白话又一战》，刊《生活教育》第一卷第九期（收入《普及教育》，后收入湘版《全集》第二卷，又收入川版《全集》第三卷）。

同日 发表《上海公共租界之小先生》，刊《生活教育》第一卷第九期（收入《普及教育》，后收入湘版《全集》第二卷，又收入川版《全集》第三卷）。

同日 发表《创办竹柯工学团意见书》，刊《生活教育》第一卷第九期（收入《普及教育》，后收入湘版《全集》第三卷，又收入川版《全集》第三卷）。

同日 发表《五块大洋的棺材歌》，刊《生活教育》第一卷第九期（收入湘版《全集》第四卷，又收入川版《全集》第七卷）。

7月1日 发表《大众语文运动之路》，刊《生活教育》第一卷第十期，略作增加后又刊同月4日《申报·自由谈》（收入《普及教育》，后收入湘版《全集》第二卷，又收入川版《全集》第三卷）。

7月4日 修改后再次发表《大众语文运动之路》一文，刊《申报·

自由谈》。

7月6日 作诗《合作》，刊同年8月1日《生活教育》第一卷第十二期（收入《知行诗歌续集》，后收入湘版《全集》第四卷，又收入川版《全集》第七卷）。

7月7日 据冯玉祥记述："为巢县竹柯村办小学事，交文华洋二百元，给葛寄去。并说找陶行知先生请教育主任，须葛自己去为好。"（《冯玉祥日记》第四卷，第358页）

7月16日 手书《薄殓歌之一》以作《生活教育》第一卷第十一期封面题诗。

同日 发表《行知行》，刊《生活教育》第一卷第十一期"行知行闲谈"栏，署名陶行知（收入湘版《全集》第二卷，又收入川版《全集》第三卷）。

同日 发表《如何达到工以养生》，刊《生活教育》第一卷第十一期之《怎样达到工以养生——山海工学团讨论会记录》。

同日 发表《各县旅□同乡普及□县教育助成委员会简章草案》，刊《生活教育》第一卷第十一期（收入《普及教育》，后收入湘版《全集》第三卷，又收入川版《全集》第三卷）。

同日 发表《闲谈》，刊《生活教育》第一卷第十一期（收入湘版《全集》第二卷，又收入川版《全集》第三卷）。

7月 发表英文演讲词《小先生与识字运动》，刊 *Education Review*（《教育评论》）第二十六卷第三期，署名 W. T. Tao。

夏 山海工学团所在地旱灾严重。捐款购买抽水机救灾。

8月1日 手书《小先生歌之一》以作《生活教育》第一卷第十二期封面题诗。

同日 发表《小先生解》，刊《生活教育》第一卷第十二期（收入《普及教育续编》，后收入湘版《全集》第二卷，又收入川版《全集》第三卷）。

同日 发表《合作》，刊《生活教育》第一卷第十二期（收入湘版《全集》第二卷，又收入川版《全集》第三卷）。

同日 发表《四十万人民是参考书吗?》，刊《生活教育》第一卷第十二期（收入湘版《全集》第二卷，又收入川版《全集》第三卷）。

同日 《评〈分部教科书〉》，刊《生活教育》第一卷第十二期（收入湘版《全集》第二卷，又收入川版《全集》第三卷)。

8月16日 手书《改宋儒之幻想诗》作《生活教育》第一卷第十三期封面题诗(收入湘版《全集》第四卷，又收入川版《全集》第七卷)。

同日 发表《中国顶大的学校》，刊《生活教育》第一卷第十三期(收入湘版《全集》第二卷，又收入川版《全集》第三卷)。

同日 发表《再度卖艺广告》，刊《生活教育》第一卷第十三期(收入湘版《全集》第八卷，又收入川版《全集》第三卷)。

同日 发表《为编辑〈行知书信〉启事》，刊《生活教育》第一卷第十三期(收入湘版《全集》第八卷，又收入川版《全集》第八卷)。

8月20日 致函汪达之(收入湘版《全集》第五卷，又收入川版《全集》第八卷)。

8月22日 致函金陵大学农林科主任谢家馨，介绍晓庄毕业生王瑞符入学(收入湘版《全集》第八卷，又收入川版《全集》第八卷)。

9月初 请商务印书馆、中华书局、儿童书局及社会热心人士为佘儿岗自动学校建校二周年捐献图书数千册，使得该校图书馆藏书万册(载《南京儿童自动学校十年努力记》，第62页)。

9月1日 参加山海工学团举行的第一次总集合大会，发表大会讲话，刊同年10月1日《生活教育》第一卷第十六期(收入湘版《全集》第二卷，又收入川版《全集》第三卷)。

同日 发表《女子教育总解决》，刊《生活教育》第一卷第十四期(收入《普及教育续编》，后收入湘版《全集》第二卷，又收入川版《全集》第三卷)。

同日 发表《晓庄之伤风咳嗽》，刊《生活教育》第一卷第十四期(收入湘版《全集》第二卷，又收入川版《全集》第三卷)。

9月6日 与商务印书馆签订《老少通千字课》合同。

9月16日 手书《大菜司务小影》以作《生活教育》第一卷第十五期刊头题诗(收入《知行诗歌续集》，后收入湘版《全集》第四卷，又收入川版《全集》第七卷)。

同日 发表《文学何时死》，刊《生活教育》第一卷第十五期(收入湘版《全集》第二卷，又收入川版《全集》第三卷)。

同日 发表《从大炮上晒裤子说起》，刊《生活教育》第一卷第十五期(收入湘版《全集》第二卷，又收入川版《全集》第三卷)。

9月18日 山海工学团联合孟家木桥、沈家楼、萧场、红庙、赵泾巷五个工学团举行“九一八”三周年纪念大会，陶行知第一次用诗歌演讲。诗歌以《“九一八”三周纪念》为名刊同年10月16日《生活教育》第一卷第十七期（收入湘版《全集》第四卷，又收入川版《全集》第七卷）。

同日 朱泽甫作书信致陶行知，刊次月16日《生活教育》第一卷第十七期。

9月 发表演讲词《小先生与普及教育》，刊《教育季刊》第十卷第三期。

同月 致函广东百侯中学程本海、朱泽甫（《陶行知年谱》，第256—257页）。

10月1日 参加山海工学团成立两周年纪念会，称自己为“山海工学团的接生婆”，并领读创作的儿歌《山海工学团二周纪念》，后略修改又以该诗作当日出版的《生活教育》第一卷第十六期封面题诗（收入《知行诗歌续集》，后收入湘版《全集》第四卷，又收入川版《全集》第七卷）。

同日 发表《一个新法子》，刊《生活教育》第一卷第十六期（收入《普及教育续编》，后收入湘版《全集》第二卷，又收入川版《全集》第三卷）。

同日 发表9月1日在山海工学团总集合大会上的讲话，刊《生活教育》第一卷第十六期。

10月10日 据冯玉祥记述：“陶先生行知来，谈办小学的情形，又到小王庄去看学校。”（《冯玉祥日记》第四卷，第419页）

10月上中旬 赴天津、济南等地推行“小先生制”。于天津晤河北教育厅长周炳琳数次，并在南开大学作数度讲演与会议。于济南晤山东省主席韩复榘、教育厅长何思源，商洽“小先生制”推行办法。

10月11日 据冯玉祥记述：“陶先生来，讲话的题目很自然：一、小先生是什么。二、小先生之工作。三、工学团是什么。四、双料少爷。五、宇宙是学校。六、社会是学校。七、学校为办公室。八、陈果夫之批某人信件。九、生活教育之投稿者。十、锄头歌之改进及小诗不少。十一、此后之努力的三事。午后三点北去。”（《冯玉祥日记》第四卷，第419—420页）

10月13日 发表《教育的新生》，刊《新生》第一卷第三十六期（收入湘版《全集》第二卷，又收入川版《全集》第三卷）。

10月14日　晨九时半，由天津抵达济南。由山东教育厅厅长何思源陪同参观平民教育馆及乡村师范（载次日《申报》）。

同日　为推行普及教育发表讲话，以《陶行知在济谈普及教育》名刊当日《教育与民众》第六卷第三期（收入湘版《全集》第八卷，又收入川版《全集》第三卷）。

10月16日　手书《慈母遗刀》，以作《生活教育》第一卷第十七期封面题诗（收入《知行诗歌续集》时改题为《吾母所遗剃刀》，后收入湘版《全集》第四卷，又收入川版《全集》第七卷）。

同日　发表《观战》，刊《生活教育》第一卷第十七期（收入湘版《全集》第二卷，又收入川版《全集》第三卷）。

同日　发表诗歌《“九一八”三周纪念》，刊《生活教育》第一卷第十七期。

同日　赴南开大学讲演，并与张伯苓讨论中学生参加有关部门同意组织的会考事宜。陶行知还对南开中学、南开女中参加会考不予特殊准备，不迁就“机械的毁灭生活力的考试制度”表示赞赏[《张伯苓年谱长编》（中），第331—332页]。

10月18日　晤百侯中学董事会杨德昭。

同日　致函卢作孚（收入湘版《全集》第八卷，又收入川版《全集》第八卷）。

同日　《上海青年》第三十四卷第三十一期转载《小先生与普及教育》一文。

10月19日　致函时任广东百侯中学代理校长的程本海，刊次月《乡教之友》第八期（收入湘版《全集》第八卷，又收入川版《全集》第十一卷）。

同日　致函时任百侯中学教师的朱泽甫，刊次月《乡教之友》第八期（收入湘版《全集》第八卷，又收入川版《全集》第十一卷）。

10月22日　应上海教育局之邀，演讲普及教育意义及山东普及教育情况（载同月21日《申报》）。

10月24日　赵元任为陶行知所作《春天不是读书天》谱曲（《赵元任年谱》，第194页）。

10月25日　以自然学园代表身份与儿童书局代表张一渠签订合办儿童科学通讯学校合同。

同日 赵元任作书信致陶行知，并附上《春天不是读书天》曲。信中略谓：“因为‘春天不是读书天’，所以今年春天我都顽掉了，没有把歌儿编起来……。‘夏日炎炎正好眠’，今年夏日可是够炎炎了。‘待到秋来冬已近’，——那么，‘不如赶快把歌编！’所以现在编好了寄给您了，赶明年可以用了。因为这歌儿很长，照原来句法好像刹不住脚，所以我加了一个‘春天，春天，春天什么天？不是读书天！’作为尾声，您看怎么样？”（《赵元任年谱》，第196页）

10月29日 天津《大公报·明日之教育》周刊发起了“人口统制与教育”的讨论。明日社社员子钵（尚仲衣）第一个发表长文，在《大公报·明日之教育》周刊发表《陶行知主义是中国教育的出路吗?》（分四次于10月29日和11月12日、19日、26日登完），批判陶行知人口统制论的教育。陶行知亦著文答辩，此后相继多人著文论战，讨论持续至1935年6月。

同日 据冯玉祥记述：“行知先生有信来，为徐某（徐建人，即刘季平——编者注）在监狱内的事，来的是位徐女士，她说在青年会内做事。”（《冯玉祥日记》第四卷，第426页）

10月 所著《普及教育》一书由上海儿童书局出版，署名陶知行，收入文章、诗歌及书信等三十八篇。卷首有照片三幅：一为小桃教祖母识字图，另两幅为叶浅予所摄《小先生的工作》。

11月1日 手书《小先生化钉子歌》以作《生活教育》第一卷第十八期封面题诗。

同日 发表《干什么去的》，刊《生活教育》第一卷第十八期（收入湘版《全集》第二卷，又收入川版《全集》第三卷）。

同日 发表《闲唱不如闲谈》，刊《生活教育》第一卷第十八期《行知行闲谈》栏目（收入《知行诗歌续集》时改题为《萧场工学团一周纪念联合运动会歌》，后收入湘版《全集》第二卷，又收入川版《全集》第七卷）。

11月5日 发表诗歌《爱的播音》，刊《太白半月刊》第一卷第四期（收入《知行诗歌别集》时略作修改删减，后收入湘版《全集》第四卷，又收入川版《全集》第七卷）。

同日 《申报》称中华儿童教育社聘请陶行知等为征求委员会委员，主持一切征求事务（载本日《申报》）。

11月7日 黄炎培“招稚秋、知行、问渔、卫玉、任坚、爽秋、勉仲会餐”。(《黄炎培日记》第4卷，第324页)

11月8日 中国普及教育助成会筹备会在上海成立，任负责人。

11月10日 应李公朴、艾思奇约请，发表《读书与用书》，刊《读书生活》第一卷第一期（收入湘版《全集》第二卷，又收入川版《全集》第三卷）。

11月11日 参加山海工学团星期讨论会，发表讲话《传统教育与生活教育有什么区别》，刊同年12月1日《生活教育》第一卷第二十期，记录者：戴自俺、吴锦璋（摘自《山海工学团星期总集合讨论会记录》，后收入湘版《全集》第二卷，又收入川版《全集》第三卷）。

11月12日与14日 发表《普及平民教育》，刊天津《大公报》（收入湘版《全集》第八卷，又收入川版《全集》第三卷）。

11月15日 在山海工学团星期总集会讨论会上谈“传统教育与生活教育有什么区别”。

11月16日 发表《怎样指导小朋友明白时事》，刊《生活教育》第一卷第十九期（收入《普及教育续编》，后收入湘版《全集》第二卷，又收入川版《全集》第三卷）。

同日 发表《贺客与吊客》，刊《生活教育》第一卷第十九期（收入《普及教育续编》，后收入湘版《全集》第二卷，又收入川版《全集》第三卷）。

11月22日 杭州翁家山小学全体小先生致函陶行知，汇报小先生工作成绩（收入川版《全集》第八卷）。

11月23日 为新安儿童旅行团编著的《我们的旅行记》作序（收入湘版《全集》第二卷，又收入川版《全集》第三卷）。

同日 晚，赴北四川路新亚酒店参加商务印书馆招餐安徽教育代表团宴，到蔡元培、黄炎培、陈白、江问渔、邰爽秋、戴志骞等（载次日《申报》）。

又 据蔡元培记述：“商务印书馆宴安徽教育考察团，招作陪，除云五外，我与黄任之、江问渔、陶知行、邰爽秋、戴志骞、马仲友，均有演说。”[《蔡元培日记》(下)，第397页]

11月24日 接待安徽教育考察团参观山海工学团（载次日《申报》）。

11月26日 会见甘肃省教育厅厅长水楚琴，商议把“小先生制”推广到甘肃去（载次日《申报》）。

11月 发表致程本海、朱泽甫函，刊《乡教之友》第八期。

12月1日 据黄炎培记述："偕陶知行到大场这边孟家木桥山海工学团及夏家宅卫生所，见操震球、戴自俺、马侣贤、查淑明。山海以外尚有四所沈家楼，萧场（西）、红庙、赵泾巷（东）。"（《黄炎培日记》第5卷，第1页）

同日 发表诗歌《广明小学校歌》，刊《生活教育》第一卷第二十期（收入《知行诗歌续集》，后收入湘版《全集》第四卷，又收入川版《全集》第七卷）。

同日 发表在宝山县民众教育馆主办的民众教育服务人员训练班开学典礼上的演讲词《小先生与民众教育》，刊《生活教育》第一卷第二十期（收入《普及教育续编》，后收入湘版《全集》第二卷，又收入川版《全集》第三卷）。

同日 发表《传统教育与生活教育有什么区别》，刊《生活教育》第一卷第二十期。

12月8日 据冯玉祥记述："陶先生的事我已经应允的，不可不办的。"（《冯玉祥日记》第四卷，第447页）

12月10日 晚七时，普及教育助成会欢迎北京教育考察团，陶行知到场并演讲推广普及教育新法（载同月12日《申报》）。

12月16日 针对子钵《陶知行主义是中国教育的出路吗?》一文发表《答复子钵先生的批评》，刊《生活教育》第一卷第二十一期，后作修改又以《子钵先生捉虱子》名刊1935年1月14日天津《大公报·明日之教育》第五十三期（收入湘版《全集》第二卷，又收入川版《全集》第三卷）。

12月中旬 赴中国女子中学演讲《小先生普及教育》（载1934年12月24日《申报》）。

12月24日 在安徽大学演讲《普及教育》，刊《安大周刊》第一百七十六期（收入湘版《全集》第二卷，又收入川版《全集》第三卷）。

12月26日 台和中致函陶行知。

12月30日 上午，应上海市教育局之邀，赴湖社陈英士纪念堂参加市教育局第五次学术讲座，发表演讲，刊1935年2月12日、19日、26日及3月5日、12日、19日、26日《新夜报·普及教育》第一至七期（收入川版《全集》第十一卷）。

12月 应安徽省教育厅邀请赴皖参加皖省教育会议。后在安徽大学教育学社谈讲会发表演讲《关于现代教育上的几个实际问题》，刊1935年6月《教育新潮》第四卷第一、二期合刊，又载1935年6月10日《教育周刊》第七十三期，记录曾德培（收入湘版《全集》第八卷，又收入川版《全集》第十一卷）。

冬 应安徽教育厅之请，赴安庆演讲《攻破普及教育之难关》，并带领程本海、朱泽甫等六人在安徽大力推广“小先生制”。

本年 作长诗《兴学的乞丐》，载山东临清私立武训小学编辑的《武训先生九七诞辰纪念册》（收入湘版《全集》第四卷，又收入川版《全集》第七卷）。

同年 作诗《慈母读书图》《我的袜》《送一位摩登小姐》《大饼油条》（收入《知行诗歌续集》，后收入湘版《全集》第四卷，又收入川版《全集》第七卷）。

同年 作《生活教育提要》，载同年方与严著《新教育史》（收入湘版《全集》第八卷，又收入川版《全集》第十一卷）。

同年 主编《小先生丛书》。

1935年
（民国二十四年　乙亥）　44岁

2月　全国国语教育促进会定本年为“国语教育年”。本月，在全国电台举办国语教育讲演会，由王世杰、赵元任等播讲。

8月1日　教育部、内政部联合规定“儿童教育年”，以“唤起全国注意儿童教养”。

10月19日　中央红军抵达陕西吴起镇，与陕北红军胜利会师。

12月9日　北平学生爆发“一二·九”抗日救亡运动。

1月1日　手书《一张破棉被》作《生活教育》第一卷第二十二期封面题诗（收入湘版《全集》第四卷，又收入川版《全集》第七卷）。

同日　发表《不费钱的课本》，刊《生活教育》第一卷第二十二期（收入湘版《全集》第二卷，又收入川版《全集》第三卷）。

同日　发表《拉夫教育》，刊《生活教育》第一卷第二十二期（收入湘版《全集》第二卷，又收入川版《全集》第三卷）。

同日　发表《儿童的世界》，刊上海《新儿童》杂志（收入湘版《全集》第三卷，又收入川版《全集》第三卷）。

同日　发表《中国普及教育方案之商榷》，刊《湖北特教》半月刊创刊号。

1月4日　复台和中函（收入湘版《全集》第五卷，又收入川版《全集》第八卷）。

1月14日　发表《子钵先生捉虱子》，刊天津《大公报·明日之教育》第五十三期。

1月15日　赴上海大连湾路与上海世界书局股份有限公司总经理陆高谊签订重编小学教科书及指导书的附加补充合约。合同要求完成编订国语、算学、自然、社会等教科书任务。

1月16日　手书《改作黄金时代歌》作《生活教育》第一卷第二十三

期封面题诗（收入川版《全集》第七卷）。

同日 发表《谈日光教育》《谈文字符号》《谈调查学龄儿童》，刊《生活教育》第一卷第二十三期（收入湘版《全集》第二卷，又收入川版《全集》第三卷）。

1月20日 下午四时，在苏州花园饭店参加中国教育学会第四次理事会议，到欧元怀、杨亮功、郑西谷、刘廷芳、郑宗海等。会上陶行知报告前中华教育改进社产款书籍等已经荡然无存（原载同年2月18日《大公报》，后收入川版《全集》第十二卷）。

1月21日 将自著的童话寓言《乌鸦》题字赠送给日本东京池袋儿童之村生活学校。向日本介绍生活教育、山海工学团和小先生制。

1月22日 致函王云五（藏重庆育才中学）。

1月23日 上午十时，赴俞塘出席沪郊农村协进会发起人会议，到黄炎培、钮永建、江问渔等多人。下午一时，继续开会（载1935年1月25日《申报》）。

同日 据黄炎培记述："偕知行、惠泉、纠思、秀娥赴俞塘钮惕生家，举行沪郊农村工作协进会，被推主席。晚五时回沪。"（《黄炎培日记》第5卷，第17页）

1月24日 下午，召开山海工学团小先生谈话会。（载陆德森《儿童社会成立记》，后收入湘版《全集》第八卷，又收入川版《全集》第三卷）

1月25日 下午一时，赴孟家木桥列席儿童社会第一次筹备会，张顺根主席。会上建议小先生起草儿童社会的组织大纲和宣言。

1月27日 致函冯玉祥（收入湘版《全集》第五卷，又收入川版《全集》第八卷）。

同日 致函安徽省教育厅厅长杨廉（《陶行知年谱》，第265—266页）。

1月29日 致函雷沛鸿（雷坚编著：《雷沛鸿传》，广西人民出版社1997年版，第100页；后收入川版《全集》第十一卷）。

1月30日 参加儿童社会第二次筹备会，马善业主席。会上被推举为辅助团主任。

1月31日 参加儿童社会第三次筹备会，张健主席。会上报告俞庆棠稿费捐赠一事，并草拟儿童社会临时学术辅导员名单。

1月 发表《普及现代生活教育之路》（亦名《攻破普及教育之难关》），刊《中华教育界》第二十二卷第七期，后又刊同年3月至4月《生活教育》第二卷第一、二、三期（收入《普及教育续编》[1]，后收入湘版《全集》第二卷，又收入川版《全集》第三卷）。

同月 发表《中国普及教育方案商讨》，刊《中华教育界》第二十二卷第七期，又刊同年1月1日《湖北特教》半月刊创刊号时题为《中国普及教育方案之商榷》，又载同年3月1日《生活教育》第二卷第一期（收入《普及教育续编》，后收入湘版《全集》第二卷，又收入川版《全集》第三卷）。

同月 张宗麟致函陶行知，刊《中华教育界》第二十二卷第七期（收入川版《全集》第三卷）。

同月 子钵就《子钵先生捉虱子》一文再作《陶知行先生的黄色烟幕弹》，刊《大公报·明日之教育》（收入川版《全集》第三卷）。

2月1日 发表《胡适的普及教育理论》，刊《生活教育》第一卷第二十四期（收入湘版《全集》第二卷，又收入川版《全集》第三卷）。

同日 发表《从孔德成的教育说到孔子的故乡与祖国》，刊《生活教育》第一卷第二十四期（收入《普及教育续编》，后收入湘版《全集》第二卷，又收入川版《全集》第三卷）。

同日 发表《一来一去》，刊《生活教育》第一卷第二十四期（收入湘版《全集》第二卷，又收入川版《全集》第三卷）。

2月9日 参加中华职业教育社召开的专家会议，讨论“复兴民族目标下之青年职业训练问题”。

2月10日 修订《乡村小学比赛表》，刊同年3月1日《生活教育》第二卷第一期（收入《普及教育续编》，后收入湘版《全集》第二卷，又收入川版《全集》第三卷）。

2月12日 主编的中国普及教育助成会筹备会《普及教育》周刊在上海《晨报》创刊。

同日 连载演讲词《普及教育》（连载至同年2月26日），刊上海《晨报·普及教育周刊》。

2月20日 与蔡元培、郑振铎、穆藕初、程演生、舒新城、张耀翔、陈望道、郁达夫、郃爽秋、邵力子、吴稚晖、老舍、叶圣陶、王国秀、胡愈之、巴金等二百余人发起推行手头字运动，在《太白》半月刊第一卷第

---

[1] 本书版本信息为陶行知：《普及教育续编》，儿童书局1935年发行。后文从略。

十一期刊发《推行手头字缘起》(收入川版《全集》第三卷)。

2月24日 《申报》刊发《推行手头字缘起》一文，陶行知列名于二百余人中[《蔡元培年谱长编》(下2)，第197页]。

2月 编撰的《老少通千字课》由上海商务印书馆陆续出版。全书共有四册，每篇课文有汉字和旧式国语注音符号。

3月1日 发表《乡村小学比赛表》，刊《生活教育》第二卷第一期。

同日 发表《中国普及教育方案商讨》，刊《生活教育》第二卷第一期。

同日 发表《私塾改造会组织大纲草案》，刊《生活教育》第二卷第一期，注明陶行知拟(收入湘版《全集》第二卷，又收入川版《全集》第三卷)。

同日 《生活教育》第二卷第一期刊发《中国普及教育助成会工作会员之工作与报告》《全国小先生普及教育表》(收入川版《全集》第三卷)。

同日 《生活教育》第二卷第一期刊发《生活教育社通告》(收入川版《全集》第三卷)。

同日 发表连载《攻破普及教育之难关》(连载至1935年4月1日)，于是日开始在《生活教育》第二卷第一、二、三期上刊载。

3月3日 上午九时，由南京乘船赴九江。

3月4日 下午五时抵达九江。

同日 致函山海儿童社会全体小朋友(收入湘版《全集》第五卷，又收入川版《全集》第八卷)。

3月6日 应湖北省教育厅厅长程其保之邀，与江问渔、刘湛恩、艾险舟、钮惕生参加湖北省教育专家研讨会，为湖北教育及成立湖北省立教育学院出谋划策(载1935年5月1日《湖北教育月刊》第二卷第五期)。

同日 上海世界书局陆高谊总经理致函陶行知(收入川版《全集》第五卷)。

3月7日 上午，赴湖北省教育厅纪念堂参加湖北省教育厅专家会第一次讨论会，发表有关普及教育的意见及建议。晚八时，参加普及教育组讨论会议，提出“湖北省推行识字教育案”(载1935年5月1日《湖北教育月刊》第二卷第五期)。

3月8日 上午，赴教育厅纪念堂参加研讨会，就职业教育问题发表意见。后又对师范教育发表意见。又做演讲《普及教育》(刊同年5月1日

《湖北教育月刊》第二卷第五期)。

同日 下午五时，与张宗麟赴汉口市立第三小学，演讲《怎样做小先生》，记录者：祭星（载《汉口市三小小先生第一集》，后收入湘版《全集》第二卷，又收入川版《全集》第三卷）。

同日 晚，赴武昌金城银行参加湖北省民政厅孟厅长及地方政务研究会副主任吴景洲安排的招待会（见1935年5月1日《湖北教育月刊》第二卷第五期）。

3月9日 上午赴湖北省教育厅参加草案审查工作。晚，赴武昌新生活俱乐部参加湖北省教育厅组织的晚宴。后登江华轮离汉（见1935年5月1日《湖北教育月刊》第二卷第五期）。

同日 致函张宗麟之妻王荆璞（收入湘版《全集》第五卷，又收入川版《全集》第八卷）。

3月10日 与李公朴等发起、推行手头字运动，同时公布手头字第一期字汇表。

同日 为张宗麟之女张阿沪作诗《送三岁半的张阿沪小先生》（收入《知行诗歌续集》，后收入湘版《全集》第四卷，又收入川版《全集》第七卷）。

3月16日 手书《自立立人歌》第三节作《生活教育》第二卷第二期封面题诗。

3月24日 赴俞塘民众教育馆参加沪郊农村工作协进会成立大会，发表演说（载次日《申报》）。

3月25日—27日 赵元任带女儿赵如兰到上海百代公司灌制一组歌曲唱片。赵元任唱《教我如何不想他?》和《江上撑船歌》；赵如兰唱《儿童节歌》《手脑相长歌》《儿童工歌》《小孩不小歌》（陶行知作词，赵元任作曲）等儿童歌曲（《赵元任年谱》，第197—198页）。

3月31日 致函白动生等人，告知《西湖八小孩》稿费一事（收入湘版《全集》第五卷，又收入川版《全集》第八卷）。

4月1日 赴无锡。

同日 手书诗歌《农夫歌增补》第二段，以《农民眼中之新教育——调寄农夫歌》名作《生活教育》第二卷第三期封面题诗。

同日 发表《凤阳花鼓》，刊《生活教育》第二卷第三期（收入《知行诗歌续集》改题为《凤阳花鼓改作》，后收入湘版《全集》第四卷，又收入川版《全集》第七卷）。

同日 发表诗歌《自立立人歌》，刊《生活教育》第二卷第三期（收入《知行诗歌续集》，后收入湘版《全集》第四卷，又收入川版《全集》第七卷）。

同日 复函杭州翁家山小学小先生，赞扬其开展的小先生运动，并祝“整个翁家山日日新!”（收入湘版《全集》第五卷，又收入川版《全集》第八卷）

同日 《生活教育》第二卷第三期刊发《山海儿童社会组织大纲》（收入川版《全集》第三卷）。

4月4日 在山海工学团参加儿童节纪念会。

4月10日 创办“三十分钟普及教育”（即空中学校）。每日中午十二时至十二时三十分，由上海中西药房无线电台播送。内容为《老少通千字课》、唱歌、自然科学和社会科学。三十分钟支配为：唱歌六分钟，自然科学五分钟，世界大事四分钟，国语十五分钟。唱歌由陶行知作词，赵元任制谱，赵如兰、陈秋子灌音。国语采用商务印书馆出版的《老少通千字课》，陶晓光用北平语讲解指导。预定四个月完毕，可学二十首诗歌，一百条重要科学常识，一百条世界大事，九十六课国语。

同日 晚，与郭秉文、陈鹤琴、谬茂如等以哥伦比亚同学会的名义，宴请过沪的哥伦比亚大学教授孟禄（载1935年4月11日、12日《申报》）。

4月16日 发表《五千万匹马力的普及教育机器》，刊《生活教育》第二卷第四期（收入《普及教育续编》时略作修改，后收入湘版《全集》第二卷，又收入川版《全集》第三卷）。

同日 《生活教育》第二卷第四期上刊发陶行知任校长的儿童科学通讯学校“招生启事”（收入湘版《全集》第三卷，又收入川版《全集》第三卷）。

4月18日 湘湖师范收到陶行知所写匾额“工学馆”及诗歌一首。

4月20日 汉口广播电台广播陆开枱所讲“小先生制的认识与实际”（收入《普及教育三编》，后收入川版《全集》第三卷）。

4月23日 黄炎培“讯知行”（《黄炎培日记》第5卷，第40页）。

4月26日 主编的《民众学校教科书》由世界书局出版。

同日 拟定民众科学丛书交稿日期表。

4 月 再度发表《小先生与普及教育》，刊《民众教育季刊》第四卷第三号。

同月 杨肃发表《陶行知邰爽秋二先生农村教育主张之不同》，刊《中华教育界》第二十二卷第十期。

春 拟定《安徽普及教育令》，载《广西普及国民基础教育研究院日刊》第十九号（收入川版《全集》第十一卷）。

5 月 1 日 发表《文化细胞》，刊《生活教育》第二卷第五期，又以《文化细胞之创造》名载《晨报·普教周刊》（收入《普及教育续编》，后收入湘版《全集》第二卷，又收入川版《全集》第三卷）。

同日 发表《〈镰刀歌〉增补（二）、（三）两首》，刊《生活教育》第二卷第五期（收入《知行诗歌续集》，后收入湘版《全集》第四卷，又收入川版《全集》第七卷）。

同日 《湖北教育月刊》第二卷第五期刊发陶行知于同年 3 月 6 日至 9 日在武汉参加湖北省教育厅研讨会时的演讲《民众教育》《普及教育》《普及现代生活教育之路》。

5 月 2 日 赵元任完成《儿童节歌曲集》（陶行知作词，赵元任谱曲）稿，并寄商务印书馆。该书编入了《儿童节歌》《小先生歌》《春天不是读书天》《手脑相长歌》《儿童工歌》和《小孩不小歌》等六首儿童歌曲（《赵元任年谱》，第 198 页）。

5 月 4 日 上海银行经理杨敦甫去世。其家人将赙仪 6 000 余元捐给佘儿岗农村小学，以 1 000 元造了五间茅棚式纪念堂并做了一些桌凳，5 000 元存于银行，利息补助该校经常费用。

陶行知对此深为感动，作诗《杨敦甫先生纪念诗》（收入《知行诗歌三集》，后收入湘版《全集》第四卷，又收入川版《全集》第七卷）。

5 月 11 日 戴自俺致信陶行知，后以《北国播送的普教之音——给陶行知先生的信之一》刊于同年 6 月 16 日《生活教育》第二卷第八期。

5 月 14 日 发表文章连载《怎样做小先生》（连载至 1935 年 8 月 20 日），于是日开始在《晨报·新夜报·普及教育》刊载。《新夜报》教育周刊每逢周二出版，从 1935 年 4 月 10 日起每期都登载由陶行知主办的“空中学校”所发的《半小时普教消息》。

5 月 16 日 手书《五一歌》第三段，以《不平文化小影》名作《生活教育》第二卷第六期封面题诗。

同日 发表《文化网》，刊《生活教育》第二卷第六期（收入《普及教育续编》，后收入湘版《全集》第二卷，又收入川版《全集》第三卷）。

同日 发表《强迫教育新义》，刊《生活教育》第二卷第六期，又以《普及教育新义》名刊《晨报·普教周刊》（收入《普及教育三编》，后收入湘版《全集》第二卷，又收入川版《全集》第三卷）。

同日 发表《西桥工学团一周纪念》，刊《生活教育》第二卷第六期（收入《知行诗歌续集》，后收入湘版《全集》第四卷，又收入川版《全集》第七卷）。

5月20日 汉口市三小小先生普及教育先锋团致函陶行知，汇报小先生工作并建议发起“全国小先生通讯”（载同月28日上海《新夜报·普及教育》周刊，后收入川版《全集》第三卷）。

5月中旬 派密野和鸿达去创办郭家桥工学团。

5月31日 据黄炎培记述：“午，河南大学萧承慎率学生丁志刚、邓瑞明、梁允恭、陈伯英、仝祥云、李荫、朱锡仁、孙永泉、陈际轩、王鸿印、张继桓、王席珍、刘荣裕十三人在家会餐，陶知行亦到。”（《黄炎培日记》第5卷，第57页）

6月1日 手书《一般小康父母之恐怖》以作《生活教育》第二卷第七期封面题诗（收入《知行诗歌三集》时改题为《小康父母之恐怖》，后收入湘版《全集》第四卷，又收入川版《全集》第七卷）。

同日 发表《对于上海市普及初步教育之意见》，刊《生活教育》第二卷第七期（收入湘版《全集》第二卷，又收入川版《全集》第三卷）。

同日 发表《儿戏与儿教》，刊《生活教育》第二卷第七期（收入《普及教育三编》，后收入湘版《全集》第二卷，又收入川版《全集》第三卷）。

同日 发表《五一歌》，刊《生活教育》第二卷第七期（收入《知行诗歌续集》，后收入湘版《全集》第四卷，又收入川版《全集》第七卷）。

6月6日 据冯玉祥记述：“本日见陶行知先生小诗，及攻破某某说法，读之极为敬服也。”（《冯玉祥日记》第四卷，第552页）

6月9日 由冯国华代理参加沪郊农村工作协进会首次理事会，当选为该会干事，负责普及教育委员会的工作。会上提交《沪郊各县初步普及教育办法草案》。

6月10日 发表演讲词《关于现代教育上的几个实际问题》，刊《教育周刊》第七十三期。

6月16日 下午二时，赴大陆商场三楼参加《申报》业余补习学校成立大会，并作演讲（载本日《申报》）。

同日 发表《通不通》，刊《生活教育》第二卷第八期（收入《普及教育三编》，后收入湘版《全集》第二卷，又收入川版《全集》第三卷）。

同日 作诗《一分钟歌谣演讲》，刊《生活教育》第二卷第八期（收入《知行诗歌续集》，后收入湘版《全集》第四卷，又收入川版《全集》第七卷）。

6月18日 对来沪参观的山西大学教育学院教育系毕业生和山东省社教考察团演讲《普及教育》。

6月19日 在山海工学团接待前来参观的山东省社教考察团。

6月 编著《普及教育续编》，由上海儿童书局出版。全书分理论、实施办法、表格、诗歌四个部分。

同月 发表《关于现代教育上的几个实际问题》，刊《教育新潮》第四卷第一、二期合刊。

7月1日 发表《从跑狗场谈到教育》，刊《生活教育》第二卷第九期（收入湘版《全集》第二卷，又收入川版《全集》第三卷）。

同日 发表诗歌《儿童年献歌之一》《儿童年献歌之二》，刊《生活教育》第二卷第九期（收入《知行诗歌续集》，后收入湘版《全集》第四卷，又收入川版《全集》第七卷）。

7月2日 参加中华儿童教育社全体理事会（载同月11日《申报》）。

7月6日 下午四时，赴大夏大学出席中国教育学会第五届理事会，推选出席世界教育大会代表（载次日《申报》）。

7月9日 赴中华职业教育社参加沪郊农村工作协进会卫生委员会成立会。被推选为沪郊农村工作协进会卫生事业委员会委员。

7月16日 手书《一分钟歌谣演讲》第三段以作《生活教育》第二卷第十期封面题诗。

同日 发表《读〈实施义务教育暂行办法大纲〉有感》，刊《生活教育》第二卷第十期（收入《普及教育三编》，后收入湘版《全集》第二卷，又收入川版《全集》第三卷）。

同日 发表《儿童年献歌之四》，刊《生活教育》第二卷第十期（收入《知行诗歌三集》，后收入湘版《全集》第四卷，又收入川版《全集》第七卷）。

7 月 17 日 据冯玉祥记述：“陶宏先生来，为说天文也，带到行知先生信二件，尚未复。”（《冯玉祥日记》第四卷，第 575 页）

7 月 18 日 据冯玉祥记述：“陶先生自本日午后四点讲天文学。青年有为，可敬，可佩。亦可见陶行知先生有家教也。”（《冯玉祥日记》第四卷，第 576 页）

7 月 23 日 据冯玉祥记述：“同陶宏先生谈。知其乘自行车被汽车撞晕的事。”（《冯玉祥日记》第四卷，第 579 页）

7 月 25 日 发表《大众读书谈》，刊《读书生活》第二卷第六期（收入《普及教育三编》，后收入湘版《全集》第二卷，又收入川版《全集》第三卷）。

7 月 30 日 致函刘琼瑶，为漳平师资训练所推荐之人李名各申请旅费（收入湘版《全集》第五卷，又收入川版《全集》第八卷）。

7 月 在上海法租界八仙桥徽宁小学毕业典礼上，对学生发表谈话（载《行知研究》1985 年 5 月第十一期，后收入川版《全集》第十一卷）。

夏 作《儿童年献歌之三》（收入湘版《全集》第四卷，又收入川版《全集》第七卷）。

8 月 1 日 发表《普及教育之组织与方法》，刊《生活教育》第二卷第十一期，又以《组织与方法——普及教育问题之一》名载《晨报·普教周刊》（收入《普及教育三编》，后收入湘版《全集》第二卷，又收入川版《全集》第三卷）。

同日 发表《再论普及教育之组织与方法》，刊《生活教育》第二卷第十一期，又以《再论组织与方法——普及教育问题之二》名载《晨报·普教周刊》（收入《普及教育三编》，后收入湘版《全集》第二卷，又收入川版《全集》第三卷）。

同日 发表《儿童年献歌（一）（二）》，刊《申报》。

同日 英商电气音乐实业有限公司致函陶行知（收入川版《全集》第十二卷）。

8 月 2 日 据冯玉祥记述：“李友梅同马先生侣贤来，持有陶先生的信，其中言小先生之办法，又换人的办法。”（《冯玉祥日记》第四卷，第 583 页）

8 月 3 日 据冯玉祥记述：“午夜认星星，同陶先生宏。”（《冯玉祥日记》第四卷，第 584 页）

8月4日 据冯玉祥记述："李友梅先生同马先生××对各校先生说小先生之办法。我听了很觉重要。"（《冯玉祥日记》第四卷，第584页）

8月9日 据冯玉祥记述："星斗的夜间，同陶宏看了一夜的星斗，亦是我一生最有趣味之一夜也。如此研究，定能尽天文图也，勉之，勉之！应当写一篇很长的星名于此。"（《冯玉祥日记》第四卷，第587页）

8月10日 据冯玉祥记述："天文学半日讲两次，完结了。陶宏之学问、之态度均很好，既天真又沉稳，诚一极好的青年，教育之关系太大了，然亦足见其父母之所重视如何为主了。行知先生之子应极好方为对的。"（《冯玉祥日记》第四卷，第587页）

8月11日 据冯玉祥记述："陶宏一早走上海，赠帛二匹，文物三件，惜未赠钱，后知其只有洋四毛云。我把钱二百元由上海良三给行知先生办事之法，我太不细心了。"（《冯玉祥日记》第四卷，第588页）

8月15日 上午九时，美国哥伦比亚大学家庭教育研究院教师考察团参观山海工学团。十一时，考察团在全国青年协会听陶行知演讲《普及教育》。十二时半，上海市市长吴铁城招待考察团（载同月14日《申报》）。

8月16日 发表《新文字创造之商榷》，刊《生活教育》第二卷第十二期（收入《普及教育三编》，后收入湘版《全集》第二卷，又收入川版《全集》第三卷）。

8月17日 开收据："今收到世界书局小学教科书编辑费贰佰整。"（藏重庆育才中学）

8月20日 西桥工学团杭良溪致函陶行知（收入《普及教育三编》，后收入川版《全集》第三卷）。

8月24日 西桥工学团杭金洪致函陶行知（收入《普及教育三编》，后收入川版《全集》第三卷）。

同日 西桥工学团小先生阮茂祥致函陶行知（收入《普及教育三编》，后收入川版《全集》第三卷）。

同日 西桥工学团承国平、承国新、王桂林、杭良溪分别致函陶行知，汇报小先生工作（收入《普及教育三编》，后收入川版《全集》第三卷）。

8月31日 致函刘琼瑶，告知汇款使用情况（收入湘版《全集》第五卷，又收入川版《全集》第八卷）。

8月 指派张劲夫任山海工学团团长；张健任山海工学团赵泾巷分团

长（《陶行知年谱》，第 277 页）。

9 月 1 日 手书《西桥工学团一周纪念》一诗以作《生活教育》第二卷第十三期封面题诗，题末署“陶行知祝”。

同日 发表《跟西桥学》，刊《生活教育》第二卷第十三期（收入《普及教育三编》，后收入湘版《全集》第二卷，又收入川版《全集》第三卷）。

同日 作诗《纪念九一八》，刊同月 16 日《生活教育》第二卷第十四期（收入《知行诗歌续集》时略做修改并改题为《“九一八”四周纪念》，后收入湘版《全集》第四卷，又收入川版《全集》第七卷）。

同日 戴自俺发表《我的暑期普教工作——给陶行知先生的信》，刊《生活教育》第二卷第十三期。

9 月 4 日 作《佘儿岗儿童自动小学三周纪念》（收入《知行诗歌续集》，后收入湘版《全集》第四卷，又收入川版《全集》第七卷）。

9 月 12 日 中秋夜作《贺陈伦朱秉瑜结婚》（收入《知行诗歌续集》，后收入湘版《全集》第四卷，又收入川版《全集》第七卷）。

9 月 16 日 手书《一双手》诗之前三节，取名为《双手万能歌》，以作《生活教育》第二卷第十四期封面题诗（收入川版《全集》第七卷）。

同日 发表诗歌《纪念九一八》，刊《生活教育》第二卷第十四期。

9 月 18 日 作诗《做工》并翻译英文版 *Work*，作诗《读书》并译作英文 *Study*，作诗《教人》并译英文版 *Teaching*，作诗《抗日》并译英文版 *Resist Japan*（收入川版《全集》第六卷）。

9 月 20 日 作《大减价的鼓声》，刊同年 11 月 1 日《生活教育》第二卷第十七期《大众诗歌》栏目（收入《知行诗歌续集》时改题为《街头鼓（大贱卖小影之一）》，后收入湘版《全集》第四卷，又收入川版《全集》第七卷）。

9 月 24 日 发表《大不如小》，刊《晨报·普教周刊》（收入《普及教育三编》，后收入湘版《全集》第二卷，又收入川版《全集》第三卷）。

9 月 作诗《即铭（一）》（收入三联书店版《行知诗歌集》，后收入湘版《全集》第四卷，又收入川版《全集》第七卷）。

10 月 1 日 发表《再谈大不如小》，刊《晨报·普教周刊》（收入《普及教育三编》，后收入湘版《全集》第二卷，又收入川版《全集》第三卷）。

同日 发表《恋爱当饭吃》，刊《生活教育》第二卷第十五期（收入湘版《全集》第二卷，又收入川版《全集》第三卷）。

10 月 15 日 发表《是谁不灵》，刊《晨报·普教周刊》（收入《普及教育三编》，后收入湘版《全集》第二卷，又收入川版《全集》第三卷）。

10 月 16 日 手书诗歌《结婚杂感》第一节作《生活教育》第二卷第十六期封面题诗。

同日 发表《谈结婚》，刊《生活教育》第二卷第十六期（收入湘版《全集》第二卷，又收入川版《全集》第三卷）。

同日 发表诗歌《送翁家山小朋友》，刊《生活教育》第二卷第十六期（收入《知行诗歌三集》，后收入湘版《全集》第四卷，又收入川版《全集》第七卷）。

同日 发表诗歌《破棉袄》，刊《生活教育》第二卷第十六期（收入《知行诗歌三集》，后收入湘版《全集》第四卷，又收入川版《全集》第七卷）。

10 月 22 日 发表《邹平之共学处》，刊《晨报·普教周刊》（收入《普及教育三编》，后收入湘版《全集》第二卷，又收入川版《全集》第三卷）。

同日 西桥工学团小先生致函陶行知。

10 月 25 日 复函西桥工学团小先生（收入湘版《全集》第八卷，又收入川版《全集》第八卷）。

10 月 30 日 据陈君葆记述："苏曾懿提起平教运动乙事为问，因为详细说明晏阳初在定县的成就及他的来历，然后及梁漱溟、陶行知、熊佛西等的努力。乡村教育方法固然有探取丹麦的地方，但丹麦的运动似乎系合作社运动盛行后之结果，中国却无这样的资藉，故平民教育应改变路线。在一方面看来平教运动在中国系有它的特殊意义及重要性。"（《陈君葆日记全集》[①] 第一卷，第 201 页）

10 月 31 日 复函刘琼瑶，谈订购《生活教育》《古庙敲钟录》等事（收入湘版《全集》第五卷，又收入川版《全集》第八卷）。

10 月 由上海儿童书局出版《知行诗歌续集》，署名陶行知著，共收录诗歌 46 首。

秋 指导汪达之筹建"新安旅行团"。

---

① 本书版本信息为陈君葆著，谢荣衮编：《陈君葆日记全集》，商务印书馆（香港）有限公司 2004 年版。后文从略。

秋 请上海广慈医院和红十字会医院的医师赴南京佘儿岗小学，为同学治疗疾病（载《南京儿童自动学校十年努力记》，第63页）。

11月1日 手书《儿童年献歌之四》之第三节，以《儿童年献歌》为题，作《生活教育》第二卷第十七期封面题诗。

同日 发表《新诗路线》，刊《生活教育》第二卷第十七期（收入湘版《全集》第二卷，又收入川版《全集》第三卷、第七卷）。

同日 发表《也是比武——对全国运动会感想》，刊《生活教育》第二卷第十七期（收入湘版《全集》第二卷，又收入川版《全集》第三卷）。

同日 发表《大减价的鼓声》，刊《生活教育》第二卷第十七期。

11月11日 发表《普及教育与店员》，刊《晨报·普教周刊》（收入《普及教育三编》时改题为《店员与普及教育》，后收入湘版《全集》第二卷，又收入川版《全集》第三卷）。

11月16日 手书《老妈子先生歌》作《生活教育》第二卷第十八期封面题诗。此诗亦载于本期《生活教育》之《大众诗歌》栏（收入《知行诗歌三集》，后收入湘版《全集》第四卷，又收入川版《全集》第七卷）。

同日 发表《怎样写大众文》，刊《生活教育》第二卷第十八期（收入《普及教育三编》，后收入湘版《全集》第二卷，又收入川版《全集》第三卷）。

同日 发表《再谈怎样写大众文》，刊《生活教育》第二卷第十八期（收入《普及教育三编》，后收入湘版《全集》第二卷，又收入川版《全集》第三卷）。

同日 发表诗歌《农村破产》《自鸣钟》，刊《生活教育》第二卷第十八期《大众诗歌栏》（收入《知行诗歌三集》，后收入湘版《全集》第四卷，又收入川版《全集》第七卷）。

11月19日 发表《家庭妇女与普及教育》，刊《晨报·普教周刊》，又载《安徽教育辅导旬刊》第一卷第二十一期（收入《普及教育三编》，后收入湘版《全集》第二卷，又收入川版《全集》第三卷）。

11月26日 发表《连环画》，刊《晨报·普教周刊》（收入《普及教育三编》，后收入湘版《全集》第二卷，又收入川版《全集》第三卷）。

11月 由上海生活书店出版《怎样做小先生——小先生指导法》（收入湘版《全集》第二卷，又收入川版《全集》第三卷）。

12月1日 手书诗歌《亭子间工学团》第一节作《生活教育》第二卷

第十九期封面题诗。

同日 发表《亭子间工学团》，刊《生活教育》第二卷第十九期《大众诗歌》栏（收入《知行诗歌三集》，收入《普及教育三编》时作修改并改题为《亭子间工学团——跟华荣根学》，后收入湘版《全集》第四卷，又收入川版《全集》第三卷）。

同日 发表诗歌《公路建设》，刊《生活教育》第二卷第十九期《大众诗歌》栏（收入《知行诗歌三集》，后收入湘版《全集》第四卷，又收入川版《全集》第七卷）。

同日 发表《大众画报——一个需要·一个建议》，刊《生活教育》第二卷第十九期（收入《普及教育三编》，后收入湘版《全集》第二卷，又收入川版《全集》第三卷）。

同日 发表《流通图书馆与普及教育》，刊《生活教育》第二卷第十九期（收入《普及教育三编》，后收入湘版《全集》第二卷，又收入川版《全集》第三卷）。

同日 发表《马可尼》，刊《生活教育》第二卷第十九期（收入湘版《全集》第二卷，又收入川版《全集》第三卷）。

12月3日 发表《赙仪兴学》，刊《晨报·普教周刊》（收入《普及教育三编》，后收入湘版《全集》第二卷，又收入川版《全集》第三卷）。

12月10日 发表《当当兴学》，刊《晨报·普教周刊》（收入《普及教育三编》，后收入湘版《全集》第二卷，又收入川版《全集》第三卷）。

12月12日 与宋庆龄、何香凝、马相伯、沈钧儒等知名人士联署发表《上海文化界救国运动宣言》。

12月16日 手书诗歌《水铭》前四句以作《生活教育》第二卷第二十期封面题诗。

同日 发表《自力更生》，刊《生活教育》第二卷第二十期（收入湘版《全集》第二卷，又收入川版《全集》第三卷）。

同日 发表《两天内两大洲上的民族革命》，刊《生活教育》第二卷第二十期（收入湘版《全集》第二卷，又收入川版《全集》第三卷）。

12月21日 位列马相伯、沈钧儒、胡愈之等二百八十一人共同发起《上海文化界救国运动宣言》，刊《大众生活》第一卷第六期（收入川版《全集》第三卷）。

12月23日 发表《四个先生》，刊《大众生活》第一卷第二期（收入

《普及教育三编》，后收入湘版《全集》第二卷，又收入川版《全集》第三卷）。

12月24日 发表《短期小学变成小师范》，刊《晨报·普教周刊》，又刊《安徽教育辅导旬刊》第一卷第二十六期（收入《普及教育三编》，后收入湘版《全集》第二卷，又收入川版《全集》第三卷）。

12月27日 下午三时，赴西藏路宁波同乡会参加上海文化界救国会成立大会，到江问渔、沈钧儒、郃爽秋、章乃器、王造时、曹聚仁、孙师毅等三百余人。与马相伯、沈钧儒、邹韬奋、李公朴、史良等三十五人被选为执行委员。会上通过了《上海文化界救国会第二次宣言》，刊于次年1月11日《大众生活》第一卷第九期，又刊次年1月16日《生活教育》第二卷第二十二期（收入湘版《全集》第三卷，又收入川版《全集》第三卷）。

12月 由上海儿童书局出版《知行诗歌别集》，该诗集又名《清风明月集》，署名陶行知著。诗集共有诗歌140首。

冬 聘请冼星海到山海工学团做音乐教师。

本年 派请新安旅行团顾问汪达之及团员从上海赴南京佘儿岗小学，为其播放电影（载《南京儿童自动学校十年努力记》，第63页）。

同年 在酝酿筹组上海文化界救国会时，与沈钧儒、杨东莼等人开始以聚餐形式进行活动。第一次活动在南京饭店吃饭，只有陶行知、杨东莼、曹亮等八九人。席间，沈钧儒说："要参加就要准备坐班房，甚至砍头，否则就不参加。"

同年 杨东莼参与陶行知的山海工学团。后来杨东莼在回忆中说：我们当时奔走了一天，才搞到一点钱，工学团才能过年。故而杨极力称赞陶行知的这种"孜孜不倦，锲而不舍"的办教育精神。

同年 作《凤阳歌》并翻译英文版 *Feng Yang Song*（收入湘版《全集》第四卷，又收入川版《全集》第六卷）。

同年 作诗《下雨不上学》《乡下姑娘两难》《仍旧是》《农夫歌增补》（收入《知行诗歌续集》，后收入湘版《全集》第四卷，又收入川版《全集》第七卷）。

同年 作诗《公道》《堕落的白话文》《不平等条约》《水铭》《新文字歌（一）》《新文字歌（二）》《新文字歌（三）》《谢翁家山小先生约我去吃栗子看桂花》《结婚歌》《闹意见》《没有出路》《穷忙》《一幕悲剧》《我要证据》《当当兴学儿歌》（收入《知行诗歌三集》，后收入湘版《全集》第四卷，又收入川版《全集》第七卷）。

同年 作《儿童节献词》（收入湘版《全集》第四卷，又收入川版《全集》第七卷）。

同年 依据上海流行的《码头工人曲》填写《工人歌》（收入《行知歌曲集》，后收入湘版《全集》第四卷，又收入川版《全集》第七卷）。

同年 《音乐教育》第三卷第七期刊登陶行知作词、陈田鹤谱曲的《小先生》。

1936 年
（民国二十五年　丙子）　45 岁

1 月 21 日　日本外相广田发表“对华三原则”。

2 月　中国左翼作家联盟宣布解散。

5 月 5 日　国民政府公布《中华民国宪法草案》，时称“五五宪草”。

5 月 31 日　全国各界救国联合会在上海成立。

10 月 19 日　鲁迅在上海病逝。

11 月　全国各界救国联合会领导人沈钧儒、邹韬奋、章乃器、李公朴、王造时、史良、沙千里在上海被捕。

12 月 12 日　张学良、杨虎城发动西安事变。

年初　致函李公朴（《陶行知年谱》，第 293 页）。

1 月初　举办寒假教师讲习会，提出国难教育口号。又与王洞若起草《国难教育方案》，发起组织国难教育社（《陶行知年谱》，第 287 页）。

1 月 1 日　发表《连环的矛盾》，刊《生活教育》第二卷第二十一期（收入《普及教育三编》，后收入湘版《全集》第三卷，又收入川版《全集》第三卷）。

同日　发表《十二月运动与五四运动》，刊《生活教育》第二卷第二十一期，又作修改后刊同月 18 日《大众生活》第一卷第十期（收入湘版《全集》第三卷，又收入川版《全集》第三卷）。

同日　发表诗歌《古北口来的大刀》，刊《生活教育》第二卷第二十一期（收入《知行诗歌三集》，后收入湘版《全集》第四卷，又收入川版《全集》第七卷）。

1 月 6 日　起草的《上海文化界救国会国难教育方案》经上海文化界救国会通过，后刊同月 11 日《大众生活》第一卷第九期（收入《普及教育三编》，又收入《中国大众教育问题》，后收入湘版《全集》第三卷，又收入川版《全集》第三卷）。

1月11日 发表《上海文化界救国会国难教育方案》，刊《大众生活》第一卷第九期。

同日 《大众生活》第一卷第九期刊发《上海文化界救国会第二次宣言》。

1月16日 手书诗歌《即铭（二）》作《生活教育》第二卷第二十二期封面题诗（收入湘版《全集》第四卷，又收入川版《全集》第七卷）。

同日 发表《白话文与大众文》，刊《生活教育》第二卷第二十二期（收入湘版《全集》第三卷，又收入川版《全集》第三卷）。

同日 发表诗歌《一出历史戏的开场白》（收入湘版《全集》第四卷，又收入川版《全集》第七卷）。

同日 《生活教育》第二卷第二十二期再次刊发《上海文化界救国会第二次宣言》。

1月18日 发表《十二月运动与五四运动》，刊《大众生活》第一卷第十期。

1月28日 上海各界举行"一·二八"四周年纪念会，与沈钧儒等率领工人、农民及各界爱国人士近万人参加游行示威，徒步四十五里，到宝山庙行扫祭"一·二八"无名英雄墓，并在烈士墓前呼吁：国人团结起来抗日救国。

同日 《申报》称陶行知拟于本年3月7日赴青年会演讲"大众文化运动与民族解放"（载本日《申报》）。

1月 代表生活教育社与上海文化界救国会、职业界救国会、妇女救国会等团体及其他爱国人士，组成上海各界救国联合会，被选为理事。

同月 《工读周刊》发表《介绍深入民间的陶行知先生》。

1月—2月 与严谔声、李公朴、张曼筠合作诗歌《纪念"一·二八"》（收入《知行诗歌三集》，后收入湘版《全集》第四卷，又收入川版《全集》第七卷）。

又 作诗《一·二八》（收入川版《全集》第十二卷）。

2月1日 发表《战斗》，刊《生活教育》第二卷第二十三期（收入湘版《全集》第三卷，又收入川版《全集》第三卷）。

同日 发表诗歌《送给——店员学生》，刊《生活教育》第二卷第二十三期（收入《知行诗歌三集》，后收入湘版《全集》第四卷，又收入川版《全集》第七卷）。

2月3日 吴树琴作书信致陶行知。

2月4日 发表《儿童读物展览会》，刊《申报·时评》，署名秉（收入川版《全集》第十一卷）。

2月5日 顾颉刚作书信致陶行知（《顾颉刚日记》第三卷，第438页）。

2月6日 据顾颉刚记述："赴陶行知约，到四马路致美斋饭。……今日下午同席：山东邱、范数君、山海工学团员数人、予（以上客），陶行知（主）。"（《顾颉刚日记》第三卷，第439页）

2月10日 致函冯玉祥（收入湘版《全集》第五卷，又收入川版《全集》第八卷）。

2月11日 发表《民族解放中小先生之使命》，刊上海《星报》（收入《普及教育三编》，后收入湘版《全集》第三卷，又收入川版《全集》第三卷）。

2月14日 国民党中央执行委员会民众训练部特种社团科科长胡星伯密报上级有关文化界救国会组织及活动情形，告知"该会以马相伯为总常务委员，以下分设十部，名称及负责人如下：1. 组织部　沈钧儒；2. 宣传部　王造时；3. 文书部　章乃器；4. 纠察部　潘振亚；5. 事务部　顾明；6. 交际部　江问渔；7. 研究部　陶行知；8. 情报部　不详……"（《救国会史料集》，第241页）

2月15日 廖庶谦在《大众生活》第一卷第十四期著文《对于〈国难教育方案〉的意见》，对陶行知的方案提出不同意见。

同日 发表《答复庶谦先生》，刊《大众生活》第一卷第十四期（收入《普及教育三编》，后收入湘版《全集》第三卷，又收入川版《全集》第三卷）。

2月16日 手书《公路建设又一面小影》作《生活教育》第二卷第二十四期封面题诗。

同日 发表《民族解放大学校》，刊《生活教育》第二卷第二十四期（收入湘版《全集》第三卷，又收入川版《全集》第三卷）。

同日 与严谔声、李公朴、张曼筠合作发表诗歌《祭萧德先生》，刊《生活教育》第二卷第二十四期《大众诗歌》栏（收入《知行诗歌三集》时改题为《上海各界"一·二八"祭萧德义士》，后收入湘版《全集》第四卷，又收入川版《全集》第七卷）。

同日 《生活教育》第二卷第二十四期刊发《上海各界纪念"一·二

八”四周年大会宣言》《上海文化界救国会对“一·二八”四周年纪念宣传大纲》《“一·二八”四周年致祭无名英雄》（收入川版《全集》第三卷）。

2月22日 柳湜发表《国难教育实施的路线》，刊《大众生活》第一卷第十五期（收入川版《全集》第十二卷）。

2月23日 国难教育社成立，被选为理事长。主持起草《发起组织国难教育社缘起》《国难教育社成立宣言》《国难教育社简章》等文件，经会议通过。

同日 上午，赴上海沪江大学参加中华职业教育社第十届专家及评议员联席会议，到钮永建、庄泽宣、刘湛恩、陈鹤琴等四十余人。会上表示：“特殊教育委员会名称，在赣皖鄂等处专对剿匪而用，我们现在讨论特种教育，恐为他人误会，最近教部组织特种教育委员会之意思，是为应付现在国难时期之教育方针，与我们讨论者意思相同，不过现在在中国所需要的国难教育，应有几个特点：一、目标单一；二、大众的；三、联系的；四、行动的；五、自动的。”（载次日《申报》）

同日 据冯玉祥记述：“午后，见石瑛先生，为蒙藏人员任用办法谈了一回，又谈些行知先生之冤枉事、丁先生受打之事，真伤心也，真伤心也。”（《冯玉祥日记》第四卷，第687页）

2月 到沪东、沪西和浦东开办工人夜校、识字班、训练班等。

同月 《中国教育学会第三届年会报告》刊发陶所作《普及教育之要义与普及什么教育》（收入川版《全集》第十二卷）。

3月1日 发表《国难教育方案之特质》，刊《生活教育》第三卷第一期（收入《中国大众教育问题》时改题为《大众的国难教育方案之特质》，后收入湘版《全集》第三卷，又收入川版《全集》第三卷）。

同日 发表《黄浦江边不白冤》，刊《生活教育》第三卷第一期（收入湘版《全集》第三卷，又收入川版《全集》第三卷）。

同日 发表长诗《黑白之战》，刊《生活教育》第三卷第一期（收入大孚出版公司版《行知诗歌集》，后收入湘版《全集》第四卷，又收入川版《全集》第七卷）。

同日 《生活教育》第三卷第一期刊发《上海文化界救国会对中宣部告国人书之辨正》《北平文化界救国会第一次宣言》（收入川版《全集》第三卷）。

3月3日 致函冯玉祥（收入湘版《全集》第五卷，又收入川版《全集》第八卷）。

3月4日 据冯玉祥记述："见张某，说他是从吉林来的，有马相伯先生的信，有陶先生行知的信，没说多少话。"（《冯玉祥日记》第四卷，第691页）

3月5日 摘录冯玉祥记述："到蒋先生处一谈，所谈事项甚多：一、太炎先生事：1. 函件，2. 路费。二、丁慕韩先生事。三、陶行知、江问渔、章乃器各位先生救国会事，不可压而可联也。"（《冯玉祥日记》第四卷，第692页）

3月7日 据冯玉祥记述："午后，又到晓庄，为送他们夫妇。同陶宏、志杰谈了许多。看见苦同胞之营养不够，心中极为不安。"（《冯玉祥日记》第四卷，第693页）

3月8日 于《妇女大众战歌》上专门介绍何香凝在上海妇女救国会游行示威前的演讲词。

3月15日 发表 *The New Mass Education Movement*（《新的大众教育运动》），刊 *Voice of China*（《中国呼声》）英文半月刊第一卷第一期（收入湘版《全集》第八卷，又收入川版《全集》第六卷）。

同日 摘录冯玉祥记述："蒋介石先生来看我，谈话如下：……四、对于陶先生尚有不谅解之处：甲、陶不是共产教育法，乙、陶不是无政府教育法，丙、李石曾教育法亦非是，丁、蔡孑民之教育法亦不对，戊、非有系统不可，非有纪律不可。"（《冯玉祥日记》第四卷，第695页）

3月16日 发表《生活教育之特质》，刊《生活教育》第三卷第二期（收入湘版《全集》第三卷，又收入川版《全集》第三卷）。

同日 《生活教育》第三卷第二期刊发《上海话新文字方案》（收入川版《全集》第三卷）。

同日 《生活教育》第三卷第二期刊发《发起组织国难教育社缘起》《国难教育社成立宣言》《国难教育社简章》《国难教育社工作大纲》（收入湘版《全集》第三卷，又收入川版《全集》第三卷）。

3月22日 据冯玉祥记述："晚住晓庄，想到知行先生之事业，心中生了无限感慨。同陶宏先生谈学业问题，知其抱负不凡，诚可敬可佩。青年能如此坚决者有几人，如何不钦敬呢！然亦足见×××害人之深也，所谓不迷人而人自迷者，有由来矣。"（《冯玉祥日记》第四卷，第698页）

3月23日 据蔡元培记述："陶行知来，商三事：（一）向工部局借音乐队，再奏一次Brackner的交响乐，请傅有任指挥。（二）要我签名与吴稚晖等发起上海话新文字的传播。（三）陶君将于六月间往英国参加新教育同志会，需旅费、考察费、上海事业安顿费约八千圆，嘱代为筹措。"[《蔡元培日记》（下），第440页]

同日 据冯玉祥记述："同陶宏谈，知其刻刻不忘贫苦同胞，青年如此，诚可敬佩。"（《冯玉祥日记》第四卷，第699页）

3月25日 作诗《儿童节献歌》，载同年4月4日《永生》周刊第一卷第五期《谈谈儿童节》一文中（收入生活书店版《知行诗歌集》，后收入湘版《全集》第四卷，又收入川版《全集》第七卷）。

3月30日 举办欢迎会，欢迎杭州翁家山儿童旅行团的师生（载本日《申报》）。

同日 据黄炎培记述："三时，赴盐道街省立师范学校演说并留字：小学教师须人格高尚，常识丰富，无就业机会，可自设校，仿陶知行式。校长宋大鲁，教务主任胡忠智。"（《黄炎培日记》第5卷，第145—146页）

3月 作诗《妇女节》（收入湘版《全集》第四卷，又收入川版《全集》第七卷）。

4月1日 发表《儿童节对全国教师谈话》，刊《生活教育》第三卷第三期（收入《中国大众教育问题》时改题为《怎样做大众的教师》，后收入湘版《全集》第三卷，又收入川版《全集》第三卷）。

同日 《生活教育》第三卷第三期刊发《小先生联合会组织大纲》、《上海各界救国联合会对时局紧急宣言》（收入川版《全集》第三卷）。

同日 发表译诗《打开眼睛看看》，刊《生活教育》第三卷第三期（收入大孚出版公司版《行知诗歌集》，后收入湘版《全集》第四卷，又收入川版《全集》第七卷）。

4月4日 发表《谈谈儿童节》，刊《永生》周刊第一卷第五期（收入湘版《全集》第三卷，又收入川版《全集》第三卷）。

4月15日 五时，赴上海大通里访沈钧儒（《行知备忘》）。

4月16日 七时，赴上海知味观点心店（《行知备忘》）。

同日 发表《教育逃走》，刊《生活教育》第三卷第四期（收入湘版《全集》第三卷，又收入川版《全集》第三卷）。

同日 发表《新文字和国语罗马字——答复黎锦熙先生》，刊《生活教育》第三卷第四期（收入湘版《全集》第三卷，又收入川版《全集》第三卷）。

同日 《生活教育》第三卷第四期刊发《上海各界救国联合会为抗议军警围捕复旦学生宣言》《儿童节穷苦儿童联合纪念会宣言》（收入川版《全集》第三卷）。

4月17日 午十二时半，晤陈维稷（《行知备忘》）。

同日 李宗仁、白崇禧、黄旭初联名聘请陶行知赴广西民团干部学校讲学（收入川版《全集》第八卷）。

4月18日 下午二时，会唐冠真。三时，赴普及教育助成会。六时，赴中国银行会杨易之，又赴中行别业。晚八时半，赴普及教育助成会（《行知备忘》）。

4月19日 晨八时，赴徐家汇虹桥路一百八十七号（《行知备忘》）。

4月20日 晨八时，赴知味观。九时，赴福禄寿餐馆。下午三时，赴沙利文西餐馆（《行知备忘》）。

同日 致函冯玉祥（收入湘版《全集》第五卷，又收入川版《全集》第八卷）。

4月21日 下午四时，赴福禄寿餐馆。五时，赴知味观餐馆（《行知备忘》）。

4月22日 下午三时三十分，上海普慈疗养院发出汪纯宜病危通知书。

4月23日 上午十一时，离上海赴广西。

同日 下午五时四十五分，夫人汪纯宜病逝。

同日 发表为梅世钧所作诗歌《思梅曲》，刊《上海文化界救国会会刊》第四号（收入生活书店版《知行诗歌集》，后收入湘版《全集》第四卷，又收入川版《全集》第七卷）。

4月28日 抵达香港，接受《工商日报》记者采访（《陶行知西旅长编》）。

同日 据冯玉祥记述："到晓庄为陶行知夫人之死事送花圈去。大雨踏泥，见陶宏仍去上课，我心不快者久之，宏言：不敢劳伯父母这样周到，云云。"（《冯玉祥日记》第四卷，第717页）

4月29日 抵广州。上午十时，赴广州中山大学晤校长邹鲁。十二时三十分，候邹鲁约见胡汉民电话，晚六时访李宗仁（《陶行知西旅长编》）。

同日 吴树琴作书信致陶行知。

4月30日 下午一时三十分，候中山大学之请（《行知备忘》）。

同日 下午三时三十分，应广州中山大学校长邹鲁之请，赴中山大学礼堂演讲《粉碎日本的大陆政策》，刊同年5月4日《石牌生活周刊》（收入湘版《全集》第八卷，又收入川版《全集》第三卷）。

春 与陈鹤琴、方明一起参观“亭子间工学团”，并写诗赞颂。接待美国进步作家、记者史沫特莱女士参观山海工学团并任翻译，张健、侣朋两位小先生担任接待工作。

春 作诗《礼拜六下午对上海工部局小学教师讲演之开场白》（收入大孚出版公司版《行知诗歌集》，后收入湘版《全集》第四卷，又收入川版《全集》第七卷）。

5月1日 上午六时晤吴涵真，十二时访广东省教育会及省教育厅（《陶行知西旅长编》）。

同日 下午，在中山大学大礼堂演讲《大众教育问题》，刊同年5月8日和15日广州《民国日报·教育周刊》，陈孝禅记录整理（收入湘版《全集》第八卷，又收入川版《全集》第四卷）。

同日 《中山大学日报》载有前一日演讲之消息：陶行知“讲题为《粉碎大陆政策》。到场听讲者，有文、法两学院及其它各院同学千余人。届时由法学院郑院长引导陶氏到大礼堂。略坐片时，邹校长起立介绍。陶氏即开始演讲，发挥异常透彻，听众咸为动容，直至四时半许，始辞毕而散”。

同日 与蔡元培、孙科等六百零六人共同发起《我们对于推行新文字的意见》，刊《生活教育》第三卷第五期（收入《中国大众教育问题》时改题为《大众的文字》，后收入湘版《全集》第三卷，又收入川版《全集》第三、四卷）。

同日 发表《太平洋集体安全与中国民族解放运动》，刊《生活教育》第三卷第五期（收入湘版《全集》第三卷，又收入川版《全集》第四卷）。

同日 发表英文论著 *China's New Language*（《中国的新文字》），刊 *Voice of China*（《中国呼声》）英文半月刊第一卷第四期，署名 Tao Xingzhi（收入湘版《全集》第三卷，又收入川版《全集》第六卷）。

5月2日 十二时，赴广东省教育厅访厅长黄麟书。下午五时访邹鲁。七时访陈济棠（《陶行知西旅长编》）。

5月3日 下午五时访廖仲恺夫人何香凝，何讲述了1935年她把自己一条裙子寄给蒋介石的事，并附诗一首：《为中日战争赠蒋介石及中国军人的女裙有感而咏》（《陶行知西旅长编》）。

5月4日 下午四时访广东省教育厅（《陶行知西旅长编》）。

同日 《石牌生活周刊》刊发4月30日陶行知在中山大学《粉碎日本大陆政策》的演讲词。

5月5日 随李宗仁由粤乘车至河口，乘轮船赴桂。

5月6日 上午九时半，与李宗仁乘船抵梧州。十时，应广西大学邀请，赴校大礼堂演讲《救国问题》。

同日 下午，接受远东梧社记者采访，谈访桂计划（载1936年5月9日《民国日报》，后收入川版《全集》第十一卷）。

同日 晚七时，与李宗仁乘船离梧州赴南宁。行前，在广西大学公园接受了各报记者的采访（载同年5月9日南宁《民国日报》，后收入湘版《全集》第八卷，又收入川版《全集》第四卷）。

5月7日 与李宗仁一行，由梧州抵达贵县（《陶行知西旅长编》）。

5月8日 下午四时，抵南宁。在乐群社与李宗仁、白崇禧、马君武等人合影，并接受了民众社记者采访（载同年5月9日南宁《民国日报》，后收入湘版《全集》第八卷，又收入川版《全集》第四卷）。

同日 广州《民国日报·教育周刊》连续两期刊发陶行知5月1日之演讲《大众教育问题》（截至5月15日）。

同日 据冯玉祥记述："陶宏之母死，陶宏仍能上课，真可怜了。"（《冯玉祥日记》第四卷，第722页）

5月10日 上午，赴广西普及国民基础教育研究所、邕宁县国民中学讲演（《陶行知西旅长编》）。

同日 下午，赴南宁平南村与国民基础教育研究院幼稚师范班学生谈话。谈话前，孙铭勋对学生介绍陶行知（载1936年5月13日南宁《民国日报》第十版，后收入川版《全集》第十一卷）。

同日 与郭一岑主编的《大众教育》创刊号出版，参与定稿创刊词《我们的态度》，刊《大众教育》创刊号，未署名（收入湘版《全集》第八卷，又收入川版《全集》第十一卷）。

同日 发表《大众教育与民族解放运动》，刊《大众教育》创刊号（收入《中国大众教育问题》时改题为《中国大众教育概论》，后收入湘版

《全集》第三卷，又收入川版《全集》第三卷）。

5月11日 上午，应白崇禧之请赴广西军官学校演讲《中国民族的解放运动》（《陶行知西旅长编》）。

同日 下午，应中国国民党广西省党部之邀，赴党部大礼堂对全体工作人员及新派各县党务工作人员演讲（载1936年5月12日南宁《民国日报》第八版，后收入川版《全集》第十一卷）。

5月14日 在南宁维新镇中心小学讲《小先生制的历史》（《陶行知西旅长编》）。

5月15日 应广西武鸣县政府之请，赴广西省立武鸣中学讲演。讲演前，与该校校长谈话，以《和民族解放运动配合的中等教育——和一位大规模的省立中学校长的谈话》名刊同年7月1日《生活教育》第三卷第九期（收入湘版《全集》第三卷，又收入川版《全集》第四卷）。

同日 下午三时，在武鸣公共体育场演讲（载1936年5月19日南宁《民国日报》第六版，后收入湘版《全集》第八卷，又收入川版《全集》第十一卷）。

5月16日 上午六时三十分，赴南宁初中大操场对全市中等以上学校约四千人演讲《中国的出路》，刊同月29、30两日的南宁《民国日报》，记录者：莫邪（收入湘版《全集》第八卷，又收入川版《全集》第四卷）。

同日 上午九时三十分，赴广西省政府大礼堂对党政军全体公务人员两千多人演讲《中国的出路》。演讲中介绍了第一次会晤胡汉民的情况。

同日 下午五时，参加广西各学术机关公宴，到李宗仁、熊佛西、王济远、马万里、郭德洁及省党部省政府各委员五十多人（收入湘版《全集》第八卷，又收入川版《全集》第十一卷）。

同日 发表《算错了账》，刊《生活教育》第三卷第六期（收入湘版《全集》第三卷，又收入川版《全集》第四卷）。对国民大会东北代表人数提出质疑。

同日 发表《叶诚一先生的教育主张》，刊《生活教育》第三卷第六期（收入湘版《全集》第三卷，又收入川版《全集》第四卷）。

5月17日 上午，对广西妇女救国会、广西学生救国会的全体委员、职员演讲（载同月18日南宁《民国日报》，后收入湘版《全集》第八卷，又收入川版《全集》第四卷）。

同日 应邕宁县政府之邀赴维新镇中心校礼堂，对全市小学教职员发表演讲，雷沛鸿主席（载1936年5月18日南宁《民国日报》第八版，后收入湘版《全集》第八卷，又收入川版《全集》第十一卷）。

同日 中午，在南宁市省党部大礼堂对该市小先生团六百余小先生演讲（载1936年5月18日南宁《民国日报》第八版，后收入湘版《全集》第八卷，又收入川版《全集》第十一卷）。

同日 下午，参加广西新文字研究会欢迎大会（载1936年5月18日南宁《民国日报》第八版，后收入湘版《全集》第八卷，又收入川版《全集》第十一卷）。

同日 晚七时，南高、东大、金大、晓庄四校同学共二十三人，在乐群社欢迎陶行知先生茶叙。其间，陶行知就民族解放及小先生制发表看法（载同月22日南宁《民国日报》记者腾起所写《乐群迎陶茶叙小记》，后收入湘版《全集》第八卷，又收入川版《全集》第四卷）。

5月18日 对南宁《民国日报》关于他对妇女界救国会讲演的报道有异议，写了一个更正启事：《我和女工们讲的话》。行将结束广西之行，作《葫芦歌》（《陶行知西旅长编》）。

同日 南宁《民国日报》发表陶行知17日对广西妇女救国会、广西学生救国会以及对小先生们的演讲。

5月19日 致函黄芝冈（收入湘版《全集》第八卷，又收入川版《全集》第八卷）。

同日 上海市识字教育委员会欲请陶行知前来参加识字会议（载本日《申报》）。

5月20日 与李宗仁同乘飞机返广州，吊唁胡汉民逝世（《陶行知西旅长编》）。

同日 作诗《拼命》（收入大孚出版公司版《行知诗歌集》，后收入湘版《全集》第四卷，又收入川版《全集》第七卷）。

5月22日 南宁《民国日报》刊发同月17日晚间茶叙讲话内容。

同日 发表《我和女工们讲的话》，刊南宁《民国日报》（收入湘版《全集》第八卷，又收入川版《全集》第四卷）。

5月23日 吴树琴致函陶行知。

5月25日 全国各地举行公祭胡汉民。与李宗仁参加广州的公祭（《陶行知西旅长编》）。

5月27日 晚七时半，参加广州中山大学新文字讨论会上并发言，刊同年6月3日《国立中山大学日报》(收入《新文字讨论会笔记》，后收入湘版《全集》第八卷，又收入川版《全集》第四卷)。

5月29日—30日 发表《中国的出路》，刊南宁《民国日报》。

5月30日 发表《国难教育问题——答香港〈工商日报〉记者问》，刊《救亡情报》第四期(收入湘版《全集》第三卷，又收入川版《全集》第四卷)。

5月31日—6月1日 沈钧儒、宋庆龄、何香凝、邹韬奋等及其他地方救亡团体代表在上海开会，成立“全国各界救国联合会”，陶行知因赴华南未出席会议，但仍被选为常务委员和执行委员(《救国会史料集》，第95—96页)。

5月 作诗《南湖有怀》(收入大孚出版公司版《行知诗歌集》，后收入湘版《全集》第四卷，又收入川版《全集》第七卷)。

6月1日 发表《新大学》，刊《生活教育》第三卷第七期(收入《中国大众教育问题》时改题为《新大学——大众的大学》，后收入湘版《全集》第三卷，又收入川版《全集》第三卷)。

同日 《生活教育》第三卷第七期刊发《上海各界救国联合会对五月纪念节宣言》(收入川版《全集》第四卷)。

同日 全国各界救国联合会成立大会通过《全国各界救国联合会成立大会宣言》，刊同月14日《救亡情报》第六期(收入川版《全集》第四卷)。

同日 草拟的《抗日救国初步政治纲领》第五、十一部分在全国各界救国联合会成立大会上获得通过，刊同月14日《救亡情报》第六期(收入川版《全集》第十一卷)。

6月2日 在中山大学召开的广东省新文字研究会成立大会上发表演讲，刊同年7月17日《民国日报·教育周刊》第四十期，记录者：刘秉钧(收入湘版《全集》第八卷，又收入川版《全集》第四卷)。

6月3日 《国立中山大学日报》刊发陶行知5月27日晚间在新文字讨论会上的发言。

6月5日 获广东省警察局第302958号签证，填有“1893年11月10日生于中国安徽”字样，有效期止于1939年6月4日。目的是研究教育状况，职业是教授和编辑。取得签证后，即赴香港(《陶行知西旅长编》)。

6月7日 上午十一时半，参加香港各界团体举行追悼胡汉民大会。大会决议通电国民政府，请求实行胡氏生前救国主张(《陶行知西旅长编》)。

同日 发表诗歌《广西山水进行曲》，刊《生活日报》(收入生活书店版《知行诗歌集》，后收入湘版《全集》第四卷，又收入川版《全集》第七卷)。

6月9日 发表诗歌《题隔夜牡丹》，刊《生活日报》(收入生活书店版《知行诗歌集》，后收入湘版《全集》第四卷，又收入川版《全集》第七卷)。

6月10日 发表诗歌《新大学》，刊《生活日报》第四号第七版(收入湘版《全集》第八卷，又收入川版《全集》第七卷)。

同日 蔡元培作《教与学》一文，内中提及："你们不但自己要努力求学，你还得将你所学的教给一千个人，一万个人。现在有一位陶行知先生竭力推行小先生制度，可以备诸位借鉴的。"(载《蔡元培全集》第八卷，第76—77页)

6月11日 发表诗歌《坐飞机有感》，刊《生活日报》(收入生活书店版《知行诗歌集》，后收入川版《全集》第七卷)。

6月12日 针对胡适《桂林小赞》发表诗歌《飞机上的感想》，刊《生活日报》(收入生活书店版《知行诗歌集》，后收入川版《全集》第七卷)。

6月13日 潘汉年在香港和救国会成员陶行知、邹韬奋，十九路军将领陈铭枢、蒋光鼐，李宗仁等在香港的代表人物王公度、刘仲容、黄皓明，以及梅龚彬、钱铁如、柯灵、叶挺等进行了广泛接触，向他们介绍了共产国际关于建立国际反法西斯统一战线的方针以及《八一宣言》关于建立广泛的抗日民族统一战线政策(《陶行知西旅长编》)。

6月14日 发表《文化解放》，刊《生活日报》星期增刊第一卷第二期(收入《中国大众教育问题》，后收入湘版《全集》第三卷，又收入川版《全集》第三卷)。

同日 作诗歌《广州"六一四"的民众运动》(收入大孚出版公司版《行知诗歌集》，后收入湘版《全集》第四卷，又收入川版《全集》第七卷)。

6月15日 发表诗歌《写给青年斗士们》，刊《生活日报》(收入生活书店版《知行诗歌集》，后收入湘版《全集》第四卷，又收入川版《全集》第七卷)。

6月16日 发表《民族解放与大众解放》，刊《生活教育》第三卷第八期(收入湘版《全集》第三卷，又收入川版《全集》第四卷)。

同日 发表《联起来想》，刊《生活教育》第三卷第八期（收入湘版《全集》第三卷，又收入川版《全集》第四卷）。

同日 《生活教育》第三卷第八期刊发广西小先生救国会的两封通电，呼吁“全国的人民，一致武装起来，收回失地”（收入川版《全集》第四卷）。

同日 《生活教育》第三卷第八期刊发《组织小先生救国会的办法》、《广西省会小先生救国会简章》（收入川版《全集》第四卷）。

6月18日 发表诗歌《送〈生活日报〉》，刊《生活日报》（收入生活书店版《知行诗歌集》，后收入湘版《全集》第四卷，又收入川版《全集》第七卷）。

6月19日 发表《一件大事》，刊《生活日报》（收入湘版《全集》第三卷，又收入川版《全集》第四卷）。

6月20日 晚，参加香港民众歌咏团演唱会。归后作诗《还是不多》（收入大孚出版公司版《行知诗歌集》，后收入湘版《全集》第四卷，又收入川版《全集》第七卷）。

同日 据冯玉祥记述：“接耿先生、陶宏先生来，为明日讲植物学的事，谈甚久。”（《冯玉祥日记》第四卷，第743页）

6月21日 发表《民众运动》，刊《生活日报·星期增刊》第一卷第三号（收入湘版《全集》第三卷，又收入川版《全集》第四卷）。

同日 发表诗歌《苍梧扇》《枪杆向外》，刊《生活日报》（收入生活书店版《知行诗歌集》，后收入湘版《全集》第四卷，又收入川版《全集》第七卷）。

6月22日 发表《抵抗论》，刊《生活日报》（收入湘版《全集》第三卷，又收入川版《全集》第四卷）。

6月23日 发表诗歌《答奉小姐》，刊《生活日报》（收入生活书店版《知行诗歌集》时改题为《答奉然小姐》，后收入湘版《全集》第四卷，又收入川版《全集》第七卷）。

6月24日 发表诗歌《一块煤炭》，刊《生活日报》（收入生活书店版《知行诗歌集》，后收入湘版《全集》第四卷，又收入川版《全集》第七卷）。

6月25日 发表诗歌《诗人》，刊《生活日报》（收入生活书店版《知行诗歌集》，后收入湘版《全集》第四卷，又收入川版《全集》第七卷）。

同日 于香港作诗《九龙仓的小孩》（收入大孚出版公司版《行知诗

歌集》，后收入湘版《全集》第四卷，又收入川版《全集》第七卷）。

6 月 27 日 据冯玉祥记述："陶宏同张先生来见，为行知先生到英国事求我如何助之，我说有办法。又谈西南之事很多。"（《冯玉祥日记》第四卷，第 747 页）

6 月 28 日 发表《从大众歌曲讲到民众歌咏团》，刊《生活日报》星期增刊第一卷第四期（收入《中国大众教育问题》时有所增加并改名为《大众歌曲与大众唱歌团》，后收入湘版《全集》第三卷，又收入川版《全集》第三卷）。

同日 于香港街上闻烟有感，作诗《大烟香》（收入大孚出版公司版《行知诗歌集》，后收入湘版《全集》第四卷，又收入川版《全集》第七卷）。

同日 著作人协会于上海成立，成为其中一员，签名者达 140 人（《陶行知西旅长编》）。

同日 据冯玉祥记述："在晓庄周围，看男女老少在烈日之下正在水田中除草，真是上边晒着，下边泡着了。有的叫我冯先生。我答以：太对不住你们了。"（《冯玉祥日记》第四卷，第 747 页）

6 月 29 日 据冯玉祥记述："在晓庄起床后即想国家将来如何，想之很久，仍觉极大危险也。……行知先生到英国去。借来大洋二千汇往香港。财政极困难，然助人为乐之事不敢稍息也。"（《冯玉祥日记》第四卷，第 748 页）

6 月 30 日 发表诗歌《再到广州》，刊《生活日报》（收入生活书店版《知行诗歌集》，后收入湘版《全集》第四卷，又收入川版《全集》第七卷）。

同日 于香港作诗《孙宅的邻居》（收入大孚出版公司版《行知诗歌集》，后收入湘版《全集》第四卷，又收入川版《全集》第七卷）。

同日 吴树琴致函陶行知。

6 月 编著《普及教育三编》，由上海儿童书局出版论文集。全书分理论、实施办法和消息三个部分。

同月 作诗《枪炮保护洋货》《闹钟——为香港三日刊作》（收入川版《全集》第十二卷）。

同月 作诗《广西小孩》《听众心中的我》（收入大孚出版公司版《行知诗歌集》，后收入湘版《全集》第四卷，又收入川版《全集》第七卷）。

同月 作诗《自桂回粤嘴被封锁》（收入大孚出版公司版《行知诗歌集》，后收入湘版《全集》第四卷，又收入川版《全集》第七卷时改题为

《沙漠归来》)。

同月 为吴树琴、沈德华、黄彤麟作诗《三姊妹》(收入湘版《全集》第四卷，又收入川版《全集》第七卷)。

同月 赵元任谱写《中华儿童教育社社歌》(陶行知、吴研因作词)(《赵元任年谱》，第209页)。

7月初 作诗《广西小孩问》(收入湘版《全集》第四卷，又收入川版《全集》第七卷)。

7月1日 发表《争取时间》，刊《生活教育》第三卷第九期(收入湘版《全集》第三卷，又收入川版《全集》第四卷)。

同日 发表《和民族解放运动配合的中等教育——和一位大规模的省立中学校长的谈话》，刊《生活教育》第三卷第九期。

7月2日 《星洲日报》所载羊矮的《三寸金头与放头运动》一文中，整段转载了陶行知于同年5月27日在中山大学新文字讨论会上的所致的开会词。

7月5日 发表《树下谈话记——怎样才可以做一个前进的青年》，刊《生活日报》星期增刊第一卷第五期(收入《中国大众教育问题》时改题为《怎样才可以做一个前进的青年大众》，后收入湘版《全集》第三卷，又收入川版《全集》第三卷)。

7月7日 作诗《擦皮鞋的小孩子亲眼所见》，刊1946年6月22日《唯民周刊》第一卷第十二期(收入湘版《全集》第四卷，又收入川版《全集》第七卷)。

7月8日 发表诗歌《送给唐纳先生》，刊《生活日报》(收入生活书店版《知行诗歌集》，后收入湘版《全集》第四卷，又收入川版《全集》第七卷)。

7月10日 作诗《再会吧》(收入大孚出版公司版《行知诗歌集》，后收入湘版《全集》第四卷，又收入川版《全集》第七卷)。

同日 发表诗歌《想一想》，刊《生活日报》(收入生活书店版《知行诗歌集》，后收入湘版《全集》第四卷，又收入川版《全集》第七卷)。

同日 发表诗歌《联合战线》，刊《生活日报》，后又载同年9月12日巴黎《救国时报》(收入生活书店版《知行诗歌集》，后收入湘版《全集》第四卷，又收入川版《全集》第七卷)。

7月11日 乘“考尔夫号”离港赴英，参加世界新教育会议。

同日 接受《生活日报》记者访谈，刊《生活日报》（载《大众教育家陶行知先生近日出国》，后收入湘版《全集》第三卷，又收入川版《全集》第四卷）。

同日 作诗《留别北海先生》（收入大孚出版公司版《行知诗歌集》，后收入湘版《全集》第四卷，又收入川版《全集》第七卷）。

同日 作诗《魂绕钟山》（收入川版《全集》第十二卷）。

同日 方直（即马叙伦）发表《送陶行知先生出国》，刊《生活日报》短评（收入川版《全集》第十二卷）。

7月12日 在香港至新加坡的海轮上作《大孩子游记——我要看世界》（收入湘版《全集》第三卷，又收入川版《全集》第四卷）。

同日 作长诗《造路小影——根据蒲特之粤闽边境开筑公路记》，刊同年9月28日—30日《生活日报》（收入湘版《全集》第四卷时题为《读闽省新闻所载事实》，又收入川版《全集》第七卷）。

同日 作诗《前进的青年》（收入湘版《全集》第四卷，又收入川版《全集》第七卷、第十二卷）。

同日 作《问自己》（收入湘版《全集》第三卷，又收入川版《全集》第十一卷）。

7月13日 作诗《留别沈钧儒先生》，刊同月23日《生活日报》（收入湘版《全集》第四卷，又收入川版《全集》第七卷）。

7月15日 晨，所乘英轮"考尔夫号"泊新加坡港丹戎白葛18号货仓前。新加坡三江会馆总理陈来昌、上海书局经理陈岳书等及中西各报记者到埠迎接。陶行知发表谈话，刊当日《星洲日报》、同月24日《生活日报》（收入湘版《全集》第八卷，又收入川版《全集》第四卷）。

同日 下午，赴怡和轩俱乐部访晤陈嘉庚，商谈有关中央与西南军政大局（载同月16日《总汇新报》，后收入川版《全集》第四卷）。

同日 作诗《三江会馆》《新加坡看天》《新加坡海港》《街上所见》《橡树国里》《当裤吃流连》（收入大孚出版公司版《行知诗歌集》，后收入湘版《全集》第四卷，又收入川版《全集》第七卷）。

同日 与沈钧儒、章乃器、邹韬奋共同拟定《团结御侮的几个基本条件与最低要求》，刊同年7月31日香港《生活日报》，又刊同年8月1日《生活教育》第三卷第十一期，又刊同年8月5日《生活知识》第二卷第六期（收入湘版《全集》第三卷，又收入川版《全集》第四卷）。

7月16日 下午四时，应邀赴新加坡安顺路爱德华太子路九号星洲青年励志社演讲《新中国与新教育》，刊同年7月31日香港《生活日报》(收入湘版《全集》第三卷，又收入川版《全集》第四卷)。

同日 发表《苏联宪法草案中之公民权》，刊《生活教育》第三卷第十期(收入湘版《全集》第三卷，又收入川版《全集》第四卷)。

同日 作诗《三江宴——留别新加坡张清和先生》，刊同年9月6日《生活日报·星期增刊》第一卷第十四号(收入大孚出版公司版《行知诗歌集》时题为《致张清和先生》，后收入湘版《全集》第四卷，又收入川版《全集》第七卷)。

同日 作诗《傅家兄弟》(收入大孚出版公司版《行知诗歌集》，后收入湘版《全集》第四卷，又收入川版《全集》第七卷)。

同日 吴树琴致函陶行知。

7月17日 继续乘“考尔夫号”西行(《陶行知西旅长编》)。

同日 《民国日报·教育周刊》第四十期刊发陶行知于6月2日在广东省新文字研究会成立大会上的演讲词。

7月20日 作诗《印度诸王》(收入川版《全集》第十二卷)。

同日 据冯玉祥记述：“高兴亚、陈天秩归自上海，谈行知先生所招[召]集之会，甚久。我以为行知先生之学生聚会，如稍有色彩，恐不易行，必须很灰色方可。如此，我们亦可同他们说真抗日之道理也。”(《冯玉祥日记》第四卷，第759页)

7月21日 作诗《我们统治波浪》(收入大孚出版公司版《行知诗歌集》，后收入湘版《全集》第四卷，又收入川版《全集》第七卷)。

7月22日 到印度。

同日 作诗《统治波浪》(收入大孚出版公司版《行知诗歌集》，后收入川版《全集》第七卷)。

同日 作诗《摩登侵略》(收入大孚出版公司版《行知诗歌集》，后收入湘版《全集》第四卷，又收入川版《全集》第七卷)。

同日 作诗《二十万人同进牢——读尼赫鲁自传有感》，刊同年《生活星期刊》第十五号(收入大孚出版公司版《行知诗歌集》，后收入湘版《全集》第四卷，又收入川版《全集》第七卷)。

同日 《申报》刊载《陶知行、张彭春赴英出席教育会议》(载本日《申报》)。

7月23日 发表诗歌《留别沈钧儒先生》，刊《生活日报》。

7月24日 《生活日报》发表陶行知同月15日有关联合救国的讲话。

同日 于印度作诗《阿里煞的农人》（收入大孚出版公司版《行知诗歌集》，后收入湘版《全集》第四卷，又收入川版《全集》第七卷）。

7月25日 于印度作诗《不可亲近的人》（收入大孚出版公司版《行知诗歌集》，后收入湘版《全集》第四卷，又收入川版《全集》第七卷）。

同日 作诗《印度三姊妹》（收入大孚出版公司版《行知诗歌集》，后收入湘版《全集》第四卷，又收入川版《全集》第七卷）。

7月26日 作诗《印度高利贷》（收入大孚出版公司版《行知诗歌集》，后收入湘版《全集》第四卷，又收入川版《全集》第七卷）。

7月29日 过阿拉伯海时作诗《海底来的浪》（收入大孚出版公司版《行知诗歌集》，后收入湘版《全集》第四卷，又收入川版《全集》第七卷）。

7月31日 发表演讲词《新中国与新教育》，刊香港《生活日报》。

同日 香港《生活日报》刊发陶行知与沈钧儒、章乃器、邹韬奋共同拟定的《团结御侮的几个基本条件与最低要求》。

同日 作为中国大众教育运动的组织者和领导人于英国切尔特纳姆市（Cheltenham）举行的“新教育联谊会”第七次世界会议（会议直至8月14日）。会议有五十多个国家参加。中国参加的有陶行知，张彭春（南开大学）。崔载阳（中山大学）因故未能到会。

7月 作诗《团结御侮文件》（收入大孚出版公司版《行知诗歌集》，后收入湘版《全集》第四卷，又收入川版《全集》第七卷）。

同月 作诗《1925年之夏》并译作英文 *Summer of 1925*（收入湘版《全集》第四卷，又收入川版《全集》第六卷）。

8月1日 发表《我对于联合战线的认识》，刊《生活教育》第三卷第十一期（收入湘版《全集》第三卷，又收入川版《全集》第四卷）。

同日 《生活教育》第三卷第十一期刊发陶行知与沈钧儒、章乃器、邹韬奋共同拟定的《团结御侮的几个基本条件与最低要求》。

同日 《生活教育》第三卷第十一期刊发《全国各界救国联合会对二中全会宣言》（收入川版《全集》第四卷）。

8月3日 抵红海口，闻埃塞俄比亚人三路进攻意大利军，作诗《给爱西阿皮亚的战士》致敬，刊同年9月20日《生活日报·星期增刊》（收入大孚出版公司版《行知诗歌集》，后收入湘版《全集》第四卷，又收入川版《全集》第七卷）。

8月4日 作诗《塞特的水上乞丐》（收入大孚出版公司版《行知诗歌集》，后收入湘版《全集》第四卷，又收入川版《全集》第七卷）。

8月7日 抵伦敦。在新教育联合会第七届年会上作题为《推行“小先生制”普及教育》的报告。

8月10日 毛泽东就《团结御侮的几个基本条件与最低要求》宣言，致信章乃器、陶行知、邹韬奋、沈钧儒，表示：“我们同意你们的宣言、纲领和要求，诚恳的愿意与你们合作，与一切愿意参加这一斗争的党派、组织或个人合作，以便如你们纲领与要求上所提出的一样，来共同进行抗日救国的斗争。”（载同年10月30日巴黎《救国时报》，后收入《中共中央抗日民族统一战线文件选编》中卷）

8月14日 新教育联合会第七次年会闭幕（《陶行知西旅长编》）。

8月15日 从切尔滕纳姆经伦敦换乘火车去多佛尔，渡海到法国加来，再乘火车赴巴黎（《陶行知西旅长编》）。

8月16日 《生活教育》第三卷第十二期转载演讲词《新中国与新教育》。

同日 郁文发表《对于四个救国领袖的〈团结御侮的几个基本条件与最低要求〉的意见》，刊《生活教育》第三卷第十二期（收入川版《全集》第四卷）。

同日 据冯玉祥记述：“孙夫人差黎女士来，一为世界和平事，找我签名；一为救国会事，找我出人力、财力以助之。我以为此二事均为极有价值之事，谁都可以不办，唯我不能不以全力办之也。”（《冯玉祥日记》第四卷，第776—777页）

8月22日 参加巴黎中国学生会、妇女救国会欢迎会。

8月24日 发表诗歌《一个地方的印刷工人生活》，刊《生活星期刊》第一卷第十二号（收入生活书店版《知行诗歌集》时改题为《香港的印刷工人生活》，后收入湘版《全集》第四卷，又收入川版《全集》第七卷）。

8月30日 随世界青年大会中国代表团离开巴黎赴瑞士，参加由国联同志总会于8月31日至9月6日在日内瓦国际联盟大厦举行的世界青年大会（《陶行知西旅长编》）。

8月 所著论文集《中国大众教育问题》由上海大众文化社出版。

9月1日 起草《告和平与中国之友书》，刊同年9月18日巴黎《救国时报》（收入湘版《全集》第八卷，又收入川版《全集》第四卷）。

9 月 2 日 由日内瓦赴布鲁塞尔（《陶行知西旅长编》）。

9 月 3 日—7 日 在布鲁塞尔参加世界和平大会第一次会议。陶行知与宋庆龄（钱俊瑞代表）、吴玉章代表中国全国救国联合会参加。大会期间，陶行知与陈铭枢、王礼锡、胡秋原被选参加大会主席团。

9 月 4 日 世界和平大会举行分委员会议，任教育和总务两个分委员会的成员（《陶行知西旅长编》）。

同日 《申报》刊载《三十二国代表召开世界和平大会》，内称“中国系由陶行知、钱俊瑞两氏出席”（载本日《申报》）。

9 月 5 日 世界和平大会举行闭幕式，通过和平大会宣言。陶行知召集中国代表团开会讨论日本政府蛮横无理要求在非通商口岸的成都设立总领事馆所引发的事端，决定致电国内要求政府坚决抵制（《陶行知西旅长编》）。

9 月 6 日 发表诗歌《三江宴——留别新加坡张清和先生》，刊《生活日报·星期增刊》第一卷第十四号。

9 月 7 日 起草并联合陈铭枢、王锡礼、钱俊瑞、胡秋原、张清源等致函国际和平会议主席西薛尔爵士（收入湘版《全集》第八卷，又收入川版《全集》第六卷）。

同日 中国代表团邀请英、美、法和东道主比利时代表聚宴并交换意见。晚，又与钱俊瑞、陆璀、陈铭枢等会见苏联代表团（《陶行知西旅长编》）。

9 月 12 日 抵巴黎。晚，出席巴黎中国学生会、书报社和华侨抗日救国会为欢迎出席布鲁塞尔世界和平大会及日内瓦青年大会的国内代表陶行知、钱俊瑞、陆璀而举办的集会，并发表演讲《联合奋起，抗日救亡》，刊同月 25 日巴黎《救国时报》（收入《海内外同胞必须弃除成见一致联合奋起抗日救亡》一文，后收入湘版《全集》第三卷，又收入川版《全集》第四卷）。

同日 再次发表诗歌《联合战线》，刊巴黎《救国时报》。

9 月 13 日 上午，偕陆璀、钱俊瑞赴埃菲尔铁塔上，参加旅德侨胞在巴黎举行的悼念抗日将士和殉难同胞的纪念活动，黄琪翔主持。下午，和华侨代表参加旅法侨胞的“九一八”纪念活动，会上演讲《国共合作逐渐成熟》（《陶行知西旅长编》）。

同日 全欧华侨抗日救国联合会召开第一次筹备大会，被选为筹备委员会委员。会议定于20日召开成立大会。王庆元晚上邀请与会代表，七十人与会。王庆元请陶担任华工总会的教育顾问（《陶行知西旅长编》）。

9月14日 下午七时，在巴黎万花楼晤陈柱天（《行知备忘》）。

9月15日 下午三时，在“特利阿农”（Trianon）旅馆会见旅德华侨代表。下午七时，会见巴黎中国学生会、妇女会代表，发起“华侨妇女救国会”（《行知备忘》）。

9月17日 下午五时六分，于圣拉扎尔（St. Lazar）车站上车赴柯迈尔（Cormmeil）（《行知备忘》）。

同日 华侨妇女救国会召开正式筹备会，共有七人（川版《全集》第十卷）。

9月18日 晚八时半，参加巴黎中国学生会召开的纪念“九一八”大会并演讲，刊同月25日巴黎《救国时报》（收入湘版《全集》第三卷，又收入川版《全集》第四卷）。

同日 毛泽东致函章乃器、陶行知、沈钧儒、邹韬奋（载中央统战部、中央档案馆编：《中共中央抗日民族统一战线文件选编》中卷，档案出版社1989年版，第266—267页）。

同日 发表《告和平与中国之友书》，刊巴黎《救国时报》。

同日 发表长诗《今年的“九一八”》，刊巴黎《救国时报》，同年9月27日香港《生活星期刊》转载（收入湘版《全集》第四卷，又收入川版《全集》第七卷）。

9月20日 在巴黎出席全欧华侨抗日救国联合会成立会，即席创作并朗诵《中华民族大团结》长诗（收入大孚出版公司版《行知诗歌集》，后收入湘版《全集》第四卷，又收入川版《全集》第七卷）。

同日 在抗日救国联合成立会上发表《〈团结御侮的几个基本条件与最低要求〉之再度说明》的演讲，刊同年10月5日巴黎《救国时报》，又刊同年11月29日上海《救亡情报》（收入湘版《全集》第三卷，又收入川版《全集》第四卷）。

同日 发表诗歌《给爱西阿皮亚的战士》，刊《生活日报·星期增刊》。

9月21日 应邀参加《救国时报》招待出席“全欧华侨抗日救国大会各国代表”晚会，到一百余人。陶行知以诗《赞〈救国时报〉》作总结讲话，刊同年 10 月 8 日《救国时报》第六十期（收入湘版《全集》第四卷，又收入川版《全集》第七卷）。

9 月 22 日 下午三时，参加巴黎中国学生会、妇女救国会会议，会上罗恒起草“华侨妇女救国会”宣言。晚八时半，参加留法中国学生会欢迎会（《行知备忘》）。

同日 为留法学生会和妇女救国会作诗《枉自称男儿》（收入湘版《全集》第八卷，又收入川版《全集》第十二卷）。

9 月 25 日 巴黎《救国时报》刊发陶行知于 9 月 12 日在欢迎会上的演讲词、9 月 18 日“九一八”纪念大会的演讲词。

9 月 27 日 香港《生活星期刊》转载长诗《今年的“九一八”》。

同日 据冯玉祥记述：“午后七点，在晓庄同陶宏、胡某（胡同炳——编者注）看晓庄附近被中央政治学校新圈地亩事，西自砖窑大烟囱，东至反省院，十几村庄约千口人，一百多元之地给价十五元云。”（《冯玉祥日记》第四卷，第 804 页）

9 月 28 日—30 日 发表诗歌《造路小影》，刊《生活日报》。

9 月 29 日 午，赴巴黎中国学生会（《行知备忘》）。

9 月 30 日 为陆璀作诗《中秋》（收入大孚出版公司版《行知诗歌集》，后收入湘版《全集》第四卷，又收入川版《全集》第七卷）。

同日 参加巴黎中国学生会中秋活动，作《月亮圆》一诗，并于 1938 年5 月 13 日译作英文 *Full Moon*（收入湘版《全集》第四卷，又收入川版《全集》第六卷）。

10 月 1 日 赴巴黎中国学生会。晚九时，回住处（《行知备忘》）。

10 月 2 日 午后一时，赴巴黎中国学生会。同时筹备赴美相关事务（《行知备忘》）。

同日 作诗《一声》（收入川版《全集》第十二卷）。

10 月 3 日 调查研究巴黎穷苦小孩暑期教育。又调查巴黎华工生活及历史（《行知备忘》）。

同日 据《田汉年谱》记述：“抵达黄山。由陶行知的介绍，住黄山文物社。”（《田汉年谱》，第 222 页）

10 月 5 日 上午九时钱俊瑞回国。又与新教育同志会约 9 号止转信 23 号。与黄同仇约定十二日见面（《行知备忘》）。

同日 作诗《跟青年学》并翻译英文版 *New Leadership*（收入湘版

《全集》第四卷，又收入川版《全集》第六卷）。

同日 发表演讲词《〈团结御侮的几个基本条件与最低要求〉之再度说明》，刊巴黎《救国时报》，该报记者记录（收入川版《全集》第四卷）。

10月6日 参观巴斯德研究所，会见所长J. Mtalnilov（迈达尼克夫）。晚，劝中国学生会大事化小（《行知备忘》）。

10月7日 买书《世界政治》及其他杂志。读书（《行知备忘》）。

10月8日 参观卢浮宫（《行知备忘》）。

同日 发表诗歌《赞〈救国时报〉》，刊《救国时报》第六十期。

10月9日 准备双十字演说（《行知备忘》）。

10月10日 在巴黎万花楼与中法友人共庆双十节，发表演讲。随后作诗《两位姊妹》并译作英文 *The Two Sisters*（收入三联书店版《行知诗歌集》，后收入湘版《全集》第四卷，又收入川版《全集》第六卷）。

同日 作诗《巴黎万花楼中法友人共庆双十节》（收入大孚出版公司版《行知诗歌集》，后收入湘版《全集》第四卷，又收入川版《全集》第七卷）。

同日 作诗《双十节测字》（收入大孚出版公司版《行知诗歌集》，后收入湘版《全集》第四卷，又收入川版《全集》第七卷）。

10月11日 抵凡尔赛（《行知备忘》）。

10月12日 晤吴半农，听取介绍美国情况（《行知备忘》）。

10月14日 听海员救国会打来电话，“皇后号”轮上船员不能上岸，中国人不能上船，土生华侨能上岸上船（《陶行知西旅长编》）。

10月15日 下午二时，“看张先生之实验”（《行知备忘》）。

10月17日 筹备赴美订船票一事（《行知备忘》）。

10月18日 偕陆璀赴伦敦，赴熊式一宅晚餐。后宿南山公园（South Hill Park）四十三号B房，陆璀寓胡秋原宅（《行知备忘》）。

10月19日 上午，由熊式一陪同会晤中英人民之友社的杨格夫妇。杨格告知其向英国实业界提出对日本实行经济制裁的计划和世界和平大会执行委员会将于11月16日开会。下午，晤正在英国访问的国民党元老黄少谷夫妇及全欧华侨抗日救国联合会主席团成员黄同仇（《陶行知西旅长编》）。

同日 于伦敦南山公园作诗《别巴黎工胞》《忆上海工友夫妇》（收入大孚出版公司版《行知诗歌集》，后收入湘版《全集》第四卷，又收入川版《全集》第七卷)。

同日 作诗《寄树琴》(收入大孚出版公司版《行知诗歌集》，后收入湘版《全集》第四卷，又收入川版《全集》第七卷)。

10月20日 约黄同仇于21日下午七时东顺楼见面(《行知备忘》)。

10月21日 读书。下午七时，应黄同仇之约与辜庆鼎、张宗良、罗宝册、沈同洽、周鸿经、唐培经、汪沅、苏拯及语言学者吕叔湘、历史学者向达等人叙会于东顺楼(《陶行知西旅长编》)。

10月22日 预定24日下午七时拜访尹世增、江珊美二人。打听去利物浦(Liverpool)和金克罗斯(Kingcross)的火车时刻(《行知备忘》)。

10月23日 于伦敦作诗《和平与战争》(收入大孚出版公司版《行知诗歌集》，后收入湘版《全集》第四卷，又收入川版《全集》第七卷)。

同日 记录马克思墓地址(《行知备忘》)。

同日 据冯玉祥记述："十二点，请姚文彩、许士骐、陶宏……王昆仑……"(《冯玉祥日记》第四卷，第818页)

10月24日 上午七时，拜访尹世增、江珊美。又与中国留英学生访谈，到华罗庚、杨宪益等二十余人(《行知备忘》)。

同日 作诗《回忆上海工友夫妇》(收入大孚出版公司版《行知诗歌集》，后收入湘版《全集》第四卷，又收入川版《全集》第七卷)。

10月26日 访尹世增(《行知备忘》)。

10月27日 上午九时，晤江珊美。下午一时半，晤熊式一。晚七时，赴顺东楼(《行知备忘》)。

10月28日 上午九时半，晤熊式一。下午二时，在其陪同下对英国听众讲中国文化(《行知备忘》《陶行知西旅长编》)。

10月29日 参观莎士比亚故居，由工作人员 Edith M. Brown 陪同(《陶行知西旅长编》)。

10月30日 上午十一时，偕陆璀拜谒马克思墓，并作诗《马克思墓》(收入大孚出版公司版《行知诗歌集》，后收入湘版《全集》第四卷，又收入川版《全集》第七卷)。

11月1日 游海德公园(Hyde Park)。下午应邀在伦敦红狮广场南区道德会康威会堂讲道德问题(《陶行知西旅长编》)。

11月3日 晚十时，在东伦敦赵邦荣所在的一个学校，参加欢送陶、陆赴美送别会(《陶行知西旅长编》)。

11月4日 “发电报、签支票、存书在杨宅、买皮鞋毛衣、寄信、付房租。”又访南安普顿大学。

“斯泰洛德（Stallord）保证6:15上船。遇换两次车，遇警察。他说七分钟可以走到，走走身体好。到门口，送客无票不能进。远得很，跑死人。不但6:15的船误了，6:40的船如果准时开，也没有我们的份了。行李不在船上。[陆]璀在小船上写信。‘诺曼第’伟大：红色烟囱，用灯光反照，如火红。詹姆士（James）来信，在‘南安普顿’，璀交给我，他称璀为我的暴虐之女。我说，她是优待大家，虐待一人。”（《行知备忘》）

同日 致函吴树琴，告知即日赴美一事，并留下美国通信地址（收入湘版《全集》第五卷，又收入川版《全集》第八卷）。

11月5日 “全天晕船。饭后行李送进房，[陆]璀的好东西都失光。她信我，我信英国绅士，连行李脚夫的号头也没写。托詹姆士寄印度纸给我。他从飞机寄来，今天在船上交到。”（《行知备忘》）

11月6日 “中饭[陆]璀等给我，在外舱吃。璀在将晚时落帽大海中。璀在外舱写《渔光曲》，谱给‘剑桥’友人，并将词翻成英文。”（《行知备忘》）

11月7日 “今日风平浪静。同[陆]璀在外舱，全天。我看《欧洲内幕》，璀夺去；我只好看海，看天。下午我拿《词选》看，璀又要去，我于是得看《欧洲内幕》。雷德（Rider）送之帽已失，围巾犹在，在箱中代她取出当帽戴。”（《行知备忘》）

11月8日 在船上摘引《美国的缩影》一书。又与陆璀聊她参加学生运动及出国一事的经过（《行知备忘》）。

11月9日 晚，与陆璀抵纽约。前来欢迎的有：美国中国人民之友社（The American Friends of the Chinese People Association），曼勒·罗杰斯（Manerl Rodgers），《今日中国》（*China Today*），简·斯坦尼（Jean Stanley），哥伦比亚大学师范学院的麦柯尔（W. A. Mcall），抗日救国会委员陈庆云（Harry W. Chen），《纽约公报》（*New York Gazette*）的吕超然，纽约学生会抗日会委员陈东原、盛芳、侯璠、纽约学生会执行委员苏挺、左熙章、李俊龙。经陈铭枢介绍的蔡廷锴将军的代表梅翌强以及东南大学同学胡家健也到码头欢迎。当时就把年前的日程排满（《陶行知西旅长编》）。

预定行程包括：11月11日10时访罗格（Prof. Rugg）教授，同日下午3时访克伯屈教授；11月14日访杜威；15日访斯特耶尔等（《行知备忘》)。

11月10日 偕陆璀赴纽约广州楼参加太平洋关系研究所陈翰笙所设之宴，席间有美国中华学会（China Institute in America）的林侔圣和纽约中国银行的陈佩月等（《陶行知西旅长编》）。

11月12日 据冯玉祥记述：“见马朝俊先生，谈晓庄事。”（《冯玉祥日记》第四卷，第829页）

11月14日 赴万国公寓会堂出席纽约中国学生抗日救国会为其与陆璀举行的欢迎大会，会上发表演讲，刊同月28日纽约《先锋报》（收入川版《全集》第十二卷）。

同日 晚，赴纽约华侨聚会场所“旅顺楼”（《行知备忘》）。

同日 据克伯屈记述：“中国的陶行知博士打电话过来，我告诉他哲学俱乐部邀请他演讲。他同意了，并将日期定为12月17日。”（《克伯屈日记》，藏美国哥伦比亚大学师范学院图书馆特藏室）

11月15日 上午十一时，会胡家健、左熙章、张宗元。“下午二时半，在旅馆候杨先生。”下午三时，晤司徒美堂。后访问衣馆联合会（《行知备忘》《陶行知西旅长编》）。

同日 《救国时报》刊发报道《美洲侨胞团结抗日运动日益开展》一文，内中提及：“……特别在欧洲华侨救亡大会召集之后，美洲侨胞看到了旅欧各国侨胞救国运动之伟大进展，这种呼声更形高扬，而最近陶行知先生等又从事宣传组织。”（《救国会史料集》，第235页）

11月16日 下午，偕陆璀、梅翌强、陈其瑗赴纽约《先锋报》报馆参观，并对报社人员发表谈话，刊同月21日纽约《先锋报》第三页（收入川版《全集》第十二卷）。

同日 草拟同月21日赴哥伦比亚大学演讲提纲，包括：（1）何种义务教育可以救国？（2）学校怎样办民众教育？（3）学校教师怎样指导学生运动？（4）师范生应受什么训练才能做现代的教师？（5）什么是民众永久的力量？（6）因爱国运动被开除的学生应怎么办？（7）新文字（《行知备忘》）。

同日 世界学生联合会秘书詹姆斯·克乐门致函全国学联，告知该会名誉主席团中有许多各国知名的教授，其中包括陶行知教授。他们的名字都印在世界学联的信纸上（《陶行知西旅长编》）。

11月18日 访问中国人民之友社，下午七时半赴旅顺楼参加成志会

(《行知备忘》)。

11 月 19 日 下午，中华公所及全侨抗日会召集纽约 19 个华侨团体举行欢迎会，欢迎陶行知、陆璀及蔡廷锴将军之代表梅翌强。19 个华侨团体名单：中华公所、民气报、中华总商会、安良工商会、致公总堂、协胜公会、崇正会、纽约华侨抗日会、鹤山公所、联义社、纽约公报、先锋报、商报。陆璀演讲，报告了日本侵略中国的危急情况和中国学生救亡运动的经历。陶行知演讲也使当场侨胞深受感动。由于陶、陆痛陈绥远危急，赴会华侨当即召集紧急会议，一致决议积极援绥，并致电南京与绥远（《陶行知西旅长编》）。

同日 作诗《以为歌》，刊 1946 年 1 月 26 日《民主星期刊》第十八期（收入大孚出版公司版《行知诗歌集》，后收入湘版《全集》第四卷，又收入川版《全集》第七卷）。

11 月 20 日 下午二时，访麦柯尔（《行知备忘》）。

11 月 21 日 应哥伦比亚大学邀请，每周讲授中国新教育三小时。当日下午二时至四时在哥大 Whitter Hall 开始第一讲，提纲于本月 16 日拟就（《陶行知西旅长编》）。

11 月 22 日 在全欧华侨抗日救国大会上演讲《〈团结御侮的几个基本条件与最低要求〉之再度说明》。

同日 下午，赴纽约华侨学校大礼堂参加全侨欢迎大会，发表演讲，刊同年 12 月 8 日纽约《先锋报》（收入川版《全集》第十二卷）。

11 月 23 日 救国会领导人沈钧儒、章乃器、邹韬奋、王造时、史良、沙千里、李公朴“七君子”在上海被捕。

同日 下午二时半，访 T. C. 福赛斯（T. C. Forsyth）。下午六时，赴致公堂（《行知备忘》）。

同日 据克伯屈记述：“陶行知博士来用餐，我坐在桌旁几乎未动食品，一会儿不得不离开，呕吐。”（《克伯屈日记》，藏美国哥伦比亚大学师范学院图书馆特藏室）

11 月 24 日 九时半，访林语堂。十二时半，赴进步教育协会访雷迪弗（Redefer）。下午三时，赴中华公所和联成会所。下午六时半，访克伯屈教授（《行知备忘》）。

11 月 25 日 下午三时，访斯坦利（Stanley）。四时半，访贝威尔（Bagwell）。晚六时半，会见南京高等师范、东南大学、中央大学在美工作校友，其中有沈青囊（应用电化学、电气冶金，东南、中央），张钟元（教育，东南、中央），蔡荫恩（东南、中央），裴锡恩（中大商学院，中国银行），戚报三（东南、中大，经济），胡家健（南高师、东南，教育），陈积、左敬子（南高师、中央，教育），曾炳均（政治），杨西孟（统计）等（《行知备忘》）。

同日 吴树琴作书信致陶行知。

11月26日 纽约中华总“商会会长请客，其未陪”（《行知备忘》）。

11月27日 “在Port Arthur（纽约旅顺楼）晤诚志社林佯圣及赵不凡、崔爱华夫妇等。”（《陶行知西旅长编》）

同日 为赵不凡夫妇三个女儿作诗《题赵不凡三女图》（收入大孚出版公司版《行知诗歌集》，后收入湘版《全集》第四卷，又收入川版《全集》第七卷）。

同日 据冯玉祥记述：“陶宏来谈七人之事，我告以已去电洛阳，尚未回电云云。”（《冯玉祥日记》第四卷，第839页）

11月28日 下午七时半在International House（万国公寓）会堂演讲（《陶行知西旅长编》）。

同日 发表《以为歌》，刊纽约《先锋报》（收入川版《全集》第十二卷）。

11月29日 上午十时赴哥伦比亚大学演讲（《陶行知西旅长编》）。

同日 发表《〈团结御侮的几个基本条件与最低要求〉之再度说明》，刊上海《救亡情报》。

11月 由上海儿童书局出版《知行诗歌三集》，署名陶行知著，诗集共收有诗歌三十三首。

同月 由上海生活书店出版《知行诗歌集》，收有诗歌二十二首，其中译诗二首。

12月1日 下午三时，访孟禄（《行知备忘》）。

12月2日 下午四时赴纽约东52街135号基督教女青年会演讲（《陶行知西旅长编》）。

12月4日 十一时访陈翰笙，后又赴旅顺楼会友（《行知备忘》）。

12月5日 下午一时访《今日中国》杂志编辑斯坦利。晚七时，访联成公所（《行知备忘》）。

12月6日 下午五时，赴衣联宴会，到赵石炽等多人（《行知备忘》）。

同日 据冯玉祥记述："同陶先生（陶宏——编者注）谈七位先生被捕的事。"（《冯玉祥日记》第四卷，第844页）

12月7日 下午七时半赴杜威宅（纽约东72街320号）（《行知备忘》）。

12月8日 午十二时，赴麦迪逊大街。下午六时访问华侨学校校长李卓山，会见中华公所刘恩初、黄剑龙以及纽约学生会执行委员谭文玉等人。他们约请陶10日来校演讲（《行知备忘》《陶行知西旅长编》）。

12月10日 下午八时在华侨学校对土生子女讲中华景象，介绍全国各地之特产及风物（《陶行知西旅长编》）。

12月11日 下午四时，访福斯迪克（Fosdiek）。晚赴列克星敦街（《行知备忘》）。

12月12日 抵波士顿，访当地华侨组织，并在全体华侨欢迎大会上发表讲话。（收入湘版《全集》第八卷，又收入川版《全集》第四卷）

12月13日 访波士顿协胜堂诸人（《行知备忘》）。

12月14日 十时半访麦柯尔，下午六时半访安德鲁斯。乘"玛丽皇后号"轮回纽约（《行知备忘》）。

12月15日 五时，访陆璀（《行知备忘》）。

12月16日 八时赴麦迪逊花园广场。晚六时半，赴所罗门夫人之约晚餐（《行知备忘》）。

12月17日 赴华侨学校。又赴格林里夫大街23号。后又赴哲学俱乐部演讲，克伯屈等人出席（《行知备忘》）。

同日 据克伯屈记述："与教育200班见面。总体上讨论开展得不错。我按计划将其分为15个讨论小组，地点定在哲学俱乐部。陶行知博士演讲，他的工作确实做得不错。"（《克伯屈日记》，藏美国哥伦比亚大学师范学院图书馆特藏室）

12月18日 上午十二时赴列克星敦，下午四时回克拉尔蒙特（其在纽约暂居地）（《行知备忘》）。

12月19日 据克伯屈记述："中午去Parc Vendome参加为陶行知博士举办的午宴。来了很多人。孟禄博士主持。我和一上海商人坐在一起。杜威发言，陆璀（中国驻日内瓦的学生联合会代表，清华大学的学生）很高兴地作了演讲。陶行知博士讲到了中国人民正在全面抗战，反抗日本，要通过教育使所有的人能对时局有所了解。吴博士，中国顾问官也发了

言，一些人问陶行知问题。大约四点我们离开。”（《克伯屈日记》，藏美国哥伦比亚大学师范学院图书馆特藏室）

同日 “夜11时，梅、吕、陈三先生陪到南京公园晚餐。园主陈仕槐、陈喜南二先生因我们为抗日来，不肯收费。”后又拟定次日上午十一时，访安德鲁斯夫人（（《行知备忘》）。

12月21日 中午访斯派勒（Spirer）（《行知备忘》）。

12月22日 下午四时，看电影（《行知备忘》）。

同日 致函吴树琴（收入湘版《全集》第八卷，又收入川版《全集》第八卷）。

12月23日 七时赴南京公园会友（《行知备忘》）。

12月24日 上午十时赴俱乐部。下午四时访克兰恩夫人（《行知备忘》）。

12月25日 午访孟禄教授。晚访谢志一（《行知备忘》）。

12月26日 下午六时半，访T. Y. Chew，陈宗尧（《行知备忘》）。

同日 发表《十二月运动一周年纪念》上半部，刊纽约《先锋报》。

同日 吴树琴致函陶行知。

12月27日 下午一时，赴纽约时报广场南京楼参加时事谈话会，到陈翰笙、胡秋原、周培源、冀朝鼎、梅翊强、陈其瑗、吕超然、陈光润、左敬子、余辛日、赵千里等十余人。（原载1937年1月2日纽约《先锋报》，后收入川版《全集》第十二卷）

12月28日 晚七时，访罗格（Rugg）教授（《行知备忘》）。

同日 据克伯屈记述：“陶行知博士受到客人的礼遇，他请求我与杜威、孟禄及其他的两三个人一起，在给南京政府的电报中，请求释放他的同伴。我同意了，帮助他修改请愿书中的部分措辞。”（《克伯屈日记》，藏美国哥伦比亚大学师范学院图书馆特藏室）

12月29日 七时赴陈翰笙宅（《行知备忘》）。

12月30日 据克伯屈记述：“陶行知博士和麦柯尔（Mc Coll）就中国知识分子一事打电报给南京政府。我们将罗格已起草的书信再做修改，我也参与其中。列一清单出来让更多的人加入到电报中来。”（《克伯屈日记》，藏美国哥伦比亚大学师范学院图书馆特藏室）

12月31日 据克伯屈记述：“陶行知博士将昨晚的信件带来让我签字。”（《克伯屈日记》，藏美国哥伦比亚大学师范学院图书馆特藏室）

12 月 位列《旅美华侨告海外同胞书》三百余人名单之中，要求政府立刻释放“七君子”及允许马相伯回沪，并确认日本为全国公敌，救国为国民权利及义务，并立刻对日抗战（《救国会史料集》，第 315 页）。

本年 作诗《妇女大众战歌》（收入《知行诗歌三集》，后收入湘版《全集》第四卷，又收入川版《全集》第七卷）。

同年 作诗《嫁女儿》《枪杆向北》（收入生活书店版《知行诗歌集》，后收入湘版《全集》第四卷，又收入川版《全集》第七卷）。

同年 作诗《消灭那吃人妖怪》（收入川版《全集》第十二卷）。

同年 作诗《赠南湖瑞霞》（收入大孚出版公司版《行知诗歌集》，后收入湘版《全集》第四卷，又收入川版《全集》第七卷）。

1937年
（民国二十六年　丁丑）　46岁

5月2日　中国共产党全国代表会议在延安召开。

7月7日　卢沟桥事变爆发，全面抗战拉开帷幕。

7月17日　蒋介石在庐山对卢沟桥事变发表谈话，表示：临到最后关头，惟有坚决牺牲，我们只准备应战，而并非求战。

8月13日　日军进攻上海，制造“八一三”事变。

8月22日　军事委员会将红军改编为第八路军。9月11日，改称第十八集团军。

12月13日　南京沦陷。日军制造“南京大屠杀”，杀害中国军民三十余万人。

1月1日　作诗《倒退十年歌》，刊同月16日纽约《先锋报》，又刊同年3月19日香港《大众日报》。

1月2日　发表《十二月运动一周年纪念》下半部，刊纽约《先锋报》（收入川版《全集》第十二卷）。

1月3日　下午四时，偕胡秋原赴大同公寓参加中国学生抗日会时事讨论会，发表有关《什么叫做联合战线》的演讲（《陶行知西旅长编》）。

同日　下午六时，赴 Whitter Hall 会见罗格教授（《行知备忘》）。

1月4日　下午六时半，赴纽约男教职员俱乐部（Man's Faculty Club）演讲（《陶行知西旅长编》）。

1月6日　上午十时至下午一时，赴纽约东45街132号护士中心俱乐部（Central Club for Nurse）演讲。下午七时赴纽约西24街470号12号公寓基督教女青年会（Y. W. C. A）国际研究所演讲远东问题（《陶行知西旅长编》）。

1月8日　下午二时赴俱乐部（《行知备忘》）。

1月9日　与王德崇等三百余人共同发出《旅美华侨告海外同胞书》，

刊纽约《先锋报》(收入川版《全集》第四卷)。要求当局释放爱国七领袖及马相伯先生，立刻对日抗战。

1月10日 下午四时，访约克小姐。晚七时半，访克兰恩夫人(《行知备忘》)。

1月14日 复吴树琴函(收入湘版《全集》第五卷，又收入川版《全集》第八卷)。

同日 据克伯屈记述："陶行知来看我们，他对我们提出写信而不是发电报的建议表示困惑，我告诉他四点我会给他一个答案。打电话给中国总顾问，他很不情愿地通过了决定。但是他又说他会与陶行知联系，后来麦柯尔打电话过来同意发电报，而且我们还可以附加一条规则进去。之后陶行知认为需要进一步改善。与此同时那位顾问也打电话过来要求我推迟到明天。这一次轮到陶行知不情愿了，看来陶行知很不情愿看到这样。愿意提供明朗化的记录。后来我发了电报，很遗憾，我被卷入其中。"(《克伯屈日记》，藏美国哥伦比亚大学师范学院图书馆特藏室)

1月16日 下午七时，访坎德尔(Kandel)(《行知备忘》)。

同日 发表《倒退十年歌——九张游稿之四》，刊纽约《先锋报》。

1月17日 下午四时，访约克小姐(《行知备忘》)。

1月18日 上午十时在纽约接受世界电讯社(World Telegraph)记者采访。晚八时十五分在基督教女青年会国际研究所(Y. W. C. A International Institute)为妇女联盟(Woman's League)演讲《中国现状》(《陶行知西旅长编》)。

同日 吴树琴作书信致陶行知。

1月20日 上午十时去俱乐部。(《行知备忘》)

1月22日 作诗《傻瓜》(收入大孚出版公司版《行知诗歌集》，后收入湘版《全集》第四卷，又收入川版《全集》第七卷)。

同日 作诗《送梅翊强回国》(收入大孚出版公司版《行知诗歌集》，后后收入湘版《全集》第四卷，又收入川版《全集》第七卷)。

1月25日 赴比克曼。(《行知备忘》)

1月26日 晚八时五分在纽约克友花园(Kew Garden)演讲。晚六时四十五分，在纽约第7号大街57号俄罗斯饭店(Russian Restaurant)会见世界电讯社记者 Mitred Jessland(《陶行知西旅长编》)。

1月27日 下午二时赴俱乐部(《行知备忘》)。

1月28日 出席纽约华侨学校"一·二八"纪念会。

同日 发表长诗《"一·二八"儿歌》，刊《纽约公报》中文版（收入大孚出版公司版《行知诗歌集》，后收入湘版《全集》第四卷，又收入川版《全集》第七卷）。

同日 与陆璀拟就《陶行知、陆璀共同募捐启事》，刊同年2月6日纽约《先锋报》（收入川版《全集》第十二卷）。

同日 中午十二时，在《纽约公报》印募捐册（《陶行知西旅长编》）。

1月29日 下午六时半，赴旅顺楼参加成志会活动（《行知备忘》）。

1月31日 下午二时赴纽约华侨学校参加"一·二八"纪念会并作演讲（《陶行知西旅长编》）。

同月 作诗《红玫瑰》（收入大孚出版公司版《行知诗歌集》，后收入湘版《全集》第四卷，又收入川版《全集》第七卷）。

1月—2月 联络美国知名学者、教授，以及海外华侨，发起救援"七君子"运动。

2月2日 作诗《相见难》（收入三联书店版《行知诗歌集》，后收入湘版《全集》第四卷，又收入川版《全集》第七卷）。

2月3日 赴中华公所（《行知备忘》）。

2月4日 下午六时，赴纽约东52街135号基督教女青年会演讲（《陶行知西旅长编》）。

2月5日 下午六时半访卡兹夫人（《行知备忘》）。

2月6日 下午三时，赴《今日中国》杂志社（《行知备忘》）。

同日 于纽约致函陶宏等四子（收入湘版《全集》第五卷，又收入川版《全集》第八卷）。

同日 发表《陶行知、陆璀共同募捐启事》，刊纽约《先锋报》。

2月7日 赴陈翰笙宅吃水饺（《行知备忘》）。

同日 吴树琴致函陶行知。

2月10日 上午六时十五分至六时四十五分，赴纽约第5号大街57号街730号6楼洲际广播电台（Interstate Broadcast）广播演讲《远东危机》（《陶行知西旅长编》）。

2月11日 会见霍尔姆斯·邱奇（Holmos Church）博士（《行知备忘》）。

同日 于纽约致函吴树琴（收入湘版《全集》第八卷，又收入川版

《全集》第八卷）。

2月14日 赴所罗门（Solomon）夫人之请晚宴（《行知备忘》）。

2月17日 赴哥伦比亚大学师范学院教职员俱乐部参加有关欧洲等国际关系的讨论（《行知备忘》）。

2月18日 上午十一时，访埃斯特·卡罗尔（《行知备忘》）。

同日 与陆璀共同致函救国会被捕同人，自称为“监牢候补犯”。

2月19日 下午八时访司徒美堂（《行知备忘》）。

2月21日 陶晓光作书信致陶行知。

2月22日 于纽约致函吴树琴（收入湘版《全集》第五卷，又收入川版《全集》第八卷）。

2月25日 赴衣联会（《行知备忘》）。

同日 下午八时，偕胡秋原赴纽约二号路144号华工中心会堂为华工中心三周年纪念大会作演讲（《陶行知西旅长编》）。

2月26日 下午四时三十分，赴西117街410号高等学校女教职员俱乐部（Woman Faculty Club）演讲（《陶行知西旅长编》）。

2月27日 纽约《先锋报》公布纽约华侨陈烈智、陈均灿、陈万三共捐美金20元，托交陶、陆二位代表为推广救国教育用。《先锋报》将继续代收捐款（《陶行知西旅长编》）。

2月 发表诗歌《“一·二八”五周年纪念》，刊美国 *The Chinese Republic News*（中文版）第四百三十三号（收入大孚出版公司版《行知诗歌集》，后收入湘版《全集》第四卷，又收入川版《全集》第七卷）。

同月 经过隆重仪式，与陆璀加入洪门致公堂。

3月2日 下午四时三十分，赴纽约第5号大街150号外国传教士会演讲（《陶行知西旅长编》）。

3月3日 上午十时，赴卡兹俱乐部（《行知备忘》）。

3月4日 访所罗门（《行知备忘》）。

3月5日 下午七时，赴旅顺楼（《行知备忘》）。

3月7日 下午四时，赴布罗迪斯基夫人（Brodsky）宅（《行知备忘》）。

3月8日 七时，赴穆巴里街1号参加中国宪政党会议，记录宪政党党纲（《行知备忘》）。

3月11日 致函南京卫生署负责人张楚珩（收入湘版《全集》第五

卷，又收入川版《全集》第八卷）。

3月12日 于纽约致函吴树琴（收入湘版《全集》第五卷，又收入川版《全集》第八卷），告知“介绍信写成三封，请各附你自己的信寄去”。

同日 为吴树琴实习一事分别致函上海高桥卫生实验所张继圣、中国红十字会医院院长颜福庆（收入湘版《全集》第五卷，又收入川版《全集》第八卷）。

3月13日 六时半，赴米切尔广场（《行知备忘》）。

同日 吴树琴作书信致陶行知。

3月14日 晚八时，与杜威、陆璀等同赴纽约西十二街六十六号新社会学院参加“中国大众教育十周年纪念”活动，并发表有关推行大众教育经验的演讲。另杜威演讲为《教育与社会改造》，陆璀现场唱中国民歌。当场得捐款142美元。（原载1937年3月20日纽约《先锋报》第3页，后收入川版《全集》第十二卷）

3月15日 吴树琴致函陶行知。

3月17日 六时半，赴旅顺楼参加成志社活动（《行知备忘》）。

3月18日 下午七时，赴旅顺楼晤李国钦（《行知备忘》）。

3月19日 发表《九张游稿说——九张游稿之一》，刊香港《大众日报》（收入湘版《全集》第八卷，又收入川版《全集》第四卷）。

同日 发表《世界和平会理事营救中国七领袖——九张游稿之二》，刊香港《大众日报》（收入湘版《全集》第八卷，又收入川版《全集》第四卷）。

同日 发表《安内攘外歌——九张游稿之三》，刊香港《大众日报》（收入川版《全集》第七卷）。

同日 发表《倒退十年歌——九张游稿之四》，刊香港《大众日报》（收入湘版《全集》第四卷，又收入川版《全集》第四卷）。

同日 救国会沈钧儒、邹韬奋、章乃器、李公朴、沙千里、王造时复函陶行知、陆璀（收入川版《全集》第十二卷），告知其被捕经历及狱中生活。

3月21日 下午二时，参加教育会会议。下午五时，访陆璀（《行知备忘》）。

3月22日 六时四十五分，访伊希莫托男爵夫人（《行知备忘》）。

3月23日 晚，作书信致陶晓光（收入湘版《全集》第五卷，又收入川版《全集》第八卷)。

3月24日 下午三时，访王先生。晚七时赴西118大街417号访胡家健(《行知备忘》)。

3月27日 向教育部提交追认晓庄学校毕业生资格的呈文，并附晓庄学校1930年毕业同学录(收入湘版《全集》第三卷，又收入川版《全集》第二卷)。

3月29日 六时半在《公报》晚餐。晚八时，访司徒美堂(《行知备忘》)。

3月30日 晚六时半，赴83大街西尽头街490号访戈登伯格(Goldberg)(《行知备忘》)。

3月31日 晚六时，访洪考布(Honcau Bough)(《行知备忘》)。

同日 就陶行知追认晓庄学生毕业生资格一文，“中”签“请高等司先核”。

4月1日 六时，赴纽约第57号大街227号访罗布(Loeb)(《行知备忘》)。

4月2日 十二时半，赴纽约第5大街11街150号访加锡德先生(Garside)。下午六时半，访克利奥尔(Clyole)(《行知备忘》)。

同日 就陶行知追认晓庄学生毕业生资格一文，主管司以“关于晓庄学校大学部毕业生追认资格一节可准用私立专科以上学校立案前毕业生追认资格办理标准第五项之规定呈送各种证件以凭核办”签致普通司。

4月3日 被江苏省高等法院以“危害民国为目的而组织团体，并宣传与三民主主义不相容之主义”罪名再次予以通缉。

同日 就陶行知追认晓庄学生毕业生资格一文，边振芳签“关于该校高中部师范科、幼稚师范科、初中部及初中部幼稚师范科毕业生追认资格，拟饬该校径呈南京市社会局核办”。

4月5日 赴纽约西115街203号参加图书馆论坛(《行知备忘》)。

同日 上海《大公报》刊发陶行知等被通缉之消息。

4月6日 访纽约公共图书馆亚利山德丽娜小姐(Alexandrina Vodarsky)等人(《行知备忘》)。

同日 据冯玉祥记述：“看报有陶行知被通缉事，阅之觉得心中万分难过，我真不明白其内容到是如何也。”(《冯玉祥日记》第五卷，第124页)

4月7日 作诗《四川天灾》（收入大孚出版公司版《行知诗歌集》，后收入湘版《全集》第四卷，又收入川版《全集》第七卷）。

4月8日 上午二时，偕陆璀、陈其瑷在纽约车站迎候吴耀宗，约吴于下午四时在铁路公寓谈话。后又参观纽约大都会艺术博物馆。下午四时，访纽约大学英文系姜镛记。九时半，访吴耀宗（《陶行知西旅长编》《行知备忘》）。

4月10日 赴欧文广场东17号访《今日中国》《星光晚报》诸友（《行知备忘》）。

4月11日 赴纽约黑人区哈莱姆（Harlem）。针对国民党通缉，写下"如果这样是犯罪，情愿犯罪犯到底"（《行知备忘》）。

同日 毛泽东致电潘汉年："闻法院对沈钧儒等起诉将判罪，南京又有通缉陶行知事，爱国刊物时遭封禁，我方从上海所购之书被西安政训处扣留，南京令华北特务机关密捕我党党员。以上各事完全违反民意，违反两党团结对外主旨，望即入京向陈［立夫］、张［冲］诸君提出严正抗议，并要求迅即具体解决。"（《毛泽东年谱1893—1949》上卷，第727页）

4月12日 赴《今日中国》杂志社晤罗布（Loeb）、冀朝鼎、陈翰笙等人（《行知备忘》）。

同日 周恩来致电叶剑英，告知为沈钧儒等"七君子"被捕及通缉陶行知一事，毛泽东已派潘汉年赴南京谈判，并准备发动援救沈钧儒、陶行知等的运动。要叶通知中共西安地下党组织准备响应（《周恩来年谱1898—1949》①，第180页）。

同日 中共中央起草《中国共产党中央委员会对沈章诸氏被起诉宣言》，刊同月24日《解放》周刊创刊号。宣言要求立即释放"七君子"及全体政治爱国犯，立即取消陶行知等一切政治犯之通缉令（《救国会史料集》，第400—401页）。

4月13日 陆璀的生日（《行知备忘》）。

同日 作诗《前途公园中所见》（收入大孚出版公司版《行知诗歌集》，后收入湘版《全集》第四卷，又收入川版《全集》第七卷）。

4月15日 出席国际扶轮社午宴，并作政治形势演讲（《行知备忘》）。

---

① 本书版本信息为中共中央文献研究室编：《周恩来年谱1898—1949》，中央文献出版社1989年版。后文从略。

同日 就陶行知追认晓庄学生毕业生资格一文，主管司等联名签署并有部长印鉴一条："查该件具呈人现在被通缉中似未便遽行批复拟暂予存查。"（收入川版《全集》第二卷）

同日 周恩来致电蒋介石，要求取消对陶行知等五人的通缉（《周恩来年谱 1898—1949》，第 180 页）。

4 月 16 日 晚九时赴西 57 街 205 号访布罗迪斯基（Brodisky）夫人。当日收得为"两联"捐款 33.9 美元（《行知备忘》）。

4 月 17 日 晚六时，访克兰恩夫人（《行知备忘》）。

4 月 18 日 下午一时洗衣服，每周需花费 25 美分。晚八时，访陆璀（《行知备忘》）。

4 月 19 日 打听格兰特号前往中国的船期（《行知备忘》）。

同日 作诗《四万万的代表》（收入三联书店版《行知诗歌集》，后收入湘版《全集》第四卷，又收入川版《全集》第七卷）。

4 月 20 日 作诗《四万万》（收入湘版《全集》第八卷）。

同日 吴树琴致函陶行知。

4 月 21 日 候陈广云（《行知备忘》）。

4 月 22 日 晚七时赴李氏饭店顶楼。又打听"潘兴将军号"赴中国船期（《行知备忘》）。

4 月 23 日 与陆璀、吴耀宗晚餐，后同至吴宿舍谈话，至十时许（《陶行知西旅长编》）。

同日 于纽约第 90 大街西 310 号教育促进会用英文致信蔡承新，署名 W. T.（收入湘版《全集》第八卷，又收入川版《全集》第六卷）。

4 月 24 日 在南京饭店宴请福赛斯小姐等人（《行知备忘》）。

同日 陶宏等四子作书信致陶行知，并附陶晓光、陶城照片。

同日 据冯玉祥记述："十一点半，陶宏先生介绍一位潘先生（潘一尘——编者注）来谈，是庚款委会找他到绥远办农村教育的，问我的意见如何。"（《冯玉祥日记》第五卷，第 145 页）

4 月 25 日 下午二时，赴衣联会所参加四周年纪念大会，五时，赴醉芳楼参加其宴会。庆祝会主席为陈烈智，宴会主席为雷卓峰。陶与朱学范、陈其瑗、胡秋原、冀朝鼎、朱夏、中国驻纽约副领事郑宝南、中华公所主席练天然以及外国宾客等均在会上发表演说（《陶行知西旅长编》）。

4 月 26 日 "晚与陆璀谈鸿仪事。"（《行知备忘》）

4 月 27 日 大病初愈，即写信致王云五、穆藕初、李组绅、张宗麟、胡同炳及新安小学（《行知备忘》）。

4 月 28 日 晚八时半，赴华工中心（《行知备忘》）。

4 月 29 日 晚七时赴旅顺楼（《行知备忘》）。

同日 致函吴树琴，署名文（收入湘版《全集》第八卷，又收入川版《全集》第八卷），询问实习接洽情形。

同日 再致函冰妹（即吴树琴——编者注），署名水（收入湘版《全集》第五卷，又收入川版《全集》第八卷）。

4 月 30 日 午十二时，赴致公堂宴。又为 5 月 15 日前日程作安排（《行知备忘》）。

5 月 1 日 上午九时，访陈翰笙。十时访陆璀。下午五时赴致公堂。晚七时赴旅顺楼（《行知备忘》）。

同日 与陆璀同作《陶行知、陆璀鸣谢启事》，刊同年 6 月 12 日纽约《先锋报》（收入川版《全集》第十二卷）。启事对海外侨胞捐助一事表示感谢。

5 月 2 日 抵费城。下午三时，费城华侨在温街 1003 号楼上举行欢迎陶行知、陆璀、胡秋原的宴会，并请三人讲演国内联合救国运动（《陶行知西旅长编》）。

5 月 8 日 吴树琴致函陶行知。

5 月 10 日 据冯玉祥记述："午后六点，同陶宏先生谈。他说有某人曾于十一年在开封入伍，我看了信及凭据，定为十二日早八时在韩公馆见他，又谈及他读书的事，我已允助他到外国读书事，后又谈及志向高尚，我一面许其好，一面把连海在降州事告之，作为一点教训。谈及知行先生所办之普及教育事，我也说了一点意见，即以抗日为重，不可国内有任何对立也。我对陶宏的感想：一、很洁白有志的青年；二、有相当的学问；三、知道是非黑白。若能在此时多读些书，将来一定很好。"（《冯玉祥日记》第五卷，第 162 页）

5 月上旬 按原定计划从费城前往密苏里、圣路易斯、芝加哥等地旅行演讲。

5 月 11 日 于芝加哥第 59 大街东 1414 号国际大楼用英文致函蔡承新（收入湘版《全集》第八卷，又收入川版《全集》第六卷）。

5 月 12 日 筹划前往墨西哥（《行知备忘》）。

5月14日 抵底特律，晤安良社、致公堂等十余人（《陶行知西旅长编》）。

5月15日 参观福特汽车制造业、爱迪生研究所，后赴俄亥俄州克利夫兰，会见抗日会主席陈永生等人（《陶行知西旅长编》）。

同日 翻译布希那葛原所作《一位美国博士之自述》（收入湘版《全集》第四卷，又收入川版《全集》第六卷）。

5月16日 离克利夫兰赴纽约州布法罗。会晤华侨及致公堂多人。参观尼亚加拉大瀑布（《陶行知西旅长编》）。

同日 吴树琴作书信致陶行知。

5月17日 清理演讲及募捐收支结果。收入：一、芝加哥76（57＋19）；二、底特律，83美元；三、克利夫兰，90.65；四、布法罗，42.55；五、海员纽约59.75（56.75＋3）。共计351.95美元。支出：寄学联并寄费：101.9，寄全联、学联并寄费204.1，共计306美元（《陶行知西旅长编》）。

5月18日 寄信（《行知备忘》）。

5月21日 寄款给张宗麟。买有关墨西哥的图书（《行知备忘》）。

5月22日 看书。与吴耀宗谈话（《行知备忘》）。

5月23日 在华侨中成立新文字第一班，共计十三人（《行知备忘》）。

5月24日 吴树琴致函陶行知。

5月26日 下午二时半，访雷迪弗（《行知备忘》）。

5月27日 十时，赴胡宅会陈某。

5月28日 于纽约作家书致四子（收入湘版《全集》第五卷，又收入川版《全集》第八卷）。

5月29日 游览熊山（Bear Mountain），花费1.2美元来往（《行知备忘》）。

5月30日 下午，参加衣联五卅纪念大会，拆解“五卅”二字。晚十二时参加致公堂大会，早到四个小时（《行知备忘》）。

5月—6月 致函吴树琴，称其为冰小姐，署名水（收入湘版《全集》第八卷，又收入川版《全集》第八卷）。

6月1日 沈钧儒等六人致函杜月笙、钱新之（《救国会史料集》，第333页），略谓：

……且念钧儒等以外，尚有因到苏请愿而被累及之任崇高、顾留馨二人须同时受审，复有陶行知等四人仍在通缉之中。如钧儒等释放，而任彼等羁留监狱或长在逃逋之中，亦将何以对人，……于理于情于法，均难缄默。……希望先生等不吝赐教，另求适当之办法。先生等主持正义，肝胆照人，素荷厚爱，想必能于万难中为之熟筹一切也。

6 月 2 日 吴耀宗约次日中午十二时共进午餐（《行知备忘》）。

6 月 3 日 作诗《“垃圾”阵线的回答》（收入大孚出版公司版《行知诗歌集》，后收入湘版《全集》第四卷，又收入川版《全集》第七卷）。

6 月 5 日—10 日 美国作家大会召开。

6 月 9 日 下午八时半，赴纽约东 34 街 155 号 Inter Professional Building 与参加美国作家大会的代表会商（《行知备忘》）。

6 月 10 日 拟定两月内前往美国西部的行程：7 月 5 日—15 日，波特兰；16 日—23 日，西雅图；23 日—31 日，洛杉矶；8 月 1 日—3 日，约赛米蒂；3 日—18 日，旧金山（《行知备忘》）。

同日 发表《乡村教育十周年》，刊《生活教育研究会会刊》第一卷第七期，署名梧影（收入湘版《全集》第八卷，又收入川版《全集》第四卷）。

同日 《申报》刊载《陶行知赴墨西哥讲学》（载本日《申报》），抄录如下：

暑假返美秋初赴坎因救国会事件受法院通缉之教育家陶行知，去年出国赴美后，即应哥伦比亚大学之聘任教育学院教授，兹悉陶氏最近受墨西哥教育部之聘前往演讲，为期两月。下月讲毕后即返纽约，参加哥伦比亚大学暑期学校演讲，俟秋初再赴坎拿大作短期演讲。闻在各地讲学主题均为生活教育，至返国尚无确期云。

6 月 11 日 赴中国银行汇学费给吴树琴。

6 月 12 日 上午十时，在家见客。

同日 致函吴树琴，署名 W. T.（收入湘版《全集》第五卷，又收入川版《全集》第八卷）。

同日 发表《陶行知、陆璀鸣谢启事》，刊纽约《先锋报》。

6 月 15 日 复吴树琴函，署名水（收入湘版《全集》第八卷，又收入川版《全集》第八卷）。

6 月 17 日 下午三时，赴纽约西 47 街 30 号（《行知备忘》）。

6月22日 吴树琴致函陶行知。

6月24日 英文致函蔡承新（收入湘版《全集》第八卷，又收入川版《全集》第六卷）。

6月25日 晚六时半，访所罗门。晚，勒布请吃晚饭（《行知备忘》）。

同日 致函吴树琴，署名水，告知学费已汇一事（收入湘版《全集》第五卷，又收入川版《全集》第八卷）。

又 信中诗歌《江湾月》（收入三联书店版《行知诗歌集》，后收入湘版《全集》第四卷，又收入川版《全集》第七卷）。

6月28日 在纽约会见世界黑人协会领袖（Universal Negro Assocaition）马库斯·甘尼（Marcus Ganey），及帕西·埃里克，威廉·哈特，戈登，里德，克拉克，布莱恩特，所罗门·哈班等人（《陶行知西旅长编》）。

6月29日 纽约全体华侨抗日救国会致函孔祥熙、王正廷，要求释放救国会七君子并取消对陶行知的通缉（原载1937年7月3日纽约《先锋报》，后收入川版《全集》第十二卷）。

6月 发表《对于中国学生运动之认识与希望——祝全国学联成立周年纪念并述我个人》，刊《消息》第十卷第六期，原载《学生之路》第四期（收入湘版《全集》第八卷，又收入川版《全集》第四卷）。

7月4日 晚，抵波特兰。在当地演讲十日，题目包括《远东危机》《中国民族解放运动》《远东和平》。

7月5日 晚八时，赴里德学院（Reed College）演讲（《行知备忘》）。

7月6日 赴波特兰图书馆协会演讲。演讲前由波特兰的中国妇女会举行欢迎会，会上陶行知介绍了《锄头舞歌》及广州新文字。参加会议的还有妇女和平协会和波特兰农业保护者协会的领导成员。经陶教唱了两次，她们中十个人学会了唱《锄头舞歌》（《陶行知西旅长编》）。

7月7日 上午，作演讲。午十二时，赴女青年会午餐。后又赴图书馆重复演讲。当日又了解美国工人运动情况（《行知备忘》）。

7月8日 在准备关于日本侵华问题的演讲中增加内容（《行知备忘》）。

同日 吴树琴致信陶行知，告之所寄各物均已收到。

7月9日 与波特兰华侨抗日会商谈抗战事宜。又撰写对于日本问题的思考（《陶行知西旅长编》）。

7 月 11 日 应俄勒冈州希尔兹巴勒（Hillsboro）农民的邀请作露天演讲并在树林里野餐。晚六时至十二时，奥尔巴尼（Albany）农人邀请其参加农村讨论会（《陶行知西旅长编》）。

7 月 12 日 吴树琴致函陶行知。

7 月 13 日 应经济与社会研究会主席乔治·麦斯顿律师、秘书多利斯·金勃雷特（印刷工人）的邀请，在 Shamlock Cafeteria 演讲（《陶行知西旅长编》）。

7 月 14 日 十二时，赴塞勒姆（Salem）为妇女和平协会的缝纫女工演讲。据其后来自述："Salem 的缝纫女工三百人请我演讲，我把（朱）冰如等的故事讲给她们听，她们是高兴极了。我在她们的队伍里，也找出一位美国朱冰如，真是学而不厌、诲人不倦。她的名字是 Madia Lippe（梅迪亚·利柏），她并且会做诗。"（《陶行知西旅长编》）

同日 下午，赴塞勒姆以东的切马瓦（Chemawa）Happy Home 参观红人学校。据其自述："参观红人学校会见十几位红人学生，出我意想外，印第安人的相貌，几乎和中国人一样。恐怕他们的祖宗是中国北方人从伯令海峡经过阿拉斯加而来。拿他们的相貌和蒙古人、南洋人、东洋人比起来，要算他们最像中国人。"（《陶行知西旅长编》）

7 月 15 日 夜，抵西雅图。住四日，在华盛顿大学、人民教堂、女青年会、Kiro 播音台及私人宴会演讲七次。

7 月 16 日 赴西雅图华盛顿大学演讲（《陶行知西旅长编》）。

7 月 17 日 下午六时，赴西雅图 Kiro 广播电台播讲宣传抗日（《陶行知西旅长编》）。

同日 致函吴树琴，署名 W. T.（收入湘版《全集》第五卷，又收入川版《全集》第八卷）。

7 月 18 日 赴西雅图人民教堂演讲。据其后来写信告友人云："人民教堂是一个极新的教堂，他们有人民的上帝，人民的牧师，人民的福音。我在美国只遇见一位基督的信徒，那便是人民牧师 Shorter 先生。"（《陶行知西旅长编》）

7 月 19 日 会见中国对外贸易协会的陈水星、西雅图领事陆士寅及 Auna Louis Strong 的父亲 Sydney Strong。Sydney Strong 将其女儿写的西班牙见闻录送与陶行知。下午，在女青年会讲《日本法西斯的特质》。晚，Mrs. Hester 开车送陶上船赴加拿大温哥华（《陶行知西旅长编》）。

7月20日 上午，抵温哥华。有中华抗日社、中华会馆、致公堂、达权社、《大汉公报》代表十余人迎接。晚八时，在中华会馆发表演讲。深夜十二时，乘船赴维多利亚（《陶行知西旅长编》）。

同日 致函张宗麟、戴伯韬（收入湘版《全集》第五卷，又收入川版《全集》第八卷），介绍本月在美国西部行程见闻。

7月21日 晨一时四十五分，抵加拿大不列颠哥伦比亚省省会维多利亚。晤抗日会、致公堂书记（总堂）、达权总社社长、总堂正外交负责人、总堂副会长、抗日会主席及总堂会员等人。当日赶返温哥华。晚八时，出席温哥华中华会馆宴会，《抗日周报》、抗日会、工人保障会及致公堂代表参加。调查温哥华华侨状况。当晚乘火车离温哥华赴西雅图，致公堂谢志如赴车站送行（《陶行知西旅长编》）。

7月22日 返回西雅图。火车上遇侨胞冯昆协（《行知备忘》）。

7月23日 用英文写了两个思念吴树琴的短句："现在我经常祈祷，愿上帝为我保你平安。"（《陶行知西旅长编》）

7月24日 抵洛杉矶（《行知备忘》）。

7月25日 九时晤陆璀（《行知备忘》）。

7月26日 午，与比伯曼（Beberman）午餐。下午二时，偕陆璀参加妇女大会（《行知备忘》）。

7月27日 晚七时四十五分在寓所晤教师协会的负责人。八时对教师协会演讲。晚，又会陆璀（《陶行知西旅长编》）。

7月28日 会见中国剧院经理哈里·马克思（Harry Marx），副经理卡尔·盖恩（Care Gaen）（《陶行知西旅长编》）。

7月29日 下午一时十五分，赴洛杉矶教育董事会研究当地中日教育的相互比较。晚八时半，偕陆璀会晤并应 Gay Endore 之请在洛杉矶电影艺术协会好莱坞妇女俱乐部演讲《中国为西班牙说话》（《陶行知西旅长编》）。

7月30日 赴洛杉矶胡佛南街 2600 号访杨虎城的夫人谢葆贞及其子杨拯中，其时杨虎城已乘机赴美国东部，未能与陶会晤。晚，偕陆璀参加洛杉矶卫生局与西班牙人民之友社为诺尔曼·白求恩举行的欢迎晚宴（《行知备忘》）。

7月31日 上午十一时，在洛杉矶招待记者，宣传救国会的团结、抗日两主张。晚上偕陆璀与好莱坞的赫尔伯特·比·伯曼餐叙（《陶行知西旅长编》）。

同日 下午五时二十分，“七君子”被释放，门前有民众一二百人高呼欢迎及抗日救国口号。后由李根源、张一麐设宴于吴县国货公司屋顶花园表示欢迎（《陶行知西旅长编》）。

7月 “七七”事变后，将“国难教育运动”改名为“战时教育运动”。主张把教育与争取抗日战争胜利结合起来，以开展反侵略救亡运动。

夏 于芝加哥致函胡同炳，署名何日平，介绍其前往上海中山医院骨科治疗脊骨炎（载《南京儿童自动学校十年努力记》，第 64 页）。

8月1日 在纽波特比奇（Newport Beach）休息（《陶行知西旅长编》）。

同日 于洛杉矶用英文致函吴树琴（收入湘版《全集》第五卷，又收入川版《全集》第六卷）。

8月2日 乘车由洛杉矶赴旧金山（《行知备忘》）。

8月3日 赴旧金山途中经奥克兰时停留，赴麦迪逊大街 1800 号梅里特湖宾馆晤杨虎城将军一家，商议在旧金山的宣传活动，其时杨虎城本人正在纽约（《陶行知西旅长编》）。

8月4日 下午一时抵旧金山。二时晤致公堂代表。四时赴加利福尼亚暑期学校演讲。晚赴华盛顿街 1076 号晤杨虎城夫人谢葆贞（《陶行知西旅长编》）。

8月5日 上午十时，在旧金山举行记者招待会，发表谈话要点：一、中国人的团结。二、日本继续进逼。三、门户开放政策的终止。四、中国政府必须服从人民的意志，人民的意志是抗战。下午一时晤杨虎城夫人谢葆贞。二时，赴中华会馆。三时，赴中华总商会（《陶行知西旅长编》《行知备忘》）。

8月6日 上午十一时，晤日本报社记者。又赴华盛顿街 1076 号晤谢葆贞。又赴码头考察（《行知备忘》）。

8月7日 上午十时在基督教青年会等待。晚七时，参加抗日会执委会会议（《行知备忘》）。

8月8日 下午一时，偕陆璀赴大中华戏院演讲抗日救国问题（载 1937 年 8 月 7 日旧金山《少年中国晨报》第四页，后收入川版《全集》第十二卷）。

8月9日 “下午一时，汤普森先生来青年会看我。”（《行知备忘》）

8月10日 下午八时，赴瓦列霍（Vallejo）参加反对战争讨论会

(《陶行知西旅长编》)。

8月11日 上午十一时，访陈、赵二先生。下午二时三刻，访广东银行周先生（《行知备忘》）。

同日 下午参加当日开幕的中国学生大会（8月15日闭幕）。(《陶行知西旅长编》)

同日 于旧金山中国男青年会英文致信吴树琴（收入湘版《全集》第五卷，又收入川版《全集》第六卷）。

同日 致函蔡承新，署名W. T.（收入湘版《全集》第八卷，又收入川版《全集》第八卷），嘱托将美金一百七十元平分交与“救国联合会”与“全国学生联合会”。

8月12日 继续参加学生大会。下午二时至四时在加利福尼亚大学伯克利分校，五时至八时在协和学校、孔教学校，八时在基督教女青年会演讲（《陶行知西旅长编》）。

8月13日 偕陆璀在旧金山中国学生大会发表两次演讲，听讲者有金巴仑学校和中华学校的两校学生五百人，主持人为中华学校校长陈中海(《陶行知西旅长编》)。

8月14日 下午一时，参加旧金山华侨教育协会座谈会，到中华学校、圣公会学校、浸信学校、南侨学校、协和学校、圣玛利学校、金巴仑学校的代表。晚上晤华侨工人（《陶行知西旅长编》）。

8月15日 上午十时至十二时参加中国学生大会闭幕大会（《陶行知西旅长编》）。

同日 下午一时，出席中国国民党驻美国总支部主办的建国中学开幕典礼，到杨虎城夫人谢葆贞、香港梅芳学校校长吴敏墀、旧金山国民抗日救国总会主席邝炳舜及各学校代表多人。会上陶行知发表演讲，刊次日旧金山《少年中国晨报》第4页（收入川版《全集》第十二卷）。

同日 晚六时，旧金山陆氏家族在河南别墅宴请陆璀，陶行知与宴(《陶行知西旅长编》)。

8月16日 访谢葆贞、杨拯中（《陶行知西旅长编》）。

8月17日 白天，为联合抗日奔走，组织民众唱歌队。晚六时，赴旧金山国民抗日救国总会主席邝炳舜之宴。晚八时，对产业工人作演讲。后又参加抗日会会议直至午夜（《行知备忘》）。

同日 偕华侨教育会会长陈中海参观旧金山南侨学校。

8月18日 陆璀生病，代璀写信。下午三时，送橘子。四时半，赴圣公会。五时，赴唱歌会。七时，赴旧金山中国总领事黄朝琴之宴。八时，赴货栈仓库。八时半，会孜修学舍冯子寿等人（《行知备忘》）。

同日 致函蔡承新，署名W. T.（收入湘版《全集》第八卷，又收入川版《全集》第八卷），嘱托将美金一百二十六元七角平分交与“救国联合会”与“全国学生联合会”。

同日 旧金山《世界日报》刊文《陶博士参观南侨学校》。

8月19日 晚，访汤普森（《行知备忘》）。

8月20日 万国工人大会组织的旅美华侨统一义捐救国总会在旧金山正式成立。晚八时，参加反法西斯大会并作演讲（《陶行知西旅长编》）。

8月21日 上午十时至十二时，在中华学校演讲。下午，调查华工渔业公司（《行知备忘》）。

8月22日 送陆璀过海到纽约，陆随即转往巴黎工作。临别之际，陆璀题字留言：“出国一年，得到一个好爸爸而同时为奋斗途程中的好同志！这的确是我最大的喜悦！”（《行知备忘》）

同日 英文致信吴树琴（收入湘版《全集》第五卷，又收入川版《全集》第六卷）。

8月23日 方君璞题字留言：“来美已有一年，独自就像是迷途的小羊在黑暗中摸索着。现在幸得陶先生给我正确的指导，使我得了一线的光明！我实在不知道要如何说法才能表示我内心的敬仰，感谢！”（《行知备忘》）

同日 杨虎城夫人谢葆贞题字留言：“十年奔波的途程中才得到了一个意志相同的同志陶先生，望陶先生以后继续奋斗，把我们整个的同胞都领导着走上最后的光明大道！”（《行知备忘》）

同日 下午三时，会见“万国工人”。晚八时，赴长滩发表演讲。当日又调查饭店工人情况（《行知备忘》）。

8月24日 旧金山的中国民众歌咏团正式成立。邝炳舜、陈中海、方君璞担任顾问，中华学校的陈用好为主席，浸信学校的王少兰为副主席，圣玛利学校的周月颜为书记，执行委员由八个学校的代表担任（《陶行知西旅长编》）。

8月25日 抵达洛杉矶，准备前往墨西哥（《陶行知西旅长编》）。

8月26日 离洛杉矶，抵德克萨斯州的艾尔帕索（Elpaso），此城与墨西哥的华雷斯城隔河相望。在此会见侨胞，拟定访问墨西哥的详细日程

(《陶行知西旅长编》)。

8月27日 下午，从边境城市艾尔帕索经过墨西哥北部边境城市华雷斯城，“(1) 1时10分坐车上车站；(2) 墨国检察员要我到移民局去办交涉；(3) 坐汽车到移民局；(4) 移民局要我交500墨镑到墨国银行；(5) 坐汽车到银行交金元，140元押柜；(6) 中途海关查行李；(7) 到银行久候；(8) 回来移民官已走，下午3时；(9) 一怒而有办法；(10) Maldonado (马尔多纳多) 为我打电话办交涉；(11) 坐汽车上车站；(12) 又查行李；(13) 不能买票到拉雷多；(14) 只好买埃尔巴索来回票 (头等来回54金，二等只要30金)，因天气热极，只好买头等；(15) 付汽车钱三金，过路费二角，验行李五角金，搬行李二角五金，搬行李二元五角墨元，护照费10金，通过证1金50分，电报费5金”。“Maldonado，这位小官不错。”

晚间十一时，抵达墨西哥奇瓦瓦州首府奇瓦瓦市 (又名周城)，寓 Hotel Paladid (《行知备忘》)。

8月28日 下午五时半，参加周城华侨团体会。晚九时，晤致公堂总分堂负责人。当日又调查了解华工在墨情况 (《行知备忘》)。

8月29日 了解墨西哥历史概况 (《行知备忘》)。

8月30日 抵达墨西哥首都墨西哥城，吴邦植、赵松等华侨数十人前往迎接。寓 Hotel Aida (爱达宾馆) (《陶行知西旅长编》)。

8月31日 晤东方社会学研究所的弗兰西斯科·佐迪加 (Francisco Zeadgarg)。下午，赴墨西哥城南索奇米尔奥 (Xochimilao) 游历，该地有墨西哥威尼斯之称。晚，会见筹备墨西哥中国之友社的阿尔伯兰 (Alberran) 和《民族》杂志社主笔马丁内斯 (Hector Perez Martinez) (《陶行知西旅长编》)。

9月1日 上午九时，赴墨西哥公共教育部二楼晤教育家米盖尔·勃斯托斯·塞尔塞多 (亦为《民众》杂志主笔，墨西哥中国人民之友社的筹组人)。晚六时，在寓所会见新闻记者 (《陶行知西旅长编》)。

9月2日 上午十时，在墨西哥妇女人民阵线会见库卡·卡西亚 (Cuca Garcia) 和关崇祐，了解妇女运动情况。又会见中国公使何怀运等人 (《陶行知西旅长编》)。

9月3日 在教育图书馆访晤教育家 Migrel Bustos Cerecsd 和 Mario Pwxo Glores (《陶行知西旅长编》)。

9月4日 上午十时，访问妇女人民战线。十二时半，会见中华学校校长余受之。下午三时，致公堂举行欢迎陶行知大会，直至晚十时，与会者有余受之、抗日会张巨贤、严万里、廖颂扬等（《陶行知西旅长编》）。

9 月 5 日 在寓所听肖新昌介绍特奥第瓦坎（Teotihuacan）的情况，并前往参观。晚上，应余受之之请观华侨乐班的演出（《陶行知西旅长编》）。

9 月 6 日 上午十时，参加墨西哥教师联合会为教师举行的葬礼。葬礼中发生冲突，20 人受伤，50 名法西斯分子被捕。中午会见劳瑞先生和他的朋友挪威人格里奇。下午，应余受之邀请赴中华学校演讲（《陶行知西旅长编》）。

9 月 7 日 下午四时，赴中华小学教学生唱歌。当日又调查墨西哥华侨分布（《行知备忘》）。

9 月 8 日 下午三时，在墨西哥城参加抗日救国会执委会议（《行知备忘》）。

9 月 9 日 晚七时半，参加妇女人民阵线座谈三十分钟（《行知备忘》）。

9 月 10 日 下午八时，出席墨西哥工人大会并作演讲（《行知备忘》）。

9 月 11 日 访问墨西哥执政党——墨西哥国民党（《陶行知西旅长编》）。

9 月 12 日 早、晚均在妇女人民阵线演讲《墨西哥的女性》（《陶行知西旅长编》）。

9 月 13 日 重游特奥第瓦坎。晚八时返回寓所晤帕拉西·贝拉斯（《陶行知西旅长编》）。

9 月 14 日 晚七时半，参加墨西哥共产党建党十八周年纪念会（《陶行知西旅长编》）。

9 月 15 日 参加墨西哥独立一百二十七周年纪念会（《陶行知西旅长编》）。

9 月 16 日 下午三时，参加华侨妇女抗日救国会、商会茶话会（《行知备忘》）。

同日 上海战时普及教育服务团成立，杨东莼担任主席，陶行知、刘良模、吴涵真、沈体兰、张宗麟等 9 人担任理事。

9 月 17 日 抵科利马州曼萨尼约港，会见墨西哥工人联合会的领导佛朗哥·卡里诺。了解墨西哥各类团体情况（《行知备忘》）。

9月18日 “上午到银行收回入境保证金500元（$140），银行推内部，三番五次，很难。正是来难去也不易。”（《行知备忘》）

9月19日 抵普埃布拉（Puebla）州首府普埃布拉——德萨拉哥萨（Puebla De Zaragoza）（《行知备忘》）。

9月20日 预定下午一时在普埃布拉会见墨西哥总统（《行知备忘》）。

9月21日 观赏《大秦景教流行中国碑》的石膏复制品，又了解南美洲、中美洲近代史一些著名人物。又了解墨西哥工农相关情况。又见特勒兹（Tellez），“他坚信：中国必胜”（《行知备忘》）。

9月23日 下午一时，会见记者。二时，晤阿尔巴伦（《行知备忘》）。

9月24日 在墨西哥城告别午宴上致词，到四百余人。在演讲中表示希望中墨结为兄弟联合一致，停止供应军火给日本等（《行知备忘》）。

9月25日 乘火车离墨西哥赴美国，张天元、余受之等人赴车站送行（《行知备忘》）。

9月26日 乘火车赴艾尔巴索。六时到萨卡特卡斯。十二时五十分抵达奇瓦瓦市（《行知备忘》）。

9月27日 九时到华雷斯城，“拿保证金，Laredo钱未汇到，要等到何时，没人知道”。后赴维胜园和广东餐馆晤中国国民党驻墨呵利市分部常务委员、驻墨呵利华侨抗日救国后援会常务委员代表余毓源，致公堂代表黄关福，致公堂总理陈瑞栋，中文书籍雷祥森，西文书记黄兆槐，交际科关荣业以及纽约致公堂的方拔州等人（《行知备忘》）。

9月28日 调查华雷斯华侨情况（《行知备忘》）。

同日 当局发文撤销对陶行知的通缉。

9月29日 从华雷斯乘火车抵达德克萨斯州休斯顿。下午三时，晤何惠粼、汪清沧和旧金山“反对碎铁”运往日本的卡恩夫人（Mrs. Kahn）。晚八时，在女青年会演讲。晚十时，晤华侨（《陶行知西旅长编》）。

同日 《抗战》三月刊第十三号刊登当局取消对陶行知通缉的消息。

9月30日 下午四时，在全国海员联合会礼堂演讲。下午八时，赴加尔维斯顿（Galveston）调研铁山及对日禁运问题。晚，晤休斯顿女诗人（《行知备忘》）。

10月1日 海员工会书记肯尼迪陪同考察加尔维斯顿港口另一座铁山。该铁山占地五英亩，计有三百万吨废铁待运往日本（《行知备忘》）。

10月2日 抵新奥尔良，对美国劳动者联盟（American Federation of

Labor）和产业联盟（Congress of Industria Organization）作演讲（《行知备忘》）。

10 月 3 日 行李运抵休斯顿（《行知备忘》）。

10 月 4 日 赴芝加哥。

10 月 5 日 晨，抵芝加哥。后向侨胞发表演说，呼吁大家拒买日货并签订抵制日货誓约（《行知备忘》）。

同日 英文致函吴树琴（收入湘版《全集》第五卷，又收入川版《全集》第六卷）。

10 月 6 日 晨，乘车抵布卢明顿。上午九时三刻，赴印第安纳大学与学生谈话。下午二时半，乘车离开布卢明顿。四时五十分，抵印第安纳波利斯。五时四十分，赴华盛顿（《行知备忘》）。

10 月 7 日 抵华盛顿（《行知备忘》）。

10 月 8 日 赴华盛顿国家银行。又打听赴费城火车时间。又赴中国驻美大使馆访大使王正廷，转交上海海员公会、上海市商会地方协会、银行业同业公会、钱业公会、轮船业公会 8 月 30 日商讨禁运的情况致美国总统和美国海员公会的电报，阐述呼吁联合起来抵制日货，禁运废铁去日本的观点。又在使馆中遇曾任金陵大学校长和南京学界联合会会长的应尚德（时任大使馆参事）、驻墨西哥公使谭绍华以及胡适（《陶行知西旅长编》）。

同日 下午，赴美国学生联合会，了解该会 9 月 11 日发表的《安阿伯宣言》（《陶行知西旅长编》）。

同日 据胡适记述："一早到美京。……十点到大使馆，……在馆中遇陶行知、林霖。"[《胡适日记全编》（六），第 725 页]

10 月 9 日 再访王正廷大使，谈诸事。又晤胡敦元、国会图书馆杨玄伯、B. A. 克莱德（Claytor），商谈搜集美国废铁运往日本的资料问题。晚与海员公会负责人爱默生举行记者招待会（《行知备忘》）。

10 月 10 日 与胡敦元等人商谈。又为抗日会致祝词。下午与爱默生同离华盛顿赴费城，并转往芝加哥（《行知备忘》）。

10 月 11 日 美国世界电讯社・新闻导报社长海伍德・布朗、全国海员同盟总干事约瑟夫・柯兰、美国青年大会威廉・欣克雷以及参加 1937 年美国劳联年会的英国劳工代表赛特雷恩，向陶行知转致"抵制一切日货"的宣言，并将此宣言送交美国国务卿赫尔、日本驻美大使特别专员（《陶行知西旅长编》）。

10月13日 在约翰斯顿参观 Cochran 青年劳动就业基金会和柯切兰初级中学（《行知备忘》）。

10月14日 上午十时，在校长助理 A. K. 莫里斯（Moris）陪同下参观访问俄亥俄州迈阿密大学（《行知备忘》）。

10月15日 抵芝加哥，参加黑人青年大会（《陶行知西旅长编》）。

10月16日 致信胡适（《胡适遗稿及秘藏书信》第三十六卷，第433页），略谓：

> ……朋友来谈，说及吾兄在卢沟桥事变之后，曾提出和平方案，问到具体内容，彼也不知。……昨天接到国内来信，说老兄在国防参议会里，曾提出承认“伪满洲国”的主张，是否谣传，尚希赐示。如果老兄真有这主张和方案，对美国当局交换意见时是否也拟提出？有人说您预备以三千万人之自由来换“和平”，我不大相信（但也不大放心），所以特来请教。

10月17日 继续参加黑人青年大会，进行第七次宣传演讲：（一）愿为国死；（二）知为国死；（三）能为国死；（四）可为国死（《陶行知西旅长编》）。

10月18日 “致电贺筹饷总局。寄同志信。”（《行知备忘》）

10月19日 上午十时，晤芝加哥市政办公室长官威廉姆斯。又与王恭年、卿汝辑同在美国反战反法西斯联盟发表演说（《行知备忘》）。

同日 胡适“写信给陶行知”[《胡适日记全编》（六），第726页]。

10月22日 偕芝加哥美国反战反法西斯联盟的艾·亨得利会晤诺尔曼·白求恩。午十一时，在美国反战反法西斯联盟演讲《中国与西班牙》。晚八时，赴交响音乐厅为去西班牙的卡拉兰送行（《行知备忘》）。

10月25日 赴芝加哥谢尔曼酒店1407号再访白求恩。又晤哥伦比亚大学的熊罗拉（熊希龄之女——编者注）等人（《行知备忘》）。

10月26日 “日本占领太原，切断南北铁路交通。”（《行知备忘》）

10月27日 写文（《行知备忘》）。

10月28日 应雷迪弗（Redefer）和罗格（Rugg）之请，赴帕默会堂（Parmer House）演讲（《行知备忘》）。

10月29日 “G. C. 特雷恩（Tryon），因巴利（Bari）的意大利宣传引起阿拉伯人之骚动，也要用无线电播各国话，但说他们不是宣传。这和胡适否认宣传一样。”（《行知备忘》）

10月30日 赴圣保罗演讲（《行知备忘》）。

同日 吴树琴致信陶行知，告知仍在徽州，与母亲在一起。

10月31日 “演讲《算命》，用算盘算中日胜败。”（《行知备忘》）

11月1日 午夜从克利夫兰启程。又听 E. War Wong 和美国石油研究所的 Rowlings 先生告知有 2 000 名石油从业人员的美国石油工业研究会第八届年会将于 11 月 8 日—12 日在芝加哥斯蒂芬斯旅馆召开（《陶行知西旅长编》）。

11月2日 了解美国进步社团情况。会见 John Alden Carpenta 夫人、芝加哥美国青年大会代表主席 Joseph Watseka、美中人民之友社 Bernies Ross 和美国青年大会全国主席 William Hinckley（《陶行知西旅长编》）。

同日 《广东省政府公报》刊登《取销徐谦陶知行陈友仁通缉案》（《广东省政府公报》第 389 期，第 73—74 页）。

11月3日 赴埃文斯顿的西北大学哈里斯大厅演讲。又晤克伯屈教授及中国留学生（《行知备忘》）。

同日 据冯玉祥记述：下午五时，“会陶宏先生谈及伊父之来信，主张动员全体民众以作坚决之抗战。陶言最近有人去电敦其回国。果尔则预计年底当可到达。六时许，同进晚餐”（《冯玉祥日记》第五卷，第 238 页）。

11月4日 陶城作书信致陶行知。

11月5日 抵纽约（《行知备忘》）。

11月6日 赴中华学校教学生唱歌，看土星、木星（《行知备忘》）。

11月7日 中国筹饷总局成立（《行知备忘》）。

11月8日 为救国会、学联寄回捐款 300 美元（《行知备忘》）。

11月9日 赴列克星敦大街 1 号访芬利先生。又晤停战日活动组织委员会副主席马丁·卢塞斯（《行知备忘》）。

11月10日 在纽约连作三场演讲：上午两场，下午在纽约大学演讲学校教育管理（《行知备忘》）。

11月11日 赴克利夫兰参加第一次世界大战停战纪念日（《行知备忘》）。

11 月 11 日现为美国退伍军人节，是为纪念第一次及第二次世界大战结束设置的节日。

11月12日 上午十时二十分离开克利夫兰。晚十时四十分抵达华盛顿（《行知备忘》）。

11月13日 办理去加拿大的护照，并了解火车时刻表（《行知备忘》）。

11月14日 “通过理发师宣传孙中山。”（《行知备忘》）

11月15日 上午十时，出席华盛顿中国驻美大使馆总理纪念周并作演讲，呼吁为和平而战。十一时，晤瓦尔德隆。下午二时，会见《华盛顿邮报》记者多诺万。四时，与大使王正廷会谈（《行知备忘》）。

11月16日 上午十时，赴移民办公室。下午赴海军将官俱乐部菲拉伯·巴鲁斯，马瑟·约瑟芬讨论印第安人的移居生活。与西尔伯讨论美国援华问题（《行知备忘》）。

同日 吴树琴作书信致陶行知。

11月17日 中午十二时半，中华经济研究社假洛特斯特饭店举行成立会，由胡敦元、林霖、林雨岭、陶行知四人组成。下午赴阿伦敦（《行知备忘》）。

同日 赴阿伦敦途中过费城时，为胡适作诗《戏寄友人》（收入大孚出版公司版《行知诗歌集》，后收入湘版《全集》第四卷，又收入川版《全集》第七卷）。

11月18日 抵加拿大多伦多，受到当地华侨抗日会代表张星辉、李瑞门以及国民党常务委员张于田和《醒华报》黄卫青等人的欢迎。又晤《多伦多星报》记者理查德·莫斯曼，多伦多学生和平行动委员会主席贝尔纳·穆勒。了解并记录了《多伦多星报》刊载的加拿大运往日本金属情况。下午五时，教儿童唱歌（《行知备忘》）。

11月19日 赴多伦多大学，在西大厦和哈特大厦分别作演讲各一次（《行知备忘》）。

同日 晚八时，赴加拿大国会演讲和平与民主，列演讲提纲 *Outline of Speech at Canadian Congress*（在加拿大国会的讲演提纲）（收入川版《全集》第六卷）。

11月20日 下午一时半，晤钱玉琴。晚七时演讲“犹太人布道”（《行知备忘》）。

同日 据冯玉祥记述：“六时许起，陶宏来谈：一、科学社现已无人负责，留京者仅伊一人，多数物品尚在南京，个人为办事克始克终，拟将所有物品运抵四川，惟一切运费尚无着落请予以资助；二、伊之兄弟二人，在沪就读，现亦经济无着，请求设法补助；三、上海张宗麟及诸同人请求帮助，前曾托李连山有一长信寄来，不知能否设法；四、至个人则自大战以来，即欲求得些微与抗战有利之工作，惟以各方关系欠缺，致无从求得，嗣后先生如有所需，定当奔走效命。我对科学社之物品及其赴川之生活费给三百元。对其小弟二人，助二百元，对张某之事，答以记不清楚。八时半，与家人等及陶宏同进早餐。”（《冯玉祥日记》第五卷，第274—275页）

11月21日 在多伦多三次集会上发表关于中国抗战的演讲，第一场于下午二时在爱德华国王饭店，第二场于下午三时在卡西诺剧院，第三场于晚八时在基督教青年会（《行知备忘》）。

11月23日 抵加拿大首都渥太华。晤中国副领事司徒一平，加拿大青年会长，宪政党领袖龚君琏，培英中学周锦添、中国布道团及基督教协会主席爱丽丝。又调查渥太华华侨情况（《行知备忘》）。

11月24日 抵蒙特利尔。下午二时，教学生唱歌。三时，赴中华会馆。六时晚餐（《行知备忘》）。

11月25日 护照签证从1937年11月16日延长至1938年5月9日（《行知备忘》）。

11月26日 返纽约，后赴美国“中国人民之友社”发表有关中美友谊的演讲，又同与会者展开讨论（川版《全集》第十二卷）。

同日 晚八时，赴纽约布鲁克林第七街（Brooklyn Academy of Museum）演讲中国文化（川版《全集》第十二卷）。

11月27日 与吴耀宗午餐。晚，与陈翰笙晚餐（《行知备忘》）。

11月28日 八时半访所罗门。十一时，访哈里森·布朗（《行知备忘》）。

11月29日 构思有关中国政局的文章（《行知备忘》）。

同日 作书信致陶城（收入湘版《全集》第五卷，又收入川版《全集》第八卷）。

11月30日 晚八时访赫斯特。当日又“译天津来信，写飞信与小孩朋友”（《行知备忘》）。

12月1日 完成《中国的政局》文（《行知备忘》）。

12月4日 上午十一时，访杜威，商谈撰写《杜威声明》一事。下午二时半赴贵格派会堂（Quaker Meeting House）应琼斯博士之请作演讲

(《陶行知西旅长编》)。

同日 中国驻美大使王正廷允诺提供1 000美金给中华经济研究社(《行知备忘》)。

同日 陶晓光、陶城作书信致陶行知。

12月5日 “霍尔曼要资料。”下午二时至夜十二时，与苏世庭长谈(《行知备忘》)。

同日 据冯玉祥于武汉记述：下午“五时，陶行知之公子小桃、蜜桃及潘一尘、季平、白桃、孙铭勋、宋承勋来会，诸人皆陶先生昔日之同工人员而近则努力于救亡工作者”(《冯玉祥日记》第五卷，第299页)。

12月6日 “发电与甘地，罗兰，罗素，爱因斯坦四先生。杜威先生同意信、电稿。”(《行知备忘》)

同日 代杜威草拟《杜威声明》致甘地(收入湘版《全集》第八卷，又收入川版《全集》第六卷)。

12月7日 英文复函吴树琴(收入湘版《全集》第五卷，又收入川版《全集》第六卷)。

同日 作书信致陶晓光(收入湘版《全集》第五卷，又收入川版《全集》第八卷)。

12月8日 “李信慧来见。草拟墨西哥讲演。草拟杜威先生等宣言。”(《行知备忘》)

12月9日 上午十一时，访孟禄教授(《行知备忘》)。

12月10日 为纪念北京学生一二·九运动，在纽约发表演讲(《行知备忘》)。

12月11日 晚八时，赴中国青年会国际楼作有关墨西哥的演讲(《行知备忘》)。

12月12日 中午会晤墨西哥朋友。下午二时，赴中华学校(《行知备忘》)。

12月13日 “发‘四先生宣言’。寄钱，还布朗钱。”(《行知备忘》)

同日 代为草拟的杜威、甘地、罗曼·罗兰、罗素、爱因斯坦五人宣言发表(收入湘版《全集》第八卷，又收入川版《全集》第八卷)。

同日 得张宗麟电报一封，告知陶晓光、陶城已在汉口。

12月14日 “写信与汉口韬奋、小桃，屯溪姚文采。”又赴纽约大学城市学院社会研究实验室演讲。晚，访所罗门(《行知备忘》《陶行知西旅长编》)。

同日 于纽约致函邹韬奋(收入湘版《全集》第八卷,又收入川版《全集》第八卷)。

同日 作书信致陶晓光、陶城(收入湘版《全集》第五卷,又收入川版《全集》第八卷)。

12月16日 午十二时,赴纽约市立学院。晚八时,参加和平同盟论坛。又"复制罗曼·罗兰先生函件"(《行知备忘》)。

12月17日 寄信给中林、蔡承新、鸣珊、彬和。下午二时,访杰伊·依曼纳尔(《行知备忘》)。

同日 致函吴树琴(收入湘版《全集》第五卷,又收入川版《全集》第八卷)。

12月18日 下午六时半,赴旅顺楼(《行知备忘》)。

12月19日 下午一时,晤苏世庭。下午五至八时,赴皇家温莎舞厅演讲,听众达六千人(《行知备忘》)。

12月20日 下午二时半,"哈里逊·布朗与我,共同会见约翰·T.博比特编辑"。晚八时,赴《今日中国》杂志社(《行知备忘》)。

12月21日 "寄飞信与沪中[国银行]、汉[陶]晓[光]、[戴]白[桃]及全体同志。"(《行知备忘》)

同日 致函陶晓光、陶城(收入湘版《全集》第五卷,又收入川版《全集》第八卷)。

12月22日 上午十一时半,赴哥伦比亚大学访杜威教授,得知印度尼赫鲁复电杜威。下午五时,"为日本人举行露天会"。当日又往汉口电汇六百美金,"'家'、'公'用"(《行知备忘》)。

同日 印度国大党主席J. 尼赫鲁就陶行知草拟的《杜威声明》作回复(载次日《时事通讯》第三十期,后收入川版《全集》第六卷)。

12月23日 会见国际妇女和平自由大会代表德兹尔、查尔斯等(《行知备忘》)。

12月24日 作诗《战场即学校——写游击队对敌军宣传》(收入大孚出版公司版《行知诗歌集》,后收入湘版《全集》第四卷,又收入川版《全集》第七卷)。

12月25日 作诗《敬赠东北游击将军李红光》(收入大孚出版公司版《行知诗歌集》,后收入湘版《全集》第四卷,又收入川版《全集》第七卷)。

同日 致函戴伯韬、刘季平，刊1938年1月5日《战时教育》第一卷第十二期（收入川版《全集》第八卷）。

12月26日 午十二时，访大使王正廷。下午二时，赴中华学校。晚六时半，访马尔沙特·弗里斯（《行知备忘》）。

同日 据冯玉祥记述：午"餐顷，陶宏先生来，谈以离京情形，及途中所见"（《冯玉祥日记》第五卷，第316页）。

12月27日 十二时半，宴请杜威全家。晚八时，访朱发云。又记录12月16日蒋介石在汉口云："中国将来成功之基础是在全中国之农村及中国人民之坚决意志。吾人之武力抵抗，是民主政治对帝国主义狂暴武力之战。"（《行知备忘》）

同日 据冯玉祥记述："致陶行知先生电，请发动申包胥运动。"（《冯玉祥日记》第五卷，第319页）

12月28日 下午三时，从纽约大中央车站出发，四时半抵达纽约州东南部的彭基及埃（《行知备忘》）。

同日 下午，赴纽约州彭基及埃（Poughkeepsie）出席美国学联会议，演讲《教育在中国为自由而战斗中的地位》（*Place of Education in China Fight for Liberty*）（载川版《全集》第十二卷）。

12月29日 参加美国学联会议中学学校委员会会议并作演讲，内容包括集体安全、牛津誓言等。又用英文作诗歌《裙子》（*Pet-ti-coat*）、《波浪》（*Wave*）（《行知备忘》）。

12月30日 下午三时四十四分去车站返回纽约（《行知备忘》）。

同日 据冯玉祥记述："见陶宏，给他父亲的电报交他看看，有望他教他们学生的军歌事。"（《冯玉祥日记》第五卷，第321页）

12月31日 吴树琴致函陶行知。

本年 作 *Outline of Chinese People's Education*（《中国人民教育大纲》）（收入川版《全集》第十一卷）。

同年 作诗《死了的书呆子》并译英文版本 *The Scholar Ghost*（收入三联书店版《行知诗歌集》略修改，后收入湘版《全集》第四卷，又收入川版《全集》第六卷、第七卷）。

同年 作诗《无边湖》（收入湘版《全集》第四卷，又收入川版《全集》第七卷）。

1938年
（民国二十七年　戊寅）　47岁

4月6日　台儿庄战役取得大捷。

5月26日　毛泽东在延安抗日战争研究会上讲演《论持久战》。

7月6日　国民政府在汉口召开第一届第一次国民参政会。

10月28日　国民参政会一届二次大会在重庆召开。

12月29日　汪精卫公开叛国，在河内发出通敌求和的“艳电”。

1月3日　下午六时半，赴旅顺楼（《行知备忘》）。

1月4日　下午四时半，访鲁本。晚六时，访罗维特（《行知备忘》）。

同日　致函吴树琴，署名梧（收入湘版《全集》第五卷，又收入川版《全集》第八卷）。

1月5日　上午九时半，赴大使馆会议厅（《行知备忘》）。

同日　发表《把战场变作学堂——致戴伯韬、刘季平》，刊《战时教育》第一卷第十二期。

1月7日　教莫托先生中文的抗日（Resisting Japan）并非反日（not anti - Japan）（《行知备忘》）。

1月8日　上午八时半，访维兰德。九时一刻，赴大中央车站。“本日大卖出。”又安排赴加拿大行程（《行知备忘》）。

1月9日　出席离美送别会（《行知备忘》）。

1月10日　“寄八百金洋与 D. G. Laws。三赴加拿大，郑领事电报之效。交《今日中国》三百美金。”（《行知备忘》）

同日　据冯玉祥记述：“九时半起，散步片刻，陶宏来，谈以，伊拟一二日内赴川，尚有未了之事胪陈。我当告以：《战时教育》，余每月资助百元，惟以着老舍、刘英二人参助工作为先决条件。临时中学事，余亦允助百元。谈颇久，辞去。”（《冯玉祥日记》第五卷，第336—337页）

1月11日　抵加拿大维兰德（Welland）。游览尼亚加拉瀑布，“瀑布小姐弹水琴，唱歌”。赴克利夫顿酒店午餐，有华侨黄盖、谭照等十余人陪同。“汽车夫喊我 China boy。”（《行知备忘》）

1月12日 抵汉密尔顿城（Hamilton）。十二时五十五分，在麦克马斯特大学午餐，用时十五分钟。下午二时半，赴 CHML 广播电台播音十分钟。四时半，“与乔治·米克拉辛·布朗爵士一起用茶”。晚六时，参加华侨举行的晚宴。晚八时，赴第一联合教堂主日学校参加群众大会（《行知备忘》）。

1月13日 抵圣凯瑟琳城（St. Catherine）。午十二时，赴及瓦尼斯俱乐部。下午二时，重游尼亚加拉大瀑布（《行知备忘》）。

1月14日 离圣凯瑟琳，经汉密尔顿，抵温莎（《行知备忘》）。

1月15日 经温莎，汉密尔顿又到尼亚加拉大瀑布。下午经汉密尔顿抵达多伦多（《行知备忘》）。

1月16日 在多伦多先后会晤工会理事会书记 J. W. Buekley、工会和平民主联盟及多伦多地区执行工会理事会主席 Percy Yaffle、加拿大和平联盟 Virginia Macleod、众议院议员 M. J. Coldival 等人。又赴梅西音乐厅（Massey Hall）演讲，听众 4 000 人（《行知备忘》）。

同日 作诗《和平之威力》献给加拿大朋友，并译作英文 *Peace Power*（收入三联书店版《行知诗歌集》，后收入湘版《全集》第四卷，又收入川版《全集》第六卷、第七卷）。

1月17日 抵圭亚夫（Guelph）。晤弗兰克·W. 施菲尔德（Frank William Schofield）（《行知备忘》）。

1月18日 抵达科克兰莱克（Kirkland Lake）。“今天零下四度。”参观多伦多艺术陈列馆。下午晤文学艺术俱乐部诺尔曼·麦利安主席及诗人李尔斯等（《行知备忘》）。

同日 作英文诗歌《重返多伦多》（*Toronto Again*）（收入川版《全集》第十二卷）。

1月19日 抵蒂明斯（Timmins）。下午一时半至四时，对当地高级中学和高级职业学校演讲。晚六时半，赴李氏饭庄晚餐。晚八时一刻，赴协和会堂演讲，听众 350—400 人。晚十时半，赴华人俱乐部演讲，听众 100 人（当地华人仅有 183 人）（《行知备忘》《陶行知西旅长编》）。

1月20日 晨八时一刻，赴圣公会教堂演讲，有 130 名学生参加。后赴蒂明斯高级中学演讲，听众 400 人，其中高中生 30 人，高级职业学校学生370人。下午二时五分离蒂明斯。五时抵柯切兰（Coochrane）。参加由李玛丽在皇后饭店主持有40人与会的茶话会，到者众多，有镇长、银行家、部长、工人等。会后用出租车送客人回家（《行知备忘》《陶行知西旅长编》）。

1月21日 晨六时半，离柯切兰赴斯瓦斯迪卡（Swastika）。上午十时，抵达斯瓦斯迪卡（《行知备忘》）。

1月22日 上午九时，出发赴诺斯贝（North Bay）。晚九时二十五分，抵达萨德伯里（Sudbury）（《行知备忘》）。

1月23日 下午二时半，对萨德伯里华侨演讲。晚八时，赴教堂演讲，到听众八百人。当日又调查萨德伯里镍的用途。又晤白求恩大夫助手克拉克伦护士（《行知备忘》）。

同日 致函吴树琴，署名梧，信中表示："好久没有得到你的消息，十分挂念"，并讲述了自己补鞋一事（收入湘版《全集》第五卷，又收入川版《全集》第八卷）。

1月24日 晨六时半，离开萨德伯里（《行知备忘》）。

1月25日 抵加拿大苏必利尔湖正北端的亚瑟港（Port Arthur）和威廉堡（Fort William）。上午九时，由W. A. Mcwilliams陪同赴威廉堡技术学校演讲。下午二时，访威廉堡市长。三时一刻，在技术学校教学生唱《凤阳歌》《开路先锋》和《农夫歌》，该校有学生五百名。晚八时参加大会。又改作《农夫歌》（《行知备忘》《陶行知西旅长编》）。

同日 吴树琴致函陶行知。

1月26日 由约根森（M. Jorgensen）陪同在威廉堡参观大湖纸业公司，了解造纸业情况。下午，由安德森（Andersen）陪同赴市政厅演讲（《行知备忘》）。

1月27日 晨，乘车抵达加拿大温尼伯市（Winnipeg），在太平洋铁路车站对欢迎者发表谈话（载1938年1月28日*Winnipeg Free Press*，后收入川版《全集》第十一卷），略谓："加拿大处于比世界上其他任何国家能够更好地对日本进行战争禁运的国家。这样做，她将带动其他国家掀起一场阻止日本侵华战争的运动，支持世界和平潮流。"

同日 下午六时，赴青年会演讲（《行知备忘》）。

1月28日 在温尼伯会晤加拿大妇女俱乐部主任W. J. Lindal夫人，成都华西大学Gorden Camphel博士以及普兰夫人，格里克夫人，R. B.

亨特先生，M. 艾来德·道格拉斯博士，W. M. 麦克劳克尔夫人，C. J. 波麦克夫人等（《行知备忘》；《陶行知西旅长编》）。

1月29日 晤温尼伯华侨抗日救国会刘维炽。下午六时至九时，应麦克基邦（Mcgibbon）博士之邀，赴加拿大国际事务研究所演讲（《行知备忘》）。

1月30日 抵达布兰登（Brandon）。赴布兰登印第安人寄宿学校对学生讲话。又赴圣保罗联合教堂演讲（《行知备忘》）。

1月31日 下午，乘火车离开温尼伯，经圣保罗赴芝加哥。当日“零下四十度”（《行知备忘》）。

2月1日 “在微风中由圣保罗抵达芝加哥。”（《行知备忘》）

2月3日 从纽约乘船“贝伦加里号”赴英国。“同几位美国朋友在切尔西餐馆吃快餐。‘他们将永远忘不了他们亲爱的陶行知博士——埃斯特（Esther）。’”有罗布、埃斯特、陈翰笙、所罗门、陈领事及所罗门的朋友前来送行。当日又得陶宏、丁华、刘季平、戴伯韬于1937年12月27日来信（《行知备忘》）。

2月4日 船上“狂欢之夜”（《行知备忘》）。

2月5日—9日 在船上。船上遇俄罗斯人，学习俄语。又“花两天半时间整理行装”（《行知备忘》）。

2月9日 下午三时抵达法国瑟堡（Cherbourg）。晚七时抵英国普斯茅斯（Portsmouth）海军基地。七时十分，“到移民局盖章，5分钟便完事，在美国恐怕得花5小时”。晚九时，抵南安普顿（《行知备忘》）。

2月10日 世界反侵略大会假伦敦考文特花园剧院（Convent Garden Theater）和阿道夫剧院（Adolphi Theater）举行，到700代表，陶行知为十五名执行委员之一。各地的中国代表包括日内瓦的吴晓峰、李平衡；巴黎代表李石曾、吴玉章、王海镜、钱端升、谢寿康；伦敦代表王礼锡、王景春、李德璠、张彭春、朱宝贤、林咸让、熊式一；柏林代表戴鸣钟、程其襄、刘楷（《行知备忘》）。

2月11日 下午四时，赴伦敦中国大使馆参加为世界反侵略大会中国代表团举行的茶话会。王礼锡作报告。当日又晤梁鋆立、程沧波，曾宪猷（意大利使馆代表）（《行知备忘》）。

2月12日 下午三时，参加世界反侵略大会审议委员会会议。晚七时五分，参加中国代表团会议。晚八时半，参加国际联盟会议。晚十时半，赴牛津大街英国工业大厅参加会议，有21个国家的1 000名代表与会，贝克（Baker）主席。当晚出席大会的中国代表团有：陶行知、吴秀峰、王礼锡、李煜瀛、林咸让、吴玉章、张彭春、王海镜、李德璃、谢寿康、王景春、钱端升、熊式一、张似旅、朱宝贤、梁鋆立、胡适、李国铭、程沧波、李平衡、刘楷、李泰华；全欧抗日救国联合会代表有：雷子声、程其襄、戴鸣钟、朱江户；罗马抗日救国会代表有曾宪猷；留学生代表有李佩琳（医学）、宁嘉风（经济学）、卢嘉锡（化学）以及诸多其他代表（《行知备忘》）。

2月14日 下午三时半，与世界反侵略大会副主席麦克劳德（Macleod）饮下午茶，听其讲述小时候挨手心（Pandy）的故事（《行知备忘》）。

2月15日 偕吴玉章拜谒马克思墓和中山蒙难纪念馆（《行知备忘》）。

2月17日 经利物浦转轮去爱尔兰自由邦（《行知备忘》）。

同日 据冯玉祥记述："十二时，请孩子戏团午餐，至十二时三刻，一行26人由孩子头吴姓学生率领来此。席终唱救亡歌曲数阕，或则悲惨哀吁，或则激昂慷慨，闻者皆为之动容。余亦不禁泪下。歌既毕，由孩子头吴新稼报告其成立经过，及由沪至此流浪情形。白桃先生请余训话，我谈以：'日前承白桃先生介绍，要我和诸位见面，我心里非常喜欢，并且愿意和诸位谈谈。今天请大家到这里来，没有预备什么好菜，只是一饭一菜一汤。不过聊示我一点对大家亲近的一点意思。我心里想要说的话很多，但现在都一句也讲不出来；看见大家这种天真的样子，为国家为民族，受尽日本强盗的欺凌，一看见这种情形，一听到各位的歌声，使我止不住眼泪向脸上，与肚子里直流。我唯一希望大家知道：我把诸位当小兄弟小妹妹看待，有什么要我帮忙的地方，我一定不遗余力来帮助大家。'冯夫人，及刘清扬女士为诸儿童种牛痘。"（《冯玉祥日记》第五卷，第382—383页）

2月18日 晨六时半，乘"曼斯特夫人号"抵爱尔兰都柏林。"昨半夜吃'冷狗'"，"早六时半到，三等与头等隔开，拿行李不便"。"约翰·吉利冈是我遇到的第一位爱尔兰人。"当日又调查爱尔兰与日本贸易往来情况（《行知备忘》）。

2月19日 与工党、海员与港口工人联合会、面包工人联合会、《劳动新闻》编辑部等有关人士研究工人生活状况，听取 Sorca Ni Quairime 船长参加禁运情况，研读有关爱尔兰的书籍（《行知备忘》）。

2 月 20 日 了解爱尔兰海员及码头工人联合会情况。后去利物浦（《行知备忘》）。

2 月中旬 与周恩来、董必武、叶剑英、秦邦宪、张发奎、郭沫若、沈钧儒、田汉、邹韬奋、阳翰笙、茅盾、艾思奇、李公朴等二百〇三人及全国抗敌救亡总会筹备会、上海文化界救亡协会等三十二个团体联合组成筹备会，发表启事，发起举行钱亦石先生追悼会（《田汉年谱》，第 257 页）。

2 月 21 日 访问利物浦华侨抗日救国联合会，了解后援情况。调查中国研究生情况和一般华侨生活状况。参加由英国援华会、国联同志会英国分会、民权保障会、英国和平运动会以及青年、宗教团体联合发起的第一个“中国周”的宣传活动。当日又访牛津大学（《行知备忘》）。

2 月 22 日 晚九时半，离利物浦赴荷兰鹿特丹（《行知备忘》）。

2 月 23 日 晨七时二十三分，抵鹿特丹，下榻“旅和华侨会馆”。调查鹿特丹侨胞及抗日救国会情况。下午赴海牙了解海牙华侨救国后援会情况。下午三时，由郑弗廷领看海牙和平宫。晚六时，在海牙演讲，听讲者一百余人。晚十时，在洛塘演讲，听者一百三十余人（《行知备忘》《陶行知西旅长编》）。

同日 吴树琴致函陶行知。

同日 据冯玉祥记述：“九时，散步后会白桃，谈以：一、孩子剧团因不愿应抗敌后援会约，自动出走，今日始有三人回来；二、现在正组织儿童救国团，并请求经济帮点忙；三、赴李德邻先生处的几位已有来信；四、陶先生知行来两封信，不久要回国，信内提及在国外宣传情形甚详。我谈以：一、孩子剧团的歌曲太感动人了，所以很多人都掉眼泪，但是态度方面应好好的加以指导，因为在人家掉泪的时候，他们确笑了；二、我允以照上月助洋数（二百元）。”（《冯玉祥日记》第五卷，第 388—389 页）

2 月 24 日 经乌德勒支（Utrecht）抵希尔弗瑟姆（Hilversum），了解当地侨胞情况。后赴荷兰首都阿姆斯特丹，与旅荷华侨拍照留影。又对“一个新奇的工作学校学生演讲两次”。晚，与中国领事馆领事袁惕及工作人员在广兴晚餐。晚八时，在阿姆斯特丹演讲，听众二百余人（《行知备忘》《陶行知西旅长编》）。

2 月 25 日 上午九时二十二分离阿姆斯特丹，经乌特勒支，于下午三时十六分抵达比利时安特卫普，有邝金华等三十多人迎接。晚七时二十分离安特卫普，七时五十一分抵达布鲁塞尔（《行知备忘》）。

同日 致函吴树琴，署名水（收入湘版《全集》第五卷，又收入川版《全集》第八卷）。

2月26日 凌晨零时十五分，离布鲁塞尔赴巴黎。晨六时五十四分，抵达巴黎。九时半赴巴比伦大街找大使馆，得知使馆已迁至乔治路。十时到大使馆找黄正领事办护照签证，“中国使馆、领馆、美国领馆奔走三小时”。访李石曾、雷子声、王海镜、王广元及巴黎中国学生会代表朱伯奇、罗衡、张邦珍、何德鹤、晋增、陈柱天、袁冠新、李青山等人，谈救济留学生事（《行知备忘》）。

2月27日 在巴黎晤任光（《行知备忘》）。

同日 作诗《游击歌》（收入大孚出版公司版《行知诗歌集》，后收入湘版《全集》第四卷，又收入川版《全集》第七卷）。

2月28日 办理赴美护照。“一位美国小姐办理护照，弄得天昏地黑，请我坐远些，使她头脑不致弄乱。我是没有吃早饭，一直等到1时。她叫我吃了中饭再来。我说，不办好，饭也吃不下。我忍心迫她赶好，再去吃饭。当然我自己也是挨饿。美国啊美国，你们的护照办法啊，真是害人又害己啊！”（《行知备忘》）

同日 吴树琴致函陶行知。

3月1日 在“美国领事馆等候查明护照，费两小时”（《行知备忘》）。

3月2日 写诗《送西班牙前线中国战士》《军歌》及《天军游击歌》，寄给香港的吴涵真（《送西班牙前线中国战士》后改题为《敬赠西班牙之中国战士》，《天军游击歌》即2月27日作《游击歌》）。又赴陆璀处午餐，时陆璀在巴黎《救国时报》编辑部工作。后乘车赴瑟堡。

同日 作诗《敬赠西班牙之中国战士》（收入大孚出版公司版《行知诗歌集》，后收入湘版《全集》第四卷，又收入川版《全集》第七卷）。

3月3日 凌晨零时二十九分，乘“玛丽皇后号”轮离法赴美。终日晕船（《陶行知西旅长编》）。

3月4日 “海病。”（《行知备忘》）

3月5日 “洗澡，学唱歌。”并安排纽约工作计划（《行知备忘》）。

3月6日 “海病。全天不能做事，只能想，想出种种计划发展大众教育。”（《行知备忘》）

3月7日 抵纽约（《行知备忘》）。

3月9日 A. G. 希特昂（Hitchon）夫人邀请陶赴加拿大布兰特福

特演讲。上午七时半至下午一时，先后在纽约领事馆和“广东村”与张彭春会晤，谈三点内容：1. 所有国家的军队从中国撤出；2. 海军限制；3. 经济重新调整（《行知备忘》）。

3月10日 上午十时，办理赴加拿大护照。午十二时半至一时，晤张彭春并一同参加晚七时的使馆晚宴。并计划十三日下午七时访诺尔顿（《行知备忘》）。

3月11日 “许士尼格一夜下台。”（《行知备忘》）

许士尼格系当时的奥地利总理。

3月12日 本日《申报（汉口版）》登载：“陶行知由英返国，十日抵港，日内赴汉。”

3月13日 赴纽约中华学校演讲《中国乡村社会与乡村教育》（《行知备忘》）。

3月14日 “从海湾南站返回，未停留即步行至大西洋大道北站。答应康得尔（kandel）教授：文章将于本周内交稿。格蕾丝·李（Grace Lee）帮我从领事馆拿到电报。”后冒雨离开纽约前往加拿大圣约翰（Saint John）（《行知备忘》）。

3月15日 上午十一时十分抵达圣约翰。晤公共事务部 E. 斯蒂德（Stead），广播电台 H. L. 斯图尔特（H. L. Stewart）博士。晚十一时，赴贝尔德（Baird）宅饮茶（《行知备忘》）。

3月16日 抵弗雷德里克顿（Fredericaton，人口 35 000—40 000 人，华侨仅 40 人），接受《每日邮报》记者 S. W. 格瑞尔斯（Greers）采访。中午十二时，赴新不伦瑞克大学与帕克先生共进午餐。晚八时十五分，赴省立师范学校演讲（《行知备忘》）。

3月17日 中午十二时，与 95 名约克（York）人聚餐。下午一时与国际关系研究所 20 人座谈。下午四时赴蒙特利尔（Montreal）（《行知备忘》）。

3月18日 晚九时向七八十名 20 岁左右的青年作演讲。当日得陶宏、戴伯韬、吴树琴、张宗麟、陶晓光信，又得知陶日新改名为陶刚（《行知备忘》）。

3月19日 下午五时参加茶会讨论“中国与抵制”。晚九时，赴哲学俱乐部参加座谈会，雅克比（Jacoby）等参加（《行知备忘》）。

3月20日 赴中国基督教青年会讲《中国之过去、现在、未来》。又调查蒙特利尔华侨情况（《行知备忘》）。

3月21日 抵渥太华（加拿大首都，华侨仅380人），赴中国总领事馆。又了解当地华侨认购国内公债情况（《行知备忘》）。

同日 陶晓光、陶城作书信致陶行知。

3月22日 晨八时半，登皇家山（Mount Royal）。午十二时，参加卢瑟福（Rutherford）的茶会（《行知备忘》）。

3月23日 晤多伦多大学校长M. J. 华莱士（Wallace）。又为多伦多维多利亚大学H. Y. 张提供“小先生”的资料（《行知备忘》）。

3月24日 教基督教和犹太教的教友们唱英文版《锄头舞歌》和《凤阳花鼓》（《行知备忘》）。

3月25日 接受《多伦多明星报》记者保罗·加德纳（Paul Gardner）采访。晤多伦多大学怀履光、安大略皇家博物馆明义士（子宣）。又在维多利亚旅馆晤华侨慕学消、熊美容、熊奕潮（《行知备忘》）。

3月26日 访安大略省驻多伦多华侨统一抗日救国总会，了解总会具体情况（《行知备忘》）。

3月27日 五时半访多伦多大学华莱士校长。六时半访李瑞门、岭海。当日又参观皇家博物馆，仔细看了九样中国古代文物（《行知备忘》）。

3月28日 由李瑞门之侄开车经Soo抵达苏圣玛丽（Sault Sainte Marie）。晤冰球明星J. W. 卡伦（Carran），了解冰球历史。下午三时半至四时赴高级中学演讲。五时晚餐。六时半至六时三刻，在广播电台播音演讲（《行知备忘》）。

3月29日 上午九时赴技术学校演讲。下午前往萨德伯里（《行知备忘》）。

3月30日 抵达威廉堡。宿爱德华皇家旅社（《行知备忘》）。

3月31日 经阿伯塔赴温尼伯，途中遇大雪（《行知备忘》）。

4月1日 抵加拿大萨斯喀彻温省里贾纳市。撰写演讲提纲，以为在加拿大俱乐部、CKCK电台、师范学校及市政大厅演讲之用。上午十二时，赴加拿大俱乐部。下午二时半赴CKCK广播电台。三时一刻赴师范学校。晚八时在市政厅演讲（《行知备忘》）。

4月2日 下午二时半赴中华公所，调查里贾纳城市状况及华侨情况，教学校学生唱《凤阳花鼓》《苏武牧羊》《小白菜》《真神赞》《大哉孔子》等中国歌曲（《行知备忘》）。

4月3日 抵穆斯乔（Moose Jaw）。八时半在首都剧院演讲，听众825人。下午三时，在皇家剧院演讲，175名华侨听讲（《行知备忘》）。

4月4日 离穆斯乔，经里贾纳抵达萨斯卡通（Saskatoon）。“余常中在中饭时与我相遇，为我会东。”晚六时一刻，在加拿大俱乐部演讲。晚八时，赴来基昂会堂（Legron Hall）演讲。晚十一时，晤中华民族同盟（《行知备忘》）。

4月5日 下午一时半，由教师菲利斯（Frith）开车送往城市公园，为500名学生演讲，校长安德森（Anderson）主持（《行知备忘》）。

4月6日 抵埃德蒙顿。上午九时，接受埃德蒙顿日报记者采访，希望加拿大“中断给日本提供原料”；“抵制日货”；“对中国提供医药上的援助”（载1938年4月7日 *Edmonton Journal*，后收入川版《全集》第十一卷）。

同日 上午十一时，赴艾伯塔学院。十二时半，午餐（《行知备忘》）。

同日 晚八时，赴纪念堂（Memorial Hall）演讲，埃德蒙顿和平与民主同盟主席 A. M. Herd 主持，听众七百人。演讲强调“日本妄想把中国吞掉，但那是不可能得逞的”（载次日 *Edmonton Journal*，后收入川版《全集》第十一卷）。

4月7日 十二时十分，离埃德蒙顿。三时二十五分，抵达雷德迪尔（Red Deer）。晚九时，赴皇家咖啡厅参加华人集会，到三百人（《行知备忘》）。

4月8日 晚五时半，参加华侨晚宴（《行知备忘》）。

4月9日 晤雷德迪尔市长 E. S. 霍格（Hogg）及社会各界人士（《行知备忘》）。

4月10日 抵达卡尔加里（Calgary，加拿大艾伯塔省城市，人口8万，华侨1 100人）。下午二时半，赴大戏院演讲，听众1 000人。晚七时至九时，赴联合教堂演讲，听众四百人。晚九时，赴华侨布道会演讲，听众五百人左右（《行知备忘》）。

4月11日 抵达拉科姆比（Lacombe，加拿大艾伯塔省中部的一个小城镇，人口1 200—1 500人，华侨仅20人）。晚六时半，下榻阿道夫旅馆。晚八时一刻，赴航空剧院演讲。又参加小镇各方人士为其举行的晚宴（《行知备忘》）。

4月12日 抵达卡姆罗斯（Camrose）（《行知备忘》）。

4月13日 翻越落基山赴不列颠哥伦比亚省西南部城市温哥华途中

(《行知备忘》)。

4 月 14 日 赴温哥华加拿大医疗援华委员会感谢加拿大人民和医疗援华会征集医疗物资支援中国抗战的义举，并作演讲 *War in China Struggle for Liberty or Slavery*（《中国的抗战是不自由就受奴役的斗争》)，刊同月 20 日温哥华《太阳》报（收入湘版《全集》第三卷，又收入川版《全集》第六卷)。

同日 下午五时，赴温哥华中华学校访朱广炜，见胡适作《秋柳》诗，遂作诗《秋柳答》(收入大孚出版公司版《行知诗歌集》，后收入川版《全集》第七卷)。

同日 晚七时，赴文强小学唱歌。八时在中华会馆演讲，晤育才学校教师伍善予等人（《行知备忘》)。

4 月 15 日 上午十时，教歌。下午二时，赴远东戏院。晚六时，参加致公堂宴请。晚八时，教歌。十时，赴致公堂演讲（《行知备忘》)。

同日 致函吴树琴，署名水（收入湘版《全集》第五卷，又收入川版《全集》第八卷)。

4 月 16 日 抵坎伯兰（Cumberland，华侨仅 120 人)。十二时半赴唐人街。下午一时访致公堂。四时午餐。晚七时半赴荣富会堂演讲（《行知备忘》)。

4 月 17 日 在坎伯兰调查华侨认购公债情况（《行知备忘》)。

4 月 18 日 于坎伯兰复陶晓光、陶城函（收入湘版《全集》第五卷，又收入川版《全集》第八卷)。

同日 抵纳奈莫（Nanaimo，人口 4 万多，华侨仅 150—200 人)（《行知备忘》)。

4 月 19 日 抵温哥华。当日温哥华诸学校联合成立温哥华华侨歌咏团，以李乐天为主任，朱广炜为书记（《行知备忘》)。

同日 作诗《游击十六字诀》(收入川版《全集》第十二卷)。

4 月 20 日 抵维多利亚。上午十时，晤中国青年。十二时，赴午餐会。下午四时赴兰多夫·寇埃勒（Randolph Coyle，美国海军军官）家。五时，赴洛夫特图书俱乐部及职业与商业妇女俱乐部与朋友晤谈。晚八时，参加商会联盟会议。晚十时半，参加华侨集会（《行知备忘》)。

同日 温哥华《太阳》报刊发同月 14 日 *War in China Struggle for*

Liberty or Slavery 的演讲。

4月21日 上午十时，教唱歌。又了解华侨献金情况（《行知备忘》）。

4月22日 调查华人在不列颠哥伦比亚省经营农业概况（《行知备忘》）。

4月23日 访谢兄弟公司（六兄弟公司），六兄弟分别为谢荣光、谢荣进、谢荣发、谢荣业、谢荣汉、谢荣章。当日又了解华侨在加分布情况（《行知备忘》）。

4月24日 抵达美国西雅图（《行知备忘》）。

4月25日 推动购买公债及捐款活动。又作文谈唱戏的艺术。又了解美国移民情况（《行知备忘》）。

同日 据谢觉哉记述："夜往观新安旅行团筹款剧，至十一时才回。"（《谢觉哉日记》[①]，第253页）

4月26日 抵波特兰（《行知备忘》）。

4月27日 午十二时，访苏联领事。访经济社会研究所。又了解华侨购买公债及捐款情况（《行知备忘》）。

4月28日 抵旧金山。旅美华侨统一义捐救国总会正副主席邝炳舜、何少汉和执监委员多人、洗衣工会临时主席黄垣、加州华工合作会代表彭飞等多人前往车站迎接（《行知备忘》）。

4月29日 学说粤语（《行知备忘》）。

4月30日 下午二时，在中华总会馆总董、洗衣工会临时主席黄恒和中华总商会总干事刘持陪同下参加华商展览场总公司奠基仪式。华商总公司副总经理邓祖荫主席，由主礼人黄礼霜女士致辞并执铲动土。晚八时，与龙永增应邀参加加州华工合作会，并发表演讲（《陶行知西旅长编》）。

同日 作诗《中国所要的》（收入大孚出版公司版《行知诗歌集》时题为《对三藩市侨胞唱中国的要求》，后收入湘版《全集》第四卷，又收入川版《全集》第七卷）。

同日 作诗《华侨心理》（收入大孚出版公司版《行知诗歌集》，后收入湘版《全集》第四卷，又收入川版《全集》第十二卷时题为《帮胜不帮败》）。

同日 作诗《万里大路》（收入三联书店版《行知诗歌集》，后收入湘

---

① 本书版本信息为《谢觉哉日记》，人民出版社1984年版。后文从略。

版《全集》第四卷，又收入川版《全集》第七卷）。

同日 作诗《再到金山》《好少爷》《告华侨姑娘》《飞到日本去》《张伯伦一派》（收入大孚出版公司版《行知诗歌集》，后收入湘版《全集》第四卷，又收入川版《全集》第七卷）。

5月1日 下午二时，在旧金山华侨统一义捐救国屋仑分会报告伦敦世界和平大会经过。晚八时，参加旅美华侨统一义捐救国总会在天后庙街召开的露天宣传大会，演讲者在肇庆会馆骑楼对听众发言，设有扩音机广播全区，听众达2 000人以上。与陶行知同时演讲的还有第五路军参议黄子秀。陶先拆字，拆“中”及“广”两字，说明中国上层、中层、下层，老年、壮年、少年，左、右、中各派联合以广东精神抗日，日本帝国主义终必剖腹。接着朗诵前一日所作诗歌九首（《陶行知西旅长编》）。

5月2日 日本船“广源号”冒充中国船，被中国驻旧金山总领事黄朝琴扣留。下午一时，访香亚、方君璞。四时，赴梅岭学校演讲。六时一刻，赴中华学校演讲。八时，赴中华会馆演讲（《行知备忘》）。

同日 发表《杏花时节忆江南》，刊旧金山《少年中国晨报》第8页，署名水（收入川版《全集》第十二卷）。

5月3日 原定参观广源轮，因无时间安排作罢。十二时半，国民抗日救国总会主席邝炳舜假杏花楼举行二周年聚餐同时并欢送陶行知博士归国，邝、陶均发表演说，陶行知表示敬佩该会两年来的奋斗精神，建立了海外侨胞大联合之基础，并勉励大家本以往精神，积极奋斗，完成最后胜利，他日在国内相见，共祝收复失地。下午，“黄朝琴、杨启聪、方君璞送我离金山”，赴洛杉矶（《陶行知西旅长编》《行知备忘》）。

同日 发表《奴才也办教育》，刊旧金山《少年中国晨报》第8页，署名水（收入川版《全集》第十二卷）。

5月4日 抵洛杉矶。在五千人集会上，用数据揭露美国军火商运送军用物资帮助日本军阀屠杀中国人民的事实，在座国会议员斯考特（Scott）对大众说：“请大家记住日本在中国杀死100万人的时候，有54万4千人是美国帮凶而杀死的，凡不愿做帮凶的人请站起来！”全场一致站起，表示禁运决心。当日又赴好莱坞访问电影艺术协会、反纳粹同盟等机构（《行知备忘》）。

5月5日 上午十时，访王珍珠。下午四时，赴华侨学校演讲。晚八时，赴中华会馆参加华侨联合会主席何马绍主持的会议。当日又做近期行程规划（《行知备忘》）。

5 月 6 日 吴树琴作书信致陶行知。

5 月 7 日 赴帕萨迪纳（Pasadena），拟参观威尔逊天文台（《行知备忘》）。

5 月 8 日 母亲节。在帕萨迪纳访友（《行知备忘》）。

同日 据谢觉哉记述：“昨夜新安旅行团来，与谈国民党大会宣言纲领约二小时。”（《谢觉哉日记》，第 255 页）

5 月 9 日 晤洛杉矶美国援华会米娜·戈登（Minna Gorden）小姐（《行知备忘》）。

同日 因母亲节有感，作诗《笔伐平时教育》（收入大孚出版公司版《行知诗歌集》，后收入湘版《全集》第四卷，又收入川版《全集》第七卷）。

同日 作诗《也算孝子——敬赠读书郎□□的同学们》（收入川版《全集》第十二卷）。该诗与《笔伐平时教育》大同小异。

5 月 10 日 上午，致函陶晓光等，告知中国外交官在美没收日本船只一事（收入湘版《全集》第五卷，又收入川版《全集》第八卷）。

同日 下午，会朱善培，托其调查无线电书报，欲购寄给陶晓光。又赴威尔逊山参观天文台。后又与黄、魏学习新安歌。又估算从洛杉矶到芝加哥需要乘车三夜两天（《行知备忘》）。

5 月 11 日 “萨维芝（Savage）小姐帮助我抄五线谱。朱善培来见，晚餐。”晚餐后乘车连夜赶往博尔德水坝（《行知备忘》）。

5 月 12 日 在洛杉矶赴博尔德水坝的汽车上作诗《〈先锋〉八周年（一）》（收入大孚出版公司版《行知诗歌集》，后收入湘版《全集》第四卷，又收入川版《全集》第七卷）。

同日 作诗《矛盾孙行者》（收入大孚出版公司版《行知诗歌集》，后收入湘版《全集》第四卷，又收入川版《全集》第七卷）。

同日 抵博尔德水坝，参观时作诗《长白山前相见——〈先锋〉八周年纪念》（收入川版《全集》第十二卷）。

同日 连夜赶往盐湖城（《行知备忘》）。

5 月 13 日 乘火车经丹佛赶往芝加哥，车上作诗《外交官树新榜样》（收入川版《全集》第十二卷），又作诗《黄朝琴总领事空手扣敌船》（收入大孚出版公司版《行知诗歌集》，后收入湘版《全集》第四卷，又收入川版《全集》第七卷）。

同日 车上将诗歌《月亮圆》译为英文 *Full Moon*，并略作修改。

同日 作诗《〈先锋〉八周年（二）》（收入大孚出版公司版《行知诗歌集》，后收入湘版《全集》第四卷，又收入川版《全集》第七卷）。

5月14日 抵芝加哥（《行知备忘》）。

5月15日 了解国内抗战情况（《行知备忘》）。

同日 据谢觉哉记述："新安旅行团七八人来请我讲三民主义。"（《谢觉哉日记》，第257页）

5月17日 给国内寄信（《行知备忘》）。

同日 据谢觉哉记述："为新安旅行团题词：以艺术武装你们的手口，以理论武装你们的头脑，从工作中锻炼你们成为铁的战士。"（《谢觉哉日记》，第257页）

5月18日 "买无线电、防毒书与桃红、小桃。"（《行知备忘》）

5月20日 "胡松代我烫衣服，坚不要钱，应写字送去。"（《行知备忘》）

同日 据谢觉哉记述："新安旅行团夜放《夏伯阳》片，因天雨未放完。"（《谢觉哉日记》，第257页）

5月21日 了解到华盛顿的火车时刻表（《行知备忘》）。

5月22日 下午三时十分，离芝加哥赴华盛顿，"梅友卓、朱尊吾、吴扶汉三兄在车站送"（《行知备忘》）。

5月23日 到华盛顿。向中国大使馆、美国援华会告别（《行知备忘》）。

同日 致函吴树琴，署名李铭（收入湘版《全集》第八卷，又收入川版《全集》第八卷）。

同日 又致函吴树琴，署名水（收入湘版《全集》第五卷，又收入川版《全集》第八卷）。

5月24日 与巴德、海伦·罗密斯讨论中国问题。下午五时，赴哈林顿饭店，与美国产联二十人代表谈话讨论禁运问题（《行知备忘》）。

5月25日 抵纽约（《行知备忘》）。

同日 作诗《衣联五周岁》（收入大孚出版公司版《行知诗歌集》，后收入湘版《全集》第四卷，又收入川版《全集》第七卷）。

5月26日 预定行程（《行知备忘》）。

同日 胡适记述："下午陶知行来谈。"[《胡适日记全编》(七)，第110页]

5月30日 美国阵亡将士纪念日。当日为基督教青年会、教会社团、和平运动作了三场演讲(《行知备忘》)。

5月31日 七时半，赴"广州村"(《行知备忘》)。

6月1日 晚七时，参加纽约华侨青年救国团演讲会，听上海出版的英文刊物《中国呼声》编辑演讲，教与会人士唱救亡歌曲(《陶行知西旅长编》)。

同日 作诗稿《农联五周岁(续)》(收入湘版《全集》第八卷，又收入川版《全集》第十二卷)。

6月2日 纽约十多个机构举行对日禁运大会(《行知备忘》)。

6月3日 与中国留学生讨论抵制日货一事。"纽约卫理公会开会决议，赞成抵制日货。基督教女青年会工业部绝大多数人赞成抵制日货。"(《行知备忘》)

6月4日 波士顿二十余万人举行抵制日货运动(《行知备忘》)。

6月6日 晚六时，赴《今日中国》访格拉尼克(Granick)(《行知备忘》)。

同日 致函吴树琴，署名梧(收入湘版《全集》第八卷，又收入川版《全集》第八卷)。

6月7日 赴纽约斯特伦岛胡格恩斯特公园与友人叙别，到国会图书馆冯家升，哥伦比亚大学王际真，哈佛大学的哈佛燕京学社、芝加哥大学、耶鲁大学李云桂，加利福尼亚大学沙芝培，农联会、青年救国团各有代表五十人，以及华工中心、华侨学校等代表多人。叙别中得知路易斯·艾黎在上海办理工业合作协会，简称"工合"；保卫中国同盟成立于香港，宋庆龄任同盟主席，宋子文任会长，克拉克任秘书(《行知备忘》)。

6月10日 谴责日本在广州轰炸平民。当日盖洛普民意测验研究所搞民意测验："假如日本不停止轰炸平民，你还赞成美国向日本提供石油吗?"(《行知备忘》)

6月11日 晤记者安娜·路易斯·斯特朗，听取斯特朗介绍苏联情况。后访问纽约医学院。晚七时，赴旅顺楼(《行知备忘》)。

6月12日 出席致公堂茶会，向各团体辞行(《行知备忘》)。

6月13日 向中国朋友辞行。晚九时与《先锋报》话别(《行知备忘》)。

6月14日 与陈翰笙夫妇、胡适、陆璀告别。制定推销《鲁迅全集》计划(《行知备忘》)。

6月15日 乘船由纽约赴伦敦,陈翰笙、陆璀、吕超然、赵建生、陈其瑗、所罗门、罗布、格瑞斯等中外好友到场送行(摘自陆璀《痛悼陶行知先生》一文,后收入川版《全集》第十一卷)。

6月17日 国民政府公布第一届二百名参政员名单,陶行知按组织条例第三条(甲)项规定被遴选为安徽省的四位代表之一。国民参政会举行第一届第一次会议时,陶行知因在国外未能出席。

6月18日 在船上与捷克朋友玛斯蒂克等谈第一次世界大战中捷克的情况。海轮三等舱内有捷克人二百名,他们积极对外宣传捷克(《行知备忘》)。

6月21日 抵伦敦。办理出入境手续,拟定计划行程,给朋友们写信(《行知备忘》)。

同日 作诗曰:“小陆称陶父,称小鹿为姐。则您为老丈,而我为婿也。”(《行知备忘》)

同日 救国会同人第四次座谈会提出最高干部会议参加者应各有部门,并将陶行知与李公朴划归教育组(《救国会史料集》①,第500页)。

6月22日 上午九时五十五分,赴卡尔顿大厦德国领事馆访约克(Yoke)公爵。下午一时,赴中山楼(《行知备忘》)。

6月23日 下午一时赴熊宅。晚七时半赴新探花楼。当日拟定赴欧洲各国参观计划(《行知备忘》)。

6月24日 了解火车时刻表,准备出发。“现在离英前要做的事情:1.写飞机信;2.打霍乱、伤寒针;3.再办护照;4.马克思墓。”(《行知备忘》)

同日 致函张宗麟(《陶行知年谱》,第361页)。

6月25日 偕李信慧拜谒马克思墓。晚八时十分,从维多利亚站出发经纽黑文转往巴黎(《行知备忘》)。

6月26日 晨五时半,抵巴黎。下午二时半,参加全欧抗联执委会会

① 本书版本信息为周天度、孙彩霞编:《救国会史料集》,中央编译出版社2006年版。后文从略。

议，到雷子声、王海镜、何肇绪等多人。又与“任光在万花楼前巧遇”，又赴莲花楼晤曾宪猷，“王庆元被诬，我捐150法郎，托任、曾二君带交”。当日又拟定意大利行程。晚八时二十五分，乘火车离巴黎赴意大利（《行知备忘》）。

6月27日 晨五时，抵法国埃克斯莱班，“湖光山色美极”。“早7点45到马当（Madan）路上车轨出岔，改坐汽车半小时，候一小时。九时十分开向都灵，过山洞20分钟到巴尔多。11时半到都灵。2时半到哥伦布家乡热那亚。夜0:20（次日凌晨）到罗马。”（《行知备忘》）

6月28日 晨零时二十分抵罗马。访抗日会，参观圣彼得大教堂，罗马自然历史博物馆和人骨宫（《行知备忘》）。

6月29日 晨，赴罗马凯撒故宫观日出。午后乘车赴佛罗伦萨，停留四小时，参观伽利略别墅、梅迪契墓等。晚赴威尼斯，停留四小时，后乘火车赴维也纳（《行知备忘》）。

6月30日 晨，出意大利维希诺镇（Tavisio），入奥地利达佩克村（Tafik）。在奥地利首都维也纳停留四小时。晚，在萨尔茨堡（Salsburg）一饭店花栏杆阳台上饮茶。晚九时吃饭（《行知备忘》）。

同日 致函吴树琴，署名梧（收入湘版《全集》第五卷，又收入川版《全集》第八卷）。

7月初 草拟在中国驻德使馆抗战一周年纪念会上的演讲提纲（载川版《全集》第十二卷）。

7月1日 抵达捷克首都布拉格。“12时到波兰领馆办照，理应一时停办，12时已不接收。”又记录捷克人的生活方式包括行人交通、理发、造桥、戏院、啤酒、服装等等。晚十一时四十四分，离布拉格，梁雪松公使前往送行（《行知备忘》）。

7月2日 抵达德国柏林。下榻毗邻动物园的霍尔斯汀旅馆。后赴中国大使馆（《行知备忘》）。

7月3日 访柏林华侨学生会，晤李蔚谭博士。又遇柯尔佛（Corfu）。又“改住公寓，每天2马克，供早茶（点心自备），洗澡冷水不收钱，热水0.3马克，一次买煤，合1马克三次”。后又制定在德国的十三项行程（《行知备忘》）。

7月5日 参观帕加蒙博物馆（Pergamum Museum）（《行知备忘》）。

7月6日 晤屈武、杨觉天、邱仲明、江梁，并与江梁谈德国经济问题(《行知备忘》)。

同日 第一届第一次国民参政会在汉口举行。根据国民参政会组织条例第三条(甲)项,被安徽省选为参政员,因在国外未出席会议。

7月7日 撰写"七七事变"纪念一周年演讲提纲。下午四时,参加驻德使馆举行的"七七事变"纪念会,发表演说。又"为朱坚白托柳亚凡找房"(《行知备忘》)。

7月8日 参观海德堡大学(《行知备忘》)。

7月9日 在柏林晤李述礼、程其襄、程齐滇、赵锡霖、曹修懋、王灵根、方达功、孙振先、吴模、戴鸣钟、马耸云等(《行知备忘》)。

7月10日 参观波茨坦的桑苏西宫(又名无愁宫)。参观柏林大学,了解大学、中学学制及收费情况(《行知备忘》)。

7月11日 离德赴法。"上午冯治理陪我办法国护照。下午睡觉、洗澡。晚间遇孙振先详谈,他送我上车,请他代退德境车票。"(《行知备忘》)

7月12日 经亚琛入比利时,经列日等地,于夜二十三时二十一分抵达巴黎,有周竹安来接(《行知备忘》)。

同日 吴树琴致函陶行知(藏上海中国文化名人手稿馆),略谓:

> ……希望我八月到香港吗?这是我乐意的,一方面可看到你,另一方面有事情做,路途虽是遥远,为要完成自己的计划,创造自己的前程,决不得退却的,仅希望你能帮助我,为我找一相当职业,以安我的心。……如你先到香港,很希望你等候我几天,然后再到内地去,因我有重要事和你面谈。

同日 据冯玉祥记述:"八时,早饭。白桃先生来,云三件事:一、陶行知已有回国的消息,大约八月间可到这里(汉口)(并递来信叫我看);二、请我再以物质帮助他们的工作;三、李公朴与陈先生的事,已经完了,李先生不久要到陕西去。"(《冯玉祥日记》第五卷,第497页)

7月13日 得顾维钧信,告知赴西班牙事需再等待三四天。晤印度友人默罕雷尼(Meheralli)等诸友(《行知备忘》)。

7月15日 读报,了解西班牙内战情况(《行知备忘》)。

7月16日 在巴黎访问参战华工联合会、亚西华工总工会、旅法华工联合会。下午三时,参加执行会工会召开的抵制日货会,朱学范、张纪、李信慧、王海镜等主持。又讨论营救努力救国而被拘捕、驱逐的王庆元与陈曙光（《行知备忘》）。

同日 致函吴树琴，署名水（收入湘版《全集》第八卷，又收入川版《全集》第八卷）。

7月17日 与吴树琴相识三周年。“写信与郭、王、索珀、卡帕特。”后赴乘火车赴维也纳，雷子声、陈汝舟、曾宪猷、李信慧前往相送（《行知备忘》）。

同日 作诗《寄树琴》（收入大孚出版公司版《行知诗歌集》，后收入湘版《全集》第四卷，又收入川版《全集》第七卷）。

7月18日 在车上打听赴布达佩斯、贝尔格莱德、雅典、索菲亚、伊斯坦布尔、贝鲁特、耶路撒冷等地的车次。“九时半到维也纳，吃晚餐费1马克又16芬尼。看纳粹旅行操。”（《行知备忘》）

7月19日 “早二时入匈牙利。”十一时五分，抵布达佩斯。“车上未报钱数，费半天在国家银行补报。”（《行知备忘》）

7月20日 上午十一时，乘飞机离布达佩斯赴雅典。“匈加［牙］利的田切得很端正。12:45到贝尔格莱德。1:15开。南斯拉夫的田不端正。3 000公尺俯瞰，有山；1 000公尺俯瞰，大路若板凳；2 000公尺俯瞰，大路如索。……二时卅分到索菲亚，有高山。索菲亚与萨洛尼卡之间田地整齐。七时到雅典。”连夜赶往雅典卫城、宙斯神庙和苏格拉底监狱，均关门。夜宿大不列颠饭店502号，“半夜有蚊子”（《行知备忘》）。

7月21日 “早八时半到雅典卫城，摄影，五分钟成，10德拉克马一张。九时一刻访苏格拉底狱，摄影；狱在松柏园中，三间，靠右边一间为苏牢，里面分两室：一外室，不正之长方形，二内室，锥形，圆径五步，高丈左右，门如下：（图略）。”（《行知备忘》）

同日 在苏格拉底监狱静坐五分钟后作诗《坐苏格拉底石牢》（收入大孚出版公司版《行知诗歌集》，后收入湘版《全集》第四卷，又收入川版《全集》第七卷）。

同日 午十二时，乘“里格柯罗尔号”赴埃及。船票五百六十德拉克马，合计五美元，为四等舱，“坐舱板，另出洋2元，和水手买座位”。船上开始算账，又“开始学印度斯坦语”。晚，赛罗克（Serok）来谈犹太人来历。晚“十时吃两个鸡蛋，一杯清水，在露天中睡觉”（《行知备忘》）。

7月22日 “早五时半，太阳照到船板，热醒，不能再睡。学印度文。九时早餐：2个鸡蛋，5德拉克马；1个香肠三明治，10德拉克马，共 15。”又与赛罗克聊天，听其讲述三十二年前访中国旧事。当日“印度斯坦语两册‘毕业’。Ⅲ+Ⅳ客人不能上岸（即三等舱与四等舱客人，轮船泊港时不能上岸——编者注）”（《行知备忘》）。

7 月 23 日 早八时，抵贝鲁特。因为四等舱客人，无权登岸，故作诗《到 Beruth》（收入大孚出版公司版《行知诗歌集》，后收入湘版《全集》第四卷，又收入川版《全集》第七卷）。

同日 作诗《敌机袭汉口陈柱天先生殉国》（收入湘版《全集》第八卷，又收入川版《全集》第十一卷）。

7 月 24 日 “早六时，到海法。七时登岸，查护照并不严，也未缴保证金。买票到开罗 1 磅 4 先令，三等车厢。”车上了解中东诸国历史。又有“一个穷黑人无票上车，验票者领他向三车客人捐钱买票，我也捐一先令。捐完除买票外，黑友尚多几文，看我手摇广东扇，以为风凉，将其所余向我买扇。沙漠中，这把扇子给我一百元也不愿卖。不得已，拒绝了他。一时半，入埃及境，一片沙漠。5 时半，到坎塔腊，‘里斯本丸’过苏彝士运河。夜 11 时到开罗，住巴尔克饭店”（《行知备忘》）。

同日 作诗《过 Palestine》（收入三联书店版《行知诗歌集》，后收入湘版《全集》第四卷，又收入川版《全集》第七卷）。

7 月 25 日 在开罗会见中国领事邱祖铭、纳忠，以及爱资哈尔大学中国留学生沙儒成等多人。又参观爱资哈尔大学（《行知备忘》）。

7 月 26 日 参观埃及古代历史博物馆。又赴爱资哈尔大学（《行知备忘》）。

同日 夜，于爱资哈大学作诗《书赠〈八一三歌咏团〉》，刊同年 9 月 9 日《立报》第三版（收入大孚出版公司版《行知诗歌集》时改题为《回教同学在开罗唱义勇军进行曲欢迎我》，后收入湘版《全集》第四卷，又收入川版《全集》第七卷）。

7 月 27 日 在苏伊士。写信给诸友。二时出米斯尔旅馆（Hotel Misr），办出境护照。四时上阿拉米斯号邮轮赴印度，住 320 房间。船上遇中国同学四十余人。“晚上看星。船板上睡到四时。洗澡天已明才进房睡。”（《行知备忘》）

同日 作诗《过苏彝士》（收入大孚出版公司版《行知诗歌集》，后收入湘版《全集》第四卷，又收入川版《全集》第七卷）。

同日 于埃及苏伊士米斯尔旅馆致函印度人谟罕拉里（收入湘版《全

集》第五卷，又收入川版《全集》第六卷）。

同日 又致函谟罕拉里（收入湘版《全集》第五卷，又收入川版《全集》第六卷）。

同日 致函印度民族运动领袖甘地（收入湘版《全集》第五卷，又收入川版《全集》第六卷）。

同日 致函印度国大党主席博斯（收入湘版《全集》第五卷，又收入川版《全集》第六卷）。

同日 致函印度作家泰戈尔（收入湘版《全集》第五卷，又收入川版《全集》第六卷）。

同日 致信巴姆勒基博士（收入湘版《全集》第五卷，又收入川版《全集》第六卷）。

同日 致函辛哈和布拉卡舒（收入湘版《全集》第五卷，又收入川版《全集》第六卷）。

7月28日 在船上。“唱歌团定每天四时半练习一小时。”（《行知备忘》）

7月29日 船抵红海。在船上组织医药急救班，由李蔚唐指导（《行知备忘》）。

7月30日 在船上与中国同学共餐（《行知备忘》）。

7月31日 有感经过巴勒斯坦时犹太人与阿拉伯人互轰海法，作诗《敬告犹太和阿拉伯两大民族》（收入大孚出版公司版《行知诗歌集》，后收入湘版《全集》第四卷，又收入川版《全集》第七卷）。

夏 作诗《衣联歌初稿》（收入大孚出版公司版《行知诗歌集》，后收入湘版《全集》第四卷，又收入川版《全集》第七卷）。

8月3日 作诗告别同船诸友（收入大孚出版公司版《行知诗歌集》，后收入湘版《全集》第四卷，又收入川版《全集》第七卷）。

8月5日 抵达斯里兰卡首都科伦坡（《陶行知西旅长编》）。

同日 于科伦坡致函吴树琴，署名水（收入湘版《全集》第五卷，又收入川版《全集》第八卷）。

同日 《申报》刊载《教育专家陶行知将归国》，内称：“闻陶氏在港有三五天勾留，即赴汉口向吾最高领袖致敬并报告一切云。”（载本日《申报》）

8月6日 宿科伦坡维多利亚旅店。遇海外贸易公司的黄伯长，作诗

《赠黄伯长大力士》（收入大孚出版公司版《行知诗歌集》，后收入湘版《全集》第四卷，又收入川版《全集》第七卷）。

同日 作书信致新加坡青年励志社（收入湘版《全集》第八卷，又收入川版《全集》第八卷）。

同日 据《周恩来年谱 1898—1949》记述："会见陶行知创办的少年儿童抗日宣传队——新安旅行团负责人汪达之等，对该团来到武汉表示欢迎，希望他们努力工作。不久，新安旅行团被安排到新四军工作。"（《周恩来年谱 1898—1949》，第 210 页）

8月7日 抵印度、斯里兰卡边境。"第一次吃椰子浆，听说哥［科］伦坡的黄色者最好。夜在用手吃饭，8 安那。"（《行知备忘》）

8月8日 晨七时，抵达印度东南部城市马德拉斯（Madras）。"马修斯来接，住克拉伦斯饭店，5 卢比一天，连吃带睡，比科伦坡维多利亚饭店贵一卢比，房子大六倍，饭不如。老鸦在我床上大便，换被单两次。"（《行知备忘》）

8月10日 抵加尔各答。访加尔各答中国领事冯执正。九时三十分访印度第五十一届议会议长钱德拉·博斯（Sabhas Chandra Bose）。又晤甘地的秘书马哈德·德赛（Mahader Desai）（《行知备忘》）。

8月11日 抵达波尔普尔（Bolpar）。访泰戈尔，泰戈尔的父亲、儿子、孙子皆在场，"太［泰］戈尔先生谈一时，听孟加拉曲，饮茶而别"。回加尔各答，车上遇加尔各答印度医学院疟疾研究所助教戈什博士（《行知备忘》）。

8月12日 在加尔各答晤伊斯兰教领袖之一阿卜杜尔·拉赫曼·西迪奎（Abdar Rahman Siddigi），遇中国留埃学生部部长沙国珍。又参加博斯为陶举办的欢迎会，到学生、工人、农人代表及全印大会领袖。博斯致欢迎词，陶行知作演讲。后赴瓦尔达，沙国珍与冈加利前往送行。又有"戈什为我请医生，发种苗证明书"（《行知备忘》）。

8月13日 参观阿默拉沃蒂（Amaravati）。后抵瓦尔达（Wardha），宿国会司库巴加（Bajaj）的寓所。当日又了解印度其他城市情况（《行知备忘》）。

同日 《马德拉斯邮报》载："陶行知先生在加尔各答演讲。"（《行知备忘》）

8月14日 下午一时三刻从瓦尔达宾馆出发，二时二十五分抵谢冈访印度圣雄甘地，“650 村民，150 户。昨日有 3 人死于霍乱，还有 7 人染霍乱，……三间茅屋（外廊），土壁，蒲草垫。谈话：2 时 40 分—3 时 40 分，3:40—4:45，德赛报告血压高。甘地笔答，笔谈，耳听，左手写，……我们席地而坐”。又答应撰写关于中国大众教育的文章，赠送《中国大众教育运动》讲稿，并将小先生制介绍给印度。后“回瓦尔达，白氏夫妇同行。汽车夫带着疟疾开车”。后又撰写瓦尔达见闻录（《行知备忘》）。

8 月 15 日 重返马德拉斯。“海边看月，简氏夫妇开汽车与保罗同去，十时返。”（《行知备忘》）

8 月 16 日 参观马德拉斯博物馆。详细了解阿默拉沃蒂石刻的内容。乘火车赴斯里兰卡，“40 卢比，二等车厢。马修斯送。夜间病人来，非虎列拉，而是小肠气，放心”（《行知备忘》）。

8 月 17 日 在火车上，读 8 月 16 日《印度快报》。又总结两年来行程：“五次进英国，七次进美国，六次进法国，三次进比利时，三次进德国，四次进加拿大，三次锡兰，二次埃及，二次印度，二次新嘉〔加〕坡，一次墨西哥，一次爱尔兰，一次捷克，一次荷兰，一次瑞士，一次奥国，一次匈加利（即匈牙利——编者注），一次布加利亚（即保加利亚——编者注），一次巨哥士拉夫（即南斯拉夫——编者注），一次希腊，一次帕勒上登（即巴勒斯坦——编者注），一次利巴侬（即黎巴嫩——编者注），一次吉布梯（即吉布提——编者注），一次爱登，一次安南（即越南——编者注），一次柔佛（即马来西亚——编者注），一次意大利。”（《行知备忘》）

同日 吴树琴致函陶行知（藏上海中国文化名人手稿馆），略谓：

> ……知道你很希望我到香港来，同时亦是我的所愿。可是，事与愿违，使我不得不停在这里。并不为别事，却为的职业问题。事情的定夺已有二星期，是大姨夫代我介绍的，就在中西药房配方部服务，手续均办妥，当然不好意思不干。……你听了这个消息，不知是乐、是忧、是怒呢？请你特别的原谅我，你的好意，我仅有心领了。

8 月 18 日 晨八时，抵科伦坡，宿维多利亚饭店，得吴涵真信。后分别向警局、卫生处报到。出席华侨公会欢迎会，到四百人，马泽民主席。又晤锡兰中国商人联合会会长唐效明及中国商业公司东家、经理多人。晚，看戏一小时（《行知备忘》）。

8 月 19 日 赴康提（Kandy）参加佛教出会活动，马坚、沙儒成、达浦生、哈德成均前往参加“出会”。午，“林益壮、林惠圣、林百泉、林志纶、马龙飞、马泽民请午饭”。晚，出席斯里兰卡红十字会及中国商业公司的宴请，到华侨公会会长唐效明，副会长齐汝霖，马泽民等多人（《行知备忘》）。

8 月 20 日 “林百泉请午饭。”晚五时，登上法国油轮“霞飞号”，林益壮、黄伯长、马泽民前往相送（《行知备忘》）。

8 月 21 日 在船上，午吃中餐，海上“风平浪静”（《行知备忘》）。

8 月 22 日 作诗《义卖》（收入大孚出版公司版《行知诗歌集》，后收入湘版《全集》第四卷，又收入川版《全集》第七卷）。

同日 吴树琴致函陶行知（藏上海中国文化名人手稿馆），略谓：

> ……喜知你不久就能回到祖国来，可惜我不能亲自去候迎你，这确是使我感到日夜不安的。……诚然，这次不能相聚，何日再能重逢？然而我却不信，就此无相见的机会了？只要我在人间总有一日，能飞奔到你的跟前，再作一番畅谈之乐，这是我未来的希望，朋友！……相信你不因少给信息而冷淡人吧？虽然少通信，而我思念的心却是时刻难忘的，这也许不是你能料到的吧？

8 月 22 日—23 日 在船上用英文写作中国大众教育提纲（《行知备忘》）。

8 月 24 日 在船上写西旅要事，编撰西旅通讯录（《行知备忘》）。

8 月 25 日 上午七时，抵新加坡，抵达后与新闻记者畅谈国际形势。登岸后，赴中国驻新总领馆，拜会高凌百总领事。上午九时，在小坡皇后酒楼天台出席新加坡二十余华侨团所设的欢迎会并作演讲。上午十一时，乘原轮北上返港（《陶行知西旅长编》）。

8 月 27 日 抵达西贡，访问侨胞团体，了解华侨情况及越南教育状况（《行知备忘》）。

8 月 28 日 上午九时，赴中国戏院演讲。十一时，在船上候芳泉汽水公司陶对庭。下午二时，在船上候教员会的人（《行知备忘》）。

8 月 29 日—30 日 船赴香港途中。

8 月 31 日 抵香港，宿九龙新新大酒店 412 房。拟定在港行程（《行知备忘》）。

9 月 1 日 赴九龙塘俱乐部参加香港文化界欢迎陶行知、张宗麟、邓颖超、黄定慧的午餐会，发表“对捷克的观感”的讲话，刊次日香港《立报》（收入湘版《全集》第八卷，又收入川版《全集》第四卷）。

同日 晚七时半，在香港青年会大礼堂举办的各界欢迎会上致演讲词《国际形势与中国抗战》，刊同月6日《救亡日报》，该报驻港记者陈适怀记录（收入湘版《全集》第三卷，又收入川版《全集》第四卷）。

同日 据陈君葆记述：

约好了许乃波十一点半在尖沙嘴〔咀〕码头会齐一同过海去赴欢迎陶行知的叙餐会，是他迟了，我只好先去。

陶先生穿的很朴素的蓝长褂，他讲话带点安徽的土谈，声音有点像胡适之。我到九龙塘俱乐部时，他们已经到了好些人，陪着陶行知、张宗麟两位谈话的有何艾龄、茅盾、阎人俊等。跟着来了一位姓冯的，气概不可一世的样子，……其中有一位黄定慧女士，一下车升了几级石阶便急不及待地问道："哪一位是陶行知先生？"一时我的注意为她吸住了。许乃波夫妇差不多一点来到。等到我们已经开始了吃的工作，邓颖超女士廖承志等人才到来……

饭吃完了，吴涵真开始请陶先生作政治报告。陶只把他在国外的见闻摘要报告了几点。据他的看法，欧洲的战祸不至于立即爆发的。他说，捷克不是一个易侮的国家，今年五月廿一日法军本来就要用对付奥地利的手段来对付她了。但是在六小时内捷克边境的壕沟里便布满了捷濬，法国飞机视察了之后，知道不好下手才顺风转了舵。陶先生举出这件事来证明了捷克是一个怎样有组织的国家……

陶讲完了由张宗麟先生报告华中情形。他和黄定慧女士都是从上海来的……

晚七时半到青年会去听陶先生的讲演，讲题为"国际形势与中国抗战"。他分析各国的情形极为清晰，可惜我因为觉得有点倦未讲完便离席回来了。阎人俊为他翻译为粤语，翻得并不坏。（《陈君葆日记全集》第一卷，第403—405页）

同日 晚，在船上偶遇邹秉文夫妇，得知屯溪电汇已通（《行知备忘》）。

9月2日 托邹秉文寄百元给曹子云、陶刚。上午十时半，访宋子文。十一时半，访宋庆龄。下午一时至二时，参加香港各界赈济华南难民联会，赵洪文国发表演说。下午四时，出席何艾龄主持的香港四妇女联会的欢迎会，并致词。晚七时半，赴九龙青年会演讲（《行知备忘》）。

同日 香港《立报》刊发同月1日陶行知有关"对捷克的观感"的

讲话。

9月3日 上午十时，拜会何香凝。十一时，拜会蔡廷锴。十二时，晤陈彬龢。下午二至四时，与黄炎培长谈。又晤李组绅，访九龙青年会（《行知备忘》）。

同日 偕张宗麟、吴涵真访黄炎培，长谈（《黄炎培日记》第6卷，第15页）。

同日 《申报》刊载《四妇女会及各界欢迎游击队之母盛况，同时欢迎由欧归国之陶行知》，报道了9月2日妇女会欢迎会详情（载本日《申报》）。

9月4日 参观中国战时儿童保育会香港分会临时保育院，何香凝、邓颖超、张宗麟等一同前往。又访中国驻日本大使许世英（《行知备忘》）。

同日 据黄炎培记述："午，陶知行、张宗林［麟］、吴涵真、欧阳予倩、李华、凌勉之、克诚等同餐，餐毕长谈。"（《黄炎培日记》第6卷，第16页）

9月5日 访香港渔民协进会黄海志。晤上海电影导演蔡楚生和上海大众音乐家刘良模。又作诗曰："你解散是命令，我们救国是责任，'一二·九以来，各地游击中有我们的血。'"（《陶行知西旅长编》）

9月6日 上午十时访蔡楚生。十二时与杨德昭弟杨倬云谈江西前线战况（《行知备忘》）。

同日 发表演讲词《国际形势与中国抗战——在香港各界欢迎会席上演词》，刊《救亡日报》。

9月7日 下午三时半，赴香港仔渔村，访问渔民学校及中国侨港渔民协进会李一飞（《行知备忘》）。

同日 发表诗歌《为香港中区商贩义卖纪念特刊题诗》，刊香港《立报》（后收入湘版《全集》第四卷，又收入川版《全集》第七卷）。

同日 致函冰冰（即吴树琴——编者注），署名水（收入湘版《全集》第八卷，又收入川版《全集》第八卷）。

9月8日 赴香港女子体育筹委会对教育界演讲"健康教育问题"（《行知备忘》）。

9月9日 参加香港中小学生教师座谈会，演讲"战时教育问题"（《行知备忘》）。

同日 将《锄头歌》翻译为英文 *Dancing of The Hoe*（收入湘版《全

集》第六卷，又收入川版《全集》第六卷）。

同日 发表诗歌《书赠〈八一三歌咏团〉》，刊《立报》第三版。

9月10日 晤前岭南大学文理学院院长兼代教务长许湞阳和北大校长蒋梦麟，讨论大学章程和文学院的课程设置（《陶行知西旅长编》）。

同日 发表《新安旅行团团歌》，刊《战时教育》第三卷第二期（收入湘版《全集》第四卷，又收入川版《全集》第七卷）。

9月11日 十二时，赴杜月笙宅午餐（《行知备忘》）。

同日 据黄炎培记述："午，过海到月笙家餐，同餐者陶行知、吴涵真、许静仁、杜重远等，四时回。"（《黄炎培日记》第6卷，第19页）

9月12日 打电话给许世英（《行知备忘》）。

9月13日 请许地山教授代向薛镜波借拉丁化粤语字典一部。又访任鸿隽、江亢虎（《行知备忘》）。

同日 举行晓庄学院校董会成立会，被推举为董事。董事长张一麐，副董事长许世英，常务董事长吴涵真。

同日 吴树琴作书信致陶行知（藏上海中国文化名人手稿馆），略谓：

……喜知你平安地回到香港，可惜我不能看见。幸而，读到你的信，亦好似看见你一样。谢谢你没有忘记我，还能在忙中写几句，总算未使人失望！……知道你在港不会多留，不料你这久来信，却没有向我提及以后的行止，可否是以后不愿读我的信了!? 你问我的生日，……现在我可告诉你，是阴历12月21日，希望你同样的告我。你要照相并拟就去拍一张送你……

9月14日 访保卫中国同盟秘书塞勒温·克拉克夫人。又晤吕叔湘、向达、梅光迪等（《行知备忘》）。

同日 作诗《赵老太太》（收入大孚出版公司版《行知诗歌集》，后收入湘版《全集》第四卷，又收入川版《全集》第七卷）。

9月15日 晤吴蕴初。又晤史量才之子史咏赓，告诫《申报》不可在沪恢复。陈彬龢又请看《阿Q正传》（《行知备忘》）。

9月17日 上午八时，赴石塘咀太平戏院演讲。下午四时，赴六国饭店参加留港参政员座谈会。又有陈彬龢招待看《日出》。当日又打听赴重庆车次及费用事宜（《行知备忘》）。

同日 致函潘一尘等，谓："愿助小孩在炮火中长起来。"（收入湘版《全集》第八卷，又收入川版《全集》第八卷）

同日 据黄炎培记述："四时，驻港国民参政导谈话会，假六国饭店，张仲仁、徐谦、钱新之为主人。……是日参政员到者张一麟、徐谦、钱永铭、李尚铭、陶行知、宋渊源、张振鹭、张元夫、徐柏园、章伯钧、成舍我、李圣五、王云五、章行严连余共十五人，秘书李浩驹。陶行知演讲，留美侨情统一，美民众态度改变原因：（一）巴纳；（二）南京淫杀；（三）广州轰炸，而大原因在淞沪抗战三个月。"（《黄炎培日记》第6卷，第21页）

9月18日 纪念"九一八"七周年为《星岛日报》作长诗《敬送赵老太太》，刊《星岛日报》（收入湘版《全集》第四卷，又收入川版《全集》第七卷）。

同日 据黄炎培记述："共月笙、新之电蒋介石委员长，介绍陶行知谒见。"（《黄炎培日记》第6卷，第21页）

9月19日 开始作 *The People's Education Movement in China*（《中国的大众教育运动》）一文（至同月26日完稿），刊同年10月29日、11月5日、11月19日印度杂志 *HARIJAN*（《民族旗帜》），署名：Heng-Chih Tao，M. A.，Sc. D.（收入湘版《全集》第三卷，又收入川版《全集》第六卷）。

9月20日 据黄炎培记述："到下河沟访组绅、知行，与任师谈。"（《黄炎培日记》第6卷，第22页）

同日 致函吴树琴，署名铭，恭喜其就职（收入湘版《全集》第八卷，又收入川版《全集》第八卷）。

9月22日 致函冰冰（即吴树琴——编者注），署名水（收入湘版《全集》第八卷，又收入川版《全集》第八卷）。

同日 据黄炎培记述："得蒋介石汉复电，请即转知陶知行前往。"（《黄炎培日记》第6卷，第23页）

9月24日 研究赴渝路线及方法。又晤张元夫，听其介绍新疆情况（《行知备忘》）。

同日 据黄炎培记述："四时，偕王云五、徐柏园假皇后道华人行华商俱乐部招待在港参政员茶叙，到者三人外李圣五、成舍我、章伯钧、张元夫、张振鹭、陶行知、李尚铭、钱永铭、徐谦、张一麟、梅光迪、颜任先、任鸿隽、王立明，余被推为主席。（1）秘书李浩驹报告渝秘书处复电会期未定，非十月底即十一月初；（2）张元夫报告新疆状况；（3）决下次以国际问题为谈话中心，推李圣五报告，以后不分宾主，费用公摊。"

（《黄炎培日记》第 6 卷，第 23 页）

9 月 25 日 方与严自上海来香港。得宗益民、朱泽甫信，得知李康与吴锦珠在新四军工作（《行知备忘》）。

同日 访黄炎培，长谈（《黄炎培日记》第 6 卷，第 24 页）。

9 月 26 日 完成《中国大众教育》一文，寄往印度甘地处。又写义卖字十幅（《行知备忘》）。

9 月 27 日 离香港“到广州，佛山船上成《新华侨》稿”。晚五时，花费法币二十九元五角，乘上赴武昌的火车（《行知备忘》）。

同日 据黄炎培记述：“陶行知商，为晓庄学院名誉校董，接到董事长张一麐聘书。”（《黄炎培日记》第 6 卷，第 25 页）

9 月 28 日 “早六时过韶关（不知）。七时过罗山。七时半到石坪。在高车司候车，甚久。”（《行知备忘》）

9 月 29 日 抵长沙。因贺胜桥断，“车不能通，即在孤儿院住了一天”。又赴冯玉祥寓所谈一小时。“张文白主席亦设宴叙谈。”又与新安旅行团谈话。

9 月 30 日 赴衡阳对湘省中学以上集中军训学生四千余人演讲。又应薛暮桥之约，与其朋友十多人茶叙。

同日 晚，乘“吉和”轮赴武汉。船上“遇邓颖超先生等，任光兄教船客唱起《青纱帐》，颇不寂寞”。

10 月 1 日 深夜抵武汉，“张谔兄、志坚兄来接”。

同日 夜，接受《新华日报》记者密林采访，以《陶行知先生昨归国抵汉谈各国援华情况》名刊次日重庆《新华日报》（收入湘版《全集》第三卷，又收入川版《全集》第四卷）。

10 月 2 日 与田汉、万籁天、辛汉文、马彦祥、刘保罗、李一风等戏剧界朋友聚会，并作诗《一片雄歌震八荒》（收入湘版《全集》第八卷，又收入川版《全集》第十二卷）。

同日 重庆《新华日报》刊发密林所作新闻报道《陶行知先生昨归国抵汉谈各国援华情况》。

10 月 3 日 与邹韬奋谈海外观感，后刊邹韬奋以《令人兴奋的报告——记陶行知先生海外归来谈话》名刊同月 20 日《全民抗战五日刊》第三十一号（收入湘版《全集》第三卷，又收入川版《全集》第四卷）。

10 月 4 日 上午十时，见蒋介石，“除报告国外情形外”，“请恢复晓庄，以报效国家，当蒙面允”。

同日 下午，与邓颖超、田汉赴汉口一元路儿童保育院庆祝新旅三周年和第二团成立会，并发表讲话，刊次日汉口《新华日报》记者密林的特写《陶行知勉励孩子们骑到真理的背上去》（收入湘版《全集》第八卷，又收入川版《全集》第四卷）。

同日 晚，出席汉口战时儿童保育院欢迎茶会并发表讲话，刊次日汉口《新华日报》（收入湘版《全集》第八卷，又收入川版《全集》第四卷）。

同日 吴树琴作书信致陶行知（藏上海中国文化名人手稿馆），略谓：

> ……诚然，我们虽天角一边，而在精神上却是相互融合的。我现在无其它的欲望，唯一的就是能多读到你的好音，因为仅有你的信，能赐与我安慰及快乐。……自你离开我后，三年来给我的信，一封未遗失过，都是好好的保留着。……现在我要问你，我给你的信可都在哪里？总共有几封？

10月5日 拜会周恩来，“关于陕北情形，蒙其指示甚多”。

同日 汉口《新华日报》刊发同月4日在汉口儿童保育院的讲话。

10月6日 过江访白崇禧，“江中遇警报”。白崇禧“扶病接见”，陶行知建议以全面教育配合全面战术，白“甚以为然”。

10月7日 赴湖北麻城歧亭司令长官部访李宗仁，与其“谈至深夜三时”。李宗仁邀陶行知“去安徽办教育”，陶行知“允郑重考虑”。

10月8日 乘汽车回武汉（《行知备忘》）。

10月9日 访陈立夫，商谈晓庄复校事。

10月10日 对新安旅行团团员讲“海外的故事”，记录者：张平（收入湘版《全集》第三卷，又收入川版《全集》第四卷）。

同日 作诗《赠田汉》（收入大孚出版公司版《行知诗歌集》，后收入湘版《全集》第四卷，又收入川版《全集》第七卷）。

又 作诗《赠田汉》（收入大孚出版公司版《行知诗歌集》，后收入湘版《全集》第四卷，又收入川版《全集》第七卷）。

同日 为晓庄学院立案一事致函吴俊升（收入湘版《全集》第五卷，又收入川版《全集》第八卷）。

10月11日 上午八时，再访白崇禧，“请其具体指示全面战术之要义”。中午十二时，赴宋美龄之宴，谈话两小时余，宋美龄深信陶“办教育是真正为老百姓”。下午五时，渡江赴崇阳县老鸦村访湖北省主席兼武汉卫戍司令陈诚。晚“十时到，谈三次”，陈诚表示“要在湖北创造三民主义之文化”，希望陶行知“到鄂北鄂西来帮助办教育”。

10月12日 在陈诚处。晚十二时，离老鸦村赴汉口。

10月14日 上午十一时至十二时，赴战地服务团。下午二时至三时，应宋美龄之约前往其领导的战时妇女工作团演讲。三时至五时，参加新安旅行团三周年纪念会（《行知备忘》）。

同日 与邓颖超、田汉等应邀参加新安旅行团成立三周年和第二团成立庆祝大会，并勉励孩子们“骑到真理的背上去”。

又 在新安旅行团三周年大会上朗诵诗歌，刊同年12月10日《战时教育》第三卷第八期。诗歌后由任光谱曲，改名《三万里歌》（收入大孚出版公司版《行知诗歌集》，后收入湘版《全集》第四卷，又收入川版《全集》第七卷）。

10月15日 赴孝感大悟县夏店司令部再访李宗仁，婉辞其赴皖之请。又赴抗敌后援会听众人讲各地抗日故事。十二时，赴曹如蕙处午餐。一时，应田汉之邀看戏（《行知备忘》）。

同日 作诗《鲁迅先生逝世两周年纪念》，刊同月19日《新华日报》（收入大孚出版公司版《行知诗歌集》，后收入湘版《全集》第四卷，又收入川版《全集》第七卷）。

10月16日 与任光一起参观武汉儿童保育院。

同日 下午，访国民党中央宣传部部长周佛海，“谈国际情形”（《周佛海日记》，上海人民出版社1984年版，第182页）。

10月17日 晚，乘船离汉赴渝，参加国民参政会第二次会议。在汉期间，应邀参加“设计委员会”，帮助从武汉迁到四川去的八九所保育院的开办工作。

同日 发表对新安旅行团的谈话《海外的故事》，刊《新华日报》。

10月18日 船上作诗《圣之时者也》（收入湘版《全集》第八卷，又收入川版《全集》第十二卷）。

10月19日 据印度医生巴苏记述：“……我们在船上结识了一位陶教授，他头已秃顶，戴着一副眼镜，是‘小先生’运动的倡导人。他还是中央政府民政委员会的委员，现乘船要去重庆。重庆目前是中国的陪都，位于离三峡很远的长江上游。他把我们介绍给他所率代表团的其他成员，然

后一起到轮船顶部拍了一张合影。”（《巴苏日记》[①]，第 32 页）

同日 作诗《一名伤兵》（收入大孚出版公司版《行知诗歌集》，后收入湘版《全集》第四卷，又收入川版《全集》第七卷）。

同日 发表诗歌《鲁迅先生逝世两周年纪念》，刊《新华日报》。

10 月 20 日 据巴苏记述：

> 陶教授开始认真地教我们学习用拉丁字母拼写的汉语，我觉得并不难学。帮我们学习的还有一位毛老师，其实这是个瘦小的八岁的男孩子，是陶教授的门徒。他有一书包书和地图，他也是代表团的成员。他们走遍农村，甚至到过敌人的后方，在孩子、成人和妇女中间一面扫盲，一面开展爱国教育。
>
> 下午一时半，船抵沙市，这是个又脏又小的乡镇。我们从江边拾阶而上，来到大街，只见路两旁全是卖食品的铺子。小毛一直跟随着我们。我们给他买了点糖果，但他不要。他领我们到一家书店，选购了一本书。他翻遍口袋，只有 5 分钱，而这本书的定价是两角。我们欣然替他付清了钱，他高兴极了，一跑到街上便捧着书朗读起来，读得那样专心，以至差点撞到一辆人力车上……
>
> 一条和我们停靠在一起的轮船把它的乘客都转塞到我们这条早已有人满之患的船上来了。……当该船和我们的船停靠在一起后，我们和陶教授等人一道过去慰问伤病员，并把我们凑钱买的食品和水果送给他们。（《巴苏日记》，第 33 页）

同日 《全民抗战五日刊》第三十一号发表邹韬奋著《令人兴奋的报告——记陶行知先生海外归来谈话》一文。

同日 作诗《送贺若》（收入大孚出版公司版《行知诗歌集》，后收入湘版《全集》第四卷，又收入川版《全集》第七卷）。

10 月 21 日 抵宜昌。

同日 据巴苏记述：“凌晨一时，轮船启航。午后径直驶抵宜昌。在这段时间里，陶教授一直不停地教我们学罗马拼音汉字。”（《巴苏日记》，第 34 页）

同日 得王洞若函，告知新安旅行团第二团已于二十日坐船赴长沙。

---

① 本书版本信息为［印度］比·库·巴苏：《巴苏日记》，顾子欣、王其良等译，顾子欣校，商务印务馆 1988 年版。后文从略。

10 月 22 日 晚，经卢作孚特别介绍，从宜昌乘“民元”船赴渝。

同日 于宜昌致函戴伯韬、孙铭勋、陆维特等人（收入湘版《全集》第五卷，又收入川版《全集》第八卷）。

同日 致函朱经农，托其代转姚文采、张治中复陶的两封电报（收入湘版《全集》第五卷，又收入川版《全集》第八卷）。

同日 致函陶晓光（收入湘版《全集》第五卷，又收入川版《全集》第八卷）。

同日 致函吴涵真（收入湘版《全集》第五卷，又收入川版《全集》第八卷）。

同日 复王洞若函，嘱托其代为问候新安旅行团两团及孩子剧团中的小朋友（收入湘版《全集》第五卷，又收入川版《全集》第八卷）。

10 月 23 日 船上作诗《戏赠西曼先生》（收入大孚出版公司版《行知诗歌集》，后收入湘版《全集》第四卷，又收入川版《全集》第七卷）。

10 月 24 日 早六时过牛肝马肺峡，午十时至二时，经过巫山峡，四时过瞿塘峡，五时半，夔州停留（《行知备忘》）。

同日 作诗纪念鲁迅二周年（收入大孚出版公司版《行知诗歌集》，后收入湘版《全集》第四卷，又收入川版《全集》第七卷）。

10 月 25 日 早六时开船。十二时船抵云阳。下午五时，抵万县（《行知备忘》）。

同日 作诗《蜀民歌》《凭栏处》《川行有感》（收入大孚出版公司版《行知诗歌集》，后收入湘版《全集》第四卷，又收入川版《全集》第七卷）。

同日 作诗《巅奇滩险》（收入川版《全集》第十二卷）。

10 月 26 日 “5 时 45 分到高家镇，停（此去丰都 60 里）。今日水里沙多，每时行 5 哩。”（《行知备忘》）

同日 李公朴致函沈钧儒、邹韬奋、沙千里、陶行知等人（《沈钧儒收文录》，载《近代史资料》第 99 号，第 189 页），略谓：

> ……今后或将以兵役等动员工作为此间救亡团体之中心工作。朴认为诸友与家长于参政会后应先后来成都一行，此间救亡同志亦极盼大家能时来予以指示与交换意见也。行知兄会后尤盼能立来成都，嗣庄兄有事急待面商。

10 月 27 日 晨八时，船抵丰都（《行知备忘》）。

10 月 28 日 十二时抵重庆，孙铭勋、陆维特、戴伯韬、白动生、钱泉前往码头迎接（《行知备忘》）。

10 月 28 日—11 月 6 日 以国民参政员身份，出席国民参政会第二次会议。

又 在国民参政会第一届第二次会议上，提出《推行普及教育及增加抗战力量树立建国基础案》，刊同年 11 月 25 日《战时教育》第三卷第七期（收入湘版《全集》第三卷，又收入川版《全集》第四卷）。

又 在国民参政会第一届第二次会议上，提出《赶快建筑西北大铁道案》《建立志愿兵区以补兵役法之不足案》（收入湘版《全集》第三卷，又收入川版《全集》第四卷）。

又 会议期间，接受重庆《新华日报》记者访谈，以“陶行知谈战时民众教育”名刊同年 11 月 5 日重庆《新华日报》（收入湘版《全集》第三卷，又收入川版《全集》第四卷）。

10 月 29 日 分三部分发表 *The People's Education Movement in China*（《中国的大众教育运动》）（另两部分刊发于 11 月 5 日，11 月 19 日），刊印度杂志 *HARIJAN*（《民族旗帜》）。

10 月 30 日 参加国民参政会议，听取孔祥熙报告。十二时半，参加秘书长宴。下午三时，赴中二路参加财政部、行政院举行的茶会（《行知备忘》）。

10 月 31 日 继续参加会议。听取张公权报告战时公路情况。下午一时，赴行营晤张群（《行知备忘》）。

11 月初 参观重庆临时儿童保育院。

11 月 1 日 继续参加会议。十二时赴行营会报室晤正副议长汪精卫、张伯苓。晚六时，春森路 15 号舫庐赴孙科宴（《行知备忘》）。

同日 据黄炎培记述：“出席第五次会议，听经济部长报告（座位 139），讨论各组审查报告。晤见同会诸君皆大喜。通过拥护蒋委员长长期继续抗战案。”（《黄炎培日记》第 6 卷，第 38 页）

11 月 2 日 香港《立报》刊登《中华业余学校招收学员》广告：

一、宗旨：本校遵照香港政府办学规程，适合侨民业余选择追求长进之需要为宗旨。二、课程：分段选授，详章请向九龙山东街中华儿童书院内本校索取。三、报名：即日起，每日下午六时至九时，各志愿学员须亲到报名处填写报名单，并受测验。四、开学：十一月十一日下午七时。五、地点：九龙山东街中华儿童书院。（《情牵中业

2008特刊》)

11月3日 继续参加会议。下午二时，赴第一模范市场中苏文化协会三楼参加兵役座谈会。三时，赴上清寺陶园，与戴季陶、孙科、居正、于右任饮茶。晚七时，赴粉江饭店陈立夫宴（《行知备忘》）。

同日 据黄炎培记述：“晨八时赴审查会，审查各案中关于铁路各案，由张公权部长详细说明……夜，徐维明夫妇招餐国际联欢社，陈立夫招餐粉江饭店。”（《黄炎培日记》第6卷，第39页）

11月4日 继续参加会议。下午四时半，赴暇娱楼。晚六时半，赴陕西街留春屋。晚九时，赴行营礼堂参加特种审查会议（《行知备忘》）。

同日 据黄炎培记述：“八时，审查会全部结束。……三时，第七次大会，七时毕。……九时，再开特种审查会，管理外汇案结束。”（《黄炎培日记》第6卷，第39页）

同日 作诗《二胖》（收入大孚出版公司版《行知诗歌集》，后收入湘版《全集》第四卷，又收入川版《全集》第七卷）。

11月5日 参加全体审查会议。十二时，赴暇娱楼。下午二时，赴陕西街万寿宫保育院。晚七时，赴行政院晤孔祥熙（《行知备忘》）。

同日 据黄炎培记述：“八时，全体审查会，讨论张君劢案，陈绍禹案，梁漱溟案。”（《黄炎培日记》第6卷，第40页）

同日 赴中国战时儿童保育会重庆保育院作演讲，刊11月6日、7日重庆《新华日报》（收入湘版《全集》第三卷，又收入川版《全集》第四卷）。

同日 《新华日报》发表记者访谈《陶行知谈战时民众教育》一文。

11月6日 继续参加会议。十二时半赴大三元酒楼晤王卓然。下午三时赴行营礼堂与议长茶叙。四时半，参政会议通过普及教育案。五时赴第一市场三楼中苏协会讨论国际问题（《行知备忘》）。

同日 据黄炎培记述：“续开全体审查会。……下午三时，第十次会议。各审查会报告，通过完了。……闭会式，汪议长演说，极激昂壮烈。”（《黄炎培日记》第6卷，第40页）

同日 作诗《以抗战建国纲领监察》（收入川版《全集》第十二卷）。

11月6日—7日 重庆《新华日报》记者春江报道陶行知11月5日赴重庆保育院情况及演讲内容。

11月7日 下午，出席苏联十月革命21周年纪念日。晚七时半赴国泰影院看苏联电影《雪中行军》（《行知备忘》）。

11月8日 九时，赴万寿宫保育院。十二时，赴田宅。晚六时，赴柴家巷国太饭店晤胡梦华（《行知备忘》）。

11月9日 午十二时，赴小洞天用餐（《行知备忘》）。

11月10日 十一时，赴教育部。十二时半，赴小洞天午餐。晚六时半，访吴研因。晚八时，访黄沛青（《行知备忘》）。

11月11日 晨七时，赴粉江饭店。下午赴北碚（《行知备忘》）。

同日 为世界大战停战纪念日作诗《朴诚勤俭》（收入川版《全集》第十二卷）。

同日 香港中华业余学校在九龙山东街中华儿童书院内开课（《情牵中业 2008 特刊》）。

11月12日 得知冯国华于十月七日被日军杀害。十时，赴南京饭店。下午五时，参加青年会谈话会，讨论战时工作及抗战后建国工作。六时，赴聚兴银行楼下参加国际联欢社活动（《行知备忘》）。

11月13日 上午九时，赴南京饭店。十时，赴第一市场晤南京梁先生。十二时，赴粉江饭店。下午，赴青年会（《行知备忘》）。

11月14日 八时半赴隐庐三楼。十时，晤南京梁先生。下午五时，赴南京饭店晤友人（《行知备忘》）。

同日 据黄炎培记述："共陶知行国讯合作。"（《黄炎培日记》第6卷，第43页）

11月15日 上午七时半晤蔡先生。九时赴南京饭店。中午赴南京饭店晤张先生。下午二时半，赴青年会。下午四时，赴第一市场三楼参加兵役会议（《行知备忘》）。

同日 据黄炎培记述："偕问渔、起孟、雪澄共陶行知商国讯合作问题。"（《黄炎培日记》第6卷，第44页）

11月16日 晨，致函襄阳第五战区长官部（收入湘版《全集》第八卷，又收入川版《全集》第八卷）。

同日 下午二时半，演讲怎样做民众教师。四时，赴巴蜀中学。晚七时，赴粉江饭店。晚九时，晤晓庄同学（《行知备忘》）。

11月17日 上午九时，赴冠生园。晚六时，约戴伯韬在青年会商谈（《行知备忘》）。

11月18日 下午四时，赴冠生园（《行知备忘》）。

11月19日 详细了解新疆情况（《行知备忘》）。

同日 致函吴树琴，署名李铭（收入湘版《全集》第八卷，又收入川版《全集》第八卷）。

同日 据冯玉祥于贵州都匀记述：“九时，省立师范校长及训育主任周其恒、晋启生二先生来见。二位都是陶行知先生的学生，某大学毕业，谈贵省抗战教育状况，及如何调整汉苗的关系，使之如同一家的问题。他们约我明日七点讲话。”（《冯玉祥日记》第五卷，第541页）

11月21日 乘飞机赴桂林（《行知备忘》）。

11月22日 上午八时，与广西民政厅厅长雷殷谈乡民选举情况。九时，晤广西省主席黄旭初。晚七时半，观看新安旅行团孩子剧团演出（《行知备忘》）。

11月23日 五时，赴中山学校（《行知备忘》）。

同日 吴树琴作书信致陶行知（藏上海中国文化名人手稿馆），略谓：

> 在无信无息的时期中，突然传来一个喜讯，说你与东南体专校长刘女士结婚了，这个消息是真的，还是假的？……当然，这是一个疑点，如此大事，决无守秘密的必要，希望能明白的告诉我。这确是我的口福不良，不然亦能来畅饮三杯，为你们祝福！在平常，当然早有信来给你问安，而在日下，却不便来扰乱了。但是，万不料到，在那日上午，突然收到你自重庆发来一电谓“暂不能来”。谢谢你，现在我真不敢来了。

11月24日 八时，赴中山学校。十二时半，赴广西大学（《行知备忘》）。

11月25日 上午九时半，赴教育学院。下午一时至二时，赴中山学校。四时至五时，赴文昌门内副爷巷职教社。晚七时，赴中山学校（《行知备忘》）。

同日 发表《新华侨之出现——在美国所见》，刊香港《大众日报·大众园地》，又刊同年12月16日重庆《国民公论》第一卷第四号（收入湘版《全集》第三卷，又收入川版《全集》第四卷）。

同日 发表《推行普及教育以增加抗战力量而树立建国基础案》，刊《战时教育》第三卷第七期。

11月26日 上午八时半，访马松平。十时半，赴教育学院。下午三至四时，赴桂林西门外清真古寺，调查清真寺情况。晚七时，赴中山学校（《行知备忘》）。

11月27日 上午八时，赴中山学校晤陈庚雅。下午一时，应唐柯三与马松亭之邀，赴桂林中国回民救国协会广西分会演讲，并作诗《祝中国回民救国协会广西分会成立》（收入大孚出版公司版《行知诗歌集》，后收入湘版《全集》第四卷，又收入川版《全集》第七卷）。

同日 作祝词："信徒四千五百万，同胞不分回和汉。创造中华大民族，一心一德打胜仗。"

同日 作诗《怀川外战士》（收入三联书店版《行知诗歌集》，后收入湘版《全集》第四卷，又收入川版《全集》第七卷）。

同日 致函吴树琴，署名铭（收入湘版《全集》第五卷，又收入川版《全集》第八卷）。

11月28日 晨八时，赴中山学校候杨先生。五时，赴金龙酒家。当日又详细了解新疆回民历史及现状（《行知备忘》）。

同日 日本反战作家鹿地亘及其夫人池田幸子等一大批文化人与民主人士，从衡阳抵达桂林。下午三时，李任仁以广西建设研究会的名义，在乐群社西餐厅举行了盛大的欢迎宴会，邀请了巴金、胡愈之、陶行知、杨东莼等五十余人。

同日 晚七时，参加中国农村经济研究会在中华职业教育社桂林分社举行的战时农村问题座谈会，到千家驹、杨东莼、李紫翔、徐雪寒、黄药眠、秦柳芳等。

11月29日 晚七时半，赴职教社（《行知备忘》）。

11月30日 上午九时，赴国际反侵略运动中国分会演讲，其间遇空袭警报，赴稚山岩避空袭，继续演讲。晚向邱昌渭厅长建议山洞教育（《行知备忘》）。

12月3日 晚八时赴杨宅。晚十时晤刘为章（《行知备忘》）。

12月4日 下午三时，赴中山公园鹿地地方人员训练班指导。晚七时，赴中山学校晤杨先生（《行知备忘》）。

12月5日 下午三时，赴乐群社（《行知备忘》）。

12月7日 买两本关于青年运动的书籍。九时半，赴中山学校（《行知备忘》）。

12月8日 发表《岩洞教育的建议》，刊《广西日报》，后以《一个建议——桂林山洞教育》名刊同月25日《战时教育》第三卷第九期（收入湘版《全集》第三卷，又收入川版《全集》第四卷）。

12月9日 下午一时半，赴教育厅商谈省会战时民众教育指导会事宜。五时，赴桂林中学听演讲。十时，晤胡愈之（《行知备忘》）。

12月10日 访陈诚。晚十时半，赴公共体育场（《行知备忘》）。

同日 拓林于《战时教育》第三卷第八期发表《陶行知先生说真话》（收入湘版《全集》第三卷，又收入川版《全集》第四卷）。

同日 《生活教育》第三卷第八期刊发陶行知于同年10月14日所作诗歌《三万里歌》。

12月11日 上午八时，出席在独秀峰底举办的党政训练班。下午三时至五时，参加团宣委会。晚六时，赴天然楼参与国民公论。晚八时，赴环湖北路19号。又为桂林的一个训练班撰写提纲《如何可以得到最后胜利》（《行知备忘》）。

12月12日 读《中央周报》有关全面抗战的文章并作详细记录。下午，商讨晓庄研究所一事。晚七时，参加孩子剧团、新安旅行团、桂战儿服团、六镇儿团的合唱大会，并作演讲（《行知备忘》）。

12月13日 撰写《广西省会战时民众教育工作纲要（工作人员须知）》，要求工作人员应当“好学才能教人；服务便是教育；即知即传”，“要鼓励老百姓发问、互助，鼓励老百姓讲故事，唱民歌，要陪着老百姓一起干，自学教人”。晚六时，会见安徽公学校友（《行知备忘》）。

12月15日 下午一时，生活教育总社假桂林广西省政府大礼堂举行成立大会。到白崇禧、郭沫若、李任仁、邱昌渭、刘藜青等。陶行知当选为理事长，并在会上发表演讲《生活教育目前的任务》，刊1939年1月10日《战时教育》第三卷第十期（收入湘版《全集》第三卷，又收入川版《全集》第四卷）。

同日 作诗《文武同化歌》（收入大孚出版公司版《行知诗歌集》，后收入湘版《全集》第四卷，又收入川版《全集》第七卷）。

同日 邀请郭沫若赴生活教育社年会上做演讲（《郭沫若年谱》①，第379页）。

12月16日 宣誓就职生活教育社理事长。为晓庄研究院一事计划赴港筹款，当日规划赴港路线等事（《行知备忘》）。

---

① 本书版本信息为王继权、童炜钢：《郭沫若年谱》，江苏人民出版社1983年版。后文从略。

同日 再次发表《新华侨之出现——在美国所见》，刊重庆《国民公论》第一卷第四号。

12月17日 晨六时五十分，与周治华同乘广西银行便车南下，离桂林赴南宁。上午十时抵达桂林荔浦县，了解当地教育及兵役情况（《行知备忘》）。

12月18日 抵柳州（《行知备忘》）。

同日 《申报》刊载《生活教育社在桂林开成立大会》。

12月19日 抵南宁宾阳县芦圩镇（《行知备忘》）。

12月20日 过南宁。当日想出“第二家乡”雏形（《行知备忘》）。

同日 致函白崇禧（收入湘版《全集》第五卷，又收入川版《全集》第八卷）。

同日 致函王洞若、杨寅初（收入湘版《全集》第五卷，又收入川版《全集》第八卷）。

12月21日 抵凭祥镇南关（《行知备忘》）。

12月22日 抵龙州。晨，在近连亭遇方叔平（《行知备忘》）。

12月23日 晨八时，由龙州乘车出发。十一时，抵越南边境城市同登，“护照要2时半才有，时间改迟一小时”。后乘车赴谅山。晚宿谅山（《行知备忘》）。

12月24日 学习越南语字母（《行知备忘》）。

同日 作诗《南宁镇南沿路》《敬谢镇南关陆委员炳业》（收入大孚出版公司版《行知诗歌集》，后收入湘版《全集》第四卷，又收入川版《全集》第七卷）。

12月25日 抵海防市。了解赴港船票事宜。当日撰写《对海防华侨的演讲提纲》（《行知备忘》）。

同日 发表《一个建议——桂林山洞教育（晓庄研究所第一号报告）》，刊《战时教育》第三卷第九期。

12月28日 乘船抵香港。

同日 致函吴树琴（收入湘版《全集》第八卷，又收入川版《全集》第八卷）。

同日 吴树琴致函陶行知（藏上海中国文化名人手稿馆），略谓：

> 数月未收到你的来信，使我心里非常的挂念。……你赐给的长信确是遗失了，真是可恨！可能为我再寄一纸？……假使你能来上海我

非常的欢迎，但希望你不要叫我失望。谣传你与某女士结婚了，因为你未告诉我，当然我亦不十分相信，这个你自己明白。

12月29日 上午九时至下午一时，整理吴树琴来信。又给吴树琴寄编号为三十四号的信件。下午四时，赴太子道208号晤《星岛日报》记者。又赴山东街儿童书院（《行知备忘》）。

同日 晚七时至九时，在儿童书院演讲《全面抗战与全面教育》（载次日《申报》）。

同日 作书信致吴树琴，署名水（收入湘版《全集》第八卷，又收入川版《全集》第八卷）。

12月30日 下午四时，在九龙儿童书院接受香港《申报》记者朱其焯采访，刊1939年1月1日香港《申报》（收入湘版《全集》第八卷，又收入川版《全集》第四卷）。

12月31日 七时，赴太子道晤康先生。下午二时，赴儿童书院。当日又与张一麐、胡景伊共同发电请中央免去汪精卫职务（《行知备忘》）。

同日 接受香港《立报》记者采访，内容刊1939年1月1日《立报增刊·教育界》（收入湘版《全集》第八卷，又收入川版《全集》第四卷）。

同日 作诗《新秦桧》，刊次年1月1日《立报·言林》及次年2月1日《反攻》第四卷第四期（收入大孚出版公司版《行知诗歌集》，后收入湘版《全集》第四卷，又收入川版《全集》第七卷）。

本年 应美国哥伦比亚大学师范学院国际研究所1938年《教育年鉴》编者之约，作英文论著 *China*（《中国》），刊 *Eeducational Year Book of The International Institute Teachers College*（《师范学院国际研究所教育年鉴》），署名 H. C. Tao，Ph. D.，Director of National Liberation Education Association（收入湘版《全集》第三卷，又收入川版《全集》第六卷）。

同年 作诗《洗衣侨胞的爱人》《读放翁诗》（收入大孚出版公司版《行知诗歌集》，后收入湘版《全集》第四卷，又收入川版《全集》第七卷）。

同年 作手稿《唱救国之戏以救唱戏之国》（收入川版《全集》第十二卷）。

同年 为抗议蒋介石通令解散或整编各地民兵武装，特作诗《游击战中有我血》（收入川版《全集》第十二卷）。

同年 作诗《愿学凯末尔》（收入川版《全集》第十二卷）。

1939 年
（民国二十八年　己卯）　48 岁

1 月　国民党召开五届五中全会，提出“溶共、防共、限共、反共”方针。

2 月 12 日　国民参政会一届三次大会在重庆召开。

8 月 27 日　教育部规定：每年 8 月 27 日孔子诞辰为“教师节”。

9 月 1 日　德国进攻波兰，第二次世界大战爆发。

1 月 1 日　参加中国艺术戏剧团中午餐叙，作演讲“演习即教育，戏院即学校”，到欧阳予倩、李化、杨薇、姜明、胡蝶丽、祝梅、葛鑫、邱星海、李景波等多人，并为姜明作诗《送姜明》：“不要笑阿 Q，不要骂阿 Q，是不是阿 Q？请看活阿 Q。”下午三时，赴把芬道 2 号访王正廷，遇李组绅。五时，赴跑马地马利信山道 56 号二楼廖宅访何香凝（《行知备忘》）。

同日　香港《申报》刊发记者朱其焯于 1938 年 12 月 30 日对陶行知访谈内容。

同日　香港《立报增刊·教育界》刊发上一年 12 月 31 日对陶行知采访报道。

同日　发表诗歌《新秦桧》，刊《立报·言林》。

同日　作诗《香港新年读〈申报〉并怀念史量才先生》（收入大孚出版公司版《行知诗歌集》，后收入湘版《全集》第四卷，又收入川版《全集》第七卷）。

同日　作诗《赠八岁小友李溢屏》，刊同月 4 日香港《申报》时改名为《新年有感》（收入大孚出版公司版《行知诗歌集》，后收入湘版《全集》第四卷，又收入川版《全集》第七卷）。

1 月 2 日　下午二时半，候何香凝电话。三时，偕何香凝、伍朝枢夫人何宝芳访蔡元培。五时，候王尔三。七时，参加中华业余补习学校董事会。当日又得吴树琴 12 月 28 日来信（《行知备忘》）。

同日 作诗《生活教育小影》《战时生活教育》（收入大孚出版公司版《行知诗歌集》，后收入湘版《全集》第四卷，又收入川版《全集》第七卷）。

同日 作诗《贺马相伯先生百岁寿联》（收入湘版《全集》第八卷，又收入川版《全集》第十一卷）。

1月3日 “中午在彬（即陈彬龢——编者注）家吃饭。下午参观《太平洋文摘》社。晚陪王尔三校长饭叙。搬到金巴利路55号四楼住。夜景如画，写35号信。”晚七时，又赴中华业余学校演讲（《行知备忘》）。

同日 致函吴树琴，署名李铭（收入湘版《全集》第八卷，又收入川版《全集》第八卷）。

同日 再次致函吴树琴（藏上海中国文化名人手稿馆）。

1月4日 下午一时，赴万寿厅。二时半，赴女青年会（《行知备忘》）。

同日 发表诗歌《新年有感》，刊香港《申报》。

同日 致函吴树琴（藏上海中国文化名人手稿馆）。

1月5日 赴弥敦道751号暨南书院（《行知备忘》）。

同日 赴中华艺协会干部培训班演讲战时教育诸问题（载本日《申报》）。

同日 致函马侣贤，对整理账目一事提出意见以供参考（收入湘版《全集》第五卷，又收入川版《全集》第八卷）。

同日 吴树琴致函陶行知（藏上海中国文化名人手稿馆）。

1月6日 出席“香港记者座谈会”新年聚餐会，谈政治问题，并分配讲解美国部分。下午三时半，在吴涵真宅候泰国友人陈先生。五时半，偕吴涵真赴大道中娱乐戏院温莎餐室（《行知备忘》）。

同日 林焕平发表《抗战到底绝对胜利——与陶行知先生一席谈》，刊香港《大众日报》（收入湘版《全集》第八卷，又收入川版《全集》第四卷）。

同日 致函陈诚（收入湘版《全集》第五卷，又收入川版《全集》第八卷）。

同日 又致函陈诚（收入川版《全集》第八卷）。

1月7日 晨七时半，在吴涵真宅候冯先生。十时，赴九龙德明学校对学生演讲《抗战现况及学生应负之责任》。下午三时半，访许世英（《行知备忘》）。

同日 晚，参加聚会报告各线观感，对抗战前途甚表乐观（载次日《申报》）。

同日 致函吴树琴（收入湘版《全集》第八卷，又收入川版《全集》第八卷）。

同日 沈德华致函陶行知。

1月8日 下午一时半，出席中华业余补习学校联谊社成立大会并致词。四时，赴吴涵真宅。七时，赴民生书院。当日又详细计算晓庄研究所及育才学校开办经费数目，拟定晓庄研究所研究问题（《行知备忘》）。

同日 发表《辨奸》，刊香港《申报·星期评论》（收入湘版《全集》第三卷，又收入川版《全集》第四卷）。

1月9日 育才学校举行校董会成立会，并依据《私立学校规程》选举职员，筹定开办经费及经常费等。

同日 吴树琴致函陶行知（藏上海中国文化名人手稿馆），略谓：

一别三年，早想到香港去看看您，奈因是无机会。现在是鼓足了勇气，决心去望望您，希望成为事实。

1月10日 七时半，赴文联。十时半，过海赴杜月笙宅。十二时半，赴港吃饭（《行知备忘》）。

同日 香港《申报》刊发对陶行知的访谈《香港的教育问题——办学应该有宗旨，不可以赚钱为目的》（收入湘版《全集》第八卷，又收入川版《全集》第四卷）。

同日 发表《一个建议——桂林山洞教育》，刊香港《申报》。

同日 吴树琴致电陶行知，决定应聘所提供职位。

同日 吴树琴致函陶行知（藏上海中国文化名人手稿馆），略谓：

我们的事，我不愿意给任何人知道，请您守约。否则，叫人不开心的。您放心吧，我信任您，永远的信任您。我的心早已献给您了，不希望再有第三者存在。不过，您要体谅我，以我的处境，以我日下的情形，我决不愿将我们的事发表出来，以免受精神上的痛苦，人家的歧视，以及种种的烦恼！

同日 吴树琴致函陶行知（藏上海中国文化名人手稿馆），略谓：

现在我决心一个人去，……请您原谅我，慢慢地去香港，因为是时间太促速，这边的事，不能清理交代，再因无船，仅有请您再留港一星期。

同日 作诗《曹亮夫人等借余港寓明月楼开会》，刊同月15日《星岛日报》第六版时改题为《闲情赋小诗》，署名迎难馆主写（收入大孚出版公司版《行知诗歌集》，后收入湘版《全集》第四卷，又收入川版《全集》第七卷）。

同日 发表《生活教育目前的任务》，刊《生活教育》第三卷第十期。

1月11日 上午赴香港保育院调查了解学生情况。十一时，赴吴涵真宅。又有“杜月笙来谈”（《行知备忘》）。

1月12日 上午十时半，为《太平洋文摘》事见宋子文（《行知备忘》）。

同日 参加中国青年记者学会新年联谊聚餐会，发表演讲，刊次日香港《申报》、香港《星岛日报》（收入湘版《全集》第八卷，又收入川版《全集》第四卷）。

同日 复冰冰（吴树琴）函，署名水（收入湘版《全集》第八卷，又收入川版《全集》第八卷）。

同日 致函吴树琴（收入湘版《全集》第八卷，又收入川版《全集》第八卷）。

同日 复沈德华函，署名李铭（藏上海中国文化名人手稿馆），信谓：

> 接到你一月七号的信，感受到你的反攻的威胁。你的解释对于郭黎姻缘是很对的。黎女士是一位清醒的女子，配郭先生很相称。我会过他们好几回，知道他们是很幸福的一对。至于你们对我所报告的谣言，怕是歹人的恶意宣传，我和那位女士简直是风马牛不相及（据说树琴同学所讲的履历）。现在知道你们不再代她广播，我是感激不尽了，否则传到我的爱人的耳朵里去（如果有），会引起不测的风云，那就要伤□□，哈哈！接树琴同学九号信，知道你和她到港再去福州，那是非常欢迎的。我很想为你们俩都找着事，在一个地方服务。到现在我只找着一个位置，树琴还有电来应聘。如果再找到一个位置，那就是属于你。你等着吧！你们住的地方我已经准备好了，廿一日船到，当来迎接。

1月13日 香港《申报》记者奇卓、《星岛日报》记者纳夫分别报道了1月12日陶行知的演讲内容。

同日 发表在东江华侨服务训练班所作有关回乡怎样工作的演讲，刊《东江》创刊号，记录者：陈演（收入湘版《全集》第八卷，又收入川版《全集》第四卷）。

同日 香港《申报》刊载《普及教育，增加抗战力量树立建国基础——陶行知等在参政会的提案》（载本日《申报》）。

1月14日 “写成《我从广西带来的礼物》。”（《行知备忘》）

同日 发表《说书》，刊香港《立报》（收入湘版《全集》第三卷，又收入川版《全集》第四卷）。

1月15日 十二时，赴德辅道中51号三楼。晚七时半，参加青年会随军服务团活动（《行知备忘》）。

同日 作《生活教育社社章》及立案呈文（收入湘版《全集》第八卷，又收入川版《全集》第四卷）。

同日 发表诗歌《闲情赋小诗》，刊《星岛日报》第六版。

1月16日 七时十分，赴儿童书院。晚，赴中华业余学校演讲《生活教育》。当日得吴树琴信，又致信李秋生（《行知备忘》）。

同日 发表《我从广西带来的礼物》（上），刊香港《申报》（载本日《申报》）。

1月17日 了解商务印书馆及中国图书业情况。下午四时半，赴女青年会（《行知备忘》）。

同日 发表《我从广西带来的礼物》（下），刊香港《申报》（载本日《申报》）。

1月18日 七时，对广东青年抗日先锋队东江区队演讲（《行知备忘》）。

1月19日 与张一麐共同致函许世英（收入湘版《全集》第五卷，又收入川版《全集》第八卷）。

1月20日 七时，访妇女兵灾会（《行知备忘》）。

同日 许世英复函张一麐、陶行知（收入2002年版川版《全集》第十二卷）。

1月21日 吴树琴抵香港。胡愈之来访（《行知备忘》）。

同日 陈诚函复陶行知（收入川版《全集》第八卷）。

1月22日 十时，赴吴涵真宅参加时事分析讨论会，听萨空了演讲（《行知备忘》）。

1月22日—23日 发表在香港中华艺术协进会干部训练班开学典礼上的讲话《抗战的全面教育》，刊香港《申报》，记录者：奇卓（收入湘版《全集》第八卷，又收入川版《全集》第四卷）。

1月23日 十二时半，在吴涵真宅晤胡愈之。七时，赴船厂（《行知备忘》）。

同日 中国国民党广西省执行委员会上报国民党中央执行委员会《呈送生活教育社社章、表册等件，并转报生活教育社组织经过情形，请予以核准立案示遵》。

1月24日 赴红磡"身强体育会"为工人演讲《新阶段的抗战形势与工人教育》（载次日《申报》）。

同日 下午三时半，赴月仙楼（《行知备忘》）。

1月25日 英文撰写美国国策演讲提纲。下午三时半，赴湾仔金公馆（《行知备忘》）。

同日 发表《推行生活教育之又一方式》，刊《战时教育》第三卷第十一期（收入湘版《全集》第三卷，又收入川版《全集》第四卷）。

同日 杜月笙致函陶行知，并捐助晓庄研究所港币五百元。

1月26日 下午四时半，作《美国国策》的演讲（《行知备忘》）。

同日 "七君子"案由四川高等法院第一分院宣布撤回起诉，对陶行知等的通缉令亦并案撤销。

1月27日 下午四时，赴皇后大道中华人行六楼参加华商俱乐部参政茶会。五时，出席香港酒店二楼茶会（《行知备忘》）。

同日 致函杜月笙（收入湘版《全集》第五卷，又收入川版《全集》第八卷）。

1月28日 八时，会何香凝，"承赐虎影及双清词"（《行知备忘》）。

同日 国民政府教育部发出2114号公函致国民党社会部，对生活教育社呈请立案一事做批复，谓："准此，查生活教育社所呈章册，大致尚合。"

同日 香港《立报》增刊刊发《晓庄研究所章程》（收入湘版《全集》第八卷，又收入川版《全集》第四卷）。

同日 致函宋子文（收入湘版《全集》第五卷，又收入川版《全集》第八卷）。

1月29日 五时，会许世英，"允答应送难童入西康"（《行知备忘》）。

1 月 30 日 四时乘“广东号”轮离香港赴越南，周克昌代办护照并会诸友前往送行（《行知备忘》）。

同日 香港《立报》增刊刊发《晓庄研究所初步计划之研究问题》（收入湘版《全集》第八卷，又收入川版《全集》第四卷）。

1 月 31 日 在船上“看毕《2000 年之中日关系》”（《行知备忘》）。

同日 香港《立报》增刊刊发《晓庄研究所创办育才学校意见计划书》（收入湘版《全集》第八卷，又收入川版《全集》第四卷）。

同日 黄炎培得“陶行知生活教育社信”（《黄炎培日记》第 6 卷，第 74 页）。

1 月 赴香港中华业余学校演讲《全面抗战与全面教育》，载同年 3 月 15 日《生活教育十二周年纪念刊》（留沪社友编印）（收入湘版《全集》第三卷，又收入川版《全集》第四卷）。

2 月 1 日 抵越南海防市。晤广东帮长罗伟基等华侨（《行知备忘》）。

同日 再次发表诗歌《新秦桧》，刊《反攻》。

同日 作诗《题安南一枝笔之画》（收入大孚出版公司版《行知诗歌集》，后收入湘版《全集》第四卷，又收入川版《全集》第七卷）。

2 月 2 日 上午九时，访罗伟基。十一时，接受越南记者采访。十一时半，晤叶先生。下午六时赴河内，夜十一时到（《行知备忘》）。

同日 据冯玉祥记述：“下午，阅杂志，陶行知先生作有《新秦桧》诗，甚好，写中堂一幅，我要挂在壁间，请大家常读。”（《冯玉祥日记》第五卷，第 596 页）

2 月 3 日 游览河内西湖、真武观、玉山寺。又致函陶晓光、王洞若、吴涵真、陈彬龢（《行知备忘》）。

2 月 4 日 晨八时五十分乘车离河内，夜九时抵达牢该。宿“天然”旅馆，每人 2.4 国币（《行知备忘》）。

同日 致函陶晓光（收入湘版《全集》第五卷，又收入川版《全集》第八卷）。

2 月 5 日 “过桥走到河口。检查护照，第一次被中国官……参政名片灵。”夜抵蒙自，宿“开远”旅馆，每人 1.2 国币（《行知备忘》）。

2 月 6 日 “12 时半到徐家渡，由此骑马澄江，2 时到宜良，海拔 1 539.31。夜到昆明。”（《行知备忘》）

2 月 7 日 接受《云南日报》记者沈沉采访，谈“五ㄢ”教育（载

1989 年 3 月《云南文史丛刊》总 18 期 45 页，后收入川版《全集》第十一卷）。

同日 晚，见赵老太太（《行知备忘》）。

2 月 8 日 电汇 100 元与叔鸿姨、陶刚。信汇 100 元与晓庄研究所，托王福寺办理。又致电周寄梅与戴自俺。晨八时，乘车北上，拟取道贵州赴重庆。晚宿曲靖中国旅行社（《行知备忘》）。

同日 发表《妖怪歌》，刊《申报》。

同日 黄炎培"复陶知行：承认生活教育社理事"。（《黄炎培日记》第 6 卷，第 77 页）

2 月 9 日 因车故障，折回昆明（《行知备忘》）。

2 月 10 日 发表《桂林战时民众教育工作人员须知》，刊《战时教育》第三卷第十二期（收入湘版《全集》第三卷，又收入川版《全集》第四卷）。

2 月 11 日 移住文庙西巷缪云台宅。了解西南公路、铁路建设情况。了解金鸡纳历史及生产情况（《行知备忘》）。

2 月 12 日 六时，赴张厅长晚宴（《行知备忘》）。

2 月 13 日 七时，赴红山农业学校。五时五十分，赴民众教育馆（《行知备忘》）。

2 月 14 日 七时，赴女青年会。五时，赴云南大学（《行知备忘》）。

2 月 15 日 晨，七时，乘机离昆明，十时，抵重庆，机票 270 法币。下午三时，参加国民参政会第一届第三次大会，听取财政部长孔祥熙作财政报告，交通部长张家璈作交通报告。晚六时，赴青年会参加参政员聚餐（《行知备忘》）。

同日 据黄炎培记述："三时，第三次大会，蒋亲主席。财政部孔部长、交通部张部长各报告，提出政府交议第二期战时行政计划——财政、军政、经济、交通、内政、教育、侨务、赈济、蒙藏。……聚餐会。"（《黄炎培日记》第 6 卷，第 79 页）

2 月 16 日 十二时，赴柴家巷国泰饭店。下午四时，赴曾家岩行政院茶话会。晚七时，赴南京饭店（《行知备忘》）。

同日 据黄炎培记述："八时，审查会第二天，审查内政、赈济、蒙藏施政计划。……二时，小组审查赈济委员会报告及计划。四时，行政院茶话。"（《黄炎培日记》第 6 卷，第 79—80 页）

2 月 17 日 十二时赴中四路 102 号曾家岩蒋介石宅宴。下午三时，参加第四次会议。晚六时，赴青年会（《行知备忘》）。

同日 据黄炎培记述：“八时，审查会第三天，审查小组报告各部分及建议案，余所提团结民心案通过于审查会。……三时，第四次大会通过各审查会报告，议长提川康建设案，褚辅成、林祖涵各提拥护抗战国策案，皆通过。”（《黄炎培日记》第 6 卷，第 80 页）

2 月 18 日 继续参加会议。邹韬奋提《动员知识分子案》，获通过。晚八时，赴军事委员会礼堂参加新生活运动五周年纪念餐叙，蒋介石、宋美龄均到场（《行知备忘》）。

同日 据冯玉祥记述：晚“八时，应蒋先生之邀，赴军委会礼堂会餐，与蒋先生说布尔林已来渝，请约期相见，蒋说十九、廿日两天内一定约见。十时，陶行知先生来见，谈林则徐之孙组织之考察团来渝，欲介绍来见。余很愿意见”（《冯玉祥日记》第五卷，第 606 页）。

同日 据黄炎培记述：“八时，审查会第四天，余为主席。遇到一件困难事，共产党董必武提一案：《加强民权主义实施》，颇责政府施政失当，要求对各党派予以法律上保障。国民党员大反对，余居中调停，修正通过。董失望，告假不到会。……三时，第五次大会，伯苓主席，慌乱，致会场大哗。余所提团结民心案通过，所提改善兵役案送政府参考。夜，新生活运动会聚餐，蒋委员长及其夫人主席，听蒋无线电广播。访董必武其家……商提案事……”（《黄炎培日记》第 6 卷，第 80 页）

2 月 19 日 继续参加会议，讨论王造时所提“全面文化”案。八时，赴南京饭店候陆诒（《行知备忘》）。

同日 据黄炎培记述：“八时，审查会第五天，董必武案结果不能圆满，董又拂衣而走。问题在国民党政策不许他党活动，在法律上有地位，故对董案‘予各党派以法律上的保护’绝不放松。……三时，大会第六次，蒋议长登坛演说，雄伟得很，听者无不感动。”（《黄炎培日记》第 6 卷，第 80—81 页）

2 月 20 日 继续参加会议。六时半，赴模范市场访赵老太太。十时，赴冉家巷 16 号文化供应站（《行知备忘》）。

同日 据黄炎培记述：“九时，第七次大会，蒋亲主席。……三时，第八次大会，蒋亲主席，……选举驻会委员，余仍当选。”（《黄炎培日记》第 6 卷，第 81 页）

2月21日 上午十时，参政会闭会。晚八时，政治部邀观电影魔术（《行知备忘》）。

同日 据黄炎培记述："八时，参政会第九次大会。十时接行闭会式，蒋议长致词，详述中山先生之志事。……四时，林志超（森）主席，招参政员，国民政府茶话，其仪容庄严而谦抑，致词极简净。……八时，政治部邀观电影魔术，听歌咏。"（《黄炎培日记》第6卷，第81页）

2月22日 十二时，赴南京饭店候王造时。十二时半，赴远东酒楼午餐。晚六时，暇逸楼晤安徽同乡。晚七时，赴冠生园三楼晤黄天鹏、崔唯吾、薛农山（《行知备忘》）。

同日 国民党社会部分别致函国民党广西省党部及内政部和教育部："查该社（生活教育社——编者注）宗旨与组织尚合于文化团体组织大纲之规定，业经本部核准备案。"同时，又向广西省党部发出渝字第2359号密函："案查生活教育社成立有年，过去活动，颇为各方注目。此次该社在桂重新依法设立，经由贵会转呈经过情形，除经核准备案，函请依法代为指导外，对于该社活动，应请随时予以密切之指导，并应极力策动党员参加该社工作，以增强党的领导力量。相应函请，查照办理为荷。"

2月23日 晨七时，赴模范市场新永年春饭店。下午四时，赴南京饭店晤吴兆棠。六时，访邵力子。六时半，赴黄炎培在克利西餐馆所设之宴（《行知备忘》）。

同日 据黄炎培记述："夜，偕御秋克利西餐馆邀餐，到者章行严、张仲仁、沈子万、彭俊仁、张君劢、浦心雅、褚慧僧、徐梦岩、陈叔澄、陶行知。"（《黄炎培日记》第6卷，第82页）

同日 为同月15日在昆明别吴树琴作诗《别琴》（收入湘版《全集》第八卷，又收入川版《全集》第十二卷）。

2月24日 偕张一麐等参观大鑫炼铁厂、华新机器厂、豫丰和记纱厂、永利化工厂、新民机器厂、龙章造纸公司、合作五金工厂、顺昌铁工厂、瑞华玻璃制造厂等（《行知备忘》）。

2月25日 吴俊升来访，告知生活教育社在中央社会部及教育部正式备案（《行知备忘》）。

同日 发表《在大转机中活跃的广西》，刊《战时教育》第四卷第一期（收入湘版《全集》第三卷，又收入川版《全集》第四卷）。

2月26日 "早五时半起身。七时半延至八时，动身到北碚。[吴树]

琴、[陶] 宏同来。汽车前门挤满东西，抗议，终于移去。12时，到北碚。4时，看西部科学院，买东西。”(《行知备忘》)

2月27日 与中国科学社钱崇树、张宗汉谈晓庄研究所与科学社合作研究中国药。下乡视察防空。乘滑竿游温泉，吴树琴、陶宏及妻女王醉霞、陶鹤等同往。晚住霞光楼，遇钱俊瑞、沈兹九夫妇(《行知备忘》)。

2月28日 “早送俊、兹上船赴渝。他们的房让与我住。房中有老鼠洞三个。……游乳花洞。题字：‘琴姑’、‘行歌’。三套：一套在洞里，两套在洞口。”(《行知备忘》)

同日 为钱俊瑞、沈兹九作诗《戏复友人结婚》(收入大孚出版公司版《行知诗歌集》，后收入湘版《全集》第四卷，又收入川版《全集》第七卷)。

同日 作诗《老鼠闹新房》(收入湘版《全集》第八卷，又收入川版《全集》第十二卷)。

3月1日 在北碚寻觅校舍。“琴、曲、宏、小林同去，到龙岗参军府看房子。致吴涵真托买药函。……晓光、洞若说研究所事。”(《行知备忘》)

3月2日 “会卢子英先生，承助觅校舍。致黄伯度，托送支票与‘新华’。致贺友梅，托收育才款。致史良，转杨瑾瑜信。”(《行知备忘》)

3月3日 “上午琴查药，我生病。”(《行知备忘》)

3月4日 草拟《告生活教育社同志书》。“早，函告张宗麟将安徽中学所借之显微镜取回。”(《行知备忘》)

同日 偕吴树琴赴重庆北温泉公园游览，拍照留念并合撰结婚通告(载川版《全集》第十二卷)。

3月5日 继续草拟《告生活教育社同志书》(《行知备忘》)。

3月6日 在北碚实验区署纪念周大会演讲，谈自己的来碚观感和周游列国的情况，刊次日《嘉陵江日报》(收入湘版《全集》第三卷，又收入川版《全集》第四卷)。

3月7日 吴树琴就职(《行知备忘》)。

同日 《嘉陵江日报》刊发6日在北碚实验区署纪念周大会上的演讲。

3月8日 在民众体育场偶遇李一非先生，介绍卢子英、郭泰椴助其觅地(《行知备忘》)。

同日 作诗《某女士就职》(收入大孚出版公司版《行知诗歌集》，后收入湘版《全集》第四卷，又收入川版《全集》第七卷）。

同日 作诗《回忆桂林初见蜜桃的鞋》《送倪尚达弟》（收入大孚出版公司版《行知诗歌集》，后收入湘版《全集》第四卷，又收入川版《全集》第七卷）。

3月9日 作诗《教育过程》（收入川版《全集》第十二卷）。

3月10日 离北碚赴重庆。晚七时半至七时四十五分，赴上清寺中央无线电台（《行知备忘》）。

同日 发表《评加强教育党化》，刊《战时教育》第四卷第二期（收入湘版《全集》第三卷，又收入川版《全集》第四卷）。

3月11日 九时赴民生公司见卢子英。十时，赴宗圣小学文化供应理事会。又做15日前须完工的数项计划（《行知备忘》）。

同日 作诗《教小孩"团起来"》（载《纪念陶行知》之《陶行知先生战时儿童教育思想的回忆》一文，后收入川版《全集》第十一卷）。

3月12日 下午一时二十分，孩子剧团在重庆陕西街泰邑小学招待小朋友，陶行知发表讲话，记录者：向瑞鑫（收入湘版《全集》第八卷，又收入川版《全集》第四卷）。

3月13日 下午二时，赴青年会董事室见孩子剧团。六至七时，赴女青年会（《行知备忘》）。

3月14日 六时赴青年会参加生活教育社在渝召开的理事会（《行知备忘》）。

同日 致函宋美龄（收入湘版《全集》第五卷，又收入川版《全集》第八卷）。

3月15日 八时，赴培英小学参加书业同人会，了解造纸业历史及当前图书业情况。八时半，赴武库街四号文化服务站（《行知备忘》）。

同日 下午二时，赴重庆社交会堂出席生活教育社十二周年纪念会，演讲当日撰写的《告生活教育社同志书——为生活教育运动十二周年纪念而作》，刊同月25日《战时教育》第四卷第三期（收入湘版《全集》第三卷，又收入川版《全集》第四卷）。

同日 据黄炎培记述："三时，生活教育社十二周年纪念会，余以主席致词。"（《黄炎培日记》第6卷，第89页）

同日 在《生活教育十二周年纪念刊》发表在香港中华业余学校的演讲词《全面抗战与全面教育》。

3月16日 十二时，赴华通。下午二时，赴中华文化协会。三时半，赴青年会办事（《行知备忘》）。

3月17日 回北碚（《行知备忘》）。

同日 国民政府教育部复函社会部，对生活教育社社章提出了加列条款的意见。生活教育社未予理睬。

3月18日 筹备育才学校校址一事。“到北圣寺找育才二院，来往轿费2.2元。”（《行知备忘》）

3月19日 修改《儿童保育会教育大纲》（《行知备忘》）。

3月20日 下午三时，赴北泉小学参加“西康周”活动，对西康学生营讲话（《行知备忘》）。

同日 作《全国难民教育计划草案》（收入川版《全集》第十一卷）。

3月21日 继续寻找校舍，“复看杨参军府，只让1/3空间，决定不要”（《行知备忘》）。

3月22日 赴三峡印刷所。下午二时，赴市商会（《行知备忘》）。

3月23日 选定晓庄研究所及育才学校校址（《行知备忘》）。

同日 发表《文武同化歌》，刊香港《申报》（载本日《申报》）。

3月24日 复勘校址（《行知备忘》）。

同日 作诗《儿童节歌（一）（二）（三）》（收入大孚出版公司版《行知诗歌集》，后收入湘版《全集》第四卷，又收入川版《全集》第七卷）。

3月25日 发表《告生活教育社同志书——为生活教育运动十二周年纪念而作》，刊《战时教育》第四卷第三期。

3月28日 “马客谈来谈。夜警报来。”（《行知备忘》）

3月29日 “与［陶］宏、［吴树］琴看科学社图书馆，警报来。”下午，汪达之来访，在陶宏寓所谈生活教育社事宜（《行知备忘》）。

3月30日 偕陶宏、汪达之游北泉。汪达之对北泉小学师生讲话，“我们谈‘新旅’科学”。后偕吴树琴、汪达之、陶宏看校址（《行知备忘》）。

3月31日 读《化学史》（《行知备忘》）。

4月1日 赵老太太来访。晚六时，参加北碚各界欢迎赵老太太大会及防空大会。晚七时，参加火炬游行。晚八时，参加游艺会。又对群众讲“火炬之理与即知即传”，表示：“中国有四千五百万老太，倘人人皆有赵老太太之精神，则中国必不会亡。”（《行知备忘》）

4月3日 参加赵老太太的演讲会（《行知备忘》）。

4月4日 九时，赴北泉小学参加儿童节活动（《行知备忘》）。

同日 《嘉陵江日报》刊发《陶行知在北碚各界欢迎抗日游击队英雄赵老太太大会上的讲话》（收入湘版《全集》第三卷，又收入川版《全集》第四卷）。

4月5日 “北碚卫生所及农业推广所成立。在卫宅午餐，看岳立先生计划。”（《行知备忘》）

4月7日 拟“定四月十六日宴地方绅，12时。”（《行知备忘》）

4月8日 十二时，宴请北碚售地主人（《行知备忘》）。

4月9日 赴渝。晚，商谈社务事宜。陆茜来访（《行知备忘》）。

4月10日 十时访李济深。又与万籁天、任光谈育才教师事。得陆璀来信。“《战时教育》批评北碚儿童教育文不大好。”（《行知备忘》）

同日 发表《评〈第三届全国教育会议宣言〉》，刊《战时教育》第四卷第四期（收入湘版《全集》第三卷，又收入川版《全集》第四卷）。

同日 《战时教育》第四卷第四期发表《陶行知华南归来》一文，记录者：金陵（收入湘版《全集》第三卷，又收入川版《全集》第四卷）。

4月11日 得邓颖超所送安徽茶。十二时赴重庆楼出席沈钧儒为范长江之宴。会陈纪彝。给陆维特40元、岳立100元，托买东西。寄信给吴树琴、陶宏、陈鹤琴、陆祝三、香港广西银行及北碚新村（《行知备忘》）。

4月13日 下午二时，赴青年会茶会，并作演讲，谈生活教育社及育才工作。又听取范长江演讲（《行知备忘》）。

4月14日 赴歌乐山保育院：从七星岗乘小汽车抵小龙坑，换人力车至瓷器口，换滑竿上山。了解保育院管理情况，人员经费等问题（《行知备忘》）。

4月15日 回北碚。吴树琴来见，改英文翻译。“刘主任说，地主愿以租与农人的地租租与我们。”（《行知备忘》）

4月16日 回重庆。与万籁天谈舞台设计等情况。又策划育才音乐组及美术组设备事宜。“今天艺术院第一次会。莽大令来。”（《行知备忘》）

4月17日 九时，赴市商会参加保育院纪念活动。下午三时，赴青年会晤万籁天、任光等人（《行知备忘》）。

4月18日 九时，赴巴蜀中学候陈纪彝，偕陈访孔祥熙。十二时，看望段承泽（《行知备忘》）。

4 月 19 日　上午访张治中，未遇。下午张治中来访，亦未遇。晚，宴请育才艺术、文学二院导师（《行知备忘》）。

4 月 20 日　上午十时，访李济深，推荐吴涵真、罗公陶。十时半见张治中，“他对我的计划十分赞成，认捐两个研究座，每月四百元”。下午二时，介绍任光、常学镛见陈纪彝。又代吴树琴办药师证书，付款九元。罗公陶来访，介绍去见李济深。九时看地。又做回北碚前规划（《行知备忘》）。

同日　发表《告生活教育社同志书——为生活教育运动十二周纪念而作》（上），刊香港《申报》（载本日《申报》）。

4 月 21 日　作《工合与工学团》，刊同年 7 月《工合之友》半月刊第一卷第四期（收入湘版《全集》第八卷，又收入川版《全集》第四卷）。

同日　发表《告生活教育社同志书——为生活教育运动十二周纪念而作》（下），刊香港《申报》（载本日《申报》）。

4 月 22 日　回北碚（《行知备忘》）。

4 月 23 日　十二时，赴松鹤楼晤叶博士、李博士（《行知备忘》）。

4 月 24 日　晤四川中学师生，了解生活学习等情况（《行知备忘》）。

4 月 25 日　下午三时半，参加北碚区署志愿兵座谈会。五时半，郭泰瑕来谈。六时半，赴兵役宣传队（《行知备忘》）。

4 月 26 日　草拟《兵役宣传之研究》。后对志愿兵 150 人演讲。又有难童工作团前来投宿（《行知备忘》）。

4 月 27 日　修改《兵役宣传之研究》并寄与张治中。写信与戴伯韬（《行知备忘》）。

同日　作《兵役宣传之研究》，刊同年 5 月 25 日《战时教育》第四卷第七期（收入湘版《全集》第三卷，又收入川版《全集》第四卷）。

4 月 28 日　寄信：（1）给王洞若信说新疆事；（2）给方与严信说方怀毅事；（3）给张治中信请其将款子交给新华银行。赴缙云寺访陈铭枢，遇汉藏教理院教务主任。又赴北泉洗澡（《行知备忘》）。

同日　致函方与严（收入湘版《全集》第八卷，又收入川版《全集》第八卷）。

4 月 29 日　推动“志愿捐”。赴四川中学、师范部演讲《我们的教育观》。下午三时，赴四川女中、国立第二中学师范分校。又写信与冯书舫、陆维特（《行知备忘》）。

4月30日 草拟次月7日赴兼善中学演讲《生活教育与抗战》提纲(《行知备忘》)。

4月 作诗《郭家有嫂如贤母》(收入川版《全集》第十二卷)。

春 救国会于重庆成立“十七人座谈会”，由各代表一个方面的“救国会朋友”参加，有沈钧儒、邹韬奋、章乃器、史良、沙千里、陶行知、张申府、刘清扬、王炳南、张友渔、钱俊瑞、于毅夫、曹孟君、沈兹九、韩幽桐、郑代巩、李庚。

春 作诗《我对于战时教育的认识》(收入川版《全集》第十二卷)。

春 作诗《我们是不愿做亡国奴的小孩》(收入川版《全集》第十二卷)。

5月1日 在五一节欢送三峡志愿军战士大会上作演讲，并赠诗勉励志愿战士，刊同月6日《嘉陵江日报》(收入湘版《全集》第三卷，又收入川版《全集》第四卷)。

5月3日 于北碚清凉亭致函三峡实验区优待委员会(收入湘版《全集》第五卷，又收入川版《全集》第八卷)。

同日 重庆大轰炸(《行知备忘》)。

5月4日 重庆大轰炸(《行知备忘》)。

5月5日 草拟《优待志愿战士家属志愿捐简约草案》(《行知备忘》)。

5月6日 出席优待委员会会议，任主席。通过《优待志愿战士家属志愿捐简约草案》。十二时，赴北碚三峡实验区区署(《行知备忘》)。

同日 发表《欢送三峡志愿军战士大会演词》，刊《嘉陵江日报》。

5月7日 九时，赴兼善中学演讲《生活教育与抗战》。又致函李济深，请其补助游击区教育研究。付岳立房租二十元。又有七七少年剧团来，住北碚民众教育馆(《行知备忘》)。

5月8日 赴果园访高士其。“挂‘育才’校牌于古圣寺。”又对来清凉亭拜访的中央政治学校教育行政毕业生演讲生活教育。又访卫琛甫太太(《行知备忘》)。

5月9日 上午十时，买地会，“地主十时至十二时未到”。写信给戴伯韬。写信与张宗麟，告知“不必以不能来为虑”。又聘帅昌书为育才总务主任。得张治中信，谓四月份四百元补助费已交新华银行。又拟定“兵役”特约撰稿人(《行知备忘》)。

5月10日 “罗叔章院长率领均县难童来。”又“与少年剧团谈做工、求学、教人、打日本”。规划育才学校，指出“育才第一圈为小工厂，第二圈为小团体”（《行知备忘》）。

同日 致函谢捷，欢迎其为《战时教育》投稿（收入湘版《全集》第五卷，又收入川版《全集》第八卷）。

5月11日 “难童汪仁安早敲门说，七人到黄桷镇‘复大’（即复旦大学——编者注）。”得孙铭勋信，谓诸友无恙。又有七七少年剧团四学生为晓庄研究所抄写材料（《行知备忘》）。

5月12日 与车向忱谈话，听其介绍西安东北竞存学校（《行知备忘》）。

同日 戴自俺致函陶行知，问及陶及生活教育社同志安危。

5月13日 安娥、周之廉、梅光迪来访（《行知备忘》）。

5月14日 下午二时，晤曼尼。二时半，参加五四座谈会。四时，赴复旦大学。当日见邓少琴，向其借碉堡及学校做化学试验（《行知备忘》）。

同日 汪达之致函陶行知。

5月15日 赴古圣寺对志愿兵演讲（《行知备忘》）。

同日 一之致函陶行知。

5月16日 “家畜保育所改农业推广所。”（《行知备忘》）

5月17日 “保育所上面碉堡已经布置，阻止搬石。”（《行知备忘》）

5月18日 筹划买木料事宜（《行知备忘》）。

5月19日 托贺友梅提五百元买材料（《行知备忘》）。

5月20日 “请黄云孟先生到古圣寺监督造井。任光、常学镛、章泯来，甚喜。夜住温泉，带竹床去。”（《行知备忘》）

5月21日 晨，回北碚。常学镛与章泯赴白庙选择学生（《行知备忘》）。

5月22日 晨，常学镛与章泯来访。“午刻去歌乐山，天雨，人不好过。访小黑（即陶鹤——编者注）。黄云孟先生代表宴古圣寺绅士、庙主。”（《行知备忘》）

5月23日 十时，赴区署参加优待委员会会议。黄云孟来访，告知古圣寺事宜已约定好（《行知备忘》）。

同日 张谔致函陶行知，谈及陈烟桥旅费一事。

5月24日 十时，参加志愿兵宣誓活动。王洞若、戴伯韬、孙铭勋、魏东明、陆维特从重庆来北碚看地（《行知备忘》）。

5月25日 为尚先生作挽诗。十时，送志愿军出征。王洞若赴北泉，戴伯韬、孙铭勋、魏东明、陆维特回重庆（《行知备忘》）。

同日 为志愿军作诗《献给北碚青年抗敌出征团》（收入大孚出版公司版《行知诗歌集》，后收入湘版《全集》第四卷）。

同日 发表《兵役宣传之研究》，刊《战时教育》第四卷第七期。

同日 周畸、万籁天分别致函陶行知。

5月26日 古圣寺租金140元，押租300元，共440元（已付40元），今日再付400元。200元交黄先生，50元易经手，40元押租给寺僧，20元送礼给寺僧，10元为井地押租，6元租井地，21元席酒（《行知备忘》）。

同日 致函沈钧儒（收入川版《全集》第八卷）。

5月27日 与黄云孟谈记账要点：（1）出款要有收据；（2）进款要发收据；（3）买物要印花发票；（4）有账即记；（5）当天结算；（6）随时交代；（7）不许挪移（《行知备忘》）。

5月28日 赴四川女中讲《五安教育》。又有马侣贤来访（《行知备忘》）。

5月29日 八时，赴复旦大学演讲《新大学》《五安教育》《我的教育观》。晚六时，赴新来鸿餐馆（《行知备忘》）。

同日 复杨寅初函，常学镛、章泯函，王省三函，方与严函，汪达之函（收入湘版《全集》第五卷，又收入川版《全集》第八卷）。

5月30日 “马侣贤来北碚，调竹因代怀毅。”（《行知备忘》）

同日 致函重庆白庙子大田坎保育院院长罗叔章，介绍谢捷女士前去工作（收入湘版《全集》第五卷，又收入川版《全集》第八卷）。

同日 致函邓哲熙，致函方与严，复周畸函，复万籁天函，复张谔函（收入湘版《全集》第五卷，又收入川版《全集》第八卷）。

5月31日 常学镛从歌乐山来访。王礼锡、陆晶清从重庆来访。“我到温泉，去时水绿，来时红。今天发大水，长18尺。”（《行知备忘》）

同日 致函方与严，致函孔会长、陈总干事，致函戴伯韬，复函罗公陶，复函戴自俺，复函一之（收入湘版《全集》第八卷，又收入川版《全集》第八卷），

5月 育才学校校董会致函嘉陵江三峡乡村建设实验区署（收入湘版《全集》第八卷）。

同月 《妇女生活》第七卷第六期发表《陶行知先生谈组织老太太》。

6月1日 与陶宏清理账目。寄黄云孟信（《行知备忘》）。

6月2日 为制作被套作预算："毛蓝布：（1）布钱（100匹）：1 600元；大的7套，小的10套，平均八套；工钱：四角五分一套；100匹＝800套。（2）工钱：360元。1 600＋360＝1 960。长5.7尺，宽2尺。"（《行知备忘》）

同日 北碚区署对育才申报立案一事作批复："查该校董会章程一览表暨校董履历表，均颇完善，应准立案。"（收入湘版《全集》第八卷）

6月3日 烧鸦片（《行知备忘》）。

6月6日 文渼逝世纪念日，新安小学生日。得王省三来信，谓军委会政治部对晓庄研究所的补助费业已停止。"保育院所在：第一保育院，白庙子大田坎，刘姓住宅，罗叔章，550人。第二保育院，白庙子金剑山金剑寺，汪学箴，500人。第三保育院，白庙子土场，周家祠，赵南仙，330人。"（《行知备忘》）

同日 致函马侣贤（收入湘版《全集》第五卷，又收入川版《全集》第八卷）。

6月8日 请李济深改派方与严代方怀毅任皖南中等学校视察员（《行知备忘》）。

6月9日 "北碚校址定界。敌机轰炸北碚，落一弹于菜园。"（《行知备忘》）

6月10日 参观北碚菜园轰炸地点。给陶刚信。于振瀛代表邓哲熙来访（《行知备忘》）。

6月上旬 复宋鼎函（收入湘版《全集》第五卷，又收入川版《全集》第八卷）。

同月上旬 复函白动生（收入湘版《全集》第五卷，又收入川版《全集》第八卷）。

6月11日 于振瀛代表邓哲熙来访（《行知备忘》）。

6月12日 梁漱溟的同志席先生来访。吴树琴、陶宏帮助七七剧团推销戏票60张（《行知备忘》）。

6月13日 "章泯先生来。七七少年剧团公演，自助。艾寒松先生来为生活书店找房子。郭泰嘏先生来，托到复旦为'七七'推销戏票。难童工作团来，领袖来。竹因来信，同意代怀毅。"（《行知备忘》）

6月14日 方与严取代其子方怀毅，被委任为皖南中等学校视察员（《行知备忘》）。

6月15日 中午，参加三峡实验区志愿军优待委员会为志愿捐一事所召开会议。“脚痛。”（《行知备忘》）

同日 晚六时至次日晨一时，假北碚北温泉小学召开育才学校第一次筹备会议，到者贺绿汀、常学墉、孙铭勋、章泯、王洞若、帅昌书、魏东明。陶行知主席，魏东明记录。陶行知在筹备会议上做报告，汇报学校发起经过、经费预算、学生来源、学校设备等方面问题。（收入《育才学校第一次会议记录》，后收入湘版《全集》第八卷，又收入川版《全集》第四卷）。

同日 马侣贤致函陶行知。

6月16日 “脚痛愈甚，自温泉回。读《胡风文艺笔谈》。”（《行知备忘》）

同日 复马侣贤函（收入湘版《全集》第五卷，又收入川版《全集》第八卷）。

同日 石凌鹤致函陶行知。

6月17日 “雷某勾结劣绅出卖森林，写信与［马］肖生阻之。脚疼。续读‘文艺笔谈’。第一次心痛。生活教育社向区署为夏令共学会备案。”（《行知备忘》）

同日 致函三峡乡村实验区署区长卢子英（收入湘版《全集》第五卷，又收入川版《全集》第八卷）。

6月18日 “地主请客。”又“买布、棉为育才做被：（1）向赶场申国臣、明大顺定头号白布五十匹，已收九匹，每匹长25.8尺，宽2.35尺，付款100元。（2）弹棉花，付洋30元，农村银行对面，源源棉絮店，每三斤三元。（3）做被，新华西服店，每个0.28，交九匹，拿了被套一条”（《行知备忘》）。

6月19日 “建议三保育院向区署买难民村房联合办事。”（《行知备忘》）

6月20日 写信与王省三、吴涵真。“看碉堡，房子太低。宏送粽子，分赠难童工作队代表。七七少年剧团近来弄得无处安身。据区长说，只因在‘民教馆’挂牌子，吵闹。”常学镛、章泯来访，告知四所保育院中三所欢迎选拔，只有第二保育院汪学箴敷衍育才选拔。又看三卷《战时教育》(《行知备忘》)。

6月21日 端午节。“收明大顺布23匹，由其直交‘新华’做被，付洋284元；连前共32匹，计合洋384元。”有张曙夫人来访(《行知备忘》)。

同日 致函吴树琴之母，致函王造时，致函刘亚珍，复函周颂平(收入湘版《全集》第八卷，又收入川版《全集》第八卷)。

同日 致函陈裕光(收入湘版《全集》第八卷，又收入川版《全集》第八卷)。

6月22日 访卢子英。嘱张子杨将房子造高些。谢石深来谈(《行知备忘》)。

6月23日 了解赴渝车次。赴温泉洗浴(《行知备忘》)。

6月24日 下午二时，候文学组。阅读军事委员会军医署编撰《军医必携》并作笔记。分配研究人员及专题(《行知备忘》)。

6月25日 “致函杨夫人，请另在他处想法。研究专题及负责人员名单抄十份分寄分所。夜十时，到重庆。”(《行知备忘》)

6月26日 赴曾家岩求精中学对妇女干部训练班进行第一次讲学(《行知备忘》)。

6月27日 为妇女干部训练班第二讲撰写演讲提纲《怎样办教育》。中华业余学校为育才捐得五百元。写信去港，兑瑞门100美金(《行知备忘》)。

6月28日 回北碚。“陈长衡……他曾调查白庙子汪院长处理难童之不当。”(《行知备忘》)

6月29日 寄《兵役宣传之研究》及《志愿军歌》与陈诚，并请其恢复晓庄研究所补助费。赵老太太来访，住清凉亭(《行知备忘》)。

同日 致函陈诚(收入湘版《全集》第五卷，又收入川版《全集》第八卷)。

6月30日 八时赴区署。得陈诚二十七日函，“知道他已将前信提阅，并称道《兵役宣传研究》”(《行知备忘》)。

同日 十时半，赴小五基访冯玉祥(《冯玉祥日记》第五卷，第674页)。

6月下旬 复石凌鹤函(收入湘版《全集》第五卷，又收入川版《全集》第八卷)。

6月 写《育才学校教育纲要草案》，刊次年8月1日《战时教育》第六卷第一期《育才学校专号》（收入湘版《全集》第三卷，又收入川版《全集》第四卷）。

7月1日 九时赴区署。又“陪赵老太太和卢［子英］区长听昆腔”。有冷中雪来访（《行知备忘》）。

同日 任光于新加坡致函陶行知（收入湘版《全集》第五卷，又收入川版《全集》第八卷）。

7月2日 北泉小学校长郭泰椴来谈北泉小学教育情况，“从把握现实、具体分析中找出教育的方法”。又有重庆第三保育院院长赵南仙来谈（《行知备忘》）。

7月3日 “冯先生焕章送来伍百元，为育才买书用；并捐研究所每月四百元，设研究座二个。‘七七’筹备会，请邹绿芷代表出席。黄云孟来，也以‘把握现实之不可移动’推助其计划江口中学。赵老太太与我谈她所愿做的工作。”（《行知备忘》）

7月4日 下午一时，应新生活运动指导委员会严肃之邀，赴来鸿饭店宴。又谋划育才需买之物（《行知备忘》）。

7月5日 “夜偕［吴树］琴在亭前坡上避空袭。”（《行知备忘》）

7月6日 “夜十二时，偕赵老太太家属及［吴树］琴避飞机。”（《行知备忘》）

7月7日 “未天明，自天生桥避飞机回来。”七时，赴体育场参加“七七事变”纪念大会，听取赵老太太、梁仑等人的演讲及报告。又有李信慧、曾宪猷来访（《行知备忘》）。

7月8日 与梁仑长谈，听其讲述志愿军相关情况。下午三时，刘文襄主任约谈，听其讲述北碚的问题及兵役宣传事宜（《行知备忘》）。

7月9日 “邹曦八时来，为他们四人设备卧铺。琴、瑜同游温泉松林。［陆］维特去渝与保育会办交涉。”（《行知备忘》）

7月10日 上午十时，参加卫生所成立会。十二时，赴来鸿饭店。下午二时至四时，赴温泉图书馆。又在“温泉松林里，与潼南县女青年会干事八人演讲，请他们到潼南帮助说明志愿兵之重要”。路遇陈铭枢，“他愿把他的书捐育才”（《行知备忘》）。

同日 复黄次咸函（收入湘版《全集》第五卷，又收入川版《全集》第八卷）。

7月11日 聘请安娥为育才之友（《行知备忘》）。

7月12日 记录校舍、教室门窗尺寸（《行知备忘》）。

7月13日 赴绍隆寺看世界红十字会慈幼院（《行知备忘》）。

同日 致函马侣贤（收入湘版《全集》第五卷，又收入川版《全集》第八卷）。

同日 马侣贤作书信致陶行知。

7月14日 薛映晖五时来拿钱（《行知备忘》）。

7月15日 “早去古圣寺。冷君来接，先时去，以致不接洽。找夫子抬风琴，费三时。”（《行知备忘》）

7月16日 “黄云孟来。厨师改由师生另请人。”（《行知备忘》）

7月17日 “预备交代：监视木料、招待社员、招待难童。”（《行知备忘》）

7月18日 赴渝。晚，见戴伯韬。又见邓颖超（《行知备忘》）。

7月19日 十时，候卢子英电话。见陈诚、白崇禧、章乃器（《行知备忘》）。

同日 胡敦元致函陶行知（收入湘版《全集》第五卷，又收入川版《全集》第八卷）。

7月20日 暑期共学会（即育才学校）借重庆北碚温泉小学校舍开学，有学生四十余人。开学数日后，迁址合川县草街子乡凤凰山古圣寺。

同日 演讲《育才学校创办旨趣》，刊1940年8月1日《战时教育》第六卷第一期《育才学校专号》（收入湘版《全集》第三卷，又收入川版《全集》第四卷）。

7月中上旬 以生活教育社理事长名义作邀请函约请各科讲师（收入湘版《全集》第五卷，又收入川版《全集》第八卷）。

7月21日 第一保育院学生来访（《行知备忘》）。

7月22日 “偕倪尚达及大田坎学生赴温泉。”又听吴玉章讲“中国社会史”（《行知备忘》）。

7月23日 “顾一樵在共学会演讲。”（《行知备忘》）

同日 复马侣贤函（收入湘版《全集》第五卷，又收入川版《全集》第八卷）。

7月24日 白崇禧“有电话说今天不能来”（《行知备忘》）。

同日 据黄炎培记述：“熊天翼代表程懋型、邱大年招餐味腴，为筹备中正大学政治学院，电邀余与张君劢、邱大年、陶行知、晏阳初、程希孟、许德珩、罗隆基前去。今日到者余与君劢，刘守朋作陪。”（《黄炎培日记》第6卷，第159页）

同日 香港中业业余学校举办第二期结业典礼（本日《大公报》）。

7月25日 “冯焕章先生来演讲，住‘柏林’。”又“自造物理仪器”（《行知备忘》）。

同日 据冯玉祥记述：“午后一时，在北碚应陶行知先生之约对抗战讲座讲话。二时五十分抵北碚，陶行知先生已派其子宏在站迎候。往温泉小学，乘船上行嘉陵江五里始达，陶行知先生下山来迎，稍顷余在温泉小学之操场对同胞民众讲话。”（《冯玉祥日记》第五卷，第685页）

同日 致函杜贵文（收入湘版《全集》第五卷，又收入川版《全集》第八卷）。

7月26日 “冯焕章先生离北碚。”（《行知备忘》）

同日 致函曹孟君（收入湘版《全集》第五卷，又收入川版《全集》第八卷）。

7月27日 大水大雨中“赴温泉讨论会”，后“因少数同志赴古圣寺，讨论会未开”（《行知备忘》）。

7月28日 晨，在北碚帮助儿童组织。后邹韬奋偕夫人等来北碚（《行知备忘》）。

7月29日 偕邹韬奋、沈钧儒游缙云山。“邵力子先生来讲三民主义，韬奋先生讲教育与民主。”（《行知备忘》）

7月30日 上午十时，赴北碚温泉参加生活教育讨论会，到生活教育社同人及育才师生。撰写生活教育的提纲，从生活教育的定义、基础、发展史、生活教育与政治、生活教育的任务、生活教育与普通教育区别、生产教育、教学做合一等多个方面展开讨论。（《行知备忘》）

同日 有邹韬奋、沈钧儒、沙千里来访（《行知备忘》）。

7月31日 “北碚兵役民众大会。冷先生领款，带胡文山去。”又得潘一尘信（《行知备忘》）。

同日 致函马侣贤（收入湘版《全集》第五卷，又收入川版《全集》第八卷）。

7月下旬 致函罗叔章（收入湘版《全集》第五卷，又收入川版《全集》第八卷）。

7月 发表《工合与工学团》，刊《工合之友》半月刊第一卷第四期。

8月1日 晚六时半至七时半，赴江苏医学院演讲“精神动员与教育”（《行知备忘》）。

同日 复函阎宝航（收入湘版《全集》第五卷，又收入川版《全集》第八卷）。

8月2日 听“倪志远先生讲方法论”。钱俊瑞来访，送其坐船去温泉。在文星桥遇章乃器及其夫人胡子婴。晚，宴章乃器夫妇。夜有空袭（《行知备忘》）。

8月3日 “[钱]俊瑞上午讲，[章]乃器下午讲。郭永照先生送400元来，冯[玉祥]先生捐之研究座。夜空袭。”（《行知备忘》）

8月4日 生活教育社同志前来育才观摩，北碚区公署招待。又与七七剧团谈话，表示：“1.团体散而不散；2.各本各的志愿、环境及国家需要而干；3.无论到那里，需要团体检讨；4.到山西去的要训练而后去。”

“常先生来，知道冷君未买苍蝇拍，灭蝇队失效。寺中依旧吃泥水。书呆子之苟且偷安如此。陶刚的信由黄山天都峰退到阳湖安徽中学，又退回北碚。刘大作捐一百〇五元与育才，《西北区工合教育》写的很好，充分发挥工学团之精神。”（《行知备忘》）

8月5日 “共学会参观古圣寺。”（《行知备忘》）

同日 据冯玉祥记述：“郭永熙由北碚归云：陶先生行知请其任育才学校之军事教官，并给我陶宏带来之信。”（《冯玉祥日记》第五卷，第688页）

8月6日 “我到古圣寺，与卫太太、琴、李同去。”晚，白崇禧来访（《行知备忘》）。

8月7日 “早，他（即白崇禧——编者注）在碚演讲。中午去温泉。”（《行知备忘》）

8月8日 偕白崇禧游览缙云寺（《行知备忘》）。

8月9日 白崇禧离温泉（《行知备忘》）。

8月11日 “偕卫太太、刘清扬参加古圣寺与教师聚会，说卫生与抗战。”（《行知备忘》）

8月12日 复张友鸾函（收入湘版《全集》第五卷，又收入川版《全集》第八卷）。

同日 致函张蔼真（收入湘版《全集》第五卷，又收入川版《全集》第八卷）。

8月15日 陶城作书信致陶行知。

8月17日 出席送第二期志愿兵离北碚大会，与赵老太太发表演讲，卢子英任大会主席。演讲要求士兵：(1) 保护抗战的身体；(2) 以自愿精神到处动员。要求群众：(1) 爱护战士的家庭，有钱出钱；(2) 继续提倡志愿兵。

托邹绿芷转高士其20元。付生活教育社向志愿兵大会献旗7.3元，付育才献旗7.2元（《行知备忘》）。

同日 致函马侣贤（收入湘版《全集》第五卷，又收入川版《全集》第八卷）。

8月18日 赴渝，为高士其赴港治病送行（《行知备忘》）。

8月19日 午十一时，访黄伯度。十一时半，访方振武。十二时，赴良庄晤沈钧儒。下午四时，访李济深。晚六时，赴马鹤天在杂粮市味腴菜社所设之宴。晚七时，赴犹庐再访沈钧儒（《行知备忘》）。

8月20日 午，赴李济深宴。又见李德全（《行知备忘》）。

8月21日 下午三时，由渝回碚。"任潮先生（即李济深——编者注）设敌后教育网。合川营盘街145号生物标本制造厂，解剖标本40瓶130元，可介绍学生学做一套。琴病。"（《行知备忘》）

同日 据冯玉祥于巴县中学记述："与陶行知先生、孙连仲将军谈片刻，也不外国际情况，战事胜败及其原委。"（《冯玉祥日记》第五卷，第696页）

8月22日 "琴病。"（《行知备忘》）

8月23日 "尼赫鲁到渝，晚空袭。琴病将愈。"有重庆第一保育院十名学生来访（《行知备忘》）。

8月24日 刘露来访（《行知备忘》）。

8月25日 "晤合川新县长谢，即前任宜宾县长。定廿八在温泉会齐，去测验绍隆寺学生。九时，到古圣寺。"（《行知备忘》）

同日 为冷中雪题字"追求真理，即知即传"（载川版《全集》第十一卷）。

8月26日 "会见朱大夫，荐林护士。"（《行知备忘》）

8月28日 "温泉会议测验。空袭。刘绍璋来谈。谈创造卫生环境。

托［王］洞若与在校同志详谈。”（《行知备忘》）

8月29日　“林护士允许来古圣寺，约一号来。［马］肖生来领1 500，肃清八月及以前之薪金。他们赞成创造卫生环境。”（《行知备忘》）

同日　据《毛泽东年谱1893—1949》记述：

在陕甘宁边区小学教员暑期训练班毕业典礼上讲话，指出：目前全中华民族的任务是，第一要坚持抗战，反对投降；第二要坚持团结，反对分裂；第三要坚持进步，反对倒退。抗战教育在抗战中占着一个重要的地位。抗战教育，一是办学校，办小学、中学、大学；二是社会教育，设立夜校，推行识字运动等。教员应当在工作中学习，应当向学生学习，向老百姓学习。在抗战教育中，知行合一是一件大事。陶行知先生主张知行合一，提倡生活教育，把教的、学的、做的统一起来，这在马克思主义说来，就是理论与实践的统一。现在我们的教科书中还缺少一部分，就是生活教育。（《毛泽东年谱1893—1949》中卷，第152页）

8月30日　赴古圣寺。致函戴伯韬、刘季平（《行知备忘》）。

9月1日　陶晓光作书信致陶行知。

9月7日　据冯玉祥于巴县中学记述：“晚饭后，同陶行知先生谈话。”（《冯玉祥日记》第五卷，第702页）

9月8日　宿冯玉祥宅。晚与冯玉祥谈苏美观光团（《行知备忘》）。

9月9日—18日　参加国民参政会第一届第四次会议。会议期间提出《扩大壮丁志愿应征入伍运动以增加抗战力量案》《由国民参政会酌派友邦访问团以加强国民外交案》，编号七十，载《国民参政会第四次大会记录·提案目录》（收入湘版《全集》第八卷，又收入川版《全集》第四卷）。

9月9日　赴重庆大学参加国民参政会第四届大会。议长蒋介石重点要求后方建设、加强军事、注重外交。参议员张一麐表示要严办汉奸，精诚团结并普及教育（《行知备忘》）。

同日　据黄炎培记述：“上午十时，国民参政会第四届大会开幕式，参政员到者一百二十八人，蒋中正议长主席，礼毕议长致词，副议长张伯苓致词，会员中推张一麟致词。午，议长、副议长邀餐。”（《黄炎培日记》第6卷，第177页）

同日　复陶晓光、陶城函（收入湘版《全集》第五卷，又收入川版《全集》第八卷）。

9月10日 上午参加第一次大会。向军政部长何应钦询问防止逃兵问题。后赴大溪别墅访李宗仁（《行知备忘》）。

同日 据冯玉祥记述："晚间，陶行知先生来谈，说我国应急力与英法交好，这是有利于我国的一个手段。我说：一个国家好与坏，全视其国家之民族性如何，是否有实干的为公的精神，回顾吾国之所以败坏至今，病根就是在不能实干，不能为公，每个人都是唱高调，为了自己，结果国家坏了，个人还是倒了霉。"（《冯玉祥日记》第五卷，第704页）

同日 据黄炎培记述："八时，第一次会，报告事项后，行政院长孔祥熙报告政治，军政部何部长应钦报告军事，十一时散会。余在此会中提关于伤兵处理之询问案。"（《黄炎培日记》第6卷，第177页）

同日 重庆《新华日报》记者慧琳刊发对陶行知的访谈《精诚团结是民族存亡的关头，反共是敌寇汪派用惯的口号》（收入湘版《全集》第三卷，又收入川版《全集》第四卷）。

9月11日 空袭（《行知备忘》）。

同日 据黄炎培记述："八时，第二次会，经济部长翁文灏报告（有书面）。休息后，财政部长孔祥熙报告，未十分钟得空袭警报，遂散。是日副议长主席。午后一时顷，警报解除……"（《黄炎培日记》第6卷，第178页）

9月12日 空袭（《行知备忘》）。

同日 据黄炎培记述："八时，第三次会，财政部长孔祥熙报告，既毕，得空袭警报，未及宣布询问案休息。午后三时续会，王外交部［长］宠惠报告，张交通部长嘉璈报告。"（《黄炎培日记》第6卷，第178页）

9月13日 继续参加会议。二小时草成《扩大壮丁志愿应征入伍运动以增加抗战力量案》，"平日那里找不出二小时，必等到最后五分钟才努力，这病须痛改"。再访李宗仁（《行知备忘》）。

同日 据黄炎培记述："八时，第一次审查会，余自认第四（财政经济），被指在第三（内政）审查会召集人第一席，遂为主席，审查川康建设方案之一部。午后三时大会，周申甫内政部长、陈立夫教育部长报告。"（《黄炎培日记》第6卷，第178页）

同日 广东省立文理学院王越作书信陶行知。

9月14日 继续参加会议。"讨论外交中心。沈［钧儒］案保留。我的修正案附议多人，以保留原案不能提。王葆真骂罗文干、罗隆基、钱端升副署沈案又主保留为不当。文干认错，放弃表决权；而端升则不认错，文干的精神可佩。”

“川康建设方案，夷务部分为全案一大污点，我请重付审查，李璜起辩，我得十二票，败，再战！”（《行知备忘》）

同日 据黄炎培记述：“八时半，第二次审查会，川康建设方案审查完了。由许孝炎、董必武继为主席，审查他案，余任分类整理之役。午后三时，大会，蒋议长主席。川康建设方案提出讨论，余代表审查会说明，全案通过。末张澜以四川人资格，说了一番鞭策政府的话，此案为本届重要提案之一。”（《黄炎培日记》第6卷，第179页）

9月15日 继续参加会议。“近日党派间挑拨谣言细碎尚多。有人造谣说，沈［钧儒］老讲反孔［祥熙］属汪［精卫］派。又造谣说，不副署反孔案者，系接到中共之命。”（《行知备忘》）

同日 据黄炎培记述：

上午八时半，第三次审查会。审查张君劢等，左舜生等，江恒源等，张申府等，孔庚等，王造时等，陈绍禹等七案，皆关于请政府结束党治，施行宪政，及用人不问党派，免除党员摩擦等事，请各提案人出席说明，自十时至十二时未有结果，定晚续会扩大讨论……

三时大会，副议长主席，宣布任何参政员皆得参加今晚第三审查会讨论七案。余被指为闭会词起草员兼为该会召集人。

夜八时半，扩大审查会审查七案，仍是余主席，发言者三十八人，［至］二时半计亘六小时之久，其间争辩甚烈，屡濒破裂，卒以全场一致通过下列二条：甲、治本方法：一、请政府明令定期召集国民大会，制定宪法，实行宪政；二、由议长指定参政员若干人组织国民参政会宪政期成会，协助政府促进宪政。

参政会审查七种关于宪政提案，各党争辩时，每以某党对不起某党互讦，江问渔起言：诸君何为此言？只宜说大家对不起国民耳，人咸以为名言。（《黄炎培日记》第6卷，第179页）

9月16日 “胡子婴介绍桑文澜。”（《行知备忘》）

同日 据冯玉祥于巴县中学记述：“晚七时，陶行知先生由参政会归来，谈几天来会中情形。”（《冯玉祥日记》第五卷，第707页）

同日 据黄炎培记述：“上午八时半第四次审查会，再讨论七案，以全场一致通过下列两条：乙、治标办法：一、请政府明令宣布全国人民除汉奸外在法律上其政治地位一律平等；二、为因应战时需要政府行政机构应加充实并改进，藉以集中全国各方人才，从事抗战建国工作，争取最后胜利。……下午三时大会，议长主席，余说明七案审查之经过与其重要意义，是建国之根基，是民治的起点。全场鼓掌，审查报告通过，主席宣告此案交政府切实执行。”（《黄炎培日记》第 6 卷，第 179 页）

9 月 18 日 与林虎谈夷族情况。后回北碚（《行知备忘》）。

同日 许世英复函陶行知（收入 2002 年版川版《全集》第十二卷）。

9 月 19 日 “雨，去育才，中途返。写信与保育会。”（《行知备忘》）

9 月 20 日 “看琴与其双亲信稿，大惊，全日不安。琴做治疟丸。夜，写信与琴父母，请同意。琴亦加函。下午写信与胡子婴，请桑文澜。”（《行知备忘》）

9 月 21 日 应沈之万之约赴永川演讲，途中夜宿四川公路局特约的来凤镇华西饭店，指导当地孩子学习（《行知备忘》）。

9 月 22 日 抵永川。与第二保育院张云锦、吴乐孟交谈，了解保育院学生情况（《行知备忘》）。

9 月 23 日 赴东高小学演讲，又赴“国华”演讲。下午，离永川赴北碚（《行知备忘》）。

9 月 24 日 “雨，星期，偕琴游碚。”（《行知备忘》）

同日 致函马侣贤、孙铭勋、魏东明、帅昌书等全体同志（收入湘版《全集》第五卷，又收入川版《全集》第八卷），告知须接待赈委会视察专员。

9 月 25 日 “古圣寺。天冷，教师解衣与学生穿，最为欣慰。”（《行知备忘》）

9 月 26 日 分类书信（《行知备忘》）。

9 月 27 日 伤兵之友队致函陶行知（收入川版《全集》第八卷）。

9 月 28 日 “会议课程。”（《行知备忘》）

9 月 29 日 “黄节文来校。”（《行知备忘》）

9 月 30 日 坐船从金刚碑赴白沙沱，途中构思出育才学校校徽。

9 月 香港中华业余补习学校终因局势动荡、师资缺乏和经费不足等问题而停办。

10 月 1 日 翻译英文稿。“夜警报，在宋宅防空壕。”（《行知备忘》）

10 月 2 日 “黄节文、黄院长、杨院长到古圣寺。汪仁安要棉衣。

6:30回碚。宴桑文澜先生于‘厚德福’。空袭，六批飞机来。”次日晨五时睡（《行知备忘》）。

10月3日 “感冒。日空袭。夜空袭，未避，病。［马］肖生自合川来看木料。”（《行知备忘》）

10月4日 “买旧五金器两件：钢杵0.50，活动罗丝拔1.00。发动大规模为科学组收买旧货。”（《行知备忘》）

10月6日 赴古圣寺指导分床、寝室改造、伙食改良等生活事宜（《行知备忘》）。

10月7日 “请黄节文、周之廉早餐。”又托邹绿芷赴渝参加王礼锡追悼会（《行知备忘》）。

10月9日 致函马侣贤及全校同志（收入湘版《全集》第五卷，又收入川版《全集》第八卷）。

10月11日 听取戴伯韬对育才所提意见（《行知备忘》）。

10月13日 在古圣寺参加育才校务会议（《行知备忘》）。

10月14日 了解厚德福饭店养鸭填鸭过程，准备撰写《填鸭教育》《经济教育》两文（《行知备忘》）。

10月15日 了解第一保育院师生概况（《行知备忘》）。

10月16日 写成《来凤晚饭后》，又选出“论伤兵教育”信三封，一并寄与戴伯韬。晚，写《填鸭教育》（《行知备忘》）。

同日 金陵大学校长陈裕光致函陶行知。

10月17日 “早，预备去古圣寺，因病中止。下午，写《我们的校徽》。”（《行知备忘》）

10月18日 “写信给马侣贤、孙铭勋、陆维特。”（《行知备忘》）

同日 致函马侣贤、林护士（收入湘版《全集》第五卷，又收入川版《全集》第八卷）。

10月19日 “到古圣寺，开会讨论支配房子，组织委员会支配。参观鲁迅室（今天三周纪念）。二时半动身回碚，三时到草街子。一到就有船，但一阵阵的来客，到了四时半才开船。到金刚碚已黑，满船五十人和数百鸡、鸭、鸽过滩。倒霉！危险！”（《行知备忘》）

10月20日 “写《育才学校请求增加经费意见》《修正第二院计划》《修正托儿所计划》。”又“草成诗歌《送中华妇女职业改进社》”。“琴的父亲回我信，还好。附来有像。女人笔迹写的信，琴看了不做声，吃饭不理

人，躺下流眼泪，不知是何道理。”（《行知备忘》）

同日 作诗《写两种妇女——祝中华妇女职业改进社社所开幕》（收入大孚出版公司版《行知诗歌集》，后收入湘版《全集》第四卷，又收入川版《全集》第七卷）。

同日 章伯钧致函陶行知，介绍唐万一入学育才。

10月23日 “到重庆。自碚至渝，5小时，汽车车夫忘带足油。八时半见许俊老（即许世英——编者注）。李［济深］先生病，沈［钧儒］先生病。找五个旅馆，太贵。住英年会＄2.2，又暖又洁。琴弟来信反对。”（《行知备忘》）

10月24日 上午十时，参加儿童保育院院长会议，作《战时儿童教育》的专题演讲。午，与生活教育社同志谈话。下午五时，访许世英，许告知“本身可加新预算，明年列入”。晚七时，访沈钧儒。八时，空袭警报起，托沈钧儒带书至桂林（《行知备忘》）。

同日 据冯玉祥记述：“九点，与陶行知先生谈甚久，写了几副对联。”（《冯玉祥日记》第五卷，第729页）

同日 彭亮亭、徐松涛致函陶行知。

10月25日 上午，与王洞若、戴伯韬谈。“空袭警报。三时乘车至青木关，再坐人力车到碚。夜行65里，九时到。”（《行知备忘》）

10月26日 吴树琴作书信复其弟。“拍电到璧山彭亮亭。小友调查民间疟疾、痢疾，被狗咬。湖南书已到碚。”（《行知备忘》）

10月27日 吴树琴致弟信寄出。“请邹绿芷调查是否疯狗。民众教育馆员到碚。叶先生来谈科学组事与算学计划。”又撰写《我的民众教育观》论文提纲（《行知备忘》）。

10月28日 “两位小朋友运书到育才（五元）。”开膳食委员会会议，作演讲，“目的在给人吃好饭”（《行知备忘》）。

10月29日 赴温泉与育才学校测验员开会。“琴同来碚。洗澡。”（《行知备忘》）

同日 任玉书致函陶行知，介绍其弟入学育才。

10月30日 “测验员出发到土沱。东原来。”（《行知备忘》）

10月31日 致函帅昌书、马侣贤（收入湘版《全集》第五卷，又收入川版《全集》第八卷）。

同日 育才学校护士林慧贞致函陶行知（收入2002年版川版《全集》

第十二卷)。

秋 育才学校拟定出《私立育才学校校董会章程》(收入湘版《全集》第八卷,又收入川版《全集》第四卷)。

11月1日 “到古圣寺。三时,把自然科学书分类陈列出来。发现类似白喉。”(《行知备忘》)

11月2日 “派[曾]里之送药。请桑大夫去。物色白喉药。……马肖生送桌去,送棉衣去。”(《行知备忘》)

11月3日 十时,26名“保育院长到”。“二时到寺,小孩热烈欢迎。布置甚为妥当。四时半离校。七时到温泉,住竹楼。”(《行知备忘》)

11月4日 “早,五时三刻自温泉来。与琴、慧、[郭]泰椴,四象村早餐。空袭警报。”(《行知备忘》)

同日 致函马侣贤(收入湘版《全集》第五卷,又收入川版《全集》第八卷)。

11月6日 报上得知马相伯于同月4日去世。参加校务会议,要求“把教育推广到生活的边际,使生活提高到教育的水平”。又赴古圣寺见王洞若,谈儿童之家事宜(《行知备忘》)。

11月7日 “出门看天色,见人看脸色。”(《行知备忘》)

11月8日 “夜,搬至碉堡。”(《行知备忘》)

11月9日 参加第十八军十八师联欢活动,育才学校送旗。中午,参加部队检阅,应罗广文师长之请发表演讲,大意“百姓穿上衣服为军队,军队脱下军装为百姓”。后,又赴黄节文之宴(《行知备忘》)。

11月10日 午间乘民厚船赴重庆,宿英年会(《行知备忘》)。

同日 提出今年孙中山先生的诞辰纪念应以宪政期成为运动中心,举行宪政座谈会,将中山先生的有关宪政的重要言论提出来开展研究。

同日 发表《谈未来的东亚新秩序》,刊《战时教育》第五卷第一期(收入湘版《全集》第三卷,又收入川版《全集》第四卷)。

同日 致函帅昌书等及全校同志(收入湘版《全集》第五卷,又收入川版《全集》第八卷)。

11月上旬 致函汪达之(收入湘版《全集》第五卷,又收入川版《全集》第八卷)。

11月11日 汪达之、陶城到。又拟定《战时教育》题目(《行知备忘》)。

同日 冯玉祥于巴中记述："十时，与陶行知、吴涵真先生谈。"（《冯玉祥日记》第五卷，第740页）

11月12日 读报（《行知备忘》）。

同日 杨何伯宏作书信致陶行知。

11月13日 夜，在一心饭店聚餐，谈宪政主张。又致函许世英，商拨经常费为开办费。晚宿社友之家（《行知备忘》）。

同日 安徽旅渝同乡会致函陶行知，约其参加同月十六日聚会。

11月14日 偕陶城抵北碚（《行知备忘》）。

11月15日 复函刘季平。"嘱［邹］绿芷写信十余封。"（《行知备忘》）

同日 致函吴晓邦，致函马侣贤，致函程希孟、黄开禄、刘大作等人，复函彭亮亭、徐松涛，复函任玉书，复函章伯钧，复函欧阳执无（收入湘版《全集》第五卷，又收入川版《全集》第八卷）。

同日 与邹绿芷共同致函江冰如（收入川版《全集》第八卷）。

同日 屠传薪作书信致陶行知，询其弟溺毙具体情况。

11月16日 草成《宪政运动与国民教育》，刊同年12月10日《战时教育》第五卷第三期（收入湘版《全集》第三卷，又收入川版《全集》第四卷）。

同日 罗又玄作书信致陶行知，介绍友人之女赴育才读书。

11月17日 陶城移住"小晓庄"。致函任光。又有汪羽军来访（《行知备忘》）。

同日 致函中央大学艾险舟，致函赈济委员会会计科育五，复函金陵大学校长陈裕光，复函香港中华业余学校诸同志，复函任光（收入湘版《全集》第五卷，又收入川版《全集》第八卷）。

11月18日 "酆中铁，张望来，托我找陈烟桥。孙敦乐带小林来。桑先生要辞去挂名的职务。致王祖祥信，请白喉抗毒素。与［汪］羽军谈。空袭警报。"（《行知备忘》）

同日 致函戴伯韬，致函朱启贤，致函中华书局总经理陆费逵，致函马侣贤，复西安《老百姓报》负责人李敷仁函，复函工友同人，复函王越，及"育才学校致育才之友函"（收入湘版《全集》第五卷，又收入川版《全集》第八卷）。

11月19日 致函戴伯韬，"寄稿，并论《战时教育》投稿原则"。偕吴树琴、陶城赴温泉，晤邓少琴，邓提议育才可用马家沱荒地。后偕隆树和尚、邓少琴、吴树琴、陶城同赴马家沱，“少琴允借小房、捐地皮与‘儿童之家’”。又“向小画家画中山像。琴庐借宿”（《行知备忘》）。

11月20日 “到古圣寺，与指导委员会谈话。”偕王洞若、马侣贤、帅昌书、魏东明赴马家沱，访澄江小学李岳，看草街子木筏（《行知备忘》）。

11月21日 请卢子英致函王香普，代为接洽马家沱地。又致函马侣贤，为章泯、陈烟桥移房。致函陈纪彝，“请每生发津贴与其他学校同”（《行知备忘》）。

同日 致函帅昌书、马侣贤等同志，复函安徽旅渝同乡会（收入湘版《全集》第五卷，又收入川版《全集》第八卷）。

11月22日 致函陈纪彝，“照他校每生发津贴与育才”。致函戴伯韬，“论《战时教育》方针”（《行知备忘》）。

同日 陈裕光复函陶行知（收入川版《全集》第八卷）。

同日 复陈仪贞函（收入湘版《全集》第五卷，又收入川版《全集》第八卷）。

11月23日 “琴到黄桷树。北碚招待所将我写之招牌换掉。”又为“新安”迁校事写信与广西诸友。致函王昆仑夫人曹孟君、田汉夫人安娥，“促成育才津贴”。致函陶刚（《行知备忘》）。

同日 致函马侣贤两信，致函绵阳私立育德初级中学校长宋耀汉（收入湘版《全集》第五卷，又收入川版《全集》第八卷）。

11月24日 “函钱焕文允许签字。”又“请恤［杨］效春呈上。函郁达夫介绍李赓。函马肖生来。”（《行知备忘》）

同日 吴羽白致函陶行知（收入川版《全集》第八卷）。

同日 吴涵真作书信致陶行知。

11月25日 致函周苍柏为在育才立詹天佑塑像以作纪念事。“函中林请青年会及女青年剩款。曾里之来谈生产教育与儿童之家。寄900元与韬奋，托通知成都分店交与测验团。函［邓］少琴，请指定儿童之家房屋。函［卢］子英，完成小晓庄地基手续。函殷金陵，保管白喉抗毒素。函吴涵真，寄总账。”（《行知备忘》）

同日 发表《填鸭教育》，刊《战时教育》第五卷第二期（收入湘版《全集》第三卷，又收入川版《全集》第四卷）。

同日 发表《来凤晚饭后》，刊《战时教育》第五卷第二期（收入湘版《全集》第三卷，又收入川版《全集》第四卷）。

11月26日 马侣贤来访，未遇。“知道本筏已到夏溪口。”（《行知备忘》）

11月27日 致函吴涵真，“问诸友通信处”（《行知备忘》）。

同日 复函胡敦元（收入湘版《全集》第五卷，又收入川版《全集》第八卷）。

11月28日 “棉花有子，子有油，被老鼠咬。马肖生未见。”（《行知备忘》）

同日 致函马侣贤两信（收入湘版《全集》第五卷，又收入川版《全集》第八卷）。

11月29日 致函李信慧，“论一位研究员之工作”（《行知备忘》）。

同日 致函戴伯韬，复函北碚区署兵役协会，复函吴涵真，复函杨效春之妻杨何伯宏，复函罗又玄，复函吴羽白（收入湘版《全集》第五卷，又收入川版《全集》第八卷）。

11月30日 致函新华银行，托领7 000元（《行知备忘》）。

11月 致函方与严，致函汪达之，致函新运妇女干训班主任，致函刘季平，致函陈洪进，致函马博厂，致函李赓（收入湘版《全集》第五卷，又收入川版《全集》第八卷）。

同月 为李敷仁在西安所办《老百姓报》作诗《说百姓话》（收入川版《全集》第十二卷）。

12月1日 致函陶晓光。又“告诉孩子剧团三个良方”。介绍汪达之见黄次咸、陈铁生。致函刘季平，“为新旅垫款”。致函嵇钰（《行知备忘》）。

同日 复函戴伯韬、殷金陵（收入湘版《全集》第五卷，又收入川版《全集》第八卷）。

12月2日 “为陶对廷兄所办读书馆写字。得古圣寺外之匪信。送碘酒与学校。”（《行知备忘》）

同日 致函贺绿汀（收入湘版《全集》第五卷，又收入川版《全集》第八卷）。

12月3日 赴马家沱会桐林公司。会邓少琴，得隆树和尚契约（《行知备忘》）。

12月4日 “发现民生公司合作社有廉布及棉花出售。安娥来信，叫我向妇委员［会］讨药。育才廿里外有匪，向［卢］子英借枪 12 支以资防御。整理通信。与［卢］子英谈马家沱地，示以隆树之主权。赵老太太约在福星楼叙谈。”（《行知备忘》）

同日 致函五云（收入湘版《全集》第五卷，又收入川版《全集》第八卷）。

同日 与吴树琴在北碚温泉公园合影。

12 月 5 日 “寄《我的民众教育观》。买棉花 800 斤，每斤九角，18 两秤。弹工八分，消耗一两，合 0.98 买 17 两，市秤 14 两只须 8 毛。”当日又有重庆号飞机首开中苏航线（《行知备忘》）。

12 月 6 日 “照应送枪与育才自卫团，二时后开船，区署护照。致函合川县政府、罗师长及草街子唐主任，报告运械自卫。”下午三时至四时，作演讲（《行知备忘》）。

同日 致函邓少琴（收入湘版《全集》第五卷，又收入川版《全集》第八卷）。

12 月 7 日 “到渝。新华［银行］已收 7 000 元。晚晤吴耀宗。章乃器示以统一建国同志会公约，我说待考虑。捐安徽同乡会驻渝办事处 50 元。”（《行知备忘》）

同日 寄快信一封致吴羽白。

12 月 8 日 上午，晤周苍柏谈音乐院事宜。下午，赴妇女干训班演讲并撰写提纲。又与剑阁李先生谈旅馆民教（《行知备忘》）。

同日 重庆《新华日报》潘梓年社长、吴克坚总编辑作书信致陶行知，邀其参加二周年茶叙活动。

12 月 9 日 上午晤冯玉祥，“知道政府对苏、芬态度甚好”。下午演讲。又晤李济深，“知道桂局尚好，他对西南交通有特殊见解，赞成补助游击教育试验”。又与朋友谈统一建国同志会事宜（《行知备忘》）。

同日 重庆第六中心学校小先生推行委员会致函陶行知（收入川版《全集》第八卷）。

12 月 10 日 晨五时起，写信与孔祥熙，为安徽蝗灾工赈及收米制敌请款，并介绍吴羽白及赈委会。后买手表。又参加生活教育社在渝社员会议。下午回北碚，陶宏、陶城“都去草街子”。又得“琴双亲来信，赞成结合”（《行知备忘》）。

同日 发表《宪政运动与国民教育》，刊《战时教育》第五卷第三期。

同日 致函张蔼真（收入湘版《全集》第五卷，又收入川版《全集》第八卷）。

12月上旬 致函吴羽白（收入湘版《全集》第五卷，又收入川版《全集》第八卷）。

12月11日 陶宏来北碚，“知道三天运动，一天洗澡。［枪］走火”。嵇钰来访，“知道指导主任，总务主任，大队长，队副，分队长，队副都到温泉或来碚”。马侣贤来访，“责备甚力”（《行知备忘》）。

同日 致函吴羽白，致函许世英，致函俞文华，复陈志中函（收入湘版《全集》第五卷，又收入川版《全集》第八卷）。

同日 致函徐娟（收入湘版《全集》第五卷）。

12月12日 “致函张霭真请药及治疗器械。嵇钰来谈。”在饭馆遇马侣贤，详谈善后事宜。致函汪达之、任光、戴伯韬（《行知备忘》）。

同日 致函尹来弟小朋友（收入湘版《全集》第五卷，又收入川版《全集》第八卷）。

同日 何从则作书信致陶行知。

12月13日 赴古圣寺，“报告外交、军事现状，检讨运动会及自卫工作”。在寺中晤徐治平、邵先生（《行知备忘》）。

12月14日 “琴致父函。”教七七剧团刻写钢板及油印（《行知备忘》）。

同日 复吴羽白，复函函潘梓年、吴克坚，复函何从则（收入湘版《全集》第五卷，又收入川版《全集》第八卷）。

12月15日 赴古圣寺召开校务工作会议，谈育才学校办理的意见及建议（《行知备忘》）。

12月16日 致函重庆民生公司物产部唐必直（收入湘版《全集》第五卷，又收入川版《全集》第八卷）。

同日 致函邹韬奋（收入湘版《全集》第五卷，又收入川版《全集》第八卷）。

同日 张蔼真作书信致陶行知。

12月19日 复函重庆第六中心学校小先生推行委员会（收入湘版《全集》第五卷，又收入川版《全集》第八卷）。

12月21日 致函戴伯韬（收入湘版《全集》第五卷，又收入川版《全集》第八卷）。

12 月 25 日 发表《我的民众教育观》，刊《战时教育》第五卷第四期（收入湘版《全集》第三卷，又收入川版《全集》第四卷）。

同日 发表《我们的校徽》，刊《战时教育》第五卷第四期（收入湘版《全集》第三卷，又收入川版《全集》第四卷）。

同日 致函汪达之，复函张蔼真，复函屠传薪（收入湘版《全集》第五卷，又收入川版《全集》第八卷），感谢其捐助育才药品。

同日 战时儿童保育会致函陶行知，告知成立教育设计委员会，聘陶为委员。

12 月 31 日 与吴树琴结婚，不请客，极简朴，住北碚一废弃不用的旧碉堡内。主婚人吴恒勤，证婚人赵洪文国、卢子英。赵老太太笑称其“游击结婚”。

12 月 作《谈生活教育——答复一位朋友的信》，刊次年 1 月 10 日《战时教育》第五卷第五期（收入湘版《全集》第五卷，又收入川版《全集》第四卷）。

同月 致函俞文华，致函曾里之，致函陆维特，致函齐笑尘，致函谢县长，致函战时儿童保育总会总干事陈纪彝（收入湘版《全集》第五卷，又收入川版《全集》第八卷）。

冬 作诗《武训兴学节卖画买寒衣》（收入大孚出版公司版《行知诗歌集》，后收入湘版《全集》第四卷，又收入川版《全集》第七卷）。

本年 晓庄研究所成立，并写出一批研究报告。

同年 育才学校得到迅速发展，已有学生一百二十名，分设音乐、戏剧、文学、社会科学、绘画、自然科学六组。

同年 作诗《学习岳母》（收入三联书店版《行知诗歌集》，后收入湘版《全集》第四卷，又收入川版《全集》第七卷）。

同年 作诗《一夫一妻》（收入大孚出版公司版《行知诗歌集》，后收入湘版《全集》第四卷，又收入川版《全集》第七卷）。

同年 作诗《为北碚出征军人募安家费》（收入大孚出版公司版《行知诗歌集》，后收入湘版《全集》第四卷）。

1940年
（民国二十九年 庚辰） 49岁

3月21日 国民党中央常务委员会决定：尊称孙中山为国父。

3月 汪精卫在南京成立伪国民政府。

4月1日 国民参政会一届五次会议在重庆召开，会议发表讨汪通电。

9月10日 百团大战第一阶段结束。

1月1日 在草街子送赵老太太回北碚。“古圣寺小学校董会成立。夜六时到金刚碚，遇琴，同坐滑竿回碚。”（《行知备忘》）

1月2日 下午二时，偕吴树琴乘船赴渝。宿《战时教育》编辑社，“访诸友不遇”。后偕吴树琴赴沈钧儒宅，写结婚请柬数张（《行知备忘》）。

同日 致函帅昌书（收入湘版《全集》第五卷，又收入川版《全集》第八卷）。

1月3日 上午访张霭真、陈纪彝，“谈寄读生移费事”。又会黎民任，“谈游击教育补助事”。午访叶剑英，“承示伤寒方”。晚，沈钧儒、郭沫若、邹韬奋、李公朴、史良等在一心饭店为陶、吴新婚举办茶会并赠纪念题字一幅，美国记者安娜·路易斯·斯特朗也到会祝贺（《行知备忘》）。

1月4日 致函李德全及陈纪彝，“说明寄读费”。致函赈济会领寒衣。下午二时，出席参政员茶会，“谈日美商约满期对策，被推为起草员之一”（《行知备忘》）。

同日 沈钧儒六六大寿，赠诗两首（收入大孚出版公司版《行知诗歌集》，后收入湘版《全集》第四卷，又收入川版《全集》第七卷）。

同日 游泓致函陶行知（收入川版《全集》第八卷），恳请为其就业提供帮助。

1月5日 “午刻，讨论对时局如何改善。”（《行知备忘》）

1月6日 晚，赴章伯钧宅参加讨论会（《行知备忘》）。

1月7日 上午赴沈钧儒宅讨论。中午，陪胡愈之餐叙（《行知备忘》）。

1 月 8 日 “偕琴游南温泉。到白鹤林中央政校研究部，遇罗公陶、刘继先、徐养秋。再游虎啸。坐船到堤坎，再坐车回。五时参加，卢子英来。”六时，参加生活教育社对胡愈之的欢迎会（《行知备忘》）。

1 月 9 日 写诗贺新华日报二周年。又将结婚贺仪 20 元捐与香港反汪工友，并去函致敬。下午访许世英，许承允继续补助晓庄研究所。“晚，琴下厨房，宴生活教育社办事员。”（《行知备忘》）

1 月 10 日 “访馥记营造厂陶桂林、民生公司协理魏文翰及农本局蔡承新，商捐学额。”晚，与汪达之谈新安旅行团事（《行知备忘》）。

同日 发表《谈生活教育——答复一位朋友的信》，刊《战时教育》第五卷第五期。

1 月 11 日 请生活教育社同志看电影《小英雄》。“写《游击教育》。遇桑先生与黄节文。青年会洗澡。遇黄节文，有意助来凤金元。访陆晶清，遇小敬。”（《行知备忘》）

同日 发表《〈新华日报〉二周纪念》一诗，刊《新华日报》（收入湘版《全集》第四卷，又收入川版《全集》第七卷）。

1 月 12 日 买药。看电影《小英雄》。后赴陈铭枢在大三元饭店所设之宴（《行知备忘》）。

1 月 13 日 偕吴树琴回北碚（《行知备忘》）。

1 月 14 日 发表与吴树琴共同署名的“致香港反汪印刷工友函”，刊重庆《新华日报》（收入川版《全集》第四卷）。信中表示从结婚喜酒钱中捐出二十元，表达对其反汪斗争的敬意。

1 月 15 日 致函重庆白庙子金剑山保育院朱大夫，致函张曾荫，致函戴伯韬，致函孙起孟，致函昆明生活书店经理，致函陈志中、虞克由，复函游泓（收入湘版《全集》第五卷，又收入川版《全集》第八卷）。

1 月 16 日 “赴育才，偕魏守忠去照相。夜讲时局，看明家房。”（《行知备忘》）

同日 郁达夫作书信致陶行知，为其子入育才读书等诸事。

同日 据冯玉祥记述：“为陶行知先生结婚，送了他两个纪念表，和写中堂上的一首诗。陶先生为我的最知己的朋友，民十七年他为我倒了霉，到现在还没起来，这是一位国之人才，而今不见用，不是他的倒霉，而是国家之倒霉。”（《冯玉祥日记》第五卷，第 772 页）

1 月 17 日 “早与学生讲求学。与艺友谈话。下午附校里船回碚。刘钧初代表冯焕章送礼物来。”（《行知备忘》）

同日 徐治平作书信致陶行知。

1 月 19 日 午，偕区长卢子英赴温泉解决马家沱之地。晚，蓝文彬、王香甫、黎继光皆到，住农庄（《行知备忘》）。

同日 致函朱大夫（收入湘版《全集》第五卷，又收入川版《全集》第八卷）。

1 月 20 日 偕隆树和尚、邓少琴再看马家沱地。“少琴起草契约，改赠为租。”（《行知备忘》）

1 月 21 日 “宋子文来碚。”（《行知备忘》）

1 月 22 日 致函贺绿汀，致函吴革，复函徐治平，复函杨槐（收入湘版《全集》第五卷，又收入川版《全集》第八卷）。

1 月 24 日 致函马侣贤、帅昌书、桑文澜（收入湘版《全集》第五卷，又收入川版《全集》第八卷）。

1 月 25 日 发表《游击区教育》，刊《战时教育》第五卷第六期（收入湘版《全集》第三卷，又收入川版《全集》第四卷）。

同日 致函陈纪彝，致函陆维特，致函卫琛甫，致函戴伯韬，致函游泓，致函许世英，致函马侣贤，复函战时儿童保育会（收入湘版《全集》第五卷，又收入川版《全集》第八卷）。

同日 徐治平作书信致陶行知。

1 月 26 日 赴古圣寺。晚，与马侣贤、帅昌书、桑文澜商讨解决伙食问题（《行知备忘》）。

1 月 27 日 早，与学生讲工作。后回北碚（《行知备忘》）。

1 月 28 日 偕吴树琴、陶城赴温泉，晤梁漱溟（《行知备忘》）。

同日 张亚生作书信致陶行知。

1 月 29 日 “致电罗广文师长，吊其母田太夫人之丧。”（《行知备忘》）

同日 刘琼瑶作书信致陶行知，汇报在闽工作情况。

1 月 30 日 “汪羽军与达之在小庄谈话。邓萍营长来谈，见其身受 20 余伤，仍要再出征，可谓勇士。”（《行知备忘》）

同日 致函高士其之妹高度宇（收入湘版《全集》第五卷，又收入川版《全集》第八卷）。

1月31日 “偕梁漱溟及其两位少君和任氏姊弟同往古圣寺。梁先生讲沦陷区考察感想。宋兆珩愿到育才讲气象。”(《行知备忘》)

1月 致函北碚图书馆(收入湘版《全集》第五卷，又收入川版《全集》第八卷)。

同月 致函桑文澜(收入湘版《全集》第五卷，又收入川版《全集》第八卷)。

同月 与吴树琴共同致函家栋(收入湘版《全集》第五卷，又收入川版《全集》第八卷)。

2月1日 分别致函史良、李秋生、选拔难童测验团、戴伯韬。“去歌乐山服务之六位小朋友到碚，令其寓吉林路78号。张宗汉介绍孙锡洪及其助理到育才任教职，我表示欢迎。”(《行知备忘》)

同日 致函张西曼，致函育才学校诸同志，致函陈翰笙，致函杨槐，致函高士其，致函孙铭勋、陆维特等人，致函穆藕初，复函阎哲吾，复函徐治平(收入湘版《全集》第五卷，又收入川版《全集》第八卷)。

2月2日 “褚慧老来，卢子英请午饭。梁漱溟来，卢子英请夜饭，请看汉、川戏。汉剧《赶挑》，演得高超。梁先生谈其次子入育才事。”(《行知备忘》)

同日 致函四川郫县新场戏剧学校汪曼铎，致函李赓，复郁达夫函(收入湘版《全集》第五卷，又收入川版《全集》第八卷)。

同日 致函陶晓光(收入湘版《全集》第八卷，又收入川版《全集》第八卷)。

2月3日 出席妇女指导委员会北碚实验区茶会，作有关妇女教育的演讲(《行知备忘》)。

同日 致函许世英，致函戴伯韬、孙铭勋、陆维特诸同志，致函振声等人及中华会馆、抗日救国会全体侨胞，复陆静霞函，复张亚生函，复张蔼真函(收入湘版《全集》第五卷，又收入川版《全集》第八卷)。

2月4日 “买物送张子扬。拟育才预算。孙铭勋回校。”(《行知备忘》)

2月5日 向越携吴树琴兄吴恒勤私章来，“盖在婚书上”。“黄节文，请向与我吃午饭。偕向越赴校参观。”又嘱澄江小学主任向中国银行领款。“请邹绿芷送孙锡洪赴校，李继环同去。”晚，与马侣贤、帅昌书谈育才预算(《行知备忘》)。

2月6日　上午，在育才第四次指导委员会上决定招收自费生，并拟定普通、特修课程标准。后“欢迎孙锡洪。胡风来参观，留宿一晚。午后谈公约”。晚，与育才社会组、音乐组、孙锡洪、常学镛谈育才预算问题（《行知备忘》）。

2月7日　农历除夕。上午讲育才校徽第三讲。后与育才科学组、陶宏、孙锡洪谈预算。又与魏东明、陆维特、胡风等谈文学组及文学活动。又决定二月二十日在北泉小学举行测验自费生活动。后回北碚过年，“琴、我、［徐］治平同饮”（《行知备忘》）。

2月9日　致函马侣贤（收入湘版《全集》第五卷，又收入川版《全集》第八卷）。

2月10日　发表在重庆保育院院长会议上的演讲词《儿童保育问题》，刊《战时教育》第五卷第七期（收入湘版《全集》第三卷，又收入川版《全集》第四卷）。

2月11日　抵重庆（《行知备忘》）。

2月13日　午，赴枣子岚犹庄27号钱俊瑞、沈兹九夫妇宅。下午二时半，赴女青年会。晚七时，赴荫庐五号（《行知备忘》）。

2月14日　上午会吴先生（《行知备忘》）。

2月15日　上午访陈纪彝。午，赴冯玉祥所设之宴。下午一时半，赴渔村一号访罗又玄。二时，赴康宁路五号访张申府。四时，访张治中。七时半，赴国泰电影院（《行知备忘》）。

同日　据冯玉祥于巴县中学记述：“十二点，请萨镇冰、陶行知、陈绍宽、老舍、张之江、甘介侯、王昆仑、沈钧儒、沈宗瀚、薛明剑、熊观民、赖亚力、赵望云诸先生午餐。”（《冯玉祥日记》第五卷，第791页）

2月16日　上午，偕贺绿汀、常学镛访周苍柏。得贸易会聂道湘捐款3 000元（《行知备忘》）。

2月17日　致函谢铸陈，致函玉生小朋友，致函陈纪彝，致函汪达之、王洞若、帅昌书，致函刘季平，复黄美善函（收入湘版《全集》第五卷，又收入川版《全集》第八卷），欢迎其弟来校应试，并告知注意事项。

2月18日　“写字送洪光、玄谷。”（《行知备忘》）

2月19日　参加新生活运动六周年纪念活动（《行知备忘》）。

同日　致函复庆，致函中央大学医学院院长戚寿南（收入湘版《全集》第五卷，又收入川版《全集》第八卷）。

2月20日 摘录蒋介石于19日发布的新生活运动六周年纪念广播词（《行知备忘》）。

同日 致函殷金陵，致函马侣贤，复刘琼瑶函（收入湘版《全集》第五卷，又收入川版《全集》第八卷）。

2月21日 “到温泉谈录取学生”（《行知备忘》）。

2月22日 读明代文人谈“节气”之古诗并抄录四首（《行知备忘》）。

2月23日 拟定“三月五日开全体大会。二月廿六日下午一时指导会”（《行知备忘》）。

同日 致函开明书店执事（收入湘版《全集》第五卷，又收入川版《全集》第八卷）。

2月24日 “写字赠送何靖、沈开基、汤佩瑗。”又赴江苏医院找沈医生看病（《行知备忘》）。

2月26日 参加育才学校指导会议，商讨课程等问题（《行知备忘》）。

2月28日 与张一麐共同致函许世英（收入湘版《全集》第五卷，又收入川版《全集》第八卷）。

同日 与张一麐共同致函新华银行（收入湘版《全集》第五卷，又收入川版《全集》第八卷），告知赈济委员会领款书核准时，请代领收入育才学校账户。

2月29日 赴新村115号找宋大夫看病（《行知备忘》）。

3月1日 致函吴克坚，致函邓华，致函戴伯韬，致函帅昌书，致函王洞若（收入湘版《全集》第五卷，又收入川版《全集》第八卷）。

3月3日 钱俊瑞来谈关于聘请胡敦元来中华经济研究社工作一事（《行知备忘》）。

3月4日 赴妇女指导委员会直属第二保育院调研（《行知备忘》）。

3月5日 与“各组指导员谈艺友教育”（《行知备忘》）。

3月6日 约十八军十八师师长罗广文于3月18日中午来育才午餐（《行知备忘》）。

3月9日 致函马侣贤、帅昌书（收入湘版《全集》第五卷，又收入川版《全集》第八卷）。

3月10日 发表《小学教师之烦恼》，刊《战时教育》第五卷第九期（收入湘版《全集》第三卷，又收入川版《全集》第四卷）。

同日 作诗《敬题恒智弟赠画》（收入大孚出版公司版《行知诗歌

集》，后收入湘版《全集》第四卷，又收入川版《全集》第七卷）。

同日 致函马侣贤（收入湘版《全集》第五卷，又收入川版《全集》第八卷）。

3月11日 抵渝。拟于13日晚七时半赴张申府宅。又付育才绘画组张望200元（《行知备忘》）。

同日 吴树琴作书信致陶行知。

3月12日 为育才学校墨水付赵小梅定金10元（《行知备忘》）。

同日 冯玉祥于巴县中学记述："晚，与甘介侯、王昆仑、钱俊瑞、王炳南、陶行知、赖亚力开谈话会。"（《冯玉祥日记》第五卷，第811页）

同日 《申报》刊载通讯《陶行知在渝设立育才学校》（载本日《申报》）。

3月13日 调查了解学生伙食情况。为陶晓光旅费付桂林事务所刘季平250元。付生活教育社戴伯韬50元。又托新华银行代卖751英镑。付绘画组张望100元（《行知备忘》）。

同日 复吴树琴函（收入湘版《全集》第五卷，又收入川版《全集》第八卷）。

同日 冯玉祥于巴县中学记述："陶行知先生来谈，说有三位没有居住证（即戴白桃等），请我想办法，我转任潮先生帮忙。"（《冯玉祥日记》第五卷，第812页）

3月15日 出席生活教育社十三周年纪念会，报告社务并指明了生活教育运动的方向。

同日 据冯玉祥记述："晚六时，请客，到的有孙蔚如、薛子良、凌冰、李时甫、吕向宸、张之江、陶行知、吕超诸先生。"（《冯玉祥日记》第五卷，第813页）

同日 发表《生活教育运动十三周年纪念告同志书》，刊《生活教育通讯》第八期，又刊同月25日《战时教育》第五卷第十期（收入湘版《全集》第三卷，又收入川版《全集》第四卷）。

3月16日 "血压156—210。"（《行知备忘》）

3月17日 付育才（国光印账）26元。付研究所周先生20元（《行知备忘》）。

3月20日 致函马侣贤、帅昌书（收入湘版《全集》第五卷，又收入川版《全集》第八卷）。

3月22日 菲律宾纳卯中华学校学生致函育才学生并捐款。

3月23日 付晓庄研究所周先生20元（《行知备忘》）。

3月24日 致函马侣贤（收入湘版《全集》第八卷，又收入川版《全集》第八卷）。

3月25日 “到渝。晓光前两日到。”第二保育院“赵院长要音乐、史地教员各一，月薪30元”。付育才15元、晓庄10元（《行知备忘》）。

同日 发表《生活教育运动十三周年纪念告同志》，刊《战时教育》第五卷第十期。

同日 致函马侣贤（收入湘版《全集》第五卷，又收入川版《全集》第八卷）。

3月26日 计划28日下午三时半赴社交会堂演讲（《行知备忘》）。

同日 致函吴树琴（收入湘版《全集》第五卷，又收入川版《全集》第八卷）。

同日 陶桂林作书信致陶行知。

3月27日 据黄炎培记述：“夜，陶行知招餐于一心饭店，到陈鹤琴、程柏庐、汪达之、萨空了、冯菊坡、王纪元、蔡永新及公昭、涵真等。”（《黄炎培日记》第6卷，第261页）

同日 楚图南作书信致陶行知。

3月28日 学习电报方法。付晓庄80元（《行知备忘》）。

3月29日 “二十七日《大公报》，阅《怕的是麻木》（荻花）：师资人格与善导思想。读后感，并以怀念蔡元培先生。”（《行知备忘》）

3月31日 致函马侣贤（收入湘版《全集》第八卷，又收入川版《全集》第八卷）。

同日 黄节文作书信致陶行知。

3月 与吴树琴作诗《贺孙锡洪先生与袁女士结婚》（收入大孚出版公司版《行知诗歌集》，后收入湘版《全集》第四卷，又收入川版《全集》第七卷）。

4月1日 抵重庆参加国民参政会第五届大会，“开幕式未赶到”。“妇女生活要我写文，我拟写武则天。魏守忠先生送育才照片来。”（《行知备忘》）

同日 据黄炎培记述：“十时，国民参政会第五届大会开会式，参政员到者一百四十五人，超过历届。议长蒋中正主席，致词，副议长张百苓致词，参政员梁上栋致词，梁因被推视察军风纪，敌弹轰去一手。午，议

长招餐嘉陵新村。起草声讨汪精卫南京伪组织临时动议案。”（《黄炎培日记》第 6 卷，第 263 页）

同日 陈淑华作书信致陶行知。

同日 杨槐作书信致陶行知。

4 月 2 日 上午九时，军政部长何应钦“报告军事及摩擦电”。十二时，与张彭春午餐。下午三时，财政部长孔祥熙报告财政。晚，为庆祝“四四”儿童节，展览育才教育成绩。又付晓庄研究所周先生共计 15 元（《行知备忘》）。

同日 据黄炎培记述：“国民参政会第一次会议，八时起十二时止，蒋议长主席，军政部长何应钦报告。……三时，参政会第二次会议，外交部长王宠惠报告，余提关于英日间态度之询问案。财政部长孔祥熙报告。通过声讨汪逆精卫南京伪组织案。”（《黄炎培日记》第 6 卷，第 263 页）

4 月 3 日 继续参加会议。下午三时半，赴油市街四号会齐参政员，四时，同往中四路 103 号谒议长蒋介石。晚六时，赴青年会中餐部与吴恒勤、程霄羽、大梁子晚餐（《行知备忘》）。

同日 据黄炎培记述：“八时，参政会第三次会议，交通部长张公权、经济部长翁咏霓先后报告。”（《黄炎培日记》第 6 卷，第 264 页）

4 月 4 日 听徐晓林介绍陆璀家中情况，得知陆母离世。继续参加参政会，听取教育部长陈立夫报告教育情况。晚六时，于生活教育社驻渝办事处候谈吴涵真。又付吴恒勤转交史姐 100 元（《行知备忘》）。

同日 据黄炎培记述：“八时，审查会，余加入第三会，与左舜生、李中襄同为召集人，审查十个案全了。今日儿童节，渝市儿童以礼物送儿童，极表高兴。……午后三时，参政会第四次会议，听取内政部长周钟岳、教育部长陈立夫报告。”（《黄炎培日记》第 6 卷，第 265 页）

4 月 5 日 继续参加会议。“真理一致，可疑者讨论，可行者赈济。”（《行知备忘》）

同日 据黄炎培记述：“八时，参政会第二天审查会，余为主席，有梁漱溟等提案五起，皆指共产军与中央军磨擦事，当场仅由主席表明此数案之重要，幸未曾剧烈辩论，结果请议长组织特种委员会讨论解决。午后三时，第五次会议，议长主席。此五案提出后，余登台为简短之说明，略谓：同人念本会组织条例第一条，因求团结全国力量，才有本会，故解决此事之纠纷，可云抗战期中惟一不幸事件。同人咸愿以严正、公平、切实的态度，协助政府解决，卒将审查报告通过。次提出宪政期成会修正宪草，孙科以立法院长说明五五宪草，张君劢说明期成会草案。”（《黄炎培日记》第6卷，第265页）

4月6日 继续参加会议，讨论宪政。张治中、许世英托陶约汪达之（《行知备忘》）。

同日 据黄炎培记述：“八时，参加物价委员会。……三时，第六次会议，议长主席，讨论宪草。”（《黄炎培日记》第6卷，第265页）

4月7日 下午三时，赴刘庄参加刘湛恩殉国二周年纪念会（《行知备忘》）。

同日 据黄炎培记述：“八时，参政会第三天审查会，李中襄主席，余提案通过。……午后三时，殉国者刘湛恩老友被害二周年纪念，在刘庄举行，余报告吾友生平。四时，林主席招参政会同人茶会。”（《黄炎培日记》第6卷，第266页）

4月8日 张军光作书信致陶行知，并赠育才国币六百元。

同日 据黄炎培记述：“三时，参政会第七次会议，副议长主席，通过余提案——消灭三种不应有现象，以加强抗战建国案。”（《黄炎培日记》第6卷，第266页）

4月9日 得张军光捐育才支票600元（《行知备忘》）。

同日 接受重庆《新华日报》记者采访，刊次日《新华日报》（收入湘版《全集》第三卷，又收入川版《全集》第四卷）。

同日 据黄炎培记述：“九时，审查梁漱溟等五案特种委员会第一次会，议决两条：（一）一切军队，无论何种番号，一律服从最高统帅之命令，绝不得自由行动；（二）如有军队怀疑于邻近军队之行动者，应将事实报告上级长官，听候最高统帅之处置，在未奉命令之前，不得自由行动。……三时，第八次会。”（《黄炎培日记》第6卷，第266页）

4月10日 付育才文学组请教员旅费150元。收楚图南代捐1 010元，存入新华银行（《行知备忘》）。

同日 据黄炎培记述：“九时，第九次会议议案全了，余仍被选为常驻委员。……三时，国民参政会第五届大会闭幕，议长演说极恳切、精彩。”（《黄炎培日记》第6卷，第267页）

同日 生活教育社通过了“发起本社生产基金及资金运动决议案”。

同日 重庆《新华日报》刊发《陶行知先生谈话——抗战必须精诚团

结停止摩擦，敌伪要我们干的我们偏不干》一文。

4月11日 上午参观工厂。晚六时，赴“遐逸楼，光升请客”。又收沈兹九给张曼筠入股50元（《行知备忘》）。

同日 据黄炎培记述：

八时，至参政会与陶行知及其吴夫人（树琴，治药学）、长子小桃（21）杂谈。知行知所办育才学校，注重天才训练，颇合余意。九时，以经济部之招待，偕一部分参政员及涵真、公昭参观工厂。先至（一）端华玻璃厂。总经理李文彬（成都），总务主任徐逸鹤、工程师朱汉章（盐城）、专制日用器、化学用器及医用器，采奖工制，首创者甬人康佩琳。由化龙桥河街渡嘉陵江至猫儿石。（二）天原电化厂。吴蕴初所创专制化学原料烧碱、盐酸、漂白粉等，五月可开工，工程师黄佑川、秘书叶世强、职校生陈元章、蒋璈及其附属。（三）天盛陶器厂。（四）维昌纺织公司。经理兼总工程师陆绍云，用仿制之印度机纺纱，一组168碇，以二十支计，日夜平均可出120磅，即每碇0.714。（五）顺昌铁工厂。经理马雄冠，制工作机及其他。（六）重庆炼铜厂，资源委员会办，厂长叶渚沛，经理孙景华，从粗铜80%炼成99%、99.95%。（七）龙章造纸厂。总经理张静仁，代理张剑鸣，厂经理庞赞臣，总工程师尤巽熙［照?］。约九月间可出货，日产七八吨白报纸、道林纸，复工费二百万元。招待参观者经济部工矿调整处林继庸，民廿六主持工厂内迁者，上海数次非常时件，皆出其手，中山人。（《黄炎培日记》第6卷，第267页）

4月12日 午十一时半，赴油市四号议长蒋介石之宴。晚七时，赴中四路95号访张治中。又收洪范五捐育才图书费20元、总裁言论集两套（《行知备忘》）。

4月14日 九时半，赴千厮门与林义讨论拉丁化新文字问题（《行知备忘》）。

4月16日 八时，赴千厮门与林义讨论拉丁化新文字。七时，赴生活教育社晤吴新稼（《行知备忘》）。

同日 黄节文作书信致陶行知。

4月17日 晚七时，赴一心饭店晤诸艺术家。又收保育会支票2 100元（《行知备忘》）。

4月18日 付育才音乐组200元。收研究所支票500元（《行知备忘》)。

4月19日 “下午二时，与徐公会见”，谈教学做合一、普及教育等诸教育问题。七时，晤崔载阳（《行知备忘》)。

4月20日 “民用，八时卅分在瓷器口上五里飞缆子滩翻。容量169，实乘客140+，救起八十余人，捞尸50+。下午二时，派人调查报告。平教20+人，救一半。原定民信去，因小（130)，临时因平教请改派民用。不通电报，只通电话。”上午九时，赴保育会。十时半，晤李济深（《行知备忘》)。

同日 育才学校音乐组主任贺绿汀与会计雷醴泉由重庆乘民用轮返校。早八时三十分，船经磁器口浪子滩时翻沉。雷遇难，贺随船身翻了几圈，后抓着一块木板，幸获生还。

4月21日 “胡然先生来看贺绿汀先生消息，要音乐提倡。贺先生得救，36号登记，雷醴泉君无消息。”又付张曼筠代沈兹九、桑文澜交股各50元，付方怀毅20元，为运雷醴泉柩付余文华20元（《行知备忘》)。

同日 致函民生公司代总经理魏文翰（收入湘版《全集》第八卷，又收入川版《全集》第九卷)。

4月22日 付纸店500元（《行知备忘》)。

4月24日 回北碚（《行知备忘》)。

同日 致函帅昌书、马侣贤（收入湘版《全集》第五卷，又收入川版《全集》第八卷)。

4月25日 发表《结婚歌（调寄村魂歌)》一诗，刊《战时教育》第五卷第十一期（收入湘版《全集》第四卷，又收入川版《全集》第七卷)。

同日 发表信件《服务人选》，刊《战时教育》第五卷第十一期（收入湘版《全集》第五卷，又收入川版《全集》第八卷)。

4月26日 收款830元（《行知备忘》)。

4月27日 付晓庄研究所为育才纸款垫支费500元（《行知备忘》)。

4月28日 作书信致刘季平并转全体同志，后刊同年5月30日《生活教育通讯》第十期，发表时改题为《理事长带病参加竞赛》（收入湘版《全集》第八卷，又收入川版《全集》第八卷)。

同日 核准通过生活教育社生产基金及资金运动决议案。

4月30日 致函马侣贤（收入湘版《全集》第五卷，又收入川版《全集》第八卷)，告知派人来抬药箱等诸事。

约4月 作诗《儿童节歌》(收入大孚出版公司版《行知诗歌集》，后收入湘版《全集》第四卷，又收入川版《全集》第七卷)。

4月 作诗《贺李瑞门先生与雷夫人六旬双庆》(收入大孚出版公司版《行知诗歌集》，后收入湘版《全集》第四卷，又收入川版《全集》第七卷)。

春 陈鹤琴赴育才学校参观(载陈一鸣:《陶行知与陈鹤琴》，见川版《全集》第十二卷)。

5月1日 付王洞若旅费34元。付孙敦乐5元。付周锡彬15元(《行知备忘》)。

同日 为纪念五一劳动节，组织育才师生修路。

同日 致函郑一斋、钱平阶(收入湘版《全集》第五卷，又收入川版《全集》第八卷)。

5月2日 致函张瑞芝，致函洪范五，致函守璧，与张一麐共同致函许世英，复楚图南函，复张军光函，复杨静桐函，复函菲律宾纳卯中华学校全体小朋友，复陈淑华函(收入湘版《全集》第五卷，又收入川版《全集》第八卷)。

5月3日 致函胡桂云，致函邵力子，致函帅昌书，致函魏东明，致函陈志中，致函马侣贤，致函盛光辉，致函歌乐山战时儿童保育会第一保育院，复陶桂林函，复黄节文函，复杨槐函，复函新生活运动促进总会妇女指导委员会(收入湘版《全集》第五卷，又收入川版《全集》第八卷)。

5月5日 杨静桐作书信致陶行知。

5月6日 致函马侣贤(收入湘版《全集》第五卷，又收入川版《全集》第八卷)。

5月8日 安排近期诸事。又付育才陈烟桥30元(《行知备忘》)。

5月9日 付王洞若50元。又借吴树琴钱，交王洞若100元、陈伟40元、邹绿芷30元。付俞文华60元。付嘉乐纸40元。收方怀毅20元(《行知备忘》)。

同日 致函马侣贤(收入湘版《全集》第五卷，又收入川版《全集》第八卷)。

同日 生活教育社发布“为扩大本社生产基金及资金运动致全社同志书”(载川版《全集》第十一卷)。

5月17日 计划次日中午访司徒雷登，下午二时访郑永康。20日上午访曾俊侯(《行知备忘》)。

5月20日 林云峡作书信致陶行知。

5月25日 马侣贤作书信致陶行知。

5月26日 复马侣贤函（收入湘版《全集》第五卷，又收入川版《全集》第八卷）。

5月28日 “陆诒到碚。”（《行知备忘》）

5月29日 致函马侣贤（收入湘版《全集》第五卷，又收入川版《全集》第八卷）。

5月30日 发表《关于生活教育社生产基金及资金运动核示意见》，刊《生活教育通讯》第十期，署名生活教育社理事长陶行知（收入川版《全集》第十一卷）。

同日 发表信件《理事长带病参加竞赛》，刊《生活教育通讯》第十期。

5月31日 致函马侣贤（收入湘版《全集》第五卷，又收入川版《全集》第八卷）。

约5月 作诗《用手也用脑》（收入川版《全集》第十二卷）。

6月1日 致函马侣贤（收入湘版《全集》第五卷，又收入川版《全集》第八卷）。

6月2日 孙崇甫作书信致陶行知。

6月3日 抵渝。访周恩来、田汉。又计划要办诸事及约会行程（《行知备忘》）。

6月6日 读《长风》杂志。记录朱文富团长自杀尸谏一事（《行知备忘》）。

同日 熙南作书信致陶行知。

6月7日 收田老大10元（《行知备忘》）。

同日 据黄炎培记述：“尸谏：七军一七一师团长朱文富，本年三月底在鄂东黄安、礼山间，因奉双重命令，一面抗战，一面攻新四军，不肯执行，自杀，遗书劝政府及国人勿自相残杀，以取灭亡，语极沉痛。随从班长某亦自杀。此书不发表。衡山、行知说。访沈衡山枣子岚垭83号。晤陶行知，交到赵老太太信，为苏永信事。”（《黄炎培日记》第6卷，第292页）

同日 陈裕光致函陶行知。

6月9日 致函马侣贤（收入湘版《全集》第五卷，又收入川版《全集》第八卷）。

6月10日 收任光60元(《行知备忘》)。

同日 致函马侣贤(收入湘版《全集》第五卷,又收入川版《全集》第八卷)。

6月11日 尹来弟作书信致陶行知。

6月12日 张治中致函陶行知,并捐助晓庄研究所一千二百元。

同日 怡朗妇女救国协会洪敏侨主席致函陶行知,并捐助一千五百元作为教养难童经费。

6月13日 付育才熊承泽20元(《行知备忘》)。

6月14日 尊一作书信致陶行知,表示育才学校须重视普通课之发展。

6月18日 致函马侣贤(收入湘版《全集》第五卷,又收入川版《全集》第八卷)。

6月19日 致函马侣贤、帅昌书(收入湘版《全集》第五卷,又收入川版《全集》第八卷)。

同日 沙千里作书信致陶行知,附寄商业登记文件三种。

同日 陈裕光致函陶行知。

6月21日 复马侣贤函(收入湘版《全集》第五卷,又收入川版《全集》第八卷)。

6月23日 与吴树琴赴白鹤场抗倭庐访冯玉祥夫妇。

同日 据冯玉祥日记记述:

> 八点半,陶行知夫妇自北碚来见我。余曰:日前北碚被敌机惨炸,我受损失如何,您受不少的惊慌吧?陶答:北碚这个地方,山高洞固,毫不失色,敌机未到北碚上空时,我英勇驱逐机疾驰追击,敌为速逃即将弹卸下,均落外郊,我无损失。
>
> 余又接着说:要想驱逐日本鬼子,必须精诚团结,又必须耕者有其田。试看今日乡下的风气,地主仍是地主,佃户终为佃户,地主种种的剥削,佃户竭尽了筋骨每年入不抵出,坐着吃的笑是地主,立着种的哭是佃户。中国从来贫多富少,政府若不抓住一般劳苦者的心理,谁肯流血,谁肯卖命。如今余有时在乡间住,常与劳农接谈,据云:有年风调雨顺,尚能应付交租纳税,少[稍]有旱涝,即苦无办法,于是即向地主请求揭[借]债,加之五分行息。所以酿成贫者愈贫,富者愈富,无数的贫民受层层的剥夺,政府毫不管不问,最少限

使利息减轻，使交租按收入的多寡规定，平素政府呼吁为民兴利除害，而事实安在呢？

陶云：中国是以农立国，也就是说农业国家，政府若在农业上彻底整顿，使人人有饭吃，有衣穿，无资产阶级之分，无地主佃户之别，那么国家早就光荣发展。

余云：许多人认不清国际的情形，如同说苏联帮我们的情是人人所共鉴，一般少数不明白事理的人，不但不表友谊，而反暗地诋诬。今国家处危急存亡之秋，拯救我们者是谁？援助我们者是谁？三尺牧童也知道是友邦苏联，能亲苏联即能驱逐鬼子，不然终受惨杀。

又谈了苏德协定的原因及法国贝当上台停止德法战争的内容。（《冯玉祥日记》第五卷，第872—873页）

同日 陈鹤琴作书信致陶行知。

6月25日 “秦玉山、秦玉生有100元，从丁次鹤太太寄存在宋大夫处，请桑先生保。”（《行知备忘》）

同日 复马侣贤函（收入湘版《全集》第五卷，又收入川版《全集》第八卷）。

6月30日 致函潘一尘，致函张宗麟，致函生活教育社常务干事会（收入湘版《全集》第五卷，又收入川版《全集》第八卷）。

6月 据《田汉年谱》记述：“与郭沫若、赵清阁、应云卫、左明等同游重庆北温泉，并访问陶行知任校长的育才学校。后游缙云寺，作七律一首赠赵清阁。”（《田汉年谱》，第292页）

上半年 育才学校制定下一年度计划（1940年7月1日—1941年6月1日）（收入川版《全集》第四卷）。

7月1日 致函殷金陵、俞文华（收入湘版《全集》第五卷，又收入川版《全集》第八卷），盼告文华所送二儿童交中大保育院情形。

同日 致函陈烟桥、帅昌书、马侣贤诸同志，致函合川县谢县长，致函马侣贤，致函吴树琴、陶晓光、陶城，复孙崇甫函，复林云峡函，复熙南函，复沙千里函，复尹来弟小朋友函，复尊一函，复张治中函，复陈裕光函，复杨静桐函（收入湘版《全集》第五卷，又收入川版《全集》第八卷）。

7月6日 致函育才学校全体同学（收入湘版《全集》第五卷，又收入川版《全集》第八卷）。

7月7日 读1940年6月5日的《莫斯科新闻》，并用英文摘录有关俄国石油情况（《行知备忘》）。

同日 致函瑟若，致函谭堃珩，致函公照，致函西洛，致函白君，致函臧其吉，致函嘉陵江三峡乡村建设实验区兵役会，复胡同炳函，复亚仙函，复唐现之函，复业勤函，复林宝函，复周蒋鉴函，复莲仁函（收入湘版《全集》第五卷，又收入川版《全集》第八卷）。

7月8日 赴育才学校参加校务会议讨论（《行知备忘》）。

7月9日 在育才学校参加校务会议讨论（《行知备忘》）。

7月11日 蒋介石以行政院长的名义聘请陶行知为战时公债劝募委员会委员。

同日 致函吴树琴（收入湘版《全集》第五卷，又收入川版《全集》第八卷）。

7月14日 致函马侣贤（收入湘版《全集》第八卷，又收入川版《全集》第八卷）。

7月19日 收到菲律宾宿务小学托杨静桐寄来支票一张，并委托北碚中国银行陈方修代领并分与育才、新安及生活书店（《行知备忘》）。

7月22日 出席育才学校指导委员会会议，报告菲律宾捐款、马家沱地及借枪等事宜。又提议开除学生要给予时间、给艺友加五元（《行知备忘》）。

7月23日 抵渝。“住吴师爷巷2号志远处。谈新疆六大政策，三民，共关。”（《行知备忘》）

7月24日 “住青年会。陶桂林1 000元存新华育才户。佘儿岗150元取来，自己户取400，买药120，买软木塞80，买书。赈会查明，育六、晓五月已备。晚，康宁谈。”（《行知备忘》）

同日 陈铭枢等人访育才学校。

7月25日 赴嘉庐会沈钧儒，“约期会陈嘉庚、侯西友先生”。又与沈等人交谈国内外政治军事情况，并作笔记（《行知备忘》）。

7月27日 致函新安旅行团第一工作队（收入湘版《全集》第五卷，又收入川版《全集》第八卷）。

7月28日 致函陈铭枢，复陈鹤琴函（收入湘版《全集》第五卷，又收入川版《全集》第八卷）。

同日 致函盐务局长缪秋杰（收入川版《全集》第八卷）。

7月29日 致函孔祥熙（收入湘版《全集》第五卷，又收入川版《全集》第八卷）。

8 月 1 日 发表《育才学校创办旨趣》，刊《战时教育》第六卷第一期《育才学校专号》。

同日 发表《育才学校教育纲要草案》，刊《战时教育》第六卷第一期《育才学校专号》。

同日 《战时教育》第六卷第一期《育才学校专号》上发布《育才学校公约草案》《生活教育社晓庄研究所三十年度工作计划大纲》（收入湘版《全集》第三卷，又收入川版《全集》第四卷）。

8 月 2 日 致函张治中，致函张禹平，复刘琼瑶函（收入湘版《全集》第五卷，又收入川版《全集》第九卷）。

8 月 3 日 复函伯康小朋友，复函杨静桐（收入湘版《全集》第五卷，又收入川版《全集》第九卷）。

8 月 6 日 佐兴作书信致陶行知。

8 月 7 日 在重庆了解国际国内形势（《行知备忘》）。

8 月 8 日 了解英美等国动态。又“买物、药”（《行知备忘》）。

8 月 9 日 因重庆遭受大轰炸，遂赴青年会防空洞。

8 月 10 日 晨，赴嘉宁宾馆与卫立煌共进早餐。后赴新华银行提款购物，新华银行请吃午饭。

同日 “青年会陈国良谈遮放事及关麟征出兵安南说。”又有卫立煌在日记本上录下诗歌一首：“文章入伍唱声高，果见文人笔当刀。可抵大军百四万，不教倭奴一个逃。”（《行知备忘》）

同日 致电吴树琴报平安，并告知十三日回。

同日 致函程今吾，复潘畏三函，复海真函，复汪达之函，复臧其吉函（收入湘版《全集》第五卷，又收入川版《全集》第九卷）。

8 月上旬 致函杨静桐（收入湘版《全集》第五卷，又收入川版《全集》第九卷）。

同月上旬 复吴文炳函（收入湘版《全集》第五卷，又收入川版《全集》第九卷）。

8 月 11 日 与沈钧儒、邹韬奋谈论国际国内形势。“晚，住歌乐山青年会。虾蟆石与焕公谈关公失荆州及苏使问答：人民动员，征兵；受苏援如吃毒药，一部分人。苏使驻歌乐山，休息，约明早见。”（《行知备忘》）

同日 冯玉祥于歌乐山记述：“晚七时，陶行知先生来，他请我介绍

给潘大使，他们谈谈话。”（《冯玉祥日记》第五卷，第 896 页）

同日 作书信致友人（收入湘版《全集》第八卷，又收入川版《全集》第九卷）。

同日 致函吴树琴、陶晓光、陶城（收入湘版《全集》第五卷，又收入川版《全集》第九卷）。

8 月 12 日 赴青年会暑期训练班演讲，谈新中国、新亚洲、新世界。又从马寅初处得知，龙云没收孔祥熙黄金一事（《行知备忘》）。

同日 冯玉祥于歌乐山记述：“十点，见潘大使，谈陶（行知）、王（昆仑）二位要见他的事……陶行知先生来谈：林语堂先生的几本书，又谈文艺的事。”（《冯玉祥日记》第五卷，第 897 页）

8 月 14 日 曾俊侯作书信致陶行知，告知履三小学欲造经济林等事。

8 月 17 日 出席中国文化界访问苏联筹备设计委员会委员分工会议（载次日《新华日报》）。

同日 据冯玉祥记述：“给李协和先生寄血压器，写了一信：协和先生我兄尊鉴：为陶先生的事仍无头绪，真太对不住友人了。前者李组绅先生托魏藕初先生带来试血压的表一具，兹由邮寄上，此为李先生赠给先生的，收到时请赐复示。”（《冯玉祥日记》第五卷，第 899—900 页）

8 月 19 日 致函许世英（收入湘版《全集》第五卷，又收入川版《全集》第九卷）。

8 月 20 日 致函菲律宾华侨鼎铭、泰楠、曲水，复函怡朗妇女救国协会洪敏侨主席等人，复佐兴函（收入湘版《全集》第五卷，又收入川版《全集》第九卷）。

同日 致函陈纪彝。

8 月中旬 致函吴文炳（收入湘版《全集》第五卷，又收入川版《全集》第九卷）。

8 月 22 日 致函石青、家楫、献文、伯韩等人（收入湘版《全集》第五卷，又收入川版《全集》第九卷），告知“有一个国民外交的文件从重庆寄来，征集签字……如荷同意，尚希签字”。

8 月 25 日 卫立煌致函陶行知，告知捐款育才二千元。

同日 据黄炎培记述：“委员长侍从室（古兆鹏）信，附致陶行知信。”（《黄炎培日记》第 6 卷，第 328 页）

8 月 28 日 抵渝。八时，赴康宁路五号访张申府。又与柳湜约定若有警报则在洞中相见，若无警报则下午一时赴嘉庐相见。下午三时，赴中苏文化协会。九时，赴张家花园访黄炎培（《行知备忘》）。

8月29日 访黄炎培，长谈，共午餐（《黄炎培日记》第6卷，第330页）。

8月30日 《新蜀报》葛乔来约稿一星期。又计算往来账目（《行知备忘》）。

8月 致函元汉（收入湘版《全集》第五卷，又收入川版《全集》第九卷）。

9月1日 回北碚。计算往来账目（《行知备忘》）。

9月2日 "琴血中毒。"（《行知备忘》）

9月3日 "琴打针。"（《行知备忘》）

9月5日 致函马侣贤（收入湘版《全集》第五卷，又收入川版《全集》第九卷）。

9月9日 据黄炎培记述："开县温汤井盐场公署范仲果信，即复，并转行知。"（《黄炎培日记》第7卷，第3页）

9月10日 致函陆维特等育才诸人（收入湘版《全集》第五卷，又收入川版《全集》第九卷）。

9月上旬 拟就一份改革教育制度的大纲，对大中学课程及修业期限等问题提出创见。主张大学生不一定入校读书，可采取自修办法，读完学校规定的课程后，再通过考试取得学位。

9月11日 致函马侣贤（收入湘版《全集》第五卷，又收入川版《全集》第九卷）。

同日 皎然作书信致陶行知，商谈生活教育主张。

9月14日 据冯玉祥记述：

> 九点，同王相毅牧师到歌乐山小学讲话，校长杨国平，男女学生有二百多名，讲话的题目就是"宣传员"：……陶行知先生写的小先生，他的小孩教他的母亲，也就是孙子教奶奶，至于我们呢？每个人都要作一个宣传员，吹起我们的号筒来，拯救我们的国家出水深火热之中，并不是哪一姓哪一个这样，应当人人尽其所有的力量，无有不成功的。无论哪一个国家，孩子的血是红的，心是热忱的，什么都不怕。国家在此危难之秋，我们不能尽大力量，大本分，总是要尽小力量，小本分也好，我们大家要一致地努力，给我们的敌人日本帝国主

义拼，至于谁成功，也不是你成功，也不是他成功，而是咱们大家成功！(《冯玉祥日记》第五卷，第919页)

9月17日 “疟。”(《行知备忘》)

9月18日 生病发烧。

同日 致函马侣贤（收入湘版《全集》第五卷，又收入川版《全集》第九卷）。

9月19日 “无病。”(《行知备忘》)

同日 致函马侣贤（收入湘版《全集》第五卷，又收入川版《全集》第九卷）。

9月20日 “疟。104。”(《行知备忘》)

9月21日 “打奎宁针。新蜀报、蜀道、文艺简讯：育才学校近改组，陶行知辞校长职，章泯、贺绿汀、艾青、陈烟桥等均辞主任职。张望来谈。蒋梦麟来谈，云南龙云态度还好。”(《行知备忘》)

9月22日 “吃止疟丸20，再打奎宁针。”周恩来、邓颖超、徐冰、张晓梅来访（《行知备忘》）。

同日 据《周恩来年谱1898—1949》记述：“同邓颖超到北碚会见陶行知、陈望道等，并去育才学校看望师生，介绍当前形势。”（《周恩来年谱1898—1949》，第235页）

9月23日 “文化界在北泉座谈会。”陪同周恩来等赴北碚风景区（《行知备忘》）。

同日 致函马侣贤（收入湘版《全集》第五卷，又收入川版《全集》第九卷）。

同日 潘一尘作书信致陶行知。

9月24日 陪同周恩来、邓颖超等人参观育才学校（《行知备忘》）。

9月25日 “从温泉坐滑竿来，五元。周、邓二先生去。”(《行知备忘》)

同日 致函马侣贤两信（收入湘版《全集》第五卷，又收入川版《全集》第九卷）。

9月25日—26日 周恩来、邓颖超为育才学校的学生健康捐款。

9月29日 复马侣贤函（收入湘版《全集》第五卷，又收入川版《全集》第九卷）。

9月30日 “付温泉公园72.4元（托肖生带去）。育才支票2 000元盖章（肖生领取）。”(《行知备忘》)

10月1日 复马侣贤函（收入湘版《全集》第五卷，又收入川版《全集》第九卷）。

10月2日 参加校务会议（《行知备忘》）。

同日 致电张治中（收入湘版《全集》第八卷，又收入川版《全集》第九卷）。

同日 作书信致张治中（收入湘版《全集》第八卷，又收入川版《全集》第九卷）。

10月3日 研究国际形势变化以及育才校内问题（《行知备忘》）。

10月4日 致函马侣贤（收入湘版《全集》第五卷，又收入川版《全集》第九卷）。

同日 陆静霞作书信致陶行知。

同日 黄炎培“捐陶行知育才学校100.00”（《黄炎培日记》第7卷，第13页）。

10月5日 致函陶晓光，致函马侣贤（收入湘版《全集》第五卷，又收入川版《全集》第九卷）。

10月6日 致函马侣贤（收入湘版《全集》第五卷，又收入川版《全集》第九卷）。

10月8日 “到校，陪王香浦、蓝绍侣、童子钧、卢区长。”（《行知备忘》）

10月9日 离校回北碚。

同日 致函马侣贤等两信（收入湘版《全集》第五卷，又收入川版《全集》第九卷）。

10月11日 致函马侣贤（收入湘版《全集》第五卷，又收入川版《全集》第九卷）。

10月13日 致函马侣贤（收入湘版《全集》第五卷，又收入川版《全集》第九卷）。

10月14日 晚六时，在兼善老公寓宴请王尔昌（《行知备忘》）。

10月16日 致函马侣贤（收入湘版《全集》第五卷，又收入川版《全集》第九卷）。

同日 致函倪尚达、陶晓光（收入湘版《全集》第五卷，又收入川版《全集》第九卷）。

同日 吴涵真作书信致陶行知。

10月17日 “读《伤兵之友》：‘要学修路人，勿立记功碑。’（段绳武先生语）潘先生来谈，艾光同来。”（《行知备忘》）

同日 黄杰人作书信致陶行知，赠防空证一枚。

10月18日 “滇缅路重开。洞若有一决心：海格尔化物质为精神；他要化精神为物质。潘先生晚餐，［王洞］若、［帅昌］书同在。”（《行知备忘》）

同日 致函汝航，致函绍侣、子钧、香浦等人（收入湘版《全集》第五卷，又收入川版《全集》第九卷）。

同日 刘成立作书信致陶行知。

10月19日 致函张世定，复卫立煌函，复袁仲逵函（收入湘版《全集》第五卷，又收入川版《全集》第九卷）。

10月20日 致函吴勃，致函三峡实验区国庆纪念日慰劳十八师大会（收入湘版《全集》第五卷，又收入川版《全集》第九卷）。

10月21日 致函黄炎培，论“参战与抗战”。读周起应译《果尔德短篇杰作选》（《行知备忘》）。

同日 复朱启贤函（收入湘版《全集》第五卷，又收入川版《全集》第九卷）。

同日 分别致函卫立煌、洪敏侨及怡朗华侨妇女救国协会全体同志、杨静桐及洪光学校全体同志、纳卯华侨妇女慰劳会全体同志、纳卯中华学校全体同志（收入湘版《全集》第五卷，又收入川版《全集》第九卷）。

同日 致函马侣贤（收入湘版《全集》第五卷，又收入川版《全集》第九卷）。

10月22日 教陶城注意人名、地点、时间、数目。又与卢子英谈防空洞、捐款等事宜（《行知备忘》）。

10月24日 调研防空洞尺寸及建构价格（《行知备忘》）。

同日 朱启贤作书信致陶行知。

10月25日 绍侣作书信致陶行知。

同日 曾里之作书信致陶行知，告知社址被炸，存社物品均毁。

10月26日 冯玉祥来谈（《行知备忘》）。

10月27日 张澜作书信致陶行知。

10月28日 致函马侣贤（收入湘版《全集》第五卷，又收入川版《全集》第九卷）。

同日 马侣贤作书信致陶行知。

同日 吴树琴致函陶行知（藏上海中国文化名人手稿馆）。

10月29日 复马侣贤函，复东皋函，复曾俊侯函，复皎然函（收入湘版《全集》第五卷，又收入川版《全集》第九卷）。

10月30日 致函吴蕴初，复绍侣函，复吴涵真函（收入湘版《全集》第五卷，又收入川版《全集》第九卷）。

同日 中共中央宣传部发布《关于向全国教育界各小派别小团体推广统一战线工作的批示》，要求“注意吸收生活教育社及职业教育社中的人员”（《中共中央文件选集》第十二卷，第536—539页）。

10月31日 “送小孩的礼物，糖果不如玩具，玩具不如工具。读《哥白尼》《爱因斯坦传》。夜读《拉马克》《达尔文传》。”（《行知备忘》）

同日 复黄杰人函（收入湘版《全集》第五卷，又收入川版《全集》第九卷）。

10月下旬 致函袁仲逵（收入湘版《全集》第五卷，又收入川版《全集》第九卷）。

10月 致函刘季平，致函兆鹏，致函汪达之，致函吴研因，复陆静霞函（收入湘版《全集》第五卷，又收入川版《全集》第九卷）。

11月1日 拟定本月工作计划。桑文澜来谈（《行知备忘》）。

11月2日 与海外青年谈教育问题。“［帅］昌书挽留桑先生，桑先生求去。卢子英先生谈研究所地。陈望道先生请客。整理诗稿，几乎醋海兴波。风流老公，封建夫人。”（《行知备忘》）

11月3日 准备赴育才学校，并计划数事（《行知备忘》）。

11月4日 致函马侣贤（收入湘版《全集》第五卷，又收入川版《全集》第九卷）。

11月5日 致函许世英，致函刘季平，致函蔡剑光，致函陶晓光，致函陈纪彝，致函杜君慧，致函中央银行，复曾里之函，复张澜函，复朱启贤函，复潘一尘函，复刘成立函（收入湘版《全集》第五卷，又收入川版《全集》第九卷）。

11月6日 早十时动身赴育才，吴树琴、陶宏、徐祥仙同行，犹太籍医生卡福克因妻病不能同行。托帅昌书接洽红十字会医疗队。一时到草街子晤徐立信、俞文华等育才诸同志，住合作社，戴伯韬与俞文华同住。又有李抱忱偕夫人崔槐珍来访，与马侣贤、吴渤、孙铭勋、陆维特略谈。

“夜半冷得睡不着”（《行知备忘》）。

11月7日 上午，送李抱忱草鞋。与屠公博科长谈卫生，检查药品、治疗器。与徐代言巡视古圣寺小学，询其所需。与戴伯韬、陆维特谈战时教育，请戴重新考虑半年计划。得帅昌书信，知红十字会张子泉来助育才。与吴渤谈，脱去大衣、棉袄、羊毛衫，立在风暴中试验。接到文学组自我教育“野火会”请帖（17日晚六时）（《行知备忘》）。

11月8日 与吴树琴谈节译费希宾的《医疗手册》。巡视图书馆，新书少。午宴舒斐、崔女士。下午二时，与全体工作人员谈“肚子吃脑袋”：二态度、四目标、一方法。筹划育才与古圣寺小学的进一步合作（《行知备忘》）。

11月9日 早六时讲给学生听：二态度，研究、帮助；四目标，健康气候，学术气候，朋友气候，民主集中气候；一方法，约谈、快谈、长谈。编撰整理《西旅回忆录》。写信与桑文澜，并托胡子婴挽留。又与孙铭勋谈曲线宇宙。又参加古圣寺小学同乐会。得刘季平、新安旅行团、陶晓光等九人来信（《行知备忘》）。

11月10日 “合作社修理完竣。访益州剧团于回龙寺，谈话一小时，约于星期联欢。续编回忆录目录。收到洪光五百元，出收据。收到［帅］昌书信，北碚无白喉药，须于11日赴新侨买。致杨静桐信。致新华银行，为所提1 000元。练习‘大环功’。”（《行知备忘》）

11月11日 “与吴渤谈变更课程须会商。蜜糖、豆浆抵牛奶。决星期日开联欢会。李华来，开支票借育才200元与之（二月份）；写信与他，取［卢］子英款。续编回忆目录。与金忠明谈节省毛巾。谈消灭鬼，张望来谈渝事。”（《行知备忘》）

11月12日 发起出合作壁报。“国父诞辰，讲遗嘱及革命的三民主义与革命之三民主义有别。”又教贺绿汀、戴伯韬练大环功，戴决定暂留育才工作。

“方、冯二君来。与书店约新书送两本，由合作社代卖。”致函沈钧儒、邹韬奋；致函周恩来、邓颖超。又参加小干部宣誓仪式。又读列宁夫人克鲁普斯卡娅传，托尔斯泰《住宅记》等书籍。又转组机械，发现诸多问题（《行知备忘》）。

11月13日 “朝会讲吃饭。留张望任绘画指导。与舒非谈儿童剧。”又派人接卡福克医生夫妇。“卡医生夫妇到，住校长室。夜开欢迎会，卡讲纳粹之德国是有力量而无灵魂，国强而脑小。”

“写介绍托尔斯泰短文。打洞投垃圾。昌书取得白喉、猩红热及疯狗药来。阅国事文件。”又发现育才问题：“1. 偷看信；2. 钻纸洞偷看人；3. 大门便桶不便。”当日米价涨至每斗45元，“保育院三餐稀饭”（《行知备忘》）。

11月14日 “训练小朋友勿投废物于地，一面予以方便。检查身体时勿喧哗、弹琴。”

草拟《大合作》及《美国之铁山》。合作壁报出版。“中央银行来信，将卫君儒（即卫立煌——编者注）捐款汇碚。见徐相应及卢厂。留张望及其夫人。点脑与点心。卡医生夫妇返碚，列队送。米卖43元8角。”（《行知备忘》）

11月15日 “午饭后到温泉洗澡。夜到碚，与［卢］子英谈米源及捐米。请［帅］昌书代表见胡石青及竺可桢先生。”（《行知备忘》）

同日 作《谈海外回国青年之教育》，刊同年12月10日《战时教育》第六卷第二期（收入湘版《全集》第三卷，又收入川版《全集》第四卷）。

11月16日 “祭张总司令自忠。蒋委员长、冯副委员长、孔副院长、唐瑞伯、薛子良诸先生皆到。”姚琮送来《味笋集》。冯玉祥允借一间房。孔祥熙允诺帮助晓庄研究所。

“走回碉堡，四时吃午饭。”得张宗麟十一月五日来信。晚与卢子英、客谈、定安代表五机关宴孔祥熙。夜，草拟研究所计划预算，至次日凌晨二时脱稿（《行知备忘》）。

11月17日 上午赴中央银行与孔祥熙谈。寄挂号信为晓庄研究所申请款项。后坐巡船回校，带来文化点脑，陶城亦一道赴校。“晚，益州与校联欢，演《家破人亡》、《小号兵》，到甘镇长及澄江教员。”又有卢作孚电召潘一尘来渝。得曹子云来信。“一夜因窗缝透风，冻醒。”（《行知备忘》）

11月18日 上午演讲“点心与点脑”。为澄江小学教师演讲《康健之堡垒》：“把健康之堡垒，建立在毛坑上，建立在垃圾桶上，建立在厨房里，建立在井水源上。最要紧的是：建立在头脑里，在大众的头脑里。”

“病，睡了一天一晚。下午有学生敲门说，孙妈妈有信。大意是，合作壁报有讽刺文字，被讥讽者拟出壁报来‘答谢’。我起来仔细把壁报细读一遍，并无讥讽文字。大睡。多出壁报竞赛甚好。邹绿芷借我奎宁八粒，预防。”致电潘一尘，请其带陶刚同来。得宜宾南城镇中心小学三十五班五下全体学生来信。发现育才两问题：工人要走、煤矿加资（《行知备忘》）。

11月19日 “吴渤先生来谈二小时：（1）时局；（2）经济；（3）工作人员精神；（4）下年工作。看托尔斯泰的《卡列尼娜》。为金钧卿写信与冯先生。福建省政府教育厅指导员、中等学校童子军专科视导员周召钦及广东施博先生来参观。托屠［公博］先生报告学生体重，林［谷］先生报告财政，丁［华］先生报告伙食费及米价。教李泽林、高传珍记合作社账目。”（《行知备忘》）

11月20日 “看《卡列尼娜》，得到两个感想：（1）愿意在一块的人偏偏分离，不得不分离；（2）不愿意在一块的人偏偏在一块，不得不在一块。（1）与（2）演出千变万化之悲欢离合，而创造出小说、戏剧、诗歌、历史。［孙］铭勋来信约谈讽刺短文。午后约科长谈话。”下午二时，参加指导委员会会议。郑舜征来育才看望其子。又与徐立信先生谈赴大竹买米事（《行知备忘》）。

11月21日 “徐立信先生上街，打听买米路由。郑舜征先生领看治痢草药斑鸠窝。写信交肖生去约刘文章谈。写信与艾险舟，介绍尚文。参观中大心理系廿周展览。请仇玉良、伍必端、陶明兰吃羊肉。广西童子军教练员朱光辉、陈天纵、梁曼一、莫俸初、李福基来谈。”

下午二时，召开指导委员会会议，决议数项校务事宜。又有安娥带张大卫来访。得潘一尘来电。得张澜及阆中来电，表示“欢迎育才迁去”。又派佑顺带战时教育稿赴北碚，并送尚文20元采访费（《行知备忘》）。

11月22日 游览古圣寺附近的“普希金林”。贵州平舟童军穆学海、甘肃临洮童军王仲禄来育才参观。下午二时，召开指导会议，决议前一日未决数项提议。四时，安娥演讲。又有十八师派员来商让马家沱地。写信与卢子英。得王香普捐款五百元（《行知备忘》）。

11月23日 与马侣贤、吴渤、孙铭勋谈治校方针，“如团结及特殊才能之培养不可动摇，并交换许多意见”。又“与马先生谈魏寿龄先生应以礼貌相待。与张宜天谈戏剧组计划。与姚抡达谈音乐组困难。与安娥谈五战区黄琪翔及其他”。

又得安娥为壁报写诗。阅读并修改恩格斯在威斯特法伦下葬时的演讲词。读《卡列尼娜》。又得佑顺代抄《怎样做一个科学的孩子》（旧作）。得陶宏出示《天文活页指导》孤本，“甚喜”（《行知备忘》）。

11月24日 安娥赴渝。致函隆树和尚、邓少琴，告知退马家沱地。魏寿龄来谈。约刘文章次日晤谈。校对稿件《怎样做一个科学的孩子》，拟在合作壁报第二期出版。晚，与戏剧组谈艺术与人生（《行知备忘》）。

11月25日 致电吴涵真。又托黄炎培“为超然谋，并快函”。陶城回鸡公山。午宴刘文章、唐文祥，谈煤矿事。“魏寿龄到，易见安后来到，我主以友好精神兼相利解决之，明日在麻再谈。刘允月底不必停工。”

“访李抱忱，他以为《锄头歌》是定县调。他很重视我与赵元任之歌。他认赵之业余作品，高于专业者之作品。他把赵元任与李任公唱之‘教我如何不想她’之片子，开给他的学生听，以资鉴别。他第二次认识我是牛津。俄亥俄州之迈阿密大学讲词由友人寄给他看。他允二星期后来校对音乐组讲话。”

又得陶晓光11月18日来信，索取铝板、《无线电短波通讯》等物。“科务扩大会议给我知道很多具体问题。我主以棉纱保证第二个月之食粮，并采取不饿不冻，省吃省穿以渡此难关。……饭厅乱七八糟，立刻布置。”（《行知备忘》）

11月26日 读《卡列尼娜》。改稿《治疗学》。又对教师联合会讲话。“合作社果皮满地。我主不投入篓内者，取消买物。学生说是先生们丢的。”（《行知备忘》）

11月27日 “中苏文化协会约育才音乐组对苏播音。贺绿汀到，十二月四日前返渝。包珂来信催填表格。约各组各科填表，当日完成。［王］洞若来。李华要钱，［陆］维特要印刷费。图书馆开会改进。”（《行知备忘》）

11月28日 “隆树不要我退地，要十八师向育才租。李华在我到碚时谈：他认识我，我只认识他一半。我所认识他的是：（1）他追求真理；（2）他追求黄金；（3）他要拿黄金来追求更多、更高的真理；（4）玩世不恭。”（《行知备忘》）

11月29日 “［王］洞若来谈炼钢事。我允在不妨害生教社、研究所、育才之进步生存下，尽量赞助，我自己不愿从事实业，怕因此而改变或决定我们的生活。后来决定抱着发展文化的大目的来帮助同志从事实业，是不会走到资本家之路。”

寄《无线电通讯》等杂志与陶晓光，花费7.1元。付章国珍10元，朱佑顺10元，陶宏30元。午十二时半，偕吴树琴乘公共汽车赴金刚坡，票价每人九元，“从金刚坡走到歌乐山，走上青年会，找不到滇真，遇不着朋友，跑上云顶寺，求和尚开方便之门，留我们住一宿，三元。铺板、稻草、和尚借被一床，安眠一晚”（《行知备忘》）。

11月30日 晨，赴冯玉祥宅洗脸、吃早餐。见保育院姜榆之院长，“他允金钧卿入院，写信与金润民君”。又托姜榆之派门房送吴树琴赴新店子看姐姐。后赴赈济会领药，“守到三时许”。晤严竞成之叔及朱大夫。三时半午餐。四时，乘车赴渝。访吴涵真，得知“顾颉刚、章衣萍从成都口信致念”。晚住冯玉祥宅。

访许世英未遇，“据说已住歌乐山，城里人说他在乡下，乡下人说他在城里，连我都找他不着，何况比我更苦的。但他病而老，也该休息。休息固然应该，但左右说谎，令人捉迷藏，不可”。后遇张继武。

“觉琴手边钱少，不安。又觉不该不陪他去。但责任不许我们不暂时分别。”（《行知备忘》）

12月1日 “感冒”。偕吴涵真访范长江。又赴25号防空洞访邹韬奋、沈钧儒。“在徐先生处午餐。”又访卢作孚，“蒙允在大竹为难童买米，月25担”。晚，于新陪都饭店宴请李公朴、沈雁冰，沈“肃文也来，甚喜”。“杜重远被盛［世才］软禁将及一年，我们一无所知，现以接受汪逆二万元之诬告闻。”（《行知备忘》）

12月2日 上午写信与卢作孚，并亲自送去。赴三友书店买旧书数本。访许世英，“他允追加育才费”。偕许世英赴嘉陵宾馆贺黄兴之子黄一球与程博德（程潜之女——编者注）结婚，张治中、张继为证婚人。与冯玉祥谈，得知“鄂北胜仗，‘新四’电，蒋认很好。美贷款成，苏援至，好转”。（《行知备忘》）

12月3日 “寄信与马、徐、卢。”见贺友梅，谈借款三万。又买棉被。后听取李公朴报告晋察冀边区所见、范长江报告昆明所见，“我报告育才近状，并请大家去演讲”。晚，赴明湖春饭店便餐。夜，买被单缝好而睡（《行知备忘》）。

同日 致函马侣贤（收入湘版《全集》第五卷，又收入川版《全集》第九卷）。

同日 致函吴树琴（收入湘版《全集》第八卷，又收入川版《全集》第九卷）。

同日 寄快信至北碚区署。

12月4日 上午，约李公朴写《游击教育》。写信与赈委会，申请十一月、十二月两月晓庄研究所经费。写信与新华银行，交晓庄研究所十一月、十二月领款书。下午二时半，赴沈钧儒宅，路遇李公朴、吴涵真。晚六时，赴一心饭店，周恩来招餐沈雁冰、徐冰、曹靖华、郭沫若、欧阳予倩、邹韬奋、沈钧儒等，宴上谈论鲁迅遗书再版一事。“雨，10时回寓，陈先生已睡地上。[帅] 昌书留条，育五未遇。明天再去。”(《行知备忘》)

同日 于重庆致函马侣贤（收入湘版《全集》第五卷，又收入川版《全集》第九卷）。

12月5日 “田副官回歌乐山，托带信与树琴，约她星期六来。”上午十时，访孔祥熙，申请特效药研究费及简单建筑费，得孔允诺。又得李组绅作保为育才借30 000元。十二时半，赴广东大酒家吴涵真宴，到李公朴、张治中、李组绅等。又买书买纸。拟定对苏播音时间。拟定要写书信。晚，吴涵真、苗爱真谈其生平（《行知备忘》）。

12月6日 “早，赴中苏协会，负责人不在。”又赴孔祥熙宅候至下午一时，未遇，遂回重庆村休息。李公朴来谈，偕其赴黄炎培宴，听阎宝航谈生平。又赴王昆仑处晤谈。又派人接洽播音及校务事。约帅昌书明早八时来。“病愈。清理账目、单据，到12.6止，用去300元，余140元。”当日古圣寺米每斗50.5元，肉每斤2元，菜油每斤2元8角（《行知备忘》）。

同日 据黄炎培记述：“夜，在会招餐，到者沈雁冰（茅盾）、李公朴、陶行知、阎玉衡、韬奋、乃昌、涵真（原请参加黄花岗征文、现任党史编辑之莫宇飞已去）。支27.70。”(《黄炎培日记》第7卷，第38页)

同日 致函马侣贤（收入湘版《全集》第五卷，又收入川版《全集》第九卷）。

12月7日 赴炮台街七号晤邹秉文，得知成志社捐助2 000元。吴树琴来。又得知“特效药研究费成功”。白崇禧“约四时见面，介绍陈辅南约见”。晚，赴政治部宴，“看陈白尘未婚夫妻，甚好”(《行知备忘》)。

12月8日 雷沛鸿来谈。午访桑文澜。赴章乃器宅午餐，“乃器愿合作制药，并委托李华研究改良风炉”。“倦极，未参加文化界招待苏友会。睡到晚。在严舍晚餐。”(《行知备忘》)

12月9日 早，访雷沛鸿于中四路九十号附三号，谈自修制度。又赴“中央银行秘书处见副处长范鹤言，研究处长陈炳章，款由范于下午迳送新华［银行］，陈处长允送资料”。又赴经济部见秦景阳，由其写信请复兴公司。得侯蔼昌付湛恩纪念余款，并介绍工业司第一科长左其鹏，谈专门制造事。

“买磁焊150根。广东大酒楼午餐。托新华银行付晓光200元留交来人。买省贡29刀。蒋清华宴。写字送陈启蒙、查光富。绿汀、力行、文华已到，未见。阅信20封，西达信令人兴奋。”（《行知备忘》）

同日 复陶晓光函（收入湘版《全集》第五卷，又收入川版《全集》第九卷）。

12月10日 “早，[徐]立人、[俞]文华、[贺]绿汀到。请绿汀赴中苏协会接洽，请昌书赴复兴与侯霭昌接洽。人不好过，睡，请昌书赴碚拿印、药来。”下午三时，出席范长江与沈谱（沈钧儒之女——编者注）婚礼。交育才买盐支票与俞文华（《行知备忘》）。

同日 发表《谈海外回国青年之教育》，刊《战时教育》第六卷第二期。

同日 发表《美国的铁山》，刊《战时教育》第六卷第二期（收入湘版《全集》第三卷，又收入川版《全集》第四卷）。

同日 致函马侣贤（收入湘版《全集》第八卷，又收入川版《全集》第九卷）。

12月11日 “昌书回渝。”（《行知备忘》）

12月12日 章泯来访，在学田湾防空洞谈营救杜重远。赴周公馆午餐。买书。晚，贺绿汀来谈音乐组事。又与沈肃文谈西南联大事（《行知备忘》）。

12月13日 赴重庆中国银行汇款至屯溪曹叔平、陶刚，“200元分与诸戚”。又电汇吴树琴父亲50元，“为还垫琴之祖母吊仪”。得马侣贤所寄账目，并告知图章未能带来。又“买《沙士披亚全集》，50元。在这个年头，以50元买到沙氏毕生杰作，再以60元买到伦敦中国几千年艺术精华之图说，总算是大幸了”。

晚，与邹韬奋谈杜重远事，得知冯玉祥致电盛世才欲救杜，遂“再写信与焕公，催发致盛电”（《行知备忘》）。

同日 致函冯玉祥，致函陶晓光（收入湘版《全集》第八卷，又收入川版《全集》第九卷）。

12月14日 “重庆村三号有电话直达北碚区署，学校有要事，可请区署给方便一分钟，可以通话，这是一个大方便。卢、刘正勋先生今天给我以很大帮助。通话后，子英不在署，托邓先生转达，请子英借给王洞若

100 元，并由刘正勋先生介绍，托轮船代送校印给子英，留交马肖生以便取款。”（《行知备忘》）

同日 致函马侣贤（收入湘版《全集》第五卷，又收入川版《全集》第九卷）。

12 月 15 日 “为晓庄研究所填表，报告工作现状与卅年度计划，费去整日。于四时由帅［昌书］送与政治部第三厅。休息一时。赴李公朴、黄洛峰宴，商读书出版社出版事，《近代世界史》将于一年内出齐，自学制度，《学习生活》要登。”（《行知备忘》）

同日 李公朴与黄洛峰设宴款待陶行知，商谈读书出版社出版等事（周天度、孙彩霞：《李公朴传》，群言出版社 2002 年版，第 308 页）。

同日 致函马侣贤（收入湘版《全集》第五卷，又收入川版《全集》第九卷）。

同日 致函马侣贤（收入湘版《全集》第八卷，又收入川版《全集》第九卷）。

12 月 16 日 “准备追加预算书及卅年度概算书，送赈济会（育才）。写信向赈济会为研究所请求增加研究费。为育才请款，征求许副委、贺董事长同意。许乃波捐生教社生产基金 100 元。与桑先生谈工作。托昌书向妇委会领药。买《医学字典》。买旧热水瓶，不够细心。大竹县徐立人处汇去一万元，当时可领二千，两星期内可取八千。帅经手汇出，并电徐知道。”（《行知备忘》）

12 月 17 日 访胡敦五。访许世英，得其允诺补助育才及晓庄研究所经费。“买大衣一件，预备作拜客用。”访李组绅于交通银行。得黎继光信，知数人月捐数百元予育才。得马侣贤信，知 12 月 14 日草街子米价跌至 42.5 元每斗（《行知备忘》）。

12 月 18 日 访冯玉祥，“取盛电稿援救杜重远，焕将秘书稿尾改了，尚可用，但不及他自己告诉我那样有力”。程鹄来谈。又赴桂园张治中夫妇宴，“谈文化创造，保存、介绍、集中人才都为创造更高文化。‘新旅’、‘孩剧’之适当处理要根据工作与学习双方兼顾，文白以为然”。贺绿汀来谈音乐晚会名单，请卢作孚开商界名单，请炳夫人开外宾名单，萨空了开新闻界名单（《行知备忘》）。

同日 遇翦伯赞，邀其前往育才工作（载《陶行知先生四周年祭》之《我和行知先生》，后收入川版《全集》第十一卷）。

12 月 19 日 “问安娜·路易斯·斯特朗地址。与沈谈育才及读托尔斯泰心得。请王安娜开示外宾住址。［章］伯钧来谈。与［贺］绿汀、［田］寿昌谈请客名单。允许《学习生活》写文一篇。约安娜·路易斯·斯特朗于 20 日午前 11 时相见（或 5 时半）。肖生从北碚打电话来：(1) 借谷成功；(2) 买鞋给小朋友；(3) 廿五坐木船来；(4) 澄江 1 000 元一月，四日领；(5) 金平情形。”(《行知备忘》)

12 月 20 日 贺绿汀赴北碚。“准备近日返碚或送物去。”访安娜·路易斯·斯特朗，谈育才及晓庄研究所等诸事，并请其赴音乐晚会。又托卢作孚带三包书递交碉堡住所，带 100 元还卢子英（《行知备忘》）。

12 月 21 日 访沈钧儒、邹韬奋等人。见黄炎培、张一麐、沈钧儒等，“援救杜重远电甚觉满意”，带一份与冯玉祥。下午二时，赴国泰电影院看宋之的编、章泯导演的《刑》。“六时徐请客。”(《行知备忘》)

同日 下午三时，在国际联欢社开会，庆祝斯大林六十寿辰。到会有陶行知、冯玉祥、邵力子、张冲、王宠惠、沈钧儒、王昆仑等二百余人（本日《新华日报》，见《陶行知年谱》，第 419 页）。

12 月 22 日 “给徐立人介绍李洪岗在大竹买米。给李公朴，延至新年赴校参观。三信托李洪岗带去，科学社《精神疗法手册》也请他带还。”

又静思国事：“定于一，实行民主者能一之。庖丁解牛。治国如烹小鲜。毋令人跳出生存圈。喜用二者，用二以创造；不善用二者，两败俱伤。定于一，动于二。不愿在一块，反而在一块；愿意在一块，反而不在一块。这时可以颓废，可以创造。两方都拉不稳而日本稳了，这不是为敌人造机会吗？”

晚六时，赴曲园与宋之的、章泯餐叙，检讨《刑》之演出。又买到苏清心著《亚西伟人轶事》。又拟定近期约会及治事表（《行知备忘》）。

同日 致函马侣贤（收入湘版《全集》第五卷，又收入川版《全集》第九卷），谓：

> 学生来渝，请带小白兔两只（一雌一雄），以便送与有关系的朋友。望与万恩一商，并予以相当报酬。食品及照料方法望询明开示。

12 月 23 日 看书。与吴树琴谈近期新闻。下午三时，赴沈钧儒宅参加欢迎安娜·路易斯·斯特朗的茶话。散会后，应章伯钧、梁漱溟、左舜生约共进晚餐。得徐立人信，知大竹谷价涨至每石 90 元（《行知备忘》）。

同日 据黄炎培记述：“下午三时，到良庄沈衡山家，共美新闻记者史脱朗女士谈话，到者尚有君劢、恩来、漱溟、舜生、行知、伯钧、韬奋。史女士由莫斯科来，将回美。”（《黄炎培日记》第7卷，第46页）

又 与周恩来、张君劢、梁漱溟、左舜生、章伯钧、黄炎培、邹韬奋等赴沈钧儒寓所会见美国著名作家安娜·刘易斯·斯特朗（《周恩来年谱1898—1949》，第241页）。

同日 以“文化团体和努力国事信望久著之人员”连任第二届国民参政会参政员。

12月24日 “知道音乐组今天到。与［贺］绿汀修改印刷品。英文介绍词交汀付印。沈［钧儒］先生来谈如何免去破裂。第二届参政员，昌书来报告，有我的名字。与琴参观嘉陵宾馆。电话中苏协会（8时半）：小朋友已到。人觉寒怯，未去会晤。”（《行知备忘》）

12月25日 “送《伦敦艺术展览图说》与沈先生看。送请帖与赈委员。阎宝航先生请午餐。”（《行知备忘》）

12月26日 “电徐立人缓行。函徐立人调查各种困难及解决。印就《创学旨趣》及《音乐组概况》。”晚七时，赴重庆中国电影制片厂出席政治部文化工作委员会为育才学校举办的儿童音乐演奏会，到冯玉祥全家、张治中夫人及小友、何应钦夫妇、周恩来夫妇、叶剑英及中外记者，“田寿昌主席，我和绿汀都讲了一些。何称赞学生成绩”。又与安娥商《战地教育》稿（《行知备忘》）。

同日 据《周恩来年谱1898—1949》记述：“出席文化工作委员会在中国电影制片厂举行的音乐晚会。应育才学校陈贻鑫的请求，为陈题词：‘为新中国培养出一群新的音乐天才。’”（《周恩来年谱1898—1949》，第242页）

同日 据冯玉祥记述：晚“七时，同德全、晓达、洪达去中国制片厂听音乐演奏会，这是陶行知先生办的一个学校里边的二十个小学生奏演，这是小音乐家，真是一般天才。田汉先生的报告很对，中国人不是没有天才，不是没有音乐天才，只是没人教育，教育不得真方法，结果把人之天才埋没了不知多少。这一群都是战区的小朋友，在一年前都是在战区流浪很可怜的小孩子。经过陶先生一年的教育，有这么好的成绩真为国家庆，这也表现抗战中各方面都在成长着，都在进步着”（《冯玉祥日记》第五卷，第965页）。

12月27日 确定广播时间，并致电告知桂林、成都诸同志。取款。后赴向家湾贸易委员会，住陈光甫宅。晤邹秉文。晚，参加音乐会，“讲回国后步步高升及办学旨趣”（《行知备忘》）。

12月28日 赴徐养秋宅早餐，凌冰亦在座。“访仲则、企文，启贤家午餐。坐滑竿与琴同回。病，中苏文化协会音乐晚会，未能到。于右任饭约未能到。吃了云南白药，最后赶到音乐会听孩子团唱《红缨枪》与育才唱《中国友人歌》。与孩子剧团握手致贺。哲生（即孙科——编者注）到过，先走。焕章如之，我皆未见。”（《行知备忘》）

同日 据冯玉祥记述：晚“七时半，去听孩子剧团与巴蜀小学、育才学校音乐演奏会”（《冯玉祥日记》第五卷，第965页）。

同日 致函马侣贤（收入湘版《全集》第五卷，又收入川版《全集》第九卷）。

12月29日 “孩子们在国际电台向苏联播音。中苏协会茶话会，我讲互学两点及‘四四’前成立儿童馆。找着国府路2号房。”下午，参加黄炎培夫人王纠思公祭，“任之报告王夫人生平，情文备至，真贤夫妇也。衡老闻讣，诣黄致唁。黄说，我今后和你一样了。衡老至今怀沈夫人像而寝，以志不忘”（《行知备忘》）。

12月30日 与叶兆林谈。“空袭警报。焕章中午请‘孩团’与‘育音’，有孩子吃八馒头、两碗菜、三碗稀饭。李华完成复式再生炼钢炉研究，带着文件、模型来请专利，交李华50元作旅费。”（《行知备忘》）

同日 据冯玉祥记述：“二时半，请孩子剧团及育才学校吃饭，还有邓先生、陶先生同在坐。”（《冯玉祥日记》第五卷，第968页）

12月31日 早，修改文件交李华。“张望来谈画组计划，付洋100元买材料。”舒非、章泯来谈戏剧组雾季工作计划。后赴魁顺饭店午餐。李华、华方来，交李华200元。又有戴伯韬、帅昌书来谈生活教育社及育才工作计划（《行知备忘》）。

约冬 致函孔祥熙（收入湘版《全集》第五卷，又收入川版《全集》第九卷）。

本年 作诗《当兵与献金》《随地吐痰》《炸弹》（收入大孚出版公司版《行知诗歌集》，后收入湘版《全集》第四卷，又收入川版《全集》第七卷）。

1941 年
（民国三十年　辛巳）　50 岁

1 月　“皖南事变”发生。

6 月 22 日　德国撕毁《苏德互不侵犯条约》，突然对苏联发动大规模侵略战争。

12 月 7 日　日军突袭珍珠港，太平洋战争全面爆发。

12 月 9 日　国民政府正式发表对日、德、意宣战文告。

1 月 1 日　早，帅昌书来，“托其立约未成”。育才学生陈贻鑫、崔淑霞、杜明星来，午后送笔记簿、果品与他们。“蔡承新被捕，想是囤积之连累或嫌疑，涵真不信其犯罪。”又闻杜重远事，盛世才致电冯玉祥。孙荪荃捐谭平山 100 元与育才，由冯玉祥转交。

又在育才音乐组对美国播音前，写字赠送音乐组：（一）音乐是世界语，学会之后，便能与人类谈心。（二）留心不要把艺术当嫁妆。（三）有陪笑之音乐，有哭丧之音乐，有助消化之音乐；我们的音乐是战斗之音乐，创造之音乐。（四）什么是革命的音乐？阔佬的跟班变成大众的号兵。（五）把音乐之神从大出丧、大结婚、大宴会中迎出来，送到巷头，送下乡村，送上战场去（《行知备忘》）。

1 月 2 日　“中午，育才音乐组对美国播音。”（《行知备忘》）

1 月 3 日　早，育才音乐组对南洋华侨播送音乐（《行知备忘》）。

1 月 4 日　“保育会欢迎缅甸记者团，育才学校音乐组唱歌、弹风琴。”（《行知备忘》）

同日　致函马侣贤（收入湘版《全集》第五卷，又收入川版《全集》第九卷）。

1 月 5 日　桑文澜欲辞职，“晚与桑谈，许帮忙一星期”。得杨静桐信，告知十月份捐育才 500 元已到。得李润田、虞兆兴、姚俊之所捐 900 元，存新华银行。又请帅昌书与彭之一次日上午八时开车接送学生。俞文华带兔子来。吴渤带来300元(《行知备忘》)。

1月6日 "桑先生失约。音乐组坐政治部卡车去。琴与音乐组同去。指委会东西借不来。戏剧组来，自挑水烧饭。"致函程今吾、吴瀚、陶宏、戴伯韬，寄研究所调查表。

"晚，沈、王请客。黄齐生及谢先生来，说竹因不久要来。昌书去请新华银行代取斐［菲］款，并问得900元已存入育才户。"(《行知备忘》)

1月7日 王子若来访。陪沈钧儒看房子。晤冯玉祥，得知捐款人姓名为孙荪荃。在冯处见盛世才复冯电。晚访邹韬奋，见张似旅。又有章泯来访，会商雾季修学课程(《行知备忘》)。

同日 致函马侣贤(收入湘版《全集》第五卷，又收入川版《全集》第九卷)。

1月8日 印名片。写信证明育才到平价处购买。致电卢子英，请马侣贤派厨师来。又查育才及晓庄研究所账目。访陶桂林，"他允许年关补助育才"。又访黄炎培，"任之谈话态度令人不快，也许是他太忙了，无暇也不耐听取意见"。又写信与陈诚，送药两瓶(《行知备忘》)。

1月9日 "吴涵真谈到观音岩。写字送卡芬克。"帅昌书赴保育会接洽，"结果是由学校根据情况请求增加学生用品费"。又有李公朴来谈，请胡敦元翻译调查资料。卢子英来谈近期北碚情况及蒋介石访碚情形(《行知备忘》)。

1月10日 "俞文华至市民医院调查治疾病价目、时间。帅昌书分配介绍防空洞。"又见苏联驻华工作人员米克拉舍夫斯基，由邵林翻译，苏联潘大使改期相见。得张治中允，增"加研究所200元，连前500元"。又介绍朱启贤于邹秉文。访黄齐生，"他说俊侯卖友"。见王昆仑，接洽画展。殷金陵加入戏剧组，与舒非谈。晚宴合川县长袁雪崖。又有李公朴来访，索取美国通讯处(《行知备忘》)。

同日 发表《清水沙盘——献给全国小朋友》，刊《战时教育》第六卷第三期(收入湘版《全集》第三卷，又收入川版《全集》第四卷)。

1月11日 "开支票1 000元给宜天、亦伦，存中国银行备校旅用。托昌书提500元，付他100，付宜天100，备校用。"访孔祥熙，"请将补助中华经济研究社款直寄胡敦元"。访教育部部长陈立夫，"请补助育才科学仪器与乐器"。又买磁石一块，"一个月的搜索，竟买不到一块，今晚无意中得之，我如何毕竟得到，就在抱着一个目的，到处随时留意，终于达到"。

“协会电影挤不进去，折而访［章］乃器，适吃稀饭，一个月未曾尝此。”（《行知备忘》）

1月12日　“到米店学盛米，三石米来，大费踌躇。五吨煤运输：借篓挑运，冯宅及民生公司无，得宝航介绍，再去一试。从米店学盛米成功。帅到米店子买得工具，费洋25元。可装五担米。篓不必借，铁铲可借。船到，张望来，舒非未来。学生抬米，半天抬三担（老）。慰劳。”

“徐立人、王瑞符、方竹因到。瑞符身带3 000元来往桂渝，大不妥。我嘱其明早第一事为送钱存银行。帅主持渝校。”（《行知备忘》）

1月13日　“与张望、张宜天、帅昌书谈治校方针。运煤上岸。致函社会局卫戍司令部请备案（来渝见习）。致函王儒堂、陈诚、胡敦元、宋子文、胡适、杨静桐。竹因报告桂、皖事。”（《行知备忘》）

1月14日　徐立人来谈赴大竹买米如何节约一事（《行知备忘》）。

1月15日　赴沈钧儒宅（《行知备忘》）。

1月16日　调查各类米价、煤价（《行知备忘》）。

1月17日　调查大竹印刷资产。又与学生谈话（《行知备忘》）。

1月18日　十时与谭先生谈。八时，介绍《战时教育》经历李任子见方与严。“11时与老大谈，同去吃毛肚，买书。下午见董老。晚写信七封与文华带。”（《行知备忘》）

同日　致函马侣贤两信（收入湘版《全集》第五卷，又收入川版《全集》第九卷）。

1月19日　俞文华赴北碚，带陶行知致吴树琴、陶宏、马侣贤、孙铭勋、陆维特、戴伯韬信去。赴广东大酒楼，蒋清华请吃早餐，遇陈铭枢。买书。李公朴来谈。得米克拉舍夫斯基送《普希金纪念册》（《行知备忘》）。

1月20日　下午二时，赴沈钧儒宅。五时，赴学校。阅读并记录皖南事变事，“亲痛仇快!”又晤冯玉祥，“谈中国如何渡此难关”（《行知备忘》）。

1月21日　“今天最伤心之事是晓庄以来的通信被业余学校校友会之工人拿去换钱用了。前年我托［张］宗麟运港，宗麟托竹因保管，竹因托校友会保管，校友会大概是把它们当做废纸看待，于是十余年来，乡村教育运动、普及教育运动、国难教育运动、科学教育运动之史料一扫而空。竹因的学生有负所托矣！我为之不悦者竟日。这真是值得我们哀悼的。树琴、肖生有电话来。”（《行知备忘》）

1月22日　“空袭警报。十一时接树琴，未到。”写信与孔祥熙，介绍周申甫，并请其提倡“万有图片”。“程鹄来，嘱其接树琴，亦未接着。树琴晚坐木船到，洞若亦来。”又得知马侣贤私自盖章发陶晓光晓庄毕业证书，“不同意，电撤证明书”（《行知备忘》）。

1月23日 决定不租“夜上海”房。“决定生产事业物色专人负责，我不过问细则。”（《行知备忘》）

1月24日 草成《清水沙盘》一文，以“行知行谈”发表于《战时教育》第六卷第二期。估价整修房子。“开始自己烧饭。”（《行知备忘》）

同日 马侣贤作书信致陶行知，告知赈委会增加经费一事无望。

1月25日 得桂林电：汪达之病危。又赴阎宝航宅送过年礼。与徐必来谈（《行知备忘》）。

同日 致函陶晓光（收入湘版《全集》第五卷，又收入川版《全集》第九卷）。

1月26日 早访校中诸友，帅昌书、方与严等来谈，请方赴碚报告，买过年物。写信与马侣贤、力行、陶城。后赴阎宝航宅除夕晚餐。得赈济委员会来信，知“本年经费不增加”。致函阆中县长。又致函方芝岭，“谢代转育才900元捐款”。“知道昨夜宜天喝酒，喝得大醉。宜令其转换环境。”（《行知备忘》）

同日 致函马侣贤（收入湘版《全集》第五卷，又收入川版《全集》第九卷）。

1月27日 农历大年初一，赴阎宝航宅早餐。蒋清华来访，托向王雪生取墨。又送方与严返北碚，“彼四时即去，候车至七时半买到车票”。又访沈钧儒、章泯（《行知备忘》）。

同日 复马侣贤函（收入湘版《全集》第五卷，又收入川版《全集》第九卷）。

1月28日 为吴树琴修改《小孩比大人聪明》。又有帅昌书等来谈。读《卡列尼娜》（《行知备忘》）。

1月29日 得新旅21日信，知汪达之病稍愈，遂复函桂林，慰问汪达之：主健康第一，莫惜钱，莫忧虑。吴晓邦来访（《行知备忘》）。

1月30日 吴晓邦来。“吴先生还款150元，这是有信用之表现，我甚重其人。”（《行知备忘》）

1月31日 “访徐，谈。见司徒电。”又赴沈钧儒宅“商尽言责”，请邹韬奋起草。得知潘一尘所在，卢作孚已发旅费请来服务（《行知备忘》）。

同日 重庆《新华日报》刊发《陶行知拆字》一文，该文系陶行知在一次育才学校联欢会上的讲话，记录者：丛（收入湘版《全集》第三卷，又收入川版《全集》第四卷）。

1月 为陶晓光出具证明信（载川版《全集》第十二卷）。

2月1日 写信与孙荪荃，“致谢转捐吊礼100元”。政治部三厅三科裴功森来访。取款。又联名沈钧儒、邹韬奋、史良致函蒋介石，“请纠正暗中捕人，以保人权而重法治”。又派王瑞符学习成本会计，请方与严担任见习团副主任。

访冯玉祥并晚餐。又有部队路过育才，共同参加新年同乐会，与团长聊。嘱帅昌书辞张宜天。李任子的孩子病，送40元。“琴忠告我，处事无计划，当痛改，决定明日起清理信件，分别缓急，迅速治事。”（《行知备忘》）

2月2日 “李华来，付200元。”（《行知备忘》）

2月3日 陶晓光作书信致陶行知，告知在成都工作学习一切安好。

2月5日 嘱方与严复函桂林总社（《行知备忘》）。

同日 复陶晓光函（收入湘版《全集》第五卷，又收入川版《全集》第九卷）。

2月6日 “早托赵吉士督学带材料及100元与晓光。”（《行知备忘》）

2月7日 “裴功森来谈，他在政治部三厅三科服务文化。”（《行知备忘》）

2月8日 “送呈与经济部。”又赴魁顺饭店参加王瑞符与陆静霞婚礼。送药与孔祥熙。“查勉仲晚来谈至12时，他明天去白沙，后到叙永，再去昆明西南联大。”（《行知备忘》）

2月9日 早赴车站，未遇徐立人。写信与王云五，介绍陶宏所译《生物化学》。“今天米48元一斗，鸡蛋每十个三元。”（《行知备忘》）

2月10日 赴华西大药房买西药，费73元。“卢子英派卢云高看碉堡。付碉堡看守农人10元，付洗被5元交云高。”又与卢子英谈地方赞助学校事（《行知备忘》）。

同日 致函马侣贤（收入湘版《全集》第五卷，又收入川版《全集》第九卷）。

2月11日 早，与章泯谈戏剧组丰富学生学习事，介绍张骏祥。吴涵真来谈西北工合事。买《离骚》。又访刘大姊，得知2月1日联合沈钧儒、邹韬奋、史良的致蒋介石函“有些效力”（《行知备忘》）。

2月12日 “整天未出。看《鲁迅选集》。友光、富民辞行。钦宏来领稿费。”(《行知备忘》)

2月13日 “早，友光、富友、淑琴辞行。”得马侣贤信，知音乐组、社会组自习成绩甚好，治疟特效药报告改好。晚，与贺绿汀谈音乐家赞助育才事(《行知备忘》)。

同日 致函马侣贤(收入湘版《全集》第五卷，又收入川版《全集》第九卷)。

2月14日 访沈钧儒。后晤吴涵真。买《人文地理图书年报》(《行知备忘》)。

2月15日 “程来。嘱宜天住天官府。[王]瑞符担任所驻渝干事，出席三厅(即政治部三厅——编者注)茶会。”(《行知备忘》)

2月16日 上午谈桂林生活教育社社务事。后编《知行诗歌集》第六集。陶宏来信买仪器用品。“琴报告写就!”又招餐于魁顺饭店，到贺绿汀、胡然、黎国荃、巫一舟、夏之秋，组织育才音乐组指导委员会兼育才儿童音乐院筹备员，巫一舟为召集人(《行知备忘》)。

2月17日 编《知行诗歌集》第六集(《行知备忘》)。

2月18日 访沈钧儒、李公朴。又与新华银行结账。访叶兆林于大兴别墅(《行知备忘》)。

2月19日 编诗。叶兆林来访，告知房子已经打扫(《行知备忘》)。

同日 致函马侣贤(收入湘版《全集》第五卷，又收入川版《全集》第九卷)。

2月20日 编诗。与新华银行清算账目。邹曦来讨贝多芬唱片。鲁同来，力行来。集体写作《生活教育史话》。安娥、上官云珠来访，委托介绍田汉之子田大畏入巴蜀小学(《行知备忘》)。

2月21日 致函马侣贤(收入湘版《全集》第五卷，又收入川版《全集》第九卷)。

2月25日 发现报账原理。托汪亦伦代抄诗(《行知备忘》)。

2月26日 搬入叶兆林宅(《行知备忘》)。

2月27日 “收政治部60 000。”(《行知备忘》)

2月28日 马侣贤来，“我付330元。学校每人吃2斗米”。叶兆林请午餐。又付尹来弟10元。劝鲁同勿前往成都。又赴沈钧儒宅谈(《行知备忘》)。

2月—3月 致函马侣贤（收入川版《全集》第九卷）。

3月1日 上午九时，出席国民参政会第二届第一次会议开幕式，副议长张伯苓致词（《行知备忘》）。

同日 据黄炎培记述："上午八时，国民参政会第二届第一次大会在重庆浮图关国民大会堂举行。上午一时半电问仍无消息。七时，周、董来，以上午即须选主席团，而延安迄无复电，皆惶急。九时，至浮图关大会场与雪艇商，由余与君劢等提议，请将选举展至明晨。在八时顷，余与漱溟、舜生、衡山衔委员长命，以委员长名义劝之出席。取得复函，以个人不能作主为词。及议决展期，复偕君劢于十一时半转达周等，作最后之劝告。余乃忽感发热头胀、大疲乏，即卧。三时，复抱病至君劢家，共君劢、舜生、衡山、漱溟、钧任、努生商此事，万一决裂后如何应付。疲甚乃回家。"（《黄炎培日记》第7卷，第71页）

3月2日 上午八时，推举国民参政会第二届第一次会议主席团成员（《行知备忘》）。

同日 据黄炎培记述："六时半复电周、董，答不久即有复。七时电话即有函送来，嘱在家稍待。七时二十分送到周、董、邓函，提出新十二条，在未接受、未得保障以前不出席。八时即须开会，乃急赴浮图关，此事遂告一段落。我认为，此是中共政策改变之故，否则，条件亦已优厚，在往时求之不得了，在我算做了一番试探工作。八时，参政会预备会议，选举主席团（速记无记名），结果当选者：（一）蒋中正，（二）张百苓，（三）张君劢，（四）左舜生，（五）吴贻芳。出席百八十余人，国民党员一百零几席，此依其预定名单选出，但余尚得七十票。诸参政员以余努力调解中共事不成，纷纷向余慰问。续听王部长外交报告，翁部长经济报告。"（《黄炎培日记》第7卷，第72页）

3月3日 据黄炎培记述："八时大会。秘书长报告参政员毛泽东等七人提出十二条不出席事，余报告努力经过之事实，蒋主席未发一言，最得体。陈部长教育报告。谷部长社会报告。……下午三时大会，听张公权报告交通状况。"（《黄炎培日记》第7卷，第72页）

3月4日 出席参政会议。蒋介石、孔祥熙谈公债问题。听邝炳舜讲金山农人捐款抗战一事。蒋介石讲"不必担忧"（《行知备忘》）。

同日 据黄炎培记述："下午四时，蒋委员长以主任委员名义召集茶话会于嘉陵宾馆，被邀者全体参政员、常务委员、各大队长共二百余人。

先由褚慧僧报告，建议发动劝募战时公债。主任委员致词，副主任委员孔副院长致词。余报告本会组劝募要点。由邝炳舜代表来宾答词。当场蒋委员长认购，胡文虎认购，尚有某君认购。”（《黄炎培日记》第7卷，第72页）

3月5日 据黄炎培记述：“晨起临餐，服陶行知止疟药，到参政会后大吐，会医给服奎宁丸，不久亦吐。出席第四审查会（财政经济农林交通），案多时促，而病体实不支，则遂将各案分配大概报告毕，即请胡健中代理主席。”（《黄炎培日记》第7卷，第73页）

3月6日 蒋介石代表政府答复毛泽东文（《行知备忘》）。

3月7日 编好诗歌第六集。午十二时，赴蒋介石官邸（《行知备忘》）。

3月8日 修正诗歌第六集。下午四时，于参政会会场晤孔祥熙（《行知备忘》）。

同日 据黄炎培记述：“力疾出席参政会审查会，解决六案，交周炳琳接替为主席而回。”（《黄炎培日记》第7卷，第74页）

3月9日 读《圣经》等书籍，写感想。晚七时，访王立明、刘新（《行知备忘》）。

同日 据黄炎培记述：“上午、下午均大会，中间讨论张季鸾所草大会宣言稿，提出于大会。王雪艇见告，委员会命将被封停业之生活书店启封。”（《黄炎培日记》第7卷，第74页）

3月10日 国民参政会二届一次会议闭会。午，赴吴忠信宴。下午四时，访许世英。晚六时，赴安徽同乡会及省政府宴（《行知备忘》）。

同日 据黄炎培记述：“上午闭会式，蒋主席致闭会词：一、外交：美关岛设防已决，为九国公约效力回复之证，为我苦战三年有余之结果；二、内政须实事求是；三、经济须增加生产，节约生活。发表大会宣言，张主席伯苓朗读。莫德惠致闭会词。此国民参政会第二届第一次大会遂终了。”（《黄炎培日记》第7卷，第74页）

3月11日 晚七时，赴炮台街七号访孔祥熙（《行知备忘》）。

3月12日 午十二时，与黄兴夫人徐宗汉在广东酒家设宴招待邝炳舜，到孙起孟、吴涵真、沈钧儒，并送邝育才学校照片（《行知备忘》）。

3月13日 晚八时，赴中国饭店访友（《行知备忘》）。

3月15日 上午送治疟报告与孔祥熙。午，赴张治中宴。下午二时，召开生活教育社十四周年纪念会，到戴九峰、吴涵真、蒋清华等，会上号召“以创造纪念以往”。四时，赴沈钧儒宅会议（《行知备忘》）。

3月16日 写信约巫一舟、黎国荃、夏之秋、胡然为音乐指导委员会委员。聘臧长庚为育才之友。读《文学大纲》。“晚在外晚餐，并到‘欣欣’看旧书。树琴代李华抄报告付印。”（《行知备忘》）

3月17日 周恩来、董必武、邓颖超“宴参政员于冠生园，并未谈什么。左舜生说，张君劢不上台任主席，系因不愿读遗嘱，因他以遗嘱是汪写的。我有怀疑，不敢信”（《行知备忘》）。

3月18日 “蒋先生于十四日叫张淮南约周［恩来］谈。周签呈八事。蒋谓呈来批准。国事有望好转。见陈嘉庚电，闻他有辞职说。胡然、巫一舟、夏之秋谈儿童音乐院事。周贵德热心，为捐二万。改写《统治波浪》，成。”（《行知备忘》）

3月19日 “约音乐组小朋友于巫寓谈话，决停止开音乐演奏会，即日全体回校，请人赴校教导。”（《行知备忘》）

3月20日 “见邝炳舜，约为育才之友，并请其代约美国侨领钟高厚、司徒美堂、阮本万、李瑞门、谭赞、梅友卓、许成皿、曾云峰为育才之友。他答应。”（《行知备忘》）

3月21日 送邝炳舜，未遇（《行知备忘》）。

3月22日 “倦极，未去送邝。”（《行知备忘》）

3月24日 草拟晓庄研究所1941年度计划。又得陶桂林捐育才1 000元（《行知备忘》）。

3月25日 得政治部拨补助费500元。孩子剧团预演《乐园进行曲》。又赴沈钧儒宅（《行知备忘》）。

3月26日 婉辞保育会“四四”儿童节播音一事。访陈诚。晤张西曼、胡风。与方与严、宁远谈《战时教育》的工作（《行知备忘》）。

3月27日 请新华银行诸友看戏（《行知备忘》）。

3月28日 “全日预备育才之友聘书，航空挂号寄给：李瑞门、司徒美堂、梅友卓、谭赞、阮本万。”（《行知备忘》）

3月29日 “黄花岗纪念。柏烈武讲黄花岗运军火之黄克强夫人，现与彼与邻居——陋室中，为世所忘。”（《行知备忘》）

同日 致函马侣贤（收入湘版《全集》第五卷，又收入川版《全集》第九卷）。

3月30日 “送展览品与教育部，参加儿童节美展，发现标签上伍必

端十四岁又十三岁，余新十四岁又十五岁，写信劝告亦伦，一个字不能如此草率，要认真的干。”（《行知备忘》）

3月31日 “涵真、刚侯庆柏烈武。邓参政（即邓颖超——编者注）请客。我皆因病未能到。全日全夜发热。”（《行知备忘》）

3月 为克服育才学校艺术教师不足的问陋，组织成立了“见习团”，到重庆各艺术团体向各方面专家就教。

4月1日 寄菲律宾友挂号信三封：王振水，附收据二百元；杨静桐，附十月、十一月收据各五百；怡朗华侨妇女救国协会，附收据二千元。又寄曹叔平、陶刚航空挂号信一封。致函张军光以示谢意。致函古兆鹏，告知已收到怡朗华侨妇女救国协会捐款（《行知备忘》）。

4月2日 病稍好。宁远代执笔致函杨槐、曹寿昌。亲自执笔致函有光。“送校样《疟药报告》，琴校。”（《行知备忘》）

同日 作诗《海德公园》，刊同年6月1日《战时教育》第六卷第四、五期合刊，后又以《英国式之言论自由海德公园颂》为名载1946年1月25日北平版《民主》星期刊第十一期（收入湘版《全集》第四卷，又收入川版《全集》第七卷）。

4月3日 “洗澡，把一身污垢及病气尽洗光。向赈委会请发布。”（《行知备忘》）

4月4日 儿童节。将草率而成稿件“小文艺”收回。“寄信如下：（1）李秋生，求学。（2）秉农山，关于方炳文流落法国。（3）孙敦乐。（4）邝炳舜四人。”（《行知备忘》）

4月5日 分别致函曾俊侯、吴研因、孙敦乐。冯玉祥妻李德全“告诉我，去年儿童节我所写给她们提倡儿童之家，今天她们决议要进行了”。“今日物价：蛋2.5元十个；肉，纯精，4元；腰子一付［副］，6元；鸡，3.6元一斤。”（《行知备忘》）

4月6日 “我将以武训精神来创造育才：（1）自食其力；（2）叫化兴学。从今天起，每天平均要找人担负五个小孩之教养费。到五月六日全部经济解决，决心必以武训精神贯彻之。大水可把学校淹没，大火可把学校烧毁，强盗可把学校抢掉，政府可把学校封掉，我自动把学校解散，决是不可思议。”（《行知备忘》）

同日 在育才学校朝会上发表讲话（收入川版《全集》第四卷）。

4月7日 十二时，请吴涵真便餐。下午三时，参加刘湛恩先生逝世三周年纪念（《行知备忘》）。

同日 致函马侣贤（收入湘版《全集》第五卷，又收入川版《全集》第九卷）。

4月8日 寄信与孙越崎、郑朝、王正廷、黄齐生、陈双玉、陆有琴、操震球、汪达之、陆静山、寿毅成、梅贻琦、林云侠、陈鹤琴、刘琼瑶、顾大使、教育部及编译馆。又介绍吴晓邦、盛婕去借刘庄。晚六时，访张治中，“说新旅是优秀儿童集团”。七时赴王昆仑、郭沫若晚餐，商量冯玉祥六旬大寿写书画祝寿（《行知备忘》）。

4月9日 张军光自昆明来访，“约他为育才之友”（《行知备忘》）。

4月10日 赴冯玉祥宴，冯允“捐十人吃米，自四月起”。与张军光谈。晤徐佩镕（《行知备忘》）。

4月11日 赴保节院街60号访柏烈武及黄兴夫人徐宗汉。访黄次咸。访孔祥熙，未遇。寄信与吴研因转陶城。与吴树琴看《金锁匙》。又得王正廷认捐学额五名（《行知备忘》）。

4月12日 “寄毅成介绍信于曹，胡介绍中国茶叶公司陈公亮。”得古兆鹏转来妇慰会菲律宾分会1 059.53元。又计划近期拜访之人（《行知备忘》）。

同日 致函马侣贤（收入湘版《全集》第五卷，又收入川版《全集》第九卷）。

4月14日 存款。下午三时，赴沈钧儒宅谈“日苏协定”。晚六时半，赴杭立武为卫立煌所设之宴。又得柏烈武捐助学生一名（《行知备忘》）。

同日 下午四时，赴中大梁子实验剧院出席吴晓邦婚礼，并作诗《贺吴晓邦、盛婕先生结婚》（收入大孚出版公司版《行知诗歌集》，后收入湘版《全集》第四卷，又收入川版《全集》第七卷）。

4月15日 午十二时，晤卫立煌（《行知备忘》）。

4月16日 介绍范继森到校，并预付旅费50。下午二时，赴沈钧儒宅。又访陈光甫，未遇（《行知备忘》）。

同日 致函马侣贤（收入湘版《全集》第五卷，又收入川版《全集》第九卷）。

4月17日 访陈光甫。访东曙（《行知备忘》）。

4月18日 作诗《贺潘家寅、吴珊先生结婚》（收入大孚出版公司版《行知诗歌集》，后收入湘版《全集》第四卷，又收入川版《全集》第七卷）。

4月20日 裴功森来访，“请他写信约育才之友”。“致苏书我不签字。”（《行知备忘》）

4月21日 宁远来访。得廖意林来信（《行知备忘》）。

4月22日 访孟禄未遇，见司徒雷登。蒋清华来访（《行知备忘》）。

4月23日 “见孟禄、司徒雷登，司徒介绍傅泾波请我早餐。访王立明，她指示盐务局有办法。”（《行知备忘》）

4月24日 “孟禄请早餐，看育才照片。致各省主席书，请补助。”（《行知备忘》）

4月25日 送晓庄研究所请款书。送孟禄。访薛明剑（《行知备忘》）。

同日 作诗《谈天会一周年》，载郭以实日记（收入川版《全集》第七卷）。

4月26日 寄信梅贻琦、沈刚如，报告高士其住址。寄《幼苗集》与杨静桐。寄收据及《幼苗集》与妇慰会菲律宾分会。又得中国农民银行捐款五千元，存“聚兴城”。顾季高认捐学额两名。王瑞符赴育才教会计（《行知备忘》）。

同日 作诗《郭嫂邱夫人五旬大庆祝词》（收入大孚出版公司版《行知诗歌集》，后收入湘版《全集》第四卷，又收入川版《全集》第七卷）。

同日 致函马侣贤（收入湘版《全集》第五卷，又收入川版《全集》第九卷）。

4月27日 寄信与新华银行，为晓庄研究所三四月领款书。寄四月份收据与柏烈武。寄汉中女师十三周年纪念祝词。寄郭嫂五十寿词。寄信与高士其、杨槐。草拟《育才之友简则》及致菲律宾育才之友信。又申请赈委会增款。（《行知备忘》）

4月28日 “余心清允增2 500。”（《行知备忘》）

同日 访黄炎培（《黄炎培日记》第7卷，第95页）。

4月29日 “成志学社宴，寄梅到。”（《行知备忘》）

4月30日 “送寄梅过江，他允帮忙。访李杜于松园，他允帮忙。”（《行知备忘》）

春 物价飞涨，育才学校的经济十分困难，但仍严词拒绝国民政府教育部长陈立夫以解决育才学校立案和经费作为交换条件向育才学校派出训育主任的要求，保持育才学校的独立性。

春 桂林特务组织准备逮捕“新安旅行团”成员，李济深解囊资助旅费，让“新安”及时离开桂林赴敌后抗日根据地（《李济深年谱》，见姜平、罗克祥：《李济深传》，档案出版社 1993 年版，第 353 页）。

5 月 1 日 寄菲律宾育才之友信十七件，“共装九封，寄去聘书”。又整理通信处，“加拿大各地将完成”（《行知备忘》）。

5 月 2 日 “访鲁佩璋于重庆村，他对育才很同情，允向缪剑霜总办介绍，并约期相见。访卢作孚，他允写信三封介绍捐款。佩璋来，说剑霜允帮忙，约明日三时谈。访王炳南夫人及沈先生。访孙瑞璜于交通旅馆，他允主持上海捐款，并指示虞洽卿向同业公会介绍最有效。”又草拟《募捐缘起》及计划（《行知备忘》）。

5 月 3 日 “大轰炸。两路口、观音岩、学田湾、国府路住宅顶被炸破。三时，访缪剑霜，他允补助每月 6 000 于育才。赴费吴生约，十日他到育才拍有色电影。访张军光，他的朋友汪达人，愿以劝募公债手续费 600 元捐育才。卢作孚写信介绍去见电力公司刘航琛、金城戴自牧、美丰康心如。中山装旧衣翻新改学生装费 4.5 元。付中国制片厂 250 元为放照用。付宁远 2 000 元带往育校。”（《行知备忘》）

5 月 4 日 整理日记。送宁远赴北碚，托带 100 元与陶宏妻王醉霞养鸡用。又嘱王瑞符每晚来谈。准备次日发加拿大诸友信十二封（《行知备忘》）。

5 月 5 日 赴中国银行访徐广迟，交涉育才汇费减免一事，并写信宋子文谈为育才捐款事。访美丰银行康心如，“答应一年捐一次”。访金城银行戴自牧，未遇。访大陆银行，“吴恒勤知道行长为胡登尊，系胡子靖先生次子”。访王正廷，“他不久赴港转斐”。因公共汽车晚点，未赴张军光约。与程鹄谈，告知一个人要有专门本领与副本领，“甲、文书；乙、会计；丙、卫生，每人都得懂一点”。又交王瑞符《陆静山编战时国民读本呈部审查文》与《育才雏燕草呈局审查文》，嘱次日送审（《行知备忘》）。

5 月 6 日 访张军光未遇。寄晓庄研究所 5 月份请款书，寄 5 月份领款书与新华银行。“文华来领冯宅 800 斤米。草街子米涨至每斗 80 元（老斗）。余心清允许增加补助费自四月份起，公事于三日内办出。中国银行徐广迟由新行转知我：育才汇款每月在一万以内免费，一万以外每千 5 元。军光下午二时赴滇。”又得赈济会批准，从四月起每月增加补助费 2 500 元（《行知备忘》）。

5 月 7 日 访金城银行戴自牧，未遇。赴川康银行访刘航琛，“彼极愿帮助，拟于银行界商在六月底结账时设法”。又托新华银行从晓庄研究所账户提 9 000 元汇育才账户，免汇费。于交通银行遇缪剑霜，“知彼拟即批准每月补助费至图书、仪器，拟派员参观决定”。晤黄次咸，聘其为育才之友，并送照片一套。晤胡惇五，约于十五日以前告知补助儿童费用。付李任子聚兴城银行支票 1 000 元。

致函孙瑞璜，交捐款文件。致函缪剑霜，欢迎派员视察并告以路线。又托新华银行寄航空挂号信五封与加拿大侨胞。育才学校、晓庄研究所及生活教育社驻渝办事处：主任王瑞符；秘书蒋清华；出版李任子（《行知备忘》）。

5 月 8 日 请粮食管理局程副局长、谢明霄代卢作孚写信与大竹徐晶岩县长。访沈钧儒。访巫一舟，“他答应找学额”。寄航空挂号信二十封，包括墨西哥诸友。又整理通信处。“丁先生来取 4 000 元，为自然组买物，玻璃瓶。”（《行知备忘》）

5 月 9 日 “早，［王］瑞符送我们来碚。至碚警报。匆匆见区长一面，彼允星期三（14）与我谈。在金刚碚候警报。来碚旅费：汽车，17.6；挑东西，碚至金刚碚，3.0；船钱，碚至北沙沱，1.0（每人）；船钱，沱至草街子，1.0（每人）；挑东西，草街子至校，2.0。失夹子。六时到校。”晚饭后，约马侣贤、方与严、程鹄、廖意林、刘铁华、邹绿芷谈费吴生来校摄有色电影事，盐务局派员视察事（《行知备忘》）。

同日 据吴树琴记述：“早与行乘公共汽车回北碚，11 点钟到，在兼善公寓餐馆午饭。当时就有空袭警报。在警报中途至金刚碚，到时就放紧急警报。至二时半警报解除。搭船至草街子。走往学校的路上失掉皮包一个，复回头寻找，未找到，仅有回学校。”（《吴树琴日记》，藏南京陶行知纪念馆）

5 月 10 日 上午巡视学校，寻找校内优点及不足之处。公推邹绿芷赴碚迎费吴生，因轰炸，费未至。下午四时，又巡视学校。参加育才晚会，作演讲，谈婆罗门三神、国际形势与中国、学校及学生问题，并以团结自动为创校方针（《行知备忘》）。

同日 据吴树琴记述：“整理书籍，在合作社处布置晓庄药物研究所。图书馆合作社搬到学校里后，整理箱子，打扫房间。参观学校一周。晚饭后行向学校全体小朋友讲话：1. 希腊三神：建设、破坏、保守。学校以前缺保守神，而日下学校已有此神。2. 国际情形。3. 在重庆做武训的情

形。4. 希望小朋友永久自动团结。晚八时睡。夜半下大雨。汪卫清由家来。”（《吴树琴日记》，藏南京陶行知纪念馆）

5月11日 致函翦伯赞，同意约杨荣国前来讲课。“告诉陈贻鑫，建立绿汀、任光、黄自琴室，并创造儿童音乐院之基础。拟订晓庄研究所预算。”又参加“拍影主持人会餐”。又谈《战时教育》集稿问题，分创意稿、特约稿与普通稿（《行知备忘》）。

5月12日 中午，盐务局朱德君前来视察。晚，开会欢迎朱德君，准备表册预算。又得王瑞符信。寄信与许世英、新华银行、王瑞符（《行知备忘》）。

同日 据吴树琴记述：“朱德君先生代表盐务局来校视察，午刻到，晚开欢迎会，下午抄写信二封。”（《吴树琴日记》，藏南京陶行知纪念馆）

5月13日 早，写育才学校节略与朱德君。“知道周之廉任盐务局公益事业总干事，欢迎盐务局选学生来。”下午参加校务会议。“人不舒服，有疟疾复发之势。发表《课程改革大意》。”（《行知备忘》）

5月14日 “琴上街赶场。李华来说：澄江镇米跌至每斗75，草街子跌至80。”又与宁远、方与严、陶宏、马侣贤谈课程改革。范继森、刘铁华、邹绿芷相继来谈。得黄次咸信，知郑石均捐1 200元。“中午第一次吃干饭，并且琴姑买来的菜也弄得不错。”（《行知备忘》）

同日 据吴树琴记述：“早上去草子街赶场，买鸭五只鸡。”（《吴树琴日记》，藏南京陶行知纪念馆）

5月15日 “廖［意林］来谈学校、生教社。约邹［绿芷］、刘［铁华］、谭［得先］谈。发动‘战教’四、五期（六卷）编辑，并以战时生活教育为主题，请绘画组作木刻。下午与琴、清赴碚。经过温泉，洗澡。遇［张］曼筠。洗澡每人一元。晚访卢区长，他捐安哥拉兔一双，米可迟还。李华款，一部分可设法，育才四月后可大帮忙。晚餐。”（《行知备忘》）

同日 据吴树琴记述：“下午与行去北碚温泉洗澡。到家已黑，在区署晚饭。”（《吴树琴日记》，藏南京陶行知纪念馆）

5月16日 “承卢云高帮助，姜维清苦干，将书籍及药料一大部分运校。船钱24元，酒钱1元，挑力十人，每人2.5，共25元。理发，在‘兼善’午餐。临时云高设法，将‘安哥拉’一双用铁笼装来。走到金刚碚才赶上船，到草街子已六时。连夜书籍及药运到校中。”（《行知备忘》）

同日 据吴树琴记述：“早整理需件及书籍。9时警报躲科学社防空洞。12 时解除。与行上街寄信午饭。乘船返草街子。这次由北碚搬来东西很多，包船费 24 元。”（《吴树琴日记》，藏南京陶行知纪念馆）

5 月 17 日 “早，请邹绿芷赴碚接费吴生。请丁先生带桔子饼干来。早，［姜］维清独自将书架两个从草街子挑来，［陶］城、［俞］文华理书。发现学生读《石头记》。看学校卫生室，建议数点。早，参加学生朝会，介绍费吴生之为人，但今天犹未到。晚，琴误用桐油炒菜，我吐泻二十次，琴则大泻，只吐一次，城与维清吐而不泻。到半夜，怕是霍乱，派人请宏及屠先生来，过一些时才熟睡。章克安来。”（《行知备忘》）

同日 据吴树琴记述：“上午整理书籍，下午修补蚊帐。今收到吴潘信一封，知他俩已到昆明。晚误用桐油炒菜，饭后，行、蜜桃、王治平都泻吐至夜半才好。”（《吴树琴日记》，藏南京陶行知纪念馆）

5 月 18 日 “早请琴代写信与晓光。疲倦睡到十一时才起。看‘战教’编排。看《鲁迅选集》。留克安午饭，给他 20 元零用，并托他带 20 元与复旦汪沦。晚改《新武训》，改《合作壁报》，并写《从一个学校想到别的学校》。易必光说，合川买米十一石抵此。地斗九石九斗，花钱 7 000 有零。”（《行知备忘》）

同日 据吴树琴记述：“……晚为行抄写‘合作壁报’稿一份。”（《吴树琴日记》，藏南京陶行知纪念馆）

同日 复陶晓光函（收入湘版《全集》第五卷，又收入川版《全集》第九卷）。

5 月 19 日 “接巫一舟信说，他愿意长期帮助两个最好学生之学额。接张军光信，知道张瑞芝愿意帮助五位姓张的学生的学额。到明家院子认定制药室，预备造炉。清理‘生教社’文件及‘战教社’文稿。夜约邹［绿芷］、徐［立人］、谭［得先］商恢复合作壁报，并决以一半篇幅登载翻译稿。约屠公博谈实验止疟丸之预防作用。”（《行知备忘》）

同日 据吴树琴记述：“与行至明家院子看房子，找屋打灶。回来看莫斯科新闻。”（《吴树琴日记》，藏南京陶行知纪念馆）

5 月 20 日 “邹来借《普希金》《世界文库》第十二册。约易必光谈造制药炉。约丁先藩制物价伙食表。拟好《约制止疟丸办法》、《研究所四月份报告》。马肖生回来，［缪］剑霜、［康］心清、［胡］惇五、［黄］次咸及郑石均诸君皆未见到，嘱他再去。政局好转。”又写信与潘一尘，谈发动约制止疟丸。写信与政治部第三厅，送四月份工作报告（《行知备忘》）。

同日 据吴树琴记述："晚马先生由重庆回，带来恒智弟信一封，后到操场听行演讲。马先生在重庆任务未完成，预备隔讲时事问题。日仍去渝。"（《吴树琴日记》，藏南京陶行知纪念馆）

5 月 21 日 写信与吴涵真，寄照片及止疟丸报告。写信与汪达之，介绍港友。写信与陶对廷，约制止疟丸。写信与黄元汉，介绍朱友谦。写信与张瑞芝，谢捐五个学额并欢迎来校参观。写信与巫一舟，嘱其再与周苍柏商捐学额。写信与卫俊如，请其捐助育才。写信与陈诚，请其捐助育才学校。写信与缪剑霜，商讨领款手续。寄书与陶刚。写信与曹子云，商讨改正机械的生活态度。写信与潘百里，请其开具银行董事长名单。"晚，示肖生进行办法。今日牙祭。"（《行知备忘》）

同日 据吴树琴记述："完成高尔基纪念文章译文。行约香港和广东制造'止疟丸'。请涵真先生主持，并约安南陶对庭制此药，寄'止疟'药报告给立煌和辞修先生。本日行写了十几封信，假使他不能完成约言，要罚大洋十元，否则，罚我制菜饼给他吃。因为没有苋菜，我没有实行我的诺言。"（《吴树琴日记》，藏南京陶行知纪念馆）

5 月 22 日 上午，得马侣贤带回的致海外朋友信（《行知备忘》）。

同日 据吴树琴记述："请行代改高尔基纪念文章。"（《吴树琴日记》，藏南京陶行知纪念馆）

5 月 23 日 读爱丽丝·门诺尔著《诗的学校》。"写信与王云五，商订《研究所丛书》契约，收入宏译稿。派余文华、姜维清等至碚取卷宗，送学生去割盲肠炎［?］刘铁华来。寄往海外朋友信被扣。合川来调查粮食，不签名。"（《行知备忘》）

5 月 24 日 "费吴生未到。"写信与马侣贤，将致海外朋友信尽带回来（《行知备忘》）。

5 月 25 日 "寄函与陆静山，要《战时儿童国语读本副稿》。'谈天会'：陶宏讲，到者不齐，宜加图。发动绘画组来看生活照片刻版画、文学组来看生活照片写题词，发动图书馆之改造。"（《行知备忘》）

5 月 26 日 整理研究所图书。汪沦来，"托带二书还初大告"。又组织育才学生开展农业生产工作。得杨静桐汇洋 1 000。又得高秀治捐嫁妆费用 1 000 元。"马厂长说标本有四十套，可呈部分配。大竹粮管局不允米出口。"（《行知备忘》）

同日 致函马侣贤（收入湘版《全集》第五卷，又收入川版《全集》

第九卷）。

5月27日 草拟《集体创造历》，包含创造健康的堡垒、创造学问的气候、创造新型的人格。又运用“云五分类法”整理育才图书室。听刘铁华讲素描等技巧。邓少琴来谈。得马侣贤托程鹄所带火腿等物。得黄元汉信，允卓明芳去，并嘱介绍教员（《行知备忘》）。

5月28日 屠大哥来谈校务诸事。研究王云五图书分类法。吴树琴试验桐油、菜油区别。寄信与大竹粮食局，请发运米证。寄信与郑石均。寄信与新华银行（《行知备忘》）。

同日 致函马侣贤（收入湘版《全集》第五卷，又收入川版《全集》第九卷）。

5月29日 写信与李九皋，请其每周来育才。写信与秦沛南，请示大沱口木料事。寄书与陶刚。写信与马侣贤，嘱赴新桥取药。写信与吴珊。“邹惠珍带海丽来。约宏、远召集训练图书馆员。李九皋不能来，温泉可看病。大沱口木料有四根。凤翔来谈。寿龄来。”又提出多种节约办法（《行知备忘》）。

5月30日 端午节。杀猪过节。育才举行演说竞赛，二十二人参加，“伍必端讲得好”。“午后，农友及煤矿工友来的很多，打秋千，玩球。妇女们，我们请看兔子。晚间学生演习给农友看。新年及端午为乡人两大节，每年必须把握这社会教育机会。新年是一向注意，端午则忽略了。”又整理图书，上架、编号。又托刘先生设法将音乐院移入民房（《行知备忘》）。

5月31日 “早，向卢先生借洋500元。派船及王治平赴大沱口取木料四根，开始造炉。”又对育才学生讲节约运动及原理，开始用桐油点灯。开展学校大扫除。保育会五通桥院长章汶前来育才视察，“开欢迎会，晚上节目有三民主义舞及音乐”（《行知备忘》）。

6月1日 “研究所收回育才200元，存在我处。付李华30元。章［汶］先生去，全体欢送。朝会讲排起队伍来，一切排队：草鞋排队，马桶盖排队，锄头排队，图书排队，动的排队，静的排队，整的排队，散的排队，排队而进，排队而退。商议人事调整，绿芷荐李秉忱自代，许之。晚见大门乱排床铺、杂物，与李冬、李道逵肃清之，不盖桶盖的罚倒马桶（为病人）。寄药品通知单与宋承勋（新桥小学）。黄乾健来说，树根荐他人自代。”（《行知备忘》）

同日 发表《新武训》，刊《战时教育》第六卷第四期、第五期合刊（收入湘版《全集》第三卷，又收入川版《全集》第四卷）。

同日 发表诗歌《海德公园》，刊《战时教育》第六卷第四、五期合刊。

同日 发表《合作壁报》，刊《战时教育》第六卷第四期、第五期合刊（收入湘版《全集》第三卷，又收入川版《全集》第四卷）。

同日 发表《从一个学校想到别的学校》，刊《战时教育》第六卷第四期、第五期合刊（收入湘版《全集》第三卷，又收入川版《全集》第四卷）。

同日 发表《育才二周岁之前夜》，刊《战时教育》第六卷第六期、第七期、第八期合刊《育才学校二周年纪念专号》（收入湘版《全集》第三卷，又收入川版《全集》第四卷）。

6 月 2 日 “朝会讲校容：阵有阵容，校有校容，不是花钱做门面给人看，乃是有诸内必形诸外，内心要求真善美，则此真善美必定要求集体的表现。发现图书馆纸片满地，文学组的书堆在地上，召集图书干事及指导员会商解决。复黎继光，五月初十日六时参加音乐节目。木料抬来。”（《行知备忘》）

6 月 3 日 “昨日澄江镇米每斗 120 元，今早草街子米每斗 130 元。发现方纱罩在圆饭桶上，里面苍蝇很多飞出。与张亚生谈，请他担任环境卫生。看《17 世纪南洋》。见‘纪律周’标语。……久未吃饼，今天琴做葱油饼，如赴盛宴。”（《行知备忘》）

6 月 4 日 早讲卫生环境。参加朝会教师会议，作讲话。与丁先藩谈，告知米缺，恢复三餐稀饭等事宜。与马侣贤谈学校财务事。收到菲律宾所寄《战时店员》。“晚，集体探讨。刘铁华主讲《艺术与人生》。露天，月亮东上，五盏桐油灯，场面甚可观。”（《行知备忘》）

6 月 5 日 “集体探讨‘九一八’，宁远主持。”（《行知备忘》）

6 月 6 日 “新安学校立校纪念；文渼 12 周忌辰。朝会我哀之至，由竹因讲。我最后讲：把眼泪变为力量、汪母牺牲精神、文渼在实验《平民千字课》及工学处之贡献。晚，竹因讲《一个学校之创造》，我主缩食助‘新安’。”（《行知备忘》）

同日 致函金陵大学校长陈裕光（收入湘版《全集》第八卷，又收入川版《全集》第九卷）。

6月7日 “毛厕水多，蛆上浮，可捞以喂鸭，并以此法肃清之。晚，同乐会，李秉忱来。同乐会：文学组演《月下》，此戏系本爱尔兰剧情，甚佳。”（《行知备忘》）

6月8日 “请庄、谭、汪、朱处理募捐信。谭、庄最负责。……晚，谈天会，我主先讲地球，在荫里看。煤渣做三合土水池养鸭，可推行于澡盆。”（《行知备忘》）

6月9日 “开始修井。动员五学生写信，陈复生最佳。卢区长介绍周先生之女来学，允其加入试学一月。合川只买到三斗米。廖校长带学生来，送《民众抗战文库》与该校。[王]昆仑来信，允借苏联教科书翻译。四季豆做饼味似南瓜，甚好。”（《行知备忘》）

6月10日 “动员学生20人写信，将每人写的名字开下，以便考核。[王]昆仑、[曹]孟君、[罗]得先来。江西熊式辉主席介绍张学铭来参观。晚宴欢迎五先生。参观图画组，整理得很好。普式庚林（即普希金林——编者注）须整理，指路牌颠倒。”（《行知备忘》）

6月11日 “继续校正写信。下午开生活教育讨论会，宁远讲；我讲：（1）生活教育运动之经济基础；（2）教育改造与社会改造不可分；（3）评‘平教会’之四个目标（放走了一个大妖精）；（4）‘生教’之远景——大同世界、天下为公；（5）‘生教’之近景——打倒日本帝国主义。”（《行知备忘》）

6月12日 “监督写信。谭先生、庄严很负责。”（《行知备忘》）

6月13日 “继续校正写信。汪凤翔来，他只写了一封信便数日不见。我责其不守岗位，他不同意。我说客观上只有一封信为你辩护。”（《行知备忘》）

6月14日 “早，魏雨修来哭诉昨晚集体检讨。召集马[侣贤]、方[与严]、程[鹄]、屠[公博]、廖[意林]合商改正检讨会：（1）以教育手段纠正学生过失；（2）订立犯错误改正方法；（3）成立考核委员会为最高审判；（4）处罚：同学互动，劝告，警告，反省，记大过，短期试学，开除；（5）记大过以下由考核会审判；（6）开除由校长最后决定。宁远昨晚亲见检讨经过，觉其不妥。[罗]得先看检讨一半，不忍再看下去。这是孙铭勋的错误之惰性，我们必须根本纠正之。儿童乐园对儿童地狱。”王瑞符来，托其带去致国内外友人信件两百五十六封（《行知备忘》）。

6月15日 与丁赞先、王治平勘定剧台、钢琴地点。又与戏剧组谈话，同意上述地点并命其设计图稿，“即日移木挖土造台”。张曼筠来，托其带159—162号捐册。于原等三位代表来谈露天舞台装置建设事。“图书馆整理甚佳，可算达到标准。李携其子来，约秋季来学，他家有《合川志》，查古圣寺小史。晚会，请于原等讲，并演《钱》同未定稿《枪》。水成问题：大家各少挑一点，各家少挑一点，有水大家喝，水少大家省。”（《行知备忘》）

6月16日　“朝会讲用水之道，浪用者至少记大过。”又拟分工翻译《全国地理杂志》（英文），用以补充史地教学。（《行知备忘》）

6月17日　“教部派阮视察来校，似对音乐组很满意，并主全国采用本校办法。”（《行知备忘》）

6月18日　校务会议决定6月20日至7月20日为集体创造月（《行知备忘》）。

6月19日　易必光、吴树琴反对沿路造舞台，“觉得有理”。“夜集诸友重勘，定在和尚坟前建造。”（《行知备忘》）

6月20日　“集体创造月开始。一队造台，一队造池。讲写家信——孝。农友来说，四季豆种子不急取，则下雨必发芽而被毁。姜维清淘大井，自动甚好。吴乐善挖地造台，一人抵数人，我称之为英雄。动员十五人赶在雨前淘外井。夜果然大雨，二井皆清，农友与姜维清先觉之功也。”（《行知备忘》）

6月21日　“继续下雨。讲事，‘必有事焉’上下功夫：（1）这事与彼事之联系；（2）事之发展。看井，甚佳。井边澡盆造成——省人工挑水，屋檐取水。发现九个石架可作露天凳用。编成《地理杂志》目录，夜阅五月份三部报告。［俞］文华去碚，拍电大竹买米三十石，并拿书。”（《行知备忘》）

6月22日　请马侣贤赴温泉与邓少琴商议，并带170号捐册托其代募。再阅五月份校务报告。又托张再为起草数信：粮食部请拨采粮证、新华银行借款书、李组绅担保信、顾季高托借款书、谢明霄托帮忙信（《行知备忘》）。

6月23日　“朝会竹因讲《创造与创作》。屠先生宣布，因昨日打针，停止集体创造一天。这事宜事先商量，手痛者酌免，不痛者自能工作。创造月已去10分之1，所成几何？准备肖生进城文件。写名片介绍肖生见余心清、康心如、康心之、刘航琛、缪剑霜。运用‘战教’封面画做请柬。

继续昨日工作，整理育才创造史料。晚写信与孔庸之、顾季高、李组绅、新华银行、巫一舟。陶刚电汇 500 元，新华提 500 元。”（《行知备忘》）

6 月 24 日 黎明写信与许世英、黄炎培，托介绍孙瑞璜为育才捐款。又嘱关炯之、闻兰亭改五月份报告书及学生名册。“大雨，肖生赴渝。”（《行知备忘》）

6 月 25 日 “早，引导造舞台地基。事务部调查家具。指示露天课室三个地点。派王治平赴碚，写信给区长，托加紧捐款并为李华说明炼钢炉之效用，烧化之火砖也带去给他看。治平晚带两包旧日信件来。劝杂声社不出壁报而照原坚持。”（《行知备忘》）

6 月 26 日 “早上讲：两个肚、两种粮食、两个厨房、两种烧饭菜的大司务。讲学校的膳食跟图书馆学。”又读 6 月 22 日报纸，了解苏德战局，“此地离渝只半日路程，报纸要走五天才到我们手里，而且零落的来，可见邮政之迂缓急待改革，否则难以负起文化使者之任务”。

“今晚吃饭预备 40 斤肉。潘一尘来信：一万元制药。生教社有些成绩。”（《行知备忘》）

6 月 28 日 “唐必直来参观。完成鸡窠分居。”（《行知备忘》）

同日 书赠育才学校镜泉同学“十字诀”。

同日 致函马侣贤（收入湘版《全集》第五卷，又收入川版《全集》第九卷）。

6 月 29 日 “俞文华赴渝，托带致‘新华’书借 16 000 元，支票取研究所款，信取 111 号账户款。鸡病试医。”（《行知备忘》）

6 月 30 日 “打预防针。汪品三来。”（《行知备忘》）

7 月 1 日 “李华来领 200 元。区署派人来视察。四三师 262 团团长彭俊德、政治主任侯瑞桓来。”（《行知备忘》）

7 月 2 日 写信与楚珍、费吴生。写信与吴珊，托其约制止疟丸。捉臭虫。“小孩偷农家玉米秆者 30 余人。”（《行知备忘》）

7 月 3 日 付易必光 200 元。完成《育才二周岁之前夜》。托范继森带信及捐册与许世英、关炯之、闻兰亭，带信与刘良模。赴古圣寺小学讲《暑期生活及本校为农友服务之方针》，“力辟井门之谣，并说明处置学生偷玉米事，俾老百姓知道我们之来，是为老百姓服务”。马侣贤来，知盐务局又捐 6 000 元（《行知备忘》）。

7 月 4 日 拟定近期要写数信。又了解生活教育社、晓庄研究所六月份工作报告。俞文华来，带来冯宅米及史家家具等物（《行知备忘》）。

7月5日 “李葆和来信，捐认1 000元。”（《行知备忘》）

7月7日 “晚会讲：集体创造＝学生、师、工；加油＝增加资养＝精神动员＝保重身体；这台未成＝代表正在完成之中国抗战。”（《行知备忘》）

7月8日 得张治中信，知捐育才1 000元，径交新华银行。“宁远赴碚，寄‘战教’稿六卷6、7、8。寄海外友人通信处与刘良模，托其想法随地接洽。”（《行知备忘》）

7月9日 撰写有关写字指导的提纲。“今天《书家年表》造成。朝会讲：夏令卫生原则，不遵守者，害病自己出钱，无故而大声哭吵者，照坏钢琴之待遇：请他出去。写《二周岁请客简》。今日又买十斤肉。劝肖生实验吃玉米。勘定羊舍地点。金陵女大吴贻芳来信，把育才捐簿退回。记得晓庄封闭时，有冒充我子者谎言我死，她曾慨捐五十元作棺材费。一个死的陶行知比一百五十个活的难童还要紧吗?”（《行知备忘》）

7月10日 “寄发‘育才二周岁请柬’。贴法，帖标签。教小孩写字。大热，竹床半夜未凉。”（《行知备忘》）

7月上旬 致函育才学校董事会成员，署名私立育才学校校长（收入湘版《全集》第八卷，又收入川版《全集》第九卷）。

7月11日 寄信与新华银行，请其寄六月底账单及米贴。寄信与教育部，呈报本年计划及去年工作报告，并送审《战时儿童国语读本》及审查费36元。寄信与社会部，呈复分会情形（《行知备忘》）。

同日 与郭沫若、沈钧儒、茅盾、郁达夫等二百六十四人发表《中国文化界致苏联科学院会员书》，刊重庆《新华日报》（收入湘版《全集》第三卷，又收入川版《全集》第四卷）。

7月12日 “俞文华带信致张光宇募捐。分配整理图片25套。琴缝外国硬币。大雨半夜。”（《行知备忘》）

7月13日 托宁远赴渝带致宋美龄信、照片全套、募捐启、请柬、最近状况节略。又嘱古兆鹏查询菲律宾捐款二笔。发动肃清三害运动（《行知备忘》）。

同日 致函马侣贤、方与严（收入湘版《全集》第五卷，又收入川版《全集》第九卷）。

7月18日 准备《地理杂志》展览。写逸少斋、贝多芬、米开朗基罗匾（《行知备忘》）。

同日 致函方与严，致函马侣贤（收入湘版《全集》第五卷，又收入川版《全集》第九卷）。

7月19日 汪品三来访。又安排托尔斯泰展览及《书家年表》（《行知备忘》）。

7月20日 “两年前，育才在温泉开校，我讲‘正确的数目为治学之根本法’。早六时，行纪念式。我讲《育才与抗战与艰苦奋斗之奇迹》：（1）正确认识客观需要；（2）坚持到底之决心；（3）团结一切力量奋斗创造；（4）劳谦君子为集体创造之引导。复旦姚先生及曲仲湘，孩子剧团及志达中学代表讲。晚，演剧。金开煤矿工友十余人彩送煤炭。费吴生、罗迪维奇（Rodivitch）及费子来，摄活动影片。宁远回来。”（《行知备忘》）

同日 为因公遇难的育才学校会计雷醴泉书写碑文，誉其为“会计英雄”（收入湘版《全集》第八卷，又收入川版《全集》第四卷）。

7月21日 “我主张展览尽其可能延长，使一组之研究或成果，丰富其他各组之教育。检讨谈话会开于逸少斋。介绍汪品三于温泉。邢舜田来。孙谈赴赣抑赴兰。吴晓邦及盛婕来。”（《行知备忘》）

7月22日 “见朱振华，自说石碑上可以找出古圣寺史，特派他调查古圣寺史，并指示其找硬证据；同时，田兆法担任调查学校创造史。各与簿一本以便记载。”（《行知备忘》）

7月23日 “写信与［陶］晓光及［阎］宝航，附捐助。写稿致谢捐款人。改捐款簿为9月卅号及十一月十号结束。甘烈君负责。晚宴吴晓邦夫妇、李秉忱及邢舜田，邢患疟未到。

“朱振华来，调查材料几乎成册，彼一日之功较诸徐珩一星期之半页错误材料，益使我培养小研究员之必要。人才教育不是由小学而中学而大学而研究所，乃是从中小学而跳入研究所。在学阶段是赘疣，是阴消研究力。我们当立即开始培养研究小助理或小研究员。倘能在我们没有饿死之前培养成20位小研究员，则育才两年来之心血不白费了。”（《行知备忘》）

同日 复函陶晓光（收入湘版《全集》第五卷，又收入川版《全集》第九卷）。

7月24日 致函马侣贤（收入湘版《全集》第五卷，又收入川版《全集》第九卷）。

7月25日 “清理生活教育社账目。嘱文华登记。制文卷袋，治平制

40只。写信给姚文采，寄捐册。写寿诗送冯先生。”（《行知备忘》）

7月26日 “写育才之友聘书给陈道桢先生，由［杨］静桐转。写信与静桐。写信给美丰银行问存款。写寿诗送冯先生。梁漱溟先生有职员来，知道勉仁已搬来金刚碚，在北碚西部科学院办公，并要办勉仁书院。八十八师现住云门镇。彭副师长派陆科长来，托介绍艺术、宣传人才，并嘱本校参加‘8·13’大会。午约竹因餐叙。晚，蔬饼宴陆、刘、邢。”（《行知备忘》）

7月27日 “同学20人由谭、俞领导至碚。看实验剧院演戏，临行我讲：（1）艺术家之严肃态度；（2）礼貌（待人、饮食）；（3）步行至温泉，过渡沿大路走；（4）过渡不得玩耍；（5）有肺病、心病及不健康者不得去。晚，集议雷厉风行肃清臭虫，维持校容，继续展览，招待赈会。晚，接杨静桐来信……”（《行知备忘》）

7月28日 “看戏诸生回校。王万恩晚报告戏情。”（《行知备忘》）

7月29日 致函马侣贤（收入湘版《全集》第五卷，又收入川版《全集》第九卷）。

7月30日 “写字14种送江西诸友：送陈鹤琴‘劳谦君子’；邢舜田‘兼览群艺’；幼师‘宇宙为学校，真理是吾师；人类皆同学，学写创造诗’。邢代幼师借所1 200元付讫。”（《行知备忘》）

7月31日 “邢［舜田］回赣。”（《行知备忘》）

7月 总结育才学校建校两周年人才教育实践经验时表示（载1946年版《陶行知先生全集》之《念陶校长》，后收入川版《全集》第十一卷）。

8月1日 朝会讲创造年，表示育才是同学的第三家庭。又致信新华银行，托领参政会员补助。给私章与王瑞符，嘱领盐务局捐育才款。寄李任子支票两张共660元并附程信。致函社会部，告知改期送分社报告表。整理育才账目完毕。“夜，戏剧组送别袁明仁，悲。我劝大家收泪，把眼泪变成力量，创造的力量。”（《行知备忘》）

8月2日 “韩克林、袁明仁来辞行，上最后一课。韩说，育才精神是为大家，不为自己。袁说，即知即传。我加重创造精神，要贯彻创造精神，必须有劳谦君子的人格。晓光来信（廿七号），廿七日成都大轰炸，100多架，死1 000人。”（《行知备忘》）

8月3日 致函社会部，报告生活教育社尚未在各地成立分社，如成立则随时报告（《行知备忘》）。

8月4日 致函美丰银行，催报账。（《行知备忘》）

8月5日 “卢子英为周人举之妹退学，免其一月费用。”（《行知备忘》）

8月6日 李楚材、白动生来访，“晓庄老同志招待之”（《行知备忘》）。

同日 致函马侣贤（收入湘版《全集》第五卷，又收入川版《全集》第九卷）。

8月7日 “中苏文化协会征求签名，致函苏联同情予德法西斯之痛击。”（《行知备忘》）

8月8日 致函新安旅行团，告知张治中答允发去年应补之款千余元。致函参政会。致函新华银行，托领五月以后之款。致函王瑞符，望寄杂志（《行知备忘》）。

8月10日 得操震球同月五日信、曹叔平同月三日信，谓陶刚已到桂（《行知备忘》）。

8月11日 致函潘一尘，允付1 000元，并谓东南五省之止疟丸归浙江办，但每半年看成绩一次再决定。“吴珊征求在碚合资经营。允之《新童谣》校完。程大哥去渝，托带冯寿词。”（《行知备忘》）

8月12日 “60余人赴云门镇88师表演，庆‘8·13’。早讲：队伍不整齐者不能去，服从领队，对人有礼，避空袭。开始《村姑曲》校阅。”（《行知备忘》）

8月13日 讲成吉思汗的故事，并表示“挖更深之池，开更坚之石”，“创造新学校、新国家、新世界者，不可无此精神！”（《行知备忘》）

8月14日 与自然组讲《怎样做一个科学的孩子》（《行知备忘》）。

8月16日 “托［王］瑞符带信与侯霭昌，介绍帅之子（女生）。［邓］少琴来，郑礼晟来。写‘岳母教子’。学生自云门镇来。”（《行知备忘》）

同日 陈裕光作书信致陶行知（收入川版《全集》第九卷）。

8月18日 “写《妇女节》。《村姑曲》完全校成。尹来弟来。”（《行知备忘》）

8月19日 “朝会讲吃饭之道，吃之礼貌，快吃之害。”沈钧儒来访。又为学生改致胡惇五信，改致全国艺术家信。晚，参加绿豆汤会（《行知备忘》）。

8月20日 午后参加游艺会。晚出席谈话会。（《行知备忘》）

8月21日 李任子来。拓林来谈，决意赴兰州，“带小女去，而留妻在此”（《行知备忘》）。

8月22日 早与拓林谈，“应征求其妻本人意见，我才好写信介绍职务，果不出我所料，其妻愿同去”。又与戏剧组谈话（《行知备忘》）。

8月23日 “李华又无米，来领100，本月已拿去600了。写信与辛汉文等，欢迎他们来。嵇钰信到，‘新小’停办。”（《行知备忘》）

8月24日 致函安娥，告知不能接收田大畏。致函王昆仑，谢绝介绍学生。致函翦伯赞，欢迎其来讲学。读完英汉对照版《扬州十日记》，又读完古文小品。得陶刚来信、二舅母来信。“饭里有苍蝇，粥里也有，找廖［意林］、丁［赞先］，分别训练工友、学生盖盖。”（《行知备忘》）

8月25日 致函周瑞章为陶城报名。致函黄次咸谢绝新生。“饭盖：教师席未盖，厨房中未盖，数先生（丁先生在内）未见纠正，学生席都已照盖。”（《行知备忘》）

8月26日 嘱马侣贤拟信致楚珍，谢俞先生捐款，并寄收据（《行知备忘》）。

8月27日 写《文化锁匙——外国文》（《行知备忘》）。

8月28日 读日文、法文。看三国记（《行知备忘》）。

8月29日 上午看《爱在人间》。写字送董修乾结婚。草拟《创造年计划大纲》。午宴吴晓邦夫妇、何其熏、李任子。下午在林间开校务会议。晚在小山头开校务会议，通过《计划大纲》并组织伙食委员会。“精神甚好，决明晚招待工友，精神动员。”（《行知备忘》）

8月30日 寄《今年之日全蚀》与教育机关13处。派马侣贤、宁远赴北碚，取《图书集成》。写信与陶晓光及杨静桐。晚，参加工友娱乐会，讲《现代工人及苍蝇》。校对陶晓光编译的外文资料。“晚请铁与江叙餐”（《行知备忘》）。

8月31日 “八十八师过江，宁虎营长和士兵十余人住本校。”又检查时佩甲、郭璞、卫道静、周寿年等人工作。读《卡利浦之用》。殷金陵来，告知歇马场冯家洋房子学术空气甚佳。又确定各组生活指导员（《行知备忘》）。

9月1日 开学典礼，讲《幼年研究生之培养》。付李华200元（《行知备忘》）。

9月2日 写信与吴研因，托向南洋朋友致谢并报告（《行知备忘》）。

9 月 3 日 写信与卢子英商借《万有书库》。马侣贤赴渝，托其带致吴研因信（《行知备忘》）。

9 月 4 日 丁先藩来访。宁远得卢子英许可，明日护送《万有文库》来。方与严午赴草街子，欢迎王校长并宴请，顺购火炮以便欢迎《万有文库》。改写致友人募捐信稿八份，于五日后完成。下课后召集教师于逸少斋，商开名单及学习外国文。又教吴树琴日文（《行知备忘》）。

9 月 5 日 “书标语欢迎《万有文库》及《图书集成》。拿集体探讨、集体创作答谢《图书集成》，以万分努力、万分爱护欢迎《万有文库》。汉英对照文稿，张贴史地馆以便学习。十时，派学生五十人至草街子抬《万有文库》。”（《行知备忘》）

9 月 6 日 “派丁赞先赴碚察看书为何未到。丁晚回校，知道宁有小病，书要每本签字，准次日可到。教师会，我讲一个外语，一个题目。”（《行知备忘》）

9 月 7 日 “《万有书库》到，3 400 余册。派五十余人去抬，放鞭炮欢迎。看卡片，这部书代表民族资本家的文化观。读日文《一月通》及《日语会话》。送工友挂画，布置工友学室。”（《行知备忘》）

9 月 8 日 “整理《万有文库》，动员七位同学。我与宁远指导连夜排列成功。”（《行知备忘》）

9 月 9 日 “许静人先生七旬寿诗写成。写信介绍，推宁远代表祝寿。审查《万有文库》。”（《行知备忘》）

同日 为许世英七十大寿作诗《贺静仁先生七旬大寿》（收入大孚出版公司版《行知诗歌集》，后收入湘版《全集》第四卷，又收入川版《全集》第七卷）。

9 月 10 日 嘱宁远带信、诗、画、300 元赴歌乐山，转渝买物。派丁赞先出席欢迎草街子新镇长会议。得吴恒智信，有姚文采去世噩耗。草拟《文语小组办法》。送 400 克药与陶寿洪。“寄德华、淑彝捐册”（《行知备忘》）。

9 月 11 日 “早讲‘万里眼’。肖生回：赈委会布已送渝市民，无着，补助费领到 7 月份。渝‘大兴’修好，只要家具修好即可住。修改《创造年诗》。［陶］城决今年不入学，在家学习治学、治事法。……”（《行知备忘》）

9 月 12 日 讲荀子《劝学篇》（《行知备忘》）。

9月13日 早讲《万有书库》办法。李秉忱来谈。草街子新旧两任镇长来校商校舍事，马侣贤与草街子乡中心小学筹备长张敦廉口角。晚，马侣贤、方与严来商让屋限度（《行知备忘》）。

9月14日 “杨保长来，商借两大课堂为‘古小’用，允以深湾对调。王校长亦来，罗主任提出商借前排十三间大小房为最合，此非商借，而是并吞之野心，此与张某之口气相似，严词拒绝而打消之。戏剧组谈：站戏剧岗位；放弃明星主义；以热忱吸引导师。”（《行知备忘》）

9月15日 得蔡葵信，知其拟前来参观，遂复函蔡，请其于九月十八日来育才。致函鲁佩璋、徐堪，请购平价米。致函赈委会，申请九月份款项。致函新华银行，托领九月份款。致函王昆仑，约《普希金纪念册》出版。“戏台盖顶。商造夹壁，隔成四小房。范继森先生来，请其晚餐，约修钢琴之友来。晚，宁、竹会商研究生。外语小组报名廿九名。”（《行知备忘》）

9月16日 “带信四十四封，寄捐册及快信五封，系昨备者。赴碚。选购图书，得《故事的坛子》及《影绘》与《中国诗集精华》、《中德文学之研究》。为育才买字典。晚过碉堡。山芋发藤，须将叶下根尽除，留一根则能长。每一叶为一厨房，众厨养一人则肥，一厨养十人则不能活。”（《行知备忘》）

9月17日 “清理碉堡，焕然一新。子英来信，不忍再至碉堡，约我们午餐。我讲，出麻疹可用父母血预防及预防疲劳之休息。琴爱其鱼，我爱其芋。午后一时半，半走半乘船至温泉。宿温泉学校。草《九一八之夜》。”（《行知备忘》）

9月18日 “知道汪品三更多一点，他为人年轻，指示他办学必须以三民主义及抗战建国纲领为最高原则。洗澡。下山见邓少琴先生，借得《清史》四册及萧捐得萧一山著《清朝通史》二册。他向研究所借《四川贵州经济调查》，约星期派人送书、取书。坐小船来白沙沱，5元；改大船到草街，4元。温泉遇赵院长、朱医士（到西安者）、田女士。晚四时半到校，知道朗诵会昨晚已举行。陶城二学友来，约其入‘钟南’。未许，留宿。发信谢顾季高、周寄梅等。”（《行知备忘》）

同日 复陈裕光函（收入湘版《全集》第八卷，又收入川版《全集》第九卷）。

同日 作诗《“九一八”之夜》（收入大孚出版公司版《行知诗歌集》，

后收入湘版《全集》第四卷，又收入川版《全集》第七卷）。

9 月 19 日 刘铁华来谈绘画组事宜，并带来《日本辞典》一册、《经济辞典》一册。介绍有关中国农业问题及蔬菜种植法等书籍与俞文华。又拟作书信若干封（《行知备忘》）。

9 月 20 日 “文华赴复旦，托致书于葵望。致书江毅远托捐、杨静桐说明高款。”（《行知备忘》）

9 月 21 日 “汪沦来，害痢疾。……日食十至九时，走出门外，看见日影满地，自密叶细孔射下，后以小指造小孔，亦有此现象。每影呈娥眉月之形，但与日形相反。此为小孔反影，食时四周散光，不足以盖，故见之。品山等来借乐谱，送《活捉日本鬼》一册。研究法之研究开始，搜集参考书，城为助理。”（《行知备忘》）

9 月 22 日 “继续搜集参考书，研究研究法。梁启超说，研究文化史要用直觉，不能用科学方法，这是知其一而不知其二之说。译苏联儿歌。派王治平去借《清朝全史》（四册）、《中华》（日本稻叶君山著，但焘译）；并取萧一山著《清朝通史》上中卷，商务。《通史》为邓少琴先生所捐，《全史》系他所借。我同时借与他四川、贵州《经济调查报告》各一册。”（《行知备忘》）

9 月 23 日 寄春季、四、五、六、七、八月份报告与赈委会。致函鲁佩璋。致函叶兆林。致函许世英，请介绍虞洽卿。参加指导、研究两部联席会议，通过《创造年研究、指导部计划大纲》，会上作关于幼年研究生的讲话。又嘱马侣贤至易镇长处探取张敦廉挖育才意见（《行知备忘》）。

9 月 24 日 马侣贤赴渝。致快信与马侣贤，嘱其赴妇慰会领取 11 848.11 元。偕陶城在史地室寻参考书、抄材料（《行知备忘》）。

同日 致函中国妇女慰劳自卫抗战将士会（收入湘版《全集》第五卷，又收入川版《全集》第九卷）。

9 月 25 日 起草《荷叶舞歌》（《行知备忘》）。

9 月 26 日 吴晓邦来访。“完成《荷叶舞歌》，即交音乐组谱曲，戏剧组编舞。”（《行知备忘》）

同日 作长诗《荷叶舞歌》，刊次年 3 月 10 日《战时教育》第六卷第十、十一、十二期合刊（收入大孚出版公司版《行知诗歌集》，后收入湘版《全集》第四卷，又收入川版《全集》第七卷）。

9 月 27 日 晚会上讲在“顾全两校学生需要”的方针下应对张敦廉的

措施（《行知备忘》）。

9月28日 陶宏进城买书（《行知备忘》）。

9月29日 周械森、潘明夫来商校舍事，“共同抵抗强暴”（《行知备忘》）。

9月30日 晨，周械森等来校调解校舍纠纷。午，约周械森、潘明夫、伍纯仁、刘华安餐叙，到王秀峰、罗教导等，“举杯为两校小朋友庆贺”。下午，教德文；指导自然组选择研究题目。夜，听音乐组谱《荷叶舞歌》（《行知备忘》）。

10月1日 “早，向学生讲和解情形，并说建立分校。周先生约谈张敦廉，翻悔和解。偕朱振华访周先生，将卅日和解记录写成，请周［械森］、潘［明夫］二先生签字。”上午，教自然组选择题目研究。下午，教德文。晚，开会商讨应对校舍纠纷方针。晚，音乐、戏剧组通过《荷叶舞歌》谱曲，并推庄严整理。又决定派陈延庆、赵国英赴渝助王瑞符（《行知备忘》）。

10月2日 “准备赴渝，偕张再为走，吴思溪乘船。访太虚于缙云山，商定保护庙产。嘱琴、城来碚住。夜访子英，商请赵璧光先生。”（《行知备忘》）

10月3日 “陶宏自渝回。嘱写和解笔录、致袁县长书、契约。起草与（1）璧光先生信；（2）县长呈，乡长、保长公函；（3）肖生信，指示方针；（4）董事会致马副校长信。再为来，说易来表示调解无效。维清去校取书、物。派宏、城重访太虚。请宏准备自然组见习。”（《行知备忘》）

10月4日 “［姜］维清昨未来，疑被拉去当兵，近来拉兵甚盛，故为其担心。今早抵碚，知道一切事。商指导德文及自然组学习。”（《行知备忘》）

10月5日 中秋节。“屈、黄、余、陈访，先来即以古圣寺事告之。映光先生说，这事好办，你可说已有大土豪在，此小土豪不必来了。我说，大土豪的领导者是屈先生。”又有韩安来访。致函施则凡、胡经扶。草拟致蒋介石函。

晚，赴冯玉祥宅赏月，王牧师出示冯玉祥诗及译稿，“唱三歌，柿一，月饼一，梨子一。竹平说，梨、苹果不能相接，乡人话不可信。王牧师说，晓庄事发，彼在南京，人问他我何以脱，王说，他知道，所以行了。我说，不然，我是行了才知道的啊!”又有鹿钟麟、薛岳来冯玉祥处拜节，谈长沙大捷等事（《行知备忘》）。

10月6日 “昨晚伤风，一直到现在未愈。缮写致蒋委员长信。起草与赈委会信。”读《孔子家语》《巴县志》（《行知备忘》）。

10月7日 写成致蒋介石函。嘱赵副官带信赴合川见施则凡。晤鹿钟麟，“他欢喜白杏山诗，谈游击队，他说点名则毁”。又晤韩竹平，谈办杂志事。午，抵渝。先赴“大兴”，又至新华银行取款。又持沈钧儒名片访陈汉清律师，陈答应任育才法律顾问，“起草登报，付250元报费”。晚，“叶宅备冬瓜、腊肉请我吃饭。代为缝被，安睡一晚”（《行知备忘》）。

10月8日 “早，楼下炊烟上升，窒息不能睡，五时即赴史［良］宅。候大姊起床，读俄文。商量之下，史大姊不必列名法律顾问。写信与保育会，报告侵占校舍，并请求保育生米贴。起稿代致胡司令、袁县长函。访沈［钧儒］，倦极，睡一小时，起则广告已由沈老写好四份，盖章。沈宅午餐，冯子刚在。买柿，蝇争食，我战不胜，吃一口即弃之，易以桔。见陈律师，商登报使醒目。宜昌克复消息确否不可知，市民大放鞭炮，挂国旗，可见人民望胜之殷，而急欲破此沉闷也。”（《行知备忘》）

10月9日 “叶太太煮三蛋。见冯夫人于康庄，早餐。早，赴沈［钧儒］，谈登报。与沈老访徐堪不遇，见刘秘书长，须教部提；走访陈［立夫］部长不遇，见彭百川，允设法。转史良处谈，在史宅午餐。［屠］公博访胡佛未晤，留太虚信。决［屠］公博明早回碚。陶宏来，女病肺炎。见董［必武］老，甚健谈。冯［玉祥］宅米被毁4 000斤，育才牺牲十人三月粮。”（《行知备忘》）

10月10日 得马侣贤七日快信，知菲律宾万元、千元捐款均到。陶宏送屠公博赴碚。见冯玉祥，冯劝阻致蒋介石信。见张志让。约复旦陈子展（国文）、林一民（化学）、伍蠡甫（英文学）、初大告（英文学）、陈望道（语文）、潘震亚（法）来育才演讲。又赴沈钧儒宅谈。当日宜昌遭日军轰炸，敌用毒气（《行知备忘》）。

同日 与张澜、沈钧儒、胡愈之等发起组织民主政团同盟。

同日 作诗《乡下先生之缩影》。后扩展为《抗战时代之乡下先生》，刊1945年12月23日《自由导报》革新6号。

10月11日 访陈纪彝、史良、李德全诸先生，为育才请米。赴“新行”午餐。取500元。又赴吴恒勤处小睡。身体不好，夜早睡，吐两次（《行知备忘》）。

同日 晚，吴树琴致函陶行知（藏上海中国文化名人手稿馆），略谓：

……调解笔录不知还需要否？今天来不及写，明日再抄寄给您。……今天听见丁先生说，据传张某日下转变目标，在告本地的士绅。您将来办好了，就可以回来吗？在那里，吃住都不十分便当，还是早回来好。此地冷静得很，整日的光阴，都是消磨在书本上，假使我若是目不识丁的人，真不知如何度着这样寂寞的生活，幸而现在能将我的心寄托在书本上。

10月12日 寄寿画与吴树琴父。寄“达夫物理”与吴恒勤。派陶宏参观国防科学与妇女展览（《行知备忘》）。

10月13日 看望陶鹤。访赈济会南朗西，知“布已分完，第二批未到”。安娥、屈武来访。王瑞符来，托其带信与冯玉祥，并托领政治部款项。买宣纸、墨、印泥等，“以备写纪念状”。访罗得先，“借宿舍为戏剧组代表住，并备照相”。访张西曼，“劝其托人接老母，不要自己去”。夜在良三友书店费79.9元购得德文《诗经》、尼采《超人》、英文《水浒》、《四国会话》、《俄、英文法》（《行知备忘》）。

10月14日 “早上会范鹤言未晤。早闻一谣言，即去陈纪彝处询问，她说并无其事。下午领得3 000元，登入育才账户。买得德文《马克思传》，费30元。今早冻了，买被两张，季龙等谈。［俞］文华来，将要校中做之事一一请他记下。宁先生送图章及呈文来。”（《行知备忘》）

同日 致函马侣贤并转育才全体同志、同学（收入湘版《全集》第五卷，又收入川版《全集》第九卷）。

10月15日 “［俞］文华赴碚，［陶］宏送到站。金钟鸣来，他在剧艺社管道具。会陈延祚，托约见孔时间。查：十一时见客，告史良。在［王］炳南处见着杜［月笙］先生。晚在沈［钧儒］宅谈参政会。［曹］孟君说平价米有法可想。会［张］西曼不晤。托宁［远］带药与陶寿淇。”（《行知备忘》）

同日 复函育才戏剧组、文学组同学，谈推选代表赴重庆见习一事（收入湘版《全集》第五卷，又收入川版《全集》第九卷）。

10月16日 王瑞符来谈灾童收容所事宜。又赴王昆仑宅晚餐，贡献儿童之家、访书及设立科学环境意见（《行知备忘》）。

10月17日 “宋先生答应创造儿童乐园条件电。马［侣贤］带人来。戏剧组学生到。王遂安来，信未带，粗心。派赵国英赴万岁剧团接洽见

习。访冯［玉祥］，见［冯］治理从德国来，［知］希［特勒］叫外人做工，本国人当兵。”（《行知备忘》）

同日 作诗《送洋水浒给焕章先生》（收入湘版《全集》第八卷，又收入川版《全集》第七卷）。

10月18日 “写信与保育会整理委员会，请平价米。派［陶］宏教戏剧组英［文］、算［术］。电［育才学］校：纠纷俟董事长来解决，并写信。沈［钧儒］宅谈提案。史［良］宅午餐。冯［玉祥］宅晚餐。冯夫人为子生日整天要乘汽车（公共）去陈家桥，不得。晚出小孩生辰糖果款客。母爱伟哉！令我想念地下之老母。晚读俄文五课及《心的跳动》、《我决定》、《美丽的双手》、《1862年之白宫厨房》、《致夫人及妻子》、《偿还不完的第一次轮船旅行费》、《阿布·本·阿第亨》。”（《行知备忘》）

10月19日 “访郭沫若，谈中国古代史，他对于《诗经》、《书经》、《易经》都觉得比从前估计得近。他约我讲一回，我愿准备讲‘创造的教育’。路遇郑君里，请他对戏剧组讲。与来渝学生约：（1）慎言；（2）集团行动，不许私访友；（3）女子因公出外，须二人同走；（4）见习之闲，即在‘文化之家’等候特约教师并自习；（5）我随时路过即来点名，并考核成绩。王庆余带文［学组］、社［会组］、自［然］组代表来。晤［陆］璀之姑。读俄文一课。鲁迅五周忌辰，太倦不能去。夜二时，睡不觉，起来译成《1862年之白宫厨房》，并写信与陈纪彝。三时半再睡，梦里做诗几句，醒来觉得不错，题为《谷子在仓里叫》。”（《行知备忘》）

同日 翻译 *Heart Throbs* 之《一八六二年之白宫厨房》，刊1942年3月《战时教育》第六卷第十、十一、十二合期（收入湘版《全集》第三卷，又收入川版《全集》第六卷）。

同日 吴树琴作书信致陶行知。

10月20日 “早叫［陶］宏抄‘白宫厨房’及致陈［纪彝］信带去投递。会张纯之，领得被套、棉花15床。约好明天领12 200元为学生做衣服。张女士颇有慈母心。［陈］延庆来（陆女士音干班可取）。钢琴问王泊生借用，写信介绍王泊生。陈来访，劝其先派女考国师。完成《谷在仓里叫》三首。马肖生来，知道娄［律宾］妇慰会10 000元已到，龚诗砖［章］1 038元已到？访冯［玉祥］，请［冯］治理讲德国风土人情。会见陶希亮？焕公介绍。文［学组］、社［会组］代表领被11条。读《心的跳动》，第119页，歌德：《真实的休息》。［刘］良模来信，已代募捐，大为

可喜。”（《行知备忘》）

同日 作《谷子在仓里叫》，刊1942年3月10日《战时教育》第六卷第十期、第十一期、第十二期合刊（收入湘版《全集》第三卷，又收入川版《全集》第四卷）。

10月21日 “早译成斯特森著《我决定》，给［陶］宏教渝小孩，并寄［吴树］琴、［陶］城。写信介绍［马］肖生去见彭石川、吴闻天、秦景阳、陈纪彝。肖生见张纯之，衣被可发。”

“见孔庸之。约好十一时见面，候二小时，客人很多，最后在会客室里相见。他说，好久不见了。我说敝校二周年，承您捐三千，谢谢您。小朋友作品三册，请您指教。米又涨了，怕小孩们营养不够，请您再捐一万。他说，我再捐一点。这是捐簿，请您写。他写下：‘孔祥熙五千元。’并说，叫我的秘书付。门口遇见陈延祚，我把簿子交他看。他说，我代你领，后天有。这是最快的募捐，一分钟便完成了一切，我要为育才筹定半年粮再回校——好，就这样办吧!”

“任老谈《光明［日报］》……朱振华要研究苏德战争，为找材料，弄到全报一份。交《谷子在仓里叫》给明星作曲。谭得先许别的同学去洗澡，但无热水。领得保育会制衣费12 200元。”（《行知备忘》）

同日 晨五时，翻译斯特森所作《我决定》一诗（收入湘版《全集》第四卷，又收入川版《全集》第六卷）。

同日 复吴树琴函（收入湘版《全集》第五卷，又收入川版《全集》第九卷）。

10月22日 “偕冯洪志去CC协会讲德国战时生活。路遇段超然。路遇郑葆常（健峰），介绍买棉花，约明晚谈。冯交施则凡信及卫戍部告示。介绍学生去见张骏祥，请予见习《北京人》之机会。”（《行知备忘》）

10月23日 “从陈延祚处领得孔庸之捐育才5 000元。会冯夫人，报告《1862年之白宫厨房》。参观灾童教养所，与教职员谈话，告以教育上之经验：（1）发展师生之同情心、同学间之友谊；（2）予以有意义之工作；（3）予以丰富之教育；（4）进行团体自治。该所教师尚好。郑健峰谈治痢疾单方：当归一两，白芍一两，只［枳］壳一钱，槟榔一钱，炒菜服子二钱，车前子一钱，甘草一钱。肖生与王庆权分头买布及棉花。”（《行知备忘》）

同日 吴树琴致函陶行知（藏上海中国文化名人手稿馆），略谓：

昨晚一口气写了几首辞不达意的诗，……请您代为修改一下，……中大附中……还招考高中学生，蜜桃最好让他去考，因为他在家里不能依您的话做功课，叫他每星期做二篇作文，到现在一篇也没有做，他说做不出来，……连日的下雨，终日闷在家里，好不愁忧！

10 月 24 日 “早起，草《对灾童教养所之建议》。早到中苏协会，晤谭得先，谈协会拟请育才孩子演戏（11 月 7 日）。晤蒯伯赞，允不久即去碚讲学。琴来信，附来其寿亲诗，甚好，略改数字寄回。……教大家开收条。”（《行知备忘》）

同日 为岳父母寿一事致函吴树琴（收入湘版《全集》第五卷，又收入川版《全集》第九卷）。

10 月 25 日 “王庆权押运布、棉、被赴碚。”（《行知备忘》）

同日 致函吴树琴（收入湘版《全集》第五卷，又收入川版《全集》第九卷）。

10 月 26 日 “僧晓书来，坏和尚倒［捣］乱。学生请［张］西曼讲苏联。西曼立志译儿歌及儿童剧本。大冷，向张纯之借大衣六件、棉袄 10 件，送与见习生。刘维炽请客，同席有何东子、刘成禹父子、地政局萧局长。”（《行知备忘》）

10 月 27 日 “介绍冯［玉祥］先生、史［良］律师与僧晓书，以安其心。史［良］允为常年法律顾问。保育会开常务理事会，通过保育生发米办法。此皆冯［玉祥］、史［良］、安及吴市长夫人力主之效。［曹］孟君未出席。安娥与冯夫人夜里来，告诉好消息，真人间观音大士也。晤胡然，彼有修琴师介绍。”（《行知备忘》）

10 月 28 日 “马肖生中午去。朱振华、舒元玺来。介绍朱振华访问冯［玉祥］先生，请指教苏德战争。买《自然创造史》，11 元，比稿纸还便宜。冯夫人谈为保育会捐款。李秉忱介绍赵光民相见。”（《行知备忘》）

10 月 29 日 “李秉忱辞，我要他告诉高就性质，以便权衡轻重。他为一图书馆服务，允为见习生教英文，我许之。会丁总干事。”（《行知备忘》）

10 月 30 日 “函请财政部盐务公益费管理处分发十月补助费。沈钧儒宅谈后至上清寺，遇徐鉴平（她说最后一天，否则十月份米去了），请徐即至保育会开条与刘全英，请其拨米。学生代表来诉苦，费时甚久。至刘［全英］处，彼已派人取消十月份米。请徐［鉴平］追去挽回，我则去新［华银］行取款。我到恰巧，在取消前挽回。赶至陈纪彝，请其通知。倦极，睡至12时。写：（1）《白宫之厨房》；（2）《谷在仓里叫》。编好［《战时教育》］六卷十至十一期。”（《行知备忘》）

同日 致函马侣贤（收入湘版《全集》第五卷，又收入川版《全集》第九卷）。

10月31日 “写呈文将《刃锋木刻选》付审。将‘战［时］教［育］’六［卷］10与11［期］与［李］任子付审。访刘全英，未晤。留字托其存米。访黄次咸，存物。提［晓庄研究］所款1 000带碚。提己款500。立案五万元。照相16元。朱振华允早回，竟未回。二时，雨中偕醉、黑（即王醉霞、陶鹤——编者注）回碚。晚八时到碚。［陶］宏早去校，晚九时又至碚找字条。”（《行知备忘》）

11月1日 “与［卢］子英谈中学校址。询问张博和立案手续，托抄文件。遇［阎］宝航于途，请吃午饭。一时坐大船赴校，五时到澄［江］。走，七时到校。晚餐后与同志们在小山头谈。武胜简易师范十余人来校参观，领导人杨先生住研究所。”（《行知备忘》）

11月2日 “早与同学们讲与米赛跑——努到最后一斤力，动员一切朋友，说服一切朋友及力量。向武胜简师参观团讲《育才十字诀》及《怎样做小学教师》，并写《诗之学校》送他们。发歌与音乐组郭惠英、陈贻鑫。晚，会商防备土匪办法，即日实行戒备。”（《行知备忘》）

11月3日 “早，观察学校，甚好。音乐组负责洒扫之地，不行。讲《无声之乐》。”（《行知备忘》）

11月4日 “买湖笔46支，甚佳。”（《行知备忘》）

11月5日 “开会商议冬防，当晚组织。”（《行知备忘》）

11月6日 “［陶］城来信，草率，去信纠正。善堂请全体教师。晚，本校请善堂，演《活捉日本鬼》。三小时准备即演出，打倒明星主义之效也。勘定碉堡地址。写‘育才之友状’。”（《行知备忘》）

11月7日 “三事与善堂商议：（1）借房一间，以备了望；（2）后门草房拆一间；（3）捐建碉堡。写‘育才纪念状’。”（《行知备忘》）

11月8日 “早会讲明星与签字（参也鲁），无笔之画。俞文华赴渝取米。东阳镇国民小学参观，四川省辅导团参观，讲《育才十字诀》。［与］各部主任谈话。赵璧光先生来，请其主持公道。”（《行知备忘》）

11月9日 “早讲四度创造、保存新衣、待人礼貌。致函袁县长，请其另创新校，许育才依法独在古圣寺。胡世珍等二人赴渝，排‘为了大家’。伙食委员会开临时会：前月每天 4 斗 3 升，现 3 斗 8 升，月省 1 500，除去预备客饭，每月省 300。夜，各部主任开会，［邹］绿芷供给许多事实。卢厂来谈。”（《行知备忘》）

11 月 10 日 “与李道逵谈立志，与陈文达谈立志。偕［吴树］琴赴碚，访［卢］子英、［赵］璧光、［张］博和皆不晤。”（《行知备忘》）

11 月 11 日 “写信与赵璧光，申诉一庙两校之非计。看兼善［中学］芭蕉分栽，甚佳。写信 12 条与［马］肖生转学校。偕［吴树］琴赴渝，带鸡去。路遇杨瑾瑜。写信托［朱］振华带教养所同志，嘱其交所借棉衣，记名还。”（《行知备忘》）

同日 致函马侣贤（收入湘版《全集》第五卷，又收入川版《全集》第九卷）。

11 月 12 日 “早，张旭东送衣服来，只有燕昭华一人无问题，余发还重补整。写信与见习团二封：一促其整理归还所借衣服，一促其保护‘新水’。代［陶］宏寄信与［陶］晓光、郑先生。代宁远寄社会部，问稿费。见史良，她发晓［庄］、育［才］法律顾问证书。见［王］炳南，谈时事三则。参观教养所，成［绩］甚好。我讲：三民主义中融会贯通与双手万能。访［黄］次咸不晤，见鲜［特生］先生，知道物在。访辛汉文、许裴，参加排戏。访刘全英，借与 400 元。”（《行知备忘》）

同日 致函育才驻渝见习团两信（收入湘版《全集》第五卷，又收入川版《全集》第九卷）。

11 月 13 日 “早，写信与保育会借万寿宫。陈纪彝说，要请命王夫人。我问王夫人是谁，她说就是张蔼真。再定是否提出，常务会决定。为吴、王谋妥协。与宋先生商见习生何时可出教养所。在万寿宫与见习生谈话。访仲老未晤。付张旭东 50 元。送晓研十、十一月领款书于新［华银］行。”（《行知备忘》）

同日 致函育才全体同志（收入湘版《全集》第五卷，又收入川版《全集》第九卷）。

11 月 14 日 “早至冯公馆，鹿瑞伯（即鹿钟麟——编者注）见客，冯［玉祥］先生避寿，不知何处去。他问我是否在我家，我说不知。他说去年是在我家避寿。我始悉：去年今日，冯先生忽至我家送菊花，乃避寿也。见屈武，在冯宅。他说朱振华和他谈了 2 时半，奖许为‘新教育成功之证’。

“送‘晓研’10 月与 11 月请款书及工作报告于赈委会。杨瑾瑜来，请其早餐，与一募捐册。访沈［钧儒］，访史［良］，托说服借万寿宫。广西灰布要过些日子才有，访赈委会南［朗西］处长，布可担保而米则不成。途遇赵肖梅及‘志达’张校长，张校长说，粮食部可批官价买米。访教部，彭［百川］、陈［立夫］都不在，吴司长说无望。访粮部，二部长不在，刘秘书长允呈部长批准官价采粮。明日备文去。付中苏协会伙食费 360 元，收谭得先捐款 150，［晓庄研究］所垫 210 元。

“闵冈侯宴黄夫人（即黄兴夫人徐宗汉——编者注），我陪。请黄夫人与汉留主持人予育才以相当之协助，以解决校址。［马］肖生来信，中央银行汇到阮晋经募之 1 093 元港币，计国币 5 962 元，甚喜。他已寄新［华银］行代取。”（《行知备忘》）

同日 发表诗歌《焕章先生六旬大寿》，刊《新华日报》，署名黄山陶行知敬祝（收入大孚出版公司版《行知诗歌集》，后收入湘版《全集》第四卷，又收入川版《全集》第七卷）。

11 月 15 日 “早，在史公馆商提案，决《经济案》以平定物价为中心，《民主案》以言论自由为中心。马肖生抄县长训令来，雪崖以命令代法律，实治丝纷而乱之。持训令与沈［钧儒］、史［良］二律师商对策，忙而无结果。下午访陈汉清律师，不遇，遇其弟陈嗣麟，查得《监督寺庙条例》第六条。与沈［钧儒］老同访周恩来、董必武，劝中共出席［二届二次国民参政会］。延安来电，参政员因事请假。晚访张仲老（即张一麐——编者注）于交通大楼，沈［钧儒］老也在，即请仲老托沈老起草致电合川县长。与沈老起草电报，当晚拍与袁县长。”（《行知备忘》）

同日 致函育才全体同志（收入湘版《全集》第五卷，又收入川版《全集》第九卷）。

11 月 16 日 “民主政团大同盟张君劢、张澜、左舜生请客 50 人于俄国餐厅，报告大同盟经过。日前他们已在驻会委员会公开，今日则向各党派公开了。国民党有王世杰等，中共有周恩来等，救国会有沈衡山等，职教社友黄炎培等被邀出席。……二时，赴［郭］沫若创作 25 周年及五旬大寿纪念，焕公出席。会后，我请焕公派手枪队四人到校保护，他允派郭允照先生即去。我今日送郭沫若诗四首。”（《行知备忘》）

同日 作诗《送沫若——沫若创作 25 周年及五旬大寿纪念》（收入湘

版《全集》第八卷，又收入川版《全集》第七卷）。

11 月 17 日—26 日 出席国民参政会第二届第二次大会。

又 会议期间，与胡秋原等提出《正式承认自由韩国临时政府及独立阿比西尼亚王国案》，编号三十一号，连署十九人，载《国民参政会第二届第二次大会记录·提案目录》，与梅光迪等人共同提出《为征购粮食弊端百出请速急申明禁令以纾民困而维系战区人心案》（收入湘版《全集》第三卷，又收入川版《全集》第四卷）。

11 月 17 日 “第二届第二次参政会开幕。委员长主：民主国家解决日本，寸土不失。张仲仁致答辞中有：‘满清末年，多磕头少说话，我们宜多讲话，不可沉默’。中共得张岳军、王世杰先生释放叶挺之保证，由董［必武］、邓［颖超］出席。团结有加，全体为国家庆幸。下午，郭部长报告外交，甚好。夜访黄［兴］夫人，彼纵谈辛亥革命及如何救国，诚一奇女子!”（《行知备忘》）

同日 据黄炎培记述：“晨九时，国民参政会第二届参政员第二次大会开幕，以军事委员会（重庆段牌坊）大礼堂为会场，出席参政员 173 人，主席团蒋主席中正主席，行礼毕，主席致开会词，计费一时又二十分。次林主席森致词，由王秘书长雪艇宣读，末公推张一麟致答词，说及对民主政治意见。中共参政员董必武至此因力劝而出席。……下午十五时，听军［政］部部长何敬之（应钦）军事报告。余提询问案：《美助我飞机实况》。外交部长郭。外交报告会毕，夜黑，蹲伏大车尾而归。”（《黄炎培日记》第 7 卷，第 181 页）

11 月 18 日 “早，财政部报告。俞次长说话不慎，引起许多质问：（1）他说现在中国系货币增加而非膨胀；（2）又说市场尚常见不着钞票；（3）米之指数为 23 倍；（4）亏 60 万万如何补充，未说明。向参政会提《儿童之宫案》，儿童之宫包括：（1）剧场（2 000 人）；（2）展览厅；（3）图书馆；（4）宿舍；（5）音乐馆；（6）俱乐部；（7）科学实验馆；（8）工艺室；（9）电影院；（10）美术馆；（11）体育场；（12）史地馆。于 11 月 21 日前提出，征求 100 人副署。

“范旭东允为育才捐款。下午睡以解倦。［吴树］琴去接洽买布，并询刘全英要借若干。取得研究所 1 050 元支票，付刘 700 元。晚宴辛汉文、张立德、周峰、苏丹、章超群、孙建白、姚宗汉、张尧等十三人，祝戏剧指导委员会成立并商日程。后，吴晓邦、［孙］施宜、石凌鹤加入讨论，组织儿童剧本编译委员会：孙施宜、石凌鹤、尹伯林、赵慧深、安娥、陈白尘、刘念渠、徐昌霖、戈金、江印、张骏祥、石志祥、杨村彬、阳翰笙、陈鲤庭、贺孟蓉、张西曼、曹静［靖］华、王语今、李嘉、孩剧团、《儿童月刊》、农宣队、育才学校、陶行知。”（《行知备忘》）

同日 据黄炎培记述：“晨八时，续会，蒋主席，听取财政次长俞鸿钧财政报告，末对物价上涨认为于纸币发行增加无关，颇受参政员多人质问。余提出关于香港广东银行汇款吞没嫌疑案。次交通部长张嘉璈交通报告。……十五时续会，听取经济部长翁文灏经济报告；社会部长谷正纲社会报告。”（《黄炎培日记》第7卷，第182页）

11月19日 “买中、苏、英、德对照书7册。”（《行知备忘》）

11月20日 “写《中央儿童学园》及《化除青年烦闷》提案，夜二时写成。”（《行知备忘》）

又 《设立中央儿童学园以倡导幼年社会教育案》《化除青年烦闷发挥青年精神以保全民族元气而增加抗战建国力量案》（收入湘版《全集》第三卷，又收入川版《全集》第四卷）。

同日 据黄炎培记述：“午后二时，物价问题讨论会。物价问题讨论会徐柏园报告：一、出口货到英美，海关问该外汇是否交与政府指定之银行，否则不得进口。二、向英美购货，所持外汇必凭四行，否则不准购。”（《黄炎培日记》第7卷，第182页）

11月21日 为昨日所写两提案征求副署人签字（《行知备忘》）。

同日 据黄炎培记述：“上午，参政会第五审查委员会（教育文化组），余与刘百闵、杭立武为召集人，余主席，为中学军训案审查员争议颇多。余所提《如何减除民众痛苦案》连署人过额即交秘书处了。……下午，审查会，仍为主席，至四时假归，料理会务。”（《黄炎培日记》第7卷，第183页）

11月22日 “卢前送中兴，鼓吹。”（《行知备忘》）

同日 据黄炎培记述：“参政会续开大会，余所提滇缅路视察团案修正通过。夜，蒋主席招全体参政员会宴嘉陵宾馆，余座近朱骝先，与之长谈。餐毕，观《长空万里》电影，描写航空人员热烈情形。”（《黄炎培日记》第7卷，第183页）

11月23日 午，南京高师、东南大学、中央大学同学假卡尔登饭店宴请任职或毕业于校的七名参政员，出席并会见胡梦华等人。又买《简爱自传》(《行知备忘》)。

同日 据黄炎培记述:“八时赴审查会,听取军训部杜心如处长报告,军训自民十八始,难在人选问题。……午后一时半,五组召集人会商政府交议案,共同草拟报告问题,余被推起草。”(《黄炎培日记》第7卷,第184页)

11月24日 王云五允印育才学校编撰的《普希金纪念册》(《行知备忘》)。

同日 据黄炎培记述:“第五审查会,余为主席,自八时半起至下午二时始止,全部审查完了,即在新运总会饭。此次审查到最后时,绝不懈怠,其中,军训一案费时最久,有数案涉及学校党务问题,亦颇能和平讨论。……午后十五时,续开大会,余之“减除民众痛苦案”通过了一部分。”(《黄炎培日记》第7卷,第184页)

11月25日 “下午三时,选举驻会委员。陈其采先生坐在我旁边,接到一张条子,他看不清楚,托我代看,是党团要选的名单,我把自己机械的做成有声电视,读给他听。张澜等提《实现民主以加强抗战力量树立建国基础案》,主席团保留,代以四项。保育会允借宿舍,以五十人为限。”(《行知备忘》)

同日 据黄炎培记述:

上下午各续开大会,吴贻芳主席,头脑清俊,口齿明朗,处断敏确,女中之杰,洺阅提议案中多有价值者。下行,张澜、张君劢、左舜生等廿三人(余与连署)提《实现民主以加强抗战力量、树立建国基础案》:……经主席团决定予以保留。另提案四条:(一)加紧促进地方自治抗战终了时即召开国民大会,制定宪法,实施宪政;(二)充实战时民意机关;(三)明令各机关选贤与能;(四)维护人民一切合法自由。以上四事,均请政府施行,以促进民治,加强抗战力量,于全场和悦的气氛中通过。余所提减免民众痛苦案,登台说明:一、望大家读一遍;二、民准备吃苦,但不愿吃不必要之苦;三、痛苦不能断定谁造成,但减免是吾辈责任;四、痛苦不予减免,是大乱之源;五、政府负责设施,社会唤起舆论;六、抗战使民族得一生路,今后赞助政府确立民权制度,一方解除民生疾苦,才是实现三民主义。选举驻会委员,余任监选员之一。(《黄炎培日记》第7卷,第184页)

11月26日 “休会。老百姓生活比战前好些——议长说。张仲老之

子结婚于加［嘉］陵［饭店］，一贺。杨耿光宴客于永美厚［饭店］——晤汤午桥。”（《行知备忘》）

同日 据黄炎培记述：

晨八时，续开大会，议案全了。十时，国民参政会第二届第一次大会闭会式，蒋主席致词，极诚恳。录要如下：民24前，赣战未结，过此才准备抗战，仅一年半，所以有今日，乃中华民族到危难时，举国一致，表现其特殊之爱国心故也。明年重要施政：（一）统一收支；（二）田赋征实物；（三）新县制；（四）县议会皆望赞助。宪政是国父遗教，是既定国策，越早现越好。若可行不行，此政府将不打自倒，望赞助、监督、督促。学校、机关劝人入党是好意，入党是国民义务。宪政实行后，当然是多党制，但训政时则否。各党派只要不违反三民主义，政府定扶助之。如果大家合作，要加无数力量。对本会检讨和衷共济，很好，但：（一）或说话太长（我也常说到范围外）超过时限；（二）勿践空。……下午，张仲仁子为鼎与罗秀云假嘉陵宾馆结婚……（《黄炎培日记》第7卷，第184—185页）

11月28日 代育才买药（《行知备忘》）。

11月29日 赴嘉陵新村参加白崇禧所设安徽同乡之宴（《行知备忘》）。

同日 马侣贤及育才同人作书信致陶行知，告知校舍纠纷一事。

11月30日 赴交通银行参加聚餐会。晚，赴广东酒楼出席周恩来、董必武、邓颖超为参政员所设之宴（《行知备忘》）。

12月1日 “访［吴］兆棠于‘青干班’，并见秀瑞。在班午餐，询得合川县党部书记为陈季质。请李琢仁致电陈季质，请协助育才校舍。［吴树］琴自歌［乐］山回。见程署长。”（《行知备忘》）

同日 致函马侣贤，复函育才学校同志（收入湘版《全集》第五卷，又收入川版《全集》第九卷）。

12月3日 访谭赞、拉铁摩尔（Latimore）、陶桂林（《行知备忘》）。

12月5日 “整理账目。决定四学生见习办法。”（《行知备忘》）

12月6日 “田绍英自告奋勇向中国国货银行托捐，完成三千之数。整理账目。张仲老（即张一麐——编者注）对学生讲话于万寿宫。”（《行知备忘》）

12月7日 “再晤［王］云五。承阎宝航介绍，借阎明远房，管家巷廿八号，今日去看，知道是财政部向盐务局所借。”（《行知备忘》）

12月8日 “日美开战。早访鲁佩瑜，托代借28号房。”（《行知备忘》）

12月10日 “搬入28号。鲁佩璋来信，28号［房］已还盐务局。”（《行知备忘》）

12月11日 “会丁干事，托交信与缪总办，请借28号。郑用之允借抗战堂及导［道］具。讲太平洋战地图。”（《行知备忘》）

12月12日 “会缪剑霜，面请借28号。缪即嘱郭耀宗（季屏）庶务主任问28号事。郭答：‘管家巷无人管。’我说：‘让我们代管也好。’”（《行知备忘》）

12月13日 致函马侣贤、陶宏、邹绿芷、音乐组，由汪亦伦带去。致函赵璧光，邮政快寄一至合川，一至三汇坝。午，卢子英来谈（《行知备忘》）。

12月18日 冯玉祥夫人李德全来谈沈骊英追悼事，并谓其将于明日赴巴小演讲。写《麦之女神》《育才自然组挽诗》（《行知备忘》）。

同日 为追悼沈骊英女士作诗《麦之女神》（收入大孚出版公司版《行知诗歌集》，后收入湘版《全集》第四卷，又收入川版《全集》第七卷）。

12月19日 “写吴［树琴］致挽［沈骊英］诗。冯夫人早晨派人拿她写的挽骊英诗来，甚佳。生教社的程方郭谈设驻渝办事处及明年方针。”（《行知备忘》）

12月20日 将挽沈骊英三诗用宣纸写好，送李德全转去（《行知备忘》）。

12月21日 “赴沈［骊英］女士追悼会。约朝鲜临时政府金九先生茶会于广东酒楼，胡秋原致欢迎词，金致答词。参观吴麟若画展，见许士骐及其夫人。麟若以一体育学家而从事国画，成了画迷；迷则专，专则有成。他所画之牛及新篁，无人能及。东大、南高同学中，张宗麟之教育、卢前之文学、张其昀之地学、吴麟若之画，可算是有成绩了。”（《行知备忘》）

同日 以吴树琴名发表诗歌《挽骊英女士》，刊《新华日报》追悼骊英女士专刊（收入大孚出版公司版《行知诗歌集》，后收入湘版《全集》第四卷，又收入川版《全集》第七卷）。

12月22日 “晤汤壶［午］峤，请其援助育才。晤缪剑霜，请其加育才每月三千。写信辞《反侵略歌》之撰作。［马］肖生来信，附来县令要育才拨校舍，袁雪崖糊涂如此！史公载明日飞腊戌，托带捐册。濮纯（精一）来谈朝鲜民族内幕。”（《行知备忘》）

12月23日 拟定三日内须拜访之人及须完成文章。又“沈宗汉茶会于中苏协会。领被20条，张纯之先生真是观世音菩萨”（《行知备忘》）。

12月24日 “早晤杨［杰］大使，彼愿尽全力助建经济基础。九时开会，讨政［论］国际局势。晤鲁佩璋，彼愿与李署长、马司长谈，助成增款三千。张主席岳军、李琢仁、黄仲翔诸委员，致函县长及合川书记长，快函寄去。田绍英允助销票。晚谈生教社工作计划。”（《行知备忘》）

12月25日 “写信送捐册、旨趣、节略，找宁远送与杨使。”（《行知备忘》）

12月26日 “马［侣贤］信今天看到，知明日县府有人来，来已来不及。陈光甫与孔夫人飞来，黄夫人说。找名册不着。汽车人挤，下车推，坐［座］位让人。车行，上车无坐［座］位。”（《行知备忘》）

12月27日 “［俞］文华去校，带文件、方针去。晤鲁佩璋，谈甚快，彼已与秋述谈。晤郑用之、史东山，请为《表》之演出。”又计划数日行程。晚六时，赴新丰园菜社出席韩国宴会，到金九、濮纯、黄炎培、沈钧儒、褚辅成、郭春涛、冷御秋、王炳南等，获赠《韩民及韩国的愤怒》（《行知备忘》）。

同日 据黄炎培记述：“韩国友人金九（临时政府主席，住和平路吴师爷巷一号）、濮精一（纯）招餐新丰园，同席慧僧、衡山、御秋、行知及王炳南、郭春涛，陪者赵素昂、严大卫、李范爽，见赠李著《韩国的愤怒——青山里喋血实记》及《韩民月刊》。”（《黄炎培日记》第7卷，第201页）

同日 致函马侣贤（收入湘版《全集》第五卷，又收入川版《全集》第九卷）。

12月28日 “［俞］文华来，知道县府未于27日派人来。陪丁先生看电灯装置，预算7盏，1 500元。”又赴百龄餐厅参加李保谦、蔡子固结婚礼（《行知备忘》）。

12月29日 “苏丹、史东山、郑用之、程宁远、刘厚生谈演出具体办法，推苏丹起草预算。”（《行知备忘》）

12月30日 “催苏丹预算于明日寄来。晤于去疾，甚爽快，答应租与（管家巷房）。音乐组、绘画组、刘铁华、庄严等来。”（《行知备忘》）

12月31日 “早，草拟《31年度生教社计划预算书》。早，作九、十、十一月报告。《刃锋版画》出版。与郑用之立约公演《表》。鲁佩璋致

函李倜君。致函康心如、刘航深、社会局与警察局。”(《行知备忘》)

本年 送萧志鹏、刘国钧、王智等七个育才学生赴延安学习。

同年 针对冯玉祥作《四季豆》诗，作诗《戏为四季豆辩护》（收入湘版《全集》第四卷，又收入川版《全集》第七卷）。

1942 年
（民国三十一年　壬午）　51 岁

1 月 1 日　美、苏、英、中等 26 国在华盛顿发表共同宣言。

1 月 5 日　蒋介石就任中国战区最高司令。

4 月　延安整风运动开始。

6 月 4 日　中途岛战役爆发，后美军获胜，取得太平洋战区的主动权。

7 月 17 日　斯大林格勒保卫战拉开帷幕。至 1943 年 2 月以苏军胜利而告终。

1 月 1 日　“早派郭弼昌代表社送慰劳品手巾 100。拟营养券推销名单。晤胡秋原，允销票。午，携琴看［管家巷］28 号。徐让房一间，我为他隔房两间。勘定必须修之处，订立合同，交梁老板办。看慰劳。晤刘全英，彼愿在海关方面劝销。蒋清华十一日下午来，在广东朋友方面劝销。”（《行知备忘》）

同日　参观重庆市立女中。晚，参加全国经济资源委员会举办的精神总动员晚会，发表演讲（载《回忆陶行知先生》，后收入川版《全集》第十一卷）。

1 月 2 日　“十时，‘抗战堂’会商演出，到郑［用之］、程［宁远］、刘［厚生］、苏［丹］。十二时，与辛汉文会商演出。一时，宴程、程、陈、朱于至圣宫。下午，监视修梁，晤丁慕韩，彼愿以书面征求三常委同意。晚，［吴］恒勤来。”（《行知备忘》）

同日　据阳翰笙记述：“午后，……汉文来访。汉文来谈儿童剧运颇详，并主张我们须用大力以助陶先生。我很同意。”（《阳翰笙日记选》[1]，第 4 页）

1 月 3 日　“十一时，抗建堂会商。午刻，宴巫［一舟］、夏［之秋］、

① 本书版本信息为《阳翰笙日记选》，四川文艺出版社 1985 年版。后文从略。

黎［国荃］、范［长江］、胡［然］。四时，胡骧文宴于中苏协会。”（《行知备忘》）

1月4日 赴中苏文协出席金九所设茶会。午，于新味腴设宴招餐（《行知备忘》）。

同日 据阳翰笙记述：“在办公室里将公务处理完毕后，即偕郭、尹两兄赴行知先生及汉文兄之午宴。席间，陶托计划儿童学园，请写儿童剧本。我虽被派到一剧，可是自己觉得没有把握。”（《阳翰笙日记选》，第5页）

1月5日 育才学校为筹募经费，定日内来渝分别举行绘画展览，话剧公演及音乐演奏。绘画展览为十日至十五日，话剧公演为二十日至二十五日，音乐演奏为三十一日至二月一日，地点在中苏文化协会及新运服务所二处。该校主持人陶行知顷已来渝筹备。该校学生十分之九来自战区，尽系难童，年来试行人才幼苗教育，颇见成绩。平日经费系仰赖海外侨胞捐助（载本日《新华日报》，见《陶行知年谱》，第437页）。

1月7日 下午二时，赴鲜特生宅（《行知备忘》）。

1月11日 作诗《〈新华日报〉四周纪念》，刊《新华日报》（收入三联书店版《行知诗歌集》，后收入湘版《全集》第四卷，又收入川版《全集》第七卷）。

同日 育才绘画组在渝画展，同月十五日结束。

同日 据黄炎培记述：“夜，为会同事蒋宗仁，朱立淳及刘本志，梁宗璧各新婚设茶点贺之，招男女同事之未婚者，陶行知适到，大谈婚姻问题，为诸同事鼓励。”（《黄炎培日记》第7卷，第208页）

1月15日 陶晓光作家书致陶行知，告知安好。

1月18日 据阳翰笙记述：“听华的怂恿去看了育才小朋友演出的《表》，果然不错。演主角那个孩子，真很聪明。”（《阳翰笙日记选》，第11页）

1月19日 由吴树琴代笔复函陶晓光（收入湘版《全集》第五卷，又收入川版《全集》第九卷）。

1月26日 致函马侣贤暨育才全体留校同志（收入湘版《全集》第五卷，又收入川版《全集》第九卷）。

1月—2月 组织育才师生向社会汇报见习后的创作成果，举行戏剧公演、绘画展览、音乐演奏。

2月6日 致函马侣贤（收入湘版《全集》第五卷，又收入川版《全集》第九卷）。

2月7日 致函育才学校全体同学（收入湘版《全集》第五卷，又收入川版《全集》第九卷）。

2月11日 据黄炎培记述："陶宏来，为其父行知所办育才学校推销入场券。"（《黄炎培日记》第7卷，第220页）

2月24日—26日 中共中央召开陶行知教育思想讨论会。26日，李维汉作总结发言。

3月2日 致函马侣贤（收入湘版《全集》第五卷，又收入川版《全集》第九卷）。

3月9日 致函赈济委员会（收入湘版《全集》第八卷，又收入川版《全集》第九卷）。

3月10日 发表《谷子在仓里叫》，刊《战时教育》第六卷第十期、第十一期、第十二期合刊。

同日 发表《荷叶舞歌》，刊《战时教育》第六卷第十期、第十一期、第十二期合刊。

3月11日 致函马侣贤（收入湘版《全集》第五卷，又收入川版《全集》第九卷）。

3月15日 假重庆管家巷28号举行生活教育运动十五周年纪念会，作讲话，阐述了生活教育的特点，刊次日重庆《新华日报》之报道《活的教育的模范——生活教育社昨纪念十五周年》一文（收入湘版《全集》第三卷，又收入川版《全集》第四卷）。

同日 徐特立发表《生活教育社十五周年》，刊《解放日报》第一版（收入川版《全集》第十二卷）。

3月16日 重庆《新华日报》刊发报道《活的教育的模范——生活教育社昨纪念十五周年》。

3月17日 致函马侣贤、方与严（收入湘版《全集》第五卷，又收入川版《全集》第九卷）。

同日 下午一时，延安举行庆祝生活教育社十五周年纪念（原载1942年3月18日延安《解放日报》，后收入川版《全集》第十二卷）。

3月18日 致函马侣贤（收入湘版《全集》第五卷，又收入川版《全集》第九卷）。

3月22日 致函马侣贤、方与严、程今吾（收入湘版《全集》第五卷，又收入川版《全集》第九卷）。

3 月 26 日 致函马侣贤（收入湘版《全集》第五卷，又收入川版《全集》第九卷）。

3 月 发表译作《一八六二年之白宫厨房》，刊《战时教育》第六卷第十、十一、十二合期。

同月 致函奚伦（收入川版《全集》第十一卷）。

同月 延安新教育学会正副理事长徐特立、范文澜致函陶行知（原载同年 10 月 9 日《解放日报》，后收入川版《全集》第十一卷）。

4 月 1 日 徐特立发表《再论我们怎样学习》（本日《解放日报》，见《陶行知年谱》，第 444 页）。

4 月 4 日 生活教育社筹设的儿童美术馆在管家巷 28 号开馆（载同年 3 月 28 日《新华日报》）。

4 月 6 日 作书信（载育才学校油印本《国语》教材，后收入川版《全集》第十一卷）。

4 月 12 日 陶晓光作书信致陶行知。

4 月 18 日 复陶晓光函（收入湘版《全集》第五卷，又收入川版《全集》第九卷）。

4 月 19 日 致函马侣贤，方与严（收入湘版《全集》第五卷，又收入川版《全集》第九卷）。

4 月 27 日 致函马侣贤，方与严（收入湘版《全集》第五卷，又收入川版《全集》第九卷）。

同日 致函许世英（收入湘版《全集》第八卷，又收入川版《全集》第九卷）。

4 月 翻译朗费罗所作《箭与歌》一文（收入湘版《全集》第四卷，又收入川版《全集》第六卷）。

同月 在一次讲话中表示“为了米，学习武训，各处磕头吧!”（载《爱满天下》，后收入川版《全集》第十一卷）

春 作诗《自嘲》（收入湘版《全集》第四卷，又收入川版《全集》时题为《变化》）。

春 美国华尔特·惠特曼学校罗格夫人致信陶行知，谓：“我们如今是在共同作战”，并询问育才学校的具体情况。

春 应程本海之请，为其出具证明信（载川版《全集》第十二卷）。

春 担任“亚伟速记学校”董事（载《唐亚伟与“亚伟速记”》，《文史精华》2008年第3期)。

5月8日 赵冕作书信致陶行知。

5月14日 发表诗歌《挽维键先生》,刊《新华日报》(收入湘版《全集》第四卷,又收入川版《全集》第七卷)。

5月 组织育才师生学习毛泽东《在延安文艺座谈会上的讲话》以及延安整风的文献资料。

上半年 与张一麟、许世英、吴涵真等人发起"育才学校三周年纪念募捐"活动,拟募捐四十万元(收入湘版《全集》第三卷,又收入川版《全集》第四卷)。

6月16日 夜,听冯玉祥介绍平老静生平后,作长诗《平老静》(收入大孚出版公司版《行知诗歌集》,后收入湘版《全集》第四卷,又收入川版《全集》第七卷)。

7月7日 复赵冕函(收入湘版《全集》第五卷,又收入川版《全集》第九卷)。

7月17日 育才学校定于二十日该校三周年纪念日在该校举行中苏美英四国抗战照片及该校学生成绩展览,各国使馆均选送新近到渝之照片多种(载本日《新华日报》,见《陶行知年谱》,第446页)。

7月20日 在育才学校三周年纪念晚会上演讲《每天四问》,记录者:方与严(载1951年《大众教育丛书·每日四问》,后收入湘版《全集》第三卷,又收入川版《全集》第四卷)。

同日 为怀念因公遇难的"会计英雄"雷醴泉等作《育才三周年祭同志文》(收入大孚出版公司版《行知诗歌集》,后收入湘版《全集》第四卷,又收入川版《全集》第七卷)。

同日 为勉励育才学生努力学习,作诗《八位顾问》(收入大孚出版公司版《行知诗歌集》,后收入湘版《全集》第四卷,又收入川版《全集》第七卷)。

7月27日 国民政府公布第三届国民参政会参政员名单,以减少群众团体参政员,增加地方参政员为由,将沈钧儒、陶行知、邹韬奋、王造时、史良等救国会成员排除在外(《沈钧儒年谱》[①],第243页)。

---

① 本书版本信息为沈谱、沈人骅编:《沈钧儒年谱》,中国文史出版社1992年版。后文从略。

6月—7月 英文复函罗格夫人（收入湘版《全集》第八卷，又收入川版《全集》第六卷）。

夏 邀请吴晓邦、盛婕和育才戏剧组同学来家中吃午饭，饭前讲解牙齿和唾液的功能。（载1984年3月《行知研究》第10期，后收入川版《全集》第十一卷）

8月1日 致函陶宏（收入湘版《全集》第五卷，又收入川版《全集》第九卷）。

8月10日 致函马侣贤（收入湘版《全集》第五卷，又收入川版《全集》第九卷）。

8月11日 致函马侣贤（收入湘版《全集》第五卷，又收入川版《全集》第九卷）。

8月18日 为育才学校自然科学组七位同学办的壁报《植物小世界》创刊号作《写在〈植物小世界〉创刊号之后》一文（载《育才学校》，后收入湘版《全集》第三卷，又收入川版《全集》第四卷）。

8月24日 晚，与方龚同船至白沙沱，步行回古圣寺。

8月25日 得李公朴函，告知为育才筹款五千元。

8月26日 致函吴树琴（收入湘版《全集》第五卷，又收入川版《全集》第九卷）。

9月4日 致函吴树琴（收入湘版《全集》第五卷，又收入川版《全集》第九卷）。

9月7日 七时三十分由北碚乘车赴渝。十一时抵渝。于茜茜饭馆吃稀饭煎包，后赴新华银行汇款。

同日 致函吴树琴（收入湘版《全集》第八卷，又收入川版《全集》第九卷）。

9月8日 致函吴树琴（收入湘版《全集》第八卷，又收入川版《全集》第九卷）。

9月9日 复吴树琴函（收入湘版《全集》第五卷，又收入川版《全集》第九卷）。

9月23日 作诗《育才合唱团》（收入大孚出版公司版《行知诗歌集》，后收入湘版《全集》第四卷，又收入川版《全集》第七卷）。

10月4日 讲解《育才十字诀》时解释“八位顾问”一说。

10月7日 吴树琴作书信致陶行知，告知日需进食菜单。

10月9日 致函吴树琴（收入湘版《全集》第五卷，又收入川版《全集》第九卷）。

同日 晚，赴广东酒家李品仙之宴。

10月10日 与李先生吃早茶。抄录《文选》。

同日 复吴树琴函（收入湘版《全集》第五卷，又收入川版《全集》第九卷）。

10月15日 致函吴树琴（收入湘版《全集》第五卷，又收入川版《全集》第九卷）。

10月16日 赴北泉看望吴树琴。

同日 在重庆育才学校晚间音乐会上演讲。（摘自《创造风》中《创造之神迎接回来了》一文，后收入湘版《全集》第三卷，又收入川版《全集》第四卷）

10月17日 方与严作《创造之神迎接回来了》，讲述16日晚间陶行知演讲一事。

10月23日 十一时乘汽车抵渝。后“驰往交通银行会张仲老、杨德昭二先生”，议定10月28日下午二时召开育才董事会。“十二时在新行午餐。”“三时在管家巷二十八号会客。”

同日 致函吴树琴（收入湘版《全集》第五卷，又收入川版《全集》第九卷）。

同日 华侨李先生前来辞行。

10月24日 拜会冯玉祥未遇。后拜会黄克强夫人徐宗汉，正遇其于佛堂念经，候半小时未见，遂行。

同日 致函吴树琴（收入湘版《全集》第五卷，又收入川版《全集》第九卷）。

10月26日 午，赴冯玉祥处午餐。

同日 致函吴树琴（收入湘版《全集》第五卷，又收入川版《全集》第九卷）。

10月29日 与冯玉祥、沈天灵组织发起“利他社”（见沈天灵：《回忆“利他社”》，载1985年9月30日《上海盟讯》）。

10月31日 致函陶宏（收入湘版《全集》第八卷，又收入川版《全集》第九卷）。

11月3日 吴树琴作书信致陶行知，关心其生日一事。

11 月 5 日 复吴树琴函（收入湘版《全集》第八卷，又收入川版《全集》第九卷）。

11 月 7 日 在《新华日报》发表《向史大林格勒战士致敬》和《苏联革命二十五周年纪念献词》二诗，以庆祝苏联十月革命二十五周年（收入大孚出版公司版《行知诗歌集》，后收入湘版《全集》第四卷，又收入川版《全集》第七卷）。

11 月 14 日 下午一时四十五分，抵北碚。乘车赴渝，晚七时抵管家巷。

11 月 15 日 整理信件。下午二时，应中苏文化协会孙科会长之约，参加驻苏大使邵力子欢迎会。

同日 致函吴树琴（收入湘版《全集》第五卷，又收入川版《全集》第九卷）。

11 月 20 日 晚，陶刚抵渝。购白松糖浆为陶刚治疗咳嗽。

11 月 21 日 致函吴树琴（收入湘版《全集》第五卷，又收入川版《全集》第九卷）。

11 月 26 日 吴树琴作书信致陶行知。

11 月 28 日 作诗《长青不老歌》（收入三联书店版《行知诗歌集》，后收入湘版《全集》第四卷，又收入川版《全集》第七卷）。

11 月 30 日 上午，赴青年会演讲一小时，又观丰子恺画展。下午，带学生观画展。

同日 致函吴树琴（收入湘版《全集》第五卷，又收入川版《全集》第九卷）。

12 月 1 日 吴树琴作书信致陶行知。

12 月 4 日 作《育才十字诀》（收入《育才学校手册》，后收入湘版《全集》第三卷，又收入川版《全集》第四卷）。

12 月 5 日 举行小规模武训纪念会。

12 月 6 日 上午，访司徒美堂。当日冯玉祥又派人告知将于十六日赴北碚。

同日 复吴树琴函（收入湘版《全集》第五卷，又收入川版《全集》第九卷）。

12 月 23 日 陶晓光作书信致陶行知，告知已经安然抵达广中。

12 月 24 日 作诗《育才戏剧组共勉》《纪念牛顿与加利略》《追念加

利略与牛顿》（收入大孚出版公司版《行知诗歌集》，后收入湘版《全集》第四卷，又收入川版《全集》第七卷）。

12月25日 在育才学校纪念牛顿诞辰三百周年、伽利略逝世三百周年大会上，朗诵了《纪念牛顿与伽利略》。

12月30日 致函陶宏（收入湘版《全集》第五卷，又收入川版《全集》第九卷）。

本年 参加重庆北温泉中央大学学生营火晚会，并作有关《火的启示》演讲（收入湘版《全集》第八卷，又收入川版《全集》第四卷）。

同年 作《赠樊立之先生》诗两首，《赠华晋吉》（收入大孚出版公司版《行知诗歌集》，后收入湘版《全集》第四卷，又收入川版《全集》第七卷）。

同年 撰写故事《孝顺媳妇》，作诗《人生（一）》《人生（二）》《多谢朋友送火腿》（收入川版《全集》第十二卷）。

1943年
（民国三十二年 癸未） 52岁

4月1日 国民政府公布《非常时期报道通讯杂志社登记管制暂行办法》。

5月1日 共产国际主席团提议解散共产国际，中共中央表示完全同意。

9月 意大利墨索里尼政府宣布投降。

11月22日 中、美、英三国首脑在埃及开罗举行会议。12月1日，三国共同发表《开罗宣言》，宣言：三国必战到日本无条件投降为止。

1月4日 坐校车赴重庆，“只花了三小时”。晚，托廖、沈二女士带信回校。

1月5日 访张军光未遇，遇司徒美堂。下午访艾德敷未遇。

同日 致函吴树琴（收入湘版《全集》第五卷，又收入川版《全集》第九卷）。

1月9日 下午，邀请邵力子、冯玉祥、黄次咸、艾德敷、胡万里及胡心惠观育才画展。

同日 致函赈济委员会张处长、应主任（收入湘版《全集》第八卷，又收入川版《全集》第九卷）。

1月10日 复吴树琴函（收入湘版《全集》第五卷，又收入川版《全集》第九卷）。

同日 致函冯玉祥（收入湘版《全集》第五卷，又收入川版《全集》第九卷）。

1月11日 赴冯玉祥之宴请。观赵望云画西北赛马。午后访孙越畸，谈育才学校情形。

同日 参加《新华日报》五周年纪念会。发表诗歌《〈新华日报〉五周年纪念》，刊《新华日报》（收入大孚出版公司版《行知诗歌集》，后收入湘版《全集》第四卷，又收入川版《全集》第七卷）。

同日 致函吴树琴（收入湘版《全集》第八卷，又收入川版《全集》第九卷）。

同日 致函吴树琴，复陶晓光函（收入湘版《全集》第五卷，又收入川版《全集》第九卷）。

1月14日 于重庆致函张治中（收入湘版《全集》第五卷，又收入川版《全集》第九卷）。

同日 致函冯玉祥（收入湘版《全集》第五卷，又收入川版《全集》第九卷）。

同日 致函许世英，致函赈济委员会（收入湘版《全集》第八卷，又收入川版《全集》第九卷）。

同日 吴树琴作书信致陶行知。

1月15日 复吴树琴函（收入湘版《全集》第五卷，又收入川版《全集》第九卷）。

1月19日 致函冯玉祥（收入川版《全集》第九卷）。

1月20日 晚，应刘厚生之请，观莫扎特所著戏剧《安魂曲》。

1月21日 致函育才学校全体同志，致函吴树琴（收入湘版《全集》第五卷，又收入川版《全集》第九卷）。

1月26日 致函张大千（收入湘版《全集》第五卷，又收入川版《全集》第九卷）。

1月28日 致函冯玉祥（收入湘版《全集》第五卷，又收入川版《全集》第九卷）。

1月29日 致函吴树琴（收入湘版《全集》第五卷，又收入川版《全集》第九卷）。

1月31日 委托蒙艾德敷先生将育才规划报告及学校生活照片数张转交“美国援华会”执行主任毕莱士女士。

1月 组织育才留校学生观看戏剧《莫扎特》。

2月5日 春节。教小黑（陶鹤）写字。

2月11日 致函冯玉祥（收入湘版《全集》第五卷，又收入川版《全集》第九卷），感谢其代向张治中、姜兆祥及无名友人募礼券八千元。

2月16日 赴特园与董必武、周恩来、邓颖超、黄炎培、左舜生、章伯钧、鲜英、杨杰、史良、刘清扬、张申府、沈钧儒、邓初民、冷遹等讨论世界格局(《周恩来年谱1898—1949》,第277页)。

同日 据黄炎培记述:“偕御秋赴特园晚餐,主人左舜生、章伯钧、园主人鲜特生,同席罗努生、杨耿光(杰)、韩兆鹗、周恩来、董必武、邓颖超、史良、刘清扬、张申府、陶行知、陈启天、沈衡山、邓初民、冷御秋与余而十八,讨论世界格局:(一)德军退出苏境后德、苏可能停战;(二)北非在隆美尔指挥下德军尚有十余万(新增一二十万)、意二三十万,可能久守;(三)日可能向昆明(耿光看法)或昆明与粤汉南段(我看法)夹攻我。”(《黄炎培日记》第8卷,第71页)

2月20日 赴利他社聚会。

2月中旬 在中央训练团青年训练处赞助下,育才音乐组举办了一次音乐会。又组织自然科学组赴重庆周边化工厂、电厂、机器厂等接受现场训练。

2月21日 黄炎培“访陶行知管家巷廿八号”(《黄炎培日记》第8卷,第73页)。

同日 致函陶宏(收入湘版《全集》第五卷,又收入川版《全集》第九卷)。

同日 致函吴树琴(收入湘版《全集》第五卷,又收入川版《全集》第九卷)。

同日 吴树琴作书信致陶行知。

2月22日 复函吴树琴(收入湘版《全集》第五卷,又收入川版《全集》第九卷)。

2月24日 致函吴树琴(收入湘版《全集》第五卷,又收入川版《全集》第九卷)。

2月25日 与沈钧儒、张一麐、左舜生、张君劢、黄炎培、郭沫若、张申府、茅盾等人联合致电印度总督林里资哥,要求释放甘地(载本日《新华日报》)。

2月 春节期间,组织戏剧组学生演出戏剧《儿童团》和小歌剧《橘子舞》,组织文学组演出名剧《伪君子》,组织社会科学组演出《莲舟》和《我们的总部》。

3月初 组织育才戏剧组赴重庆现场观摩并安排演出董林肯所作戏剧《小主人》。

3月2日 在育才朝会上号召大家积极参加光铁坡开荒(载1984年

3月《行知研究》第10期，后收入川版《全集》第十一卷)。

同日 得冯玉祥送来衣料一件。

3月3日 得柏烈武捐100元，存新华银行47号账户(《行知备忘》)。

3月4日 晚，访张军光，“多谈了一下，谈了一些好方法”。住处遭窃，大衣、被面失窃。

同日 夜，致函吴树琴(收入湘版《全集》第五卷，又收入川版《全集》第九卷)。

3月6日 得四川省盐务局捐9 000元，存新华银行47号账户(《行知备忘》)。

3月7日 生病发疹。

同日 致函陈贻鑫(收入湘版《全集》第五卷，又收入川版《全集》第九卷)。

3月8日 因病卧床一日。

同日 育才在校女生组织庆祝三八妇女节活动。

3月9日 致函吴树琴(收入湘版《全集》第五卷，又收入川版《全集》第九卷)。

3月11日 得乐颂云捐2 000元，存新华银行47号账户(《行知备忘》)。

3月12日 得宝源支票20 000元，存新华银行47号账户(《行知备忘》)。

3月13日 得张治中捐5 000元，存新华银行47号账户(《行知备忘》)。

3月16日 赴青年会开茶会。

同日 下午二时，致函吴树琴(收入湘版《全集》第五卷，又收入川版《全集》第九卷)。

3月18日 购直贡呢大衣一件，费950元。

3月19日—21日 组织育才绘画组在基督教青年会举办育才之友中国画展览会。

3月19日 为鹿钟麟作诗。又饯别于去疾。

同日 致函吴树琴，致函陶宏、陶晓光(收入湘版《全集》第五卷，又收入川版《全集》第九卷)。

3月中上旬 致函卢作孚两信(收入湘版《全集》第八卷，又收入川版《全集》第九卷）。

3月20日—23日 组织育才学校绘画组学生在励志社举办木刻、中国画、水彩画展览会。又在育才学校儿童美术馆组织育才之友木刻及世界著名美术照片展览会。

3月21日 据顾颉刚记述："到中央图书馆，看徐悲鸿画展，遇悲鸿、陶行知。"（《顾颉刚日记》第五卷，第44页）

3月22日 偕吴树琴赴育才学校所办的光铁坡农场指导工作，鼓舞大家"小胜利是大胜利之母"，并带现金五百元慰劳垦荒大军。

3月23日 下午四时，赴北平食堂看戏剧演出（《行知备忘》）。

同日 致函郭咸中（收入川版《全集》第十一卷）。

3月24日 上午，晤夏若愚（《行知备忘》）。

3月25日 致函冯玉祥（收入湘版《全集》第五卷，又收入川版《全集》第九卷）。

同日 陶宏作书信致陶行知。

3月26日 得毛士松捐200元，存入新华银行（《行知备忘》）。

同日 致函吴树琴（收入湘版《全集》第八卷，又收入川版《全集》第九卷）。

同日 陶宏作书信致陶行知。

3月27日 致函陶宏、陶晓光（收入湘版《全集》第五卷，又收入川版《全集》第九卷）。

3月28日 访冯玉祥未遇。

同日 致函陶宏、陶晓光（收入湘版《全集》第五卷，又收入川版《全集》第九卷）。

3月29日 致函冯玉祥（收入湘版《全集》第八卷，又收入川版《全集》第九卷）。

3月30日 得李义斋捐10 000元，存入新华银行。又得孙□钧捐500元（《行知备忘》）。

3月31日 致函吴树琴（收入湘版《全集》第五卷，又收入川版《全集》第九卷）。

3月 生活教育社改选，连任理事长。

4月3日—4日 育才学校音乐组假银行俱乐部举办音乐会，以庆祝儿童节并响应以五月为"音乐月"的全国号召。

4月4日 组织育才学校举办儿童节庆祝活动，并邀请儿童父母、亲属等参加庆祝大会。

同日 育才学校戏剧组在中苏文化协会赞助下，为中苏儿童交谊会演出《儿童团》及《丰收舞》。

4月5日 育才音乐组在中央广播大楼举办音乐会，招待重庆知识界人士，同时广播并灌制歌曲唱片。

4月6日 育才学校戏剧组为筹募难童教养经费公演《小主人》。广告：四幕儿童剧，演出者：陶行知；编剧：董林肯；导演：刘厚生；舞台监督：苏丹（载本日《新华日报》，见《陶行知年谱》，第464页）。

4月8日 育才戏剧组在重庆演出四幕剧《小主人》，连续演出7个夜场。

4月18日 育才音乐组向南洋各地、印度、美国及苏联播放歌曲，并灌制唱片。

4月19日 育才音乐组在中国农民银行举办音乐会，育才戏剧组亦演出《儿童团》。

4月22日 印发所作的《小主人》公演预告宣传单。

4月30日 收冯玉祥400元，存入新华银行晓庄研究所账户（《行知备忘》）。

4月底 育才戏剧组在北碚连续演出五场《小主人》。

4月 致函潘一尘、俞子夷（收入湘版《全集》第五卷，又收入川版《全集》第九卷）。

春 召开“育才丛书”作者会议，讨论交流经验。

春 组织育才建立“生产消费合作社”。组织开展土地利用运动，以使育才的每寸土地可以种植蔬菜。又组织育才学校连同其他学校及附近村民举办联合运动会。

5月1日 应军事委员会政治部要求，育才音乐组在北温泉举办音乐会，招待英美军官。

5月3日 下午二时半，由北泉乘船赴合川。六时半抵合川。宿民生电水厂。育才学校赴合川进行画展、音乐会、话剧公演。

5月4日 组织育才学校举行“学生运动之意义”讨论大会。

同日 “会［合川］县长、施则凡、胡瑞芝。”（《行知备忘》）

同日 出席在北碚下坝复旦大学“五四”纪念会，发表有关“三寸金头”的讲话（载《回忆陶行知先生》，后收入川版《全集》第十一卷）。

同日 致函吴树琴（收入湘版《全集》第八卷，又收入川版《全集》第九卷）。

5月5日 下午五时，赴施则凡宅出席合川县长所设之宴（《行知备忘》）。

5月6日 下午一时，赴赵璧光宴。三时，赴联溪中学。五时半，赴实业研究社晤潘明甫。六时，见瑞山儿童剧团、合川儿童剧团（《行知备忘》）。

5月7日 上午八时，赴瑞山公园晤张敦廉。又为特训班演讲（《行知备忘》）。

5月8日 八时，赴合川县中（《行知备忘》）。

5月9日 九时，赴四川大学（《行知备忘》）。

5月10日 三时半，赴金陵大学（《行知备忘》）。

5月14日 致函冯玉祥（收入湘版《全集》第五卷，又收入川版《全集》第九卷）。

5月15日 准备进行美账整理等工作（《行知备忘》）。

5月19日 “北碚来渝，102元。枕头两个失，被一张失。睡到夜11时半，才去访辛汉文。约明早见王晋笙。”（《行知备忘》）

5月20日 “早警报。偕许士骐至永安。八时，约许、辛［汉文］、王晋笙于大三元早点，用50元。王晋笙交一万元存新华［银行］。访银界友及冀朝鼎，知美金1 500元不能取美金。会胥仰南于新华［银行］。送外币于田绍英。取68号1 000元，为梅仙取300元（必端）。伍必端代清房间，发现枕头中木棉满地，套子四个不见。”（《行知备忘》）

同日 致函吴树琴（收入湘版《全集》第五卷，又收入川版《全集》第九卷）。

同日 陶宏作书信致陶行知。

5月21日 “47号支票3 000，付武汉［保育］院。雨，未出。致张［一麐］、许［世英］、李［济深］、马［佰贤］、方［与严］函，推举许士骐、沈天灵为校董。预备信件收画款，13信，致李华书。接琴信，谓铺盖到。陶刚出院，尚健。［得］政治部1、2、3、4、5月补助费收据。整理信件。为沈庆鑫换票。淑蕙为做枕套。”又计划五十七项要做之事。又接陶刚（《行知备忘》）。

5月22日 付陶城200元。送沈庆鑫。买戏票。收政治部付晓庄研究所2 500元。又得孙福堂付育才支票4 000元（《行知备忘》）。

5月23日 从育才账户支付朱启贤500元。又代育才交宝源20 000元。得张峻杰戏券费7 150元（《行知备忘》）。

同日 复陶宏函（收入湘版《全集》第五卷，又收入川版《全集》第九卷）。

5月24日 从育才账户支付蒲正平1 500元。收周季平戏券款1 000元、高楚卿画款4 000元。为育才收樊立之1 400元、收卢绪章2 000元。付时代出版社2 500元、琴鹤斋2 000元（《行知备忘》）。

5月25日 “陶刚去渔洞溪。派人送信与俞文华，招之来。生活教育社第一期工作报告送社会部。收沈等款送‘新华’。”又收钟岳熙画款2 000元，李绍涵画款2 500元，沈钧儒画款900元、戏券款1 000元（《行知备忘》）。

5月26日 “胡振文代生产（五万）。”（《行知备忘》）

5月28日 育才赴中央大学举行画展卖画。付胜利研究所1 000元、《现代妇女》1 000元，又垫支《现代妇女》4 000元（《行知备忘》）。

5月29日 付儿童文学稿2 610元（《行知备忘》）。

同日 陶宏作书信致陶行知。

5月30日 下午五时，赴新华银行。买纸170元（《行知备忘》）。

同日 致函吴树琴（收入湘版《全集》第五卷，又收入川版《全集》第九卷）。

5月31日 付程宁远修理费600元。收天府3、4、5月款6 000元并存入新华银行。收胡心惠画款4 000元。买大桶1 700元。付时代出版社10 337元。付冯玉祥公演献金100元。又自新华银行68号晓庄研究所账户提款996元，付生活教育社（《行知备忘》）。

同日 晤黄次咸，知水荒，遂组织学校师生购木桶装水。

5月 作诗《张故上将自忠殉国三周纪念祭歌》（收入大孚出版公司版《行知诗歌集》，后收入湘版《全集》第四卷，又收入川版《全集》第七卷）。

同月 育才戏剧组在合川县城连续演出四场《小主人》，观众达5 000人次。

6月1日 育才学校账目：付舒元玺驻渝办事处1 000元。收郑性芳书款6 000元，存入新华银行。收任宗德书款4 000元，收任百鹏书款2 000元。

付朱启贤 200 元（《行知备忘》）。

同日 致函吴树琴（收入湘版《全集》第五卷，又收入川版《全集》第九卷）。

6 月 2 日 育才学校账目：收胡心惠三、四、五月款 6 000 元，存入新华银行。从新华银行取款 3 000 元，付晓庄研究所 2 000 元，买布 625 元。转育才借晓庄研究所借款 2 000 元，又从研究所账户支付陶宏稿费 2 000 元（《行知备忘》）。

6 月 3 日 “调查港币已不能兑现，要到战后解决，可送还原捐人。陈次铮交戏券（嘉陵江煤业）4 000 元。五月份新华银行结算已对……”又为育才存新华银行任宗德书款 4 000 元（《行知备忘》）。

同日 复陶宏函（收入湘版《全集》第五卷，又收入川版《全集》第九卷）。

6 月 4 日 育才学校账目：存入新华银行 4 000 元。付程宁远 500 元（《行知备忘》）。

同日 致函吴树琴（收入湘版《全集》第五卷，又收入川版《全集》第九卷）。

6 月 5 日 “管家巷失火。”育才学校账目：收沈天灵学费 2 000 元，存入新华银行。当日又从新华银行提出 4 000 元。付朱启贤 200 元（《行知备忘》）。

6 月 6 日 以育才名义付伍必端 300 元（《行知备忘》）。

同日 致函吴树琴（收入湘版《全集》第五卷，又收入川版《全集》第九卷）。

6 月 7 日 从新华银行育才账户提款 10 000 元。后向鄂西前线战士发出贺电，并汇去 10 000 元以作慰问。又交育才电费 1 216 元（《行知备忘》）。

6 月 8 日 育才学校账目：从新华银行提款 4 000 元，付印花税 1 396 元，付娱乐捐 883.96 元，代皮革厂 200 元。又收保育会制衣费 3 000 元。收华中化工厂交来周苍柏捐 5 000 元（《行知备忘》）。

同日 重庆社会局发函给育才学校，要求按照法案规定申报募捐款项开支。

6 月 14 日 “寄：吴树琴第三篇文、吴梅仙信、李华信、操震球信、马称德信。”（《行知备忘》）

同日 致函吴树琴（收入湘版《全集》第五卷，又收入川版《全集》第九卷）。

6月15日 “陈真如（即陈铭枢——编者注）请客，为其干女宴客。杨耿光拟捐汉瓶两只，如有人要，卖价20万，捐助育才。”（《行知备忘》）

6月17日 育才收天府六月款2 000元，存入新华银行（《行知备忘》）。

6月18日 育才收胡心惠六月款2 000元，存入新华银行（《行知备忘》）。

6月19日 “在极困难中肃清育才债务。”又从育才账户付马侣贤3 000元（《行知备忘》）。

6月20日 “偕李组绅访孔庸之，为育才筹款，要各省名册。”（《行知备忘》）

6月21日 “送名册与孔［祥熙］院长。”又为育才收吴克强戏款600，存入新华银行（《行知备忘》）。

6月22日 “为冯焕章写信致杜月笙，为育才捐款，送杨啸天转致。冯允写信致范旭东、康心如、刘航琛、杨粲三，为育才捐款。”（《行知备忘》）

同日 邵力子为育才致函四川美丰银行总经理、重庆银行公会主席、临时参议院议长康心如（收入川版《全集》第十一卷）。

6月23日 “今日范敏言信，知道张平、张杰被敌掳杀，岳荣烈害伤寒死，哀哉!”（《行知备忘》）

6月24日 为育才收阎明钦捐1 000元（《行知备忘》）。

6月25日 为育才“收美国援华会美会1 500，托汇丰电存美国纽约中国［银行］、中央［银行］1 500”（《行知备忘》）。

6月26日 为育才“收美国援华会43 902.43，存入四川省银行43 902.43”。又收胡然捐3 463元（《行知备忘》）。

6月27日 存3 463元入新华银行育才账户（《行知备忘》）。

6月28日 致函孙敦乐等生活教育社社员（收入湘版《全集》第八卷，又收入川版《全集》第九卷）。

6月29日 为育才收阎明钦1 000元（《行知备忘》）。

同日 据谢觉哉记述：

> 浏览《行知教育论文选集》毕。这是一教育革命杰作。我们教育必须这样办，且已是这样办。
>
> 有两点不足的地方：陶说：“人人在劳力上劳心，便可无废人，

便可无阶级。征服天然势力，创造大同社会，是立在同一的哲学基础上的。……然后万物之真理都可一一探获，人间之阶级都可一一化除，而我们理想之极乐世界乃有实现之可能。”（《在劳力上劳心》）劳心劳力“不”分家的阶级教育，必非阶级社会所能容许。陶先生在答复一位朋友的信上说：“……你仔细想过之后，便知道这样的看法，是机械的看法而不是发展的看法，是静态的看法而不是动态的看法，是等待的看法而不是追求的看法。你心里的理想的社会，不是从天上落下来的，而是人类依着历史发展的趋势努力创造出来的。真正的生活教育，自古以来一直存在到今天，即发展到今天，而且还要一直存在下去，发展下去而达到最高的生活即最高的教育。为着最高的目的而忘了发展的过程和为了发展的过程而忘了最高的目的，都是错误。”（那位朋友说：“真正生活教育的实现，只有在没有人剥削人的制度里存在。”）

陶先生在这里只认生活教育在发展，发展的过程不可忽视。而在《劳力上劳心》文中却说“人间之阶级都可一一化除，而我们理想之极乐世界乃有实现之可能”。前者似承认生活教育过去有、现在有、将来“没有人剥削人的社会里”就会达到“最高的生活即最高的教育”。后来又似拿生活教育即在劳力上劳心，做直接推翻阶级社会的手段。而不知道在劳力上劳心是成无阶级社会的教育，而不是推翻现有社会阶级以进行无阶级的教育。推翻阶级要斗争，即使其斗争在今后某些地域的条件，可能不是激烈的流血。

陶先生在《中国普及教育方案商讨》上说：“民国二十四年一月一日下令预告全国民众限二十四年十二月三十一日前读毕教育部指定几种《千字课》之一种。至四月一日、七月一日、十月一日下第二、第三、第四次预告令。第一次预告令下后，即令小学生、茶馆说书人、电影院广告与警察到处逢人宣传，劝其早些求学，不要临时抱佛脚；并说明二十五年一月一日即有识字警察手指《千字课》，站在城门口、车站、码头及交通孔道，临时抽验来往行人，检查他们的头脑如同检查行李一样，不识字的要罚愚民捐铜元一枚。预令里还要说及二十五年一月一日以后，家里、店里、工厂里、任何机关里，如有无故不识字的人，按人数每人每月罚银一元。由家长、店主、工厂经理、机关主持人缴纳。识字成人或学生对其负责，而不识字之亲友不肯施教者，罚守知奴捐银一角并公布之。”

陶先生的建议，幸未被政府采纳，如被采纳且严厉执行，除替官吏警察乡保开一弄钱的门路外，陶先生将为众怨所归。陶先生忘记了现尚有无数万没饭吃、没衣穿、没屋住的同胞。没尝到人味，哪能顾到认字？除非站在城门口、车站等处的警察，不是不识字的罚铜元一枚，而是认识几个字的赏饭一碗。即令人民都有求学的可能了，而要这多课本，这多数的人也不是限定短的日子做得到的。边区算是政治条件具备，也粗有经济条件，然而普及教育还要等等。

上面两点，陶先生当已感到而不愿说，不便说，“知其不可而为之”。革命应由多方面努力，有多方面的力量，向反革命堡垒进攻。生活教育运动，是摧毁旧社会堡垒一支有力军队，我们不希望陶先生的理论与行动全同我们一样，因为这于革命没有益的。

应该研究陶先生的教育学说在各抗日根据地实验，为“百年树人”之计，同时也希望在大后方的进步教师不畏艰难地做，总也可造就一部分力量。

陶先生的教育学说是革命的，是成功的。陶的诗，可为新诗家取法，录数首如下：

根据大众语，来写大众文。文章和说话，不能随便分。一面动笔写，一面用嘴哼。好听不好听，耳朵做先生。

文章好不好，要问老妈子。老妈高兴听，可以卖稿子。老妈听不懂，就算是废纸。废纸哪个要？送给书呆子。

滴大众的汗，吃大众的饭，大众的事不肯干。架子摆成老爷样，可算是好汉？

大众滴了汗，大众得吃饭，大众的事大众干。若想一个人包办，不算是好汉？（《谢觉哉日记》，第497—500页）

7月6日 致函陶晓光（收入湘版《全集》第五卷，又收入川版《全集》第九卷），略谓：

今年节约，四周年不预备庆祝，你们来时不能看到往年的热闹，但寿面一碗，总是有的。关于高鸿仪小朋友入育才事，现在不能决定。育才容量只有一百五十名，现在是随便收了一百九十人，挤得太满，生活过得不好。将来整顿后，可以新陈代谢时再商量。现有一事奉托：音乐组现有四架小提琴，练习得差不多。拟增加大提琴

(cello)二架，中提琴(viola)二架。听说成都南门外有位方木匠，有做现成的出卖，价钱并不高。倘使四架共在二千元至五千元，请你托倪尚达或其他同志处暂借买好带来……倘使太贵，则至少每种买一架。若超出千元，则六千元亦可勉强负担。……请找一内行偕去。如多化一二百元而可以买得更好之物，则以买较精者为是。你送我的毛毯被发火难财者抢去，稍觉可惜。

7月12日 为育才校庆撰写注意事项(载川版《全集》第十二卷)。

7月23日 致函吴树琴(收入湘版《全集》第五卷，又收入川版《全集》第九卷)。

7月29日 为晓庄研究所收政治部1 000元(《行知备忘》)。

夏 作诗《厕所文学》(收入大孚出版公司版《行知诗歌集》，后收入湘版《全集》第四卷，又收入川版《全集》第七卷)。

8月1日 吴树琴作书信致陶行知。

8月7日 复吴树琴函(收入湘版《全集》第五卷，又收入川版《全集》第九卷)。

8月9日 致函吴树琴(收入湘版《全集》第五卷，又收入川版《全集》第九卷)。

8月10日 吴树琴作书信致陶行知，告知工作相关诸事。

同日 致函陕西省盐务总局局长于去疾(收入川版《全集》第十一卷)。

8月12日 复吴树琴函(收入湘版《全集》第五卷，又收入川版《全集》第九卷)。

8月14日 应杨森之约，对其近二十位青年孩子演讲。“上午讲了两个题目，下午讲了四个题目。”

8月16日 致函吴树琴(收入湘版《全集》第五卷，又收入川版《全集》第九卷)。

8月19日 致函吴树琴(收入湘版《全集》第五卷，又收入川版《全集》第九卷)。

8月31日 下午二时，乘公共汽车由北碚赴渝。“路上抛两次锚，将夜才到。”

9月1日 晨六时，偕陶晓光赴宝元渝参加冯玉祥演讲会，并访李组绅及李景熙。又派马国璋、连正名赴农贷训练班交涉六个防空洞的地位。

又为魏寿陵送信给史良律师。

9月2日 访顾季高、鲁佩璋未遇。购书数本，又译《斑鸠诗》及《镰刀舞歌》。

9月3日 于家中整理书籍材料。

同日 致函吴树琴（收入湘版《全集》第五卷，又收入川版《全集》第九卷）。

9月4日 推销黎国荃提琴独奏会入场券二百七十张，占其十分之九。

9月5日 致函吴树琴（收入湘版《全集》第五卷，又收入川版《全集》第九卷）。

9月7日 与冯玉祥晤商请姚雪垠讲学一事。

9月8日 复姚雪垠函（收入湘版《全集》第五卷，又收入川版《全集》第九卷）。

9月9日 英文致函“美国援华会”执行主任毕莱士女士（收入湘版《全集》第八卷，又收入川版《全集》第六卷）。

9月12日 据黄炎培记述：“晚，左舜生、李幼椿、章伯钧、张君劢邀餐鲜宅，纵谈时事，到者沈衡山、刘王立明、史良、余家菊、刘泗英、杨耿光、陶行知、邓初民、董必武、张申府、刘清扬、郑振文、谢澄平、梁□□、鲜特生及卫玉、御秋。”（《黄炎培日记》第8卷，第155页）

9月13日 致函姚雪垠（收入湘版《全集》第五卷，又收入川版《全集》第九卷）。

9月17日 在“普希金林”撰写校务会议讲话提纲（载川版《全集》第十二卷）。

9月20日 确定学校及新村之地，送丈量申请书。下午二时，乘车赴渝。六时抵两路口车站，步行返回管家巷。

9月21日 致函吴树琴（收入湘版《全集》第五卷，又收入川版《全集》第九卷）。

9月25日 作诗《百侯中学复校十周年祝词》（收入大孚出版公司版《行知诗歌集》，后收入湘版《全集》第四卷，又收入川版《全集》第七卷）。

9月28日 翻译《苹果》一诗（收入湘版《全集》第四卷，又收入川版《全集》第六卷）。

10月2日 致函吴树琴（收入湘版《全集》第五卷，又收入川版《全集》第九卷）。

10 月 5 日 致函四川美丰银行总经理、重庆银行公会主席、临时参议院议长康心如（收入川版《全集》第十一卷）。

10 月 6 日 晨，赴北碚。

10 月 13 日 于凤凰山作《创造宣言》，刊同年 11 月 25 日重庆《新华日报》（收入《育才学校手册》，后收入湘版《全集》第三卷，又收入川版《全集》第四卷）。

10 月 15 日 接受《新华日报》记者陆诒采访，并邀请其参加晚间育才诗歌晚会。

同日 下午，在育才学校指导会上宣读《创造宣言》。

又 下午四时，主持林间讲座，介绍陆诒和全体师生一起讨论国内外的时事形势。

10 月 16 日 晨，在育才学校朝会上向全体学生宣读《创造宣言》。夜十二时，方与严主持的《创造壁报》出版。

同日 晨，与陆诒在古圣寺旁林间散步，表示反对“埋头苦干”，要能够“抬头乐干”。后又与陆诒谈起办育才犹如“抱着爱人游泳”，并如何想方设法解决困难。

10 月 17 日 致函陶宏（收入湘版《全集》第五卷，又收入川版《全集》第九卷）。

10 月 18 日 晤王家楫，为田绍英介绍一位朋友。十一时抵北碚，于兼善餐馆午餐。后乘车赴渝，抵两路口，改乘特别快车抵校场口。

同日 致函赵君陶院长（收入湘版《全集》第五卷，又收入川版《全集》第九卷）。

同日 致函吴树琴（收入湘版《全集》第五卷，又收入川版《全集》第九卷）。

10 月 24 日 作诗《给一位朋友的信》（收入大孚出版公司版《行知诗歌集》，后收入湘版《全集》第四卷，又收入川版《全集》第七卷）。

秋 赠晓庄校友、育才之友陈鸿韬《学习外国文》（收入湘版《全集》第三卷，又收入川版《全集》第四卷）。

11 月 8 日 离碚赴渝。

同日 致函吴树琴（收入湘版《全集》第五卷，又收入川版《全集》第九卷）。

同日 据吴树琴记述："……陶为了三桃患恶性疟疾，常常跑到医院去看他，他真像个慈母。有时我们想不到的事，他能想到。我不能做到的事，他能做到。事的成败全靠科学方法。方法不对往往是失败的。三桃的病，这次真是死里逃生。没有这样一个聪明机敏的父亲，也许他就完了。可幸的他的病已好转了。我为自己工作忙碌、身体又多病不能常常去看他，心下很感不安。陶今天去重庆了。今为陶转一封援华会电报和马先生信一封。"（《吴树琴日记》，藏南京陶行知纪念馆）

11月9日 据吴树琴记述："接小桃给他父亲信两封。预备明早代转去。"（《吴树琴日记》，藏南京陶行知纪念馆）

11月10日 据吴树琴记述："今天是陶生日纪念日。可惜他不能来此和我共同度过。值得纪念的日子。在今早我写了一封信给他，并附给晓光信一封。下午我亦收到他到重庆的平安信。"（《吴树琴日记》，藏南京陶行知纪念馆）

11月11日 据吴树琴记述："……今天下午去江苏医学院看陶刚，他已退热，精神很好。除给他一百四十元以外，并买了半斤饼干给他，咸鱼也带给他吃了。"（《吴树琴日记》，藏南京陶行知纪念馆）

11月12日 "200元自用。邹集诗付审。"（《行知备忘》）

同日 据吴树琴记述："给陶一封信，报告陶刚的病情。"（《吴树琴日记》，藏南京陶行知纪念馆）

11月13日 "北碚地籍管理处。"（《行知备忘》）

同日 据吴树琴记述："下午正准备结束工作时，忽听见一个很熟悉的声音自外面传来了，原来是陶回来了。没有出我所料，他竟于今日到此。可以参加我们的聚餐会。今晚的聚餐本来是庆祝李小姐的生日，不知怎样变质了。公共的地方很难做事，一不周到，就会多出许多不痛快的事。所以多一事不如少一事。据陶说：兆堂叔在此。晚餐后去拜望他未遇。回宿舍睡眠。"（《吴树琴日记》，藏南京陶行知纪念馆）

11月14日 据吴树琴记述："早请兆堂叔在胜利饭店吃早餐。"（《吴树琴日记》，藏南京陶行知纪念馆）

11月17日 离北温泉赴渝。夜抵渝。

同日 据吴树琴记述："十一点半陶由学校来此一转，即至重庆。"（《吴树琴日记》，藏南京陶行知纪念馆）

11月18日 致函吴树琴（收入湘版《全集》第五卷，又收入川版

《全集》第九卷）。

11月19日 美国友人费正清来访。

同日 据吴树琴记述："天气冷了觉得两只脚穿了一双薄洋袜难以御寒，要用晓光送给的土绒线结双袜子。……今天收到陶到渝信一封。"（《吴树琴日记》，藏南京陶行知纪念馆）

11月20日 在育才学校朝会上动员大家以开荒的实际行动来支援印度的洪水灾民。（收入湘版《全集》第八卷，又收入川版《全集》第十一卷）

11月21日 据吴树琴记述："……后写信四封。（1）给陶；（2）给双亲；（3）给珊；（4）给大慰舅询问淑姨的地址。"（《吴树琴日记》，藏南京陶行知纪念馆）

11月25日 发表《创造宣言》，刊重庆《新华日报》。

同日 据吴树琴记述："'创造宣言'今登于新华副刊上。我又默读了一遍。知道陶又修改过，并且还增加一些材料进去。报纸上的知识是活的，自每天养成必看报的习惯后，更感到看报的重要。因为我在这里可以得到做人处世的态度及做学问的方法。更能使我了解日下世界及国家的大事。"（《吴树琴日记》，藏南京陶行知纪念馆）

11月26日 致函育才之友及生活教育社同志（收入湘版《全集》第五卷，又收入川版《全集》第九卷）。

11月28日 创作育才学校校歌《凤凰山上》，载《育才学校手册》（收入大孚出版公司版《行知诗歌集》，后收入湘版《全集》第四卷，又收入川版《全集》第四卷）。

同日 致函吴树琴（收入湘版《全集》第五卷，又收入川版《全集》第九卷）。

同日 据吴树琴记述："昨见报载，育才纪念武训先生一百零五周年纪念，在广播大厦举行三晚音乐会，恰恰相反是下星期五、六、七日。"（《吴树琴日记》，藏南京陶行知纪念馆）

11月29日 据吴树琴记述："晚给恩弟写信，并给陶信一封。"（《吴树琴日记》，藏南京陶行知纪念馆）

11月30日 据吴树琴记述："早上方先生来此，谓三桃已回学校休养。下午收到陶给我信一封，望我四号赴城参加纪念武训音乐会。我想去参加，奈因厂内正在赶制'新亚钙剂'……以至使我有些不安请假。"

(《吴树琴日记》，藏南京陶行知纪念馆)

11 月 怀念张一麐而作诗《追思张仲仁先生》(收入大孚出版公司版《行知诗歌集》，后收入湘版《全集》第四卷，又收入川版《全集》第七卷)。

12 月 2 日 据吴树琴记述："昨接行知信，约去参加音乐会。请假照准。于今日搭轮船赴渝。三时到办事处，交则龙弟大衣一件。并取到十一月份薪俸。回育才办事处。至夜晚才见到行知。"(《吴树琴日记》，藏南京陶行知纪念馆)

12 月 3 日 据吴树琴记述："早写信给吴珊与淑姨，约来重庆听音乐会。后与行知外出。行知的生活很苦，幸而他的精神很健，终日早出晚归，到处找朋友帮育才学校。此次乘武训先生一〇五周年纪念，向育才之友募捐，结果如何暂且不问。而他这种百折不挠的精神，坚持到底的意志，令我钦佩不已。当他每遇一友时，就得将武训先生介绍一番，听者都很感动。……晚与行知看'金风剪玉'英文话剧，十二时回办事处睡眠。"(《吴树琴日记》，藏南京陶行知纪念馆)

12 月 4 日 育才召开音乐会纪念武训诞辰，出席并发表讲话(载次日《新华日报》报道《育才学校开音乐会纪念武训诞辰》，后收入湘版《全集》第八卷，又收入川版《全集》第十一卷)。

同日 据吴树琴记述："上午与行知吃煎包。返办事处写捐册号。晚去广播大厦听本晚音乐会。音乐节目很精彩，除独奏钢琴、大合唱、独唱外，并有小提琴独奏。遇李组绅先生，会完坐李先生汽车返办事处。"(《吴树琴日记》，藏南京陶行知纪念馆)

12 月 5 日 据吴树琴记述："早上与醉霞小黑及晓光、陆先生至乐露春吃早点，在路上遇到大慰舅与淑姨，约同早点，再回办事处。下午珊带领小孩来。晚与珊去听音乐。"(《吴树琴日记》，藏南京陶行知纪念馆)

12 月 6 日 据吴树琴记述："早上行请晓光至校车站代买票，后在三万昌吃煎包，八时半开车。车上很挤，我一路吐回来。"(《吴树琴日记》，藏南京陶行知纪念馆)

12 月 7 日 晚，赴青年会(《行知备忘》)。

同日 据吴树琴记述："给行及智弟信一封。"(《吴树琴日记》，藏南京陶行知纪念馆)

同日 毕莱士致函陶行知。

12月8日 参加育才学校校董会（《行知备忘》）。

同日 致函李凌（收入湘版《全集》第五卷，又收入川版《全集》第九卷）。

12月9日 晚六时，参加安徽公学在渝同学会（《行知备忘》）。

12月10日 晚五时，组织育才音乐组赴广播大厦（《行知备忘》）。

12月11日 八时半，赴大东晤陈鹤琴（《行知备忘》）。

12月12日 八时，赴乐露春晤刘代芹（《行知备忘》）。

12月13日 下午四时，赴管家巷晤友（《行知备忘》）。

12月14日 赴临江门徐宅。（《行知备忘》）

12月15日 据吴树琴记述："收到行的信，知他十四号不能来泉，定于十八日来。"（《吴树琴日记》，藏南京陶行知纪念馆）

12月16日 据吴树琴记述："写信给陶请他带东西给我，并请代惠弟买书。"（《吴树琴日记》，藏南京陶行知纪念馆）

12月18日 赴"重庆南开，要南开图书馆传纪书目抄本，'藉资参用'"[《张伯苓年谱长编》（下），第131页]。

同日 据吴树琴记述："下午三时行知来泉，与他一同赴育才。晚上有自然组科学晚会，很精彩。是以音乐舞蹈综合而成的晚会。将化学上普通的知识，以艺术表现出来。以人来代替化学上普通的原子式，以舞的方式来表现化学上的化合分解。非常有兴。今天晚上可算是一种创造的尝试。"（《吴树琴日记》，藏南京陶行知纪念馆）

12月19日 据吴树琴记述："行与各位先生开指导会议，下午与行返北泉。"（《吴树琴日记》，藏南京陶行知纪念馆）

12月20日 九时半乘船赴渝。下午二时抵渝。晚十时交涉款项至次日晨二时。

同日 据吴树琴记述："行离此赴渝，晚晓光打长途电话来要取单据，望双挂号寄渝。"（《吴树琴日记》，藏南京陶行知纪念馆）

12月21日 晨八时起。后赴重庆百龄餐厅主持沈钧儒七十寿辰，到于右任、邵力子、郭沫若、董必武、左舜生、史良、陶宝川等各界人士四百余人，下午五时散。后又赴李绍涵宴。

在沈钧儒寿辰席上，陶行知发表讲话，载次日重庆《新华日报》之《沈钧儒先生的寿诞》，记录者：陆诒（收入湘版《全集》第八卷，又收入川版《全集》第四卷）。

同日 晚，致函吴树琴（收入湘版《全集》第八卷，又收入川版《全集》第九卷）。

同日 据吴树琴记述："早将晓光所要收据寄出。"（《吴树琴日记》，藏南京陶行知纪念馆）

12月22日 重庆《新华日报》刊发《沈钧儒先生的寿诞》一文。

同日 致函卢作孚（收入湘版《全集》第八卷，又收入川版《全集》第九卷）。

同日 致函康心如（收入川版《全集》第十一卷）。

12月24日 据吴树琴记述："中饭后召集全体工友来注射工厂。说明同乐会意义及组织方法。……开会和闭会的《手脑相长歌》及《义勇军进行曲》，由陈玉英负责训练大家。"（《吴树琴日记》，藏南京陶行知纪念馆）

12月29日 据吴树琴记述："晓光由重庆来晚至此整理箱子，捡出红铅笔一支送我。我很喜欢这支笔。"（《吴树琴日记》，藏南京陶行知纪念馆）

12月30日 据吴树琴记述："上午大扫除，下午与晓光等候行，直至三点左右才见他来，并有客人董先生同来。一起乘船至学校，已近黄昏矣。本晚是小学部晚会。节目还精彩。"（《吴树琴日记》，藏南京陶行知纪念馆）

12月 作书信《关于育才学校的创办》致函育才之友，后收入《育才学校手册》（收入湘版《全集》第五卷，又收入川版《全集》第四卷）。

同月 总结"幼年研究生制"和见习团的经验，认为这是一种行之有效的好办法，决定继续试行下去。

冬 与育才学校戏剧组同学谈话，希望大家把"戏剧带给广大的人们!"（载《爱满天下》，后收入川版《全集》第十一卷）

本年 接受周恩来所送的一套南泥湾垦荒大生产图片和一件用延安毛线织成的毛衣。

同年 作《育才学校成立工艺组计划大纲》（收入川版《全集》第十一卷）。

同年 撰写《怎样培养十六常能》（收入湘版《全集》第三卷）。

同年 在育才学校文学组举行的诗歌朗诵会上发表讲话（摘自《爱满天下》之《诗人陶行知》一文，后收入湘版《全集》第三卷，又收入川版《全集》第四卷）。

同年 与育才学校文学组谈话，希望学生能够博学，“把学习的门打开”（摘自《爱满天下》之《陶校长与文学组》一文，后收入湘版《全集》第三卷，又收入川版《全集》第四卷）。

同年 作诗《贺陈真如先生、夫人举子》《敬赠仁庵市长》《百侯中学校歌》《大娘歌》《怀念沈信卿先生》（收入大孚出版公司版《行知诗歌集》，后收入湘版《全集》第四卷，又收入川版《全集》第七卷）。

同年 主持召开武训纪念会，邀请郭沫若参加并演讲（《郭沫若年谱》，第468页）。

同年前后 观《丹娘》后深受感动作诗草稿《丹娘与丽莎》（收入湘版《全集》第八卷，又收入川版《全集》第七卷）。

1944年
（民国三十三年　甲申）　53岁

4月　豫湘桂会战开始。

5月3日　重庆文化界举行集会，要求言论、出版自由，取消新闻、图书、杂志及戏剧的审查制度。

11月7日　赫尔利飞抵延安。翌日，与毛泽东举行会谈，达成五点协议。

11月10日　汪精卫病死于日本名古屋。

1月3日　据吴树琴记述："一、二、三日都在学校，一方面休息，一方面看书。三日亦过得很快。三日下午预备返碚，行发起'四强音乐晚会'。中文歌曲由陶刚唱；英美歌曲由章克安与陶城唱；俄文歌由晓光唱；以最后一部歌声清脆雄壮。"（《吴树琴日记》，藏南京陶行知纪念馆）

1月4日　离北温泉赴渝。晚六时到渝。七时抵管家巷。

同日　据吴树琴记述："早与行同返温泉。行于十时左右至碚乘车赴渝。我赶至厂里……晚晓光来谈学校的事。"（《吴树琴日记》，藏南京陶行知纪念馆）

1月5日　下午二时，于管家巷候友（《行知备忘》）。

同日　访部爽秋未遇。

同日　发表诗歌《贺董必武六十寿辰》，刊《新华日报》（收入湘版《全集》第四卷，又收入川版《全集》第七卷）。

同日　致函吴树琴（收入湘版《全集》第五卷，又收入川版《全集》第九卷）。

同日　据吴树琴记述："晓光于今早乘船赴渝。"（《吴树琴日记》，藏南京陶行知纪念馆）

1月8日　午十二时，赴朱先生宅（《行知备忘》）。

同日　据吴树琴记述："收行来信一封，告诉在'利他社'互换礼中

得到外国式鸡蛋一合。”（《吴树琴日记》，藏南京陶行知纪念馆）

1月9日 据吴树琴记述：“上午写信二封，一封给行，一封给恩弟。”（《吴树琴日记》，藏南京陶行知纪念馆）

1月10日 九时，赴乐露春饭店（《行知备忘》）。

1月12日 向新华信托储蓄银行借款国币五万元，立借据（载川版《全集》第十一卷）。

1月14日 会杨天铎（《行知备忘》）。

1月15日 据吴树琴记述：“下午三时……陶由重庆返泉，带来我久希望的日记簿一本，并送给意外的一支自来水笔，我很快乐的接收下来了。今晚就用这支美而好的自来水笔写日记。行知因要回学校有事，就于三时离我而去，应允我明日来泉和我过生日。张主任和我同日生，有趣得很。行知将我交给他的款二千元存邵先生处，一千元电汇至母亲，由金良晨先生转。‘孤星泪’亦带给我了。”（《吴树琴日记》，藏南京陶行知纪念馆）

同日 由时代印刷出版社初版《育才学校手册》。

1月16日 据吴树琴记述：“早起身得很迟，幸而还能吃到早饭。饭后在温习英文，张主任来约晚饭在中餐馆。李小姐和行知为被请之客。今天是我的生日，行为此来泉。光阴过得太快了，转眼一年又过去。这一年的生活虽过得较有意义，然而我心里常常感受到不安。……十一时半，忽然有一个陌生的声音在喊我，我没有戴眼镜，看不见叫我的人是谁。走到他的跟前才知道是胜利饭店的伤兵陈根度先生请行知和我吃中饭。十二时半至码头，恰巧遇到行知自船上下来，我快乐的打了一个招呼，他也迎面笑着而来。中饭的菜很简单，而每样菜味都很美。边吃边谈，三时才返宿舍。晚与张主任、李小姐、行知同在中餐馆吃饭。”（《吴树琴日记》，藏南京陶行知纪念馆）

1月17日 据吴树琴记述：“早与行在胜利饭店吃面，黄校长同座。我先吃好就至厂，行回学校。”（《吴树琴日记》，藏南京陶行知纪念馆）

1月18日 据吴树琴记述：“行于九时至此，将顾小姐所需要的皮包带至重庆，并带来包子二个给我吃。当他每次在胜利饭店小吃时，总没有忘记我。”（《吴树琴日记》，藏南京陶行知纪念馆）

1月19日 据吴树琴记述：“行买来的钢笔不易吸水，好奇起见，我将各部都拆开了，弹簧很松，拿出不易安放进去。结果，将橡皮管弄破

了，心下很懊恼。”（《吴树琴日记》，藏南京陶行知纪念馆）

1 月 20 日 据顾颉刚记述：“与锡泽同出，到史学书局。道遇陶行知。”（《顾颉刚日记》第五卷，第 226 页）

1 月 21 日 十时，赴炮台街晤古耕雨、高辛（《行知备忘》）。

1 月 22 日 杨应彬致函陶行知（收入 2002 年版川版《全集》第十二卷）。

1 月 23 日 上午八时，臧其吉来访管家巷（《行知备忘》）。

1 月 29 日 下午三时半至四时，于管家巷晤英国科学委员会驻华代表团成员尼德哈姆（《行知备忘》）。

1 月 发表《育才之方针》《育才十二要》《育才卫生教育二十九事》《育才学校之礼节与公约》《育才学校创造年计划大纲》《育才学校创造奖金办法》《育才二十三常能》和《育才学校节略》等，收入同月时代印刷出版社版《育才学校手册》。

2 月初 收到“美国援华会”毕莱士女士来信及一月份汇款一千美金，次日回电，请求航寄 2 月份拨款购买的哈里弗鱼肝油及胶囊。

2 月 1 日 据吴树琴记述：“农历 12 月 21 日是我的生辰，我请求行知送我一本日记簿，正如我所愿，行知在生日的前一天由重庆到达这里，赐给我久已希望的礼物，我要利用这本小小的东西来记述我生命日程中所经历的一部乐啊、忧啊、怨啊、恨啊，都诉于它吧！”（《吴树琴日记》，藏南京陶行知纪念馆）

同日 为吴树琴 29 岁生日手书《长青不老歌》（藏卢爱萍处）。

2 月 4 日 九时赴百龄餐厅商议沈奎杓事（《行知备忘》）。

2 月 7 日 布朗内尔托友转交陶行知中国国币 90 000 元，其中 39 024 元（折合 1 000 美元）转交布朗内尔夫人，余款捐赠育才学校。

2 月 8 日 下午三时，赴青年会参加沈奎杓追悼会（《行知备忘》）。

2 月 9 日 八时，赴三万昌（《行知备忘》）。

同日 英文致函毕莱士女士（收入湘版《全集》第八卷，又收入川版《全集》第六卷）。

2 月 10 日 下午二时，于管家巷晤友（《行知备忘》）。

2 月 12 日 收政治部 1 600 元，收王淑蕙 1 600 元（《行知备忘》）。

同日 据吴树琴记述：“我想着、我预感着行知今天会来这里，他虽然没有通知我。直到晚饭后还没有见他来，我想今天不能来亦好，因为他我所希望的幸福不能实现了。不料当天将暗的时候他来了，他今天太累了，一路站立着来的。来时他告诉我一身酸痛，后来伴他去洗澡，还请他吃了西餐，回来就睡觉。”（《吴树琴日记》，藏南京陶行知纪念馆）

2 月 13 日 据吴树琴记述：“本日星期天，早上庄先生请我们吃面条，吃后又至胜利饭店吃了几个包子。后与他至李景熙先生府上去接洽，李先生愿以五百亩以上的荒地给育才开种。后步行夏溪口，他去拜访蓝师长未遇，至唐愉先生那里，唐先生请我们吃面，后至韵流吃茶，三时许返北泉。陈根度先生请他吃鱼，我陪他去。”（《吴树琴日记》，藏南京陶行知纪念馆）

2 月 14 日 据吴树琴记述：“早行返学校，我至厂工作。”（《吴树琴日记》，藏南京陶行知纪念馆）

2 月 16 日 据吴树琴记述：“中饭后回房间，见行知在此很觉快乐。他和工友同至餐堂吃面，我休息少许亦至餐堂看他，一时至厂工作。他来此为访邓先生和程师长，不巧他们都离此地未遇到，告诉我今天一点成绩没有。并于今日回校演讲‘生活教育’。今买鸡一只，重 4.9 斤，费洋 214 元，请庄做为风鸡，晚煮茶叶蛋准备给行带进城去吃。”（《吴树琴日记》，藏南京陶行知纪念馆）

2 月 17 日 据吴树琴记述：“下午下班后回花好楼。在路上见行知独坐莲花池看书，我询问他可吃过晚饭？他说已在澄江镇吃过，我即回来吃晚餐。后来还用鸡油煮面给他吃，我亦吃了一碗。”（《吴树琴日记》，藏南京陶行知纪念馆）

2 月 18 日 收沈天灵 5 000 元（《行知备忘》）。

同日 据吴树琴记述：“今天起身较迟，并觉得脚神经有点痛起来。早煮面给行知吃，八时和他一路赴厂，他在三码头坐船。中饭，晓庄同学陈志中先生来此找行知，而他恰于今早赴渝。我招待他吃了中饭，请唐光烈陪他到育才学校去。”（《吴树琴日记》，藏南京陶行知纪念馆）

2 月 19 日 据吴树琴记述：“给行信一封，因有道又将书借去。”（《吴树琴日记》，藏南京陶行知纪念馆）

2 月 20 日 上午七时半，与张专员早茶。九时，赴江山一临轩晤吴先生（《行知备忘》）。

2 月 21 日 十时，于管家巷 28 号候周先生谈。十二时，赴社交会堂参加利他社聚会（《行知备忘》）。

2月23日 十二时，赴凯歌归饭店（《行知备忘》）。

2月24日 八时，赴广东酒楼。十时，赴励志社。十二时，赴白象街晤陆诒等人。六时半，赴英国大使馆（《行知备忘》）。

同日 据吴树琴记述："天气渐渐热了，风的鸡怕生蛆，晚饭后就将鸡毛拔掉挂起来，并想写信至行，早一天回来吃鸡。"（《吴树琴日记》，藏南京陶行知纪念馆）

2月25日 于管家巷会友（《行知备忘》）。

2月26日 赴新餐室出席文珍婚礼（《行知备忘》）。

2月27日 八时半，赴三万昌。下午二时，赴沈钧儒宅（《行知备忘》）。

同日 据吴树琴记述："……今天望了一天总想行知昨天不来，今天一定会来，想不到给我大失所望，他的全副精神都是寄托在他的事业上，他对我，使我没有想到的。以后的事，我亦仅能暂自己安慰着。过去的事，我不愿回忆，以后的事更不去设想。愉快、幸福对我是无用了！"（《吴树琴日记》，藏南京陶行知纪念馆）

2月28日 据吴树琴记述："午饭后，进厂坐了一会儿，正在念着行知怎么还不回来，回转头他已在我的面前。休息了一会，陪他回宿舍，还买了一斤面，用鸡汤煮了一大碗给他吃。将被铺好让他好好的休息一下。晚饭后又陪他到厂里去洗澡，回来又煮面给他吃，之后到外面去散步，觉得有些冷，就回宿舍安眠。"（《吴树琴日记》，藏南京陶行知纪念馆）

2月29日 据吴树琴记述："行于今早返学校，于二日去合川，我至厂。"（《吴树琴日记》，藏南京陶行知纪念馆）

2月 替冯玉祥起草《移用赙仪建造奎杓纪念堂缘起》（收入湘版《全集》第八卷，又收入川版《全集》第四卷）。

3月1日 "午刻请王尔昌。"（《行知备忘》）

3月2日 作诗《开荒歌》，载方与严编著《教育创造风》（收入湘版《全集》第四卷，又收入川版《全集》第七卷时题为《今征三十士》）。

同日 据吴树琴记述："今天天气很不好，好像要落雨的样子，果然在九时左右落下了小小的雨。念到今天行要去合川，不知成行没有？"（《吴树琴日记》，藏南京陶行知纪念馆）

3月3日—4日 周恩来表示："大革命前，有一次恽代英同志看到陶行知他们搞乡村工作，写信给毛泽东同志。毛泽东同志回信说：我们现在做城市工人工作还忙不过来，哪有空去做乡村工作。一九二五年他回家养病，在湖南作了一些农村调查，才开始注意农民问题。在‘六大’那时候，关于要重视乡村工作，在农村里搞武装割据的重要与可能等问题，毛泽东同志是认识到了的，而‘六大’则没有认识。”（《周恩来选集》上卷，人民出版社 1980 年版，第 179 页）

3 月 4 日 据吴树琴记述：“晚饭后，立在窗前，忽见行知自远走来，我以为看错了，当他自人阵中走出来时，才肯定是他了。他今天是自合川回来，他在合川访见了 12 个朋友，并承各位朋友之好意，愿意帮助育才。他的精神很好，不过又染伤风了！晚上咳得很厉害。”（《吴树琴日记》，藏南京陶行知纪念馆）

3 月 5 日 据吴树琴记述：“起得很迟，在精诚吃早点。回来休息了一会，胜利饭店雷先生就来请吃中饭，并说段太太、王先生已来。片刻即与行去胜利饭店。该店在最近新筑了一间房子，两个房子打通，比以前大多了，门面亦修得很雅观。当日生意很好，客人络绎不绝。我们的中饭直至四时才吃完。方先生、俞先生都在那里遇到，最后陈元直先生又来了。后来我陪方及俞先生至厂洗澡。五时左右返宿舍。晚间行至陈经理椿蔚宅上代写青春不老歌联一幅。”（《吴树琴日记》，藏南京陶行知纪念馆）

3 月 6 日 据吴树琴记述：“行于今早赴渝，我很疲倦未送上。……自在外地服务将近一年多了，我与行有时一月见一次，有时二次。分开久了见面时很亲热，不像以前那样会口舌了，足见各人有各人的事业和生活，要幸福多了。”（《吴树琴日记》，藏南京陶行知纪念馆）

3 月 7 日 致函吴树琴（收入湘版《全集》第五卷，又收入川版《全集》第九卷）。

3 月 9 日 据吴树琴记述：“午饭后与李小姐到外面晒太阳，忽听见轮船汽笛声，我们站在河边看张主任可由重庆回来？在第二艘轮船上，先下渡船的人很像张先生，就与李小姐同至码头去迎接。恰巧姜维清亦由重庆回来，行搭来信一封及核桃酥二包。为了三八节，行来信致意。”（《吴树琴日记》，藏南京陶行知纪念馆）

3 月 10 日 下午三时，为沈奎杓追悼会谱曲。六时，赴凯歌归饭店晤施则凡（《行知备忘》）。

同日 英文致函英国大使馆新闻专员史密斯（收入湘版《全集》第八卷，又收入川版《全集》第六卷）。

同日 据吴树琴记述：“早姜维清来找填药师证号至卫生署购药，我

始终没有将此号记着，写了一封信给行，托同学们带去。”（《吴树琴日记》，藏南京陶行知纪念馆）

3月11日 午十二时半，赴凯歌归饭店宴尼德哈姆夫妇。又作近期工作计划（《行知备忘》）。

3月12日 “黄齐生约八时前见。二时，［赴］良庄。”（《行知备忘》）

3月13日 送岳阳之弟李铁钧《育才手册》100本（《行知备忘》）。

3月14日 会尹任光。赴日用必需品管理处。在李绍涵处见何文干（《行知备忘》）。

3月15日 晚，参加青年会餐叙。“臧其吉交两本，15 000元。谢家崧经捐5 000元（561）。”（《行知备忘》）

同日 在生活教育十七周年纪念会上，与众人集股创立出版部。（收入湘版《全集》第三卷，又收入川版《全集》第四卷）

3月16日 草拟《农贷计划》（《行知备忘》）。

3月17日 “收程海峰经捐5 000元。（1）草拟《农场计划》。（2）印《致生教社社员征特别捐》信。（3）收集捐款，朱学范认2万，周信介绍王广非。（4）《致聘育才之友书》，屠子全夫妇出洋要金。（5）将印《英国捐款品单》（打字）。（6）买纸、买米、买油。（7）访康心如（不见）、宁芷卿、杨虎、古耕虞（卅一）、吴晋航（陈诗可见）、刘铁夫、范崇实（罗）、李景熙、王政平、江昌绪、金华隆、李九皋、张绣文、程海峰、施则凡、李云根、何元干、董子钧、张树声、张清源。（8）函陆绍云、颜耀秋、董述九、何兆衡、王晋笙、合川诸友、储晶如。（9）金［陵］大［学］茶会。”（《行知备忘》）

同日 吴树琴致函陶行知（藏上海中国文化名人手稿馆），略谓：

> 你什么时候能来泉呢？你播的种子没有得到它需要的东西灭亡了。假使你再有兴趣的话，告诉您下星期六……的日子很好。不过我不希望您单为此事而来。因为机会多哩，花费又太大。何况您有更重要的事呢！

3月18日 “（1）吴晋航，22日开会决定，可望二万，月底交新［华银］行。（2）范众渠，22日决定川康。”（《行知备忘》）

3月19日 “（1）12时，青年会宴音乐组教师。（2）结本月账，张濂明。（3）收款一文未得。”（《行知备忘》）

3月20日 “（1）八时半，‘滋美’早点。（2）12时，向丝会范崇实领款。(3) 买米、买油、提纸。(4) 收款：范［崇实］(罗)、乐［颂云］、王［政平］、朱［树屏］、阎［宝航］、黄［诚辉］。(5) 晚收李铁钧捐5 000元，米。(6) 领得范崇实四川丝业公司五千，下次请钱新之、顾季高说，可以多得。(7) 领得龚华卿4 000元。(8) 取出儿童美术馆3 000元，取出‘生教’基金1 000元。(9) 收民生院22 200元。”(《行知备忘》)

同日 致函清源（收入湘版《全集》第五卷，又收入川版《全集》第九卷）。

同日 据吴树琴记述：“给行写信，请代买袜子四双。”(《吴树琴日记》，藏南京陶行知纪念馆)

3月21日 “午，宝元渝。收贺若经捐五千元。”(《行知备忘》)

3月22日 赴北碚。偕吴树琴赴光铁坡与开荒同志讲话，鼓励大家并提醒注意休息合理化。又应陈根度之邀出席胜利饭店一周年纪念晚餐。又付陈元直500元、王协堂500元、陶晓光2 000元，付晓庄47号支票一本计9 400元，付陶晓光取岳阳款信5 000元(《行知备忘》)。

同日 陈元直作书信致陶行知。

3月23日 计算印《武训先生画传》成本，计划五月十二日出版。(《行知备忘》)

同日 复陈元直函（收入湘版《全集》第五卷，又收入川版《全集》第九卷）。

3月24日 “返校。授权小学组清洁突击队。”(《行知备忘》)

同日 据吴树琴记述：陶行知赴育才学校，“因为被不够又冻了”(《吴树琴日记》，藏南京陶行知纪念馆)。

3月25日 “晚七时，良庄有约。(1) 召李天演，告以须拿出学得本领交工友。(2) 召刘卯钊：①向夏道歉；②保证以后不再犯。(3) 告诉夏、杨：授权于夏，限十个半小时，倘刘卯钊不悔悟，即送保育会。(4) 船中看见光铁坡上之开荒大队。(5) 病时在古圣寺觉得不适合，决移至温泉。周鸿顺逃避，甘新顺与胡焕云助我至白沙沱。(6) 昨夜发热，今夜又发热。”(《行知备忘》)

3月26日 “吕长春等持开荒大队慰问书及刘卯钊悔过书至。”(《行知备忘》)

同日 因病回北温泉静睡一日(《吴树琴日记》，藏南京陶行知纪念馆)。

3月27日 发热停止。晤王固槃。廖意林来谈校务(《行知备忘》)。

3月28日 病将愈。为俞文华改《含羞草说明书》(《行知备忘》)。

同日 下午，偕吴树琴赴北碚。因兼善公寓客满，不得已赴立信会计学校，宿校长室（《吴树琴日记》，藏南京陶行知纪念馆）。

3月29日 晨，离北碚赴渝（《吴树琴日记》，藏南京陶行知纪念馆）。

同日 收到徐佩镕先生为其太夫人慈幼基金十万元（《行知备忘》）。

3月30日 访张军光。访胡光彪未遇。“乐颂云款须查。”(《行知备忘》)

同日 据吴树琴记述：

没有提笔记日记已有十日了，因为没有什么特别使我兴奋的事可记。

行知接到我的信后，就于2.23（应为3月23日——编者注）来温泉了。因为当日受了凉，次日感到不甚舒服。当他来的下午，我和他到马家沱去慰问在光铁坡开荒的同学，我们没有带什么慰劳品，就以五百元作为慰劳费让他们自己买喜欢吃的东西。当时在沙滩上行知给他们说了几句话，后来我们就返温泉。

胜利饭店陈先生买了活鱼请我们晚餐，今天（23日）是胜利开店一周年纪念。

行知于25日到学校，因为被不够又冻了，带着病于26日回温泉静睡了一日，身体渐渐恢复了。

28日下午，我与行知同至北碚，他预备搭次日早车至重庆赴12时的会餐。到北碚时，在兼善公寓定房间时已客满，经再三请求给我们一间单人房间。我说，床这样小睡得不能舒服。后来行知至立信会计学校，他去找钱君素先生，蒙他设法请我们住校长室休息。

29日早天才亮，行知就离我而去。钱先生很诚恳的留我吃早饭后，我才返北泉。……

自李小姐因病走后，我感到很寂寞，饭后独去散步不觉引起了我的回忆。这种回忆是喜的同时亦是悲哀的，我的理智制服了感情，愿将它深深地埋葬！(《吴树琴日记》，藏南京陶行知纪念馆)

3月31日 向古耕虞、吴晋航、宁芷卿、康心如领款（《行知备忘》）。

4月2日 午后二时，赴良庄茶会（《行知备忘》）。

4月3日 “(1) 王有德收张木森1 700元。陈手稿明天10时有。胡秋原、李九皋。邰爽秋赊200万，20以后才活动。高秉坊说，交与金[陵]大[学]负责。(2) 张旭东：康选宜六日下午三时再去，自捐五百

元。杨经才许10日前送五千来。徐家涵明日下午三时拿。屠云浦月中送来。林鹏侠已去昆明。"(《行知备忘》)

4月4日 "(1)庞[曾漱]先生会杜维范，月底派人取款。(2)庞先生见[杜]月笙先生，允为校捐。(3)王有德取陈丰镐经捐一万元；乌和周，新华[银行]、交通[银行]1 000元取不了钱。(4)张旭东：徐家涵910，二册退；黄树芬15日去拿；是光荣可捐满；杨铎已去湘；刘全英，6日下午一时取；唐永焘赴合，三日内来；储善如日内可取。(5)庄茂如(李更生)家庭工业社。"(《行知备忘》)

同日 田汉之妻安娥为其子田大畏事致函陶行知。

4月5日 "(1)收到高昌瑞捐荣尔仁1万元，准备15号画展。(2)朱宝粹再送捐簿。(3)王有德：收郑用之$10 000；朱宝粹日后取。(4)张旭东：邓朝阳10日前；李绍涵不能定期，储善如十日；金华隆十日前；陈汉清15日前。"(《行知备忘》)

同日 南开学校暨南开校友总会在重庆南开中学礼堂、图书馆二楼提前举行庆祝张伯苓七旬寿辰盛大纪念会。陶行知书祝寿诗，云：

寿张伯苓先生七秩大庆

"有中国必有南开"，两园桃李一手栽。(注)

从心所欲不逾矩，凯歌重上八里台。

(注)国共两党中皆有先生高足。(《张伯苓年谱长编》(下)，第137页)

4月6日 早八时赴广东酒家晤张军光。"康选宜今收1 500，退册。"(《行知备忘》)

4月7日 晚八时，赴史良宅会见英国记者(《行知备忘》)。

同日 据Donald. E. Willmott描述："我到育才学校的绘画组并和陶校长及一位美术老师作了一次有兴趣的谈话。我对这所学校越了解就越喜爱。我见一个女孩进来与陶校长讨论各种学校的事。陶说他(她)们管理或帮助管理差不多所有学校的事。"(载川版《全集》第十一卷)

4月8日 十二时，赴中苏文化协会(《行知备忘》)。

同日 沈钧儒"偕叔羊参加陶行知在中苏友协所设宴会，叔羊捐画四幅予育才画展，供育才学校筹款"(《沈钧儒年谱》，第250页)。

4月9日 上午，赴南温泉参加伊利诺伊大学同学会，"遇雨受冻"。

4月10日 英文致函英国援华会克里普斯夫人及英国援华会相关人

员，介绍了育才学校的相关情况（收入湘版《全集》第八卷，又收入川版《全集》第六卷）。

4月11日　“（1）元益付20 000。（2）音乐晚会欣赏证及简则印成，装好。（3）请竹因见圣提。”（《行知备忘》）

同日　晚，赴上清寺花生大王购三包花生，在都邮街遇王洞若，共赴“三六九”餐馆用餐。

同日　致函吴树琴（收入湘版《全集》第五卷，又收入川版《全集》第九卷）。

4月12日　七时，赴国民酒家由沈钧儒介绍王效兴。十二时，赴“金兰”晤吴梅仙（《行知备忘》）。

同日　据吴树琴记述：“……行没有给我信已很久，今天读到他在心境快活的情形下，给我一封充满了生活力和力量饱满的信，叫人兴奋。”（《吴树琴日记》，藏南京陶行知纪念馆）

4月13日　赴聚兴诚出席欢迎青年会干事音乐演奏会。得田嘉谷付学校2 000元（《行知备忘》）。

同日　复安娥函（收入川版《全集》第十二卷）。

4月14日　十二时，赴凯歌归饭店。晚六时，赴青年会（《行知备忘》）。

4月15日　育才画展开幕（《行知备忘》）。

4月16日　八时赴“三六九”餐馆晤吴泽、臧其吉、刘清扬（《行知备忘》）。

同日　复吴树琴函（收入湘版《全集》第五卷，又收入川版《全集》第九卷）。

4月17日　改《含羞草说明书》。请李绿永、陈贻鑫、黄晓庄吃晚饭。又推销国画、推销音乐晚会。与孙振侠、裴未如。又与庄严谈。寄二万元与马家沱（《行知备忘》）。

4月18日　拟音乐晚会通知、请柬。四月音乐会节目付印。约景熙观画（《行知备忘》）。

4月19日　午，赴凯歌归饭店与熊克武弟进餐（《行知备忘》）。

4月20日　下午二时，赴胜利饭店出席冯子源、舒继渝婚礼。晚，与朱亚强晚餐（《行知备忘》）。

同日　手书《长青不老歌》赠范尧峰。

4月21日 十时，偕方与严赴任家花园11号。晚六时半，赴聚兴诚饭店参加金陵大学同学会聚餐（《行知备忘》）。

同日 作《〈武训先生画传〉再版跋》，载《武训先生画传》再版本（收入湘版《全集》第三卷，又收入川版《全集》第四卷）。

4月22日 晚六时半，假青年会招餐王以敦、王齐兴、海维德、黄次咸（《行知备忘》）。

4月23日 下午二时，赴良庄学习。四时，出席刘、邢婚礼（《行知备忘》）。

4月24日 七时半至八时，赴大三元晤张军光。“今日体重114市斤，133磅。”（《行知备忘》）

4月25日 十二时，赴青年会晤友。晚八时，赴广东大酒店晤杜君慧（《行知备忘》）。

4月26日 下午五时，赴青年会。晚八时，参加音乐会（《行知备忘》）。

4月27日 七时，赴良庄。又作诗《某先生传》（《行知备忘》）。

5月3日 “何葆仁要二张［券］。”又得于去疾4 800元（《行知备忘》）。

5月5日 据顾颉刚记述：“出，遇徐仲年、初大诰、高昌运、蒯伯赞。到伯赞处，晤其夫人及陶行知。”（《顾颉刚日记》第五卷，第279页）

5月11日 取《武训画传》样本及《再版跋》50份。又步行至北碚，在北新书店旧书堆中觅得《康蒂妲》。车站遇戴爱莲，获赠提琴弦。十一时半，乘车赴渝。参加育才学校音乐组会议。晚，陈根度来访，告知张自忠纪念碑未能完成，请育才音乐组参加揭幕式并演唱纪念歌曲一事暂时搁置，又谈制伞事，“我主张荣军72行一一办起”。夜访张军光，托进行滇款事（《行知备忘》）。

5月12日 “（1）派徐往美援会查数字。（2）知道姜维清于10日运米50余石至校，未保险，一失便是35万，可虑！指示主任注意。（3）派李康将取弦，并约白育五查账。（4）音乐组女生仍独自进城。（5）写信与黎、李。（6）卢厂来信，甚喜！（7）斯威克特（Swect）25日到校。”下午一时，又赴高滩岩参加荣誉军人协导会（职业训练所）四周年纪念活动（《行知备忘》）。

同日 复陈贻鑫函（收入湘版《全集》第五卷，又收入川版《全集》第九卷）。

5月13日 借孙铭勋一万旅费，汇校二万。九时，候白育五来访。下午一时，赴李景熙宴（《行知备忘》）。

同日 致函吴树琴（收入湘版《全集》第五卷，又收入川版《全集》第九卷）。

5月14日 “（1）整理《育才投资一览》。（2）整理材料、做统计、报美援。（3）托沈领新生社款。（4）托徐领民生社款（未）。”（《行知备忘》）

5月15日 “（1）请海丽、小黑早点，协陪。（2）派张旭东送信、书至校，交嘱马肖生来。（3）创办一新学院，请萧伯纳做教授，指导某夫人（Madamx）去教育小孩甲与小孩乙，教本用的是《康蒂妲》。赶二百里路，送一本书，教育与灾难赛跑。这是我的新教育法。”（《行知备忘》）

5月16日 “（1）整理收音乐证清单。（2）令裴未如缮音乐目录。（3）马肖生到，令其补记账目，完成查账手续。（4）姜维清来，知道50石米已运到，这次50石米倘若沉掉，买平常米吃是要值40万。（5）请庄严完成校歌之谱。（6）请各组写创作统计。”（《行知备忘》）

同日 致函陈贻鑫（收入湘版《全集》第五卷，又收入川版《全集》第九卷）。

5月17日 “（1）马肖生回碚，嘱其注意：①卫生；②自然；③账目清到四月底。（2）音乐组创作统计交来，甚佳。”（《行知备忘》）

同日 致函吴树琴（收入湘版《全集》第五卷，又收入川版《全集》第九卷）。

5月18日 “（1）九时晤艾德敷，知9 000金元有恢复希望。（2）办公室全部布置变更，焕然一新。理发。书架顶不放书。”（《行知备忘》）

5月19日 “九时半派人至上南区马路218，引导江文汉、甘先生参观。”（《行知备忘》）

5月20日 “（1）中午，社交会堂，[朱]子武请客欢迎焕公。（2）付节约献金总会办公费1 000元。”（《行知备忘》）

同日 时代印刷出版社再版《育才学校手册》。

5月21日 “（1）9月战后儿童福利计划。（2）以‘纽约儿童福利会议’为题目而写作（2星期）。”（《行知备忘》）

5月22日 下午三时，出席沈信卿先生追悼会（《行知备忘》）。

5月23日 收卢绪章12 000元。收曼龄专修班捐1 000元（《行知备忘》)。

5月24日 “(1)写青年生活稿。(2)与成先生谈科学运动。(3)来碚。(4)参观重庆印刷所。(5)岳阳托借1 000与子。(6)沈天灵托带1 000与妹。(7)屠、龚300。”(《行知备忘》)

同日 艾德敷致函陶行知。

5月25日 “(1)到碚自泉接(斯威克特)(Swect)。(2)参观慈幼院,蚊帐每人一顶,保持五年之久,雪白如新,被已[亦]雪白如新,令人起敬。(3)晚偕甘、江到校,晚餐吃的是炒硬饭,谷及稗都有,事务员之不负责,可见一斑。(4)晚会:张惠宜英文欢迎词;吴知芳朗诵英文诗;小学武训乐团;叠罗汉;农村舞;张振侠之钢琴,甚佳。”(《行知备忘》)

5月26日 “(1)朝会:章静评郁封《遥远的爱》,甚好。(2)我被她的‘让前进的落后下去’一语所引动,而想到我们有些时候让落后的更落后下去,又想到我们应该使落后者前进,前进者更前进。(3)勉励大家学慈幼院的整洁。金刚碚到北碚必须步行。科学奠基运动。(4)领甘看马家沱地。(5)为甘在碚找到旅馆再回泉。”(《行知备忘》)

5月27日 “(1)晚六时,鲜[特生]宅(不能赴约)。(2)早发寒,继发热,像疟又像感冒,但当疟疾医。(3)晚,退热止咳。(4)姜维清来,只取得100本《武训传》。(5)杨家骆来谈《战时教育》估价及《武训画传》三版纸。”(《行知备忘》)

5月28日 “(1)热退咳止,三日大便始通,有愈意。但胃中不适舒。(2)记账。”(《行知备忘》)

5月29日 离北温泉赴渝。晨,六时半由北碚乘车出发,十时半抵渝。午饭后抵管家巷。下午,参加沈奎杓追思会。“会毕,请音乐组同学吃晚饭,检讨了一些小毛病。”饭后将其十四人分两船返江北。

同日 收冯子源五证支票6 000元。又付黎国荃4 000元支票。又作诗《送××归国》(《行知备忘》)。

同日 致函吴树琴(收入湘版《全集》第五卷,又收入川版《全集》第九卷),告知当日行程,并报平安。

5月30日 带孙女陶鹤赴松鹤楼吃汤包及熏鱼面,为其补过生日。

同日 函寄《武训传》与刘自乾主席并募捐。又请各省主席听音乐会。约李景熙看画(《行知备忘》)。

同日 英文致函美国援华联合会驻华主任艾德敷先生（收入湘版《全集》第八卷，又收入川版《全集》第六卷），为1944—1945年度育才学校概算作解释，并云："我们的愿望是：预算的三分之二在国内筹集，三分之一即国币2 168 000元则由贵会给予补助。"

5月 致函仲伦（收入湘版《全集》第五卷，又收入川版《全集》第九卷）。

6月2日 "（1）10时动身到郑石均宅（龙门浩望云山33郑石均公馆）。（2）见叶实夫，蒙允改限价米，每月节省：25.7×700＝17 990元。（3）见杨啸天未晤，留□。"（《行知备忘》）

6月3日 "（1）下午八时，社交会堂：《新闻事业与教育》。（2）接洽纸。50熟料；30夹运。（3）储蓄汇业局捐款。"（《行知备忘》）

6月4日 吴树琴来（《行知备忘》）。

6月5日 致函陶宏（收入湘版《全集》第五卷，又收入川版《全集》第九卷）。

6月6日 "（1）新安学校及文渼纪念日。（2）秋瑾殉国纪念。（3）大禹生日。（4）盟军入罗马。"（《行知备忘》）

同日 致函笪移今（收入湘版《全集》第五卷，又收入川版《全集》第九卷）。

6月7日 "（1）警告王士毅。（2）警告裴未如。（3）音乐晚会。"（《行知备忘》）

6月8日 "（1）四时候邓、陈、刘，商《老少通》。（2）《拉丁文法字典》，景熙借。（3）冯子源头，'泰裕'6 000；毛啸岑，'交通'1 000。"（《行知备忘》）

6月9日 离北温泉赴渝。寄育才资料与庄泽宣（《行知备忘》）。

6月10日 致函王瑞符（收入湘版《全集》第五卷，又收入川版《全集》第九卷）。

同日 致函吴树琴（收入湘版《全集》第五卷，又收入川版《全集》第九卷）。

6月11日 "（1）收韩幽桐经手乐＄1 200。（2）刘清扬有2 400在[张]申府处。（3）收李岳阳先生＄1 000。（4）赴沈宅约。（5）高昌瑞与马肖生来信说，高[昌瑞]、庞[曾漱]（两人系夫妻关系——编者注）和好如初。《康蒂妲》竟有如此效力，我们这一胜仗，不亚于亚历山大进罗

马也。高、庞皆为忠诚之同志，他们之事，我甚挂念，今得此喜讯，可惜手边无好酒，不然，我当浮一大白。”（《行知备忘》）

6月12日 “（1）裤两条360。（2）毯滚［绲］边40。（3）洗呢衣80。……（4）收新［华银］行欣赏证＄2 400。”（《行知备忘》）

6月13日 晚八时，赴良庄（《行知备忘》）。

6月14日 与沈钧儒、郭沫若、张申府等联名致电响应李济深等人提出的保卫西南口号，力主采取民主办法，动员人力物力，坚持到底（《沈钧儒年谱》，第251页）。

6月15日 六时，于“中法比瑞”晤施则凡（《行知备忘》）。

6月16日 “（1）晚八时，沈［钧儒］宅。（2）刘清扬（倪裴君二证）收2 400元。”（《行知备忘》）

6月17日 “（1）收卢绪章五证＄6 000。（2）育才47号，74 900元。（3）二十二号行政会议。张岳军、神仙洞，川康兴业公司，发动捐款，田赋管理处处长（副）。”（《行知备忘》）

6月18日 “亚强议筹款事。”（《行知备忘》）

6月19日 “（1）张福生。（2）熊总干事：①奎宁1 000粒；②英援华款（全预算），信——郭景坤；③音乐会请蒋夫人、华莱士（Wallace）；④世界儿童福利；⑤美国预算每月递增10%；⑥谢＄9 000美金。（3）收胡文金交出版社股本2 200元。”（《行知备忘》）

6月20日 “（1）三时交谊厅候田先生。（2）中午，利他会。（3）请［王］醉霞管伙食分配。（4）每月调查菜单。（5）田贵鸾在青年会与我会商战后儿童福利计划。（6）王云五先生破戒应聘到利他会讲演，我甚感激。（7）陈容贵与我同为主人，彼独要出钱，我实在钱少，也甚感。（8）遇陈崇寿，代筹取药。（9）孙哲生退欣赏证，连这一点小忙也不肯助；大人者，不失其赤子之心者也；若哲生是已失赤子之心者，呜呼，我为之三惜！”（《行知备忘》）

6月21日 “（1）二时，陈根度之友来。（2）七时，广东酒家，［晤］王壮飞。”（《行知备忘》）

同日 作诗《让我们与民主结婚》（收入湘版《全集》第八卷，又收入川版《全集》第十二卷）。

6月22日 “苏联抗战三周。（1）收金九先生退证两张，款七月付。（2）存‘新生’，育才10万。（3）收援华会5万。（4）读国民教育材料：

《教育英雄》、《娃娃群众》，到12时25分读完。”（《行知备忘》）

6月24日 致函吴树琴（收入湘版《全集》第八卷，又收入川版《全集》第九卷）。

6月25日 “川康：胡厅长次咸、刘处长云亭、黄处长仲翔。四川请托：陈处长怀先、尤会计长光豪、沈委员之万、郭厅长之杰、何厅长北衡、康局长心之（神仙洞街杨厂长公馆，领事巷五号）、石厅长体元（曾家岩诚实山庄）、黄季陆。”（《行知备忘》）

同日 于重庆《新华日报·青年生活》第八十四期《青年教育与思想问题特辑》发表关于民主与教育的若干看法（收入湘版《全集》第三卷，又收入川版《全集》第四卷）。

6月26日 致函吴树琴（收入湘版《全集》第五卷，又收入川版《全集》第九卷）。

6月27日 “收据册：地441—590（朱亚强）。”（《行知备忘》）

6月28日 “致尼的汉（Needham）信完成。”（《行知备忘》）

6月29日 “一九四四年下半年预算成。”（《行知备忘》）

6月30日 “致英援华会申请书成。”（《行知备忘》）

同日 英文致函国内外育才之友（收入湘版《全集》第八卷，又收入川版《全集》第六卷）。

6月 写《从五周年看五十周年》，未完稿，载1951年4月方与严编《育才学校》（收入湘版《全集》第三卷，又收入川版《全集》第四卷）。

7月1日 “（1）到［北］泉。车368，竿300。（2）电普里斯（Price）。（3）英援华会申请书。（4）致尼的汉仪器书。”（《行知备忘》）

7月2日 “在［北］泉休息——健康第一次。”（《行知备忘》）

7月3日 “（1）教导会议。（2）到校，工友面70，渡15。”（《行知备忘》）

7月4日 “（1）晚指导会议，通过预算。（2）毕业生升学补助。（3）陈文达人生观以个人利益为本位，开除之。（4）修理软椅。”（《行知备忘》）

7月5日 “（1）早会说：军训雪耻。（2）自然组说团结。（3）小学改革宿舍生活。（4）留庞在寺。（5）返泉，船钱80，工友面100。”（《行知备忘》）

7月6日 十一时出发赴渝，晚六时半抵达。滑竿240元，车费368元

(《行知备忘》)。

7月7日 上午理账三小时。又献金2 400元。买纸12令，又买嘉乐纸2令(《行知备忘》)。

同日 致函吴树琴(收入湘版《全集》第五卷，又收入川版《全集》第九卷)。

7月8日 “朱达刚自告奋勇代捐。”(《行知备忘》)

同日 致函陈鸿韬(收入湘版《全集》第五卷，又收入川版《全集》第九卷)。

同日 与沈钧儒、郭沫若、张申府、邓初民、史良等二十人联名致电广西各界，主张立即动员民众，坚持抗战，铲除失败主义，力主采用民主办法，组织人力物力，坚持抗战到底(《沈钧儒年谱》，第251—252页)。

7月9日 “(1)李景熙捐地100亩。(2)呈文。(3)函饶国模借农组地、房。(4)函周苍白［柏］借钢琴。”(《行知备忘》)

7月10日 “(1)李景熙借30万。(2)存入交通［银行］30万。(3)照相。(4)罗匡时带黄宽和来。(5)江卫青［姜维清］早赴校。(6)赴［复］派陈根度赴沙化区。(7)听说张西曼在利他会讲得好。(8)早，［讲］‘民主政治与教育’。”(《行知备忘》)

同日 致函吴树琴(收入湘版《全集》第八卷，又收入川版《全集》第九卷)，告知蓝田衡阳一带已无敌人。

7月11日 “(1)早，顾同学来。(2)七时，过江讲《民主教育》。(3)冯同学，教育系。”(《行知备忘》)

同日 据吴树琴记述：“吴珊与潘先生在上月来泉玩了一趟，谈到学校经费困难，建议生产事业自食其力，并愿与我们合办。当行回来时，我已将计划告行，约潘十日会谈，结果不知如何?”(《吴树琴日记》，藏南京陶行知纪念馆)

7月13日 “(1)赴高滩岩，见陈院长。(2)赴段绳武先生逝世四周年会。萧亦武、王赓尧。”(《行知备忘》)

7月14日 “(1)段［绳武］夫人来渝，请其演讲段先生生平及其逝世后之家境。(2)刘厚生来，请与张骏祥商戏剧学院卅年计划。”(《行知备忘》)

7月15日 “(1)［章］泯来。(2)修改致英美友人函，由［陶］晓［光］打。(3)拟《谢育才之友办法》，印1 500。(4)再印五周信1 200。

（5）买《四川地图》分配。（6）派江渭［姜维］清送米、纸、油。（7）印武训像及《传》。（8）陈根度路程：（a）璧山；（b）铜梁；（c）永川。”（《行知备忘》）

同日 致函吴树琴（收入湘版《全集》第五卷，又收入川版《全集》第九卷）。

7月17日 “王宣彰来说，熊旭东允捐地。”（《行知备忘》）

7月18日 “（1）写‘五周—五十周’。（2）赵玉峰早餐。（3）王宣彰允捐一万每年。”（《行知备忘》）

同日 致函吴树琴（收入湘版《全集》第五卷，又收入川版《全集》第九卷）。

7月19日 “（1）饶国模代表杨子贤送2万。（2）瓷器口田可行。（3）图章成。（4）谢仲谋画展。”（《行知备忘》）

7月20日 育才学校创办五周年纪念日。

7月中旬 以校长名义致函育才之友（收入湘版《全集》第五卷，又收入川版《全集》第九卷）。

7月27日 英文致函陶露西·尼德姆博士（收入湘版《全集》第八卷，又收入川版《全集》第六卷）。

7月28日 作书信致吴树琴（收入湘版《全集》第五卷，又收入川版《全集》第九卷）。

8月8日 由北温泉乘滑竿至北碚，乘上午七时车赴渝。

8月9日 晨七时，与陶宏赴机场送陶晓光飞印度。

同日 赠翦伯赞骆驼牌香烟一根，并附诗《赠翦伯赞先生骆驼牌香烟一支》（收入大孚出版公司版《行知诗歌集》，后收入湘版《全集》第四卷，又收入川版《全集》第七卷）

8月10日 潘家寅来访，谈管家巷拨地做酱一事。

同日 致函吴树琴（收入湘版《全集》第五卷，又收入川版《全集》第九卷）。

8月11日 致函吴树琴（收入湘版《全集》第五卷，又收入川版《全集》第九卷）。

8月17日 致函吴树琴（收入湘版《全集》第五卷，又收入川版《全集》第九卷）。

8月19日 “（1）343，早餐。（2）收文协2 000元助书。”（《行知备

忘》)

8 月 27 日 “孔子节。《万方画报》出武训专号。”(《行知备忘》)

8 月 28 日 作诗《谢冷饭》(收入《大孚出版公司版《行知诗歌集》,后收入湘版《全集》第四卷,又收入川版《全集》第七卷)。

约 8 月 作诗《追思韬奋先生》《邹韬奋先生挽歌》(一)(收入大孚出版公司版《行知诗歌集》,后收入湘版《全集》第四卷,又收入川版《全集》第七卷)。

8 月 作诗《月亮歌》(收入《大孚出版公司版《行知诗歌集》,后收入湘版《全集》第四卷,又收入川版《全集》第七卷)。

同月 作诗《太太做佣人》(收入三联书店版《行知诗歌集》,后收入湘版《全集》第四卷,又收入川版《全集》第七卷)。

9 月 6 日 应育才之友刘仁庵之请,为其父作《刘笏铭先生七秩荣庆献诗》(收入大孚出版公司版《行知诗歌集》,后收入湘版《全集》第四卷,又收入川版《全集》第七卷)。

同日 作诗《一本武训结良缘》《武训赞》《民主第一》(收入川版《全集》第十二卷)。

9 月 11 日 作诗《随便的人啊》(收入湘版《全集》第四卷,又收入川版《全集》第七卷)。

9 月 12 日 乘滑竿至北碚,后乘车赴渝,下午五时抵渝。

同日 与张申府、沙千里、章乃器、黄炎培、沈钧儒、史良、杨卫玉、王志莘、徐伯昕等共同发出邹韬奋讣告,刊《新华日报》(收入川版《全集》第四卷)。

同日 致函吴树琴(收入湘版《全集》第五卷,又收入川版《全集》第九卷)。

9 月 18 日 《邹韬奋先生挽歌》(二)(收入大孚出版公司版《行知诗歌集》,后收入湘版《全集》第四卷,又收入川版《全集》第七卷)。

9 月 20 日 下午,在儿童福利工作人员会议上作专题演讲《创造的儿童教育》,刊同年 12 月 16 日重庆《大公报》,又刊次年 4 月 1 日重庆《战时教育》第九卷第一期(收入湘版《全集》第三卷,又收入川版《全集》第四卷)。

9 月 21 日 致函陶晓光(收入湘版《全集》第五卷,又收入川版《全集》第九卷)。

9月25日 作诗《武训先生画赞》（收入大孚出版公司版《行知诗歌集》，后收入湘版《全集》第四卷，又收入川版《全集》第七卷）。

9月26日 与宋庆龄等七十余人联名发起邹韬奋先生追悼会，并写诗以寄追思、怀念。

9月 派舞蹈组戴爱莲、庄严学习《兄妹开荒》等秧歌剧。又亲自修改、审定《朱大嫂送鸡蛋》的歌词。

同月 倡导补习班、青年班、夜校及识字班，为青年、农民补学文化服务。

10月3日 乘璧山号轮船赴渝。

同日 致函吴树琴（收入湘版《全集》第五卷，又收入川版《全集》第九卷）。

10月8日 作诗《民主到哪里去（二）》（收入大孚出版公司版《行知诗歌集》，后收入湘版《全集》第四卷，又收入川版《全集》第七卷）。

同日 作诗《代一位壮丁写信》（收入大孚出版公司版《行知诗歌集》，后收入湘版《全集》第四卷，又收入川版《全集》第七卷）。

同日 陶晓光作书信致陶行知。

10月10日 作诗《歌唱现代》《民主》《政治的盘尼西林》《民主第一》（收入大孚出版公司版《行知诗歌集》，后收入湘版《全集》第四卷，又收入川版《全集》第七卷）。

同日 翻译《言论自由》一文，刊1946年2月17日《民主生活周刊》创刊号（收入大孚出版公司版《行知诗歌集》，后收入湘版《全集》第四卷，又收入川版《全集》第六卷）。

同日 陶晓光作书信致陶行知。

同日 据吴树琴记述："今天是双十节，休假一天。早上起得很迟，早饭未赶上，以糠加粥食之。……晚饭后，看行知托人带给我的韬奋先生逝世纪念册，一口气看完了此书，感受到邹先生一生的事业很伟大，他对人的温和、做事的认真，实在是值得大家学习的。今天我觉得玩得很痛快。"（《吴树琴日记》，藏南京陶行知纪念馆）

10月上旬 为育才学生王士毅参军抗战举行送欢会，并题词相勉。

10月12日 周恩来请陶行知撰写追悼邹韬奋短文（《周恩来年谱1898—1949》，第295页）。

10月13日 致函育才全体同志（收入湘版《全集》第五卷，又收入川版《全集》第九卷)。

10月17日 美国援华联合会甘霖林博士致函陶行知。

同日 据吴树琴记述:"早上写信给行,请由湖南省银行汇二千元给恒智弟。"(《吴树琴日记》,藏南京陶行知纪念馆)

同日 育才舞蹈组开始招生(《陶行知年谱》,第479页)。

10月18日 "周宗琼先生认新难童二人。(1)提琴[采取]小先生[制]。(2)江津合唱团。(3)科学研究社。"(《行知备忘》)

同日 陶晓光作书信致陶行知。

10月19日 致函吴树琴(收入湘版《全集》第八卷,又收入川版《全集》第九卷)。

10月20日 陶晓光作书信致陶行知。

10月21日 英文复甘霖林博士函(收入湘版《全集》第八卷,又收入川版《全集》第六卷)。

同日 重庆市长贺耀祖特别许可育才学校在"抗建堂"演出戴爱莲教授的舞蹈及音乐组演奏会。

10月22日 陶晓光作书信致陶行知。

10月23日 致函民生公司(收入湘版《全集》第八卷,又收入川版《全集》第九卷)。

同日 据吴树琴记述:"星期日晚上所做肉松不留心掉了一点煤炭进去,费了不少时候自肉松中一点点的捡出。"(《吴树琴日记》,藏南京陶行知纪念馆)

10月24日 "王务安宴龚浦生、陈善祥、陈维姜于广东大酒店,[江]淑芳也在。"(《行知备忘》)

同日 为育才戏剧组学生江淑芳作诗《送江淑芳赴滇》(收入大孚出版公司版《行知诗歌集》,后收入湘版《全集》第四卷,又收入川版《全集》第七卷)。

同日 据吴树琴记述:"中饭时方先生及陈先生来此,将所制肉松托带去给行。听说下月初欲开跳舞会,意欲去城玩一下。并写了信给行。"(《吴树琴日记》,藏南京陶行知纪念馆)

同日 作诗《献诗谢刘夫人赠地》(收入大孚出版公司版《行知诗歌集》,后收入湘版《全集》第四卷,又收入川版《全集》第七卷)。

10月25日 与吕长春谈话,告知请人做事情就要放权予人(载1946

年版《陶行知先生全集》之《念陶校长》，后收入川版《全集》第十一卷)。

10月27日 “廖先生（廷选)：麻布2 000匹，每匹$600，3丈8尺×1.1尺，粮食部做7个，市袋可做13个（700—1 100)。六匹为一疋，$3 600；2 000×600=1 200 000；青麻2 000斤（$140，每斤)。晚，开舞蹈、音乐会推票会议。”(《行知备忘》)

10月28日 八时，赴“三六九”餐馆。十二时，赴青年会。下午二时，赴保育会。晚六时，赴臧其吉宅。又“（1）写请改外汇接受人。(2）买岚炭十吨。（3）写信请振［赈］委会证明育才买米无例可援。(4）圈育才之友”(《行知备忘》)。

同日 陶晓光作书信致陶行知。

10月29日 收陈克平、陈克林各500元缴费，又代收二人各500另用。《草叶集》退张申府。下午二时，管家巷茶点（《行知备忘》)。

同日 致函吴树琴（收入湘版《全集》第八卷，又收入川版《全集》第九卷)。

10月30日 据吴树琴记述：“行久无信来，不知他的工作是如此忙碌!?”(《吴树琴日记》，藏南京陶行知纪念馆)

10月31日 早，朱振华去世（《行知备忘》)。

同日 据吴树琴记述：“……收到行知来信，想到战后的理想周游世界，令人欢慰。但不知何年何月何日，才能达此目的，料我个人力量是不及也。行知明日（九月十六日）生日，他不能来此，我亦于明日赶至城去祝贺他。预备在开跳舞会时去渝。”（《吴树琴日记》，藏南京陶行知纪念馆)

10月下旬 与吕长春谈话。(摘自《爱满天下》之《以与患难搏斗为乐》一文，后收入湘版《全集》第三卷，又收入川版《全集》第四卷)

10月 作诗《民主到哪里去——向全国农人贺新年》，刊1946年1月1日《新华日报》(收入大孚出版公司版《行知诗歌集》，后收入湘版《全集》第四卷，又收入川版《全集》第七卷)。

同月 完成诗歌《向民主小姐求爱》初稿。后应章伯钧先生之命送登《中华论坛》，不仅未能刊发，反而被没收。

秋 再次约请翦伯赞来育才讲学十一天。

11月1日 据吴树琴记述：“早写了一封信给行知，一方面告诉他的理想或是美梦，假若真能施行，那我们将不知如何的快乐。今天我自己亦

感受到这是我写给他的一封得意信。”（《吴树琴日记》，藏南京陶行知纪念馆）

11月2日 “（1）买药。（2）办米交涉。（3）申请赈济会冬赈。（4）申请援华会冬赈。（5）推票。（6）退票。（7）换票。（8）收款。（9）支款。（10）一个伤寒死了才葬，又来了一个伤寒。（11）一个白喉入院，又来了一个白喉。（12）买经常药。（13）买急救药。（14）送儿子入校。（15）大海报。（16）送票。（17）学生、工友打架。（18）买伞。（19）报生教社账。（20）发动武训节，建立奖金。（21）写亲笔信，金、曹、陈、杨、李，五［封］。（22）发请柬十一套。（23）复请客贴一通。（24）处理方竹因报账。”（《行知备忘》）

同日 据Donald. E. Willmott描述：“露丝·魏斯带我到广播大厦去听育才管弦乐队上演的每月音乐会。节目全是门德尔森的。这些年轻的学生演奏得很优美。我为他们这么年轻吃惊。露丝介绍我和学校的创办人陶教授——一位著名的人士相见。他约我去参观他办的学校，这是我非常渴望着去的。”（载川版《全集》第十一卷）

11月3日 “郭弼昌任留400券（抗）。鲁于道信，科学与民主介绍成。邓华友对联一幅［副］、中堂一幅［副］、《武训》80面。倪斐君换四张，星期一。”（《行知备忘》）

同日 在育才学校音乐舞蹈会上发表讲话，谈音乐的感受力和发展舞蹈（载同月5日《新华日报》，后收入川版《全集》第十一卷）。

11月4日 六时赴良庄（《行知备忘》）。

同日 据吴树琴记述：“晚厂长为女儿周岁请客，我因此事，故改于星期日赴渝，晚餐毕整理赴渝所用的衣服。”（《吴树琴日记》，藏南京陶行知纪念馆）

11月5日 据吴树琴记述：“起得不怎么早……整理所需的物品至码头候船，厂长亦于同日赴重庆。至码头时，行已派了两位同学在此候我。因行于本日请给舞蹈会帮忙的朋友客。在天林春馆门前遇到行。因船到得较迟，他们均已食完，我们每人吃了二碗面则至办事处。”（《吴树琴日记》，藏南京陶行知纪念馆）

11月6日 上午十时半，赴重庆生活书店讨论如何纪念邹韬奋，并提议为纪念邹韬奋，设立“创造生活奖学金”并撰写评比制度（《行知备忘》）。

11月6日—11日 据吴树琴记述：

数日来，天气虽不好，可是每日跟着行在街上奔跑，不觉一日很快的逝去了。

为了一瓶药和行知生气了一夜和半日，那一夜我很痛苦，行的冷淡更令人气。后行至中苏文协请客，我不愿意跟去参加，独在房中流泪。虽然自己在安慰着，可是亦禁不住我的泪水向外奔流。恰于此时，浦云及淑姐来此，为了一瓶药。后与他们同至中央药房找莫雨田先生，不巧他恰外出，约于四时再去看他，为了这事拜访他三四次，可是都白跑了。最后还是行去办成功了……

本日收到晓光自加尔答寄来信两封，自箱中取出交行阅，他读了很兴奋。晓光在印开展览会后，在华侨处为育才学校募了四十几万。行为了这意外的来款很快乐。

……苏联十月革命27周年纪念日，中苏文协在青年堂馆开纪念会。二时左右，我与淑旭同至该处，礼堂上已挤满了很多民众，当郭沫若先生演讲时，听众非常注意，鼓掌之声时起。

最后演苏联新片“虹”，可惜电力不足，看不清楚。在此片中民众对于法西斯仇恨是充分表露出来了。（《吴树琴日记》，藏南京陶行知纪念馆）

11月7日 收史东山经捐10 000元，卢绪章券资20 250元。收魏璐诗（Weiss）支票1 215元。早九时，赴广东大酒家晤余心清。“朱熙莹先生说，九日上午九时来收税，每天票数分开。”（《行知备忘》）

同日 陶晓光作书信致陶行知。

11月8日 八时半，赴保安路滋美饭店。饶国模介绍七岁胡朝容来育才。又得阎宝航、沈钧儒等多人捐款（《行知备忘》）。

11月9日 “考考武达，前十岁；校本部小学有李义重，似有音乐才，十一岁未满，回校考试之。冬天每人一双鞋。魏璐诗（Weiss）要陈贻鑫自传。”（《行知备忘》）

11月10日 十二时，参加中国留德同学会聚会（《行知备忘》）。

同日 据顾颉刚记述：“到留德同学会赴宴。遇郑振文、陶行知、刘儒。”（《顾颉刚日记》第五卷，第365—366页）

11月11日 下午三时，赴保育会（《行知备忘》）。

11月12日 “蔡仪——艺术论；黄荣灿——工艺、木刻；万芸——

图案；梅建鹰；许士骐。”（《行知备忘》）

同日 据吴树琴记述：“下午请江工友买了轮船票，预备明日赴渝回泉。……半夜三时左右起身，原请江工友送我至码头，行一定亦伴我到船边，六时左右开船，一时安抵温泉。”（《吴树琴日记》，藏南京陶行知纪念馆）

11月13日 “今天要办的事：（1）致友人短信（成吉思汗）。（2）取外汇。（3）致晓光信。（4）致教育厅函，声明全彰。（5）买布交涉。（6）致潘仰山信。（7）民生公司运机器信。（8）致保育会信。（9）绘画组生活指导，开会。（10）日校开会。（11）第二次经济战会议。（12）清华大学同学会音乐演奏。（13）抢救难童：育才成一单位。（14）儿童福利社介绍成员。（15）章：致诗。（16）组《战时教育》编辑委员会。（17）武训［画像］80幅、对联一幅，送邓华友先生。（18）杨友于书籍、行李交徐树人。（19）托新［华银］行取昆明款。（20）致布洛费尔德（Blobecd）信。（21）与周景航谈新职。（22）投资于卢绪章。（23）报社会部马人松。（24）谢印度诸友。（25）整理生教社账目。（26）修正《创造的儿童教育》。（27）印《小主人》剧本。（28）托朱树屏代运机器。（29）推请《小主人》主持人：排演刘厚生；城中主持人苏丹。（30）请苏丹、刘厚生开具预算。（31）向民生建设院讨钱。（32）录取舞蹈新生。（33）向援华会领款。（34）致书印度印中关系事务所。（35）招待Willmott（威尔蒙特）。（36）向中学委员会领款。（37）复傅学文信。”（《行知备忘》）

同日 致函陶晓光（收入湘版《全集》第五卷，又收入川版《全集》第九卷）。

11月14日 上午八时，赴滋美饭店早餐。下午三时，出席江苏同乡会（《行知备忘》）。

同日 托《悲惨世界》译者微林送翦伯赞美国幸福牌香烟两包，并附诗《送美国香烟与翦伯赞》（收入大孚出版公司版《行知诗歌集》，后收入湘版《全集》第四卷，又收入川版《全集》第七卷）。

11月15日 下午一时，赴管家巷。五时，赴生活书店（《行知备忘》）。

同日 英文致函甘霖林博士（收入湘版《全集》第八卷，又收入川版《全集》第六卷）。

同日 英文致函魏璐诗博士（收入湘版《全集》第八卷，又收入川版《全集》第六卷）。

同日 英文作信致加尔各答中国联络处（收入湘版《全集》第八卷，又收入川版《全集》第六卷）。

同日 英文致函巴恩斯（收入湘版《全集》第八卷，又收入川版《全集》第六卷）。

同日 致函陶晓光（收入川版《全集》第十二卷）。

11月16日 下午三时，参加江苏同乡会（《行知备忘》）。

11月17日 下午四时晤玉波。下午五时半赴小洞天（《行知备忘》）。

11月18日 六时，赴生活书店（《行知备忘》）。

11月19日 九时，赴张家花园晤王师长（《行知备忘》）。

同日 据吴树琴记述："下午为行补了数双袜子，不觉已混过去了一天。"（《吴树琴日记》，藏南京陶行知纪念馆）

11月20日 中午参加利他社聚会。写信请熊芷发被套。写信请部力子代借白云寺。马侣贤向保育会领得大衣50件，棉袄、裤26套。参加教师讨论会，讨论二战形式（《行知备忘》）。

11月21日 "（1）武训先生106周年纪念；《为育才学校筹集紧急经费书》。（2）致克利普斯（Clipps）夫人书。（3）致晓光书。（4）写《育才通讯》（中文、英文）。（5）造驻渝办事处；国府路之地，请圣尧捐。（6）写信与饶国模先生，商订瓷器口租约。（7）执行校务会议议决案。（8）日校谈话。（9）'儿童福利'介绍社员。（10）致章伯钧诗。（11）战［时］教［育］编委会。（12）武训画第80幅，对联送邓华友（已托梅健芝）。（13）报社会部马人松。（14）谢印度诸友。（15）整理生教社账目。（16）向中学委员会领款。（17）修广播大厦钢琴。（18）任德耀化装布景要回。（19）致冯托致邓鸣阶信。（20）催洽老（即虞洽卿——编者注）捐款信。（21）音乐组剪发。（22）买鞋。（23）捐药磺胺嘧啶50粒。（24）买《大英百科全书》。（25）王酌清十一月捐取。（26）运景（《小主人》）。（27）买麻布（3丈×20）。（28）捐钉、凡士林。

"育才批准之米：（1）保育会，25.74（每人二斗二，117人）；（2）粮食部，34.20（每人二斗，171人）。'笔杆是我的老师，我不需临摹古人的字；每当心到、眼到、手到时，笔下自然有神又有势。'"（《行知备忘》）

11月22日 "（1）齐先生：技术与演出。（2）生活［书店］要有专人。（3）事务琐碎整个家。（4）对外工作减少。（5）飞机胶。（6）提琴借。（7）胡然，教。"（《行知备忘》）

11 月 23 日 六时赴良庄（《行知备忘》）。

11 月 24 日 下午五时至六时，任德耀来。请邹阶平为陶鹤治疹（《行知备忘》）。

同日 致函吴树琴（收入湘版《全集》第五卷，又收入川版《全集》第九卷）。

同日 吴树琴“给行写信一封”（《吴树琴日记》，藏南京陶行知纪念馆）。

11 月 25 日 早宴埃普斯汀（Epstein）、卡吉（Kagi）夫妇。五时，赴“大都会”（《行知备忘》）。

11 月 26 日 捐钉：三寸，20 斤；二寸半，10 斤；小钉，6 斤。（《行知备忘》）

同日 吴树琴“在胜利饭店收到行的信及潘先生的信”（《吴树琴日记》，藏南京陶行知纪念馆）。

11 月 27 日 “买三友《大英百科全书》。朱亚强兄首先响应认捐三万。”（《行知备忘》）

同日 据吴树琴记述：“早上江卫清来此，我将治肺痰针药四支及药膏一合搭去给小黑。行说小黑出麻疹并发肺炎。另给带去一千元托买鸡蛋给行吃。下午给行、潘及智弟各信一封。”（《吴树琴日记》，藏南京陶行知纪念馆）

同日 重庆中学救济委员会库勒先生致函陶行知。

11 月 28 日 “（1）收到美国援华会增加一百名难童开办费 1 440 000 元。（2）卢绪章兄认捐 5 万，赞助研究部买书。（3）李俊龙来信；张文白部长来信，等于让抗建堂自决。（4）小黑完全战胜，邹阶平先生不愧名医。”（《行知备忘》）

11 月 29 日 抗建堂演出表：郁雷演至 12 月 10 日；业余剧社从 12 月 12 日至 19 日；清宫外史从 12 月 20 日至 1 月 30 日（《行知备忘》）。

同日 翦伯赞来访，与其聊天，认为“日本人不会来”，“日本没有消灭重庆政府的必要”（载《陶行知先生四周年祭》之《我和行知先生》，后收入川版《全集》第十一卷）。

同日 致函程潜（收入湘版《全集》第五卷，又收入川版《全集》第九卷）。

同日 致函陶晓光（收入湘版《全集》第八卷，又收入川版《全集》

第九卷)。

11月30日 上午九时,赴保育会。又收田大畏冬衣费5 000元。因湘桂战役失败,又为育才学校考虑撤退疏散地点(《行知备忘》)。

同日 致函纯之。

12月1日 "……(29)草《武训诞辰请帖》。(30)印《武训先生颂》。(31)托郜爽秋致书哥伦比亚大学,证明晓光研究能力。(32)向中等学校救济委员会请款。(33)向美国援华会请疏散费。(34)发《〈大英百科全书〉筹款信》19封。(35)赴冯宴。(36)推动潘家寅在五通桥或乐山设厂。(37)推动朱亚强、万芸将事业中心移至五通桥。(38)推动新亚移厂。(39)改章伯钧诗。(40)寄张丁健贺程信。(41)登广告约友参加武训纪念会。(42)约陈根度先生演讲武训事迹。(43)托张震请中航经理予晓光以较轻之工作。(44)约请雪密笃(Shimidu)、华特马尔(Watamale)、张文白部长,至少三个月。(45)相片:育才。"(《行知备忘》)

12月3日 调查重庆到南充路线及南充当地物价。十时,赴管家巷参加救国会会议(《行知备忘》)。

12月4日 "武训纪念前夕:(1)致记者函。(2)赶写信封。(3)分送'金城'信。(4)借钢琴。(5)取印刷品,八时。(6)写海报司长。(7)剪布幕。(8)准备画展。(9)准备灯光。(10)练习唱歌。(11)写节目单。"(《行知备忘》)

同日 据吴树琴记述:"乘马先生赴渝之便搭去,晚至行信一封,将已补好之袜子搭至行。"(《吴树琴日记》,藏南京陶行知纪念馆)

12月5日 "曾贵谦领收据簿十本,'黄'91—191。"(《行知备忘》)

同日 英文复库勒函(收入湘版《全集》第八卷,又收入川版《全集》第六卷)。

同日 在育才学校武训诞辰纪念会上谈"武训精神",记录稿载次日《新华日报》报道《武训先生诞辰,育才学校开会纪念》(收入湘版《全集》第三卷,又收入川版《全集》第四卷)。

同日 据吴树琴记述:"……据陈先生说行于明日要回温泉,我即托高吉成买了一斤猪油,20个鸡蛋,预备他回来吃。今天是武训纪念日,生活教育社在江苏同乡会开纪念会,并举行武训事迹画展,同时举行音乐舞蹈会。开会前李德全先生及陈根度先生演讲,行讲述了武训生平事。"

(《吴树琴日记》，藏南京陶行知纪念馆)

12月6日 重庆《新华日报》刊发报道《武训先生诞辰，育才学校开会纪念》。

同日 据吴树琴记述："中午前，突见刘先生由重庆返泉，说及战事很不利，重庆人事慌慌，谣言很多。午饭后将房子有风吹入之缝，全用纸补起来。将近下班时，张主任突然告诉我，厂内因战事紧张生意清淡，要减少男女工人。当时我很难过。不过已定的计划我是不能反对的。得胜当时就圈了几个名字。晚饭后，张和刘商量一定要减少至八人。总共十八人要减十个女工，最后又忍痛将滕大贞除了。不知何故，当时我心里很乱，结的袜子常常打错。后我借了电筒去胜利饭店问讯，行回来没有，得知大家都未回。"(《吴树琴日记》，藏南京陶行知纪念馆)

12月7日 "沈天灵托卖书。收书50套，付梅健鹰1套。"(《行知备忘》)

同日 为招生100名新生，派代表赴南充寻找应急校址。

同日 致函吴树琴(收入湘版《全集》第五卷，又收入川版《全集》第九卷)。

同日 据吴树琴记述："早上空气很闷，因为欲除名的人不久就要宣布。当时我向大家稍作解释，厂里的决定，我是无权反对的，假使厂里要复工，只要我还在这里，我保证一定尽先将迁散的人请来。有些家境很苦的人走时都流泪了，我心里亦很难过。下班路上遇到陈先生，问及陶先生是否回来，他说没有，拿了一封信给我。因有急事，还要留城数日。行的担负太大，我不能为他代劳，有时感受到很难过。"(《吴树琴日记》，藏南京陶行知纪念馆)

12月8日 据吴树琴记述："给行一信，告诉他等候他的情形。"(《吴树琴日记》，藏南京陶行知纪念馆)

12月上旬 致函育才之友及生活教育社同志(收入湘版《全集》第八卷，又收入川版《全集》第九卷)。

12月13日 "(1)与郜爽秋接洽煤运销额(徐)；预备公函请。(2)与郜爽秋商还借款(徐)，20日付三万，月底5万。(3)收卢绪章款(徐)，收到。(4)送邓鸣阶信。(5)写信与甘霖椿，领12月'新生'款。(6)致晓光信。(7)领赈委会款(晓，美)。(8)领政治部款(晓)。(9)向中等学校委员会询问补助，批准5万。"(《行知备忘》)

同日 英文致函甘霖林博士（收入湘版《全集》第八卷，又收入川版《全集》第六卷）。

12月14日 “(10) 送黄次咸2千元会费，3千元难民捐。(11) 审查《小主人》，送审。(12) 交钱涧石管账。(13) 买油。(14) 汇校本部40007 (14、17日)。(15) 请财政部、盐务局捐地。(16) 与赈委会商考难童。(17) 与中华慈幼会商难童。(18) 与保育会商难童。(19) 与章牧夫商买花布。(20) 买纸。(21) 印报账单。(22) 印：《信》、《武［训］纪［念基］金用途》、《节略》。(23) 会布能特 (Blunt)。(24) 会鲁佩璋。(25) 黄荣灿，南岸难童报名。九时，保育会。”(《行知备忘》)

同日 纯之复函陶行知（收入2002年版川版《全集》第十二卷）。

12月15日 在中国儿童福利协会成立大会上当选为大会主席之一，并对儿童福利问题提出具体建议。

同日 致函陶晓光（收入湘版《全集》第五卷，又收入川版《全集》第九卷）。

同日 据吴树琴记述：“给行写信，请带点白糖来。”(《吴树琴日记》，藏南京陶行知纪念馆)

12月16日 下午三时，参加救国会活动（《行知备忘》）。

同日 发表《敲碎儿童的地狱，创造儿童的乐园》，刊重庆《大公报》（收入湘版《全集》第三卷，又收入川版《全集》第四卷）。

同日 在重庆《大公报》发表《创造的儿童教育》。

12月17日 盖新墙。致函花纱布局。写招生信与全国赈灾委员会、中华慈幼会、保育会等（《行知备忘》）。

同日 据吴树琴记述：“晚饭时周礼明小姐来辞行，预备明日离此赴渝办理出国手续。……当大家正围火谈笑时，听见唐先烈呼我，得知陶自城回来，就辞别她们，匆忙的赶回宿舍。他因坐下午车，到北碚走至金刚碑来此，两餐未吃，忙叫唐先烈将火弄开，炒蛋饭给他吃。”(《吴树琴日记》，藏南京陶行知纪念馆)

12月18日 “晓庄研究所应做索引。”(《行知备忘》)

同日 据吴树琴记述：“行约我同去学校玩两日，最近因注射液工作不多，我即答应回去。上午将一切事交代好，下午二时左右乘船去学校。在光铁坡一转，行欲去看一位朋友，不巧此人已离此，到学校天已将晚。晚饭后，行召集全体先生报告时事，我亦在座旁听。”(《吴树琴日记》，藏

南京陶行知纪念馆）

12月19日 “（1）回来谈全体教师。（2）夏先生减轻工作（福），增加营养。（3）薪水二次发，2 500—3 000（1/3）。（4）过年加给一月。（5）医病路费。（6）薪水增物价增。以上照教师会提。

“（1）伙食费整发。（2）教师薪水（分二次发）。

“指导会议：（1）各部科会，总管各院。（2）进可以发展，退可以疏散（南充、五通）。（3）经济第二次战。（4）把握着现实，进行各种学习。（5）社会教育之方针。”（《行知备忘》）

同日 发表诗歌《民主到哪里去（一）——写在中国儿童协会成立前夕》，刊《新华日报》（收入大孚出版公司版《行知诗歌集》，后收入湘版《全集》第四卷，又收入川版《全集》第七卷）。

同日 据吴树琴记述：“早餐后，随行、陈先生及丁先生至邵龙寺看房子，行欲在湘、桂、黔逃来的难童中，选拔一百名。此一百名难童的经费为美援华担负。午饭后，在小山头听自成都来的一位先生报告。晚行请各位先生聚餐，我请吃桔子。饭后，行召集开教务会，我在房里结毛线裤。”（《吴树琴日记》，藏南京陶行知纪念馆）

12月20日 “（1）朝会讲‘乡工’。（2）全体谈话：①国际局势、国内局势。②校务报告：经济战，增加难童，质之发展。③恋爱问题。检讨：贪小，烧火，节流，任性与尽性，不安中求进，向小学看齐。”（《行知备忘》）

同日 据吴树琴记述：

> 早餐后，行召集同学讲话，先报告两月在渝募捐的情形及晓光在印为学校打的胜仗。后讲及学校内的事：1. 有不安的心理。要大家在不安的环境里永求长进。2. 任性。大家要以理智来支配人的欲性。3. 谈恋爱。若不在合法年龄谈恋爱，学校是不会放松此事的。4. 节约。同学中有不爱惜公物的现象。5. 贪小便宜。用平老静的故事来勉励之。
>
> 此会后，行召集为乡村服务的同学及先生鼓励之并报告他以前在上海办山海工学团小先生的办法。最后又找个别人谈话。三时离开学校至小学部一转。此日是房主的生日，学校送贺礼一千元。
>
> 到泉在胜利饭店吃面一碗，葱油饼二张。回宿舍晚饭后，又与行同至厂里洗澡，痛快的洗了一番返回。行则睡，我为他补鞋衣至灯熄安

眠。今离校时给三桃二千元。(《吴树琴日记》，藏南京陶行知纪念馆)

12月21日 “(1)乘船来渝。候船成‘生教歌’三首。(2)[卢]子英谈博物馆，我主[张]要有创造性。(3)周宅请客，四样鱼。(4)闻《民主到哪里去》已登，初老、伯老(即邓初民、章伯钧——编者注)均恭维。(5)郑石均捐4万买《大英百科全书》。”(《行知备忘》)

同日 据吴树琴记述：“早起雾很大，满地白霜，是来川数年来的第一次看见。……因雾大合川船仍未来，中饭后，即时至码头送行。他靠在此做诗三首。”(《吴树琴日记》，藏南京陶行知纪念馆)

12月22日 “(1)令余新、陈之清写‘生教歌’，《民族妈妈歌》给音乐组。(2)发小提琴谱与较音器。(3)晚2时，写向援华会追加预算及创农、工二组请款，半夜成，再睡。”(《行知备忘》)

12月23日 “(1)早六时起，再草致援华会信。(2)请谭坤珩打字。(3)见甘霖林，彼予我最大之鼓励，允补充之款二百万即可发，农、工两组一千万俟款到设法，在经济战上此为平生最大胜利。倘完全实现，则育才大学之初基已立，是不仅教师待遇改、营养增加而已。昨夜本想速成信稿，而理智不许，指导我先睡而后动笔。半夜，精神得到纯粹休息，睡醒腹稿已成，再行动笔。(4)鲁佩璋会见，谈管家巷捐地，不可能。(5)艾沙、伊敏请客于新疆会馆。(6)第一次选拔新生于南岸观音阁。”(《行知备忘》)

同日 英文致函甘霖林博士(收入湘版《全集》第八卷，又收入川版《全集》第六卷)。

同日 据吴树琴记述：“给行信一封，附小主人预告一张，请给智弟汇款二千元。”(《吴树琴日记》，藏南京陶行知纪念馆)

12月24日 “(1)早5时为晓庄研究所捐二百万元。(2)九时，赴急救灾童会。(3)下午利他社，[沈]天灵捐三十万元。(4)冯夫人要创苦儿福利社。”(《行知备忘》)

12月25日 计划要做之事数件(《行知备忘》)。

同日 晨四时，英文作函致甘霖林博士(收入湘版《全集》第八卷，又收入川版《全集》第六卷)。

同日 晨五时，作诗《迎接民主年》，刊次年1月1日《新华日报》(收入大孚出版公司版《行知诗歌集》，后收入湘版《全集》第四卷，又收入川版《全集》第七卷)。

同日 吴树琴“写信给行”(《吴树琴日记》,藏南京陶行知纪念馆)。

12月26日 下午三时,熊芷来访(《行知备忘》)。

12月27日 “请青年会代估造房价。请刘厚生、李乃忱制舞台图。赈委会批准寒衣费十万元。”(《行知备忘》)

同日 复吴树琴函(收入湘版《全集》第八卷,又收入川版《全集》第九卷)。

12月28日 “(1)买纸。(2)为[育才学]校、[晓庄研究]所、[儿童美术]馆请34年款。(3)再请潘仰山捐棉花。(4)请冯先生写信捐木料,捐砖,捐奎杓堂款。(5)草卖字书。(6)致郭有守信。(7)借保[育院]米。(8)约任叔永、任宗德。(9)为‘北’买书。”(《行知备忘》)

12月29日 参加学术讨论会(《行知备忘》)。

同日 吴树琴“收到行来信,谓30日不来31日备来泉”。(《吴树琴日记》,藏南京陶行知纪念馆)

12月30日 “调解周、甘冲突。发动管家巷‘民教’。”(《行知备忘》)

同日 据吴树琴记述:“晚行由重庆来此,弄了饭给他吃,共同至厂里洗澡。并决定31日共赴草街子过节。邓、李的结婚礼不能参加,亲去给他道歉。行并允送他们一副字。”(《吴树琴日记》,藏南京陶行知纪念馆)

12月31日 “午请士绅,张[敦廉]到。夜看王万恩导演之戏。”(《行知备忘》)

同日 据吴树琴记述:

> 整理带学校过节的东西。鸡蛋、酱油、腌肉、猪油及糖柑。并将红头绳衣拿回去打,急着向庄先生学放花。
>
> 行至杨先生那里去写字,不久学校派滑竿来接,后知学校请客,赶快吃了中饭即赴学校。到学校时客未散,行则陪同吃饭商谈借回龙寺事。
>
> 晚学校同学举行同乐会,乡下观众很多。有五班同学的康乐顾问王万恩同学自编自演的独幕剧,这是以四川的方言写的,演时亦说四川话,意思是敌人到了我们应当怎么办?另外是凤凰剧社的“禁止小便”。它反映公务员的各种嘴脸,有埋头苦干的,有拍马吹牛挂名,整日不办公的科员,有卖老牌子乱骂人的科员。演得很滑稽,为了有什么人来参观,弄一块“禁止小便”的牌子,闹得人忙得不得了。另

外有一个节目，是附近的老百姓来参加的歌唱，并唱四川的山歌，声音很高亮。合唱和庄先生的变戏法都很精彩。

一年过去了，我们每日都在过着上班下班的刻板生活，有时工作很紧张，有时工作很消沉。这一年来，从各种不顺利的工作中得到了教训，也得到了一些经验。不问是对人或对事，愿意将这些经验教训拿来迎接 1945 年的更大困难。

个人进修方面，亦要脚踏实地的学习，温旧追新。英文更要努力的读，因为时间分配的有限，德文亦没有认真的读好。觉得这是件憾事。我亦相信，仅要自己对各事有恒的学下去，一定是有希望的。把握时机，努力学习。(《吴树琴日记》，藏南京陶行知纪念馆)

冬 鼓励、帮助育才戏剧组学生张本治创作四川方言话剧《郎格办》。写成后又推出公演。

本年 与沙千里、周竹安等人筹建大孚出版公司。

同年 作诗《贺重庆青年会李家沱会所落成》《沈奎杓先生纪念歌》《民族的妈妈》《墨西哥的农人》(收入大孚出版公司版《行知诗歌集》，后收入湘版《全集》第四卷，又收入川版《全集》第七卷)。

同年 为介绍陈根度募捐致函育才之友（收入湘版《全集》第五卷，又收入川版《全集》第九卷）。

1945 年
（民国三十四年 乙酉） 54 岁

4 月 12 日 美国总统罗斯福去世，杜鲁门继任总统。

4 月 23 日 中国共产党第七次全国代表大会在延安召开。

4 月 25 日 联合国成立大会在美国旧金山举行，会议讨论并签署了《联合国宪章》。

5 月 8 日 德国宣布无条件投降。

7 月 26 日 中、美、英三国发表敦促日本无条件投降的《波茨坦公告》。

8 月 8 日 苏联对日宣战。

8 月 15 日 日本宣布无条件投降。

8 月 28 日 毛泽东飞抵重庆，与蒋介石展开和平谈判。10 月 10 日，《政府与中共代表会谈纪要》签订。

1 月 1 日 “（1）国民民团会操，演讲《军民合一》。（2）草街乡代表会议，谢望。（3）朝会讲诵《迎接民主年》。（4）晚，分组同乐：a. 小学组诵《迎接民主》；b. 五班，讲‘傻瓜’；c. 社会组，讲《元旦一日我之乡教工作》；d. 文学组，谈学习文学；e. 戏剧组，万思路线；f. 自然组，讲科学计划；g. 与周、雷、颜三先生谈。”（《行知备忘》）

同日 据吴树琴记述：

> 一年的开始，每人心中都觉得什么事都要从头开始做。回想以前，追思将来。是快乐呢？还是忧愁呢？我想不用忧愁，不用快乐，一起的事情都要积极的行动起来，遇到快乐时，可以倍加我们为事的精神，遇到忧愁时，我们想法解除之。
>
> 行应张敦廉镇长之请，至草街子检阅国民兵团。陈根度先生在行离开后不久来学校。行于晚饭前才回学校。
>
> 我今日忙着准备做徽州饼，下午站了整半天，有点吃力。

晚，各组有同学会，我与行先至小学部并邀来参观的三人同去，行在那里演说他最近的迎接民主年常诗一篇。

再至第五班，他们坐在大天井下围着一堆火，举行团体游戏。

至社会组，行演说今日在草街子所做民众工作的经过说出来，给大家参考。我将记得的写下几点：

国民兵团较去年大有进步，少数穿便衣的，都有武器在手，操练很齐而熟练。希望这些国民兵团不但有保乡的志愿，还要有保四川、保中国的宏愿。镇长所提的十几条文中，有二条是学校能做的，一为扫除文盲，二为卫生工作。凡是老百姓有小病的来学校医治，都尽力代为服务，并不收一切的药费。对于扫盲的工作，凡是今天到校的，送本武训通俗本，凡愿意要识字读书的，不论哪位来，随时可以指先生或同学教他，我们决不能拒绝。最后行将志愿兵歌朗诵给他们听。大家都很高兴。

吃午饭后，再开乡民代表大会，通过了很多提案。借回龙寺的提案亦是此时通过的，多数赞成，仅有一张反对票，也许有误会，未得解释缘故。回龙寺，他们要用的有二件事，一是放积谷，二为开会时用。学校答应仍让他们放积谷。若需开会时，学校可以让出地方并用茶水来招待他们，这样问题就迎刃而解了。

至文学组，行演说了，一个学文艺的人，应该向您所接触的人学习，才能产生一种适合民众所需要的文学，他列举了几个他自己所接触到的人和事，来证明他的话。

至戏剧组，行说像王万恩这样的适合民众的剧本要多多产生。陈根度先生演说了一个育才学生，一旦离开育才，应不失育才的精神和道德，应不被社会上的恶势力渲染和屈服。

至自然组听他们正在演说鬼的故事，行则说他幼年对鬼的观念，以行动来破除。

今晚我们是以游击的方式参加各组的同学会，觉得很有意思。(《吴树琴日记》，藏南京陶行知纪念馆)

同日 发表诗歌《迎接民主年》，刊《新华日报》。

1月2日 约星报记者谈新闻政策。下午参加指导会议，决定一年计划30条。晚间参加教师同乐会（《行知备忘》）。

同日 据吴树琴记述：“上午，行召集编星报的各位同学谈话，并请陈根度演说。下午，行召集指导部会议，通过30条提案，也就是1945年的计划。晚在林间开教师同学会，并有交换礼物的节目。行送簿一本；我送画片三张，三桃送外国币五个。此次的同学会为戴爱莲先生主持，大家都是玩的集体游戏，买花、戴帽子、传话。我和行罚的节目较多，我说了笑话二个，有一个讲的扇子，行唱了几个歌。散会后大家带着碗至逸少斋，我们请大家吃腌肉汤煮面。当时，陈根度提议一个集体造句法，每人用最后一字接下去造句，陈先生的一个笑话，用'金子银子鬼子'造的，很有意思。"（《吴树琴日记》，藏南京陶行知纪念馆）

1月3日 朝会讲朝会改革、戏剧组发展新剧运动、育才新闻政策等内容。午赴蓉香饭店午餐。下午参观西部科学院博物馆。读赛珍珠著《在中国最后的一瞥》，并摘录主要内容（《行知备忘》）。

同日 据吴树琴记述："整理东西预备回北泉，行请陈根度对戏剧组讲抗战故事，给他们作材料写剧本。十时左右离学校由白沙沱坐船直至金刚碚，今日中午，新亚厂请同仁吃新年饭，我约行同去，至三时一刻饭毕后至西部科学院博物馆参观，因时间短促，匆匆走一趟则返北泉。"（《吴树琴日记》，藏南京陶行知纪念馆）

1月4日 据吴树琴记述："三时行来此洗澡，晚陈根度请吃晚饭。"（《吴树琴日记》，藏南京陶行知纪念馆）

1月5日 据吴树琴记述："行于今早至学校演讲民主与教育。"（《吴树琴日记》，藏南京陶行知纪念馆）

1月6日 据吴树琴记述："行于午饭时由学校赶到此，后则至北碚搭车赴渝。"（《吴树琴日记》，藏南京陶行知纪念馆）

1月9日 八时半赴滋美饭店早餐。十时半，龙门浩候田先生（《行知备忘》）。

1月10日 八时半赴滋美早餐。又派人到新桥买药（《行知备忘》）。

同日 据吴树琴记述："胜利饭店送来行信一封及勤兄于一月五日汇给智弟款四千元……"（《吴树琴日记》，藏南京陶行知纪念馆）

1月12日 据吴树琴记述："下午，学校派了滑竿了，才知行于今日要回来，为了援华会有几位朋友来参观学校。晚饭后，在房中，见远处有灯笼光，又突然听见喊琴之声音，知行是真的来到。"（《吴树琴日记》，藏南京陶行知纪念馆）

1月13日 据吴树琴记述："早行约他的朋友参观汉洗，然后同至学校参观。……晚行派人来喊我，原来他们已返泉，在胜利饭店晚餐，他今天回来，为了要介绍李、陈二位先生。”（《吴树琴日记》，藏南京陶行知纪念馆）

1月14日 据吴树琴记述：“早起，行约他的朋友（五位）至胜利吃早点，有老糟蛋和包饺，味道很好。几次和他们见面，感到自己的英文程度太坏，既不明了他们的交谈，又不能和他们畅快地谈话，很觉难堪。早餐后，有三位要于今日返渝，另一位是研究农业的。行约他去参观陈先生所办的农场。我亦同去。多时未走森林，今日突然走到那处，很觉畅快。在马路上看到下面这条碧绿的嘉陵江，显得美丽极了。十一时左右返回，走到何大遂先生门口，行欲去拜望，我亦随去。十二时返宿舍与行吃了中餐，他又要返育才去。”（《吴树琴日记》，藏南京陶行知纪念馆）

1月15日 乘船赴渝。

同日 据吴树琴记述：“九时左右行来，等他洗了澡和他同至胜利饭店等轮船，将近午饭轮船仍未来，我觉得头很痛先回宿舍休息。下午并不预备去，因为念到今天要测比重，则去厂。感到头被震得很痛，想到也许是神经痛缘故，则开领条向库房领几粒药，哪知张主任将药改了六粒，当时我很气愤，越想越想气，眼泪亦不知不觉的流了很多。这种刺激，是我进厂第一次所受到的，叫人灰心极了，难道我不能吃点药吗？后来则将此药原封不动的交了过去。这次的打击，我是不会忘记的，人家不能原谅我，不能了解我，我亦没有办法。”（《吴树琴日记》，藏南京陶行知纪念馆）

1月16日 致函吴树琴（收入湘版《全集》第五卷，又收入川版《全集》第九卷），报平安并奉上墨西哥摄影木刻。

1月17日 六时，赴任宗德宅（《行知备忘》）。

1月18日 甘霖林作信致陶行知，要求对新来难童按人头计算拨款。

1月19日 英文复甘霖林函并附胜利饭店1 050元支票收据一张（收入湘版《全集》第八卷，又收入川版《全集》第六卷）。

1月20日 吴树琴“收到行送墨西哥木刻相一张”（《吴树琴日记》，藏南京陶行知纪念馆）。

1月22日 “（1）申请外汇：RS64。（2）收美援404 800元（‘新生’十一、十二）。（3）存入中国［银行］404 800元。（4）汇校本部100 000元。（5）买棉花169 440元。（6）十月十二日买米23石，已付25 300，补付43 700。（7）买一月米，222×3 000＝66 600＋43 700＝110 300（此处

算误——编者注)”(《行知备忘》)。

同日 据吴树琴记述：“……收到行来信，附给伍必端同学木刻画一张，此照相当时是在墨西哥拍的，那时他很健壮，今昔相比，差不多要叫人不认识他了。”(《吴树琴日记》，藏南京陶行知纪念馆)

1月23日 八时半赴滋美饭店早餐。中午回管家巷28号。下午五时至七时，赴任宗德宅(《行知备忘》)。

1月24日 致函吴树琴(收入湘版《全集》第八卷，又收入川版《全集》第九卷)，告知奉上江津米花糖及毛毯、毛织布等物。

1月25日 “陆绍云前捐二万，收据要寄。维昌纺织公司陈容贵，要收据。领款：秦家漠1 000元收。”(《行知备忘》)

同日 据吴树琴记述：“中午陈根度先生派人来喊我，原来是行托他带东西来。有合川的米花粮，及一合洁糖，另外还有2丈多布呢。”(《吴树琴日记》，藏南京陶行知纪念馆)

1月26日 吴树琴致函陶行知(藏上海中国文化名人手稿馆)，略谓：

> 常常感到，当您有福享的时候，总要叫我来分享一点，觉得很欢慰。但是当您遇到困难、痛苦、压迫的时候，我不能为您分受，心下感到很不安，还不知您能感觉到否？……
>
> 给我的木刻相，我已将它挂在我的床头，快乐、忧愁、惊骇，有这个勇敢、忍耐、热情、前进的壮士，时时刻刻伴着我、鼓励着我，我是胆壮十倍啊！乐时不会骄傲，忧时不会灰心，怕时不会屈膝！随着您一同前进！求真！

同日 据吴树琴记述：“早上班时，在路上遇到育才同学告诉我到重庆去，回厂写了一封信给行，我想行收到此信，一定很快乐。中午，小赵与刘文英、武兆令同学来此玩，留他们在此玩两日，晚上刘教我唱歌，后来谈到育才学校的事，使我兴奋而又感受到不安，晚失眠。”(《吴树琴日记》，藏南京陶行知纪念馆)

1月27日 抵璧山。在吕凤子先生书斋撰《创造的社会教育》提纲(《行知备忘》)。

1月28日 在四川璧山县国立社会教育学院作演讲《创造的社会教育》，记录者：邹大同(收入湘版《全集》第八卷，又收入川版《全集》第四卷)。

同日 据吴树琴记述：“晚行来，同到厂洗澡。”(《吴树琴日记》，藏

南京陶行知纪念馆）

1月29日 据吴树琴记述："中午，陈根度先生请行陪客。在胜利饭店遇到王芝秀小姐 。"（《吴树琴日记》，藏南京陶行知纪念馆）

1月30日 据吴树琴记述："傍晚行由学校回，我做二十几个饺子请他吃。后为工人们上英文，则眠。"（《吴树琴日记》，藏南京陶行知纪念馆）

1月31日 据吴树琴记述："行将林肯的演说词翻好。群姐来信借俄文一本。行在胜利饭店请十几位教员吃面和包子，花了一千五百余元。在唐小姐处借了一千元给行。晚与行去胜利饭店玩，回来行写信，深夜才睡。"（《吴树琴日记》，藏南京陶行知纪念馆）

同日 英文致函魏璐诗博士，英文致函甘霖林博士（收入湘版《全集》第八卷，又收入川版《全集》第六卷）。

1月 发表译作《手》，刊《民主教育》第三期（收入湘版《全集》第六卷，又收入川版《全集》第六卷）。

约1月 作诗《一·二八》（收入大孚出版公司版《行知诗歌集》，后收入湘版《全集》第四卷，又收入川版《全集》第七卷）。

2月1日 据吴树琴记述："行于午后至少龙寺再转学校。"（《吴树琴日记》，藏南京陶行知纪念馆）

2月2日 据吴树琴记述："行于傍晚回，并带有新鲜油心菜一捆。晚饭后，张主任来此与行谈了很久，自国内消息谈至国际问题，我在旁亦知一些知识。晚十时入眠。"（《吴树琴日记》，藏南京陶行知纪念馆）

2月3日 据吴树琴记述："今天是阴历十二月二十一日，亦就是我的生辰。行为此多留这里数日。快极了，三十年的光阴就在无声无息中流了过去。早点吃了面，预备中午吃油菜心炒年糕。下午，行提议去北碚过夜，以便次日搭早车赴渝，三时左右由此至碚。先至钱崇树先生府上，未遇。至科学院在地质调查所遇钱先生，当时有数位外人在该处摄影……晚在卢先生处便餐，后至兼善找房间未得，行去司法处赵永魁先生那找到睡处。最后上街吃了面饺，返回睡觉。因电灯不能自由关闭，行将我的围巾包着，不知已被烫焦，幸而未遭火险。"（《吴树琴日记》，藏南京陶行知纪念馆）

2月4日 据吴树琴记述："早吃了油条豆浆至车站候车，遇到行的学生唐先生。当车将开时，我就离开那里，在书店买了一本日常英语会话，费钱72元，后至大市场参观一周返泉，发现买的书遗失！可惜。"（《吴树

琴日记》，藏南京陶行知纪念馆）

2月5日 据顾颉刚记述：“与怡生同车出，访印维廉，未晤。遇陶行知、翦伯赞、穆乐天。”（《顾颉刚日记》第五卷，第405页）

2月6日 “杨培春30 000元。胡心惠捐款一次。”（《行知备忘》）

2月7日 “老同和姚酱酒20瓶。”晚七时，赴任宗德宅（《行知备忘》）。

2月9日 据吴树琴记述：“下午卢先生来，说行要回来，在公园事务所给他一电话。”（《吴树琴日记》，藏南京陶行知纪念馆）

2月10日 下午三时，魏璐诗在廖女士处（《行知备忘》）。

同日 据吴树琴记述：“晚行来电话，希望我去重庆过年，他因音乐会，不能回来。”（《吴树琴日记》，藏南京陶行知纪念馆）

2月11日 “（1）写信与许静仁先生，报告‘乐’。（2）写信与布洛基尔德和晓光，要一系列的东西。（3）写特信与马雄冠、颜耀秋、胡允甫等。（4）写信与周宗琼。（5）看卢绪章、施则凡、樊立之。（6）写信与保育会。（7）看《新教育》。（8）写字与信。”六时半，赴莫斯科馆见W。（《行知备忘》）

同日 据吴树琴记述：“整理行装预备去渝过年。至胜利饭店，陈先生煮两个鸡蛋和年糕给我吃。九时左右轮船停此上船。带了一本英文一直看到重庆。坐在方先生房中休息了一会，行则回来，晚行Rufh晚餐我同去。”（《吴树琴日记》，藏南京陶行知纪念馆）

2月12日 “魏［璐诗］在宽仁医院俞思梅大夫家，在三六九［汤团店］相见。每早8时，每晚10时。”（《行知备忘》）

同日 据吴树琴记述：“今天恰是旧历年节，与行至中航公司办事处，取晓光家属津贴。在马路边的竹帘房子内吃煎包，王务安小姐亦在座。后买了数样小孩玩的东西，至淑仙姐处就留在她那里过年。行因要参加会餐回办事处，九时左右再来此处接我回去。”（《吴树琴日记》，藏南京陶行知纪念馆）

2月13日 据吴树琴记述：“在家里整理打扫书架，为了等候淑仙姐们要来此去，并准备了糖果，还煮了茶叶蛋，等到了一日，仍未见他们来。晚餐后至青年馆听马思聪先生演奏音乐，令人神往。”（《吴树琴日记》，藏南京陶行知纪念馆）

2月14日 下午三时，在管家巷28号晤乔纪侃（《行知备忘》）。

同日 应周恩来之邀，与吴树琴同赴重庆特园赴宴。到于右任、孙科、左舜生、沈钧儒、张申府、章伯钧、李珍、冷遹、王昆仑、屈武、杨杰、陈铭枢、郭沫若、邓初民、谭平山、鲜英、黄炎培等。周恩来报告最近国共谈判经过，揭露蒋介石反民主的本质，说明鉴于蒋介石的态度，谈判无法进行，明日即返延安（《周恩来年谱1898—1949》，第304页）。

同日 据黄炎培记述："夜，周恩来假鲜宅招餐，到者廿四人：于右任、孙科、左舜生、沈衡山、张申甫、章伯钧、李幼椿、冷御秋、王昆仑、屈经文、陶行知及其夫人、杨耿光、陈真如、王炳南、郭沫若、邓初民、谭平山、王若飞、徐冰、陈家庆、鲜特生及余，报告国共问题最近洽商经过，口述磋商中之文件，表示不甚满意。"（《黄炎培日记》第9卷，第15页）

同日 据吴树琴记述："傍晚，行带我到一个朋友家里去晚餐。在那里得知一些新知识，并见了一些新朋友。"（《吴树琴日记》，藏南京陶行知纪念馆）

同日 致函陶晓光（收入湘版《全集》第五卷，又收入川版《全集》第九卷）。

2月15日 据吴树琴记述："淑蕙请我们吃中饭，十一时左右张先生来领我们前去。饭后行先回管家巷，我在他们那里闲谈了一阵，至四时又吃了面，淑蕙去办公，张先生送我至半路上。"（《吴树琴日记》，藏南京陶行知纪念馆）

2月17日 据吴树琴记述："行为了八号音乐演奏会，去见马彦祥先生。后至任宗德宅，行将武训画像送给周先生，任先生和夫人对学校帮忙很多。本预备与行至化龙桥去拜望刘国模先生，后因我怕坐公共汽车未去成。在街上买了一点零物即返办事处。晚任宗德先生请客，饭后，大公化学社开会讨论进行事宜，我旁听之。"（《吴树琴日记》，藏南京陶行知纪念馆）

2月18日 据吴树琴记述："戎先生请我们吃中饭，行、方先生同去。饭后，有位先生和行谈及学校立案问题，愿在不久此事能办成功。二时左右返家，整理东西，预备返泉。晚睡得很不安，因为不能等到天亮，就要起身去赶船。"（《吴树琴日记》，藏南京陶行知纪念馆）

2月19日 "政权之源泉，在党＞在民。不变应万变。"（《行知备忘》）

2月20日 据吴树琴记述："给冰心、行信一封，并给一位王先生瑞安写介绍信一封，为了他要去见行。"(《吴树琴日记》，藏南京陶行知纪念馆)

2月21日 子时，作诗《贺空了入洞房纪念祝词》，署名陶行知、李公朴同贺（收入湘版《全集》第八卷，又收入川版《全集》第七卷）。

同日 据黄炎培记述："下午，郭沫若、王若飞在郭家邀谈，衡山、何公敢、潘怀素、申府、陈铭枢、行知、郭春涛、屈经文、高崇敏、徐冰、伯钧、初民、昆仑、许宝驹、谭平山、王炳南、幼椿、左舜生、杨耿光，从克里米亚会议谈到国共团结，余主以公意请恩来早返渝。"(《黄炎培日记》第9卷，第17页)

2月22日 名列《新华日报》刊载的《文化界时局进言》发起人中。

同日 据《巴金年谱》记述："参加沈钧儒、柳亚子、徐悲鸿、马寅初、侯外庐、傅抱石、郭沫若、茅盾、老舍、力扬、陶行知、谢冰心、顾颉刚等三百一十二名文化界进步人士联署的《文化界时局进言》签名活动。"(唐金海、张晓云编：《巴金年谱》，四川文艺出版社1989年版，第622页)

2月23日 英文致函重庆基督教青年会总干事黄次咸（收入湘版《全集》第八卷，又收入川版《全集》第六卷）。

同日 据吴树琴记述："今日并为行裁了件内衣，预备先做一件给行穿了，再做第二件。"(《吴树琴日记》，藏南京陶行知纪念馆)

2月25日 十一时半，赴广东酒楼晤陈清马（《行知备忘》）。

同日 英文致函重庆"美国新闻处"道格拉斯先生（收入湘版《全集》第八卷，又收入川版《全集》第六卷）。

同日 据吴树琴记述："陶刚拿了一点油心菜来。乱谈了一些关于牢囚中的情形。请他吃了一块年糕，蒸了二个鸡蛋让他在此吃中饭。……行没有来，大概是没有买到车票。"(《吴树琴日记》，藏南京陶行知纪念馆)

2月26日 英文致函甘霖林博士（收入湘版《全集》第八卷，又收入川版《全集》第六卷）。

同日 据吴树琴记述："行未来，油菜心要变黄了，我稍为打了一点水上去。"(《吴树琴日记》，藏南京陶行知纪念馆)

2月27日 赴北碚。

同日 据吴树琴记述：

行于一时左右来此，今日是农历十五，学校要举行提灯跳舞会，行约我去学校看提灯会。三时左右将事情交代好则至宿舍，行为我买了一副松紧带，并带了一管皮鞋油给我。

当我们至学校时，操场上已挤满了人，锣鼓打得很响亮。各种各样的花灯高举在每一个人的手里，并且还有许多人化装了。当头是个财神菩萨高举一个大金元宝，老太婆是王万恩装的，非常像，走起路来，低着头弯着背好玩得很。渔翁、蛤蜊精、花船、花轿、拿锄头的、拿算盘的、拿镰刀的、拿书本的、拿枪杆的、拿佛经的各种各样的人，一起联合起来了。

这一大队伍排列起来，差不多有半里路的长，我与行跟在最后面走。在半路上各人都将灯点了起来。远远望去好像是条龙灯。街上的人都伸着头望着这个跳舞队伍的来到。欢乐充满了每个人的脸上，他们没有像今晚这样快乐过。当龙灯在每家店门口过时，鞭炮声响得很厉害。最后他们到民众的舞台上，表演各种各样的节目，唱的舞的词语都很普通的，老百姓可以听懂，舞的步伐亦很简单。快乐真正带给了终年辛苦的老百姓，在他们的心里是留下了不易忘的一幕，它在我的心里，亦留下了深刻的印象。”（《吴树琴日记》，藏南京陶行知纪念馆）

2月28日 据吴树琴记述：“马思聪先生要来北碚演奏，星期日下午三时有一场是为育才演的，行为此事要去北碚。晚上为杨成才、陈玉英上英文，觉得很疲倦想先睡。当我一觉醒后，仍未见行来，心里有点着急，连忙起身，并且将唐先烈叫醒，请他伴我去胜利饭店，原来他们还在吃饭，并有何师长同座。”（《吴树琴日记》，藏南京陶行知纪念馆）

3月1日 据吴树琴记述：“马先生仍未来碚，行打电话去问。今晚我没有将德文书拿回去，可是钱先生还来到我这里，立在那里看报纸。行恰于此时到。亦没有给人打招呼。想来是心里有了误会，很使我难堪。知道钱先生有点生气。”（《吴树琴日记》，藏南京陶行知纪念馆）

3月2日 据吴树琴记述：“行预定今日和马思聪先生去学校，那里准备提灯舞会。当晚饭完后，我想去胜利饭店，一方面去向陈先生道谢。他送的风鸡和腌鸡、鱼及柚子，一方面，看看他们回来没有。当我去时，行却来了，看我不在房里，带着怀疑气愤的心情，向胜利饭店走来，恰好在路上遇到我，复回胜利去吃葱油饼。”（《吴树琴日记》，藏南京陶行知纪念馆）

3月3日 陶晓光作书信致陶行知。

同日 据吴树琴记述：

下午三时左右，将各事安排好，行约我至北碚听音乐会。他来时在办公室内和张刘二先生谈了很久。

先谈的是音乐会，张主任说简直是“对牛弹琴”。行分析说：当一个人在中国的水里会游泳，他决不能说在外国的水里不会游泳。他会游泳，他并不懂得水是什么 H_2O 组成，他洗了澡，是一无所得，不但没有得到东西，而且还失了体质上不需要的秽污东西，结果使人感觉的是身体畅快适意。听音乐亦是同一道理，当您将整个精神溶化在有节奏、有高低、有条理的音乐空气中，您自己是感觉到一无所得，可是您脑筋里或是精神上是洗扫了一下，洗涤了一切有害的东西。这样的讲法的确有理道。当我们将整个身体和精神溶化在这种音乐空气中，我可以不想一切，亦不允许我想一切。精神上可以得到暂时的休息，也许做起别的事，可以加倍的有力。音乐可以说能给我们一种潜伏力，能给我们的快慰及精神上的休息。

行后来又谈到民主问题。

四时左右由此搭船至金钢碑，为了船钱，我生气了一会，后来回想觉得是不应该的。

在兼善公寓晚餐。菜味很好，不过又辣又甜，刺激我的牙齿都痛了起来。

遇卢区长，饭钱他为我们付了。至赵永魁先生府上将东西放好，到师范礼堂听音乐。(《吴树琴日记》，藏南京陶行知纪念馆)

3月4日 晚七时，赴任宗德宅(《行知备忘》)。

同日 据吴树琴记述：“早赵永魁先生请我们吃面。后来行去拜客。中饭卢区长请马先生及夫人吃饭，我、行及王先生和夫人同座。三时左右民众会场音乐会开始，人声噪杂，叫人静不下来，有点使演奏者心不安。晚在兼善吃饭，在翦伯赞先生房中谈了一会，回赵府安眠。”(《吴树琴日记》，藏南京陶行知纪念馆)

3月5日 下午三时，撰写有关“创造之新闻”(《行知备忘》)。

同日 据吴树琴记述：“送行到车站，公共汽车涨价了，涨到14元一公里，80公里要112元，校车未涨，行坐校车去。”(《吴树琴日记》，藏南京陶行知纪念馆)

3月7日 吴树琴“给行信一封，附给可待因8粒”(《吴树琴日记》，藏南京陶行知纪念馆）。

3 月 9 日 据吴树琴记述："中午，俞文华来此，带陶城信一封，要氧化钙一合，因他患疮。并听他说无钱用，给他一千元带去给城。"（《吴树琴日记》，藏南京陶行知纪念馆）

3 月 10 日 据吴树琴记述："几夜来睡得很不安，一方面是忧虑为什么月经到今天还没有来，由于这事就作了很多的幻想，而且还想到种种的事，有时快乐，有时忧虑。直到今天才算明白，自己是在做梦，当时精神上有点难过。不过这次的教训能够为我以后的指示。精神上的不健全，影响很大啊！休息了一天，整整睡了半日。"（《吴树琴日记》，藏南京陶行知纪念馆）

3 月 11 日 八时，赴滋美饭店早餐。午，赴天林春午餐（《行知备忘》）。

同日 据吴树琴记述："陶刚来此，带了萝卜干来，和我谈了很多的家事。饭后，叫人带他至厂里洗澡，给他带去九百元，买猪油和鞋面布。"（《吴树琴日记》，藏南京陶行知纪念馆）

3 月 14 日 赴"文委会"（《行知备忘》）。

3 月 15 日 晚六时，于管家巷晤黄若敏（《行知备忘》）。

同日 在生活教育社成立十八周年纪念会上发表讲话（载《中国学生导报》第十五期之《育才文学组在重庆》，后收入川版《全集》第十一卷）。

3 月 16 日 汇款十万与校本部。取金城退票。赴保育会借米。起草"国际难童学园"。下午一时半赴贺公馆。三时，赴特园。又为江津周宗琼介绍音乐家。写信与魏璐诗。批准录取生（《行知备忘》）。

同日 甘霖林致函陶行知。

3 月 20 日 英文复甘霖林函（收入湘版《全集》第八卷，又收入川版《全集》第六卷）。

同日 陶晓光作书信致陶行知。

3 月 24 日 收中等学校委员会支票五千万，付曾贵谦带交方与严。看北泉慈幼院测验（《行知备忘》）。

同日 于船上英文致函甘霖林博士（收入湘版《全集》第八卷，又收入川版《全集》第六卷）。

同日 作诗《为成沅、一聪结婚志喜题词》，署名陶行知、吴树琴（收入湘版《全集》第八卷，又收入川版《全集》第七卷）。

3 月 27 日 赴歌乐山（《行知备忘》）。

3月28日 英文致函甘霖林博士（收入湘版《全集》第八卷，又收入川版《全集》第六卷），汇报育才学校1944年度财务状况并附报账单。

3月29日 “草成《乡下儿童节九项办法》，包含在《致育才之友书》内。”（《行知备忘》）

3月30日 “（1）存入中国银行美款1 565 000。（2）汇校本部200 000（自中国［银行］提）。（3）存入‘庆大’1 000 000（自中国［银行］提）。（4）卢绪章捐儿童节20 000。”（《行知备忘》）

同日 复函农村服务工作委员会（收入湘版《全集》第五卷，又收入川版《全集》第九卷）。

4月1日 发表《创造的儿童教育》，刊重庆《战时教育》第九卷第一期。

4月2日 发表公开信，替乡下小朋友征求节礼，刊《新华日报》（收入湘版《全集》第八卷，又收入川版《全集》第九卷）。

同日 致函吴树琴（收入湘版《全集》第五卷，又收入川版《全集》第九卷）。

4月3日 致函陈元直、廖意林（收入湘版《全集》第五卷，又收入川版《全集》第九卷）。

4月4日 发表《民主的儿童节》，刊重庆《新华日报》儿童节特刊（收入湘版《全集》第三卷，又收入川版《全集》第四卷）。

同日 《新华日报》载：“陶行知发起的为乡下儿童送礼事，截至昨日上午，已募到十五万元，还有许多饼干、铅笔等物品，本报同人也捐五千元。目前各方捐款仍源源不绝，希望有钱的人慷慨解囊。”（载本日《新华日报》，见《陶行知年谱》，第488页）

4月5日 “晚七时，王炳南对育才办事处讲演。”（《行知备忘》）

4月8日 重庆各党派及文化界人士慰问郭沫若及其领导的文化工作委员会，到柳亚子、董必武、王若飞、邓初民、马寅初、史良、夏衍、史东山、侯外庐等一百余人。陶行知以文化工作委员会委员的身份在宴会上发表讲话，刊次日重庆《新华日报》（收入湘版《全集》第三卷，又收入川版《全集》第四卷）。

同日 据阳翰笙记述：

> 晚六时，渝中各党派的领袖及文化界人士在广东酒家欢宴郭老及文工会全体同人。到的人有一百多，真可说迎来重庆的一大盛会。

宴会由沈老主持，说话的人很多：……陶行知先生更主张郭先生来筹办一民主研究院。(《阳翰笙日记选》，第369页)

同日 致函陶晓光（收入湘版《全集》第五卷，又收入川版《全集》第九卷)。

4月9日 为儿童美术馆收张伯伦2 000元、沈天敏1 000元(《行知备忘》)。

同日 重庆《新华日报》发表报道《陶行知希望郭先生筹办民主研究院》一文。

4月10日 吴树琴致函陶行知（藏上海中国文化名人手稿馆)，略谓："……我很欢喜，您发起的运动没有失败。一船乡下的穷小孩，真正分享了儿童节的一些快乐。我没有去参加这个盛大的会，确是件遗憾的事。……您要小心您的健康，不要发脾气，多吃点欢喜吃的东西。"

4月11日 下午二时至三时，赴中山文教馆。十二时，赴"兼善"参加象骏女士、联文先生婚礼。(《行知备忘》)

4月14日 据顾颉刚记述："陶行知来。……今午同席：陶行知、李清悚、杨家骆，予夫妇（以上客)、刘承汉（主)。行知来，表示政府不发文史经费，渠等可以代筹，谢之。"(《顾颉刚日记》第五卷，第441页)

4月15日 "(1)《战时教育》200本，学校定，北碚管理局。(2)《创造儿童教育》提200本。(3)《育才手册》200本，管理局。(4)《史[良]言论选集》再版。"(《行知备忘》)

4月22日 在兼善餐厅为乡村建设学院的青年上"一小时的临时社会大学"(收入《陶行知先生纪念集》，后收入川版《全集》第十一卷)。

同日 晚，为马思聪的育才音乐演奏会举办晚宴，到翦伯赞、周谷城、吴泽等。会上发表讲话（载《陶行知先生纪念集》，后收入川版《全集》第十一卷)。

同日 写《假使我重新做一个小孩》(收入湘版《全集》第四卷，又收入川版《全集》第七卷)。

4月23日 得杨笋1 000元(《行知备忘》)。

4月25日 抵渝(《行知备忘》)。

4月26日 "一老石谷18 000，推5老斗米。3 600一老斗米。买米，3 300一老斗。卖谷买米为善。"(《行知备忘》)

4月27日 英文致函甘霖林博士（收入湘版《全集》第八卷，又收入川版《全集》第六卷）。

4月28日 “收入：借来沈天灵 90 000。付：买米 30 石 90 000。”（《行知备忘》）

同日 据阳翰笙记述：

午后，在会中开第二次研究所筹备会。初老、陶行知均到。关于研究所的名称问题，陶主张不用郭老名。所太小，应该称院，索性用“文化研究院”亦行。至于赞助人与发起人，初老不主张公开。孙夫人的代表廖梦醒女士则说：孙夫人是愿意来作发起人的，但她不愿与有些人联名发起，因此她需要先知道发起人是些什么样的人。这一来，我们又将赞助人和发起人的名单重新合并审查了一遍。

今天的会，陶贡献的意见很多，特别是对国内外募款的方式，他提出了许多宝贵的经验。他对这一事业的前途非常乐观，因此他主张放开手来大干一下。（《阳翰笙日记选》，第 375 页）

4月29日 “收廖茂如先生捐 1 000 元。”（《行知备忘》）

4月30日 “（1）写马贺联。（2）访哈里斯（Hanis）。（3）访甘霖林。（4）银行存美款。（5）汇校款。（6）访尼德汉。（7）银行签字改双行。（8）还琴款。（9）寄英信。（10）致刘市长函。（11）电毕莱士。（12）钱仲照访。（13）访赵之一。（14）结束四月账。（15）收朱亚强款。（16）买鱼肝油。（17）陶城请假。（18）函贺夫人（即贺耀祖夫人倪裴君——编者注）。（19）函巴县学生救济会。（20）徐翁职务。（21）写朗诵诗《文化下凡》，祝新‘五四’。（22）《新教育体系》广告文。（23）《廿万里诗歌集》送审。（24）选《行知论文集》。（25）写《文化下凡》。”（《行知备忘》）

4月 赴古圣寺视察乡村识字班教学情况，鼓励教师“穷人办教育，样样都得带点创造性”（载《爱满天下》，后收入川版《全集》第十一卷）。

春 请延安来的陈波儿到育才学校教跳秧歌舞。育才学校后成立了两个秧歌队深入工厂、农村，为群众演出。

5月2日 了解记录学生情况（《行知备忘》）。

同日 致函育才之友及爱护科学的朋友（收入湘版《全集》第五卷，又收入川版《全集》第九卷）。

同日 据阳翰笙记述：

午后在会碰到小翁。据他说，关于研究所的事情，侍从室已有情报。我们筹备的详情，情报中都说得很详细。因此，他说布雷先生虽很愿意从旁来尽力赞助，但却不愿公开地作为发起人或赞助人。因此，小翁劝我还是从小处干起的好；陶行知的作法和说法在目前都是行不通的。

我倒很奇怪，为什么我们才刚刚开始，哪位打情报的先生就这样卖力，连这样一点公开的小事情，又都赶快加油加醋地就作报告去了！这真不知是什么样的世界！(《阳翰笙日记选》，第377页)

5月4日 计划晓庄研究所从事研究内容(《行知备忘》)。

5月5日 “陈可忠，蔡锷路13号，编译馆(有电话)。”(《行知备忘》)

5月6日 吴瑞林收新亚戏票款5 000元(《行知备忘》)。

5月8日 陈根度致函陶行知(收入2002年版川版《全集》第十二卷)。

5月9日 抵渝(《行知备忘》)。

5月10日 黄次咸托请翦伯赞担任南泉讲习(《行知备忘》)。

5月13日 晤大明工厂唐汉圣(《行知备忘》)。

5月16日 会工厂诸友(《行知备忘》)。

5月20日 赴北碚会陈遇冬(《行知备忘》)。

5月23日 称体重，“117斤，合计156磅”(《行知备忘》)。

5月25日 陶晓光作书信致陶行知。

5月26日 “吴甲原源源捐稿费助绘画组，特写信致谢。由《中国儿童》转(此次转500元，问金秀堤)。下午六时，艾根在任[宗德]宅请客。”(《行知备忘》)

5月28日 下午三时，冯亦代、倪裴君来访管家巷(《行知备忘》)。

5月29日 洪冠生之母何太夫人八十大寿(《行知备忘》)。

5月30日 下午一时，赴聚兴诚(《行知备忘》)。

5月31日 十时，晤邹守愚(《行知备忘》)。

5月 协助中国民主同盟主编《民主》星期刊。

同月 为社会青年开设民主星期六讲座。

同月 育才自然组由古圣寺迁往北温泉红楼，靠近中国科学院、复旦大学、北碚博物馆等(《陶行知年谱》，第492页)。

同月 发表讲话稿《实施民主教育的提纲》，刊《战时教育》第九卷第二期，记录者：微林、元直(收入湘版《全集》第三卷，又收入川版

《全集》第四卷)。

6月1日　英文致函艾德敷并附预算请求表（收入湘版《全集》第八卷，又收入川版《全集》第六卷)。

同日　据黄炎培记述："力扬携陶行知介函来。"（《黄炎培日记》第9卷，第44页）

6月2日　"文化研究院成立。"（《行知备忘》）

6月3日　八时，偕叶圣陶、郭任远赴滋美餐馆早餐。十二时，赴广东酒家与邵力子午餐（《行知备忘》)。

6月6日　撰写演讲提纲（《行知备忘》)。

6月7日　九时，赴领事巷16号康公馆参加文化研究院第一届董事会（《行知备忘》)。

同日　据阳翰笙记述："晚，马、柳、陶、邓诸公为郭老饯行，我亦在座。席间谈话的人很多，而且很严肃，直至深夜始散去。"（《阳翰笙日记选》，第389页）

6月13日　赴古圣寺育才学校（《行知备忘》)。

6月14日　复陶晓光函（收入湘版《全集》第五卷，又收入川版《全集》第九卷)。

6月下旬　与沈钧儒、张申府共同致信毛泽东、周恩来（收入湘版《全集》第八卷，又收入川版《全集》第九卷)。

7月1日　赴渝（《行知备忘》)。

7月4日　致函吴树琴（收入湘版《全集》第八卷，又收入川版《全集》第九卷)。

7月11日　致函吴树琴（收入湘版《全集》第五卷，又收入川版《全集》第九卷)。

7月13日　得文化研究院收据并转交（《行知备忘》)。

7月14日　致函吴树琴（收入湘版《全集》第八卷，又收入川版《全集》第九卷)。

7月16日　计划同月19日下午二时赴霍金斯处晤罗伯特·沃伦、威廉·比德尔（《行知备忘》)。

同日　据顾颉刚记述："到三六九吃馄饨，遇陶知行，并吃绿豆汤。"（《顾颉刚日记》第五卷，第497页）

同日　吴树琴作书信致陶行知。

7月17日 复吴树琴函（收入湘版《全集》第五卷，又收入川版《全集》第九卷）。

7月18日 在“乐露春”店门口称体重：124斤（《行知备忘》）。

7月20日 参加育才学校六周年校庆活动，接受美国援华会赠育才的儿童读物，并与贵宾一起将读物分发给育才小朋友。

7月27日 据顾颉刚记述：“到中山文教馆，向同会诸人报告参政会情形。听陶行知报告民主同盟及诸人讨论国际局势。……今午同席：陶行知、卢于道、吴泽、萧毅吾、张定夫、方□□、张明养、左恭、林仲达、高□□、马宗融。”（《顾颉刚日记》第五卷，第502页）

7月31日 六时，晤张之善（《行知备忘》）。

8月2日 作书信致吴树琴（收入湘版《全集》第五卷，又收入川版《全集》第九卷）。

8月3日 致函吴树琴（收入湘版《全集》第五卷，又收入川版《全集》第九卷）。

8月6日 晚，与甘烈君、钟心民、罗亦明等通宵工作至次日晨四时准备材料以为次日下午援华会开会之用。

8月7日 晨四时，致函吴树琴（收入湘版《全集》第五卷，又收入川版《全集》第九卷）。

8月8日 代“利他社”为冯玉祥夫人李德全五十大寿作诗《李德全先生五旬大庆》（收入大孚出版公司版《行知诗歌集》，后收入湘版《全集》第四卷，又收入川版《全集》第七卷）。

同日 致函刘清扬、史良及曹孟君（收入湘版《全集》第八卷，又收入川版《全集》第九卷）。

8月13日 黄炎培对育才学校学生讲“八一三”故事（《黄炎培日记》第9卷，第68页）。

8月15日 购联合国歌一份。

同日 日本宣布无条件投降，抗日战争取得胜利。

8月16日 致函吴树琴（收入湘版《全集》第八卷，又收入川版《全集》第九卷）。

同日 据阳翰笙记述：“到育才参加陶先生所约集的文化界的茶会。大家交换意见的结果，都认为我们必须反对内战，要求和平、民主与团结。”（《阳翰笙日记选》，第411页）

8月19日 致函吴树琴（收入湘版《全集》第八卷，又收入川版《全集》第九卷）。

8月22日 以义勇军进行曲的调发表诗歌《胜利进行曲》和《民主进行曲》，刊《新华日报》（收入湘版《全集》第八卷，又收入川版《全集》第七卷）。

8月 任中国人民救国会中央常务委员兼组织部长。

9月4日 参加重庆荣军互助会成立大会并发表演讲，后作诗《感谢—证明—感恩》（诗歌收入大孚出版公司版《行知诗歌集》，后收入湘版《全集》第三卷，又收入川版《全集》第七卷）。

9月9日 与冯亦代、倪斐君等筹办的国际难童学校开学，作诗《贺国际难童学校成立》（收入大孚出版公司版《行知诗歌集》，后收入湘版《全集》第四卷，又收入川版《全集》第七卷）。

9月18日 作教育统计（《行知备忘》）。

同日 发表 *Education For All*（《全民教育》），刊生活教育社自刊本 *Education For All*（《全民教育》）一书，署名 Heng - Chih Tao，M. A.，Sc. D.（收入湘版《全集》第三卷，又收入川版《全集》第六卷）。

同日 发表 *Yu Tsai School For Talented Refugee Children*（《培养难童中人才幼苗的育才学校》），刊《育才学校英文手册》，署名 Heng - Chih Tao，M. A.，Sc. D.（收入川版《全集》第六卷）。

同日 开始起草诗歌《民之所好三首》。

9月20日 《中国学生导报》第二十二期刊发《陶行知说要还教育于民》，系记者 T. M. 对陶行知访谈（收入湘版《全集》第八卷，又收入川版《全集》第四卷）。

同日 下乡参加中秋夜庆祝抗战胜利大会。

9月21日 英文致电毕莱士女士（收入湘版《全集》第八卷，又收入川版《全集》第六卷）。

同日 与林羲商谈有关农村服务事项。

9月27日 毕莱士于纽约复函陶行知（收入川版《全集》第六卷）。

9月下旬 致函吴树琴（收入湘版《全集》第八卷，又收入川版《全集》第九卷）。

9月 撰写普及民主教育的相关提纲（《行知备忘》）。

10月1日—12日 民盟在重庆召开临时全国代表大会，被推选为民盟中央常务委员、教育委员会主任委员。

10月6日 发表译作《学习怎样运用自由》，刊《民主·星期刊》（收入湘版《全集》第六卷，又收入川版《全集》第六卷）。

同日 作诗《四万万五千万人的大公司，四万万五千万人做老板》，刊同日《民主星期刊》（重庆）第二期（收入大孚出版公司版《行知诗歌集》，后收入湘版《全集》第四卷，又收入川版《全集》第七卷）。

10月7日 九时赴广东酒楼晤台湾企业公会。下午三时，赴青年馆。六时，赴三六九饭店晤魏璐诗（《行知备忘》）。

10月8日 七时半，赴冠生园晤李农廉（《行知备忘》）。

同日 作诗《胜利带来了一切》，刊同月24日《新华日报》（收入大孚出版公司版《行知诗歌集》，后收入湘版《全集》第四卷，又收入川版《全集》第七卷）。

10月10日 早，赴青年会参加画展。午，赴社交会堂参加利他社聚会（《行知备忘》）。

同日 下午三时，在管家巷28号召开生活教育社临时大会，会上宣布普及民主教育运动计划（原载1945年10月11日《中国学生导报》第23期，后收入川版《全集》第十一卷）。

同日 由生活教育社刊行论文集《普及现代生活教育之路及其方案》。

10月11日 据《毛泽东年谱1893—1949》记述："上午九时半，由张治中陪同，乘车到九龙坡机场。……毛泽东与各界代表握手话别：与陈诚、张治中、陶行知夫妇在飞机旁合影留念。"（《毛泽东年谱1893—1949》下卷，第36页）

10月13日 七时赴报社晤利普曼（Libermein）（《行知备忘》）。

同日 发表《范旭东先生之死》，刊《民主星期刊》第三期（收入湘版《全集》第三卷，又收入川版《全集》第四卷）。

同日 发表诗歌《原子炸弹》，刊《民主星期刊》第三期（收入大孚出版公司版《行知诗歌集》，后收入湘版《全集》第四卷，又收入川版《全集》第七卷）。

10月14日 "2时，管家巷。"（《行知备忘》）

10月15日 下午四时，赴广东酒家（《行知备忘》）。

同日 复吴树琴函（收入湘版《全集》第五卷，又收入川版《全集》第九卷）。

10月16日 下午二时半于管家巷候某女士。四时半，赴美国援华会。

七时半，赴松鹤楼（《行知备忘》）。

10 月 17 日 上午九时，赴良庄。十二时半赴青年会，用英文演讲。下午二时，回管家巷（《行知备忘》）。

10 月 19 日 下午二时，参加鲁迅逝世九周年纪念。三时，赴鲜特生宅参加中国人民救国会常委会议（《行知备忘》）。

同日 致函吴树琴（收入湘版《全集》第八卷，又收入川版《全集》第九卷），请其来渝一谈。

10 月 20 日 上午八时，赴冠生园。下午二时，赴胜利新厦。三时，赴青年会。四时，晤谭云山。晚八时，于管家巷晤王师亮（《行知备忘》）。

10 月 21 日 十二时，赴鲜特生宅为邓初民做生日庆祝。下午四时，借宿舍与张永结婚典礼用（《行知备忘》）。

10 月 22 日 上午七时，何渝川来访。午，赴青年大厦参加利他社聚会（《行知备忘》）。

10 月 23 日 上午八时，晤吴研因。九时，赴犹庄。下午二时，赴良庄（《行知备忘》）。

同日 谢觉哉在日记中记述了陶行知作词的“民主进行曲”（《谢觉哉日记》，第 849 页）。

10 月 24 日 发表诗歌《胜利带来了一切》，刊《新华日报》。

10 月 25 日 上午八时，赴冠生园。下午七时，赴公园路 6 号访主教先生（《行知备忘》）。

10 月 26 日 晚六时半，赴中信大厦参加史继美婚礼。又与进步公司约好出版事宜（《行知备忘》）。

10 月 27 日 下午二时，赴良庄。三时，赴特园。六时回宅（《行知备忘》）。

同日 完成诗作《民之所好》三首并译作英文版本 *Love What The People Love*，刊同年 11 月 15 日北平版《民主星期刊》第五期（收入大孚出版公司版《行知诗歌集》，后收入湘版《全集》第四卷，又收入川版《全集》第六卷、第七卷）。

10 月 28 日 十二时，赴广东酒家。一时，于管家巷对二十名青年演说。四时，赴中法比瑞晤何德鹤。“上海夜大学，李凌与我决定音乐系。”（《行知备忘》）

10 月 29 日 上午八时，赴冠生园二楼晤张希陆。晚七时半，赴青年会参加纪念周活动（《行知备忘》）。

10月30日 上午八时，招餐广东酒家。下午四时至五时，赴女青年会（《行知备忘》）。

同日 据黄炎培记述："晨，陶行知等邀赴广东酒家早餐，商内战问题，分函中央张岳军、张文白、邵力子及中共周恩来、王若飞，为双方军队冲突问题，主张：（一）双方电令停止冲突；（二）组织调查团前往调查；（三）早日召集政治会议。"（《黄炎培日记》第9卷，第91—92页）

10月31日 为适应和平建国需要，《战时教育》改名为《民主教育》，仍由陶行知主持，生活教育社编辑，生活书店总经售，十一月一日出版（载本日《新华日报》，见《陶行知年谱》，第496页）。

10月 作诗《立刻停止内战》，刊同年11月3日《民主星期刊》第六期（收入大孚出版公司版《行知诗歌集》，后收入湘版《全集》第四卷，又收入川版《全集》第七卷）。

秋 致函陈诚（载《纪念陶行知》，后收入湘版《全集》第八卷，又收入川版《全集》第十一卷）。

11月1日 八时，赴荫庐五号。十二时半，赴胜利饭店晤罗特里（Rotory）。下午二时，赴中苏协会（《行知备忘》）。

同日 发表《民主》，刊《民主教育》创刊号（收入湘版《全集》第三卷，又收入川版《全集》第四卷）。

同日 发表《民主教育》，刊《民主教育》创刊号（收入湘版《全集》第三卷，又收入川版《全集》第四卷）。

11月2日 九时半，赴广东酒家（《行知备忘》）。

同日 发表诗歌《停止内战》，刊《新华日报》（收入川版《全集》第七卷）。

11月3日 九时，晤西南企业界人士。下午二时，回管家巷。下午二时至四时，育才音乐组赴金马寺警察分驻所举办演奏会。又与史良晚餐（《行知备忘》）。

同日 发表诗歌《立刻停止内战》，刊《民主星期刊》第六期。

11月4日 上午十一时，参加求智聚餐会。下午三时，赴中正路181号。晚六时，在管家巷听取高君瑞谈原子弹，陈志中谈怎样改良棉、麦，萨空了谈怎样看报（《行知备忘》）。

同日 据叶圣陶日记记述：应陶行知之邀赴育才学校，"到者二十余人，食饭不设酒，客自己盛饭，颇见朴素之风。其宴客之意，盖为其所办《民主教育》半月刊拉文稿。此刊本名《战时教育》，今改斯名，方出第一期。吴研因谈菲列滨教育甚多，余与邓初民亦略有所言，八时散”（《叶圣陶年谱长编》[①] 第二卷，第361页）。

11月5日 十二时，赴任宗德宅（《行知备忘》）。

11月6日 八时半至九时，赴观音岩胜利小饭店。十时，赴荫庐。又决定十二日前英文起草告美国友人书（《行知备忘》）。

同日 将复杜威函译作中文，刊同月10日《民主星期刊》第七期（收入湘版《全集》第五卷，又收入川版《全集》第十一卷）。

11月7日 十一时，赴大使馆。七时，赴荫庐（《行知备忘》）。

11月8日 十一时，晤帕蒂（Pattie）。下午二时，赴难童学校（《行知备忘》）。

11月9日 了解国内战局情况并作详细记录（《行知备忘》）。

11月10日 发表公开信《论中美两国关系——致美国杜威博士》，刊《民主星期刊》第七期。

11月14日 下午三时，赴鲜特生宅参加发起人会议（《行知备忘》）。

11月15日 发表诗作《民之所好三首》，刊北平版《民主星期刊》第五期。

11月16日 据谢觉哉记述：“中国人民从战争中解放了，认识了自己。‘……民主团结到了最需要的时候，每个人被迫着发出最大的吼声……’这是住在大后方的陶行知先生写的。”（《谢觉哉日记》，第865页）

11月17日 赴荫庐（《行知备忘》）。

同日 据黄炎培记述：“至鲜宅会，政治协商会议应提之具体计划，到者漱溟、衡山、舜生、申府、亚子、伯钧、行知、匀田。”（《黄炎培日记》第9卷，第97页）

11月18日 上午赴江苏同乡会。下午二时，赴沧白路参加大会（《行知备忘》）。

同日 参加重庆各界团体举行的“陈嘉庚安全庆祝大会”，祝贺陈嘉庚安全回到新加坡。

11月19日 晤魏璐诗（《行知备忘》）。

---

① 本书版本信息为商金林：《叶圣陶年谱长编》，人民出版社2004年版。后文从略。

11月22日 致函陶宏（收入湘版《全集》第五卷，又收入川版《全集》第九卷）。

11月24日 作诗《庆祝陈嘉庚先生安全回到新加坡歌》，刊同日《民主星期刊》第九期（收入大孚出版公司版《行知诗歌集》，后收入湘版《全集》第四卷，又收入川版《全集》第七卷）。

11月下旬 致函陶宏（收入湘版《全集》第八卷，又收入川版《全集》第九卷）。

12月1日 “（1）字水船来渝。（2）今日发起人会改期，可叹。（3）救国会亦改期，可叹。（4）改《武训舞》。（5）吃桐油，吐到半夜。（6）腹稿《我们是武训的队伍》成在病床上。”（《行知备忘》）

同日 发表《民主教育之普及》，刊《民主教育》第二期（收入湘版《全集》第三卷，又收入川版《全集》第四卷）。

同日 发表《把武训先生解放出来——为武训先生诞辰一百零七周年纪念而写》，刊《民主星期刊》第十期（收入湘版《全集》第三卷，又收入川版《全集》第四卷）。

同日 病榻上作诗《我们是武训的队伍——武训舞之收场插曲》，刊同月8日《民主星期刊》第八期（收入大孚出版公司版《行知诗歌集》，后收入湘版《全集》第四卷，又收入川版《全集》第七卷）。

同日 作诗《莫吞原子弹》，刊同日《民主星期刊》第十期（收入大孚出版公司版《行知诗歌集》，后收入湘版《全集》第四卷，又收入川版《全集》第七卷）。

同日 以编者名义发表《武训先生纪念会特刊词》，刊民主教育副刊《普及教育·武训先生纪念特辑》创刊号（收入川版《全集》第十二卷）。

同日 介绍生活教育社当前的任务，刊民主教育月刊副刊《普及教育》第三版（收入川版《全集》第十二卷）。

12月2日 “（1）致生活教育社同志书。（2）‘培才’开学。（3）捐得棉衣十套。（4）发起人会，庆祝武［训］诞［辰］，推出［主］席团，推演说人，核定节目。”（《行知备忘》）

12月3日 “今日要做之事：（1）致主席团函。（2）发致生活同志、育才之友信。（3）市教、育才请各校代表信。（4）汇款校本部。（5）《民主》发文。（6）《武训纪念刊》发文；《武训之队武［伍］》。（7）请演讲员。（8）发稿与各报。（9）发《武训之队武［伍］》。（10）义务广告。”

(《行知备忘》)

同日 下午三时半，赴萨空了宅参加中国人民救国会会员大会第二次筹备会，到李公朴、罗叔章、邓实民、何惧、沈钧儒、汪德彰、欧阳执无，萨空了主席。会议推举陶行知、邓实民对纲领重加整理（《救国会史料集》，第727页）。

12月4日 闻昆明发生“一二·一”惨案，作诗抨击当局（《行知备忘》）。

12月5日 在武训107周年诞辰纪念大会上发表演说（摘自方与严著《武训纪念会与普及教育》，后收入川版《全集》第十一卷）。

同日 在《把武训先生解放出来——为武训先生诞辰一百零七周年纪念而写》一文中附记：“十二月五日为武训先生诞辰一百〇七周年纪念日。是日在七星岗江苏同乡会举行纪念会，有舞蹈音乐演讲节目。上午九时至十二时欢迎小孩参加；下午二时至五时欢迎成人参加。入场券请向和平路管家巷二八号、生活教育社索取，发完为止。”

同日 作诗《武训颂》（收入川版《全集》第十一卷）。

12月7日 作诗《昆明因反内战被杀于再先生及潘琰、荀极中、李鲁连同学千古》以为悼念在12月1日昆明惨案中因反内战而惨遭杀害的进步师生，刊于次日《民主星期刊》第十一期（收入大孚出版公司版《行知诗歌集》，后收入湘版《全集》第四卷，又收入川版《全集》第七卷）。

同日 修改完稿同月4日为昆明惨案所作诗歌。

12月8日 在名片上作信致重庆印刷厂朱培臣，谓：“介绍郭富昌先生代表奉商出版敝著《行知诗歌集》。”（收入川版《全集》第十一卷）

同日 连夜编排诗集九册。

同日 发表诗歌《我们是武训的队伍——武训舞之收场插曲》，刊《民主星期刊》第十一期。

同日 发表诗歌《昆明因反内战被杀于再先生及潘琰、荀极中、李鲁连同学千古》，刊《民主星期刊》第十一期。

同日 作诗《寿冯焕章先生》（收入大孚出版公司版《行知诗歌集》，后收入湘版《全集》第四卷，又收入川版《全集》第七卷）。

12月9日 “收邓老武训纪念筹借10 000元。追悼昆明烈士。武训纪念结束。”（《行知备忘》）

同日 访冯亦代，交诗歌全集准备出版。

同日 为《行知诗歌集》作自序（收入川版《全集》第十一卷）。

同日 在育才学校师生朝会上发表讲话，为公祭“一二·一”死难烈士，呼吁“有正义感、有爱国热忱的人都应该去参加”。（《方与严教育文集》（下），四川教育出版社1995年版，第1137页）

同日 参加重庆各界追悼昆明“一二·一”死难烈士大会，宣读《中国救国会祭昆明反内战被害师生哀词》，刊同月15日《民主星期刊》第十二期（收入大孚出版公司版《行知诗歌集》，后收入湘版《全集》第四卷，又收入川版《全集》第七卷）。

同日 致函吴树琴（收入湘版《全集》第五卷，又收入川版《全集》第九卷）。

12月10日 继续参加昆明死难师生公祭活动。送信与华莱士，说明进行步骤。晚，讨论救国会事宜（《行知备忘》）。

12月11日 凌晨五时，为昆明死难师生撰写祭文。上午七时，派木匠修振新印刷所三楼，与王琦谈漆予园事。上午十时，偕方与严、翁维章参加救国会公祭昆明死难师生活动，并征求二人入救国会。又介绍周任加入救国会。借韦坝40号为16日上午开会用。晚六时，赴冠生园二楼。晚七时，赴冯亦代宅晚餐（《行知备忘》）。

同日 致函吴树琴（收入湘版《全集》第五卷，又收入川版《全集》第九卷）。

12月12日 十二时，参加留俄同学会。收李公朴致刘清扬5 000元（《行知备忘》）。

12月13日 八时半，赴冠生园晤张希陆。“今天要做的事：（1）为‘四大金刚’筹股。（2）电毕莱士。（3）付杜君慧东方公司股。（4）付四公司章程与任周。（5）电函请小林回。（6）请竹因与张雪门商分社。（7）函王少燕，请付本月款。（8）整理诗集（宋）。”（《行知备忘》）

12月14日 下午二时，于管家巷参加普及教育会议。晚五时，赴胜利大厦看电影（《行知备忘》）。

12月15日 七时，赴沈钧儒宅。八时半，赴荫庐。十时，赴三六九餐馆（《行知备忘》）。

同日 发表诗歌《中国救国会祭昆明反内战被害师生哀词》，刊《民主星期刊》第十二期。

12月16日 中国人民救国会假重庆中一路韦家园坝十六号任宗德宅

召开第一次会员大会，到沈钧儒、史良、李公朴、萨空了等三十五人。大会推定沈钧儒、陶行知、史良三人为主席团。陶行知报告筹备改组经过，并宣读纲领草案。大会决定在重庆会员中推选中委十九人，陶行知得票30，与沈志远并列第一。沈钧儒、李公朴、邓初民为29票，史良28票。会议选举陶行知为组织部长，副部长何惧；沈钧儒、陶行知、史良、曹孟君、李公朴、何惧、萨空了等七人为常委（《救国会史料集》，第727—729页）。

12月17日 致函吴树琴（收入湘版《全集》第五卷，又收入川版《全集》第九卷）。

12月18日 经柳亚子转收王葆桢捐1 000元。收朱启贤代卖木刻5金（《行知备忘》）。

12月19日 七时，赴任宗德宅参加救国会中央常委会议。下午二时，赴鲜特生宅（《行知备忘》）。

12月20日 “纲领委员会决议：（1）大会化［记］录，关于纲领及主张移交陶行知。（2）议决请邓初民执笔整理（根据原意见）。（3）限于廿三日下午五时交陶。（4）定于廿四日，在下午二时，在荫广［庐］开纲领委员会。（5）卅日大会。”（《行知备忘》）

同日 赴重庆上清寺“特园”参加柳亚子主持的林庚白遇难四周年纪念会，到周恩来、董必武、叶剑英、王若飞、吴玉章、邓颖超、张澜、沈钧儒等。

12月21日 九时半赴良庄。下午三时赴特园参加救国会中央常委会议。八时晤卢子英（《行知备忘》）。

同日 赴良庄参加中国人民救国会第一次常务会议，到曹孟君、萨空了、史良、沈钧儒、何惧（《救国会史料集》，第729页）。

12月22日 作诗《政治协商会议之路》，刊同日《民主星期刊》第十三期（收入大孚出版公司版《行知诗歌集》，后收入湘版《全集》第四卷，又收入川版《全集》第七卷）。

12月23日 七时，晤史良。早八时晤高昌瑞（《行知备忘》）。

同日 发表诗歌《抗战时代之乡下先生》，刊《自由导报》革新六号（收入大孚出版公司版《行知诗歌集》，后收入湘版《全集》第三卷、第四卷，又收入川版《全集》第七卷）。

12月24日 下午二时，赴荫庐参加救国会纲领委员会会商（《行知备忘》）。

同日 与彭一湖、梁漱溟、张东荪、罗隆基、张申府、宋云彬、沈钧儒、章伯钧、章乃器、刘清扬、胡厥文、柳亚子、史良、李公朴、蒋匀田、周鲸文、郭沫若、侯外庐等人共同作《陪都各界反内战联合会致函毛泽东同志》一文，刊同月26日《新华日报》（收入川版《全集》第四卷）。

同日 复吴树琴函（收入湘版《全集》第八卷，又收入川版《全集》第九卷）。

12月25日 下午一时，赴中苏文化协会（《行知备忘》）。

12月26日 下午一时，参加全国杂志联谊会会议。四时，晤王达非（《行知备忘》）。

同日 发表与彭一胡等人共同署名的《陪都各界反内战联合会致函毛泽东同志》，刊《新华日报》。

12月27日 午，中共代表团宴请沈钧儒、陶行知、邓初民、李公朴、史良诸先生，交换对政治协商会议意见。

同日 七时，赴荫庐参加中国人民救国会第二次常委会。又收李公朴、史良各一万元（《行知备忘》）。

12月29日 下午二时，赴西南大厦参加民主同盟会议。又得《新华日报》约新年诗（《行知备忘》）。

同日 与彭一湖、张东荪、史良、章伯钧、梁漱溟、张申府、沈钧儒、李公朴、郭沫若等人联名发表《陪都各界反内战联合会致函国民政府蒋介石主席》，刊《新华日报》（收入川版《全集》第四卷）。

同日 午，周恩来与董必武以中共代表团名义宴请沈钧儒、陶行知、邓初民、李公朴、史良（《周恩来年谱1898—1949》，第320页）。

12月30日 二时，赴中苏文化协会楼上。七时，赴任宗德宅（《行知备忘》）。

同日 上午九时，赴韦家园坝十六号参加中国人民救国会第二次会员大会。到沈钧儒、李公朴、史良、操震球、马侣贤等三十三人，沈钧儒主席。会议重点讨论组织纲领一事（《救国会史料集》，第730页）。

12月31日 八时，赴冠生园二楼。下午二时，赴广东酒家（《行知备忘》）。

同日 据李公朴记述："洛峰约其英、奋、耘三姊妹及杜若君晚餐。餐后赴韦家院坝十六号家庭跳舞，存初（即史良——编者注）请客，[罗]

努生、[陶] 行知、[胡] 子婴等均在焉。后又到扬子江二楼上舞了一次，一时始返寓。”(《李公朴日记》，见中国革命博物馆党史研究室编：《党史研究资料》第六卷，四川人民出版社 1985 年版，第 421—422 页)

12 月 以生活教育社理事长身份致函宋子文（收入湘版《全集》第五卷，又收入川版《全集》第九卷）。

同月 张澜受聘为社会大学校董（崔宗复编：《张澜先生年谱》，重庆出版社 1985 年版，第 111 页）。

冬 《中国人民救国会组织规程》获得通过（收入川版《全集》第四卷）。

本年 任大孚出版公司总编辑。

同年 撰写刊发《生活教育社征求新社员办法》（收入湘版《全集》第八卷，又收入川版《全集》第四卷）。

同年 向上海特别市教育局呈文，请求先予山海工学团登记复校、证件后补。

同年 作诗《朱大嫂送鸡蛋》《任刘二区长就职纪念》《人和大厦落成纪念》《黄次咸先生服务青年三十年祝歌》《再祝黄次咸先生》《一分钟歌谣演讲补》《送王士毅出征》《科学与民主结婚歌》（收入大孚出版公司版《行知诗歌集》，后收入湘版《全集》第四卷，又收入川版《全集》第七卷）。

同年 作诗《种子》（收入湘版《全集》第四卷，又收入川版《全集》第七卷）。

同年前后 汪刃锋记录其口授致杜威电文（收入湘版《全集》第八卷，又收入川版《全集》第十一卷）。

1946 年
（民国三十五年　丙戌）　55 岁

1月　国共双方缔结《停战协定》。各党派在重庆召开政治协商会议，通过《和平建国纲领》。

6月5日　国民政府由重庆迁回南京。

6月26日　蒋介石撕毁停战协定，大举进攻中原解放区，内战爆发。

7月11日　民盟中央委员李公朴在昆明被国民党特务暗杀。15日，闻一多亦被国民党特务暗杀。

11月15日　国民党在南京召开国民大会，制定《中华民国宪法修正案》。

年初　将育才学校迁往红岩村。

年初　为汪达之与杨南深之婚礼作贺诗（收入川版《全集》第十二卷）。

1月1日　发表《大众的艺术》，刊《民主教育》第三期（收入湘版《全集》第三卷，又收入川版《全集》第四卷）。

同日　作诗《新年的希望》（收入大孚出版公司版《行知诗歌集》，后收入湘版《全集》第四卷，又收入川版《全集》第七卷）。

同日　发表诗歌《民主到哪里去——向全国农人贺新年》，刊《新华日报》。

同日　筹备办理重庆社会大学。

1月2日　作诗《社会大学颂》，刊同年2月《民主生活》第二期（收入大孚出版公司版《行知诗歌集》，后收入湘版《全集》第四卷，又收入川版《全集》第七卷）。

1月3日　与周恩来、冯玉祥、郭沫若、沈钧儒、董必武等五十余人，发起冼星海先生纪念演奏会，协助组织周恩来倡议成立的星海合唱团和民主合唱团，并任民主合唱团团长。演奏会启事刊同日及次日《新华日报》

（收入川版《全集》第四卷）。

1月4日　上午十时，赴一五一号开会（《行知备忘》）。

同日　据李公朴记述："早十时赴一五一号讨论纲领之文化教育章，并商《民主生活》之内容等问题。"（《李公朴日记》，见《党史研究资料》第六卷，第423页）

1月5日　据李公朴记述：上午"后即邀杨美贞先生参加星海纪念演奏会，……后来因会场负责人因观众太多（至少千五百人），不允明日再借会场，更遑论乎加演一场！［陶］行知派我代表交涉，结果成加［功］。但有一条件，要今晚散会时能鱼贯而出，以免楼梯出危险，如能做到方信我们明日保证有不准无票进场之能力，其意此实一极困难之事，其实到会之分子大多数均为进步朋友，我自信有把握，乃于闭幕后报告交涉经过一切都成功，唯一条件看大家能否鱼贯而出？结果大家一致举手赞成，我乃权做总指挥，向后、向左、向右开步走而散，于是皆大欢喜。闹了一场喜剧，亦趣事也"（《李公朴日记》，见《党史研究资料》第六卷，第423—424页）。

同日　作诗《向民主小姐求爱》，刊同日《民主星期刊》第十五期（收入大孚出版公司版《行知诗歌集》，后收入湘版《全集》第四卷，又收入川版《全集》第七卷）。

1月7日　据李公朴记述："……与衡老、曹靖华及叔章赴星海演奏会，因陶［行知］未来，我担任主席……"（《李公朴日记》，见《党史研究资料》第六卷，第426页）

1月8日　民主建国会招待政治协商会议代表，陶行知应邀出席。

1月9日　赴白象街西南实业大厅参加重庆文化界出版学术工作联谊会等七团体组织的招待政治协商会议代表的茶话会，被推选为茶话会主持并作大会发言，刊次日重庆《新华日报》（收入湘版《全集》第八卷，又收入川版《全集》第四卷）。

同日　晚七时，赴民生路151号救国会会所参加人民救国会第三次全体会员大会。到沈钧儒、史良、李公朴、何惧等二十四人，史良主席。会议着重讨论纲领修订一事（《救国会史料集》，第732页）。

又　据李公朴记述："午饭后一时半赴西南实业大厦，出席陪都文化界人士欢迎政治协商会议代表茶会，……会从三时起至七时始散。紧张、幽默、沉痛、激昂。……会后返家吃饭，又到一五一号开救国会，十一时

始毕。”(《李公朴日记》，见《党史研究资料》第六卷，第427页)

1月10日 组织育才师生出席欢迎叶挺出狱的联欢会。

同日 重庆《新华日报》刊发9日茶话会上陶行知对政协代表两点希望的有关讲话。

同日 全国政治协商会议在重庆国府礼堂开幕。中国民主同盟新闻处公布民盟代表团顾问名单，潘光旦、陶行知、侯外庐、闻一多、董谓川、杨卫玉六人为教育文化组顾问（闻黎明、侯菊坤：《闻一多年谱长编》，湖北人民出版社1984年版，第957页）。

同日 据李公朴记述：“今天真是不平凡的一天，（一）联合国大会今日在伦敦揭幕；（二）蒋主席于上午十一时明令宣布停止军事冲突；（三）星海合唱团今日开始筹备，于下午三时在育才举行第一次发起人大会，我被推为筹备主任；（四）社会大会（学）于今日下午六时举行百余新生入学考试，陶［行知］先生与我分别致词。”(《李公朴日记》，见《党史研究资料》第六卷，第427—428页)

1月11日 赴重庆《新华日报》社祝贺办报八周年，到沈钧儒、罗隆基、张东荪、张申府、马寅初、鲜特生、邓初民、矛盾、李公朴、王昆仑、阎宝航、蒯伯赞、臧克家等。育才学校的师生表演了“西藏舞”“王大娘补缸”等节目，四时半散。

又 据李公朴记述：“今日为《新华日报》八周年纪念创刊日，特往化龙桥庆祝，有延安及其他游击区照片与木刻展览。午饭痛饮，饭后有露天歌剧等游艺节目，张瑞芳女士并朗诵吾之贺新华诗，至五时宾主方尽欢而散。七时至迁川工厂联合会，参加陪都各界政治协商会议协进会成立大会，返家已深夜矣。”(《李公朴日记》，见《党史研究资料》第六卷，第428页)

同日 晚，“全国人民政治协商会议协进会”筹备人与民主建国会、中国人民建国会商讨有关事宜。会议推举陶行知、章乃器、茅盾等三十五人组成主席团主持会务。

同日 作诗《新闻大学——贺〈新华日报〉八周岁》，刊次日《新华日报》（收入大孚出版公司版《行知诗歌集》，后收入湘版《全集》第四卷，又收入川版《全集》第七卷）。

同日 作诗《敬赠政治协商会议代表》（收入大孚出版公司版《行知诗歌集》，后收入湘版《全集》第四卷，又收入川版《全集》第七卷）。

1月12日 下午四时，赴迁川参加主席团会议。六时，赴社会大学口试新生。晚，在临江路合作大会堂参加“政治协商会议陪都各界协进会”会议，主席团名称改为理事会（《行知备忘》）。

同日 据李公朴记述：“今日陶［行知］兄约赴致美午饭。……后赶至迁川开主席团会议。六时半又赴至育才学校，口试社会大学新生，口试至十一时始毕，并教新生唱歌。”（《李公朴日记》，见《党史研究资料》第六卷，第428—429页）

同日 发表诗歌《新闻大学——贺〈新华日报〉八周岁》，刊《新华日报》。

1月13日 下午参加朱子樵逝世五周年纪念活动。晚六时，参加社会大学教授聚餐（《行知备忘》）。

同日 据李公朴记述：“下午四时赴百龄餐厅参加朱子桥将军逝世五年纪念会。……七时与［章］乃器同至兵役署合作食堂应社会大学之邀晚餐，坐中均为行将任教之朋友，十时始散。”（《李公朴日记》，见《党史研究资料》第六卷，第429页）

1月14日 据李公朴记述：“上午先赴育才，定社大入学考试去取事。……今早九时，承烈武同乡即携两流浪小同乡来请协助送入育才，吾乃与之同访［陶］行知，结果每月至少须交万元，并负责复员事宜。”（《李公朴日记》，见《党史研究资料》第六卷，第429—430页）

1月15日 与李公朴、史良等共同筹创的重庆社会大学（夜大学）在重庆市管家巷28号院内举行开学典礼，周恩来亲临祝贺。冯玉祥、张澜、沈钧儒、饶国模、任宗德、史良、周宗琼、陶行知、李公朴等为校董，冯玉祥为董事长。陶行知任校长，李公朴任副校长兼教务长。李公朴后去昆明，由方与严继任教务长。

同日 据李公朴记述：下午“六时半赴社大行开学礼，到董事任宗德、周宗琼，教授马寅初、何思敬、许涤新、翦伯赞、王昆仑、方与严，来宾复大教授周谷城、王琦。先由陶［行知］、李［公朴］致词，然后由马、周、任、翦、何、王、周女士讲话，颇为生动。最后由发起人翁维章同学代表报告筹备经过，同学代表有一男两女说话，最后由我致闭会词，并唱民主进行曲，散会。接着开校务会议，准备明日正式上课种种工作，至十二时始毕”（《李公朴日记》，见《党史研究资料》第六卷，第430页）。

1月16日 社会大学新闻系开学，代因事未能到校的陈翰伯讲《新闻学概论》（摘自《爱满天下》之《报人陶行知》一文，后收入湘版《全集》第三卷，又收入川版《全集》第四卷）。

1 月 17 日 十二时赴新闻处。下午二时半赴中苏友好协会（《行知备忘》）。

1 月 18 日 五时半，赴冠生园二楼（《行知备忘》）。

1 月 19 日 下午赴合作会堂。又赴鲜特生宅（《行知备忘》）。

同日 发表诗歌《把自由还给我们》，刊《民主星期刊》第十七期（收入大孚出版公司版《行知诗歌集》，后收入湘版《全集》第四卷，又收入川版《全集》第七卷）。

同日 复函陶晓光（收入湘版《全集》第五卷，又收入川版《全集》第九卷）。

1 月 20 日 中午，参加生活教育社举行新年叙餐会并发表讲话，到冯玉祥、沈钧儒、邵力子、李德全、曹孟君等。讲话后刊同年 2 月 1 日《民主教育》第四期之方与严著《新年叙餐会上》（收入湘版《全集》第八卷，又收入川版《全集》第四卷）。

1 月中旬 作书信致友人（收入湘版《全集》第八卷，又收入川版《全集》第九卷）。

1 月 21 日 据李公朴记述："送草案与何惧、柳方与［陶］行知三人……"（《李公朴日记》，见《党史研究资料》第六卷，第 434 页）

1 月 22 日 下午三时，晤翦伯赞、周延信。晚七时，赴一五一号开会（《行知备忘》）。

同日 据李公朴记述："［晚］七时半赴一五一号开会。"（《李公朴日记》，见《党史研究资料》第六卷，第 435 页）

1 月 23 日 十二时，赴冯玉祥宅。晚七时，赴史良宅宴（《行知备忘》）。

同日 据李公朴记述："六时半赴史良晚宴，盖送［胡］子婴行也。"（《李公朴日记》，见《党史研究资料》第六卷，第 435 页）

1 月 24 日 下午二时，参加政治协商会议陪都文化界协进会成立大会，任主席。到茅盾、邓初民、曹孟君、侯外庐、洪深、张西曼、冯雪峰、阳翰笙、李公朴等七十余人。会上通过简章并选举侯外庐、邓初民、翦伯赞、陶行知、茅盾、李公朴、冯乃超、陈白尘、阳翰笙、郑君里、司徒慧敏、叶浅予、黄洛峰、曹孟君、倪贻德、王琦、夏白等十七位为理事

（载 1946 年 1 月 25 日《新华日报》）。

1 月 25 日 五时，赴冠生园三楼（《行知备忘》）。

同日 发表《英国式之言论自由海德公园颂》，刊北平版《民主》星期刊第十一期。

1 月 26 日 下午二时，赴迁川（《行知备忘》）。

同日 发表《以为歌》，刊《民主星期刊》第十八期。

1 月 27 日 下午一时，赴沧白堂参加协进会演讲会。八时，赴一五一号（《行知备忘》）。

同日 据李公朴记述："二时至沧白堂参加协进会演讲会……"（《李公朴日记》，见《党史研究资料》第六卷，第 436 页）

1 月 28 日 九时半，赴冠生园二楼。收王少燕 100 000 元，高集 10 000元，高汾 185 000 元（《行知备忘》）。

同日 发表长诗《"一·二八"十四周年纪念》，刊《新华日报》（收入湘版《全集》第四卷，又收入川版《全集》第七卷）。

1 月 29 日 "（1）印音乐会节目。（2）领科学捐款。（3）援华借款。（4）社会大学买书款。（5）电灯。（6）'历史'请客（星期四中午）。（7）写稿子。（8）请客过除夕。（9）百鸟合唱队。（10）助晓光、宏找事。（11）领布、寒衣。（12）造新预算。（13）育才故事。（14）领振［赈］款。（15）卢写信。（16）会瑞安（Ryan）。（17）借凳。（18）还'人文'款。（19）分捐礼。（20）告诉冯学生数。（21）借地方，下星一。（22）民主星［期］刊。（23）送'位'字。（24）请石均。（25）函任潮。"（《行知备忘》）

同日 据李公朴记述："下午二时赴育才参加文化界协进会理事会，五时半散会。"（《李公朴日记》，见《党史研究资料》第六卷，第 437 页）

1 月 30 日 中国民主政团同盟重庆市支部"要把《民主星期刊》挂上市支部的招牌，这是有害的，要影响到远地的翻印"（《行知备忘》）。

1 月 作《社会大学运动》，刊同年 7 月 16 日《教师生活》第六期（收入湘版《全集》第三卷，又收入川版《全集》第四卷）。

同月 发表诗歌《为老百姓而画——一个朝会上的讲词》，刊《民主教育》第三期（收入大孚出版公司版《行知诗歌集》，后收入湘版《全集》第四卷，又收入川版《全集》第七卷）。

同月 带领育才师生参加重庆沧白堂政协促进会。

2月1日 作诗《颂利他工学团》，刊同月16日《民主星期刊》第二十一期（收入大孚出版公司版《行知诗歌集》，后收入湘版《全集》第四卷，又收入川版《全集》第七卷）。

同日 致函武训之友、普及教育之友、育才之友、生活教育社同志（收入湘版《全集》第八卷，又收入川版《全集》第九卷）。

同日 据李公朴记述：晚“八时半赴育才参加除夕晚会，并行‘奎灼堂’落成礼，社大同学亦均参加”（《李公朴日记》，见《党史研究资料》第六卷，第439页）。

2月2日 作诗《大闹沧白堂有感》（收入大孚出版公司版《行知诗歌集》，后收入湘版《全集》第四卷，又收入川版《全集》第七卷）。

2月3日 “（1）报豆浆账。（2）造新预算。（3）育才故事。”（《行知备忘》）

2月4日 下午三时，赴冠生园二楼晤庞薰琴、周轻晶（《行知备忘》）。

同日 据李公朴记述：晚“七时半赴学校与陶［行知］、潘［天觉］、翦［伯赞］、徐荇诸君讲话”（《李公朴日记》，见《党史研究资料》第六卷，第440页）。

2月5日 “（1）和平革命，全盘停战，协商。（2）军队国家化：兵归田，官被裁（20军长）；‘艰楚’——文化界，鼓楼。（3）政治民主化：50条纲领——宪草原则（审议），五权分权。（4）改组政府。（5）国民大会，立宪。（6）政协前进（西安军官10 000人，十人说无前途）。”（《行知备忘》）

2月6日 据李公朴记述：“中午与陶［行知］共午餐。下午三时赴育才参加文化协进会。”（《李公朴日记》，见《党史研究资料》第六卷，第440页）

2月7日 十时，赴迁川。“社会大学：（1）扩大选科，做到自由选。（2）减少、缩办必修。（3）笔记委员会。（4）丛书。（5）检讨会。（6）测验（学生自考）。（7）宣传。（8）文凭由教师签字。（9）学生介绍学生。”（《行知备忘》）

同日 致函育才全体同学（收入湘版《全集》第八卷，又收入川版《全集》第九卷）。

同日 据李公朴记述：晚“六时半赴一五一号向民主合唱团讲话，然后到江苏同乡会参加重庆出版业新年联欢会，至十二时始散”（《李公朴日记》，见《党史研究资料》第六卷，第441页）。

2月8日 延安《解放日报》刊发访谈报道《陶行知先生创办社会大学》一文（收入湘版《全集》第三卷，又收入川版《全集》第四卷）。陶行知在访谈中介绍了社会大学的相关情况。

2月9日 赴重庆青年大厦参加人民权利保障委员会第一次筹备会议，到沈钧儒、冯玉祥、邵力子、董必武等六十余人。会上当选为筹备委员（载1946年2月10日《新华日报》）。

同日 发表诗歌《自由警报》，刊《民主星期刊》第二十期（收入大孚出版公司版《行知诗歌集》，后收入湘版《全集》第四卷，又收入川版《全集》第七卷）。

同日 赴救国会会所参加第四次全体会员大会，到沈钧儒、史良、李公朴、方与严等三十二人，沈钧儒主席。会上陶行知作组织工作报告，并被推选为救国会参加政府唯一人选（《救国会史料集》，第733—735页）。

2月10日 参加较场口庆祝政协会议成功大会（载《陶行知一生》，后收入川版《全集》第十一卷）。

同日 朱佑顺致函陶行知（收入2002年版川版《全集》第十二卷）。

2月11日 上午，赴青年大厦参加人民权利保障会第二次会议，讨论组织章程。到阎宝航、梁漱溟、陆定一、史良、张玲宣等十九人。会上史良、章乃器报告了较场口事件相关情况，并推举阎宝航等四人会见蒋介石，报告事件经过（载1946年2月12日《新华日报》）。

2月14日 登报聘请史良为育才学校常年法律顾问。

2月16日 发表诗歌《颂利他工学团》，刊《民主星期刊》第二十一期。

同日 致函陶晓光（收入湘版《全集》第五卷，又收入川版《全集》第九卷）。

2月17日 发表译诗《言论自由》，刊《民主生活周刊》创刊号。

同日 据《田汉年谱》记述：“下午，出席在育才学校办事处举行的中国诗歌音乐工作者协会成立大会，并与欧阳予倩、臧克家、光未然、何其芳、贺绿汀、马思聪等二十五人当选为该协会理事。”（《田汉年谱》，第362页）

2月18日 致函卢绪章（收入湘版《全集》第五卷，又收入川版《全集》第九卷)。

2 月 19 日 陶晓光、陶宏分别作书信致陶行知。

同日 致函驻印度诸友(收入川版《全集》第十二卷)。

2 月 20 日 《民主生活》周刊第六期刊发《中国人民救国会政治纲领》(收入川版《全集》第四卷)。纲领从政治、经济、文化教育、社会、外交、侨务等方面阐释了救国会的政治主张。

2 月 22 日 发表《追思民主大将李公烈钧》,刊《民主报》(收入湘版《全集》第三卷,又收入川版《全集》第四卷)。

2 月 23 日 陶晓光作书信致陶行知。

同日 据李公朴记述:"存初(即史良——编者注)与陶[行知]、吴[树琴]来谈。"(《李公朴日记》,见《党史研究资料》第六卷,第 444 页)

2 月 25 日 就《新华日报》同志遭国民党特务殴打事,偕史良、陈铭枢等人前往中共代表团慰问和致意(载本日《新华日报》)。

2 月 26 日 下午七时,赴民生路一五一号救国会会所参加中国人民救国会第五次大会,任主席。到翁维章、马侣贤、操震球、范用、汪德彰、宋云彬、史良、华丁夷、庞荩青、林亨元、李庶、李公朴、吴毅潮等十四人。会上陶行知作较场口事件报告(《救国会史料集》,第 736—737 页)。

2 月 中国民主同盟机关报《民主报》在重庆创刊。郭沫若、陶行知、邓初民、马寅初等为社论委员会委员。

同月 发表诗歌《社会大学颂》,刊《民主生活》第二期。

3 月 4 日 复陶晓光函(收入湘版《全集》第五卷,又收入川版《全集》第九卷)。

3 月 6 日 致函陶晓光(收入湘版《全集》第五卷,又收入川版《全集》第九卷)。

同日 据李公朴记述:"后赴史[良]宅晚餐,并遇周、辛、马、罗四君,陶[行知]亦来谈……"(《李公朴日记》,见《党史研究资料》第六卷,第 446 页)

3 月 7 日 致函陶晓光(收入湘版《全集》第五卷,又收入川版《全集》第九卷)。

3 月 8 日 请邓颖超到育才学校讲革命经历,对育才师生进行革命传统教育。

同日 据李公朴记述:晚"八时赴一五一号晤陶[行知]、章[乃器]、史［良］商‘较场口’案，十时始返”（《李公朴日记》，见《党史研究资料》第六卷，第446页）。

3月9日 社会大学举办教授、校董及社大之友聚餐会。

同日 据李公朴记述：“十二时赶到学校做主人，客人已来了十余人，一时开饭，董事到者有冯、饶（刘太太）（国谟）、周、徐、史等，教授、客人有邓、翦及夫人、何、艾芜、芝岗、方、力扬、铭勋、田汉、沫若、努生、颖超、立群、安蛾、代远、希夷、承志、友渔、李任公，饭后始来思聪、陈波儿等，三时始散。”（《李公朴日记》，见《党史研究资料》第六卷，第446—447页）

同日 发表《领导者再教育》，刊《民主星期刊》第二十四期（收入湘版《全集》第三卷，又收入川版《全集》第四卷）。

3月10日 据李公朴记述，略谓：“……准备赴［章］伯钧宴，到特园时客来已多……主人次第请人讲话，［张］君劢先代主人发言，次邀［冯］焕章先生……接着请［李］德全、［邓］颖超、［叶］希夷讲……陈真如与郭沫若、廖承志亦相继被邀谈话。……至是主人乃邀才来参加的恩来先生讲话。接着有君劢答问讲宪草问题，于是马先生又报告了一大段精彩的妙闻与意见，然后则为田汉说了一大段，［陶］行知最后发言，结束了这一胜［盛］会。……后我与［陶］行知、［张］西曼、［田］寿昌同车回家……”（《李公朴日记》，见《党史研究资料》第六卷，第447—448页）

3月11日 发表与邓初民、翦伯赞共同致洪深等人的慰问电，刊重庆《新华日报》（收入湘版《全集》第八卷，又收入川版《全集》第九卷）。

3月13日 据《田汉年谱》记述：与郭沫若、沈钧儒、茅盾、陶行知等十九人联名致电西安《秦风日报》和《工商日报》，对他们三月一日西安学生游行后遭国民党法西斯特务捣毁表示慰问，对特务暴行表示愤怒。希望他们“再接再厉，共同争取民主自由之实现”（《田汉年谱》，第364页）。

3月14日 致函陶宏（收入湘版《全集》第五卷，又收入川版《全集》第九卷）。

3月15日 上午，因“较场口事件”被法院传讯。

同日 据李公朴记述：“今早九时到法院，十时开庭，十二时下庭，下午二时续开庭。龚尊一庭长宣布：因见《大公报》载政治协商会议综合小组将为此案进行政治解决办法，故法院决定延期再审，以视调解结果而定。晚间赴《生活教育》社十九周年晚会，最后抗战中的中国电影甚佳。”（《李公朴日记》，见《党史研究资料》第六卷，第450—451页）

同日 在生活教育社十九周年纪念暨育才学校同学会成立大会上发表讲话（收入《陶行知先生纪念集》，后收入湘版《全集》第八卷，又收入川版《全集》第四卷）。

3月16日 发表《民主团结歌》，刊《进步教育》（收入湘版《全集》第八卷）。

3月17日 下午，参加民主文化教育事业协进会迎新大会，到沈钧儒、邓初民、章乃器、杜国庠、田汉、李公朴、史良、周宗琼、方与严等八十余人。会上发表讲话，表示文化教育要人民自己办（载次日《新华日报》第三版，后收入湘版《全集》第八卷，又收入川版《全集》第十一卷）。

3月19日 教育局视察重庆社会大学，批语“设备简陋”，并要求社大筹备基金，履行立案手续。

3月20日 参加利他社聚餐会。

同日 致函胡同炳（收入湘版《全集》第五卷，又收入川版《全集》第九卷），告知奉上冯玉祥地产信并嘱托不必再到周文敏宅领款。

3月21日 晚七时，赴民生路一五一号参加救国会第六次大会，到沈钧儒、史良、李公朴、曹孟君等二十五人，沈钧儒主席。会议推举史良、陶行知、曹孟君、李公朴、宋云彬五人为国大代表提名委员会（《救国会史料集》，第737—738页）。

3月26日 发表《募集儿童节礼物信》，刊《新华日报》（收入湘版《全集》第五卷，又收入川版《全集》第四卷）。

3月27日 致函陶宏（收入湘版《全集》第五卷，又收入川版《全集》第九卷）。

3月28日 陶晓光作书信致陶行知。

同日 据李公朴记述：“晚间赴［周］恩来、［王］若飞二先生之宴，宾主一桌，黄、沈、陶、柳、冷、江及吴老与秦、陆诸人，畅叙一切。至十一时始返。”（《李公朴日记》，见《党史研究资料》第六卷，第457—458页）

3月30日 《民主星期刊》杂志记者郭方仑发表访问记《陶行知谈社会大学》，刊《民主星期刊》第二十七期（收入湘版《全集》第三卷，又收入川版《全集》第四卷）。

3月31日 生活教育社重庆分社成立。

同日 偕吴树琴与吴氏亲属合影，并作诗《题在渝亲友合照》（收入大孚出版公司版《行知诗歌集》，后收入湘版《全集》第四卷，又收入川版《全集》第七卷）。

4月1日 据李公朴记述：晚"七时赶回赴艺术馆去看'边疆歌舞'。十时返，遇［陶］行知夫妇及其内弟"（《李公朴日记》，见《党史研究资料》第六卷，第459页）。

同日 发表《值得我们学习的一件事》，刊《民主教育》第六期（收入湘版《全集》第三卷，又收入川版《全集》第四卷）。

同日 作诗《题〈育才通讯〉》，刊同年5月5日《育才通讯》第一期封面（收入大孚出版公司版《行知诗歌集》，后收入湘版《全集》第四卷，又收入川版《全集》第七卷）。

同日 作诗《〈午报〉出版祝》（收入大孚出版公司版《行知诗歌集》，后收入湘版《全集》第四卷，又收入川版《全集》第七卷）。

4月4日 参加育才重庆办事处举办的儿童节庆祝会，作诗《儿童节儿歌》《儿童节大人歌》（收入大孚出版公司版《行知诗歌集》，后收入湘版《全集》第四卷，又收入川版《全集》第七卷）。

又 会上作《饯行歌——送别党化教育》，刊同年4月《民主教育》第六期（收入大孚出版公司版《行知诗歌集》，后收入湘版《全集》第四卷，又收入川版《全集》第七卷）。

4月5日 生活教育社在《民主生活》第二期刊登《郭沫若、冯玉祥、陶行知先生应本社之请举行四卖兴学》（收入湘版《全集》第八卷，又收入川版《全集》第十一卷）。

4月6日 出席新武训节纪念会并讲话，并收冯玉祥所送字一幅。

同日 致函陶晓光（收入湘版《全集》第五卷，又收入川版《全集》第九卷）。

4月8日 叶挺、邓发等人乘坐的飞机在山西兴县黑茶山失事，机上人员17名全部遇难，其中包括4名美国驾驶员，进步教育家黄齐生和他的侄孙黄晓庄等。得知事故发生后，即作诗《敬挽"四八"殉难烈士》

同日 廖仲恺之女廖梦醒致函陶行知（收入2002年版川版《全集》第十二卷）。

4月9日 据李公朴记述："……返家稍休息即至一五一号晚餐，与社大教授商学校事，八时散。复至学校参加欢送陶［行知］先生会，并请辰

夫报告。返家已十一时矣。”（《李公朴日记》，见《党史研究资料》第六卷，第461页）

4月10日 据李公朴记述：“今日一天未出，至晚间始赴学校与［陶］行知话别……陪陶夫妇至‘三六九’晚餐……”（《李公朴日记》，见《党史研究资料》第六卷，第461页）

4月11日 离渝赴北郊白市驿候机，夜宿白市驿。

同日 作诗《儿童四大自由》（收入大孚出版公司版《行知诗歌集》，后收入湘版《全集》第四卷，又收入川版《全集》第七卷）。

同日 作诗《活路》，刊同年5月25日《活路》第一期（收入大孚出版公司版《行知诗歌集》，后收入湘版《全集》第四卷，又收入川版《全集》第七卷）。

4月12日 晨八时四十五分，由白市驿飞南京。十二时四十五分抵南京。宿莲子营六十号姚文采宅。

4月13日 致函陶宏（收入湘版《全集》第五卷，又收入川版《全集》第九卷）。

4月14日 到南京晓庄扫墓，“农人、小孩分四批到中央门、迈皋桥一带来迎接”。

同日 致函施剑翘（收入湘版《全集》第五卷，又收入川版《全集》第九卷）。

4月15日 与沈钧儒、沙千里、史良、李公朴、何惧、曹孟君、胡子婴共同唁函周恩来并转毛泽东及中共中央，略谓：

“敬悉王、秦、叶、邓、黄诸先生坠机殉国，本会同仁无任哀恸。诸先生毕生为中国人民事业奋斗不懈，功在国家，示人楷模，激励后进，其精神永垂不朽。”（刊同月18日《新华日报》，后收入《救国会史料集》，第771页）

4月16日 晤周文敏、臧其吉、孙洪芬（《行知备忘》）。

4月17日 “午后四时半抵沪”，“住许士骐先生老兄德臣先生家，吕班路五十三号”。

4月18日 存520美金于“广大”。访卢、俞、楚、倪、赵（《行知备忘》）。

同日 接受《联合晚报》记者访问。

同日 致函翦伯赞（载《陶行知先生四周年祭》之《我和行知先生》，

后收入川版《全集》第十一卷）。

4月19日 八时晤沙千里。十时晤陆诒。十二时，访徐伯昕（《行知备忘》）。

同日 接受《消息半周刊》记者采访（载1946年5月2日《消息半周刊》第八期，后收入川版《全集》第十一卷）。

同日 《申报》刊载通讯《社会教育家陶行知抵沪》，内称："预料陶氏来沪后，上海社会教育，当有蓬勃之开展云。"（载本日《申报》）

4月20日 九时半晤冯亦代。十二时，赴天天饭店二楼晤友。三时，赴冠生园出席记者茶会（《行知备忘》）。

又 据《申报》报道：下午三时，在冠生园谈生活教育分三阶段：一、扫除文盲；二、推行"工学团"；三、创设社会大学（载次日《申报》）。

同日 据黄炎培记述："陶知行夫妇来，共函张表方，请进行盟屋事。"（《黄炎培日记》第9卷，第146页）

4月中旬 赴南京梅园看望周恩来，谈及对育才学校迁校的设想。

4月21日 上午九时，赴上海市立育才中学演讲《民主生活与民主教育》。十二时赴新重庆路。下午二时，赴中国科学社（《行知备忘》）。

同日 对上海一千多名小学教育者作演讲《小学教师与民主运动》，刊同年5月10日《教师生活》第四期（收入湘版《全集》第三卷，又收入川版《全集》第四卷）。

同日 陶城抵沪。

4月22日 九时，晤闵刚侯、马叙伦。又候李剑芹、王娄兄（《行知备忘》）。

同日 致函陶宏（收入湘版《全集》第五卷，又收入川版《全集》第九卷）。

同日 作书信致姚文采全家（收入湘版《全集》第五卷，又收入川版《全集》第九卷）。

4月23日 上午十时，山海工学团及各分团所在村庄的15名代表来访，对其发表谈话（摘自《爱满天下》之《陶行知精神不死》一文，后收入湘版《全集》第三卷，又收入川版《全集》第四卷）。

同日 据黄炎培记述："夜，陈青士、陈鹤琴、董任坚在愚园新村十二号招餐，同被邀者顾一樵、黄敬思、潘乘统、程柏庐、余庆棠、雷震清、李熙谋、陈科美、章友三、高君珊、舒新城、陶行知等，余与问渔、清儒从十一时半始散，董男女公司奏音乐。”（《黄炎培日记》第9卷，第147页）

4月24日 下午二时，赴大世界红棉酒家。六时，赴教育科（《行知备忘》）。

同日 演员陈波儿致函陶行知（收入2002年版川版《全集》第十二卷）。

4月25日 早饭后晤李宏达。六时半，赴上海储能中学。下午三时，晤陈润荣（《行知备忘》）。

同日 在上海市教育团体联合会举行的欢迎会上发表演讲。

同日 发表诗歌《自我再教育》，刊《时事新报·教师生活》（收入湘版《全集》第八卷，又收入川版《全集》第七卷）。

4月26日 七时，赴汉密尔顿大厦1004号房。下午四时，赴北京路（《行知备忘》）。

同日 据黄炎培记述：“访陶行知吕班路52号，见告京屋同盟得一所，须预付年租六百万元，即向卫、肃商假‘四五’，行知任‘一五’，足成之。”（《黄炎培日记》第9卷，第147页）

4月27日 下午二时至四时，赴麦根路240号大任小学参加生活教育座谈会。九时，晤陈根度（《行知备忘》）。

同日 何公超致函陶行知（收入2002年版川版《全集》第十二卷）。

4月28日 五时半，晤金鸣岐（《行知备忘》）。

4月29日 六时半，赴新华银行楼上。下午二时，参加叶挺等人追悼筹备会（《行知备忘》）。

4月30日 上午赴玉佛寺，参加王若飞、秦邦宪、叶挺、邓发、黄齐生诸烈士追悼大会，并作演讲。

同日 据叶圣陶记述：“余仅与王若飞晤数面，余皆不认识。九时开会，黄任老、左舜生、陶行知、马夷初、章乃器诸人演说，皆力言争取民主、巩固团结之要。”（《叶圣陶年谱长编》第二卷，第388页）

同日 发表《贺〈消息〉半周刊》，刊《消息半周刊》第八期（收入大孚出版公司版《行知诗歌集》，后收入湘版《全集》第四卷，又收入川版《全集》第七卷）。

同日 胡同炳致函陶行知（收入2002年版川版《全集》第十二卷）。

5月初 在生活教育社上海分社筹备会上发表讲话，介绍生活教育的创立与成长，载同年8月2日《文汇报》报道《永远留在人间的声音——陶先生讲“生活教育创造史”》（收入湘版《全集》第八卷，又收入川版《全集》第四卷）。

5月1日 七时，赴育才中学。又出席上海百货业职工纪念“五一”的联欢会并演讲（《行知备忘》）。

5月2日 四时半，赴麦根路大任小学（《行知备忘》）。

5月3日 七时半，赴中国民主促进会（《行知备忘》）。

5月4日 作《为成立生活教育社上海分社的呈文》（收入湘版《全集》第八卷，又收入川版《全集》第四卷）。

5月5日 下午二时半，赴育才中学（《行知备忘》）。

同日 发表诗歌《题〈育才通讯〉》，刊《育才通讯》第一期封面。

同日 胡同炳致函陶行知（收入2002年版川版《全集》第十二卷）。

5月6日 赴青年会参加美达、陈亚云婚礼。又参加中华职业教育社成立二十九周年纪念会，介绍美国的职业教育情况（《行知备忘》）。

同日 由沪赴宁。因欲访周恩来、邓颖超，遂致函中国新闻专校、圣约翰大学等，解除原先约定演说等事宜。

同日 绛巴俄色于加尔各答致函陶行知（收入2002年版川版《全集》第十二卷）。

5月7日 本拟赴来喜饭店宴司徒美堂，因赴宁未果（《行知备忘》）。

同日 吴树琴致函陶行知（收入2002年版川版《全集》第十二卷）。

同日 据李公朴记述：“社大校董：张表方、冯玉祥、沈钧儒、饶国模、史良、周宗琼、徐淡庐、陶行知、李公朴，待征求陈嘉庚；特约讲座：马寅初、郭沫若。”（《李公朴日记》，见《党史研究资料》第六卷，第475页）

5月9日 赴南京梅园新村访周恩来、邓颖超夫妇。

5月10日 发表《小学教师与民主运动》，刊《教师生活》第四期。

同日 中国保险公司营业部经理、公益协进社负责人潘垂统致函陶行知（收入2002年版川版《全集》第十二卷）。

5月9日—11日 在南京访翦伯赞，偕其同游鸡鸣寺。

5月上旬 作《生活教育社上海分社成立大会邀请信》（收入湘版《全集》第八卷，又收入川版《全集》第四卷）。

5月11日 由宁赴沪（《行知备忘》）。

同日 吴涵真致函陶行知、郭沫若（收入2002年版川版《全集》第十二卷）。

5月12日 下午二时，偕黄炎培、田汉、郭沫若等同赴上海新闻小学参加生活教育社上海分社成立大会，并作演讲，刊同月14日《神州日报》，记录者：记者阿凤（收入湘版《全集》第八卷，又收入川版《全集》第四卷）。

同日 下午四时至六时，参加成志社游园活动。八时，见梁漱溟（《行知备忘》）。

同日 致函许士骐（收入湘版《全集》第八卷，又收入川版《全集》第九卷）。

5月13日 八时半至九时半，赴四川路老青年会中学。午，赴上海银行俱乐部对公益协进社委员会演讲，潘垂统接。下午四时，赴上海火车站接翦伯赞。五时，赴诗歌、音乐工作者协会上海分会。七时半，赴威海别墅36号（《行知备忘》）。

同日 赵朴初致函陶行知（收入2002年版川版《全集》第十二卷）。

同日 胡同炳致函陶行知（收入2002年版川版《全集》第十二卷）。

5月14日 六时，晤汪孟邹。九时，“田先生与我看山东同乡会”。四时，赴苏州路175号201室（《行知备忘》）。

同日 翦伯赞夫妇来访。

同日 廖梦醒致函陶行知（收入2002年版川版《全集》第十二卷）。

同日 《神州日报》记者阿凤刊发陶行知在生活教育社上海分社成立大会上的讲话特写。

5月15日 五时，赴东吴大学（《行知备忘》）。

同日 胡同炳致函陶行知（收入2002年版川版《全集》第十二卷）。

同日 据《田汉年谱》记述：“与宋庆龄、郭沫若、茅盾、冯雪峰、郑振铎、陶行知等被聘为‘抗战八年木刻展览会’赞助人。”（《田汉年谱》，第372页）

5月16日 三时，赴青年会“偷偷地秘密地教育”。五时半，在青年会候潘垂统（《行知备忘》）。

同日 发表《跟人民和小孩学习》，刊《时事新报·教师生活》（收入湘版《全集》第四卷，又收入川版《全集》第七卷）。

同日 《时事新报》刊发通告《生活教育社上海分社特请冯玉祥、郭沫若、田汉、陶行知四先生卖字兴学》。

同日 赵冕于纽约致函陶行知（收入 2002 年版川版《全集》第十二卷）。

同日 吴新稼致函陶行知（收入 2002 年版川版《全集》第十二卷）。

5 月 17 日 下午三时，沪江大学来接。七时，赴生活书店参加新出版业联谊（《行知备忘》）。

同日 赴上海沪江大学演讲《社会大学之道》，刊同月 22 日《文汇报》，记录者：蓝依（收入湘版《全集》第八卷，又收入川版《全集》第四卷）。

5 月 18 日 下午二时，赴大任小学（《行知备忘》）。

5 月 19 日 八时，赴天主堂街民国元龙里五号二楼民盟五分部。十时，参加纪念杨潮活动。十一时，赴丽华戏院。三时，赴福州、广西大利酒家晤吕咏声、臧婉敏（《行知备忘》）。

同日 作诗《敬挽杨潮》（收入大孚出版公司版《行知诗歌集》，后收入湘版《全集》第四卷，又收入川版《全集》第七卷）。

同日 代生活教育社同人撰《挽杨潮》（收入大孚出版公司版《行知诗歌集》，后收入湘版《全集》第四卷，又收入川版《全集》第七卷）。

5 月 20 日 六时，晤欧伟国（《行知备忘》）。

同日 据黄炎培记述："到愚园路 749 弄 31 号民盟常委会谈，漱溟、君劢、伯钧、行知及张云川、沈志远、杨志恒、孙宝毅。"（《黄炎培日记》第 9 卷，第 155 页）

同日 周恩来与董必武、陆定一、邓颖超联名致信张君劢、黄炎培、梁漱溟、章伯钧、陶行知："东北已演成规模空前之大战，大江以北亦烽烟四起。政府当局，决心内战"，"三人会议迄未举行，政治协商尤属遥遥无期。当前局势严重如此，吾辈惟有以披发缨冠之心，为奔走和平之举"。"亟盼民盟方面，速有代表来京，共同努力。"（《周恩来年谱 1898—1949》，第 337 页）

同日 重庆印刷厂致函陶行知（收入川版《全集》第十一卷）。

同日 徐伯昕致函陶行知（收入 2002 年版川版《全集》第十二卷）。

5 月 21 日 八时，赴汉密尔顿大厦（《行知备忘》）。

同日 赴上海沪江大学演讲"争取'六大解放'"，强调解放人民的头脑、双手、眼睛、嘴、时间、空间（载林雪娟《争取"六大解放"——追忆陶行知在沪江大学的讲演》，后收入川版《全集》第十一卷）。

5月22日 下午二时半，赴圣约翰大学（《行知备忘》）。

同日 《文汇报》刊发蓝依所写的陶行知在上海沪江大学所作演讲《社会大学之道》。

同日 为育才学校申请演奏音乐会作呈文（收入川版《全集》第十一卷）。

5月23日 十时，赴苏州路。十一时半，赴英士路丰裕里中教道义会晤友（《行知备忘》）。

同日 发表在“小学教师联合会”所作的系列讲话第一讲《第一件大事》，刊《时事新报·教师生活》周刊第十四期（收入湘版《全集》第八卷，又收入川版《全集》第四卷）。

5月24日 赴储能中学。又赴市政府（《行知备忘》）。

同日 陈伯吹、李楚材在征得陶行知、陈鹤琴赞同后，召集何公超等十余人假上海南京路大三元粤菜馆商讨抗战胜利后儿童文学建设（原载《中国儿童文学史》，后收入川版《全集》第十二卷）。

同日 《申报》刊载《冯玉祥等六人卖字兴学》，内称：“为研究并推进普及教育运动起见，特请冯玉祥、郭沫若、田汉、许德崇、高剑华、陶行知六人卖字……”（载本日《申报》）

5月25日 赴女青年会（《行知备忘》）。

同日 发表演讲词《民主教育》，刊《文汇报·教育阵地》第二期，记录者：陈嬗忱（收入湘版《全集》第八卷，又收入川版《全集》第四卷）。

同日 发表诗歌《活路》，刊《活路》第一期，发表时注明“代发刊词”。

5月26日 下午四时，赴牛庄770弄3号晤储能中学翁汉杰（《行知备忘》）。

同日 作书信致胡同炳。

同日 胡同炳致函陶行知（收入2002年版川版《全集》第十二卷）。

同日 施剑翘致函陶行知（收入2002年版川版《全集》第十二卷）。

5月27日 下午三时二十分至四时，赴省吾中学（《行知备忘》）。

同日 《申报》刊发《冯玉祥、陶行知等六人卖字兴学》。六人分别为冯玉祥、郭沫若、田汉、许德臣、高剑华、陶行知。

5月28日 晚六时半，假大世界锦江饭店招餐毕莱士（《行知备忘》）。

5月29日　七时半，赴“祥记”（《行知备忘》）。

5月30日　八时，看《升官图》，十时，晤马思聪（《行知备忘》）。

同日　发表在“小学教师联合会”所作的系列讲话第二讲《谈接收主权》，刊《时事新报·教师生活》周刊第十五期（收入湘版《全集》第八卷，又收入川版《全集》第四卷）。

同日　胡同炳致函陶行知（收入2002年版川版《全集》第十二卷）。

5月　代生活教育社全体社员撰《悫忱上将军逝世六周纪念》（收入大孚出版公司版《行知诗歌集》，后收入湘版《全集》第四卷，又收入川版《全集》第七卷）。

同月　与陈鹤琴共同致函山东同乡会（收入湘版《全集》第五卷，又收入川版《全集》第九卷）。

5月—6月　朱启贤致函陶行知（收入川版《全集》第十一卷）。

6月2日　九时，赴上海市小学教师联合会（《行知备忘》）。

同日　参加欢迎美国援华总干事毕莱士女士的欢迎会，致欢迎词，并朗诵诗歌《欢迎毕莱士女士》，刊同月16日《教师生活》第五期（收入大孚出版公司版《行知诗歌集》，后收入湘版《全集》第四卷，又收入川版《全集》第七卷）。

6月4日　作诗《题钟进士像》（收入大孚出版公司版《行知诗歌集》，后收入湘版《全集》第四卷，又收入川版《全集》第七卷）。

同日　林汉达致函陶行知（收入2002年版川版《全集》第十二卷）。

同日　林汉达又致函陶行知（收入2002年版川版《全集》第十二卷）。

6月5日　四时，赴青年会三楼（《行知备忘》）。

6月6日　发表在“小学教师联合会”所作的系列讲话第三讲《教师自动进修》，刊《时事新报·教师生活》周刊第十六期（收入湘版《全集》第八卷，又收入川版《全集》第四卷）。

6月7日　发表诗歌《诗人节祝词》，刊《新华日报》（收入大孚出版公司版《行知诗歌集》，后收入湘版《全集》第四卷，又收入川版《全集》第七卷）。

同日　胡同炳致函陶行知（收入2002年版川版《全集》第十二卷）。

6月8日　与上海文化界知名人士马叙伦、马寅初、周建人、茅盾、巴金、赵丹等一百六十四人写信给蒋介石、马歇尔、民主同盟及社会贤达、青年党、中国共产党，希望以和为贵，停止内战（收入川版《全集》

第四卷)。

6月9日 下午二时，赴青年会(《行知备忘》)。

同日 赴上海位育中学参加“中国儿童读物作者联谊会筹备会”，并发表演讲，载李楚材著《陶行知与儿童文学》一文(收入川版《全集》第十二卷)。

同日 陈兆殷为子女入育才读书一事致函陶行知(收入2002年版川版《全集》第十二卷)。

6月10日 七时，赴黄山路金谷村21号晤刘紫垣(《行知备忘》)。

6月11日 “看‘爱迪柯特’(Endicott)。”(《行知备忘》)

同日 周恩来、董必武、陆定一、邓颖超代表中共代表团函复马叙伦、陶行知等上海文化界人士，刊同月18日《新华日报》(收入川版《全集》第四卷)。

6月12日 七时，候友人谈话(《行知备忘》)。

同日 重庆《新华日报》刊发《上海文化界一百六十四人致书各方呼吁和平》。

6月13日 发表在“小学教师联合会”所作的系列讲话第四讲《谈扫除文盲》，刊《时事新报·教师生活》周刊第十七期(收入湘版《全集》第八卷，又收入川版《全集》第四卷)。

同日 胡同炳致函陶行知(收入2002年版川版《全集》第十二卷)。

同日 晓庄毕业生倪式曾致函陶行知(收入2002年版川版《全集》第十二卷)。

6月14日 下午四时，与柳湜电话约定晚上见面。晚六时一刻，柳湜来访。

同日 据李公朴记述：“上午陈融生夫妇来访，谓明将飞渝转沪，乃托带一信给范用，另托带信与[陶]行知及宗禹。”(《李公朴日记》，见《党史研究资料》第六卷，第484页)

6月15日 十时，候陈根度(《行知备忘》)。

同日 与张文郁谈话(《文史资料选辑》第25卷第72辑，第165页)。

同日 发表《怎样可以得到和平》，刊《周报》第四十一期，又刊同月22日《民主》第三十九期(收入湘版《全集》第三卷，又收入川版《全集》第四卷)。

6月16日 发表诗歌《欢迎毕莱士女士》，刊《教师生活》第五期。

同日 黎国荃致函陶行知（收入 2002 年版川版《全集》第十二卷）。

同日 陆静山致函陶行知（收入 2002 年版川版《全集》第十二卷）。

6 月 18 日 《新华日报》刊发《中共代表团函复马叙伦、陶行知等愿本和平主张进行谈判》。

同日 《文汇报》刊登陶行知对上海学生反内战运动的谈话（载当日上海《文汇报》，后收入川版《全集》第十二卷）。

同日 上海文艺青年联谊会致函陶行知（收入 2002 年版川版《全集》第十二卷）。

6 月 19 日 在大同大学反内战要和平大会上发表演讲。

同日 作诗《春风文艺社题词》（收入大孚出版公司版《行知诗歌集》，后收入湘版《全集》第四卷，又收入川版《全集》第七卷）。

同日 致函庞曾漱（收入湘版《全集》第五卷，又收入川版《全集》第九卷）。

6 月 20 日 与郭沫若、茅盾、马寅初、马叙伦、叶圣陶、翦伯赞、郑振铎、胡绳、杜国庠、蔡尚思等二十四人，发起组织“全国学术工作者协会上海分会”（《叶圣陶年谱长编》第二卷，第 396 页）。

同日 晓庄毕业生陈殊我致函陶行知（收入 2002 年版川版《全集》第十二卷）。

6 月 21 日 上午，赴大同大学演讲。

同日 晚六时，假锦江饭店宴毕莱士（《行知备忘》）。

6 月 22 日 发表《怎样可以得到和平》，刊《民主》第三十九期。

同日 发表诗歌《擦皮鞋的小孩子亲眼所见》，刊《唯民周刊》第一卷第十二期。

同日 胡同炳致函陶行知（收入 2002 年版川版《全集》第十二卷）。

同日 翁维章致函陶行知（收入 2002 年版川版《全集》第十二卷）。

6 月 23 日 上午十一时，“威海王同宴新生活俱乐部袁健、富璪”。下午三时，赴大任小学演讲“学校教育民主化”。晚六时半，赴青年会二楼交谊厅出席小学教师进修会（《行知备忘》）。

同日 在上海北站十万群众欢送人民代表赴京请愿的大会上发表演说（载《陶行知先生四周年祭》，后收入湘版《全集》第八卷，又收入川版《全集》第四卷）。

6 月 24 日 五时，赴八仙桥青年会少年村（《行知备忘》）。

6月25日 下午二时，赴苏州路375号（《行知备忘》）。

同日 下午，代表上海五十四个反内战团体向外国记者发表谈话，载同月28日《新华日报》（收入川版《全集》第四卷）。

同日 《民言》半月刊在上海创刊，与柳亚子、郭沫若、茅盾、叶圣陶等二十一人为该刊“特约撰述”（《叶圣陶年谱长编》第二卷，第397页）。

同日 陈家荫致函陶行知（收入2002年版川版《全集》第十二卷），询马寅初在沪地址。

6月26日 时在上海交通大学航空工程系读书的四子陶城致函陶行知（收入2002年版川版《全集》第十二卷）。

同日 依据外国通讯社报道，新华社延安电讯稿刊发《陶行知要求美军立即撤离》一文。

同日 上海英文报纸《字林西报》刊发《陶行知博士为下关事件等问题向外国记者发表谈话》一文，延安《解放日报》于同年7月3日译成中文转载（收入湘版《全集》第三卷，又收入川版《全集》第四卷）。

6月27日 四时，赴王公馆。六时，赴印度咖喱鸡饭馆（《行知备忘》）。

同日 曾昭抡致函陶行知（收入2002年版川版《全集》第十二卷）。

6月28日 红岩村教师会致函陶行知（收入2002年版川版《全集》第十二卷）。

同日 《新华日报》刊发沈钧儒、陶行知等署名的救国会同人致南京“六二三”惨案受害者慰问电，电函对马夷初、阎玉卫、雷洁琼、陈震中被殴一事表示“不胜悲愤”（《救国会史料集》，第776页）。

6月29日 赴苏州参加振华女校高中十九届、初中十六届毕业典礼，发表演说，刊《苏州振华女校四十周年纪念刊》，记录尤家玉等（收入川版《全集》第十一卷）。

同日 作*An Appeal to The American People*（《告美国人民书》）。

同日 发表《教师们联合起来》，刊《民主星期刊》第四十期（收入湘版《全集》第八卷，又收入川版《全集》第七卷）。

同日 胡同炳致函陶行知，一殊致函陶行知（收入2002年版川版《全集》第十二卷）。

6月30日 上午十一时翦伯赞夫妇来访，共进午餐，商谈翦夫妇住所问题，下午二时离去。

同日 发表《走向殖民地》，刊《文汇报·教育阵地》第七期（收入湘版《全集》第三卷，又收入川版《全集》第四卷）。

同日 林焕平致函陶行知，却尘致函陶行知，史良致函陶行知（收入2002年版川版《全集》第十二卷），谈中西文化事业公司计划。

6月下旬 沈同衡致函陶行知（收入2002年版川版《全集》第十二卷）。

6月 探望高士其，并赠罐头食品。

同月 筹办生活教育社上海分社暑期进修班。

同月 搬至爱棠新村任宗德家中。

同月 发表《怎样可以得到和平》。作诗《诗人节祝词》。

约6月 与上海日文《改造日报》记者小野三郎谈自己的教育生涯。（收入湘版《全集》第三卷，又收入川版《全集》第四卷）

上半年 作诗《是非》，刊1948年6月《现代妇女》第七卷第五期、第六期合刊（收入湘版《全集》第八卷，又收入川版《全集》第七卷）。

上半年 作诗《异于和事老或中间人》，刊1948年6月《现代妇女》第七卷第五期、第六期合刊（收入湘版《全集》第八卷，又收入川版《全集》第七卷）。

上半年 作诗《各有所归》（收入湘版《全集》第四卷，又收入川版《全集》第七卷）。

上半年 《大地周报》第十七期发表《陶行知自比摩登女》。

7月初 在沪江大学演讲《新中国之新教育》。

7月1日 伍必端致函陶行知（收入2002年版川版《全集》第十二卷）。

同日 史大正致函陶行知（收入2002年版川版《全集》第十二卷）。

同日 王务安致函陶行知（收入2002年版川版《全集》第十二卷）。

7月2日 在记者招待会上正式发出 *An Appeal to The American People*（《告美国人民书》）（收入湘版《全集》第八卷，又收入川版《全集》第六卷）。

同日 田汉致函陶行知（收入2002年版川版《全集》第十二卷）。

7月3日 下午四时，在上海青年会十楼举行的招待外国记者茶会上，用英文宣读郭沫若拟订的发言稿，发表和平方针并即席答记者问（《行知备忘》）。

同日 延安《解放日报》翻译转载上海《字林西报》之《陶行知博士为下关事件等问题向外国记者发表谈话》一文。

同日 谢云远致函陶行知（收入 2002 年版川版《全集》第十二卷）。

同日 姚文采之子姚启厚致函陶行知（收入 2002 年版川版《全集》第十二卷）。

7 月 4 日 代表上海人民团体联合委员会执行委员会和全国和平运动促进委员会起草 *Chinese Peace Organizations Congratulate American People on Independence Day*（《祝贺美国独立纪念日——中国人民团体致美国人民》）（收入湘版《全集》第八卷，又收入川版《全集》第六卷）。

同日 致函张本志、胡风文（收入湘版《全集》第五卷，又收入川版《全集》第九卷）。

7 月 5 日 七时半，赴上海育才中学参加新书业联谊会（《行知备忘》）。

同日 唐康致函陶行知（收入 2002 年版川版《全集》第十二卷）。

7 月 6 日 赴上海育才中学参加新药业会（《行知备忘》）。

同日 晚七时，偕郭沫若、茅盾假上海红棉酒家发起欢送费正清博士的饯别晚宴（载 1946 年 7 月 8 日上海《文汇报》，后收入湘版《全集》第八卷，又收入川版《全集》第四卷）。

同日 据李公朴记述："托融生带致陶［行知］信一件，内附××女士致陶函。"（《李公朴日记》，见《党史研究资料》第六卷，第 488 页）

同日 梁纯夫致函陶行知（收入 2002 年版川版《全集》第十二卷）。

7 月 7 日 应上海女青年会干事、劳工部负责人王知中之邀，出席上海愚园路幼师大礼堂举行的全市六所女工夜校联合毕业典礼。会上做演讲，并朗诵诗歌《赠女工夜校毕业典礼》，刊同月《妇女》杂志（收入湘版《全集》第八卷，又收入川版《全集》第七卷）。

同日 为上海幼专学生贺一欧题词："你想做官就做官，官多民少；我不吃苦谁吃苦，苦尽甜来。"（收入川版《全集》第十一卷）

同日 吴泽致函陶行知（收入 2002 年版川版《全集》第十二卷）。

7 月 9 日 九时半，赴储能中学出席学生毕业典礼。十二时，赴女青年会午餐（《行知备忘》）。

同日 撰写《复员后国民教育的展望》一文（藏重庆育才中学）。

同日 育才教师梅健鹰致函陶行知（收入 2002 年版川版《全集》第十

二卷）。

7月10日 偕李陶赴大任小学（《行知备忘》）。

同日 为《民言》第二期题词："民主第一，和平最急。"（《民言》第二期）

同日 与郭沫若、王造时、茅盾等就"国共的前途怎样"发表短文（《民言》第二期）。

同日 据《郭沫若年谱》记述："发表《国共的前途怎样》。载本日出版的《民言》（半月刊）第2期。同时刊载的尚有茅盾、陶行知等人的文章。"（《郭沫若年谱》，第531页）

同日 大中华橡胶厂负责人洪念祖致函陶行知（收入2002年版川版《全集》第十二卷）。

7月上旬 《联合晚报》总编辑冯宾符致函陶行知（收入2002年版川版《全集》第十二卷）。

7月11日 六时半赴青年会。四时赴丽都花园参加歙县旅沪同乡会。七时，晤路易斯·斯特朗（《行知备忘》）。

同日 就司徒雷登出任驻华大使一事答《联合晚报》记者问（载同月20日《燕大双周刊》第17期《各方反响促进世界和平》，后收入湘版《全集》第八卷，又收入川版《全集》第十一卷）。

7月12日 早至沪江大学。下午二时至四时，赴绍兴中学。晚七时，王荆璞来访（《行知备忘》）。

同日 阎宝航致函陶行知（收入2002年版川版《全集》第十二卷）。

7月13日 十二时，赴马宅。三时，赴徐宅（《行知备忘》）。

同日 与沈钧儒、沙千里等九人共同致函潘大逵，云："公朴为民主和平努力竟遭暗算，闻讯惨痛曷极，务请代表同人向省政府坚决交涉，迅缉凶手归案，严究主使。"（1987年1月6日《人民政协报》，后收入川版《全集》第四卷）

同日 与沈钧儒、沙千里等联名致电李公朴夫人张曼筠："曼筠先生：公仆为国殒身，闻讯恸绝。誓复此仇。特电奉唁。敬希节哀审变，与大逵先生共商善后，并盼详函。"（《沈钧儒年谱》，第282页）

同日 育才学校邹绿芷等十五名教师作书信致陶行知，胡同炳致函陶行知，李丽莲致函陶行知（收入2002年版川版《全集》第十二卷）。

7月14日 致函胡同炳（收入湘版《全集》第五卷，又收入川版《全集》第九卷）。

同日 绘画组学生刘仲超致函陶行知（收入2002年版川版《全集》第十二卷）。

7月15日 下午二时，参加山东同乡会联谊活动（《行知备忘》）。

同日 在回答翦伯赞劝他提防“无声手枪”时说：“我等着第三枪。”

同日 致函陶晓光（收入湘版《全集》第五卷，又收入川版《全集》第九卷）。

同日 胡同炳致函陶行知，王务安致函陶行知，王志莘等致函陶行知，陈可花致函陶行知（收入2002年版川版《全集》第十二卷）。

7月16日 与文幼章谈话，抨击国民政府的反动统治（收入湘版《全集》第八卷，又收入川版《全集》第十一卷）。

同日 致函育才同学会上海分会全体同学（收入湘版《全集》第五卷，又收入川版《全集》第九卷）。

同日 致函育才学校全体师生（收入湘版《全集》第五卷，又收入川版《全集》第九卷）。

同日 发表《社会大学运动》，刊《教师生活》第六期（收入川版《全集》第四卷）。

同日 郭思明致函陶行知（收入2002年版川版《全集》第十二卷）。

7月17日 下午二时，取祭李公朴诗（《行知备忘》）。

7月18日 作诗《追悼李公朴先生》，刊同月28日《新华日报》（收入大孚出版公司版《行知诗歌集》，后收入湘版《全集》第四卷，又收入川版《全集》第七卷）。

同日 方学武致函陶行知，苏州振华女子中学校长王季玉致函陶行知，葛志成致函陶行知（收入2002年版川版《全集》第十二卷）。

7月20日 搬至余庆路爱棠新村13号任宗德宅居住。

7月中旬 于上海茂名路315号作中等教育研究会的《活的教育》演讲提纲（收入川版《全集》第十一卷）。

7月21日 作《邹韬奋先生逝世二周年祭文》，刊同月27日《新华日报》（收入大孚出版公司版《行知诗歌集》，后收入湘版《全集》第四卷，又收入川版《全集》第七卷）。

同日 胡同炳致函陶行知（收入2002年版川版《全集》第十二卷）。

7月22日 赴上海虹桥公墓参加邹韬奋逝世二周年暨灵柩安葬仪式。

到沈钧儒、沈志远、徐伯昕、邹韬奋夫人及八十余名亲友。宣读《邹韬奋先生逝世二周年祭文》。

同日 李士剑致函陶行知，杨明远致函陶行知（收入2002年版川版《全集》第十二卷）。

7月23日 英文致函中国工业合作协会国际协会彼得·唐森先生（收入湘版《全集》第八卷，又收入川版《全集》第六卷）。

同日 下午三时，赴愚园路国社党党部与吴晗等人开会商讨编辑刊印闻一多、李公朴纪念集。

同日 晚，赴郭沫若宅，到马叙伦、田汉、郑振铎等。提议由上海文化界联合致电美国哥伦比亚大学历史学院，要求他们派遣代表调查中国民主运动领袖李公朴、闻一多惨遭国民党特务杀害一事。一致公推陶行知草拟电文。

同日 晚八时，与郭沫若同赴一友人处。十时左右分手时，郭沫若对陶行知半开玩笑地说："你是黑榜状元，应该留意呢。"陶行知也半开玩笑地说："不是状元是探花，是黑榜探花。你也准定榜上有名的。"（《郭沫若年谱》，第532—533页）

7月24日 与郭沫若等三十余人致电美国哥伦比亚大学历史学院，要求派代表调查李公朴、闻一多遭特务暗杀事件。

同日 晚，吴树琴偕陶晓光来任宗德宅探望陶行知。

同日 为生活教育社赶写对联和整理自己历年的诗稿直至深夜。

7月25日 患脑溢血抢救无效，于十二时三十分逝世于上海。终年五十五岁。

同日 据《周恩来选集》记述："一、我及小超等今日下午飞回南京。二、在离沪前，陶行知于今晨忽得脑出血，我们赶到时已断气，痛心至极，唯握手时体温、气色未动。据沈钧儒子（系医生）云，确系脑出血，尚无其他中毒症候。为慎重计，我们已商定将尸体在殡仪馆放过十二时，看有无变化，然后入殓。三、如无其他原因，陶先生确是死于劳累过度，健康过亏，刺激过深。这是中国人民又一次不可补偿的损失。十年来，陶先生一直跟着毛泽东同志为代表的党的正确路线走，是一个无保留追随党的党外布尔什维克。我这次去沪，曾意识到陶先生的安全，提出要上海工委劝他休养一时期。话未传到人已不在。假使陶先生临终能说话，我相信他必继韬奋之后请求入党。四、今后，对进步朋友的安全、健康，我们必须负责保护。已告上海潘汉年及伍云甫，在救济方面多给以经济和物资的帮助，在政治方面亦须时时关照。五、请中央将南京新华社关于陶先生逝世的报道广播全国。六、我今日弄清情况，明日再见马歇尔及司徒雷登。”（《周恩来选集》上卷，人民出版社 1980 年版，第 238 页）

同日 据《毛泽东年谱 1893—1949》记述：“同朱德致电陶行知家属，对陶行知于当日逝世表示哀悼：‘先生为人民教育家，为民族解放与社会改革事业奋斗不息。忽闻逝世，实为中国人民之巨大损失。’八月十一日，《解放日报》发表毛泽东题写的挽词：‘痛悼伟大的人民教育家陶行知先生千古’。”（《毛泽东年谱 1893—1949》下卷，第 129 页）

同日 据《周恩来年谱 1898—1949》记述：“要上海工委劝陶行知修养，话未传到，即得知陶行知脑溢血。和邓颖超等赶去看望时陶已去世，握手尚温。随即嘱咐潘汉年、伍云甫‘对进步朋友的安全、健康，我们必须负责保护’。然后和邓颖超等飞回南京。和董必武、邓颖超、李维汉、廖承志电唁陶行知家属。并致电中共中央，报告陶病故消息，说‘陶先生确是死于劳累过度，健康过亏，刺激过深’。‘十年来，陶先生一直跟着毛泽东同志为代表的党的正确路线走，是一个无保留追随党的党外布尔什维克。’”（《周恩来年谱 1898—1949》，第 346 页）

同日 据黄炎培记述：“廿五午，陶行知脑溢血逝世。”（《黄炎培日记》第 9 卷，第 179 页）

同日 据《郑振铎年谱》记述：“著名民主战士、教育家陶行知因愤于国民党反动政策，受刺激过深，奔走抗议过劳，不幸于今日脑溢血逝世。郑振铎闻讯极为悲痛，即作《悼陶行知先生》，后载 7 月 28 日《联合晚报》，称赞陶行知‘是一位不屈不挠的民主斗士，许多年来便为民主运动而争斗着，从来没有放松过一下，休息过一刻’。”（陈福康编著：《郑振铎年谱》，书目文献出版社 1988 年版，第 392 页）

附部分唁电：

惊闻行知先生逝世，不胜哀悼！先生为人民教育家，为民族解放与社会改革事业奋斗不息，忽闻逝世，实为中国人民之巨大损失，特电致唁。

——毛泽东　朱德

伟大人民教育家和民主战友陶行知先生不幸逝世，实为中国人民大众政治解放和精神解放的最大损失。相信陶先生之死，将振奋无数崇仰先生思想事业人格作风之男女，更加坚强起来，为人民大众服务。特电致唁，并希节哀。

——中共中央代表团：周恩来 董必武 邓颖超 李维汉 廖承志

7月26日 据黄炎培记述：“送陶行知上海殡仪馆大殓。”（《黄炎培日记》第9卷，第179页）

同日 郭沫若赴殡仪馆参加陶行知追悼会，在哀悼仪式上宣读《祭陶行知先生》一诗，高度评价陶行知对人民作出的贡献。郭沫若表示：“我们不怕无声手枪，我们不怕原子弹，我们要追步李公朴、闻一多、陶行知的后尘，向法西斯余孽，作毫不容情的清算”，“人民的力量是不可轻侮的地下火，终有烧毁镣铐，像火山爆发的一天。”（《郭沫若年谱》，第533页）

同日 郭沫若作文《痛失人师》。文章怀念陶行知，深感古人所云“经师易遇，人师难逢”一语之真切。“有学问知识的人比较容易找，而有人格修养的人实在是如像凤毛麟角。陶先生就是这凤毛麟角当中的一位出色者。”（《郭沫若年谱》，第533页）

同日 叶圣陶作诗《挽陶行知先生》（《叶圣陶集》第八卷）。

7月27日 《新华日报》刊发陶行知所作《邹韬奋先生逝世二周年祭文》。

同日 《新华日报》发表社论《继承陶行知先生的精神》，对陶行知为中国教育事业所作出的贡献予以高度评价。

7月28日 《新华日报》刊发陶行知所作《追思李公朴先生》。

7月30日 郭沫若作《读〈陶先生的最后一封信〉》，载同年8月2日上海《文汇报》。陶行知在给育才学校的最后一封信里，从关怀青年出发，在“仁者不忧，智者不惑，勇者不惧”之外，加了“达者不恋”一条；又在“富贵不能淫，贫贱不能移，威武不能屈”之外，加了“美人不能动”一条。郭沫若认为这“真真是足以使人惊心警目。”并深感陶行知“为青年们设想得怎样周到”，且具有独创精神。文末，郭沫若又为陶的主张作了补充，认为“应当忧而忧，不失为仁者，仁者是‘忧以天下’的。应当惑而惑，不失为智者，智者是以‘不知为不知’的。应当惧而惧，不失为勇者，勇者是‘临事而惧，好谋而成’的”。同样，“应当恋而恋，亦不失为达者，达者是‘同声相应，同气相求’的”。（《郭沫若年谱》，第533—534页）

同日 郭沫若又作杂文《记不全的一首陶诗》，载同年8月3日上海《民主》(周刊) 第四十二期。回忆陶行知的一首诗作，赞扬他虚心向小孩学习的精神（《郭沫若年谱》，第534页）。

同日 郭沫若又作杂文《陶行知先生最值得学习的地方》，载同年8月15日上海生活书店《读书与出版》第五期（《郭沫若年谱》，第534页）。

7月 发表《赠女工夜校毕业典礼》，刊《妇女》杂志。

同月 郭沫若为陶行知作《挽歌》，载同年8月1日上海《文萃》周刊第四十一期。表示要高举"民主的旗帜"，"不断地向前向前"（《郭沫若年谱》，第534页）。

8月初 延安新教育学会刊印出版《行知教育论文选集》。

8月1日 生活教育社延安分社及陶行知在延同事、学生电唁吴树琴女士及陶宏等家属。电文谓："先生为中国人民教育旗手，民主运动巨星。同人等誓遵吾师遗志，继续奋斗。"（载本日《解放日报》，见《陶行知年谱》，第526页）

8月2日 社会大学留渝同人邓初民、艾芜、张友渔、何其芳、力扬、于刚等电唁吴树琴节哀（载本日《新华日报》，见《陶行知年谱》，第526页）。

同日 《文汇报》报道陶行知于5月12日的演讲，名为《永远留在人间的声音——陶先生讲"生活教育创造史"》。

同日 《文汇报》发表陶行知所作诗歌《教者有其校》《学者有其校》。

8月8日 据谢觉哉记述："书陶行知先生追悼纪念册：热爱老百姓，学习老百姓，指导老百姓，成为老百姓的教育家与革命者，受到老百姓的永远爱戴，昭示老百姓的永远模范。"（《谢觉哉日记》，第956页）

8月11日 据谢觉哉记述："追悼陶行知先生。"（《谢觉哉日记》，第962页）

8月12日 据谢觉哉记述：

> 一九四三年六月看《行知教育论文集》，写了一点感想，虽推尊他而不甚满。今知不满的两点，陶先生早已改过。钱俊瑞文上说："他（陶）善于自我批评，善于改正自己错误。当他发现实验主义的认识论有错误的时候，立即把自己的名字知行倒过来改为行知，表示从实验到认识、在实践中认识的正确观点。当他发现教育救国论有错误的时候，他就以自己的实际行动——直接参加和领导民主运动与救

国运动，并正确的把大众的教育作为群众的政治启蒙，成为放到战场上去的有力武器。”上午休息，下午看陶先生遗著展览。陶先生不只是特出的教育家革命者，还是位革命的文学家。

钱老挽陶诗：国有大盗思窃国，窃不得手杀主人。明戕暗害凶可指，盗不就缚气杀君。君身虽死神不死，千百万人继君起。古来大盗称独夫，今盗蛮横顽石比。独夫独到亲戚叛，顽石顽到锤下烂。主人主人起铸锥，千锥万锥石成灰。顽石成灰大盗除，和平民主始可图。国归主人建独立，平等不再为洋奴。昨日死一陶行知，今生无数陶行知。卫民除暴承大师，生于斯死于斯。聚族团结盟于师，在天之灵实鉴兹。（《谢觉哉日记》，第962页）

8月13日 据谢觉哉记述：“看陶著知道打烂砂锅问到底，问是‘纹’的谐音。我们说话，知其然而不知其所以然的真多。”（《谢觉哉日记》，第963页）

8月14日 据谢觉哉记述：“看完《古庙敲钟录》生前被推崇，总不如死后被推崇之甚。”（《谢觉哉日记》，第963页）

8月15日 据谢觉哉记述：

题陶行知先生《古庙敲钟录》（即仿其诗体）

古庙钟，无人敲。铸得那么大，悬得那么牢。问它的年纪，比庙前古树的年轮还要高。

古庙钟，旧也敲。先生念八股，和尚上供糕。还有那张胡子，吹熄烟灯鼾声做鬼号。

古庙钟，今大敲。小孩子唱歌又扫地，农民们带锄也带刀。男女老少教着学着做着，做着学着教着，惊醒古老梦，个个是英豪。（《谢觉哉日记》，第963页）

8月19日 据谢觉哉记述：

往交际处开行知先生纪念委员会，并张宗麟同志。昨致钱老信：我们都已暮年，碰着历史大转弯且很快转弯的时代。我们的伟大处是还在跟着走，政治节操上没甚对不起人。我们的渺小处，是历史的因袭负担重，原来没打算咬碎它，弃其渣滓，取其精华。因此，似长处又似短处。你曾一度被呼为爷爷的那位复君，“哭老夫子”哭得很好，以不满二十的流亡女孩，写得出这样文字，虽说由于她聪明，没受过传统文字的束缚，许是其重要原因之一。曾和一秧歌剧作者谈，我说剧作得好只是唱词有些不好念。平仄阴阳不谐，他说是的，我们也知道只是没有词汇可用。恐不仅此。做新诗的人少研究过旧诗，不是从旧诗中扬弃出来的。因此，像你这样旧诗作者来革新诗运，是份所应当罢……（《谢觉哉日记》，第965页）

8月25日 香港、九龙各界举行李公朴、闻一多、陶行知追悼大会。

9月1日 陶行知先生教育事业基金会成立，发起《陶行知先生教育事业基金会捐启》。宋庆龄任名誉理事长，冯玉祥任理事长。

同日 据谢觉哉记述：

重读《行知教育论文集》。陶行知先生说现在教育是轮回教育，先生学了教学生，学生学了又教学生，只学教而不做。我们工作同志如果只依照上级党部的决议传达，对党员如此，对非党员也如此，省级如此，县级如此，直到乡市还如此，不翻成对象能懂的话，更不翻成对象正在做和接近做的事实。那么，工作会停止于传达，也可谓轮回传达。（《谢觉哉日记》，第971页）

9月2日 据谢觉哉记述：

陶行知先生说，不会烧菜不算学生，不会煮饭不算毕业。又说：从前人为着应试，要学点煮饭、烧菜、骑马、打拳的本事，现比前还不如了。……行知中学今天开学，不要是改的名字，而要是改的实际。如果学生都学会了烧菜、煮饭、扫地，回到农村、回到机关，把这套本事拿出来，就建立起了那里的基础事业。这是第一课。第二课是把学校周围农村划入学习范围，学与做合一。现在某些干部，要打陶行知药针，向他猛喝一声：你有毛病，你的知与行是脱节的，你是盲干，没有用脑。至于未来干部——学生，那就谨记着：不要叫他再走错路。（《谢觉哉日记》，第971—972页）

9月4日 据谢觉哉记述：

参加延安中学易名为行知中学典礼，上午座谈，下午李敷仁先生说：共产党最大因为它能吸收人类的好东西，中国两个伟大人物，鲁迅与陶行知，这里办了鲁迅艺术学院办行知中学。行知四大发明：生活与教育结合，社会与学校结合，教与学结合以做为中心，小先生制。

不是常识，每个学生要有几件常能。边区一切条件具备，缺乏的教育工作人员的积极性身手，科学的头脑，改造社会的精神。（《谢觉

哉日记》，第 973 页）

9 月 15 日 新加坡各界华侨举行李公朴、闻一多、陶行知三先生追悼会，一百多社团千余人踊跃参加，陈嘉庚等出席并作发言（载 1946 年 10 月 7 日《新华日报》，见《陶行知年谱》，第 531 页）。

9 月 22 日 陪都各界追悼陶行知大会在沧白堂举行，到文化教育团体代表及各界人士二千余人（《陶行知年谱》，第 529 页）。

9 月 23 日 据克伯屈记述："应朱启贤先生和陶行知博士在上海的两位友人的请求，与杜威联合签名。对于陶行知博士为中国民众良好教育的形成所做出的伟大业绩深表敬佩，他的音容笑貌和他所作的工作将与我们永存。"（《克伯屈日记》，藏美国哥伦比亚大学师范学院图书馆特藏室）

10 月 2 日 据克伯屈记述："晚上集中讨论近期未予开展的陶行知纪念会，在场者：崇小姐，罗格，朱启贤，一致力于中国救国会的姓莫的先生，中国救国会驻美国秘书（我忘记了她的名字），一在此访学的中国教育家（几个星期前我们见过面），一对年轻的夫妇。讨论的主要目的：（1）使陶博士为更多的美国人民所熟知；（2）筹措资金使陶博士创办的学校发展下去。对于第二点，建议开一公共集会并创办一委员会来募捐。成员初步定为：主席——约翰·杜威；副主席——克伯屈、罗格和推士；秘书崇小姐（中国救国会的两位中国朋友将尽力提供帮助并做主要工作）。做出安排后，我和他们一起就计划的成功开展所面临的困难展开讨论，随着困难的日益明朗化，我们决定在 10 月 10 日再次碰头深入研讨形势。"（《克伯屈日记》，藏美国哥伦比亚大学师范学院图书馆特藏室）

10 月 8 日 据克伯屈记述："打电话给杜威，以没有他我们将无从工作为由说服他接受陶行知纪念会主席一职（起先他拒绝了）。"（《克伯屈日记》，藏美国哥伦比亚大学师范学院图书馆特藏室）

10 月 25 日 据克伯屈记述："三点半去看杜威，……顺便提及亚伦（Aaroni）小姐准备拜访他并与他谈论陶行知博士一事。"（《克伯屈日记》，藏美国哥伦比亚大学师范学院图书馆特藏室）

10 月 26 日 上海《文汇报》刊发陶行知拟定的《生活教育社计划》（收入川版《全集》第十二卷）。

10 月 27 日 假上海震旦大学礼堂举行陶行知追悼大会。追悼名单有周恩来、邓颖超、孔祥熙、孙科等二百八十余人。

11 月 1 日 据克伯屈记述：晚"八点陶行知纪念委员会集合计划 12

月 9 日的公众会议，亚伦小姐的发言给我印象最深，可以说她是生活教育的极力倡导者”（《克伯屈日记》，藏美国哥伦比亚大学师范学院图书馆特藏室）。

11 月 7 日　据克伯屈记述：“修改即将在陶行知纪念会上的发言稿。”（《克伯屈日记》，藏美国哥伦比亚大学师范学院图书馆特藏室）

11 月 8 日　据克伯屈记述：“完成对陶行知纪念会上发言稿的修改。”（《克伯屈日记》，藏美国哥伦比亚大学师范学院图书馆特藏室）

12 月 1 日　陶行知灵柩运抵南京晓庄，前来送葬者千余人。十二时公祭，沈钧儒主持（载 1946 年 12 月 4 日《新华日报》，见《陶行知年谱》，第 534—535 页）。

12 月 9 日　据克伯屈记述：“七时四十五分去 H. Mann 礼堂参加陶行知纪念会，在场者：赫兰德（Wm L Holland），冯将军，哈佛的费正清（John K. Fairbanks）教授，普赖斯（Price）小姐还有其他人。八点二十分开始，我认为费正清对我们在中国的组织的批评是粗鲁的。特威斯布格（Tewhisburg）读杜威派人送来的发言稿。霍斯（Lilly K. Hoass）小姐讲得不错。之后我作发言，接着 H. 小姐，我认为听众喜欢我说的。两个 OWI 男孩和威廉姆赫特讲了陶行知的工作（我则回忆了 1929 年所见情形）。刚从中国回来的米尔德·普赖斯（Mildred Price）在上海时被告知陶行知逝世的消息，他准备继续陶未竟的事业。王莹小姐和刘良模选唱了陶行知最喜欢听的四首歌。列尼·斯威特（Lenny Sweet）负责筹款工作。基督将军冯玉祥讲了他对陶行知的认识和蒋介石对陶的态度——可以说是历史的真实再现。莫先生担任翻译。一切进展顺利。楼上楼下挤满了人。”（《克伯屈日记》，藏美国哥伦比亚大学师范学院图书馆特藏室）

本年　作诗《读好报》（收入湘版《全集》第四卷，又收入川版《全集》第七卷）。

同年　作诗《哈恰图良先生纪念词》，署名：上海音乐协会理事长马思聪敬赠；育才学校校长陶行知撰书（收入大孚出版公司版《行知诗歌集》，后收入湘版《全集》第四卷，又收入川版《全集》第七卷）。

附录：逝世之后

1947 年

1 月 16 日 吴大琨致函沈钧儒，略谓：

……琨来此后，在旧金山时曾与冯焕章先生相晤，商讨关于陶行知先生追悼会事（陶先生追悼会已于去年十二月九日在纽约举行过，冯先生曾特自旧金山赶往参加。当日到会者甚众，费正清博士首先演说，指出目前美国外交政策之不当，杜威博士等亦均到场，最后则由冯先生演说，由刘良模任翻译，前后三小时，听者一无倦容），惜募捐所得款项并不甚众，因听者皆平民也……

“民盟”美支部并已于去岁十月底在纽约正式成立，负责人系张炜逊博士，良模等均在内负责，暂时工作即以推进陶先生之基金等事作为主要目标。（《救国会史料集》，第 795 页）

2 月 28 日 晓庄校友为永久纪念陶行知，决定筹款于南京晓庄建立全国第一个陶行知纪念馆。

3 月 10 日 郭沫若作《〈行知诗歌集〉校后记》，载 1948 年 3 月 15 日香港《华商报》。该版《行知诗歌集》于 1947 年 4 月由上海大孚出版公司出版（《郭沫若年谱》，第 550 页）。

3 月 13 日 郭沫若作《〈记不全的一首陶诗〉后记》（《郭沫若年谱》，第 550 页）。

3 月 15 日 郭沫若作《〈读了陶行知最后一封信〉后记》（《郭沫若年谱》，第 550 页）。

1948 年

7 月 戴伯韬著《回忆陶行知先生——其生平及其学说》由光华书店出版。

1949 年

7 月 15 日 民盟北平支部在北京饭店礼堂联合举行纪念李公朴、闻一多、陶行知、杜斌丞、黄竞武、曾伟六烈士会议（《郭沫若年谱》，第 601 页）。

本年 上海生活·读书·新知联合出版发行《陶行知歌曲集》。

同年 上海教育书店刊印方与严著《大众教育家与大众诗人》。

1950 年

8 月 12 日 周恩来批示同意教育部关于恢复陶行知生前创办的南京晓庄师范学校的请示报告（《周恩来年谱 1949—1976》，第 457 页）。

下半年 生活教育社编著《陶行知先生四周年祭》，由新北京出版社刊印。

1951 年

2 月 电影《武训传》上映，获得热烈反响。

4 月 25 日 贾霁发表《不足为训的武训》，刊《文艺报》第四卷第一期。

5 月 10 日 杨耳发表《试谈陶行知先生表扬“武训精神”有无积极作用》，刊《文艺报》第四卷第二期。

5 月 16 日 《人民日报》转载杨耳一文，改题为《陶行知先生表扬“武训精神”有积极作用吗?》一文。

5 月 20 日 《人民日报》刊发经毛泽东审阅修改的社论《应当重视电影〈武训传〉的讨论》，拉开了批判武训的大幕。

5 月 29 日 丁曼公发表《武训的真面目——评〈武训传〉影片、武训以及孙瑜先生的检讨》，刊《人民日报》。

6 月 1 日 《人民教育》刊发文章《开展〈武训传〉讨论，打倒武训精神》。

6 月 2 日 丁一岷发表《清除武训一类的错误教育思想》，刊《人民日报》。

6 月 3 日 安娥发表《我被“奇迹”所迷》，刊《人民日报》。

6 月 4 日 教育部发出《关于开展电影〈武训传〉和“武训精神”的

讨论与批判的指示》，在教育界发动了对武训的批判。

6月7日 郭沫若发表《联系着武训批判的自我检讨》，刊《人民日报》。

7月1日 《人民教育》发表一组关于武训问题的笔谈，参与者有徐特立、马叙伦、韦悫、曾昭抡、方直、吴研因、张健、方与严、毛礼锐等二十余人。

7月16日 教育部发布《关于各地以武训命名的学校应即更改校名，以消除不良影响》的通知。

10月 斋藤秋男著《新中国教师之父——陶行知》由日本刀江书院出版。

1952年

3月 大众书店出版潘开沛著《陶行知教育思想的批判》。

1953年

本年 美国哥伦比亚大学师范学院朱宕潜博士以《陶行知与中国教育》为题撰写完成博士论文，并获通过。

1954年

11月 斋藤秋男发表《陶行知——政治抒情诗人》，刊日本《东洋文化》第十七号。

1956年

10月16日 北京师范大学陈友松教授发表《陶行知先生的教育遗产是新中国教育学的源泉之一》，刊《文汇报》。文章提出重新评价陶行知的教育思想。

1957年

6月1日 邓初民在中共中央统战部召开的民主人士座谈会上，提出重新评价陶行知。

7月9日 《人民教育》第七期发表邓初民著《我们必须对陶行知先生给以重新评价——纪念陶行知先生逝世十一周年》、张宗麟著《关于陶行知先生》。两文对陶行知给予了高度评价。

1958 年

本年　《安徽史学通讯》先后刊载一系列文章，展开了对陶行知的新一轮批判。

1959 年

12 月　哈佛大学孔斐力（P. A. Kuhn）发表专题论文《陶行知：一位教育改革家》，刊哈佛大学东亚研究中心出版的《中国论文》第十三卷。

1961 年

本年　斋藤秋男出版译著《民主解放的教育》。该书系目前唯一的日文版陶行知著作选。

1966 年

本年　朱宕潜的博士论文《新兴国家的教育型：陶行知在中国的工作（1917—1946）》在台北出版。

1968 年

本年　斋藤秋男著《陶行知评传——政治抒情诗人的一生》由日本劲草书房出版。

1979 年

3 月 23 日　陈鹤琴致函全国教育科学规划会议，要求重视对陶行知教育思想的研究。

6 月　舒文发表《伟大的人民教育家——陶行知》，刊《内蒙古教育》第六期。

8 月　毛礼锐发表《人民教育家陶行知教育思想的进步作用》，刊《教育研究》第三期。

11 月　张劲夫在接受全国政协文史资料组同志采访时表示，陶行知“是一位伟大的人民教育家”。

1980 年

3 月 15 日 南京晓庄陶行知纪念馆正式复馆。

10 月 18 日—19 日 江苏省教育学会、南京晓庄师范学校等十三个单位发起成立江苏省陶行知教育思想研究会。

10 月 19 日 上海市陶行知教育思想研究会正式成立。

12 月 安徽省陶研会编印发行《行知研究》。

1981 年

3 月 四川省成立陶行知教育思想研究会。

8 月 南京晓庄师范陶行知研究室编撰的《陶行知文集》由江苏人民出版社刊印发行。

10 月 18 日 纪念陶行知先生九十周年诞辰大会假全国政协礼堂举行。邓颖超主持大会并致开会词《纪念伟大的人民教育家陶行知先生》，胡愈之介绍陶行知的生平。大会恢复了陶行知的名誉，重新肯定了陶行知教育思想的价值。

1982 年

5 月 《陶行知纪念文集》由四川人民出版社刊印出版。

9 月 中央教育科学研究所教育理论研究室编《陶行知年谱稿》由教育科学出版社出版。

1984 年

1 月 华中师范学院教育科学研究所主编的《陶行知全集》第一卷，由湖南教育出版社出版。随后相继出版第二卷至第六卷（截至 1985 年 8 月）。后又于 1992 年 10 月出版第七、八卷。至此，湘版《陶行知全集》八卷本出齐。

10 月 安徽省陶行知教育思想研究会编《陶行知一生》，江苏省陶行知教育思想研究会编《纪念陶行知》，由湖南教育出版社出版。

1985 年

2 月 朱泽甫编著《陶行知年谱》由安徽教育出版社出版。

9月5日 中国陶行知研究会、中国陶行知基金会成立大会在北京举行。会议选举张劲夫为中国陶行知研究会名誉会长，刘季平为会长，方明为常务副会长兼秘书长，许涤新为中国陶行知基金会会长，张健为常务副会长兼秘书长。

1986年

10月18日 在上海市召开的纪念陶行知先生诞辰95周年和逝世40周年大会上，时任上海市委书记江泽民同志发表题为《中国进步知识分子的典型》的讲话。讲话充分肯定了陶行知的一生，“是由卓越的民主主义战士进而成为伟大的共产主义战士的典型，是中国进步知识分子的典型”。

1987年

2月 北京市陶行知研究会编《陶行知研究》由湖南教育出版社出版。

本年 中国陶行知研究会、中国陶行知基金会获得国家教委批准，成为全国性教育社团组织。

1991年

5月 童富勇、胡国枢著《陶行知传》由教育科学出版社出版。

10月18日 陶行知诞辰一百周年纪念大会在北京人民大会堂举行。

本年 四川教育出版社出版《陶行知全集》十卷本。

1994年

11月7日—12日 全国农村中小学和师范学校素质教育研讨会在山西省太原市和吕梁市举行，会议讨论了农村综合教育改革，参观前元庄“村校一体”的实验成果。

1996年

10月18日—21日 陶行知研究国际研讨会在华中师范大学举行，中美日等国专家学者均有出席。

1998年

10月 四川教育出版社出版《陶行知全集》第十一卷。后又于2002

年9月出版第十二卷。至此，川版《陶行知全集》十二卷本全部出齐。

2000年

3月 经教育部批准，南京晓庄师范学校与南京市师范专科学校、南京教育学院合并升格为全日制本科院校，改名为南京晓庄学院，实现了1938年陶行知归国三愿中成立“晓庄学院”的愿望。

2005年

本年 四川教育出版社再版《陶行知全集》十二卷本。

2011年

10月18日 纪念陶行知诞辰一百二十周年座谈会在民盟中央机关举行。会上又进行了第一届“陶行知教育奖”颁奖典礼，杜军等七人获奖，胡晓风获得“陶行知研究终身成就奖”。

11月27日—29日 陶行知研究国际研讨会在杭州师范大学召开，到会中美韩及港台地区专家一百余人。

2013年

1月10日 中国陶行知研究会与南京晓庄学院共同成立中国陶行知研究院。中国陶行知研究会会长朱小蔓，常务副会长韩邦彦，副会长周洪宇、李重庵、周德藩、陈瑞鼎、金林祥、姚文忠，秘书长吕德雄等出席成立大会。中国陶行知研究院院长由周洪宇担任。

2015年

9月 《全球视野下的陶行知研究》八卷本由北京师范大学出版社出版，丛书包括了中国、美国、日本、韩国、德国、法国、荷兰等全球各地陶研的全部成果。

2016年

1月22日 美国哥伦比亚大学东亚图书馆举行陶行知雕像揭幕仪式。哥伦比亚大学副校长、中国驻美国总领馆、中美友好协会、中国陶行知研究会、陶行知教育基金会等各界代表出席活动。

10 月 18 日 陶行知与中外文化教育国际学术研讨会在华中师范大学召开，中国陶行知研究会会长朱小蔓，人民教育出版社党委书记郭戈，中国陶行知研究会常务副会长周洪宇、副会长吕德雄，华中师范大学党委书记马敏、副校长彭南生，湖北省文化厅厅长雷文洁及海内外一百多名陶研学者出席会议。会上，华中师范大学成立陶行知国际研究中心。

2017 年

本年 由华中师大陶行知国际研究中心周洪宇教授独著的《通过教育改变世界：陶行知的生活》，与其主编的《生活教育：陶行知英语作品选读》，由美国时代出版公司出版。

2018 年

10 月 20 日 “生活教育百年”学术论坛在南京晓庄学院召开，来自全国各地的近 300 人与会，共同探讨百年来生活教育理论和陶行知研究的光辉历史、传承现状和发展前景。

2020 年

9 月 13 日 中国陶行知研究会在苏州召开六届六次理事会，经会议无记名投票，朱永新教授担任“中陶会”新一任会长。

2021 年

4 月 25 日 中国陶行知研究会第七次会员代表大会在北京举行，来自全国各地及“中陶会”35 个分支机构的 400 多名代表与会。

本年 华中师范大学陶行知国际研究中心启动新版《陶行知全集》编撰工作。